D1670941

 focus Texte zu Sozialgeschichte und Alltagsleben

ich gehörte irgendwie
so nirgends hin...

Arbeitertöchter an der Hochschule

Hannelore Bublitz

Umschlagentwurf:
Ute Petersen und Ronald Behrens, Hamburg

Die Arbeit hat 1979 unter dem Titel 'Begreifen und Handeln, das vom Menschen ausgeht. Erfahrungen, die Töchter von Arbeitereltern mit ihrer Theoriebildung an der Hochschule gemacht haben' als Inaugural-Dissertation am Fachbereich Philosophie und Sozialwissenschaften der freien Universität Berlin vorgelegen. Referenten waren Dr. C. Hagemann-White und Prof. Dr. D. Claessens.

CIP-Kurztitelaufnahme der Deutschen Bibliothek

Bublitz, Hannelore
Ich gehöre irgendwie so nirgends hin ...:
Arbeitertöchter an d. Hochsch. /Hannelore Bublitz
  -Giessen: Focus-Verlag, 1980
  (Texte zu Sozialgeschichte und Alltagsleben)

  ISBN 3-88349-208-6

© Focus-Verlag, Giessen 2. Auflage 1982
  1. Auflage Giessen 1980

  Druck und Verarbeitung: Offset Köhler KG, Giessen

Inhaltsverzeichnis

Vorwort

"Das Qualitative ist Abkürzung, Verdichtung, unmittelbare Kommunikation des Wesentlichen."

(Raoul Vaneigem, Handbuch der Lebenskunst, Hamburg 1977,S. 195)

"In Zukunft müssen wir die Abstraktionen,die Begriffe, die uns beherrschen, auf ihren Ursprung, auf die erlebte Erfahrung zurückführen,nicht,um sie zu rechtfertigen,sondern um sie zu berichtigen, umzukehren, wieder in das Erlebte zu verwandeln, aus dem sie entstanden sind und das sie niemals hätten verlassen dürfen!..."

(ebenda,S. 194)

Die persönlichen Erfahrungen lassen sich von den theoretischen Einsichten nicht trennen. Erfahrung enthält vielmehr schon 'das Theoretische'. Darum geht es in dem vorliegenden Buch. Es begreift Erfahrungen und Wahrnehmungen in ihrer Entstehungsgeschichte als Einheit mit Theorie. Und es begreift Theorie als Zusammenhang von erlebter Erfahrung, geschärfter Wahrnehmung und Denken.

Es will verständlich machen, daß Theorie bei Arbeitern und ihren Kindern, besonders aber bei ihren Frauen nicht über Begriffe läuft, sondern über die sinnliche und assoziative Verbindung von Erlebtem. Die Sinne,das Sehen, Spüren, Ahnen - kurz, das intuitive Begreifen, sind bei ihnen schärfer 'theoretisch' entwickelt als bei Menschen, die theoretisch abstrakt denken.

'Proletarische Begriffe' sind Begriffe von Menschen, die oft mehr Kinder als (Lebens-)Mittel haben, sie zu ernähren. Sie sind identisch mit dem Leben dieser Menschen. Es gibt keine von ihrem Leben abgehobene Theoriebildung. Was nötig ist zum Leben: Spaß und Freude und was an Problemen dazwischen tritt, wird praktisch gelöst. Die zerstörerischen und bedrückenden Auswirkungen proletarischer Lebensverhältnisse lassen sich nicht durch Theorie beseitigen - wenn Theorie nicht heißt: dort beginnen, wo die Probleme entstanden sind, nämlich im Bereich des scheinbar Banalen, des Alltagslebens, bei den einfachen Menschen und ihrem Leben.

Ich stelle dar, daß die praktische, körperliche Arbeit, die dauernde Existenznot, - der sinnliche, praktische Umgang mit Menschen *auch* eine Basis für die Theorie ist.

Die Basis unserer Theoriebildung - der Töchter, Schwestern; Mütter,Frauen, dieser Verhältnisse, ist die Nachlässigkeit gegenüber unseren Wünschen, zu der wir durch unsere Existenzbedingungen gezwungen wurden; sind Dinge und Menschen, die wir begreifen, weil wir Gleiches erfahren haben; sind Versuche, zerstückelte Arbeitskraft wieder zu einem ganzen Menschen zusammenzufügen; sind 'Kunststücke' im Alltagsleben, die darin bestehen, mit wenig Geld die Familie zu ernähren und zu bekleiden; sind Erfahrungen, in denen unsere Arbeit entwertet, unsere Arbeitsprodukte, und unsere Existenzgrundlage genommen werden.

Eine für uns Arbeitertöchter wichtige Grundlage unserer Theorie und Denkweise ist die Arbeits- und Denkweise, die wir besonders bei unseren Müttern, bei Arbeiterfrauen gelernt haben: durch assoziatives Zusammenfügen von Stücken etwas Ganzes zu machen. Den im Arbeitsprozeß zerstückelten Menschen das Bedürfnis und die Fähigkeit nach einem ganzen Menschen entgegenzusetzen. Durch qualitative, gemeinsame Arbeit einen Menschen aufzurichten, der den ganzen Tag fast nur nach quantitativen Normen - wie: Stechuhr, Stückzahl, Lohn pro Stunde oder Stück; Bewegung nach dem Rhythmus der Maschine - gearbeitet hat. Dieses qualitative Lebensprinzip halten Arbeiterfrauen auf assoziative Weise fest: das heißt, sie verbinden Erfahrungen und Wünsche, Arbeit und Leben, sinnlich Wahrnehmbares - und Denken.

Diese Arbeit, die mit der Arbeit des Mannes und gegebenenfalls der eigenen Lohnarbeit unmittelbar verbunden ist, stellt die Verbindung zum kollektiven, gesellschaftlichen Bewußtsein her - das von der marxistischen Theorie nur im Bereich der Produktionserfahrung, also dort, wo die Arbeitskraft täglich verkauft wird, für möglich gehalten wird. Die marxistische Theorie erfaßt die Arbeiterfrau erst dort, wo sie keine

Frau mehr ist, sondern wo sie in die 'Große Maschinerie' eingetreten ist; dort, wo sie Menschen 'produziert', unterstützend und beschützend wirkt, gilt sie 'nur' als Frau, deren Bewußtsein und Handeln gegenüber der gesellschaftlichen Produktion rückständig ist.

Frauen in Arbeiterfamilien produzieren Lebensmittel, Bekleidung, vor allem aber unermüdlich menschliche Lebens- und Arbeitskraft, die in anderen Familien durch Geld und Vermögen; und durch von Arbeitern und deren Frauen 'abgeschöpfte' Arbeitskraft ersetzt worden ist.

Die im Denken der Arbeiterfrauen vorherrschende, unmittelbare Verbindung von sinnlich Faßbarem und Denken hat nichts zu tun mit dem Prinzip des Begreifens, das die formallogische Wissenschaft bestimmt.

Es ist vor allem auf sachliche Richtigkeit und Beherrschen, im wörtlichen Sinne Be(sitz er)greifen gerichtet.

Ich sehe im assoziativen Denken der Arbeiterfrauen eine Form des Widerstands gegen die völlige Ausbeutung unseres Lebens durch kapitalistische, bürgerliche, technokratische - und wie das alles heißt - Ansprüche, aber auch als Widerstand, mit dem wir an der Hochschule der akademischen Wissenschaft begegnen. Das assoziative Denkvermögen der Arbeiterfrauen haben wir Töchter stärker 'geerbt' und praktizieren es offener als unsere Väter, Brüder und Männer, - da wir von Kindheit an auf menschliche Bedürfnisbefriedigung und Dasein für andere, auf Lebenserhaltung hin erzogen wurden.

Für uns besteht - wie für unsere Mütter - keine Trennung zwischen Arbeiten und Leben, zwischen kollektivem, gesellschaftlichem und privatem Leben: jede Auseinandersetzung um Arbeit und Lohn im Betrieb beeinflußt zu Hause das Familienleben; und in ähnlicher Weise beeinflußt jede 'wissenschaftliche' Auseinandersetzung, Arbeits- und Denkweise an der Hochschule unser tägliches Leben existentiell, - und umgekehrt.

Diese Grundlage von Theoriebildung war mir so selbstverständlich, bis ich eine Bildung und Wissenschaft kennenlernte und weitervermitteln sollte, die durch den Mythos der Begriffsbildung, der gebildeten Sprache und der theoretischen Logik diese praktische, einfache Lebensart herabsetzte.

Das Wesentliche unserer Theorie sind körperlich durchlebte, mit unseren Sinnen ausgebildete Denkstrukturen. Das für uns an der Hochschule Wesentliche sind die proletarischen Lebensverhältnisse, aus denen wir kommen und die wissenschaftliche Gleichgültigkeit, die uns hier begegnet. Mit beiden zu leben bedeutet für uns Überverausgabung unserer körperlichen und geistigen Arbeitskraft. Erschöpfung, Schulden- und Schwarzarbeit, die wir leisten müssen, um unserem Wunsch: aus proletarischen Lebensverhältnissen zu menschenwürdigem Leben 'aufzusteigen', nachzukommen. Was bleibt, ist das Gefühl der Wertlosigkeit unserer Arbeit, die wir nur gemeinsam aufheben können.

Diese Arbeit ist die Darstellung unseres gemeinsamen Lernprozesses, nämlich unseres Versuchs, im vertrauten Umgang und Gespräch miteinander zu uns zu finden. Ich habe die Frauen gesucht, als es mir nicht gelang, aus eigener Kraft einen Sinn in meiner Arbeit zu finden, genügend Zutrauen zu meinem eigenen Denken zu entwickeln.

Je länger ich mit den Frauen zu tun hatte, um so mehr veränderte sich meine Perspektive, von der aus ich dachte und schrieb.

Die Sozialgeschichte der Nachkriegszeit, die Auswirkungen des Hungers und der Notwendigkeit, 'wieder von vorne anzufangen', haben in den Gesprächen und Berichten, in meiner eigenen Entwicklung sowie in der Darstellung der Arbeiterfamilie (Kap. 2+3) ihren Niederschlag gefunden. Kinder, Töchter, die in den Arbeiterfamilien der nachfolgenden 'Wohlstandsgesellschaft' groß geworden sind, werden die Dinge etwas anders sehen. Unsere Theorie ist nicht allgemeingültig, objektiv oder gar zeitlos ('universalistisch'), sondern sie spiegelt sehr konkret die besonderen Lebensumstände wider. Wenn in der Wissenschaft fast ausschließlich von autoritärem und rigidem Erziehungsstil in der Arbeiterfamilie die Rede ist, so sollte nicht vergessen werden, daß nicht nur die Arbeitsverhältnisse dafür verantwortlich sind (Herrschaft der Maschinen und der Befehle über die arbeitenden Menschen), sondern auch die Erfahrungen der Arbeitereltern mit der preußisch-obrigkeitsstaatlichen Erziehung als Kind, mit dem Hitler- und Nazi-Deutschland, für die Väter oft verbunden mit Kriegserlebnissen, die sie nicht mehr loswerden, für die Mütter oft verbunden mit zwangsweiser Arbeit in der Fabrik oder beim Bauern, mit Flucht und Unterernährung, für beide nach dem Krieg verbunden mit Sorge um die nackte Existenz: Arbeitslosigkeit und sich Abrackern, um Überleben zu können. Zunächst bedeutete die Nazi-Zeit aber für viele Arbeiterfrauen und -männer 'Es geht unaufhörlich aufwärts!' Für die Mädchen der Nachkriegszeit bedeutete dies vor allem: miterleben, wie die Mutter unermüdlich arbeitete und mit ernstem Gesicht überlegte, wie sie den Wochenlohn einteilen sollte.

Außerdem erscheint aus der bürgerlichen Perspektive vieles autoritär und rigide, was für Arbeiter einfach nur knapp und realistisch ist.

Ich möchte mit dem vorliegenden Buch die Verhältnisse im Arbeitermilieu nicht verherrlichen oder beschönigen; besonders die Auswirkungen der Nazizeit und die direkte Gewalt, die oft die Familienbeziehungen vergiften, kommen nicht zur Sprache. Diese Sprachlosigkeit in Worte zu fassen, bleibt einer späteren Arbeit überlassen oder muß anders geklärt werden.

Ich wurde ab und zu von Außenstehenden gefragt, warum ich diese Arbeit geschrieben habe, - eine Arbeit, die aufzeigt, daß für Kinder aus Arbeiterfamilien an unseren Hochschulen kein Platz ist, da sie andere Voraussetzungen haben als die Normal-Wissenschaft fordert: nicht langfristig, seit frühester Kindheit vorbereiteter Spracherwerb und Ordnungssinn für Systematik und Logik, sondern Formen der Äußerung und Auseinandersetzung, die nicht-sprachlicher Natur sind oder sich auf lebendige (lebhafte) Weise sprachlich äußern.

Ja, habe ich gedacht, - also zunächst habe ich diese Fragen gar nicht verstanden; und dann dachte ich 'ja, was sollte ich denn sonst machen?

Gehen? Und wohin denn? Und dann - warum eigentlich? Der Satz im Kopf
'Du kannst dich da nicht einfach vertreiben lassen, bloß weil du was anderes denkst'. Aussperren und Wegschicken ist ein Mittel, um diejenigen,
die nicht einverstanden sind, daß sie ausgeschlossen werden von Informationen, ausreichendem Lohn zum Leben, Selbst- und Mitbestimmung,
loszuwerden. Das geht nicht, habe ich gedacht. Jetzt sollen wir umkeh-
ren, wo wir uns aufgerafft haben, die 'höhere Schule' zu besuchen, zu
studieren? Wir sind ja enttäuscht, daß wir nicht selbständig arbeiten und
studieren dürfen, oder daß wir ausgebildet sind und keine Anwendungs-
möglichkeiten erhalten. Wie Lehrlinge, die draußen stehen. Sollten wir
alle abbrechen und eine (andere) Lehre machen? Und wo gäbe es die Arbeitsstellen für uns? Ist es nicht in jedem Betrieb das gleiche wie an der
Hochschule? Das ist etwas, was ich gelernt habe, während und aus dieser Arbeit.

Wir redeten oft in der Küche, während sie (Lucia) das Abendessen machte. Oft saßen wir auf der Küchenbank und überlegten, was und wie sie
oder/und ich am besten schreiben könnten. Wir redeten viel über unsere Sprachlosigkeit. Darüber, daß wir sprachlos gemacht werden durch
Aufforderungen, der Reihe nach systematisch vorzugehen, vorzutragen,
zu erläutern, zu erklären. Wir fanden heraus, daß sprachlos werden etwas zu tun hat mit Stolz und mit menschlicher Würde, mit unserem 'Klassenbewußtsein'. Und daß es bei uns immer dann besonders auftritt,wenn
der andere uns in gewählter höflicher Form klarmacht, was wir so ausdrücken würden: "Mensch, du hast ja von Tuten und Blasen keine Ahnung", oder "Was suchst du denn hier?!" (im Sinne von "was hast du
hier verloren?"). Die Gewalt, die man mit höflichen, aber bestimmten
Worten anrichten kann, kann sich jemand, der mit Worten und Argumenten aufgewachsen ist, gar nicht vorstellen. Immer,wenn wir so redeten,
sagte sie aufgeregt: "Schreib auf! Schreib dat auf, - dat is wichtig!"

Die mündlichen Prüfungen nach dieser Arbeit waren lehrreich.Sie waren ein
Beispiel 'exemplarischen Lernens', das sich von den in der Pädagogik oft
verwendeten 'Fall-Beispielen' dadurch unterscheidet, daß es aus dem wirklichen Leben gegriffen ist, während Fallbeispiele oft für Dumme konstruiert
sind.

"Also, diesen Gegensatz, den sie hier zwischen Intellektuellen und Arbeitern
errichten, den finde ich richtig primitiv"! sagte er wütend. Ich hatte behauptet, daß Arbeiter die intellektuelle Avantgarde nicht brauchen, um ihre
Angelegenheiten zu lösen, schon gar nicht, um 'klassenbewußte' Arbeiter
zu werden. Ich behauptete, daß sie gegebenenfalls Wissenschaftler, Akademiker, Techniker u.a. zu Rate ziehen würden - wenn sie einen Rat,Fach-
wissen, Sachverständige bräuchten. Die Rolle der Intellektuellen sei jedoch
oft dazu mißbraucht worden, die einfachen Arbeiter zu bevormunden, sie
durch Arbeiterbildung von ihren eigentlichen Zielen abzulenken und sie so
zu schwächen. Ich war der Meinung, daß Arbeiter selbst eine Theorie hätten, die sie aufgrund ihrer Lebenslage entwickelten und zum Überleben
bräuchten. Daher sagte ich, da es mir zu dumm wurde mit den vielen Begründungen, "etwas Konkreteres und Abstrakteres als das Konkrete (das
sie erleben) gibt es für Arbeiter nicht"! Das verstand er nicht. Ich wun-
derte mich, daß er es nicht verstand, wo er doch selbst so abstrakt schrieb.
Danach wurden die Rollen vertauscht. Er ließ mich kaum mehr zu Wort kommen, erzählte mir stattdessen, daß er es sehr bezweifeln möchte, was ich
da in meinem Thesenpapier geschrieben hätte: daß Arbeiter nämlich sehr
viel Sinnlichkeit und Phantasie entwickeln würden, im Kleinen,Alltäglichen.

Also, sein Vater hätte ihn immer beobachtet, wenn er im Garten den Garten-
schlauch in die Hand nahm – er hätte ihn so aus der Ecke beobachtet, daß
er sich schließlich jedesmal das Wasser in den Mund anstatt auf den Rasen
gespritzt hätte. Sein Vater hätte eben nur gelernt, daß er rausfliegt, wenn
er bei der Arbeit Fehler macht. Und so hätte er ihn auch behandelt, 'entweder du kannst das oder du kannst das nicht!' Er erzählte das als Beispiel für die Phantasielosigkeit der Arbeiter, die keinen Spielraum haben
bei der Arbeit und also auch nicht im übrigen Leben.

Er hatte mich gründlich mißverstanden. Ich setzte noch einmal an. Was ich
meinte mit Phantasie, waren: Erfindungsreichtum im Alltag, weil nicht genug Mittel und Geld da sind, (Neues) zu kaufen; sich etwas einfallen lassen
gegen Konkurrenz, sich Verlorenfühlen (in der fremden Umgebung), sich
gegenseitig unter die Arme greifen. Ich sagte "für Sie ist Sinnlichkeit schon
wieder so etwas Großes, Monumentales, – das mit Individualität und wie das
alles heißt, zu tun hat, – mit Entfaltung individueller Bedürfnisse, mit Produktivität, Tätigkeit usw. Ich glaube, bei Arbeitern ist das etwas anderes."
Und ich erzählte, wie mein Vater mich nachts abgeholt hatte, als ich alleine
in H. auf dem Bahnhof saß, wo ich für mein Studium ein Zimmer gesucht
hatte und keinen Zug mehr bekam. Wie er mich tröstete, Stullen und Trinken für unterwegs mitgebracht hatte; und wie ich mich schon unterwegs
wieder zu Hause fühlte.

Er fing an, von der italienischen Arbeiterbewegung zu sprechen. "Ja, in
Italien, da ist in der Arbeiterbewegung dieses Theoretische schon enthalten, diese Familiengemeinschaft und – wie die da alle um einen Tisch sitzen.
Und dann nimmt einer ein Buch und blättert und legt's wieder weg. Und
später liest er darin. Und dann sagt er 'ach Mensch, da stehn ja ganz gute Sachen drin, hätt ich gar nicht gedacht!' Ja, und da existiert dieser
Gegensatz zwischen Arbeitern und Intellektuellen dann auf einmal gar nich
mehr". Ich konnte gut verstehen, daß der Arbeiter sich freute, etwas aus
den Büchern zu verstehen. Ich meinte ja nicht, daß sie keine Bücher lesen sollten, sondern ich meinte, daß sie selber bestimmen sollten, welche
und wann. Und daß sie entscheiden können müßten, was ihnen gefiele und
was nicht, was sie verstünden und was nicht, – und daß ihnen nicht jemand sagt 'aber was wißt ihr denn schon! Das ist aber wichtig, das müßt
ihr wissen, wenn ihr revolutionär sein wollt!' Schließlich versuchte ich ihm
und den andern Prüfern klarzumachen, was Arbeiter alles wissen über ihren Betrieb, – und daß sie wohl wüßten, daß da einer oder wenige den Profit einstecken, wenn sie das auch nicht mit den Worten erklären könnten wie
Akademiker, – aber wissen tun sie es.

Dann sagte ich, "zum Beispiel, auch Handwerker, die wissen doch ganz
genau Bescheid über ihre Arbeit, wie das gemacht werden muß, welches
Material, welche Handgriffe. Und aus dieser Arbeit heraus wissen die
auch etwas über die Gesellschaft, in der sie leben". Darauf sagte er,
"ach, was wissen die denn schon!" Er setzte seine Mütze auf und ging.

Die Grundlage für unsere Theoriebildung an der Hochschule war und
bleibt: unsere Empörung und Wut über den Wissenschaftsbetrieb, in dem
der vorankommt, der die richtigen Bücher zusammenschreibt und richtig
zitiert, – und nicht der, der sich aufgrund eigener Erfahrungen seine Gedanken macht.

'Klassenbewußtsein' heißt für uns: sich nicht unter Theorien und Begriffe ducken, die uns nicht zum Leben nützen; uns nicht alles gefallen lassen, uns nicht entfremden von unserer Denk- und Sprechweise.

Es geht uns nicht darum, einen 'proletarischen Lebensstil' zu kreieren, oder 'Proletkult' nachzuahmen oder zu schaffen. Wir wollen uns gegen den bürgerlichen 'Unterschichtsmenschen' und den marxistischen 'Proletkult' durch Aufzeigen unserer wirklichen Lebensbedingungen wehren.

Im übrigen möchte ich mich nicht nur bedanken bei den Frauen, die mir ihre Erfahrungen erzählt und mich ermutigt haben, diese Arbeit zu schreiben; sondern auch bei meiner Mutter, durch deren tatkräftige Unterstützung und geistige Auseinandersetzung ich wieder einmal begriffen habe, zu welchen Leistungen Arbeiterfrauen fähig sind. Sie hat meine ersten Manuskripte und Artikel gelesen, sie las *alle* Tonbandprotokolle von den Gesprächen; schrieb lange Briefe oder erzählte mir am Telefon, was ihr dazu eingefallen war. Ihre Briefe waren in der langen Zeit, die ich von den Frauen zurückgezogen arbeitete, das Einzige, was mich aufrecht erhielt. Als die Arbeit fertig war, vermißte sie die dicken Briefe mit Manuskriptseiten.
Außerdem möchte ich mich sehr herzlich bei Frau Ludwig für ihr Durchhaltevermögen bedanken. Sie hat an langen Abenden meine Arbeit getippt, wenn ihr Mann 'zur Schicht' war oder tagsüber, obwohl ihre kleinen Kinder um sie 'herumsprangen'. Als Arbeiterfrau selbst vom Inhalt betroffen, hatte sie manchmal Hemmungen, weiterzuschreiben.
Auch ihr Verständnis und ihre Beurteilung des Geschriebenen waren für mich sehr wichtig.

Mein Freund half mir, als ich alles noch einmal neu schrieb, den Text zu lesen und zu korrigieren; da er aus einer Arbeiterfamilie kommt, mußte ich ihm, Gott sei Dank, nicht alles erklären. Er half mir durch seine einfache Art, Dinge zu sehen, sehr: ich fand durch die Gespräche und seine Art, komplizierte Betrachtungsweisen nicht zu verstehen, zu meiner einfachen Sprache und Denkweise zurück.

I. Die proletarische Lebenslage und Theoriebildung sind mit herkömmlichen empirischen Methoden nicht zu begreifen

> *"Die Masse der unorganisierten Proletarier ist*
> *wie ein unerforschter Kontinent am Südpol zu*
> *betrachten..."*
>
> *(Lisbeth Franzen-Hellersberg, Die jugendli-*
> *che Arbeiterin, Tübingen 1932,S.14)*
>
> *"...es ist ... immer noch eine Frage persön-*
> *lichen Takts und persönlicher Initiative, an*
> *diesen Orten Beobachtungen, Erfahrungen,*
> *Feststellungen zu machen, die objektiv rich-*
> *tig und wissenschaftlich verwertbar sind.*
> *Genau genommen ist die tatsächliche Kluft zwi-*
> *schen geistig arbeitenden Menschen und den*
> *Industriearbeitern in Bezug auf Lebenshal-*
> *tung und Umgangsformen überhaupt nicht*
> *überbrückbar."*
>
> *(ebenda, S.4)*

1. Wie die Theorie im Leben von Arbeitern entsteht und wie Wissenschaftler sie betrachten

In Perioden des Wohlstands dachten die bürgerlichen Schichten vor allem daran, ihren eigenen Lebensstil zu entwickeln. In Phasen politischer Unruhen und wirtschaftlicher Krisen schlug die selbstgefällige Verdrängung der Wirklichkeit bei den besitzenden Klassen in Angst vor den Proletariern um. Besitzängste förderten den Wunsch, die 'menschlichen Beziehungen' zwischen den Klassen herzustellen. Klassenbeziehungen wurden durch Wohltätigkeit aufgenommen. Geld wurde in missionarische Organisationen investiert, "die den Zweck hatten, verderbliche Gewohnheiten und gefährliche Klassenvorurteile der Armen zu verringern und diesen die moralischen und politischen Werte der Bessergestellten schmackhaft zu machen" (G.Jones,1979,S.322).

Die besitzenden Klassen wußten nichts aus eigner Erfahrung über die Lebensweise der 'Unterschicht', sondern hielten sich an Informationen und Gerüchte aus parlamentarischen Untersuchungen, Schmähschriften von Geistlichen, Sensationsberichten aus der Presse. Demnach waren die Arbeiter ungläubig, staatsgefährlich, unmoralisch und leichtsinnig.

Erst zu Beginn des 20.Jhdts. erkannte man (=Akademiker),daß die Arbeiterklasse keinesfalls "ohne Kultur oder Moral war, sondern durchaus eine eigene 'Kultur' besaß" (!) (G.Jones 1979,S.317).

Die Kultur dieser Menschen, die von Wissenschaftlern in Anführungszeichen gesetzt wird, war die Kultur von Menschen, die "mit geringsten Habseligkeiten in die Städte zu den Fabriken oder Gruben (kamen)"... und deren "Ausdrucksvermögen minimal (war), besonders was die Verteidigung eigener Interessen unter unbekannten, fremden Bedingungen anbetraf. Man war schwerfällig." (D. u. C.Claessens,1979,S.162)

Zur Arbeitermasse oder -klasse zu gehören, trug keine positiven Merkmale: bei den Lohnarbeitern machte es nur die Masse, wie D. u. C. Claessens sagen. "Ihr Leben spielte sich in Bergwerken und Fabriken ab, d.h. an der Front des kapitalistischen Systems, seiner 'unterirdischen Front'" (D. u. C.Claessens,1979,S.164).

Von oben gesehen blieben jene die zu dieser Masse gehörten, sprachlos gegenüber den neuen Verhältnissen; hatten kein Verhältnis zum Geld (!) und waren, selbst in diese Masse hineingezwungen, mißtrauisch gegeneinander. Ihre – ehemals auf die bäuerliche Lebensweise zugeschnittene - Sprache war wortkarg, bewegte sich in Gleichnissen und Bildern, die die Doppelbödigkeit des kapitalistischen Systems nicht erfassen, geschweige denn durchbrechen konnte.

Der Klassenhaß trat offen zutage:
"Die niedrigsten aller Klassen ..., deren Existenzgrundlagen prekär, schädlich oder unehrenhaft sind, hat sonderbare Gewohnheiten. Sie kümmert sich wenig um ihr Erscheinungsbild und ist dem Rest der Menschen nahezu unbekannt, es sei denn, daß sie sich wegen ihrer Bedürftigkeit und Kriminalität dem Blick der Öffentlichkeit aufdrängt" (J.R.Mac Culloch,1951,zit. nach G.Jones,1979,S.318).

Der Klassenhaß wurde beschönigt durch vereinzelte Wohltaten von Unternehmern und Kirche. Auch sie erfüllten ihren Zweck: das schlechte Gewissen, das die Unternehmer manchmal beim Anblick der abgearbeiteten Menschen in den Fabriken überkam, aber auch ihre Angst vor Arbeiteraufständen oder davor, daß ihre Stammarbeiter von einem auf den anderen Tag abhauten, wenn ihnen der Lohn zu niedrig war, ließ sie zu sozialpolitischen Maßnahmen, vor allem im Bereich des Wohnungswesens, greifen. Auf diese Weise taten sie etwas für die Erhaltung der Arbeitskraft und deren Fesselung an das Unternehmen.

Enquêten, staatliche und kirchliche Untersuchungen über das Elend der arbeitenden Klasse brachten Verhaltensweisen und Gewohnheiten der Arbeiter zutage, die die Klassenvorurteile bestätigten und die Staatsvertreter und Unternehmer erschauern ließen. Gesetzliche Maßnahmen und 'Wohltätigkeit' sollten Abhilfe schaffen. Die materiellen Bedürfnisse der Arbeiter nach einer Wohnung oder nach Arbeit wurden zum Anlaß ihrer 'moralischen Reformierung' benutzt. Verordnungen über das Schlaf- und Kostgängerwesen, über die hygienische Beschaffenheit von Wohnungen,Straßenreinigung, Gesundheits-Vorsorgegesetze sollten dafür sorgen, daß die Arbeiter sich moralisch im Sinne der bürgerlichen Gesellschaft verhielten und daß sie ihre Arbeitskraft jederzeit diszipliniert dem Kapitalisten und seiner Maschinerie zur Verfügung stellten, ohne zusammenzubrechen oder unter ständiger Krankheit zu leiden. Wohltätigkeit als Arbeitsbeschaffung oder Unterstützung wurde nur den Arbeitern gewährt, die sich sparsam erwiesen und keinen Alkohol tranken. "Man suchte gute Beispiele zu geben, edle Gedanken zu vermitteln, sparsame Lebensart und Arbeitseifer wurden gehegt, Derbheit und Leichtsinn bestraft" (G.Jones,1979,S.326). "Akademiker, von der Idee des Dienstes beflügelt, trugen ihre Kultur in die Arbeiterklasse" (ebenda,S.326). Die 'Klassenbeziehungen' zwischen Besitzenden und Arbeitern wurden durch Untersuchungen von Akademikern über das Bewußtsein der Arbeiter fortgeführt. Aber die aufgenommenen Beziehungen waren keine. Sie hatten so verschiedene Besitzverhältnisse, Lebensweisen und Erziehungsmaßnahmen zur Voraussetzung, daß sie nur sehr verzerrte Ergebnisse zutage förderten. Sie gingen und gehen - wie die Wohltätigkeitsmaßnahmen im letzten Jahrhundert - eher von den Problemen der eigenen Klasse aus, ohne sie allerdings direkt beim Namen zu nennen. Oft reagierten Arbeiter auf diese Unterschiede, indem sie das sagten, was ein Gebildeter ihrer Meinung nach von ihnen erwartet. H.Berger zitiert eine Untersuchung von Katz (1942), in der offensichtlich wurde, daß Arbeiter den Interviewern aus der 'middle class' auf gesellschaftspolitisch relevante Themen deutlich weniger radikale Antworten als Befragern aus der eigenen Klasse gaben. (Vgl. H. Berger 1974,S.68,Anm.57).

Eine Erfahrung, die ich aus meinen Gesprächen mit Frauen, die wie ich aus Arbeiterfamilien kommen, bestätigen kann: sie versicherten mir immer wieder, daß sie niemals so offen und so radikal gesprochen hätten, wenn ich nicht ähnliche Erfahrungen wie sie gemacht und erzählt hätte.

Ebensowenig wird in der gesamten Methodik der empirischen Sozialforschung, die auf Vergleichbarkeit und Verallgemeinerbarkeit aus ist, reflektiert,daß die Fragemethode für Arbeiter als Verständigungsform eine Erfahrung ist, die sie mit Herrschaft und Abhängigkeit in Verbindung bringen. In einem Sprachkurs für ausländische Arbeiter äußern diese ihr Unbehagen, als ihnen immer nur Fragen gestellt werden: wer Fragen stellt, ist Herr der Lage.

"Es genügt, zu betrachten, was die Polizei beispielsweise macht: Fragen und Verhöre; sodann, was Formulare von Behörden sind: unendliche Reihen von Fragen; und dann noch, was die Bosse im Betrieb bei der Einstellung, die Hausbesitzer beim Vermieten machen: noch mehr Fragen;die Meister schließlich in der Fabrik, wenn man nicht spurt oder die Maschine gerade defekt ist: Fragen über Fragen und immer nur Fragen".(Autonomie der Arbeiterklasse,1973,zit. Nach H.Berger,1974,S.70).

Klassenbarrieren, die die Untersuchungen im Grunde unbrauchbar machen, wurden in den seltensten Fällen bewußt in die Untersuchungsmethode einbezogen. Die meisten Forscher machten sich nicht einmal die Mühe, zu überlegen, was hinter ihrer Meinung nach 'renitentem' Antwortverhalten oder hinter 'beschränkten' Antworten stecken könnte. Sie führten das Verhalten von Arbeitern und Arbeiterinnen auf deren beschränkten geistigen und sprachlichen Horizont zurück. Eine beschränkte Methode für beschränkte Arbeiter, oder besser: standardisierte Fragemethoden für durch Arbeitsprozeß, Wohn- und Lebenssituation standardisierte Menschen - so lesen sich z.B. E.Scheuchs Bemerkungen über Untersuchungen in den 'unteren Bevölkerungsschichten', der davon ausgeht, daß geschlossene und Alternativfragen in diesen Schichten besonders zu empfehlen sind. Der Anpassungsdruck, den die Befragungssituation erzeugt wird, wird auf ein 'defizientes Bewußtsein' der Befragten verschoben; "Ein herausragendes Beispiel der bundesdeutschen Szenerie ist die Studie 'Junge Arbeiterinnen' von W.Jaide" (H.Berger,1974,S.92,Anm.88). Jaide stellt einen ausgespro-

chen unbestimmten Antwortstil der Befragten fest; viele Fragen werden
nicht oder nur sehr vage beantwortet; viele Antworten sind unklar und un-
entschieden. Jaide "schließt von den Antwortmustern der Arbeiterinnen auf
ein generelles Persönlichkeitsmerkmal des Intelligenzmangels, der "geistigen Kontaktarmut", des Desinteresses... Insgesamt verbindet sich die
Apologie der Untersuchungsmethoden mit schlimmsten Klassenvorurteilen
bürgerlicher Soziologen" (ebenda,S.56,Anm.45).

In den meisten Untersuchungen werden Klassenbarrieren rationalisiert.
Sprachverhalten, das bedingt ist durch die Fragemethode, wird abquali-
fiziert und durch dumme Fragemethoden eingefangen. Einzelbefragungen
werden als das einzig Normale betrachtet bei Menschen, die üblicherweise
in ihrem Alltagsleben eher kollektiv, im Gespräch mit andern, zu denken
gewöhnt sind. Durch ausgeklügelte methodologische Überlegungen werden
Klassenbarrieren gar nicht überdacht und im Interview auch nicht angesprochen. Sie werden durch gezielte Interviewanweisung wegrationali-
siert (vgl. S.Metz-Göckel, Hinweise zur Durchführung von Interviews mit
Arbeitereltern, unveröffentlichtes Papier).

Die Konsequenz der Erkenntnis "wir können die 'Herrschaftsdimension und
die soziale Privilegierung aus der Interaktion mit Arbeitern nicht ausschalten" (ebenda,S.2), ist nicht etwa, Untersuchungen in dieser Art und Weise zu lassen und auf andere Weise zu versuchen, mit Arbeitern ins Gespräch zu kommen - oder besser noch: Leute zu untersuchen, wo sich diese Privilegierung nicht als störend, sondern als förderlich auswirkt, etwa
Industrielle, Politiker u.a. Statt dessen wird überlegt, wie man die Privi-
legien so umgehen kann, daß es Arbeiter nicht so merken, wen sie vor sich
haben und wie sie eingeschätzt werden. So wie neuerdings Verkaufsgesprä-
che oder Personalführungsgespräche im Betrieb geplant werden, wird hier
vorgeschlagen, "das Gespräch sollte in entspannter, nicht-direktiver Atmosphäre stattfinden, aber dennoch in gewisser Weise planmäßig, um die
wissenschaftliche Zielsetzung... und eine gewisse Vergleichbarkeit der
Aussagen zu erlauben" (ebenda,S.3). Zum Verhalten der - privilegierten -
Studenten sind einige Hinweise zur Durchführung des Interviews nützlich:
"Mißtrauen abbauen: freundliches, zuvorkommendes Auftreten, aber auch
etwas reserviert, äußeres Erscheinungsbild der Situation anpassen (!);
Stimmung auflockern: zunächst wie Besuch auftreten, Zigarette anbieten,
plaudern"...(!) (ebenda,S.3). Wenn das so ist - ist zu hoffen, daß die
Arbeiter sich tatsächlich verhalten, wie Berger empfahl: "Wenn sie bei Verstand sind, werden sie nicht antworten."
Marx zitiert zustimmend einen offiziellen Bericht, der von einer "geistig
und physisch entarteten" Arbeiterbevölkerung spricht und stellt bei dieser "gebrochene Gesundheit, befleckte Moral und geistigen Ruin fest"
(zit.nach G.Vinnai,1977,S.46). Er spricht vom "Kretinismus des Arbeiters",
der im Produktionsprozeß ein "verwahrlostes Kind geworden" sei (ebenda,
S.45). Engels sagt, der Kapitalismus macht aus dem Proletariat eine "ent-
menschte, degradierte, intellektuell und moralisch zur Bestialität herabge-
würdigte, körperlich kränkliche Rasse" (ebenda,S.46).

Marx sagt, die Arbeiter sind "defiziente Normalsubjekte". Marxistische Sozialforscher sehen - wie Marx und Engels - in den wirklichen Arbeitern
keine Menschen, sondern höchstens Träger von Klassenbewußtsein. So wie
sie tatsächlich sind und leben, sind sie in den Augen der traditionellen
Marxisten moralisch und intellektuell heruntergekommen, bestenfalls klein-
bürgerlich in ihrer Lebensweise, ihrer Kultur und in ihren Anschauungen
(O.Rühle,1977). So wie Arbeiter sind, sind sie keine richtigen Arbeiter,
im Sinne der Theorie. Arbeiter, die im Sinne des Marxisten als solche gel-

ten, sind klassenbewußt. Die Theorie schreibt vor, wie dieses Klassenbewußtsein sich äußern muß, theoretisch und sprachlich. Hier wird der Standpunkt des intellektuellen Denkens genauso für die Arbeiter verallgemeinert wie bei den sogenannten bürgerlichen Sozialforschern. Eine Sache, oder besser: gesellschaftliche und persönliche Zusammenhänge auf den Begriff bringen zu können zeichnet den, der Klassenbewußtsein hat, aus. Wie er das tut, wird durch die marxistische Theorie und Methode vorgeschrieben.

Es ist hier dasselbe wie mit der bürgerlichen Sozialforschung: beide gehen mit einer fertigen Theorie, die sich Akademiker über die Lage der Arbeitenden gebildet haben, an die Menschen heran - und hören ihnen garnicht mehr zu. Das wäre etwas, was linke Intellektuelle als erstes lernen müßten: zuhören, Fragen beantworten, nicht welche stellen. Auch sie zerbrechen sich dagegen den Kopf - wie die bürgerliche Sozialforschung - welchen Einfluß sie möglicherweise durch ihre Methoden ausüben und wie sie diesen ausschalten können. Ergebnis: am wenigsten Einfluß hat scheinbar der, der vorher weiß, was Ergebnis der Untersuchung sein soll und wie er alles andere ausschaltet. Doch der Anspruch der 'linken' Theorie ist höher als der der bürgerlichen: sie will sich in der Praxis bewähren, aus der Massenwirkung scheinbar ihre Berechtigung ableiten. Es geht ihr ständig darum, "die Kategorien der Kritik der Politischen Ökonomie nach unten, zu den wirklichen Erfahrungen der Massen hin, zu öffnen." (Berger 1974, S.10)

An diesem Anspruch scheitert sie durch eben diesen Anspruch: es geht eben nicht darum, die Theorie und deren Kategorien nach unten zu öffnen, sondern sie von unten zu entwickeln. "Statt an das wirkliche Verständnis der arbeitenden Klassen von der gesellschaftlichen Gliederung anzuknüpfen" (ebenda), wird die eigene Führungsfunktion vor die Spontaneität der Arbeiter und deren Anschauungen gestellt. Es geht diesen Linken, wie den Arbeitern, um ein Dach über dem Kopf und um satt zu essen - aber sie geben es nicht zu und reden stattdessen unablässig davon, daß ihre Theorie sich "als Organisator proletarischer Erfahrungen zu bewähren" hat. Sie errichten ganze Stammbaum-Theoriegebäude der Arbeiterbewegung, um sich darin häuslich einzurichten und ihre Positionen in der beruflichen Hierarchie auszubauen.

Das wär's, worüber sie reden könnten mit Arbeitern, daß sie auch ihre Schwierigkeiten haben, für ihr Leben zu sorgen, ihre Arbeit zu behalten, weiterzukommen. Da würden die Arbeiter ganz andere Sachen erzählen als auf theoretische Fragen. Es ist zu hoffen, was Berger in diesem Fall empfiehlt (oder befürchtet): "Kein ZK wird dieser akademischen Theorie zur Massenwirkung verhelfen". (ebenda, S.10)

Eine Sozialgeschichte, die die spezifischen Erfahrungen und Aktionsformen proletarischer Menschen 'von unten' her beschreibt und analysiert, gibt es bisher nur in wenigen Ansätzen; meist bleibt es eine theoretische Forderung.

Es gibt in der Bundesrepublik bis zum Beginn der 70er Jahre zahlreiche soziologische Untersuchungen, die mit empirischen Daten die Arbeits- und Lebenssituation der Industriearbeiter zu erfassen versuchen   . Häufig wurden die proletarischen Erfahrungen auf einzelne Daten reduziert, die im Leben der Betroffenen nicht vorkommen oder zwischen denen andere Zusammenhänge bestehen als in der wissenschaftlichen Untersuchung hergestellt werden. Bei marxistischen Theoretikern werden vorgefundene Bewußtseinsstrukturen mit - positivistischen - Abstraktionen von 'Arbeiter-

klasse' und 'Klassenbewußtsein' konfrontiert, die ein intellektuelles Erkenntnisinteresse ausdrücken. Sie entspringen nicht dem praktischen Interesse und der Sympathie und Liebe zu den betroffenen Menschen.
Im Vordergrund steht meistens die Arbeitssituation, die Reaktion der Arbeiter auf den 'technischen Wandel' - hinter dem sich in Wirklichkeit wirtschaftliche und technische Rationalisierungsmaßnahmen verbergen - und
das Gesellschaftsbild des Arbeiters, das, unabhängig von der spezifischen Befragungssituation und dem Mißtrauen von Arbeitern gegenüber (Betriebs-) Soziologen, verallgemeinert wird.

Mit Hilfe (bornierter) empirischer Methoden werden die Arbeiter zergliedert in 'Fließbandarbeiter', 'Facharbeiter', 'Hilfsarbeiter' und andere Kategorien; der einzelne Arbeiter interessiert nur als 'Datenträger', als 'Repräsentant einer bestimmten Kategorie'. (W.Rieland, 1979, S.255)

Obwohl der einzelne Arbeiter befragt wird, geht es garnicht um ihn als
'einzelnen Arbeiter'; Persönliches und Charakteristisches, wie einer sich
als Teil der Masse der Arbeiter und Arbeiterinnen begreift, wie Geschichte erlebt wird, wie einer, der täglich im Arbeitsprozeß der Industrie steckt,
kritisch seinem Leben gegenübersteht, wie armselig er sich fühlt, fällt
unter den Tisch der 'Objektivität' empirischer Forschungsmethoden. Die
Worte, die Arbeiter da über ihr Leben verlieren (!), sind unwichtig.
Dabei sind die verkürzten Ergebnisse nicht nur auf das methodische
Instrumentarium zurückzuführen, sondern vor allem auf die Fragestellung und das dahinter stehende Interesse:

"Was wir wissen wollen, erschöpft sich nicht in dem, was die Sozialforschung
gewöhnlich als 'Daten' zu ermitteln pflegt. In diesen 'Daten' nämlich sind
von der erforschten Wirklichkeit gerade die Momente ausgeklammert, die gesellschaftliche Bewegungen, Entwicklungen und Veränderungen zum Inhalt
haben. Die Liebe der Sozialforschung zur Mathematik macht sie unfähig, andere Fragestellungen zu entfalten als die, die über die engen Grenzen sta-
tistischer Intelligenz nicht hinausgehen... Ihr 'Grundmodell für soziales
Handeln' ist der 'Kaufakt' auf dem kapitalistischen Markt, wo nur das zählt,
was ein festes Maß hat." (W.Rieland, 1979, S.253)
Hierin zeigt sich eine Gleichgültigkeit, die gegenüber ihren eigenen elemen-
taren Lebensinteressen nicht gleichgültig ist, sie vielmehr genau kennt
und wahrnimmt. Es sind Forschungs- und Verwertungsinteressen mit dem
Ziel, interessante Veröffentlichungen herauszugeben.

So entsteht mit der 'Verwissenschaftlichung' wichtiger Lebensbereiche von
Arbeitern dasselbe Phänomen wie mit ihrer Arbeitskraft und Lebenskultur
durch den disziplinierten Arbeitstag und den - auf der Grundlage wissenschaftlicher Untersuchungen eingeführten - Arbeitsrhythmus in der Industrie: Wissenschaftler beziehen ihre Existenzgrundlage - wie Unternehmer
und Kapitalgesellschaften - aus der Arbeit proletarischer Menschen, die
nichts anderes zum Lebensunterhalt haben als ihre Arbeitskraft. *Wie
Arbeiter im Arbeitsvertrag und -prozeß nur als Faktor Arbeitskraft exi-
stent sind, kommen sie in wissenschaftlichen Untersuchungen nur als 'For-
schungsobjekt' vor.*

Frauen, die selbst aus diesem Arbeitermilieu zur Hochschule gekommen
sind, um mehr zu wissen und auch, um anders zu leben - empfinden es,
wenn da über *den* Arbeiter und sein Bewußtsein verfügt wird wie über
einen Gegenstand, als persönliche Kränkung, als Betrug. Und sie spüren im Verhalten von Studenten, Assistenten und Professoren ihnen gegenüber dieselbe distanzierte und verständnislose Haltung für sie als
Menschen, wie sie bei Sozialforschern gegenüber Arbeitern zum Ausdruck

kommt (vgl. Lucia H. und Elisabeth H. im Anhang).

Für die meisten Frauen war es eine der schlimmsten Erfahrungen, daß sich an der Hochschule niemand für ihre Geldsorgen, ihre Wohnungssituation, für ihre andere Art der Sprache und ihr normales Alltagsleben interessierte; vor allem aber auch: daß ihrem Wissensdrang an der Universität mit Gleichgültigkeit begegnet wurde. Sie erfuhren sich wie der Arbeiter und die Arbeiterin im Betrieb als austauschbares Rädchen. Für einige Frauen war das oft der Grund, da gar nicht mehr hinzugehen - sondern für sich alleine zu lesen und zu arbeiten, oder allmählich ganz aufzuhören (Hanne M., siehe Anhang). Elisabeths und Lucias Erfahrungen, daß im Seminar über ihren Kopf hinweg von Arbeiterkindern, deren Milieu und Erziehung gesprochen wird und sie selbst mit ihren konkreten Problemen oder ihrem Wissen 'abgewimmelt' werden, stehen beispielhaft für die Erfahrungen der anderen. Immer wieder wurde mir berichtet, daß sie gerade in den Seminaren, in denen es eigentlich um sie hätte gehen können, - nämlich Seminare zum Thema Arbeiterbewußtsein, -erziehung usw. - gemerkt haben, daß ihre konkreten Erfahrungen zwar manchmal bereitwillig aufgegriffen wurden, sich dann aber in Zusammenhängen oder in Veröffentlichungen wiederfanden, die ihnen nichts nützten, ja, von denen sie meistens sogar ausgeschlossen waren. Eine Professorin, mit der ich einmal über meine Erfahrungen sprach, nannte ihr Verwertungsinteresse beim Namen:

"Du sagst, du hättest es garnicht anders gekonnt (als über deine Erfahrungen zu schreiben), obwohl du ... sagst, daß es garnicht leicht ist (im Wissenschaftsbetrieb), von den eigenen Erfahrungen auszugehen. Daß aber, so hab ich das ja in meiner Beziehung zu dir erfahren, - daß dann die Er-

Arbeiter in ihrer 'Freizeit' auf dem Land: Beschäftigung mit nützlichen Dingen

fahrungen, die du erzählst, daß die sozusagen wiederum ausgebeutet werden? Verwertet werden als Material zur Veranschaulichung, aber auch zur Veränderung des Denkens? *Ich könnte mir vorstellen, daß dieses 'aha! jetzt kommt endlich mal eine, die hat Primärerfahrungen' diese Zoo-Situation schafft, – daß das eigentlich ne 'Surplus-Befriedigung' bei Intellektuellen ist..."*

Sylvia E. (Berlin) berichtete über ihre Erfahrungen: "...Da kommt ...so'n Gefühl rauf, *daß die eigentlich nicht den Arbeiter mit sein' Qualitäten als Eigenschaft gemeint haben, als den wirklich wichtigen,* sondern den Arbeiter ..., der also Dinge macht, die sie für wichtig halten, also im Grunde genommen *den idealen Arbeiter mit dem revolutionären Bewußtsein.* "

In einem Gespräch, in dem sie über ihre Erfahrungen mit Eltern und Bekannten, die Arbeiter sind, spricht, wird sie zurechtgewiesen. "... ja, ich könnt nich von mein' ... meim Einzelbeispiel ausgehn, sondern ich müßt mir die Statistiken angucken ne, und das fand ich einfach ne Unverschämtheit ... Und so, diese Grundhaltung, die is ziemlich oft dagewesen so, so ungefähr, also als wenn die Leute, die Statistiken und die Bücher kenn', besser Bescheid wüßten als die Leute, die da herkomm' ne..."

Lebensabend einer 90jährigen Arbeiterfrau

Ihr Hinweis auf die Herkunft, mit dem sie ihre Sprachlosigkeit erklären will, wird als 'Koketterie' abgetan: "Und das andre war, also in 'er Wohngemeinschaft warn zwei Leute ... die also auf der ein' Seite eben so ganz stark so'n Widerwillen gegen Intellektuelle, also gegen Leute, die viel reden, – so im Grunde genommen so'n emotionales Gefühl für Arbeiter entwickelt hatten ne. So, als wenn se Arbeiter gut und wichtig und richtig finden,... darin seh' ich so'n Gerechtigkeitssinn, der dahinter wäre und so 'ne Mitmenschlichkeit.

Auf der andern Seite aber eben *im konkreten Fall, wenn ich mich an bestimmten Stellen nich' mehr richtig ausdrücken konnte, nämlich dann, wenn die mir autoritär gekommen sind,* dann bin ich total ins Schleudern gekommen, entweder hab ich garnix gesagt oder ich hab das nur unartikuliert, nur irgendwie rumgebrüllt oder so ne ... Und das hab ich dann irgendwann mal dem einen von den beiden gesagt, daß das ja auch z. B. mit durch meine Herkunft kommt, ... daß .. so bestimmte Schwierigkeiten, die ich habe, ja ... das is ... der Anteil meiner Herkunft.

Und das warn ... Leute, die sich eigentlich mit, äh, mit Leuten ausnandersetzen wollten, beruflich, denen das aufgrund ihrer Herkunft, äh, schlecht geht ne. Aber im konkreten Fall bei mir, da is das ... so abgetan worden als irgendso'ne eitle Koketterie dann ne...

Und das ... is'n Widerspruch und da is irgendwo ne Lüge, – irgendwo

Arbeiter(leben) nach Feierabend: Kaninchenzucht

wird was vorgegeben, was ...nich hinhaut ne. Und das is nich der, *das is die Liebe zur Theorie* und das is nich die Liebe zu dem Arbeiter oder zu den Massen oder *das is nich die Liebe zum Menschen oder nich der Gerechtigkeitssinn,* den ich eigentlich da vermutet hätte, früher mal ne".

Wissenschaft und Theorie sind für die meisten studierenden Arbeitertöchter, mit denen ich zu tun hatte - nicht nur für diejenigen von ihnen, die in dieser Arbeit zu Wort kommen, - etwas, das mit dem eigenen Leben zu tun hat. Arbeit, Leben und 'Theorie' lassen sich bei ihnen nicht trennen.

Agnes O.: "... das Gefühl hatte ich bei dem (..) immer, daß der im Grunde Wissenschaft unabhängig nahm von sich, daß ich genau das immer kritisiert hab, - die Referate, die er machte, die hatten nie 'n Bezug zu sich selber, er hat nie eigene Erfahrungen aufarbeiten können. Also irgendwo lehne ich das ab im Grunde, wenn jemand so mittelschichtorientierte Theorie nimmt, Wissenschaft als etwas, was nicht mit Leben zu tun hat... aber *normalerweise is das ja der ganz tagtägliche Wissenschaftsbetrieb. Das, was da an Theorie verhackstückt wird, von den meisten garnicht so als Selbsterwerb gesehn wird.* Gut, man macht da Forschung, als Professor oder als Assistent,...man macht Seminare, *in erster Linie als Gelderwerb,* aber nich,um da jetzt eigne Erfahrungen aufzuarbeiten. *Die Theorien,* die man sich aufgrund von erlebten Erfahrungen aneignen kann, sind *gründlicher,* die sitzen tiefer in dir drin."

Im Verhältnis von Wissenschaftlern zu dem, was sie an proletarisierten Menschen 'erforschen', zeigt sich ihre 'Unabhängigkeit' und Fremdheit gegenüber ihrem Forschungsgegenstand. So wie die Arbeitsverhältnisse derer, mit denen sie es als 'Datenträger' ihrer Fragebögen und Leitfäden zu tun haben, nur von außen betrachtet werden, wird auch das Privatleben mit Maßstäben der bürgerlichen Kultur gemessen. Schon die Trennung

von Arbeit und Freizeit/Privatleben zeigt diesen Maßstab: im Arbeiterleben hängt das private Leben so untrennbar mit der Arbeit zusammen, daß
in Wirklichkeit von einem einheitlichen Lebenszusammenhang gesprochen
werden muß. Die Sozialforscher machen Trennungen und Einschnitte, wo
keine sind. Arbeitsleben und 'Freizeit' nach der Arbeit sind dadurch gekennzeichnet, daß die Menschen sich herumschlagen müssen, um ihre primitivsten und elementarsten Bedürfnisse durchzusetzen, und um einen
Rest an Zeit und Raum für sich zu erhalten, in dem sie sich ausruhen können.

Vom wissenschaftlichen Standpunkt erscheint das, was Arbeiter in ihrer
Freizeit tun, bloß als bedürfnisloser und oft als 'apathisch' bezeichneter
Massenkonsum. Auch da wird wieder zergliedert in die qualifizierten Facharbeiter, die mit ihrer Freizeit immerhin noch soviel anzufangen wissen,
daß sie sich in ihrer Freizeit 'dem langen Arm der Arbeit entziehen', einem Hobby nachgehen, lesen, Freunde besuchen oder Bekannte bei sich
haben, ins Kino gehen; während bei den ungelernten Arbeitern die als
'unausweichlich erlebte Arbeitssituation' die Ansprüche an das Privatleben
bis zur Bedürfnislosigkeit zusammenschrumpfen läßt. "Die Monotonie der
Berufsarbeit setzt sich in der von Passivität gekennzeichneten Gleichför-
migkeit der 'Freizeit' fort. *Man lebt nicht, man läßt sich leben*". (Bericht
über eine Bremer Forschungsgruppe der Dt.Forschungsgemeinschaft,Prof.
M.Osterland,in München 1978; Hervorhebg. von der Verf.)

In einem Projekt, das Studenten in Berlin mit Arbeitern des 'Märkischen
Viertel' gemacht haben, wird das Mißtrauen 'hinterrücks verwertet und
anonym verwurstet zu werden', von den Betroffenen offenkundig geäußert,
und daraus resultierende Konflikte von Arbeiterinnen und Arbeitern mit

27

Studenten offen ausgetragen. Die Verständigungsschwierigkeiten wurden
in die Studie als Material aufgenommen. Die Arbeiter des Wohnviertels
schrieben eine 'Anklage gegen die Studenten' und bestanden darauf "Jetzt
reden wir!"; "Jetzt laß doch jeden seine Ansicht aufschreibn..."; "...
laß doch genau die unterschiedlichen Meinungen auftauchen, genau in dieser Schärfe!" (Irene Rakowitz, in: Jetzt reden wir, Berlin 1975, S.7)

Sie bestanden außerdem darauf, daß ihre Äußerungen nicht beschönigt
und daß kritische Äußerungen nicht korrigiert wurden.
Schließlich erkannten die an der Studie beteiligten Studenten: "Wir denken über Handeln nach, das nicht unser eigenes ist. Wir erwarten von der
Bevölkerung, daß sie unmittelbar für unsere Interessen handelt, wir selbst
sind dazu kaum in der Lage... Leben aus zweiter Hand. Wir erwarten, daß
die Bevölkerung für uns handelt und *uns* aus unserer Lage befreit. Gleichzeitig verhalten wir uns so, als müßten wir *für* sie denken. Wir bemühen
uns, ihr Bewußtsein zu analysieren... Wir verarbeiten theoretisch ihr Handeln..." (1975,S.117)

Was die im Viertel wohnenden Arbeiter den Studenten zum Vorwurf machten, war, daß die Intellektuellen und Studenten bei ihnen 'eben mal vor-
beigucken' und ihnen sagen wollen, was sie wie zu tun haben - aber weder an ihrer tagtäglichen Arbeits-, noch an ihrer Wohnsituation teilhaben:
"Ja, kuck mal: zum Beispiel wie ich immer erwartet hatte, daß Leute, wie
Studenten ... die kann im MV (Märkischen Viertel) engagieren, und das
sich so als Arbeitsfeld, ...daß die dann schlichtweg hier *reinziehn ins MV!*
Und auch all die Belastung ertragen ... um uns eben auch viel besser von
daher zu verstehn, nich? Denn viele Dinge erwachsen einfach aus der Tatsache, daß wir sie am eigenen Leib erfahrn! ... *Wir müssen hier häng*
bleibn und wenns noch so dick kommt, verstehste?... Wir könn uns dem
Problem nicht entziehn und das könn *die* immer noch! Wenns dicke kam,
warn die einfach über Nacht verschwunden, nich? Weg warn se! *Die ham*

nich ausgehalten. Und das is etwas, was ich ihnen echt zum Vorwurf mache. Aber andrerseits groß krähn und uns erzähln wolln, *wie wir* wat zu machn habn..." (Wohnste sozial...,1975,S.139)

Es wird an den Auseinandersetzungen zwischen intellektuellen Studenten und den Arbeitern des Wohnviertels klar, daß die Menschen ihr Handeln nicht selbst bestimmen können, sondern daß die Umstände, unter denen sie leben und arbeiten, sie bestimmen. Und daß die Trennung in wissenschaftliche Studie/Politik und Alltag der Arbeiter an deren Situation garnichts verändert. In dieser Studie wird deutlich, daß Arbeiter für sich selbst reden können und dies auch - öffentlich - tun, wenn sie Gelegenheit dazu erhalten; in anderen Studien, die mit distanzierten Interview-Techniken vorgehen, weigerten sich Arbeiter, sich von Sozialforschern bewegen zu lassen, Auskünfte über ihre Lebens- und Arbeitssituation, über ihr Bewußtsein zu geben (vgl. H.Berger,1974). Das Vertrauen der Arbeiter gegenüber der Wissenschaft hat dort seine Grenzen, wo sie ihnen mit distanzierten und exakten Methoden begegnet, die sie festlegt und bei ihnen Assoziationen an wissenschaftliche Methoden hervorruft,die sie am eigenen Leib ausprobieren dürfen: in Gestalt neuer und schnellerer Arbeitsrhythmen, zum Beispiel. Ihre Weigerung ist nichts anderes als Ausdruck ihres Realitätssinns.

Das waren übrigens auch die Schwierigkeiten, die ich hatte, wenn ich den Frauen mit Begriffen und bestimmten, von mir ausgedachten, Fragestellungen kam. Da merkte ich sofort ihre Unlust und Weigerung, mit mir zu reden. Was sie viel mehr interessierte, waren ihre akuten Alltagsprobleme, ihre Wut, Isolation, Probleme in der Freundschaft oder Ehe, Sorgen um den Arbeitsplatz. Immer, wenn ich davon abwich, weil ich mich mal wieder den Zwängen und den Begriffen der wissenschaftlichen Forschung unterwarf, ergaben sich Verständigungsschwierigkeiten. Deren Folge war meistens der Rückgriff auf eingefahrene Verhaltensweisen, die so aussahen, daß wir erstmal 'sprachlos' waren, nicht mehr miteinander reden konnten.Sie reagierten auf meinen Versuch,sie 'auszufragen' oder 'festzulegen', indem sie sich zurückzogen oder - da sie mich mit der Zeit gut kannten - mich spaßhaft kritisierten und schließlich taten, was sie wollten. Oft war es auch so, daß sie einfach mit mir zusammensein und Spaß haben wollten, wohingegen ich sie vor allem ausfragen wollte. Bis ich merkte, daß es nicht geht; bis ich merkte, daß sie - und eigentlich auch ich, auch mit dieser Arbeit - lernen wollten, Spaß und Freude zu erleben. Oder eben einfach: zusammen zu sein. Ohne Fragen. Ohne von früher zu sprechen.

2. Proletarische Erfahrungen wehren sich gegen herkömmliche Wissenschaft (liche Methoden)

Weder für die 'Humanisierung der Arbeitswelt' noch für die politische Bildung von Arbeitern und Arbeiterinnen in der Gewerkschaft lieferten die empirischen Untersuchungen brauchbares Material, das Angehörigen der Arbeiterklasse geholfen hätte, ihre Situation menschlicher zu gestalten. Dazu muß gesagt werden, daß dies auch nicht die Absicht der zahllosen empirischen Untersuchungen war.

Im Rahmen der gewerkschaftlichen Bildung von 'Arbeitnehmern' hat sich in den letzten Jahren eine breite Diskussion über die Bedeutung der 'Alltagserfahrungen als Lernstoff' (B.Mahnkopf) entwickelt. Damit rückten die politischen Inhalte der Arbeitergeschichte – die nicht identisch ist mit der 'Geschichte der Arbeiterbewegung' –, besonders der Arbeiterkultur und der persönlichen Lebensgeschichte des einzelnen Arbeiters, in den Vordergrund der Arbeiterbildung. Die Betonung lag jetzt auf der 'individuellen Biografie' (Mahnkopf) von Arbeitern, in deren Verlauf Erfahrungen der Entwertung eigener Fähigkeiten im industriellen Arbeitsprozeß – auch Fähigkeiten der Kooperation – und der Zerstörung spontaner gefühlsmäßiger Verweigerungsstrategien gemacht werden. Diese Erfahrungen bestimmen den klassenspezifischen Aufbau von Erfahrung und Erziehung bei Arbeitern. Bildungsprozesse und Politisierungsmaßnahmen setzten hingegen meist zu abstrakt an allgemeinen wirtschaftlichen und geschichtlichen Entwicklungslinien an. Sie gingen von einem 'allgemeinen, kollektiven Arbeiter' aus, den es im Bewußtsein des einzelnen Arbeiters, wenn, dann überhaupt nur in enger Beziehung zu seinem persönlichen Leben, gibt.
"Allzuhäufig wurden proletarische Erfahrungen auf lernrelevante Zusammenhänge verkürzt und fielen einer bloßen Subsumtionsgier (von Erfahrungen unter abstrakte, theoretische Zusammenhänge, die Verf.) zum Opfer. Theorie wurde so vermittelt, daß die Betroffenen in den 'Ableitungen' ihre eigenen Erfahrungen nicht wiedererkennen konnten." (Birgit Mahnkopf 1978,S.87;vgl. Lucia H. u. Elisabeth H. im Anhang)
Daß diese Erfahrung auch für Arbeitertöchter zutrifft, die mit der theoretischen Art und Weise, einen Gegenstand zu behandeln, durch ihr Studium vertrauter sind als Arbeiter, – die den ganzen Tag körperlich arbeiten und im Arbeitsprozeß ständig daran gehindert werden, ihre geistigen Vorstellungen, ihre Fertigkeiten im Arbeitsprozeß umzusetzen – ist an den zuvor dargestellten Äußerungen der Frauen deutlich geworden.
Für sie gilt in ähnlicher Weise wie für Arbeiter, daß viele ihrer eigenen Erfahrungen in der theoretischen Vermittlung an der Hochschule verkehrt und für sie zu einer fremden Sache werden, von der sie nur noch intuitiv wissen, daß sie etwas mit ihnen zu tun haben soll. Sie greifen die abstrakten Begriffe über Arbeiterleben und -bewußtsein auf und assoziieren ihre Erfahrungen. In unseren Gesprächen wurde ihnen bewußt, daß diese Art der Assoziation von Begriffen und andersartigen Erfahrungen eine Widerstandsform gegen herrschende Lehrmeinungen ist; und daß sie dadurch oft in Außenseiterposition geraten, auf die sie abwechselnd mit gefühlsmäßigen (Wut-)Ausbrüchen und Rückziehern reagieren.

Soweit sie in Berührung kamen mit der Studentenbewegung der 60er Jahre, gerieten sie in den Widerspruch, sich in dieser kollektiven Protestbewegung einerseits 'aufgehoben' zu fühlen: "... ich dachte, ...wir sind

ne riesengroße Gemeinschaft ne. Vor allem brauchte man's nicht fordern,
das war selbstverständlich" (Roswitha M., siehe Anhang), ein Gefühl,
das ihnen vertraut war von dem Zusammengehörigkeitsgefühl der Arbeiterfamilie; auch von dem dort praktizierten 'handwerklichen' Arbeits- und
Lebensprinzip, wo jeder jedem zur Hand geht, alle an einem Stück arbeiten im Zusammenhang mit den anderen (was einzelne Tätigkeiten ebenso
betrifft wie den Lebensunterhalt der ganzen Familie). Andererseits machten sie die gegenteilige Erfahrung, daß sie trotz dieses wiedergefundenen
Bedürfnisses nach Zugehörigkeit sich von ihrer Sprache, ihrer oft impulsiven und witzigen Art entfremden mußten; daß intellektuelle Studenten
und Professoren sie oft garnicht verstanden oder ihr Verhalten als auf-
dringlich und 'etwas schamlos' (Roswitha M.) betrachten, "... weil ich
dazu neige, Gefühle offen auszudrücken, körperlich auszudrücken..."
(ebenda, siehe Anhang). Die anderen drücken ihre Gefühle entweder garnicht oder mit gewählten Worten aus. "...Und da kam ich drauf, daß
meine Form, mich zu wehrn, – z.B. Gesichter schneiden, mich abzuwenden, Flunsch zu ziehn, Tür schmeißen   also 's warn alles so Formen von
zu Hause, ... wie ich mich wehre oder mich entziehe, daß die, – die gingen nich, die gehn auch hier in diesem Rahmen, wo ich jetzt lebe, gehn
die nich. Das gehört sich nich. *Man diskutiert.*" (Roswitha M., s.Anhang)

Ähnliche Konflikte spielten auch zwischen Studenten und Arbeitern in der
'Studentenbewegung' eine Rolle: Das Charakteristische der Prostestbewe-
gung Intellektueller in den 60er Jahren bestand darin, daß Studenten zumeist bürgerlicher Herkunft Theorien des Kapitalismus und Sozialismus
lasen und weiterentwickelten, die praktische Veränderung der Gesellschaft
aber von den Arbeitern erwarteten. Sie wendeten sich gegen dogmatische
bürgerliche und marxistische Theorien; wollten aus ihrer Enttäuschung
mit 'technokratischen' Ausbildungsverhältnissen an der Massenuniversität heraus eine totale Umwälzung mit Hilfe abstrakt-theoretischer Analysen erreichen, die sie arbeitenden Menschen in der Fabrik und auf der
Straße als 'objektiv notwendige' Einsichten vermittelten. Aber sie hatten
kein Verhältnis zu diesen Menschen. Sie jagten ihnen Angst ein mit ihren
politischen Parolen. Sie redeten immer von 'Arbeitermassen' und wollten
nicht sehen, daß Arbeiter *Menschen* mit eigenen Neigungen und Qualitäten sind. Sie verkehrten die Reduktion des Menschen auf 'das Individuum',
die die bürgerliche Theorie vornimmt, einfach ins Gegenteil und machten
aus den Arbeitern und kleinen Angestellten eine 'Masse'. Sie selbst wollten aber im Kampf gegen die Massenuniversität gerade ihre Individualität
bewahren und erweitern. Sie nannten die Universität 'Untertanenfabrik'
S.Leibfried) und erwarteten Solidarität von denen, die aufgrund ihrer
theoretischen Analyse noch 'untertäniger' arbeiteten und lebten und die
die Studenten meistens weder verstanden, noch mit ihnen etwas zu tun haben wollten. Mit dieser 'führungsabhängigen Politisierungsstrategie' wollten sie an klassische Organisationsmodelle der Arbeiterbewegung anknüp-
fen, die durch den Führungsstil der Nazizeit weitgehend abgelöst wurden.

Die Führungsrolle, die Studenten den Arbeitern gegenüber einnehmen
wollten, wurde von diesen genau wie von den Frauen aus dem Arbeitermilieu, die mittlerweile in der Hochschule diese Erfahrung machten, als
intellektuelle Arroganz und autoritäres Verhalten empfunden und abgelehnt.

Solche und ähnliche Erfahrungen waren es auch, die zum Überdenken von
Bildungskonzepten führten, sowohl in der Hochschule, wo zunehmend brei-
tere Schichten von Studenten aus proletarischen und kleinbürgerlichen
Verhältnissen ihren Unmut über abstrakte Wissensvermittlung äußerten

(oder ihre Weigerung durch Unlust und Sprachlosigkeit zeigten);
als auch in den Gewerkschaften und anderen Einrichtungen der Erwachsenenbildung, wo allmählich ersichtlich wurde, daß den 'Arbeitnehmern'
eine ihnen fremde (Bildungs-) Kultur aufgedrängt wurde, die deren eigene
Artikulationsformen und schließlich deren Wißbegierde immer mehr ver-
drängten und verstummen ließen.

Oft waren es Intellektuelle, die aus ihren Erfahrungen, daß Arbeiter ihre
Aufforderung nach Solidarisierung mit ihrer Studentensituation und ihren
Appellen an klassenbewußtes Handeln mißtrauisch begegneten, lernen
wollten.

So schreibt Birgit Mahnkopf in ihren Überlegungen über die Bedeutung,
die proletarische Kultur und Lebensgeschichte für die Arbeiterbildung
haben kann, daß Arbeiter sehr häufig indirekte und informelle 'Strategien' der Verweigerung und des Protests anwenden. Sie werden - wie Roswitha M. ihr Verhalten im Gegensatz zu bürgerlichem und intellektuellem
Verhalten charakterisierte - nicht in Worte gefaßt, 'man diskutiert' nicht
darüber, sondern macht es. Arbeiter mühen sich nicht ab, die richtigen
Begriffe 'in den Griff zu kriegen', sondern handeln.

"... sie bilden durch ihre spezifische informelle Struktur zugleich einen
Kommunikationszusammenhang, der prinzipiell zu Gegenwehrmaßnahmen
benutzt werden kann. Dieser informelle Charakter kann zugleich als zentra-
les Unterscheidungsmerkmal proletarischer Kultur gegenüber den formalen Strukturen der bürgerlichen Lebensweise verstanden werden, als ein
kulturelles Muster, das jedoch in dem institutionellen Ausdruck der 'Kultur des Arbeitsplatzes': den Gewerkschaften,nur auf der unteren Ebene
wiederzufinden ist." (B.Mahnkopf,1978,S.115)

Persönlicher Kontakt und Vertrauen spielen bei politischem Bewußtsein,
gemeinsamem Lernen und Handeln von Arbeitern ebenso eine große Rolle wie bei ihren studierenden Arbeitertöchtern. Bewußtseinsprozesse laufen nicht - nur - über den Kopf, sondern über direkte menschliche Beziehungen, Gefühle und lebendige Ausdrucksformen. Die bürgerliche Bildung und Kultur geht - so wie sie in Institutionen der Arbeiterbildung in
den Parteien und Gewerkschaften, in Schule und Hochschule vermittelt
wird - auf diese Bedürfnisse nicht ein.

"Die zeitraubenden Praktiken informeller Kommunikation werden in den
Auseinandersetzungen zwischen Gewerkschaften und Unternehmern ebenso selten angewandt wie expressive sprachliche und nicht-verbale Symbo-
lisierungen von Gegenwehr, die für die Struktur der Arbeiter typisch
sind ... Arbeiter verstehen Doppeldeutigkeiten und unterschwellige Be-
deutungen der körperlichen und verbalen Symbolik. So wird z.B. über
die Personalisierung von Sachverhalten Solidarität gefestigt ...(und es
fällt z.B. auf), daß die Arbeiter ... häufig auf Sprichworte zurückgreifen, ... Redewendungen in geschickter Variation so wiederholen, daß
komplexe Sachverhalte mit nur wenigen Worten sehr plastisch dargestellt
werden ..." (B.Mahnkopf,1978,S.115)

Als Forderung für zukünftige Arbeiterbildung formuliert B.Mahnkopf daher, daß diese 'Kompetenzen', die in der Arbeiterkultur ausgebildet worden sind, und die im Laufe eines Arbeiterlebens jeweils neu erworben werden müssen, aufgegriffen werden.

Proletarische Erfahrungen sind im Sinne der gesellschaftlichen Vernunft
und der abstrakten Logik, die die Wissenschaft beherrscht, unorganisiert.
Sie sperren sich gegen methodische und begriffliche Zwänge.

Das Konkrete, das in erzählten proletarischen Lebensgeschichten zum Ausdruck kommt, ist für die bürgerliche (Sozial-) Forschung totes Material. Sie kann Konkretes, das sich ungebrochen äußert, nicht gebrauchen. Konkrete Artikulationsformen lassen sich nicht verwerten. Sie drücken ein Geschichtsbewußtsein aus, das auf die empirischen Voraussetzungen des eigenen Lebens anschaulich und lebendig eingeht. Das ist gefährlich, weil sie damit direkt ins tägliche Leben der Betroffenen vorstoßen. Sie berühren den Menschen selbst und lösen dadurch Betroffenheit aus, die unmittelbar existentielle Auswirkungen haben kann.

Damit widersprechen sie konsequent der intellektuellen Einbildung, die sich zum Sprachrohr der 'stummen Masse' machen will. Jene besagt, daß das, was uns täglich betrifft, nur auf Umwegen, eben theoretisch vermittelt, zur Sprache kommen darf. Das wiederum bedeutet, daß wir uns von unseren Erfahrungen entfernen müssen.

Vor einiger Zeit war die fast unwidersprochene Tendenz der sozialwissenschaftlichen Forschung, besondere Untersuchungen über die Arbeits- und Lebensbedingungen von Arbeitern mit Hilfe standardisierter oder vorfixierter Fragebögen zu machen. Die Begründung lautete, daß es für die knappe Ausdrucksweise von Arbeitern die geeignetste Methode sei, wenn sie nur auf Alternativfragen zu antworten brauchten. (Vgl. dazu H.Berger,1974, bes. S.92)

Ende der sechziger Jahre rückte die lebensgeschichtliche Erfahrung in das Blickfeld der Sozialforschung. Der verengte Erfahrungsbegriff der Wissenschaft hatte sich für die qualitative - den Menschen umfassende - (Lebens-) Erfahrung als verkürzt erwiesen. Statt gesetzmäßiger Zusammenhänge über Arbeitsbedingungen, Lebensweise und Bewußtsein waren bestenfalls sozialstatistische Daten herausgekommen, die die Wirklichkeit auf quantitativ meßbare Resultate vereinfachten und historische, das heißt auch, lebensgeschichtliche Prozesse, Veränderungen und Widersprüche, nicht erfassen konnten.

"Die meisten Befragungen - auch Intensivinterviews - hatten dieses Ziel nicht. Gefragt wurde nicht nach Erlebnissen, Erinnerungen, Zukunftsbildern. Vielmehr wurden allgemeine Fragen gestellt, auf die mit einem verallgemeinerten, d.h. von jeweiligen Ereignissen und Erlebnissen abgehobenen Urteil geantwortet werden sollte. Wenn der Befragte dann eine Anekdote einflocht, so nahm man das als willkommene Zugabe, bei der Auswertung fiel sie freilich unter den Tisch" (H.P.Bahrdt,1975,S.13/14).

Soziologische Denkweise zeichnet sich demgegenüber jedoch dadurch aus, daß wir "Geschichte und persönlichen Lebenslauf und ihre Verbindungen in der Gesellschaft ... erfassen" (C.W.Mills,1963,S.42) und "unser stoffliches Interesse ... gerade auf diese konkreten Momente" (Th.W.Adorno, 1973) konzentrieren.

Das heißt, "es ist ganz müßig und leer, von dem Wesen ... der Gesellschaft (deren objektiven Bewegungsgesetzen) zu reden, wenn diese Gesetze nicht in den Phänomenen .." im Leben des einzelnen Menschen "sichtbar gemacht werden ... Wenn man nicht an diesem Satz (von Hegel), daß das Wesen erscheinen muß, eine sehr strenge Maxime der Selbstkritik macht, ... dann (steht) die theoretische Soziologie in Gefahr, wirklich in leere Selbstanschauung und erstarrte Klischees von oben her zu geraten". (Th. W.Adorno,1973,S.22/23)

Was in den Lebensäußerungen der proletarischen Menschen zum Vorschein kommt und von der Sozialwissenschaft als 'Anekdoten' aufgefaßt wird, ist

die besondere Weise, in der Arbeiter und Arbeiterinnen fühlen und artikulieren, was in ihrer Arbeit und in ihren menschlichen Beziehungen tatsächlich geschieht. Sie *praktizieren* das 'Prinzip der soziologischen Denkweise'
(Mills) und des 'exemplarischen Lernens' (Negt), indem sie durch das Erzählen beispielhafter Situationen und Geschichten ihre alltägliche und direkte Erfahrung der materiellen und kulturellen Ausbeutung darstellen.

In ihrer Erzählform spiegelt sich die tägliche, sinnlich erfahrene und die
geschichtliche Enteignung ihrer Arbeits- und Lebenskraft wider. In dieser Form können sie ihre kollektiven Erfahrungen ausdrücken und im Gedächtnis behalten.

H.P.Bahrdt sieht in der Artikulationsform 'Erzählung' einen Wesenszug der
"unteren Schichten des Volkes, damit auch der Arbeiterschaft" und meint,
daß sie "dort die wichtigste Art der Reflexion und der Aktualisierung von
Identität " sei.

In Wirklichkeit drückt sich darin aus, daß der frühere - einheitliche - Lebenszusammenhang verlorengegangen ist und daß sie nun von der herrschenden Kultur nur als 'Ware Arbeitskraft' und damit als 'bloßes Anhängsel der industriellen Maschinerie' behandelt werden. Die Erzählung beinhaltet Wissen und Erfahrungen, welche im Arbeitsprozeß nicht (mehr) gebraucht werden. In ihr drückt sich die Unterwerfung der eigenen Fähigkeiten unter die Norm ... abstrakter Arbeit (Krovoza) anschaulich aus.
Sie ist die fast einzige Möglichkeit, sich einen Rest an lebendiger Erfahrung und Menschlichkeit zu bewahren und sich gegenseitig diese gemeinsame Erfahrung zu bestätigen. Es ist eine Möglichkeit, die Sinne proletarischer Menschen sprechen zu lassen. Ihre Sinnlichkeit wird ja fast völlig
vom industriellen Arbeitsprozeß und Arbeitsrhythmus beherrscht.Der ver-
bleibende Rest wird in der Freizeit von der Unterhaltungsindustrie 'gekauft'. Sie wird verkitscht, damit Menschen, die so zu arbeiten gezwungen sind, jeden Tag wieder zur Arbeit gehen und sich auf die 'Erholung'
vor dem Fernsehapparat, im Urlaub, freuen. Die Lebenszeit wird fast ausschließlich zur Arbeitszeit. Proletarische Menschen können - auch in der
freien Zeit - nach abstumpfender Arbeit nicht müßig sein, nachdenken,
sich Wissen aneignen. Mit dem Erzählen der Erfahrungen und Empfindungen, die die Menschen machen, eignen sie sich ein Stück ihrer Lebenszeit und ihres Könnens an, die im Arbeitsprozeß der Arbeits-Zeit-Norm
untergeordnet werden.

Bürgerliche Sozialwissenschaftler erklären diese Überlebensstrategie zum
Wesen der Arbeiterschaft,und halten sie so in einer gesellschaftlich und
historisch entstandenen 'Arbeiterkultur' wie in einem Getto gefangen.Es
geht ihnen nicht um Produktionsformen im Leben der Arbeiterschaft, die
weiterentwickelt werden müssen, sondern um ein wissenschaftliches For-
schungsfeld, das die materielle Existenz der Wissenschaftler absichert.
Es scheint, als könnte der bürgerliche Mensch nichts unversucht lassen,
um sich zur eigenen Existenzsicherung und Bestätigung der eigenen Lei-
stungsfähigkeit (menschliche) Natur und Lebensformen anzueignen,die er
(noch) nicht besitzt.

Auf die Idee, von den Menschen, die sich in Erzählungen über ihr Leben
äußern, etwas für *ihr* Leben zu lernen, kommen Wissenschaftler nicht.

Die in Untersuchungen überwiegend benutzte Frageform assoziieren proletarische Menschen mit der typisch bürokratischen Manier, sie auszufragen. Die Bürokratie, wie überhaupt die bürgerliche Öffentlichkeit - der
Betrieb mit seinen Vorgesetzten ist in erster Linie Teil dieser Öffentlichkeit - behandelt sie als Einzelwesen. Ihre Ausbeutung als Produzenten wie

als Konsumenten wird durch die 'Individualisierung' optimiert.

Arbeiter und Arbeiterinnen bewahren als Alternative dazu eine Kultur,in der sie sich als Menschen gegenübertreten und sich als solche behandeln. Bürgerliche Sozialwissenschaftler verwerten diese menschlichen Lebens- und Äußerungsformen. Das Ziel ist die Verfeinerung des Ausbeutungsin- strumentariums. Die persönlichen Erlebnisse und Erfahrungen von prole- tarischen Menschen werden von der herrschenden Klasse gesellschaflich besetzt und als Machtmittel gegen sie benutzt (Betriebssoziologie, Arbeits- und Kulturwissenschaften).

Das Gehirn körperlich arbeitender Menschen wird rationalisiert, mit ande- ren Worten: für den Arbeitsprozeß überflüssiges Wissen wird 'stillgelegt' und letztlich sogar abgetötet. Was dazu führt, daß Fähigkeiten wie Schrei- ben, Lesen, Erzählen - alles, was die Phantasie betrifft, also nicht den lo- gischen und rationalen Strukturen des industriellen Produktionsprozesses entspricht - verkümmern. Fähigkeiten, die nicht industriell verwertbar sind, werden systematisch zerstört.

Wenn jetzt erzählte Lebensgeschichten von Arbeitern und Arbeiterinnen wichtig geworden sind, dann nicht, weil sich darin existentiell Erlebtes äußert, sondern weil sie aufgrund der veränderten wirtschaftlichen Lage vorgeblich zu einer "zum mindesten zeitweiligen 'Individualisierung' ge- zwungen sind, wie wir sie als charakteristisch für eine bürgerliche Exi- stenz annehmen". (H.P.Bahrdt,1975,S.10)

'Individualisierung' wird hier in Anführungszeichen gesetzt, weil von Le- bensgestaltung nach persönlichen Bedürfnissen und Interessen gar nicht die Rede sein kann und das auch gar nicht beabsichtigt ist. Vielmehr geht es darum, daß jeder Arbeiter und jede Arbeiterin ganz 'individuell' die Ko- sten für die Auswirkungen der industriellen Arbeits-Zeit-Normen und der betrieblichen Erfahrungen übernehmen, - angesichts zunehmender Ratio- nalisierungsmaßnahmen und Arbeitslosigkeit eine wichtige Präventivmaß- nahme, die sozialen Protest und Sozialstaat-Forderungen seitens der Aus- gebeuteten verhindern sollen.

Eine Wissenschaft, die es tatsächlich ernst meint mit ihrem emanzipatori- schen Anspruch, daß sich die Theorie an der Praxis ausweisen muß und nur von dort ihre Berechtigung erfährt,muß anerkennen, *daß proletari- sche Menschen ihre eigenen Theoretiker sind.* Sie muß deren Theoriebil- dung aufgreifen und sie bei wirklichen Problemen, die sie in ihrem Alltags- leben haben, unterstützen. Die 'proletarische Theorie' verläuft unabhän- gig zur wissenschaftlichen Begründung. Daher kann die Bedeutung wis- senschaftlicher Theorie nicht darin bestehen, sie in die Köpfe der prole- tarischen Menschen hineinzuzwingen, sondern den von ihnen selbständig eingeschlagenen Weg zu unterstützen. (A.Brandenburg,1977)

Proletarische Theorie entsteht bei den gegenwärtigen gesellschaftlichen Verhältnissen aus dem täglich am eigenen Leib erlebten Verschleiß mensch- licher Arbeits- und Lebenskraft und aus der Existenzangst. Sie ist die Re- aktion auf die Negation des Menschen in industrieller Arbeit, die ihn zu ei- nem 'Rädchen im Getriebe' macht. Nicht nur, daß sein Körper und seine Lebenslust täglich vernichtet werden. Es wird ihm auch fast unmöglich ge- macht, menschliche Arbeitsbedingungen herzustellen. Der ständig drohen- de Verlust des Arbeitsplatzes hält ihn in einem Teufelskreis, in dem ihm seine Bedürfnisse, menschlich zu arbeiten und zu leben, abgekauft wer- den; was bedeutet, daß Arbeiter sich möglichst dadurch unentbehrlich für den Betrieb machen können, daß sie zu perfekten Befehlsempfängern

werden. Über die Organisation und Ausgestaltung der eigenen Arbeit und des eigenen Lebens nachzudenken und zu sprechen, ist für ihr reibungs- loses Funktionieren hinderlich und wird deshalb verboten.

Das sind die Voraussetzungen dafür, daß sie auf die Arbeitskollegen als Menschen angewiesen sind, die sich gegenseitig, ohne große Worte zu ma- chen, 'unter die Arme greifen'. Ebenso ist es im 'Privatleben': proletari- scher Lebenszusammenhang heißt, daß die Menschen zum eigenen Lebens- unterhalt unweigerlich, nicht 'aus freien Stücken', aufeinander angewiesen sind. Das ist so selbstverständlich, daß sie darüber nicht reden. Das Han- deln ersetzt das Reden. Wenn geredet wird, dann im direkten Zusammen- hang mit praktischen Tätigkeiten. Proletarische Theorie drückt sich darin aus, daß etwas geschieht, daß 'Hand angelegt wird'. So ist auch das viel- fach beobachtete 'explosive' Reden, das Gestikulieren, sich gegenseitig An- packen, Ausdruck ihrer Hände Arbeit, ihrer körperlichen Anstrengung und ihrer Existenzangst. Sie macht die Menschen nervös und führt zu dem impulsiv geäußerten Bedürfnis, sich am anderen Menschen zu versichern.

In einer Lebenssituation, in der den Menschen fast täglich der 'Verstand geraubt' wird bei der Arbeit und in der ihnen immer wieder 'der Boden un- ter den Füßen weggezogen' oder zumindest damit gedroht wird, greifen sie auf ihre Sinne zurück. Daß auch ihre Sinne im Arbeitsprozeß zerstört wer- den und sie unfähig gemacht werden, nachzudenken und menschlich mitei- nander umzugehen, ist nicht durch Kopfarbeit und durch ein wie auch im- mer formuliertes wissenschaftliches Konzept aufzuheben. *Wissenschaftliche Konzepte potenzieren die Zerstörung der Wahrnehmungs- und Erfahrungs- möglichkeiten sowie der Denkfähigkeit, die proletarische Menschen zum Le- ben brauchen. Vielmehr müssen die Menschen aus ihren Lebensumständen zu eigenen Einsichten kommen, was bedeutet, daß sie ihre Probleme prak- tisch lösen müssen.* Diese Probleme sind so vielfältig, daß sie von wissen- schaftlichen Theorien gar nicht erfaßt werden können. Die Theorien pro- letarischer Menschen gehen aus ihren eigenen Problemen und sozialen Be- ziehungen hervor; sie lassen sich nicht auf *den* Begriff bringen. Ihre Lo- gik ist so vieldeutig wie die zugrundeliegenden Erfahrungen.

Das wiederum bedeutet, daß die Untersuchungsmethode nicht wissenschaft- lich konstruiert werden darf, - nach scheinbar exakten und allgemeinen me- thodologischen Regeln.

"... es gibt keine 'wissenschaftliche Methode'; es gibt kein einzelnes Ver- fahren oder eine Regelmenge, die ... garantiert, daß sie 'wissenschaftlich' und damit vertrauenswürdig wäre. Jedes Projekt, jedes Verfahren muß nach seinen eigenen Kriterien und nach Maßstäben beurteilt werden, die dem jeweiligen Gegenstand entsprechen ... heute müssen wir Wissenschaft be- treiben, ohne auf irgendeine wohldefinierte und stabile 'wissenschaftliche Methode' vertrauen zu können". (P.Feyerabend,1977,S.39/40)

Arbeiter bedürfen außer ihrer Erfahrung und außer den Schlüssen, die sie aus ihren Erfahrungen ziehen können, keiner - wissenschaftlichen - Autorität. *Sie sind in ihrer Praxis ihre eigenen Theoretiker.*

Marxistische Sozialwissenschaftler gehen ebenso wie bürgerliche Wissen- schaftler über die Interessen und Bedürfnisse proletarischer Menschen hin- weg. Ihnen wird "... das Gesellschaftsbewußtsein von proletarischen Klas- sen nur theoretisch, (d.h. scheinbar, die Verf.) zum Problem. Es gibt lange Abhandlungen über die apriorische Struktur von Klassenbewußtsein und die allgemeinen Bedingungen seiner Entfaltung ... (aber) Im Gegen- satz zur Entstehungsphase sozialistischer Theorien, die sich durch enge Bindung an Klassenkampfpraxis und Denken der proletarisierten Schich-

ten auszeichnet, ist ihre gegenwärtige Lage in der BRD die eines Wasser-
kopfes ... Weder Begrifflichkeit noch leitende marxistische Theoreme knüpfen gegenwärtig an Erfahrungen der unterdrückten Klassen an, die Theorie
bewegt sich in Randbezirken der bürgerlichen Öffentlichkeit und in intellektuellen Gegenkulturen. Damit der Marxismus nicht zur akademischen
Lehrmeinung und zur theoretischen Orientierungskrücke eines linken Bildungsbürgertums verkommt, muß er sich als *organisierendes Gesellschaftsverständnis* unterdrückter Klassen bewähren". (H.Berger,1974,S.10;11/12,
siehe auch A.Brandenburg)

Bürgerliche wie marxistische Wissenschaftler stricken an der Entmündigung
des proletarischen Menschen. Anstatt ihn alleine als kompetent für seine
Erfahrungen und seinen Lebenszusammenhang anzusehen, behandeln sie
ihn wie eine 'Modifikation' des Menschen.Während die einen ihn blindlings
gesellschaftlichen Verwertungsinteressen unterwerfen und seine konkreten
Erfahrungen zur weiteren Stabilisierung seiner 'Unterdrückung' auswerten,
behandeln die anderen ihn als exotisches Wesen, dem das richtige Bewußtsein durch eine intellektuelle Avantgarde erst beigebracht werden muß.

Das geschichtliche Bewußtsein und die politischen Orientierungen, die die
Betroffenen durch ihren privaten Lebensweg entwickeln, wird durch bürgerliche und/oder intellektuelle Kategorien sortiert und 'auf den Begriff'
gebracht.

Folgerichtig wird auch angenommen, daß proletarische Menschen nicht in
der Lage sind, die eigene Lebensgeschichte so zu begreifen, daß sie die
– für den Wissenschaftler – wichtigen kollektiven Erfahrungen ihrer Klasse
zum Ausdruck bringen. Die Strukturierung der Lebensgeschichte als gesellschaftlich und historisch bedingte erfolgt durch den Wissenschaftler.
Damit wird Arbeitern und ihren Kindern ihre Lebensgeschichte als von ihnen gemachte und erfahrene Geschichte konkreter Erlebnisse von Unterdrückung, Niederlagen und bewiesener Stärke wieder aus der Hand genommen.

Arbeiter, ihre Frauen und Kinder wissen sehr genau um ihre Lebensumstände; sie erkennen in ihrem Alltagsleben, daß es Dinge gibt, die wichtiger sind als Konsumgüter wie Wohnungseinrichtung, Fernsehapparat,Auto.
Aber sie erkennen sehr nüchtern, daß es für sie kaum eine Möglichkeit
gibt, ihre Interessen zu entwickeln und zu verwirklichen. Darüberhinaus
ist es schwierig, sich nach vielen Stunden zermürbender und nervenaufrei-
bender Arbeit am Tag Anregungen zu holen, sich in irgendeine Richtung
sinnvoll zu betätigen und zu bewegen.

Praktische Anregungen und Hilfe, die sie mit ihren Mitteln leisten können,
das verstehen Arbeiter. Und darüber reden sie, wenn sie reden.Nur, wenn
man von diesen praktischen Erfahrungen und Bedürfnissen ausgeht, kann
man sich mit ihnen verständigen. Nur dann hat die Analyse ihrer Arbeits-
und Lebenssituation einen Sinn.

"Die wissenschaftliche Anstrengung kann sich als emanzipatorisch nur dann
bewähren und legitimieren, wenn sie zur Bewältigung lebenspraktischer
Probleme beizutragen versucht ... *Die Wissenschaftler müssen ... daran
arbeiten, Wissenschaft als Praxis einer privilegierten Minderheit dieser Gesellschaft über die Mehrheit der abhängig arbeitenden Menschen überflüssig zu machen"* (C.Hagemann-White/R.Wolff,1975,S.306).

Was für die Untersuchungsmethode bedeutet, daß man von den Regeln ausgehen muß, nach denen die Menschen in ihrem Alltagshandeln über soziale Erfahrungen sprechen.

Arbeitermädchen um 1934

Arbeitermädchen um 1979

Für mich war mein Studium und meine wissenschaftliche Arbeit wie für viele der Arbeitertöchter mit der Entfremdung gegenüber meiner früheren Lebenswelt verbunden. Das hatte Vor- und Nachteile.

Der Vorteil bestand darin, daß alles nicht mehr so greifbar war und ich mich für etwas Besseres halten konnte. Ich konnte mit Büchern unter dem Arm in der Straßenbahn oder in einem Cafe sitzen, ohne die Menschen um mich herum wahrzunehmen, mit ihnen reden zu müssen. Ich konnte mir einbilden, daß ich jemand war, der sich von ihnen unterschied, dadurch, daß er Theorien im Kopf hatte oder Bücher, in denen Theoretisches stand, in den Händen trug.

Der Nachteil war, daß ich mich trotzdem weiterhin mit Praktischem herumschlug, für dessen sinnvolle Bearbeitung und Lösung mir das Handwerkszeug fehlte. Theorien nützten mir nicht viel, - inzwischen fehlten mir die Menschen, mit denen ich früher eine Sache gemeinsam angepackt hatte. Ich kam mir selbst fremd vor: aus Lebenszusammenhängen herausgerissen, in denen es üblich war, eine Sache gemeinsam zu besprechen und anzupacken. Ich hatte nicht das Gefühl, daß mein Wissen von denjenigen, mit denen ich jetzt lebte, besonders anerkannt wurde. Ich konnte mich nicht distanziert gegenüber dem Wissen, das ich mir aneignete, verhalten. Ich konnte nicht abstrakt denken und auch nicht geschliffene und umständliche Aussagen machen. Ich beherrschte die Begriffe und Konstruktionen nicht, die dafür nötig waren, - vielmehr beherrschten sie mich.

Ich wurde immer mehr zum isolierten Einzelwesen.

Ich betrachtete im Laufe der Jahre unsere sozialen Verhaltensweisen in der Arbeiterfamilie mit den Augen der allgemeinen und anerkannten Normen als Charakterlosigkeit und persönliche Unfähigkeit. Ich empfand das, was ich erlebt hatte, als Last, die ich abschütteln mußte. Ich mußte mich entscheiden zwischen meinen gemachten Erfahrungen und theoretischen Sichtweisen, Begriffsapparaten. Diese Entscheidung bereitete mir Kopfzerbrechen und führte nicht weiter.

Allmählich begriff ich, daß ich meine Zeit - und meine Lebendigkeit - damit verlor, mich auf Denken anstelle von praktischem Handeln zu spezialisieren. Vor allem aber wurde mir bewußt, wieviel ich von Menschen gelernt hatte, die praktisch arbeiteten.

Sie eigneten sich ihre Kenntnisse im Arbeitsprozeß aufgrund ihrer Erfahrung und darüber hinausgehendes Wissen mit Wißbegierde aus ihrem eigenen Lebensinteresse an - und genauso vital und lebendig gaben sie es weiter. Ihre Kenntnisse und ihr Verstand waren lebendig.

Es war eine Lust, ihnen zuzuhören.

Ich begriff allmählich, wie wertvoll ihr Wissen war und wieviele ihrer Fähigkeiten, ihres Wissens und ihrer Phantasie brachliegen.

Ich begriff, daß Intellektuelle nicht über praktische Erfahrungen verfügen, die sie zwingen zu handeln. Sie können sich nur abstrakt ausdrücken, weil sie es nicht gewohnt sind, praktisch zu handeln. Ich merkte, daß der Zweck des Lernens darin besteht, Menschen wie Dinge zu beschauen und über sie nachzudenken.

Im Studium wurde das Menschliche totgeredet. Ja, es wurde nicht nur totgeredet - sollte nicht nur in starre (Begriffs-)Systeme sich einordnen lassen, sondern es wurde regelrecht totgeschwiegen. Als existiere es gar nicht. Menschliches Leben besteht an der Hochschule aus Denk- und Begriffssystemen.

Diese Arbeit ist der Prozeß meiner Befreiung aus erstarrten Denkmustern und Verhaltensregeln in zwischenmenschlichen Beziehungen. Ich lernte (im Verlauf dieser Arbeit) aus dem engen Zusammensein mit Frauen, die sich in einer ähnlichen Lage befinden wie ich, die aufgezwungene Zurückhaltung abzulegen und zu mir zurückzufinden. Sie alle haben mich in diesem Lernprozeß unterstützt und weitergebracht, - auch durch ihr Nicht-Einverständnis mit meiner Sichtweise, durch ihre andersartigen Lernprozesse.

Meine vorherigen Versuche, alleine durch das Dickicht von unterdrückter Sinnlichkeit und Lebendigkeit zu freieren, ungezwungeneren Ausdrucksformen zu finden, waren Voraussetzung, aber sie endeten in Knoten, die ich als 'Einzelkämpferin' nicht lösen konnte. Indem die Frauen mich immer wieder ermutigten und selbst Lernprozesse machten, begann ich, meine Entwicklung als eine von vielen zu sehen. Für diese Art der Erfahrung und des Lernens gibt es keine Organisation. Wir haben unsere Erfahrungen nicht organisiert, - und damit einer Organisationsdisziplin, methodischen Verfahrensregeln untergeordnet. Wir haben gemeinsame Erfahrungen gemacht und Entscheidungen getroffen. Wo praktische Hilfe notwendig war, haben wir geholfen. Unsere Kraft vervielfacht und damit unsere Identität gestärkt.

"Individuelle Geschichte ist Geschichte im eigentlichen Sinne"

(K.Holzkamp/U.H.-Osterkamp,1977,S.279). Dieser Satz steht im Zentrum der Ausführungen, die K.Holzkamp und U.Holzkamp-Osterkamp vom Standpunkt der kritischen Psychologie zu dem 'Fall' eines Arbeiterjungen machen, der aufgrund seiner Klassenherkunft am Gymnasium scheitert (Der Fall wird dargestellt von M.Kappeler). Hier wird das Verdienst der kritischen Psychologie deutlich, die den Lebensweg und das Schicksal eines Menschen "als individuellen Aspekt gesellschaftlich-historischer Prozesse unter konkreten klassen- und standortspezifischen Lebensbedingungen" begreift; und damit zeigt, daß "die Gesetzmäßigkeiten gesellschaftlich-historischer Prozesse" (S.279) auch Erfahrungs- und Lernprozesse des einzelnen Menschen in seiner Lebensgeschichte umfassen. Die Lebensgeschichte eines Menschen wird unter den Bedingungen der bürgerlichen Gesellschaft zur Klassengeschichte. Diese Betrachtungsweise schließt die Besonderheiten der persönlichen Erfahrungen und Entwicklung nicht aus; sie erlaubt nicht - wie es bei den heute bestimmenden Vorbildern der Sozialwissenschaft üblich ist -, die gesellschaftliche und die persönliche Geschichte zu trennen oder diese jener unterzuordnen. Die Lebensgeschichte eines Menschen darf in einer Klassengesellschaft nicht von der Klassenlage, in der der Mensch lebt, abgetrennt werden (vgl.ebenda,S.160ff).

Allerdings läuft die Krit. Psychologie Gefahr,Lernprozesse,die ein Mensch in seinem Leben macht, als Lernprozesse in ganz bestimmter Absicht zu sehen: als Lernprozesse zum Klassenbewußtsein; oder wie es Holzkamp in seinem Buch 'Sinnliche Erkenntnis' nennt, als Lernprozesse,die zu'begreifendem Erkennen' und 'kritischer Praxis' führen *müssen*.Entsprechend sind die Schritte,die dieser Arbeiterjunge machte,zu einer Bewegung hingeführt worden, die es zur Zeit der Therapie dieses Jungen in der Bundesrepublik gab: der Studenten- und Schülerbewegung. Holzkamp geht nun keineswegs so weit, daß er für jeden auf dem Gymnasium scheiternden Arbeiterjungen fordert, dieser solle sich einer Schülerbewegung anschließen; da man sie ja nicht 'aus dem Boden stampfen kann', wenn die gesellschaftliche Situation nicht danach ist. Somit bleibt er bei der Feststellung,daß dies ein 'realhistorischer Gelegenheitsfall' war (vgl. Kappeler/Holzkamp, H.-Osterkamp,1977,S.279). Aber da die Kritischen Psychologen – im Gegensatz zur bürgerlichen Psychologie – nicht von persönlichen Zufälligkeiten, sondern gesellschaftlich-historischen, objektiven Gesetzmäßigkeiten ausgehen,kommen sie zu dem Schluß, daß aus dieser Therapie – oder besser aus der Lebensgeschichte des Jungen – für andere 'Fälle' etwas zu lernen, d.h. verallgemeinerbar sein muß, was über die konkrete historische Ausgangslage, die auf jeden Fall Ausgangspunkt sein muß, hinausgeht: Es muß etwas sein, was in Richtung 'begreifendes Erkennen' der eigenen Lebenslage und 'produktive Motivation' geht: Es ist "die Erweiterung der Bündnisbasis über das therapeutische Bündnis hinaus auf den organisierten Zusammenschluß mit Individuen gleicher objektiver Interessenlage" (S.281). Daß der Arbeiterjunge an den Ereignissen um die Besetzung des Georg-von-Rauch-Hauses durch proletarische Jugendliche interessiert war, wird in der Analyse von Holzkamp/H.-Osterkamp hochstilisiert zum organisierten Zusammenschluß,der für begreifendes Erkennen eines Jungen aus der Arbeiterklasse die richtige Praxis und insofern die produktive, individuelle Weiterentwicklung ist. Was wäre gewesen, wenn der Junge sich nur mit jemand anderem gut verstanden hätte und so weitergekommen wäre, oder wenn er mit einem anderen Arbeiterjungen rechtzeitig hätte reden können? Überhaupt ist in dem Buch viel von taktischem Verhalten die Rede, so, als ginge es in dem persönlichen Fall des Jungen um Klassenkampfstrategien. Wie sehr diese materialistische Interpretation eines Lebens'schicksals' auf salbungsvolle Interpretationen und Rechtfertigungen angewiesen ist, wie sehr sie jeden Schritt,den sie in die eigentlich der bürgerlichen Theorie vorbehaltene Richtung tut, absichern muß, geht auch aus Bemerkungen hervor, in denen das Anfertigen eines Gutachtens für den Schulrat,in dem die Schwierigkeiten des Jungen als persönliche erscheinen,auch wieder als taktisches Verhalten abgesichert wird, wie auch aus Nachbemerkungen über die Therapie dieses Jungen,die den Verweis des Jungen von der Schule als Konsequenz von 'in höherem Grade 'begreifender' Lebenspraxis unter den realhistorischen Bedingungen L's in der Schülerbewegung war'.

Hier werden Lernprozesse des Jungen – oder besser: seine Erfahrung, daß er in der Schule machen kann, was er will, und doch immer unangenehm auffällt – bis er schließlich abgeht, mit Begriffen 'begriffen', die für seine Lebenslage und Bedürfnisse viel zu hoch gegriffen sind.

Begreifendes Erkennen, oder klassenbewußt-reflektierte/nicht reflektierte machen aus widersprüchlichen und ganz alltäglichen Prozessen und Entscheidungen – die vom Einzelnen gar nicht immer bewußt getroffen werden, sondern sich oft aus der Situation ergeben, gradlinige Lernprozesse, die scheinbar mit Willen und Bewußtsein gemacht werden. Reflektieren heißt für Bürgerliche, sich aus der eigenen Lage herausarbeiten, seinen Objektstatus aufheben, dadurch, daß man reflektiert. Und das heißt: nicht einfach über sein Leben nachdenken, sondern sich selbst in – öffentlich anerkannter Weise, in diesem Fall von intellektuellen Vertretern der Arbeiterbewegung(sgeschichte) öffentlich anerkannter Weise – darzustellen. Sicher: im bürgerlichen Leben hilft diese Art des Reflektierens zum Verändern der eigenen Lage. Sie ist Grundlage des Verkaufens und Tauschens, – nur für die – gute – Selbstdarstellung Aufpoliertes wird gekauft; nur in dieser Weise Reflektiertes zählt.

Allerdings wird individuelle Geschichte hier als Geschichte im eigentlichen Sinne nur dann begriffen, wenn sie Lernprozesse zum Klassenbewußtsein enthält. Persönliche Entwicklungen eines Menschen, auch Erfahrungen des

Scheiterns, werden theoretisch so auf'gemotzt', daß auch sie noch als notwendige Durchgangsstadien des 'begreifenden Erkennens' der eigenen Lebenslage erscheinen.

Ähnlich wie in der Kritischen Psychologie der Fall dieses Arbeiterjungen benutzt wird, um die eigene Theorie zu rechtfertigen und anzuwenden (für die materialistische Theorie steckt ihre Existenzberechtigung in der praktischen Massenwirkung!), geschieht es auch in zahlreichen 'Theorien der proletarischen Selbstdarstellung' (vgl. W.Emmerich,1974/75;L.Ziegenbalg/ P.Noller/H.Reinicke,1979). Da werden die klassenbewußt-reflektierten fein säuberlich von den nicht-reflektierten, an die gegebenen Verhältnisse Angepaßten geschieden. Erstere sind demnach propagandistische Aufklärungsbücher für die Arbeiterbewegung, die als Kampfschriften gegen die herrschende Klasse - oft im Auftrag der Partei - verfaßt wurden; letztere sind - meistens von Frauen - aus der "Perspektive des Opfers, des Objekts der Geschichte" geschrieben worden (Emmerich,1974,S.24).

Abgesehen davon, daß hier das Bedürfnis eines Menschen, sich über sein Leben klar zu werden, verwechselt wird mit seiner Wirkung auf andere Arbeiter und Arbeiterfrauen, die es lesen, wird auch das Nachdenken, das Bedürfnis, etwas loszuwerden, sich etwas von der Seele zu reden oder zu schreiben, mit dem bürgerlichen Bedürfnis verwechselt, nicht Objekt, sondern Subjekt der Geschichte zu sein. Die Einbildung von Bürgerlichen, sie könnten durch Nachdenken und Reflektieren, durch ständiges Betonen ihres ICH sich selbst zum Subjekt der gesellschaftlichen Verhältnisse und der Geschichte machen, - diese Einbildung geistert durch ihre Ideologie und Wissenschaft, mit der sie auch das Leben und Denken von Arbeitern 'reflektieren'. Dadurch wird das, was ein Mensch wirklich denkt, - also zum Beispiel, wenn eine Arbeiterfrau mir ihre Geschichte erzählt, und dabei immer wieder sagt "Also,- ich könnte Romane schreiben!" - umgekehrt in die absichtsvolle Veränderung ihres Lebensschicksals und sogar in die revolutionär-didaktische Absicht. Das wird ihr unterstellt,- auch dann, wenn gesagt wird, sie wäre nicht klassenbewußt und würde sich nicht im Sinne der revolutionären Gesellschaftsveränderung, der Arbeiterbewegung, äußern.

Obrigkeitsstaatliches Denken zeigt sich nicht nur im Denken vieler Arbeiter, - auch der sozialdemokratisch und/oder gewerkschaftlich organisierten, sondern auch im intellektuellen Hochmut, mit dem den Äußerungen von Arbeitern begegnet wird. Da wird der kleinbürgerliche, oft religiöse Geist, den viele Arbeiter haben, wenn sie andererseits auch oft gegen die Verhältnisse angehen, ersetzt durch den 'Weltgeist' der bürgerlich-revolutionären Theorie, dem sich die Arbeiter unterwerfen sollen.

"Hier wird die individuelle Lebensgeschichte als Teil und Beispiel der sozialen Bewegung dem Ganzen subsumiert. Phänomenologische Alltagsbeschreibungen gehen nur dann in den Erfahrungsbereich ein, wenn hierdurch der Lernprozeß zum Klassenbewußtsein, der "eherne" Gang des organisierten Proletariats zur "größten" der Parteien pointiert wird" (L.Ziegenbalg/P.Noller/H.Reinicke,1979,S.8).

Lernprozesse - auch das ist schon ein Begriff, der das Nachdenken eines Arbeiters oder einer Arbeiterfrau garnicht unbedingt trifft, wenn sie sagen "was hab' ich in meinem Leben schon gehabt, was war überhaupt mein Leben?" und dann anfangen, zu erzählen oder sogar aufzuschreiben, was aber die wenigsten tun werden. Lernprozesse - oft ist es auch zu spät, zu lernen, oft haben die Verhältnisse den Menschen eingeholt, haben sie überholt, was er durch Denken und eigenständiges Handeln überhaupt noch aufholen könnte. Daß ein Mensch einfach scheitern kann an den Verhältnissen, in denen er lebt und auch zugrunde gehen kann - warum kann das nicht sein? Glauben diejenigen, die soviel von Organisation des Proletariats und von der organisierenden Aufgabe proletarischer Erfahrungen, die die Theorie scheinbar haben soll, - glauben die tatsächlich daran, daß das Scheitern dadurch verhindert wird? Und: wem dient z.b. Adelheid Popp, wenn sie ihre Lebenserinnerungen aufschreibt, in zensiertér Form schon August Bebel ihr Leben erzählt, der es dann noch einmal im Sinne der sozialdemokratischen Partei mit ihrer Vorliebe für die bürgerliche Bildung zurechtstutzt? Das 'dienende Bewußtsein' der Marie Wegrainer, die ihr Leben lang Dienstmädchen war und irgendwann begann, ihr Leben aufzuschreiben, wenn der Mann zur Arbeit war, wird bei Adelheid Popp ersetzt durch das 'dienende Bewußtsein', die Dankbarkeit gegenüber der Sozialdemokratie und der 'Bewegung'. "Wie die Dienstfrau die Übernahme bürgerlicher Unterdrückungsmentalität als Freiheit innerhalb ihres Schicksals auffaßt, so die Proletarierinnen den Bildungsstand der Bourgeoisie. In der Übernahme der repressiven Öffentlichkeit, in Familienmoral und hierarchischem Organisationsdenken treffen sich beide Seiten wieder" (Ziegenbalg u.a.,S.11).

Man muß
erkennen, daß nicht alles machbar ist
die Partei, - die dialektische Theorie von Klassenbewußtsein,
Klassenkampf verkennt, was das Proletariat für machbar und
möglich hält.

Gerade das dogmatische Vorgehen begrenzt das Machbare
klassenbewußtes Handeln ist das, was gemeinsam möglich ist.
Nicht prinzipiell
alles wollen und begreifen.

Zur 'Methode' der 'erzählten Lebensgeschichte' -
auch 'soziobiographische Methode' genannt

'Erzählte Lebensgeschichte' ist der wissenschaftliche Ausdruck für das unserer Erfahrung eher entsprechende: 'wir können besser im vertrauten Umgang über unser Leben sprechen'. Das eine ist aus der wissenschaftlichen Distanz heraus formuliert, dennoch gegenüber allen anderen empirischen Methoden ein ungeheurer Fortschritt. Das andere geht nur, wenn gemeinsame Erfahrungen vorliegen.
Die Frauen, mit denen ich gesprochen habe, haben keinen Lebensbericht abgegeben, sondern Erfahrungen verarbeitet, mit mir zusammen. Ich habe oft meine Beiträge aus dem Text gestrichen, weil es uns darauf ankam, daß eben das, was sonst verschwiegen oder zerstörerisch behandelt wird, einmal (un-unterbrochen) ungebrochen zur Sprache kommt; und weil ich im übrigen den Vorteil habe, meine Erfahrungen im Gesamtzusammenhang der Arbeit darstellen und verarbeiten zu können. Aus diesem Grunde habe ich meine Biografie als Beispiel einer 'assoziativen und proletarischen Theoriebildung' in den 'theoretischen' Teil der Arbeit gestellt. Dort gehört er hin, dort werden auch Äußerungen der übrigen - und der im Materialanhang vorgestellten - Frauen zu finden sein.
Natürlich ist nicht nur meine Biografie ein Beispiel der Theoriefindung, wie sie uns entspricht, sondern auch die übrigen Berichte und Gespräche. Durch den Gesprächscharakter wird der Suchprozeß, wird die Ar-

beit und Mühe deutlich, die in unserer Art der Theoriebildung stecken; und es wird an mehreren Stellen deutlich, daß wir diese Theorie nicht alleine entwickeln können, sondern nur gemeinsam - in unsere Erfahrungen verwoben.

Ein Beispiel proletarischer 'Theoriebildung':

Ich erzählte einer Frau, die ich zufällig im Buchladen traf, von meiner Arbeit. Ich sagte ihr, wie wir Frauen, die aus proletarischen Lebenszusammenhängen an die Hochschule gekommen sind, dort mit unserer Sinnlichkeit, unserem Drang nach Lebendigkeit und Lebensfreude und unserem Wunsch, einer Sache 'auf den Grund' zu gehen, abgewiegelt werden. 'Frauen aus dem Proletariat an der Hochschule? Das ist ja ein ganz schöner Widerspruch!' antwortete sie und lachte dabei. 'Ja', sagte ich, 'das stimmt'.

Dieser Widerspruch zog sich durch meine ganze Arbeit. Angefangen hatte er weit früher. Aber bewußt wurde er mir erst, als ich an der Hochschule arbeitete, um meinen Lebensunterhalt zu verdienen.

Ich kam mir, als ich an der Hochschule arbeitete, vorgekommen wie jemand, der es nicht gelernt hat, nichts zu tun, sondern der unentwegt für andere - die das Nichtstun viel besser beherrschen - mitarbeitet; sich ihre Probleme auflädt, weil sie - komischerweise - immer Zeit hat, anderen zuzuhören.

Der sich andererseits aber- trotz dieser guten, qualitativen Arbeitsweise - wie ein 'Mülleimer' vorkommt, in den andere ihre bedrückenden Erfahrungen abladen.

Ich hatte diese Art, aus Stücken von Erfahrungen anderer wieder etwas Ganzes, Brauchbares herzustellen, in der Arbeiterfamilie zur Genüge kennengelernt und praktiziert. Dort kam ich mir oft genauso als Mülleimer vor, weil in dieser Hinsicht alles auf den Schultern meiner Mutter und auf meinen ruhte. Frauen in Arbeiterfamilien bekommen alles ab, was den Menschen im industriellen Arbeitsprozeß zerstört und in Stücke zerreißt. Sie müssen alles über sich ergehen lassen, ohne zu 'mucksen'. Schließlich war diese Erfahrung der Grund für meine Suche nach etwas anderem gewesen. Ich wollte der Sache auf den Grund gehen.

Der Widerspruch zu meiner bisherigen Lebenssituation war, daß ich es alleine tat. Nach langen Erfahrungen fing ich an, zu begreifen, daß ich es alleine nicht konnte. Das eigene Leben aufarbeiten bedeutet für Arbeiterfrauen und ihre Töchter, sich zu einem menschlichen Leben hinauf zu arbeiten; bedeutet im Arbeitermilieu, es nicht alleine tun können, weil das menschliche Leben ein gemeinschaftliches Vermögen ist (vgl. M.Vester).

An der Hochschule bedeutet es: mittellos konfrontiert sein mit einem Monument an bürgerlicher Wissenschaft. Bedeutet: von der eigenen Erfahrung, Sinnlichkeit, Lust und dem eigenen Leiden enteignet und entfremdet zu werden. Und es bedeutet: alleine nicht sinnvoll und mit Lust produktiv arbeiten zu können.

Wichtig war daher für mich - der Antrieb zu dieser Arbeit - zu erfahren, dadurch zu wissen, wie es anderen Frauen aus dem gleichen Herkunftsmilieu an der Hochschule geht; wie sie es machen, daß sie ihre Erfahrungen - ihre besondere Klassenlage - wachhalten oder vergessen; wie sie die abstrakten Wissenschaftsinhalte 'verdauen' und ob auch sie die Hoffnung mit dem Hochschulstudium verbanden, menschlich zu lernen und zu leben; wie sie diese - möglicherweise - enttäuschte Hoffnung verarbeiteten und ob auch sie ihre Bedürfnisse nach qualitativem, forschendem Leben in persönlicher Schwarzarbeit, nächtelangem Wachsitzen, am Leben erhielten.

Eine weitere wichtige Frage, die ich an sie hatte, war, ob und wie sie unter der Ausnutzung ihrer Arbeits- und Lebenskraft im Arbeitermilieu gelitten hatten; ob ihre Wahrnehmung und ihr Denkvermögen, ja ihre ganze Vorstellungskraft so auf Menschen hin orientiert war, daß sie ohne direkten menschlichen Kontakt, ohne intensive Gespräche über das, was sie beschäftigt, ohne das Dasein und die Unterstützung eines Menschen nicht produktiv und für sich befriedigend arbeiten konnten.

Diese Frage wurde im Verlauf dieser Arbeit, in den unzähligen Gesprächen und Erfahrungen, die ich mit Frauen aus Arbeitsverhältnissen an der Hochschule machte, in der Weise beantwortet, daß ich von ihnen erfuhr, was ich selbst am eigenen Leib, im eigenen Kopf auch gespürt hatte; daß unsere Arbeitsweise und daher auch unsere Theoriebildungsprozesse kollektiv ablaufen; daß diese Theorie die Gestalt von Assoziationen hat, mit denen wir uns an einem Gegenstand abarbeiten und ihn auf diese Weise gegenständlich begreifen; daß also die Form der Theoriebildung der assoziativen Arbeitsweise entspricht, mit der wir unsere individuelle Mittellosigkeit und Zerstückelung, auch unsere persönliche Hilflosigkeit überwinden und zu einem Ganzen auf produktive Weise zusammenfügen.

Darin zeigt sich ein weiteres - vielleicht unbewußtes - Motiv, das mich zu dieser Arbeit bewogen hat und das zugleich einen weiteren Widerspruch darstellt zu dem Antrieb und Anspruch, mit dem an der Hochschule eine wissenschaftliche Arbeit geschrieben wird. Damit deutet sich auch der Widerspruch an, in den der lebenspraktische Nutzen dieser Arbeit im Vergleich zum wissenschaftlich-theoretischen (=abstrakten) 'Nutzen' gerät: meine eigene 'Betroffenheit', ich würde eher sagen: meine eigenen Erfahrungen (oder, wie ich im Text immer wieder gleichbedeutend schreibe: aus proletarischen Verhältnissen) suchte, mit denen ich über meine - ihre/unsere - Lage sprechen konnte.

Dieser Begriff 'proletarisch' stieß in vielen Äußerungen und Gesprächen zu diesem Thema immer wieder auf verwunderte, zweifelnde Reaktionen; was ist das nun eigentlich: proletarisch? Genügt es nicht zu sagen, 'einfache' Verhältnisse oder eben Arbeiterverhältnisse?
Einige Frauen erschraken vor diesem Begriff; sie meinten, daß er ihre Lebenssituation nicht zutreffend umfaßte; und fanden, daß er schon so 'abgegriffen' und vorbelastet sei. Richtig ist, daß es eben wieder ein 'Begriff' ist, der die wirkliche Lebenssituation der Menschen, die so leben, nicht lebendig und anschaulich wiedergibt; und daß die mit ihm verknüpften Assoziationen (Mittellosigkeit, Leben mit einem Existenzminimum, und auch Dinge wie 'proletenhaftes', ungeschliffenes, vorpreschendes Benehmen) eher Vor-Urteile bestätigen als neue Erkenntnisse zu bewirken. Ich habe dennoch an diesem Begriff festgehalten, weil ich damit eine Konkretisierung dessen, was ich mit Arbeiterdasein meine, verbinde: der Diebstahl an Zeit und Arbeitskraft, der die Lebenszeit, die Mittel und die eigene Lebensqualität auf ein Existenzminimum 'herunterschraubt'.
Er bezeichnet im folgenden auch 'Prozesse der Proletarisierung', die Menschen zwingen, ihre handwerkliche oder individuelle Arbeits- und Lebensweise, wie überhaupt eine Arbeit, die ihren bisherigen Lebensunterhalt garantiert hat, aufzugeben und sich der Arbeitszeitnorm und der Vermassung der industriellen Produktion 'anzuschließen'.

Bei den 'befragten' Frauen bezog sich diese Reaktion nicht nur auf den Begriff 'proletarisch', sondern allgemein auf die Verwendung vorgegebener Begriffe, die sie als ihren Erfahrungen 'aufgesetzt' empfanden. In dieser Hinsicht teile ich ihre Meinung vorbehaltlos.

Die elementare Veränderung meiner Situation war also der Ansatzpunkt und das Ziel dieser Arbeit. Ich wollte nicht *irgendwie* praktisch tätig werden; eine empirische Untersuchung zum Problem von Frauen oder in diesem Fall eben Arbeitertöchtern an der Hochschule machen, oder ein sozialwissenschaftliches Problem aufarbeiten, etwa wie Arbeiter sich in der Freizeit verhalten (das kann noch kommen, dann aber bezogen auf Arbeiterfrauen), sondern ich wollte lernen, mein Wissen zu schätzen, das ich mir von der Wiege an angeeignet hatte (obwohl ich garnicht weiß, ob ich je in einer Wiege lag).

Ich wollte die Fäden meiner Assoziationen und meiner Tagträume zusammenknüpfen, damit sie nicht – endgültig – verloren gingen. Ich spürte, daß das nur gemeinsam mit anderen Frauen, die sich in der gleichen Lage befanden und sie ähnlich empfanden wie ich, möglich war. In unseren Ge-

sprächen merkte ich, wie wir uns gemeinsam vorwärts tasteten, begriffen, was wir lange Jahre verschwiegen hatten und was doch nicht gänzlich verschüttet war. Wir freuten uns, daß uns gemeinsam so viel einfiel; daß wir durchschauten, was uns von unserem Leben, von unserer Art zu denken, zu sprechen, entfremdet hatte. Wir verknüpften eins ums andere unser Wissen. Es wurde bei jedem Mal mehr. Auf diese Weise wurde unser Widerstand gegen die unseren Erfahrungen entfremdete Arbeitsweise und Wissenschaftssprache größer. Es kam zu Erlebnissen der totalen Übereinstimmung unserer Erfahrung und unserer Standpunkte. Wir vergaßen die Zeit.

Es war möglich geworden, aus unserem arbeitsreichen Tagesablauf Zeit für uns 'herauszuschinden', Zeit qualitativ zu erleben.

So empfanden wir diese gemeinsam verbrachte Zeit oft nicht als Arbeitszeit, sondern als Lebenszeit, die uns half, ein Stück weiter zu kommen in unserem Leben. Das war das, was wir - sowieso - brauchten - und längst gebraucht hätten - um das Leben und Arbeiten in der Hochschulwelt auszuhalten.

Damit wurde die Herstellung dieser Arbeit aufgeschoben. Die Zeit, die ich dafür brauchte, mußte ich mir wieder in Tag- und Nachtarbeit nehmen. Zunächst aber begab ich mich mitten in die Lebenszusammenhänge und Erfahrungen, in die gedankliche Welt der Frauen hinein. Oft mußten wir unsere Situation erst einmal ändern, praktische Möglichkeiten und Alternativen finden, um ihre Engpässe zu überwinden, ehe ein gemeinsames Sprechen über ihre Situation möglich war. Oft waren unsere Gespräche über ihre Vergangenheit, ihre Entwicklung vermischt mit Diskussionen, die sich bei ihnen zu Hause (mit ihrem Freund, mit Bekannten) über ih-

oben links: Astrid N; unten links: oben rechts: Angelika F.
Lucia H.,Hannelore B.,Angelika F.   unten rechts: Astrid N.

Hannelore B.; Hanne M.   Lucia H.; Hannelore B.

Lucia H. (Dortmund); Agnes O. (Düsseldorf); Hannelore B.

Die Verfasserin mit Lucia und ihrem Freund bei einem Jazzfestival

Berlin-Reise mit Lucia

"Ich seh' ihn nicht als Kind, sondern als selbständigen Partner...,
es is so, daß ich Daniel einfach nicht nur die Hälfte des Regen-
wurms geben möchte..."

ren Alltag ergaben.

Gespräche über die Hausarbeit, die der Freund immer wieder von sich wegschob; oder über die eigene Unterlegenheit in Diskussionen mit ihm, in der er mit cooler Sachlichkeit und Nüchternheit (assoziiert mit bürgerlicher Wissenschaft) auf ihre impulsive, manchmal lautstarke, schreiende Art sich gegen Bevormundung zu wehren, reagierte; Gespräche über das eigene Alleinsein trotz vieler Bekanntschaften und ein paar Freunden, in denen das Bedürfnis zum Ausdruck kam, einen Menschen zu haben, mit dem man leben kann, bei dem man sich nicht nur zurückhaltend und intellektuell verhalten muß; sondern über die eigenen Probleme sprechen kann, was voraussetzte, daß er nicht oberflächlich war, es leicht hatte im Leben, sondern, – wie Agnes O. einmal sagte – 'eine ähnlich lange Zeit gebraucht hat, bis er weiß, was er will'.

Über das Problem, alleine zu leben und niemanden zu haben, mit dem sie sich längere Zeit wohl fühlten, haben die Frauen viel gesprochen. Auch ihr Bedürfnis nach Liebe, nach Befreiung von der Ernsthaftigkeit ihres Alltags und der wissenschaftlichen Arbeit war ein häufiges Gesprächsthema. Diese Befreiung sollte so aussehen, daß ihre Gefühle der Minderwertigkeit und Mittellosigkeit gar nicht erst aufkamen; daß ein Mensch sie akzeptierte, so wie sie waren, und der damit auch ihre Geldsorgen, ihre Art sich zu äußern, oft auch ihr Gefühl, den Boden unter den Füßen zu verlieren, durch sein Dasein teilte. Das ist eine für Arbeitertöchter an der Hochschule nicht selbstverständliche Erfahrung. Sie bleibt meistens ein Wunsch.

Ich bin mit der Zeit in das Alltagsleben der Frauen einbezogen worden; lernte zum Teil ihre Bekannten und Verwandten kennen und wurde denen immer mit einem gewissen Stolz 'vorgeführt'. Ich war diejenige, die sie in ihrer Art, in ihrer Denkweise und Sprache eben als ganzen Menschen akzeptierte; und die sie darin bestärkte, zu ihren Erfahrungen zu stehen. Sie hatten jetzt jemand, der ihnen ihr Gefühl der Minderwertigkeit und Schwäche nahm; und so stellten sie mich den anderen mit Stolz als Urheber oder Teil ihrer neugewonnenen Stärke vor. Lucia H. drückte es oft aus, indem sie sagte 'ich bin jetzt zwei, jawoll, und das hilft mir...'. Und schließlich war ich diejenige, die den Mut besaß, unsere Erfahrungen in der Hochburg der Wissenschaft, der Hochschule, aufzuzeigen und zur Sprache zu bringen, in unserer Sprache. Ich sprach das an, was sie intuitiv fühlten, und verteidigte es gegen Angriffe oder überhebliche Einschätzungen. Ich wurde immer mehr dazu bewogen, an ihrem Leben teilzunehmen. Von diesem Standort aus führte ich meine Gespräche mit ihnen; Leitfaden waren meine und ihre Erfahrungen. Mit der Zeit waren unsere Erfahrungen nicht mehr zu trennen.

Dann kam immer wieder der Zeitpunkt, wo ich mich von ihnen lösen mußte, wo ich nach Hause gehen mußte, um zu 'arbeiten' (als wäre das, was wir gemeinsam taten, keine Arbeit gewesen); wo ich mich stunden- und tage-(nächtelang) hinsetzte und die Bänder abhörte und abschrieb, die ich aufgenommen hatte. Das war die mühseligste Arbeit und auch die schmerzlichste Erfahrung. Nicht nur das Gefühl, wieder allein vor einem Berg von Arbeit zu sitzen, war oft deprimierend; sondern auch das Abhören unserer Gespräche war eine Erfahrung, die ich nicht gerne wiedererleben möchte: mein ganzer Kopf war stundenlang ausgefüllt mit bedrückenden Erfahrungen: mit Suchbewegungen nach einem Ausweg aus dem Widerspruch: Frau aus Arbeiterverhältnissen an der Hochschule zu sein; mit abgehackten Sätzen, mit Lachen und Heiterkeit, - alles Dinge, die einen freuen oder ermuntern, oder die besser auszuhalten sind, wenn man sich gegenübersteht (-sitzt), sich ansehen und zwischendurch auch mal anfassen oder anlachen kann. Das alles nur im eigenen Kopf allein zu 'verarbeiten' und zu Papier zu bringen, schließlich daneben immer zu überlegen, wie man es 'auswerten' und darstellen kann, was es bedeutet, wenn eine Frau dieses oder jenes sagt, war ungeheuer mühselig und raubte mir manchmal den Verstand. Meine ganze Wohnung war angefüllt mit Bändern, Papieren von unseren Gesprächen, - sie wirkten bedrückend, dann wieder ermutigend. Ich konnte an nichts anderes mehr denken. Wesentlich für diese Phase der Arbeit war die schmerzliche Erfahrung, mit gemeinsam gemachten Erfahrungen (zu denen auch die Gespräche gehörten) alleine da zu sitzen; und die Erfahrung mit der Technik und der Unmenschlichkeit, die sie auf den menschlichen Körper und die Denkfähigkeit ausübt. Durch das stundenlange Abhören der Bänder (mit Kopfhörern) hatte ich tagelang danach noch Kopfschmerzen; konnte mich auf nichts konzentrieren, sondern war im Kopf wie gelähmt; von der immer gleichen Sitzhaltung taten mir alle Glieder weh, besonders die Beine, mit denen ich immer in gleicher Haltung die Fußtaste bewegte und die Arme, die ich beim Maschinenschreiben immer angewinkelt und mit der aufkommenden Müdigkeit immer verkrampfter hielt, schmerzten. Auch dadurch wurde das Nachdenken über den Inhalt der Arbeit immer verkrampfter. Ich mußte mich anstrengen, nicht monoton die Bänder abzutippen und dabei nicht mehr auf den Inhalt zu achten. War es anfangs, als ich noch kein technisch perfektes Gerät zum Abhören der Bänder hatte, anstrengend, den Inhalt zu verarbeiten (weil ich mich bei dem langsamen Abspiel-Tempo auf den Inhalt umso mehr konzentrieren konnte), so trat mit der technischen Perfektion das Arbeitstempo in den Vordergrund und ich hatte Mühe, gegen das monotone Abschreiben anzukämpfen. (Vorher hatte ich mir beim Abschrei-

ben immer Notizen und Kommentare gemacht; mir waren Ideen gekommen, allgemeine Zusammenhänge aufgefallen). Ich merkte bei der eigenen Arbeit, wie die Quantität die Qualität verdrängte.

Dann kam der Punkt, da ich mich für lange Zeit von den Frauen lösen und mich völlig zurückziehen mußte, um meine Arbeit zu schreiben. Es ging

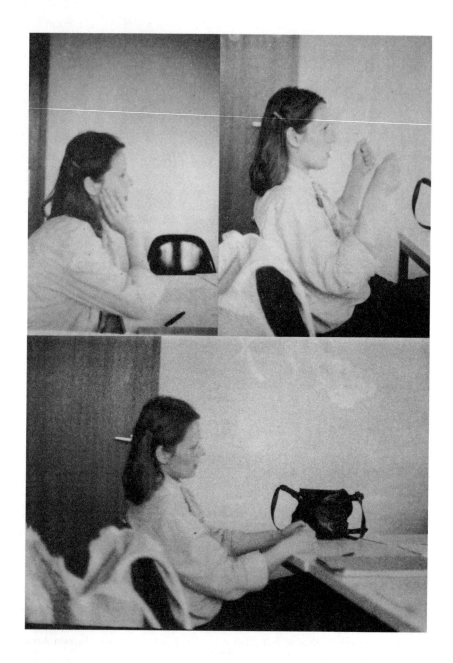

Marianne in der Hochschule

jetzt nicht nur darum, daß ich unsere Unterhaltungen und gemeinsamen Erfahrungen alleine verarbeitete, sondern es waren zwei neue Erfahrungen, die mich bedrängten: unser Zusammensein war in dieser Phase oft geprägt durch spielerische, ziellose Unterhaltungen; durch spontane Aktivitäten, die sich aus der Situation heraus ergaben, durch Jux und Zeitvertreib.Der Druck, den ich durch meine Arbeit hatte, ließ mich diese Zusammenkünfte oft nicht unbeschwert genießen; ich war in Gedanken immer bei meiner Arbeit.

Die andere Sache war, daß es mir absurd vorkam, eine wissenschaftliche Arbeit (alleine und für mich) über unsere Erfahrungen, unsere Theoriebildung zu schreiben, die in einem kollektiven Lebenszusammenhang gewachsen war und die wir auch jetzt gemeinsam erarbeitet hatten. Ich hatte das Gefühl, unsere Erfahrungen zu verraten und unser gemeinsames Vermögen individuell zu verwerten. Die Frauen ermutigten mich immer wieder, indem sie sagten 'Es ist wichtig, daß du die Arbeit schreibst, wichtig für jene, die in der gleichen Lage sind wie wir'.

Zum Schluß will ich noch sagen, wie ich die Frauen kennengelernt, wie ich sie getroffen habe:
Ich war angewiesen auf 'Hinweise', auf zufällige Begegnungen, 'Flüsterpropaganda'. Als ich einmal beschlossen hatte, das Problem einer gegenständlichen, sinnlich aus dem Arbeiten, Tun und Empfinden entwickelten Theorie (den Gegensatz von 'Sinnlichkeit und Abstraktion') anhand meiner eigenen Erfahrung als Arbeitertochter an der Hochschule zu entwickeln, begann ich darüber bei allen möglichen Anlässen zu sprechen. Ich kam mir wie in einem fremden Land vor, in das ich ausgewandert war und in dem ich nun nach Verbündeten suchte, die mein Schicksal teilten.

Von einer Professorin in Dortmund erfuhr ich, 'daß in ihrem Seminar Arbeitertöchter sind' und sie gab mir ihre Adressen. Sie wußte das, weil sie im Seminar die Teilnehmer – bedingt durch das Thema 'Arbeit und Erziehung in der Arbeiterfamilie' – direkt auf ihre Herkunft ansprach.
Ich meldete mich bei ihnen und sie waren sofort – bis auf eine Ausnahme – bereit, mit mir zu sprechen. Lucia H. war die Ausnahme. Bei ihr machte ich – am Telefon – den Fehler, daß ich an ihrer Arbeiterherkunft zweifelte.Sie war böse und wollte mich – eigentlich – nicht mehr sehen. Sie befürchtete, daß ihre Erfahrungen in der Hochschule, in der sie sich oft nicht richtig verstanden fühlte, mit mir nur fortgesetzt würden. Außerdem ärgerte sie sich, daß die Professorin einfach ihre Adresse weitergegeben hatte. Da ich hartnäckig war, trafen wir uns doch. Zu ihr hatte ich später die engste Beziehung.

Roswitha M. lernte ich in Frankfurt bei einem Arbeitskreis von Sozialwissenschaftlerinnen kennen. Dort sprach ich über meinen Wunsch, über Arbeitertöchter an der Hochschule zu schreiben. Roswitha saß neben mir und flüsterte 'ich bin auch eine'.

So oder auf ähnliche Weise lernte ich die meisten Frauen kennen (außer Hanne M. und Marianne G., die ich von der Hochschule kannte, bei denen ihre Arbeiterherkunft aber auch erst zur Sprache kam, als ich davon sprach. Leute, die ich kannte, fingen an zu überlegen, ob sie nicht auch jemand kannten und schickten mich hin oder gaben mir die Adresse. Mit der Zeit wurden es immer mehr, bis ich mich vor Arbeitertöchtern – und dann auch: Arbeitersöhnen – nicht mehr retten konnte. Ich begrenzte schließlich von mir aus die Gespräche nach meiner eigenen Arbeitskraft und Zeit.

Die Gespräche und Erfahrungen ergaben sich im Zeitraum von 1976-78. Die Frauen kommen aus Dortmund, Düsseldorf, Frankfurt und Berlin.

Gruppe der Arbeitertöchter

Die Gruppe besteht aus:

Angelika F., Agnes O., Astrid N., Hanne M., Marianne G., - sie kommen alle aus Düsseldorf. Meistens kam Lucia H. aus Dortmund, - bei diesem Treffen kam Roswitha M. aus Frankfurt dazu.

Im Januar 1978 trafen wir uns zum ersten Mal, - seither regelmäßig; und zwischen unseren Gruppenzusammenkünften zu zweit oder zu dritt, wenn wir Lust hatten.

Während die Frauen der Berliner 'Hausarbeits-Gruppe' sich seit zwei Jahren trafen, entstand der Wunsch sich zu treffen bei den Frauen, die ich in Dortmund und Düsseldorf kennengelernt hatte, aufgrund meiner Einzelgespräche mit ihnen. Sie wollten wissen, was die anderen erzählt hatten, wie sie ihre Situation an der Hochschule sehen und welches Bewußtsein ihrer Arbeiterherkunft sie sich bewahrt hatten. Ich schrieb die Gesprächsprotokolle ab und verteilte sie. Sie lernten die Erfahrungen und die Standpunkte der anderen Frauen zunächst durch das Lesen der Protokolle kennen.

Dann entstand der Wunsch, die anderen kennenzulernen, von sich selbst zu sprechen in einer Weise, wie sie es größtenteils nur in den Gesprächen mit mir konnten. Die Stärkung der eigenen Identität als Arbeitertochter sollte nicht nur im Kopf stattfinden, - sondern auch durch gemeinsame Erlebnisse gefestigt werden. Es wurde im Laufe der Gespräche klar, daß wir nur Zutrauen zu uns selbst entwickeln, wenn wir praktisch gemeinsam etwas tun. Viele der Frauen hatten den Zusammenhang zum Arbeitermilieu und seiner Kultur verloren. Teil unserer Kultur ist: Erzählen und eng zusammensitzen, einfach zuhören und dadurch Erleichterung schaffen; gemeinsam überlegen, wie wir ein Problem angehen können, um es weniger belastend für den Einzelnen zu machen, - also die Vereinzelung gar nicht zulassen, Einzelerfahrungen immer als alle betreffende zu sehen und angehen.

Warum ist Solidarität jetzt so schwierig? Unser Alltag spricht dagegen; aber auch unsere Abneigung gegen erdrückende soziale Verhältnisse in der Arbeiterfamilie; trotzdem die Suche nach 'einfach so sein können, wie man ist', ungezwungen ausgelassen sein, die befreiende Erfahrung, durch die Bekanntschaft mit anderen die eigenen Probleme sehen und über sie sprechen lernen.

Zunächst haben wir uns nicht vorbehaltlos gegenübertreten können. Das war schon ein komisches Gefühl, da sitzt man sich auf einmal als 'Arbeiterkind' gegenüber, wo man jahrelang vielleicht nicht mehr dran gedacht hat oder bemüht war, daß das nicht rauskommt. Und jetzt auf einmal wird man sich dessen bewußt, - kennt die anderen von ihren Erzählungen, die man gelesen hat, und dann kommen erst so Fragen wie 'Bist du die...? Ach ja, du hast das gesagt ne? Hab ich gelesen!' Und dann so Bemerkungen wie 'Also, wie schick se is, guck ma,-' und die, die gemeint ist, antwortet dann 'Ja, ich hab mir schon überlegt, was ich anziehen soll, - ob ich in so'm Kleid überhaupt kommen kann!' Naja, und da war das Eis gebrochen.

Lucia H.;Hannelore B.;Angelika F.; Hanne M.;Astrid N.

Agnes O.

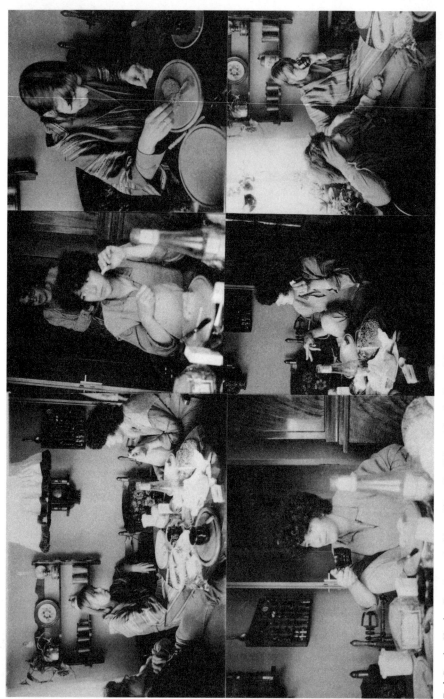

Bei Lucia H. in Dortmund (Angelika F. Düsseldorf; Roswitha M. Frankfurt)

Angelika F.

Hannelore u. Roswitha

Roswitha M. (Frankfurt)
Angelika F. (Düsseldorf)

Lucia H. (Dortmund)

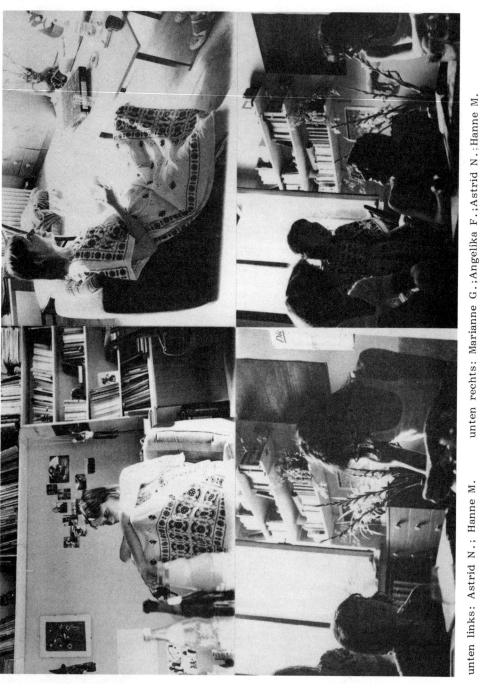

unten links: Astrid N.; Hanne M.   unten rechts: Marianne G.;Angelika F.;Astrid N.;Hanne M.

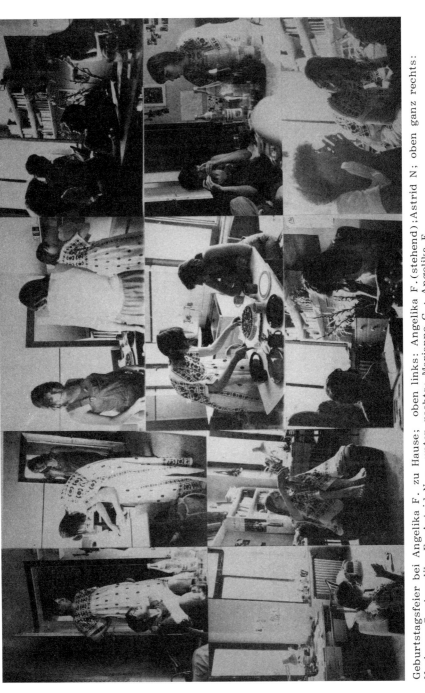

Geburtstagsfeier bei Angelika F. zu Hause; oben links: Angelika F.(stehend);Astrid N; oben ganz rechts: Marianne G.;Angelika F.;Astrid N.; unten rechts: Marianne G.; Angelika F.

Alle lachten.Und das war auch schon der Anknüpfungspunkt,drüber zu reden, wie das früher war mit den selbstgenähten Kleidern in der Schule, oder wie man dafür gearbeitet hat, daß man sich dafür mal was kaufen konnte.

Und wie ist das jetzt?
Marianne erzählt, daß sie sich während der Wohngemeinschafts-Zeit eher schon mal ein 'gutes Stück' kaufen konnte. Das fällt jetzt, da sie allein lebt, weg, - 'also, das merk ich schon an den Sachen, die ich mir jetzt kauf, das sind größtenteils wieder so billige Fähnchen! Wenn du alleine wohnst, da reicht das Geld gerade für den Alltagskram. Du mußt dir ja alles, jedes Fitzelchen selbst kaufen'.
Hanne arbeitet jetzt in einem Laden, - und kann sich von ihrem Geld ab und zu was kaufen, was nicht so billig ist. 'Ich kauf mir einfach auch mal was, was mir gefällt, nicht, weil ich das brauche oder so, also nicht unter so Nützlichkeitsaspekten ne'.
Angelika bekommt ab und zu von ihrer Mutter Geld zugesteckt oder sie kauft ihr ein Kleidungsstück. Ihre 600,- Bafög und das, was ihr Mann durch Gelegenheitsarbeiten verdient,reichen kaum zum Leben für sie und ihre Kinder. Geldnot ist bei ihr an der Tagesordnung. Kinderkleidung ist teuer, - sie ist froh, wenn sie von jemand Mäntel oder Hosen für ihre beiden Jungens bekommt. "Außerdem sehen die im Kindergarten bei den anderen Kindern, was die an Spielsachen und Sonstiges so alles bekommen. Das sind meistens Kinder von Lehrern, Psychologen und so. Dafür müssen wir denen natürlich immer n Ausgleich schaffen, ne, - indem wir was mit ihnen unternehmen und uns mit ihnen beschäftigen. Da sind die auch ganz stolz drauf".
Astrid lebte, bevor sie ihr Kind bekam, von Bafög. - Sie hat sich während der Schwangerschaft und danach beurlauben lassen und lebt jetzt von Sozialhilfe. Davon kann sie sich höchstens auf dem Trödel etwas kaufen.Im übrigen verändert sie ihre Sachen einfach immer wieder. Das macht ihr mehr Spaß, als dauernd Neues zu kaufen.
Lucia lebt von Bafög und dem ersparten Geld ihrer Mutter. Außerdem arbeitet sie ein paar Stunden in der Woche in der Hochschule. Zusammen mit ihrem Freund, der mit seinem Studium fertig ist und jetzt auch arbeitet, kommt sie hin. Kleider kauft sie sich meistens, wenn sie in der PH Druck hat durch Referate, Prüfungen, Termine.

Beengte Wohnverhältnisse - menschlich leben.

Marianne:

"Also, ich würd sagen, daß die Räumlichkeiten ... unsere Beziehungen zu Hause geprägt haben..."

(zu Astrid, die erzählt hat, daß sie immer ein Zimmer für sich gehabt hat, während ihre Eltern sich ein Zimmer teilten):

"Ich würd auch so darauf zurückführn, also was den Punkt angeht, so'ne Unfähigkeit zur Konzentration ... also, daß müßte bei dir zum Beispiel so sein, daß da wirklich auch so ne Fähigkeit stärker auch is, ne Arbeit intensiv durchzuhalten, nich so leicht ablenkbar zu sein ne. Also durch so'n allein durch diese Art Wohnen...,daß das zumindest das beeinflussen kann ..."

"Wenn ich so meine Entwicklung seh, is eigentlich Veränderung immer nur passiert, wenn's mir unheimlich dreckig ging."

Astrid:

"Ich würd da nich so'n unheimlichen, - ha, das stimmt, ne -, aber ich seh das eigentlich so,daß das,- die Räumlichkeiten sind auf jeden Fall wichtig ne. Aber so, ähm, andre Sachen, die da ablaufen zwischen den Menschen, zwischen Eltern und Kindern, find ich ... noch wichtiger als jetzt die Räume ne."

Die Verf.:

"Also bei uns war's so, daß ich ne zeitlang im Schlafzimmer bei meinen Eltern geschlafen hab, - als meine beiden Brüder größer warn. Da hatten die das eine Kinderzimmer, das da war,für sich. Das war so bis ich 15, 16 war. Bis meine Brüder aus'm Haus gingen. Als ich noch jünger war, da hab ich wohl auch mal bei meinen Brüdern im Zimmer geschlafen, - da bestand das Zimmer eigentlich nur aus den drei Betten und aus nem Tisch und nem Kleiderschrank. Sonst war da kaum Platz, sich zu rühren. Und die beherrschten das Zimmer eigentlich völlig, da konnt ich nur so am Rande existieren. Und bei meinen Eltern im Schlafzimmer war das ja auch nich anders, da konnt ich nix machen. Das war so ungemütlich. Und wenn ich schlafen ging, dann hört ich von nebenan, vom Wohnzimmer alles, - und wenn die ins Bett kamen, bin ich meistens aufgewacht. Also, später hab ich gemerkt, wie geräuschempfindlich ich bin."

Marianne:

"Also ich hab auch so ne Geruchsempfindlichkeit entwickelt, - überhaupt alles, was in meine Nähe kommt, also, das is wirklich schon, da sträubt sich wirklich alles ne, weil, haste dich ja wirklich, - so, 16,17 Jahre haste dich also nich dem entziehen können..."

Die Verf.:

"Ja, und auch so, - dadurch, daß immer jemand da is oder den Platz braucht, kannste eigentlich nie in Ruhe was zu Ende machen. Das is auch das, was du sagtest mit der Konzentration. Das geht in den Verhältnissen irgendwie nich. Du hast immer Angst, s kommt jemand, der stört dich und du wirst nich fertig."

Marianne:

"Ja, und das macht die Unfähigkeit aus, einfach das ernst zu nehmen, was ich mache, das heißt also, ernst zu nehmen, daß das, was ich mache, gut is. Und daß das meine Leistung is. Und da hört das auf, daß das meins is, - jedenfalls kann ich sowas nur sehr kurzfristig durchhalten, das geht immer nur so über Bestätigung und Anerkennung von außen ..."

Bei unseren weiteren Treffen tauchte dieser Punkt immer wieder als Befürchtung auf: von den anderen gestört werden bei einer Sache, ihnen genügen zu müssen, ihre Sorgen teilen, obwohl doch jede selbst genug mit sich zu tun hat.
Dieser Aspekt, der im Leben der Arbeiterfamilie als belastend empfunden wurde, zeigte sich auch in unserer Gruppe.
Spannungen traten immer wieder auf, wenn Angelika von ihrer Geldnot sprach oder von ihrer zeitlichen Belastung, unter der sie in regelmäßigen Abständen zusammenbricht.
Angelika treibt mit ihrem Körper seit Jahren Raubbau. 'Das kenn ich garnich anders', sagt sie. 'Ich hab doch nie Zeit gehabt für mich'. Wenn Astrid erzählt, daß sie es wichtig findet, den Druck, der durch die ge-

"Manchmal weiß ich echt nich, wovon wir leben solln, Dieter und ich, und die Kinder..."

sellschaftlichen Verhältnisse oft auf einen ausgeübt wird, nicht zu akzeptieren, sondern in sich 'hineinzuhorchen, was will ich denn', sagt Angelika, daß sie sowas garnicht nachvollziehen kann. 'Das liegt auch daran, daß ich nie gemacht habe, was ich wollte, immer nur, was andere so gesagt haben'.

Sie ist gewohnt, um 1 oder 2 Uhr nachts schlafen zu gehen und um 5 oder 6 Uhr morgens aufzustehen. Wenn ich sie treffe und sie frage, wie es ihr geht, sagt sie 'Wie immer'. Damit meint sie 'Na, du weißt doch, der D.hat mal wieder keine Arbeit, dauernd renne ich zum Sozialamt, bring die Kinder zum Kindergarten und wenn ich sie nachmittags abhole, dann gehn wir Einkaufen oder sonstiges, danach mach ich was mit ihnen, oder D.und ich machen was, alle zusammen, – ja, dann essen wir. Und dann muß ich erstmal mit D. reden, so über alles, was tagsüber so los war. Und dann koch ich mir noch mal Tee und setz mich hin und les was für die PH. Meistens bin ich dann aber schon tot. "

Als Angelika in der Wohngemeinschaft gelebt hat, war das noch schlimmer. Sie hatte noch weniger Zeit für sich. Die WG forderte großen Zeit- und Energieaufwand für gemeinsame Gespräche, Interessen. Inzwischen ist sie mit ihrem Mann und ihren Kindern in die Nähe ihrer Eltern gezogen. Dort kann sie die Kinder ab und zu hinbringen oder bei ihrer Mutter vorbeigehen, wenn sie Probleme hat.
Oft nimmt sie über das Wochenende aber noch Kinder von Bekannten auf, um Geld zu verdienen.

Sprachnot und unterdrückte Sinnlichkeit

Lucia bereitet sich auf eine Prüfung vor. Sie macht immer wieder die Erfahrung, daß Dinge, die sie für wichtig hält, unter den Tisch fallen, – nicht zur Sprache kommen oder in andere Bahnen gelenkt werden. Bahnen, die für sie Mehrarbeit, theoretische Anstrengung bedeuten. "Du mußt Zusammenhänge auf einer allgemeinen Problemebene herstellen, Oberbegriffe formulieren, systematisch vorgehen", sagt eine Professorin zu ihr. Ihre Angst, zu versagen, steigert sich.
Die unverbindliche Art an der Hochschule 'nur mal so' was zu sagen, über lauter Dinge zu reden, die einen nicht wirklich angehen, in sicherer Distanz von den eigenen Alltagssorgen und -erlebnissen zu bleiben, sich nicht wirklich als Mensch einzubringen, macht sie fertig. Das Gefühl, sich nicht so ausdrücken zu können, wie sie sollte, treibt sie ständig zu Höchstleistungen an 'Ich muß eine Sache erst total wissen, als wirklich, so, alle wat so dazugehört, ne, – ich kann mich nich beschränken auf eine kleine Sache, nur so ein' Teil rausnehmen, ne. Ja, und denn sagen die ja immer 'also, wat machst du überhaupt? Du suchst zuviel! Mach doch mal wat' – da kann ich denn nix mehr sagen, weißte'.
Denken und Sprechen, das keine sichtbaren Folgen hat, eine Sache so ziemlich ohne Gefühle bringen, kann Lucia sowenig wie ich.
Obwohl sie das eigentlich gut findet, wie sie die Sachen sieht, empfindet sie es immer wieder so, daß sie sich eine Blöße gibt, wenn sie was ganz Konkretes erzählt und auch hektisch und aufgeregt spricht.
Wenn ihre Angst zu groß wurde, kam sie zu mir nach Düsseldorf. Das erste, was sie macht, ist, zu meinem Küchenschrank gehen und nachgukken, – dann oft ein enttäuschtes Gesicht 'Haste keine Leckerchen?' – Nachdem sie erst mal eine Stunde alles erzählt hat, wird sie ruhiger. Oft bleibt sie mehrere Tage. Sie lernt bei mir, daß sie ihrer Denkweise und ihrer Sprache trauen kann.

"Ich brauch halt..n richtigen Beruf, einen, wo ich ziemlich viel Geld
verdiene..., genug, um meine Eltern unterstützen zu können..."

"Weißte, ich fühl mich wie Kaspar Hauser, wenn ich dat so sage, was ich beim Freud gelesen hab, - das is hier (faßt ihren Mund an) so ganz komisch, das kommt garnich richtig raus."

Als Lucia ihre Probleme mit der Prüfung in der Gruppe erzählt, sind die anderen zunächst erschlagen. Daß sie sich so stark mit dem identifiziert, was an der Hochschule verlangt wird, macht einen Teil der Frauen sprachlos. Lucia beansprucht die volle Aufmerksamkeit aller. Vor allem aber will sie, daß ich ihr zuhöre und ihr helfe, - indem ich für sie da bin. Marianne zieht sich erschrocken zurück.

Hanne hört gespannt zu, - verarbeitet mit Lucia's Schilderungen ihre Studienerfahrungen. Was sie nicht begreift,ist,daß Lucia sich voll reinschmeißt in die ganzen Sachen, während sie sich so nach und nach aus den Anforderungen des Studiums zurückgezogen hat.
Erst nach Lucia's Prüfung sehen die meisten die positive Seite von Lucia's Art, sich in Sachen hineinzustürzen. Sie erleben an der engeren Beziehung, die sich zwischen Lucia und mir im Laufe der Zeit entwickelt hat, zunächst ihre eigene Angst, dann die positive Erfahrung, jemand zu brauchen und sich aufeinander verlassen zu können.

Ich nahm zu Anfang in der Gruppe eine Sonderstellung ein. Das war einmal bedingt dadurch, daß ich das Problem 'proletarische Herkunft' angeregt hatte und mich offen zu der Freizügigkeit und 'Undiszipliniertheit' unserer Erziehung im proletarischen Milieu bekannte. Das lag zum anderen aber auch daran, daß ich jede einzelne Frau am besten kannte.
Das wichtigste war daher lange Zeit, sich kennenzulernen. Schließlich war es für uns alle ungewöhnlich, daß wir aus verschiedenen Städten zusammenkamen. Die Frauen unterhielten sich zunächst über ihre gegenwärtige Arbeits- und Wohnsituation. Außerdem nahmen Probleme mit dem 'Alleine wohnen und arbeiten' und mit 'intellektuellen' Freunden viel Raum in unseren Gesprächen.

Für einige von uns war es ein ziemliches Problem, das Bedürfnis nach Bekannten und Freunden zu haben, mit denen sie in unseren intellektuellen, akademischen Kreisen auftreten und argumentieren können; andererseits aber Dinge zu vermissen, die sie an praktisch arbeitenden Menschen schätzen: sich einfach und spontan äußern zu können, lustig und ausgelassen sein ohne 'innere Zwangsjacke', jemanden Verläßliches fürs Alltägliche zu haben, ohne umständlich begründen und erklären zu müssen, warum, wieso das notwendig sei. In diesem Dilemma stecken die meisten von uns.

Über frühere Erfahrungen sprachen die meisten Frauen in der Gruppe nur ungern. Sie wollten etwas zusammen machen, sich über gemeinsame Erlebnisse näher kommen, in denen sich ja schließlich zeigen konnte, ob sie sich einfach ausdrücken und frei verhalten könnten. Reden wurde oft als anstrengend und belastend empfunden. Wenn ich trotzdem ab und zu versuchte, auf das Gruppengeschehen Einfluß zu nehmen, indem ich ohne gegebenen Anlaß über Erfahrungen im 'proletarischen Lebenszusammenhang' zu sprechen anfing, reagierten sie häufig einfach mit Lachen oder weigerten sich, indem sie das Thema wechselten, oder irgendetwas anderes taten, was ihnen mehr Spaß machte.

Einige befürchteten auch, daß sie in ihrer brüchigen Identität noch mehr verunsichert würden. Sie sagten, daß sie 'nach vorne' leben wollten, wo es ihnen möglich und sinnvoll erschien: in ihrem Alltag, in ihrer Arbeit und im Umgang mit Freunden. Der Zusammenhalt bestand zu Beginn zwar aus unserer - ähnlich - erlebten Geschichte, aber die Perspektive war vor allem: Zusammensein, zu fühlen, daß da noch andere waren, die ähnliche

Dinge erlebten. Was auch bedeutete: sich Zeit nehmen für sich, für eigene - politische und private - Interessen, für Muße, nicht unentwegt zielgerichtet tätig sein und problemgeladene Gespräche führen müssen; vor allem aber sich Zeit nehmen zum Fröhlichsein, unbeschwert gemeinsam etwas unternehmen.

Wir brauchen über Zuverlässigkeit und Vertrauen,
über Geborgenheit und Solidarität nicht zu sprechen

Diese Erfahrung habe ich in unserer Gruppe gemacht. Als ich über meiner Arbeit saß, Tag für Tag alleine ein paar Seiten schrieb, war es schön, wenn eine von ihnen vorbeikam, um zu gucken, wie es mir geht.

Oft war es garnicht notwendig, viel zu reden. Worte sind nur ein Teil von uns, - die stärker über das Gesicht oder über die Körperhaltung, Stimmlage, Lautstärke oder über die Redegeschwindigkeit laufen als über den eigentlichen Inhalt. Schon die Wortwahl zeigt unsere Lage für diejenigen, die um unsere Existenzängste wissen. Gehetzt sein und Getriebenwerden drückt sich in der Nervosität der Körperbewegungen und des hektischen Sprechens aus. Da wir das alle machen, braucht sich keine deswegen zu schämen oder künstlich zurückzuhalten.

Agnes hat oft gesagt, daß sie nicht gerne immer so viel redet und erklärt, wenn sie irgendwas bedrückt. 'Das muß ein Mensch auch so sehen, wie's mir geht und dann auf mich eingehen können'.

Anfangs hatte sie Angst, in die Gruppe zu kommen, - Angst, festgelegt zu werden auf eine bestimmte Identität, die sie ja gar nicht hat.

Mit der Zeit kam sie immer lieber.

Sie hat mit sehr viel Spaß einen Teil der hier abgebildeten Fotos gemacht. Der andere Teil ist von Lucia und von mir.

Die Methode ist vom Inhalt nicht zu trennen:
Arbeitertöchter unterhalten sich

Im Folgenden ist ein Gespräch zwischen drei Frauen, die zwei Jahre gemeinsam in einem Projekt über 'Hausarbeit und Kindererziehung' gearbeitet und in diesem Projekt Untersuchungen mit Hausfrauen gemacht haben, wiedergegeben.

Die Frauen aus diesem Projekt sind:
Elfriede, Elisabeth und Delia.
Sylvia ist so aus Interesse dazugekommen.

Das Gespräch begann in der Küche, wo es zunächst darum ging, was ich mit diesem Gespräch erreichen, - was ich von ihnen wissen will, und worüber ich in meiner Arbeit genau schreibe. Wissen wollten die Frauen auch, was ich denn unter 'Arbeitern' verstehe. Diese Fragen tauchen im Laufe des Gesprächs immer wieder auf. Während dieses 'Küchengesprächs' erzählten die Frauen auch etwas über die Arbeit und die Lebensumstände ihrer Eltern. Ich habe diesen Teil nicht aufgenommen.

Mir kam es zunächst darauf an, zu sehen, inwiefern die Frauen von sich aus auf ihre frühere Klassenlage eingehen und ihre jetzige Lage an der Hochschule als Ausdruck durchgängiger Klassenerfahrungen als Frau bestimmt sehen würden. Die Frage nach den konkreten Tätigkeiten der El-

Hinterhof

Hinterhofansicht - Fenster des Arbeitszimmers

tern, besonders der Mutter, erschien mir zunächst nicht sinnvoll, da ich annahm, daß sie durch die Struktur ihrer Erfahrungen im Verlauf des Gesprächs von den Frauen sowieso angesprochen würden, und wenn nicht, – daß ich dann immer noch nachfragen könnte.

Das Gefühl und die Analyse ihrer Unterdrückung steht bei diesen Frauen im Zusammenhang mit ihrer weiblichen Erziehung zu Hausarbeit, Heirat und Kinderkriegen/Kinderaufzucht sowie unbezahlter Hausarbeit, – die sie entgegen der herrschenden Auffassung als gesellschaftlich produktive Arbeit, nicht als spezifisch weiblichen 'Liebesdienst' sehen.

In diesem Zusammenhang stehen für sie auch ihre Erfahrungen des Studiums an der Hochschule: Ihr Problem, sich in theoretisch-abstrakten Zusammenhängen wiederzufinden; die Schwierigkeit, ihr im Alltag entstandenes Erfahrungswissen und sich daraus ergebende Fragen auf einer logisch-abstrakten und rein sachlichen Ebene zu formulieren.

Seit der Studentenbewegung hat vor allem die feministische Frauenbewegung Ausdrucksformen für das Bedürfnis von Frauen gefunden, die die enge Berührung zwischen ihren gemachten Erfahrungen und dem Gegenstand, über den sie miteinander sprechen, zulassen. Im Zusammenhang damit haben Frauen erkannt, daß die akademische, männlich-intellektuelle Art zu denken und über Dinge zu sprechen, mehr konkrete Erfahrungen verdrängt als sie tatsächlich anzusprechen, zwischenmenschliche Beziehungen im gegenseitigen Gesprächs- und Lernprozeß zugänglich und so erst begreif- und veränderbar zu machen.

Im engen Verhältnis zueinander, in gegenseitiger körperlicher Berührung und damit auch sinnlicher Erfahrung des Gegenstands, über den sie miteinander sprechen, haben Frauen eine eher assoziative 'weibliche' Sprech- und Denkweise entwickelt. Sie ist Voraussetzung und konkreter Ausdruck von Lernprozessen, die mit dem Herzen und mit dem Kopf der Frauen gemacht werden.

Von diesen Voraussetzungen wurde die folgende Diskussion bestimmt.

Ich bringe von mir aus meine Klassenerfahrungen als Frau, die aus einer Arbeiterfamilie zur Hochschule gekommen ist, zur Sprache, – und stoße damit zunächst auf Widerstand eines Teils der Frauen.

Der Verlauf der Diskussion, in der es an mehreren Stellen zu Kontroversen kommt, wird infolgedessen sehr ausführlich wiedergegeben, – weil darin sehr konkret deutlich wird, wie unser Klassenbewußtsein durch unseren alltäglichen Arbeits- und Lebenszusammenhang eher verschüttet wird bzw. der öffentlichen Diskussion und damit nach und nach aus dem subjektiven Empfinden der eigenen Lage ausgeschlossen werden; oder andererseits – wie in meinem Fall – wenigstens bruchstückhaft als 'Klassengefühl' in den alltäglichen Lebensumständen wieder konkret wird.

Ich sehe darin kein individuelles Schicksal, – weder bei den 'Projektfrauen' noch bei mir. Vielmehr gehe ich davon aus, daß unser Bewußtsein auch bestimmt wird von den gesellschaftlichen Bewegungen, in denen wir unsere Interessen organisieren und artikulieren können; und dadurch notwendigerweise einige Bereiche unserer Erfahrung unentwickelt und als unwesentlich für unsere Lebens- und Arbeitssituation erscheinen müssen.

Ich sehe also in den hier geäußerten Vorstellungen die individuellen Bewußtseinsprozesse als Teil eines gesellschaftlichen Prozesses.

Eine der Ursachen dafür, daß die an diesem Gespräch beteiligten Frauen sich im weiblichen Lebenszusammenhang der feministischen Frauenbewe-

Monatelang in Gedanken am Schreibtisch - von Lucia Fotografiert

gung trotz ihrer klassenspezifischen Erfahrungen wiederfinden, scheint mir der gemeinsame Arbeitszusammenhang in dem 'Hausarbeits-Projekt' zu sein. Dadurch wird ihnen ermöglicht, ihre Art des Denkens und ihre Art, zu Erkenntnissen zu kommen, in ihre wissenschaftliche (Aus-)Bildung einzubeziehen.

Dennoch verweisen die Äußerungen einiger Frauen darauf, daß der Mangel an Reflexion ihrer klassenspezifischen Erfahrungen darin begründet ist, daß sie sich mit dem Verdrängen von Klassenwidersprüchen durch die feministische Anschauung 'wir sind alle Frauen, – alle Frauen sind in gleicher Weise von Männern und von der Gesellschaft durch ihnen zugewiesene weibliche Eigenschaften und Arbeiten unterdrückt' ernsthafter identifizieren als mit ihren Klassen-Erfahrungen.

Mein eigener Standpunkt ist zugleich ein weiblicher und ein klassenspezifisch-ökonomischer Standpunkt, – der sich in langjährigen Lernprozessen entwickelt und gefestigt hat aus den lebensnotwendigen Tätigkeiten im Arbeitermilieu, die ständig in Widerspruch traten zur bürgerlichen Kultur und Arbeit, – wie ich sie durchgängig auf dem Gymnasium, während des Studiums und der sich daran anschließenden Berufstätigkeit erlebt habe.

Es gab existentielle Krisen, in denen dieser Widerspruch immer wieder bewußt wurde, – und sich nur in einer Außenseiterposition und Einzelkämpferrolle äußern konnte.
Eine davon war eine Phase der eigenen Arbeitslosigkeit, die ein Jahr lang dauerte und mich in ständige Existenzangst versetzte; obwohl ich nach dem Studium 2 Jahre an der Hochschule gearbeitet hatte. Ich erkannte allmählich, daß die Ursachen dieser Angst nicht nur mit meiner Lage als Arbeitslose zu tun hatten, sondern auch in jahrelanger Erfahrung von Existenzunsicherheit in unserer Arbeiterfamilie begründet waren. Außerdem wurde mir in dieser Zeit bewußt, wie total unser Lebenszusammenhang davon bestimmt wurde, und wie sich daraus die Hoffnung auf die totale, umwälzende Veränderung meiner Lebenslage durch das Studium und durch anschließende Arbeitsmöglichkeiten aufbaute. In dieser Hinsicht bin ich erst einmal gründlich enttäuscht worden.

Eine zweite Ursache außer der Arbeitslosigkeit war, daß ich nicht in einer Ehe durch die Lohnarbeit des Mannes abgesichert war, – sondern alleine für meinen Lebensunterhalt sorgen mußte, was ich auch wollte.

Außerdem hatte ich den Wert der produktiven Arbeit in der Arbeiterfamilie verinnerlicht; und merkte, daß ich eben durch meine klassenbedingten Erfahrungen und Ansichten an der Ausübung für mich produktiver Arbeit gehindert wurde.
Gerade in dieser Phase organisierte ich meine Bedürfnisse und Interessen in der Frauenbewegung. Was ich zu der Zeit brauchte, waren lebendige Kontakte und gegenseitige Unterstützung bei der eigenen Selbständigkeit mit Frauen. Auch das Gefühl für die eigenen Grenzen, Realität statt großer Theoriegebäude und politischer Diskussionen.

Allmählich bemerkte ich auch dort die Klassenunterschiede. Und mir fehlte die Berührung mit Frauen, die in ihrer weiblich-gefühlsmäßigen Art des Umgangs nicht nur das Sanfte-Kämpferische hatten, sondern, wie ich meine, spezifisch proletarische Elemente des Verhaltens zeigten: die einfache und direkte, impulsive und schlagfertige Art, an Dinge heranzugehen, auf andere Menschen zuzugehen. Ich hatte das Bedürfnis, Frauen mit tiefgehenden Erfahrungen kennenzulernen, die sie direkt existentiell berührt hatten. Zum Beispiel die Erfahrung, daß man im Haushalt mit Arbeit und Sorgen überschüttet wird, einem dennoch die Anerkennung fehlt, die

'den Männern' zukommt; daß man nie genug Geld für gutes Essen,Klei-
dung, Bücher u.a. hatte, die Sparsamkeit soweit geht, daß man sogar
Licht, Wasser,Strom und Heizung nicht ohne schlechtes Gewissen verbraucht; und daß man sich so oft von der Selbstverständlichkeit gedemütigt fühlt, mit der andere Mädchen aus anderen Familien, aber auch
die eigenen Brüder, Väter und Freunde erwarteten, daß man sich ihre
Ansichten und Lebensweise aneignete, sich klein machte, damit sie genug Bewegungsfreiheit hatten, - sich unterordnete. Meine Haupterfah-
rung war, daß ich als Mädchen und Frau in sowieso schon ärmlichen
Verhältnissen gar nicht existierte, daß ich mich ducken mußte, damit
es keinen Streit gab; daß jeder Versuch, mich aus dieser Lage heraus-
zuarbeiten, unendlich mühselig war und mich verbitterte; und daß
schließlich die Anerkennung für Dinge, die mir so mühselig und daher
im Ergebnis großartig erschienen, ausblieb. Was ich leistete, war nie
genug, - gemessen an dem, was hätte geleistet werden müssen,um ein
existenzfreies Leben zumindest in bezug auf die alltäglichen Dinge zu
gewährleisten. Man sollte hochkommen und es besserhaben und man
durfte nicht hochkommen. Diesen Widerspruch habe ich immer wieder
erfahren: von seiten der Eltern und Geschwister, aber auch von Seiten derjenigen Studenten und Professoren (innen), für die es zuallererst selbstverständlich war, daß sie die Hochschule ausfüllten. Über
diese Widersprüche wollte ich mit anderen Arbeitertöchtern sprechen.
Die Erlebnisse in der Frauengruppe kamen mir gemessen an meinen Erfahrungen sehr oft künstlich und luxuriös vor, Ausdruck einer bestimmten gesellschaftlichen Klasse von Frauen, - nicht meine eigentlichen Erfahrungen und Probleme betreffend.

Arbeit des Vaters
Arbeit der Mutter

Elfriede: *Mein Vater* is an sich Bauer gewesen und denn sind wir geflüchtet und is, äh, Bandarbeiter. Im VW-Werk, hat immer Schichtdienst gemacht. Sehr verschieden, - also hat auch gewechselt. - Anfangs in er Gie-
ßerei, also das war echt ne unheimliche Knochenarbeit und da hat er sehr
viel Nachtschicht gemacht, immer diesen dreifachen Wechsel nich. Und dann,
jetzt, die letzten Jahre hat er nur noch Spätschicht und Frühschicht gemacht, macht er immer noch. Und hat jetzt, glaub seit 10, nee, seit 5 Jahren also is er auf der gleichen Stelle, vorher hat er immer ziemlich oft gewechselt, so verschiedne Stellen.
Wenn er nach Hause kam, - ja, mußten wir ruhig sein, weil er schlafen
mußte. Ich hatte mein eignes Zimmer, - wir sind zwei. '59 sind wir nach
Wolfsburg gezogen, vorher ham wir aufm Dorf gewohnt, weil meine Mutter
immer bei Bauern geholfen hat. Und da war, das war so ne kleine Werkswohnung mit so 2 kleinen Kinderzimmern, so ganz kleenen Löchern, - und
da ham wir denn eben gewohnt. Und ja, natürlich nachmittags mußten wir
unheimlich leise sein, mußten wir denn eben runtergehn ne, also meistens
warn wir unten, wenn mein Vater tagsüber geschlafen hat. Oder oben,
warn wir denn eben leise ne.
Der wollte immer wieder Bauer werden, und des hab ich da noch nich verstanden, der wollte immer wieder Bauer werden und hat auch versucht, n
Hof zu kaufen und die ham auch übern Lastenausgleich Gelder gekriegt,
weil wer halt n Hof hatten, - früher, - und ham denn auch so'n Haus gebaut aufm Land. Und der hat jetzt ne Nebenerwerbsstelle ne, der arbeitet
nach wie vor im VW-Werk und wenn er nach Hause kommt, dann arbeitet er

weiter, der arbeitet bestimmt also 16 Stunden am Tag, - da zieht er seine
Schweine und hat da seinen Acker und so.
Des hab ich nie verstanden, ich hab mich dagegen gesträubt mit Händen und
Füßen, ich wollte nich aufs Land, ich wollte also nich aus er Stadt weg, -
aber ich versteh das heute unheimlich gut, weil das, des war eigentlich
diese, *dieser Gedanke auch*, und diese Perspektive, *das war das, was ihn
eigentlich aufrechterhalten hat ne.*
Der is eigentlich immer sehr, der wollte früher mal Lehrer werden,und,der
wär eigentlich n ganz guter Lehrer geworden. Der hat immer unheimlich
viel gemacht, - mit uns, so Nachtwanderungen und so, Spazierengehn,und
Fahrradwanderungen und so, - (sagt das in einem ganz begeisterten Ton)
Hat immer Zeit für uns gehabt.
Hm. Ja, und der hat auch z.B. die Hausarbeit, wenn meine Mutter gearbeitet hat, ham die immer zusammen die Wäsche gemacht und früher abgetrock-
net und gekocht und so.
Ja, *meine Mutter* kommt auch aus ner Bauernfamilie, - und is Waise gewesen. Is auf ner Landwirtschaftsschule gewesen. Für Töchter aus der Land-
wirtschaft, und hat die auch abgeschlossen und hat aber kein Beruf gelernt.
Und is dann, hat denn erstma in er Wäscherei gearbeitet, hat denn, praktisch seitdem is se immer mit erwerbstätig gewesen.Als wir noch aufm Dorf
gewohnt haben, - hat se denn hier in Westdeutschland, also '66 sind wir
geflüchtet, - da hat se dann so bei Bauern mitgearbeitet, da warn wir,al-
so ich noch ziemlich klein, mein Bruder is zweieinhalb Jahre älter.

Und dann hat sie so in er Wäscherei gearbeitet und so in verschiedenen
Kaufhäusern gearbeitet, im Lebensmittelgeschäft als Verkäuferin,dann hat
sie 15 Jahre, die letzten 15 Jahre hat sie in nem Möbelgeschäft als Verkäuferin gearbeitet, halbtags.

Und jetzt ist sie arbeitslos.
Will aber auch nicht mehr arbeiten. -

Mein Bruder hat Großhandelskaufmann dann gelernt und der war Abtei-
lungsleiter in so'm Kaufhaus und hat das aber jetzt geschmissen,weil es
ihm stank, und arbeitet auch im VW-Werk.

Elisabeth: Also mein Vater der hat ne Malerlehre gemacht. Anstreicher,
und hat dann als Glaser und Anstreicher eigentlich immer gearbeitet, bis
vor 15 Jahren, inzwischen is er Rentner, - hat er dann so ne Lageristen-
stelle übernommen, in so ner Autofirma.
Ja, und meine Mutter is gestorben, als ich 14 war, die hat keinen Beruf
gehabt, war bis dahin eben Hausfrau. Ja, und meine jetzige Mutter, die
hat auch keinen Beruf erlernt ne. Die is, die arbeitet jetzt so halbtags in
er Wäscherei. Während der Sozialarbeiterausbildung als ich da auf der höheren Fachschule war, da hab ich noch zu Hause gewohnt,hatte zwar en
eigenes Zimmer, aber das war eben im Winter nich beheizbar, und so,und
ich hatte auch gar kein' Drang auf dieses Zimmer, außer ich konnte da
zwar schlafen und so, aber ich konnte da gar nich arbeiten.
S war ganz merkwürdig. Und, ähm, des war auch unmöglich, daß ich,wenn
ich meinetwegen, wir hatten regelmäßig jeden Morgen Unterricht, das war
so'n ziemlicher Schulbetrieb und des war unmöglich, daß ich mich mittags
erstmal hingelegt hab, zwei Stunden oder so, zwei Stunden geschlafen hab
und dann hätte gearbeitet ne.
Das hat meine Mutter überhaupt nich akzeptiert, hat die nie verstanden.
Ich mußte immer gleich arbeiten möglichst, ja, und was ich dann noch an
Freizeit hatte, da hat se dann erwartet, daß ich ihr dann halt mithelfe bei
der Hausarbeit. Oder denn, also *abends zu arbeiten und dann Licht ver-*

geuden, wenn man doch tagsüber arbeiten konnte und abends soll man
schlafen oder so ne.

Sylvia: Meine Mutter war Verkäuferin, Raumpflegerin, dann so, na im Büro erst so ne Art Hilfskraft, und da hat se sich so nach und nach hochgearbeitet. Also mit genug Berufsjahren war se dann irgendwann ma so ne
betriebsinterne Kontoristin und inzwischen is se jetzt, also, jetzt wo se
56 is, Sachbearbeiterin ne. Nennt sich das.
Also sie is es nich direkt, und es fehln auch bestimmte Fähigkeiten, sie
kann also nich blind Maschine schreiben und so, aber sie hat sich sehr
vieles da erarbeitet, arbeitet da schon über 25 Jahre, hat sich vieles da
angeeignet, so daß sie jetzt also als Sachbearbeiterin geführt wird ne.
Hat aber,naja, s mit Energie, Willen und auch Fähigkeit, die is unheimlich intelligent irgendwie, – hat sich da so hochgearbeitet ne. Und
von ihr aus würd ich mich nich als Proletariertochter bezeichnen ne. Von
meim Vater aus und von dem Milieu, von der Gegend, von den Schulkindern da ne, drumrum, von den Bekannten, Verwandten schon ne. Von
den Wohnverhältnissen, allem ne.

Soziale Sprachnot: da hat man innerlich sowas Körperliches und man kann
das nich rauslassen

Elfriede: Bei mir wars eigentlich so, ich hab erst Realschule gemacht,be-
vor ich aufs Gymnasium ging, da wars eigentlich auch so, daß ich immer
n schlechtes Gewissen hatte oder irgendwie mich geschämt hatte,daß die
andern mehr Geld hatten als wir. S war schon so, daß die andern Handwerkskinder warn mehr, also nich, des is in R. gewesen, nu is R. ne
Stadt, wo also überwiegend Flüchtlinge sind, aber da warn in er Realschule mehr Handwerkskinder, so kleine Handwerker ne, oder kleine Kaufleu-
te, und aber nich so sehr viel Arbeiter. Da war das immer so. Hab ich
mich immer gar nich getraut zu erzählen, was mein Vater von Beruf is,-
das war aber aufm Gymnasium nachher aber gar nich mehr. Da war das
okay. Nun war das da'n Gymnasium, ökothrophologischer Zweig is das,is
n hauswirtschaftlicher Zweig, und da warn sowieso nur Mädchen, und da
warn sehr viele Arbeitertöchter, die so Realschule gemacht haben und
dann ja. – Also bei mir is es klar, *daß ich mir nie hätte erlauben können,*
wie der eine aus unsrer Wohngemeinschaft, der mit 32 da irgendwie Dip-
lom gemacht hat, ne – und so locker vor sich hinstudiert, und seine Mut-
ter hat ihn ja finanziert. Also sowas hätte ich mir, war, is in meim Bewußtsein auch drin, daß ich sowas ähnliches, – *das is also außer der*
Reichweite irgendwie, also sowas, das is klar, das is also ne Auswirkung
davon ne. *Ich muß sehn, daß ich schnell fertig werde, und dann mein ei-*
genes Geld verdiene ne.

Delia: Ja, was hat das für deine, für deine Möglichkeiten an der Uni,ne,
– also wie, wie prägt das die.
Denn, also ich kann von mir aus sagen, daß, ähm, daß ich auf jeden Fall
auch Schwierigkeiten an der Uni habe ne,obwohl ich ziemlich *leistungs-*
orientiert erzogen worden bin und auch aufm Gymnasium und so ne,also
da auch ziemliche Strukturen ausgebildet hab, aber daß Uni für mich noch
mal was ganz andres war. Durch diese Strukturen, die du auch eben gesagt hast, also theoretisch, abstrakt, nich wissen, was es mit dir zu tun
hat und so, aber ich, *an sich bin ich in so'm bürgerlichen Denken erzo-*
gen worden ne. Und trotzdem hat das nix mit mir zu tun. Und da *und*

des hab ich eben wirklich darauf zurückgeführt, daß das ne, so'ne Struktur is, die überhaupt sich von Lebenszusammenhängen ablöst, also nich nur von proletarischen, sondern auch von bürgerlichen, ne. Also überhaupt die Art, wie man Theorie überhaupt verarbeitet und dann auch lehrt ne. Wie die zu eim zurückkommt ne. Und von daher versteh ich das irgendwie schon, daß Mädchen ne andre,ne andre Sozialisation hinter sich ham, also aus proletarischen Kreisen is mir klar ne, bloß wie das nachher auf dich zukommt ne, da sind dann die Unterschiede, glaub ich geringer, also, proletarisch oder nich proletarisch, sondern da ham sich, glaub, also ich weiß nich, ich will da auch nich irgendwie so Männer - Frauen aufbaun. Ich weiß, daß Männer auch Schwierigkeiten da mit ham ne, aber die äh, viele können sich da irgendwie anders einbringen,weil sie unheimlich viel Sachen, äh, verdrängen oder ich weiß nich, also s sind andre Verarbeitungs-, äh, die Sache is da irgendwie drin.
Also diesen, diesen Bluff oder wie man das irgendwie nennen soll, das Aufrechterhalten, bzw. sich da besser, besser reinfinden (das kommt wie aus der Pistole geschossen) ne, also ich kann das irgendwie nich anders sagen jetzt.
Das is auch ne Sache, die man nich so einfach so verbalisieren kann,glaub ich.

Die Verf.: Also s ging mir wirklich nachher an er Uni, daß ich körperlich anfing zu zittern, wenn ich merkte, da is so'n autoritärer Typ, der redet da irgendwas. Und zwar is das einfach, des is einfach sofort da und das glaub ich, kommt aus ner größeren Sensibilität für so, - durch diese körperliche Arbeit und durch den Existenzdruck, wie ich sie erfahren hab zu Hause. Die körperliche Erfahrung, glaub ich,is da viel, ja viel unmittelbarer. *Ich empfinde Autorität direkt körperlich.*

Elisabeth: Vielleicht is das auch so, so ne, äh, so ne Unfähigkeit, - also so ich könnte mich da auch drin wiederfinden, in diesem körperlichen intensiven Gefühl. Wenn man sich nich fähig fühlt oder z.T. auch nich fähig is, sich in dieser Sprache zu bewegen, sich anzupassen, oder so,aber in irgendner Form ja angesprochen wird davon und damit fertig werden muß und darauf reagieren muß, daß man das dann körperlich irgendwie ausdrückt oder, oder so, also durch diese Unfähigkeit der Sprache, die man nich so drauf hat, da auch so schön reden zu könn' oder so, hat man innerlich so was, was Körperliches und , naja, und des kann man dann nich weitergeben ne, oder nich, nich rauslassen.

Die Verf.: Hm. Also ich hab das halt oft erfahrn, immer wieder die Reaktion auf mein, - ja, das nenn ich jetzt mal *körperliches Verhalten,* indem ich dann, - weil ich nich so lange Sätze und differenziert des ausdrücken konnte und abgeschwächt und einerseits und andererseits hab ich nie gekonnt und mich innerlich auch geweigert, glaub ich, - sondern wenn da einer was sagt in irgendner Diskussion, dann sag ich also, so kann man das doch nich sehn, mensch! Das is doch unmöglich, und beweg mich dabei mit meim Körper, mit'm Gesicht. Ja, und da, da gucken die und also! Hm! Da muß ich doch schon bitten, sich an die Form zu halten, an die Regeln und so ne. Das sind einfach für mich Ausdrucksformen, so unmittelbare Ausdrucksformen bei mir. Und ich mein, daß das auch zusammenhängt mit körperlicher Arbeit, mit der Enge der Wohnverhältnisse, überall stößte an, - aber auch: hast dadurch so'n engeren Kontakt zum anderen Menschen, mit dem de zusammenlebst.

Widerspruch: geistige Arbeit
und/oder Liebe zur eigenen Klassenarbeit

Ich hab von klein auf gelesen – und ... meine Mutter redet sehr viel.
Ich fühlte mich unfähig, geistig zu arbeiten. Was im Kopf zu behalten,
das war für mich keine Arbeit.

Sylvia: Bloß, ich weiß nich, wenn du so, so verschiedene Sachen, die du
jetzt sagst, die erkenn ich dann wieder, manche auch nich ne, aber
des was ich wiedererkenne, das würd oder hätt ich, bis jetzt sozusagen,
nie auf, nie auf meine Herkunft zurückgeführt ne. Also ich mach Biologie
ne, und, ich find die Sachen am wichtigsten, die ähm, irgendeinen Nutzen
bringen ne.
Also die irgendwo zur Anwendung komm' auch ne, – also jetzt mach ich
Ökologie zur Zeit ne, und wie soll ich sagen, des is mir jetzt, des kann
ich nich richtig sagen, is des jetzt, – ob des in er Literatur steht oder
nich, – is das jetzt durch meine Herkunft so, so gekomm', daß ich mich
jetzt da für angewandte Sachen interessier oder nich ne, also da könnt
ich jetzt, nich jetzt dir sowas erzähln, – ja, mein proletarisches Bewußtsein, des drückt sich darin aus, das geht nich ne. Also da, wenn ich so'n
bißchen überlegen würde, – also, wenn ich überlegen würde, wo ich eigentlich direkt gemerkt habe, daß ich, äh, naja, daß mein Vater Arbeiter
war ... *Ich hab z.B. von klein auf gelesen und mit Büchern nie Schwie-*
rigkeiten gehabt, weil meine Mutter also, also Reden is bei uns ein und
alles ne, ich hab dagegen, ich bin handwerklich überhaupt nich begabt
irgendwo, oder zumindest hab ich das nie gemacht oder so. Ich bin kein
praktischer Typ. Und, – ich bin mehr so, so, planen und überlegen und
denn lesen und denn nix verwirklichen und so.
Na, vielleicht sind das die Unterschiede zwischen mir und euch, weil ich
n andres Fach aus nem ganz andren Bereich studiere.
Biologie eben, da sind bestimmte Fähigkeiten einfach nich so notwendig
gewesen, mußte nich großartig formulieren. Ich glaub, das wär ganz anders, wenn ich meine Mutter nich gehabt hätt, weil meine Mutter is also
diejenige. *Meine Mutter hat immer gesagt, also s is wichtig, also s is wich-*
tig, daß ich n eigenen Beruf habe und daß ich unabhängig bin und so
und daß ich nich heiraten muß und so ne, und hat also drauf hingedrängt,
die war diejenige, die mir's auch ermöglicht hat, gegen den Widerstand
der Familie zu studiern ne.
Also meine Mutter redet sehr viel und sehr gut und is auch keine Proletarierin in dem Sinne, find ich ja nich so, überhaupt nich ne.
Und da hatt ich nich die Schwierigkeiten, weil ich ja Biologie mache, wo's
ja nich in erster Linie auf intellektuelle Diskussion drauf ankommt, sondern
die Schwierigkeiten, die warn eigentlich an andrer Stelle.
Also warn eigentlich drei Punkte, einmal, als ich anfangen wollte, aufs
Gymnasium zu gehn, da hatt ich ja schon vor zu studiern; Biologie, da
is mir n Stein in' Weg gelegt wordn, das war aber ziemlich eindeutig, weil
ich ne Frau war, n Mädchen damals ne, – äh, ich bin mir ziemlich sicher,
wenn ich n Sohn meiner Eltern gewesen wär, daß ich dann hätte studie-
ren dürfen, da wärn se vielleicht irgendwo stolz drauf gewesen ne, *aber*
so, da gabs also Schwierigkeiten, *da mußt ich das irgendwie durchsetzen*
ne. Das Zweite war *das Finanzielle,* das war also ganz eindeutig, also das
Finanzielle das is ganz klar ne, das is also so'n Wechselspiel.
Auf der einen Seite wußt ich, meine Eltern ham nich das Geld, mir das
richtig zu finanzieren ne, d.h. also nich so wie bei andern Leuten, wo die
Eltern bloß meinen, ach das paßt ihnen nich, oder so, daß die Kinder stu-

diern ne, sondern die hatten echt kein Geld ne,- andrerseits, also von
mir aus wars eigentlich auch so, daß ich immer sagte, also, ich brauch
eigentlich auch nich viel Geld ne, und wenn ich kein Geld habe, kann ich
jobben gehn, also die Möglichkeit, die hab ich eigentlich immer gesehn,
ich hab deshalb nich direkt unter der Geldknappheit gelitten ne, aber das
war ganz klar, des war ne Einschränkung, wo ich manchmal gesehn habe,
daß es andre Leute schon leichter haben, und da in dem Zusammenhang,
also da spielt dann schon mit rein, das, was de vorhin gesagt hast, mit
den finanziellen Möglichkeiten.
Andrerseits hat sich bei mir auch so, so'n Gefühl rausgebildet, daß Leute,
bei denen das so ganz glatt gegangen is ne, so ne ziemliche Weltfremdheit
ham ne. Also ich komm ziemlich gut mit Leuten vom 2. Bildungsweg aus ne
oder eben Leute, bei denen das eben auch so ähnlich gelaufen is wie bei
mir ne, also so, wo das auch nich von vornherein, - die Eltern Professor
warn oder Architekten oder sowas ne, also da, also die schätz ich selber
oft höher ein, also weil die manchmal andre Tiefen ham ne.
Der dritte Punkt is der,- wo ich glücklicherweise nich so oft in Beziehung
mit gekommen bin, dadurch, daß ich eben Naturwissenschaft da mache,
aber äh, manchmal kommt man grad bei politischen Studenten da drauf,
wenn die Leute anfangn, zu intellektualisiern ne, da hab ich n Wahnsinns-
block dagegen, also da werd ich bißchen sauer ne.
Und anderseits bin ich immer so'n bißchen unsicher, daß ich denke, ich
kann des bloß irgendwie einfach nich,- ich versteh das nich genug, und
das macht mich dann sauer, weil ich dann schon auf der einen Seite denke, die könnten sich ja auch verständlich ausdrücken ne, auf der andern
Seite dann denke, die sind das vielleicht gewohnt oder ham das so geübt
oder sowas, sei's wahrscheinlich von zu Hause her oder so ne.
Ich meide dann die Leute eigentlich.
Ich könnt mir vorstelln, daß man vielleicht, also leichter in Erwägung
zieht, das Studium wieder abzubrechen, weil's eim nich so unmöglich er-
scheint, was anders zu machen als studiert zu sein, ne.

Elfriede: *Das wär für mich nie möglich gewesen.*
Das wär für mich, - also hätt ichs vielleicht nich angefangen ne, aber *des*
is auch so ne Sache, die ich auch auf meine Herkunft zurückführe, das was
ich anfang, das muß ich auch zu Ende machen, und zwar in er möglichst
kurzen Zeit und es muß laufen. S wär unmöglich gewesen, jemals sitzen-
zubleiben zum Beispiel.

Die Verf.: Für mich auch,- wär ich abgegangen, *hätt ich abgehn müssen.*

Elfriede: Das ham se mir nich gesagt ne, aber *so'n Druck war eigentlich*
schon da ne. Also, bin sowieso nie, also in er Schule nie gefördert, - im
Gegensatz zu *mein Bruder,* den se also gerne, bei dem se's gerne gesehn
hätten, wenn er studiert hätte.
Der des aber nich gepackt hat auch wegen seiner Herkunft nich gepackt
hat ne, - er is weiter aufs Gymnasium gegangen und is daran kaputt ge-
gangen, daß da eben nur Professornsöhnchen warn und so, und da konnt
er nich mithalten. Hat er angefangen, zu klaun und hat keene Schular-
beiten mehr gemacht und denn mußt er abgehn.
Bei dem hätten se's gerne gesehn,- ich hab des eigentlich alles so selber
mir erarbeiten müssen, so Realschule und denn Gymnsium und so, aber
wenn da, wenn ich da schlecht gewesen wär oder sitzengeblieben wär,
denn hätten se schon versucht, mich runterzunehm ne.
S wär auch in meim,- wär in meim Kopf auch garnich gegangen ne.

Die Verf.:` War bei mir,- Abbruch des Studiums,- auch nich möglich.-
Vorm Diplom hatt ich ja Schwierigkeiten mit der Prüfung ne,- war für

mich wie ne Wand, aber die Aussichten, aufzuhörn ne,- sagten dann immer Leute 'ach Gott, wenn de's nich...machste was anderes' - hab ich gesagt 'Nein! Geht nich, is unmöglich!'

Sylvia: Ja, das is ja so, ungefähr so, jetzt grade und jetzt beweisen wollen und müssen.

Die Verf.: Ja, unbedingt, jetzt hab ich das doch alles angefangn und die Eltern haben auf vieles verzichtet, um uns zur Oberschule und zur Hochschule zu schicken. Mein Vater hat ja auch immer gesagt 'ich bin Arbeiter und hab zwei Kinder, die niemals was nach Hause bringen'. Mein Bruder war auch auf der Oberschule und hat studiert, immer kam des, immer wieder,- was er alles aufgeben muß, um das alles machen zu können. Und des sitzt noch drin.

Sylvia: Da warn eigentlich zwei Sachen, die mich abgehalten ham aufzuhörn. Das war das eine, daß ich keine Alternative wußte und dachte 'naja, Alternative is vielleicht genau so schlimm' und das andere so'n bißchen diesen Verwandten speziell sozusagen persönlich zeigen zu wollen ne. - Und später, als ich dann im Hauptstudium war, da warn mir die Verwandten dann egal, und dann hatt ich irgendwie so'n Eindruck 'na ja, Gott! Wenn de dann nachher schon so Mitte 20 bist, dann willste auch nich noch mal ne Lehre anfangen ne,das is ja,dann kommst dir auch n bißchen bescheuert vor. Aber grundsätzlich hatt ich den Eindruck, also s wär noch möglich ne. Weil ich eh annehme, ich bin später arbeitslos, muß dann wahrscheinlich sowieso irgendwo jobben ne.

Elfriede: S is auch kein, also überhaupt keine Sache von Prestige,- also der Abschluß bedeutet mir eigentlich wenig, ne,- die andern sagen immer 'jetzt mußte dich doch gut fühln ne', das is aber überhaupt nich irgendwo (Sylvia lacht, Elfriede auch, verlegen irgendwie).
So einfach, na, is irgendwie, für mich war des selbstverständlich, daß ich des, wenn ich des anfange, daß ich das zu Ende mache. Wenn ich was anfange, mach ich auch zu Ende. Und det mach ich halt ne. Also so Abbruchgedanken hab ich z.B. nie gehabt.

Die Verf.: Nee, was andres machen, so weit war ich ja auch nich, so konkret war das ja nie. Aber so dieses *Verhältnis zur eigenen Arbeit war auch einfach öfter auch so 'das taugt vorn und hinten nix'.* Und irgendwo kriegt ich da auch nix zusammen und, und irgendwann kam mal der Punkt, daß ich dachte''woran liegt das, dieses immer auch *das eigne Kaputtmachen auch, immer zerstörerisch im Grunde auch in Bezug auf des, was ma selber erarbeitet hat ne'.* Und da fiel mir des auf auch, daß des zu Haus auch oft so war, daß *die ganzen Lebensumstände so warn, daß da nie was Richtiges entstehn konnte.* Und dadurch dieses ständige auch unter Druck sein!

Ich mein damit nich, daß andere Studenten nich unter Druck sind, das glaub ich, is ne allgemeine Situation, diese Drucksituation,- aber ich glaube, daß das n gradueller Unterschied schon is, und vielleicht sogar in einigen Sachen qualitativ anders. *Diese ständige Angst,-* ...und immer so ne isolierte Situation. *Und jetzt is mir* erst klar geworden, daß *das auch* damit zusammenhängt mit diesem nirgendwo hingehörn, da *gehör ich* ja nich hin, zu den Akademikern und zu den Proletariern ja schon *garnich* mehr.

Elisabeth: Das Gefühl hatt ich auch immer, das kann ich gut verstehn. Mit dem Abbrechen war des bei mir immer so, des kam ganz oft. Und ich hab mich eigentlich deswegen, hab ich des immer wieder dann doch noch gemacht, weil mir nich klar war, was ich dann machte. Denn ich bin, einmal bin ich aus dem Beruf mehr oder weniger weggerannt, also aus dem Sozialarbeiterberuf, weil ich da unheimliche Schwierigkeiten hatte und da auch kein' Fuß fassen konnte und, naja, dann war halt des Studium da ne Möglichkeit, und der Zugang auch erstma relativ einfach und mit den Finanzen war des durch Bafög halt auch gesichert. Ja, Einwände gabs halt schon von mein' Eltern, aber die warn mir da egal, das ham se dann nachher geschluckt. *Aber mit dem Abbruch und der Angst war bei mir eigentlich ständig. Das war noch vorm halben Jahr, und s kommt jetzt immer noch wieder.* Ich meine, jetzt schmeiß ichs nich mehr hin, weil ich mich dann ärgern würde, weil ich halt schon was gemacht hab. Jetzt muß ich da irgendwie durch, aber das war, also, war immer, regelmäßig ne.

Die Verf.: Meinste, das hat was zu tun mit deiner Herkunft?

Elisabeth: Ja, ich fühlte mich halt unfähig dazu, ich fühlte mich nich in der Lage, das irgendwie zu packen, die Situation. Insofern,- *sicher geht das andern auch so, aber, das hab ich halt schon auf meine Herkunft zurückgeführt. Und ich fühlte mich z.B. auch unfähig, geistig zu arbeiten. Ich hatte überhaupt kein Verhältnis zu nem Buch ne.* Ich kann heute kaum noch einschätzen, *also mir is nich klar, was es bedeutet, n Buch durchzuarbeiten. Da hab ich kaum n Verhältnis. Ich hab n Verhältnis zu alln praktischen Sachen.* Kann das unheimlich abschätzen ne, also wieviel Zeit ich dafür brauche, wann ich da fertig bin und hab n richtiges Verhältnis dazu. *Ich hatte auch lange Zeit Schwierigkeiten, das als Arbeit zu sehn.* Wenn ich n Protokoll oder irgendwas gemacht habe, dann hab ich nie sagen können 'ich hab jetzt gearbeitet'. Das hab ich nie sagen können. *Arbeit war für mich immer nur Handarbeit, praktische Arbeit, das war für mich Arbeit. Aber was zu lesen und was im Kopf zu behalten, das war für mich keine Arbeit.* Meine Mutter hat immer halbtags gearbeitet als Verkäuferin, als Ungelernte,- und ich mußte immer so im Haushalt mitmachen, *selbstverständlich* ne ... *Und auch als ich* samstags dann frei hatte, mußt ich immer, immer das, samstags hab ich immer so Hausputz gemacht und so, Schularbeiten hab ich auch immer abends, zwischen halb 10 und 10 gemacht, obwohl ich da immer unheimlich müde war, eigentlich ... hatte das gar keinen Zweck.

Am Anfang dacht ich, das Wissen, das braucht man. Dann würd ich mich auch besser fühln, - ...das müßt ich alles irgendwie schön verarbeiten, - aber ich hab mich nie dazugehörig gefühlt. Das is auch so, daß de garnich mehr weißt, wer de bist, ne

Die Verf.: Bei nem Teil der Frauen, mit denen ich gesprochen hab, ...vor allem dann mit denen, die an der Uni sind, is so ne Tendenz, so ne ganz weite Entfernung von den Lebensumständen durch die geisteswissenschaftlichen Fächer. Die sind ja meistens ziemlich abgehoben...

Elisabeth: Mein Bruder hat nach m vierten Semester das Studium geschmissen und hat jetzt als 24jähriger ne Lehre angefangen, also ne richtige 3-jährige handwerkliche Lehre. Hat früher Soziologie und Geschichte und Sozialkunde so in den Hauptfächern gemacht und da war in unsrer Familie natürlich so die Hölle los.
Das war die Enttäuschung, - also ne schlimmere Enttäuschung, des war also so schlimm für die, plötzlich sehn zu müssen, jetzt ham wir den durchs Abitur geschleift, das hat ganz viel Geld gekostet und dann hat er angefangen zu studieren und hatte zwischendurch auch ziemliche Schwierigkeiten nach dem Abitur, und sagte plötzlich 'also ich kann mit dem Studium nichts

mehr anfangn, ich will jetzt was Praktisches lernen'. Das war also ganz
schrecklich. Du, ich hab mich dem einfach, - als ich angefangen hab zu
studiern war ich 24 oder 25, ich hatte die 1. Ausbildung, die Sozialarbeiterausbildung hinter mir, das warn, das warn schwierige Probleme, daß
die das akzeptiert haben ne. Und dann hab ich halt gearbeitet und dann
konnte ich ja sagen 'naja, wenn das hier nich klappt, dann geh ich halt in
den Beruf zurück' und damit ham se sich auch dann abgefunden. Dann
kam' immer so Sachen, wenn dir jetzt was passiert, wenn du krank wirst,
wir müssen für dich aufkommen' und des, des kommt halt immer noch. Und
'werd doch endlich fertig, entweder geh in n Beruf rein oder heirate, eins
von beidem', also solche Erwartungen stecken immer noch drin. Aber, da
ich, also da finanziell von ihnen, - jedenfalls, was, was so die monatlichen
Sachen, - eigentlich nich abhängig war, ham se's eben geschluckt, ne. Die
meinen halt so, so Krankheiten, also meinetwegen, was weiß ich, daß se
dann halt für mich aufkommen müssen. So diese, ich glaub, *das is auch
ihre Existenzangst*, die se dann haben, daß ihre eigne Existenz, s war bei
meiner Mutter jetzt immer ganz stark, irgendwie gefährdet werden könnte,
daß mir was passiert, also, wo sie denn n Leben lang oder was weiß ich,
zahlen müssen.
So ganz irrational, meinetwegen, wenn mir jetzt so'n Unfall passiert, und
ich bin, was weiß ich, bin nich mehr erwerbsfähig, und dann müssen sie
aufkommen. Ich bin ja nich versichert. Also diese existentiellen Unsicher-
heiten, die sie selber haben, die ham se vielleicht unheimlich auf mich pro-
jiziert.
Ich mein, ich krieg jetzt nur noch bis Juli dieses Darlehn, aber wenn ich
des noch weiterhin kriegen würde, da würd ich, - ich weiß nich,
*ich hab irgendwie das Gefühl, mir stehn mehr Semester zu als andern Stu-
dentinnen und Studenten, die ne bessre Vorbildung ham als ich*. Ich hab
inzwischen n selbstverständliches Verhältnis dazu, daß ich, was weiß ich,
weil ich benachteiligt bin oder so (lacht), - aber s is noch nich lange - daß
ich mir sage, ja, ich brauch halt längere Zeit dafür.

Delia: Was du eben gesagt hast, du hast das Gefühl, bist überhaupt nich
qualifiziert für die Uni ne, - und du kannst dir dann, weil de sagst, haste
alles nich gehabt und so kein Abitur und so, daß de das, dann das Recht
hast, dir mehr Zeit zu nehmen ne.
Also mir ging das ganz genau so, obwohl ich Abitur hab, ich hab gedacht,
'also hier biste falsch!' Also, ich möcht wissen, was ich da die 13 Jahre
auf der Schule gemacht hab. Jedenfalls hat das überhaupt nix zu tun mit
dem, was ich jetzt machen soll ne.
Und ich hab mich da total entzogen, ich hab an der Uni nichts gemacht
bis auf jetzt das letzte Jahr ne, - da konnt ich dann alles nachholn.
Also genau dieselbe Symptomatik ne, daß du denkst, du bist überhaupt
nich fähig, was zu machen ne.
Und des, ich find, des is'n Scheinargument ne, des hat I. mir auch immer gesagt, als ich mit ihr da an der Übersetzung gearbeitet hab ne.
Daß, ja, du mußt das doch wissen, du hast doch Abitur und so, und ich
wußte garnich, was die immer wollte, das stimmt überhaupt nich.
Ich konnte vielleicht, einmal, konnt ich ihr vielleicht sagen, ja, mit der
Grammatik, das heißt nicht 'den', sondern 'die' und da hat sie mich mit
großen Augen angeschaut 'ja, das weißt du ne' - Okay, bei solchen Sachen, bei so ganz, - Faktenwissen oder so, des des...

Elisabeth: Es gibt auch noch andre Sachen, - des, ja, grade auch die grammatikalischen Sachen. Manchmal läßt du dich von solchen Sachen, von solchen normalen Sachen unheimlich ins Bockshorn jagen ne. Wenn ich nur
an die lateinischen Ausdrücke für diese Fälle denke!

Delia: Ich hatte auch kein Latein.

Elisabeth: Oder ja, wie die da alle heißen, die kann ich heut noch nich ne oder sowas ne.

Delia: Die kann ich doch auch alle nich!

Elisabeth: Oder z.B. Englisch ne. Meine Englisch-Kenntnisse, dies Englisch, du kannst Englisch, und jeder, der's Abitur hat, kann Englisch.

Delia: Des kommt aber nich, weil ich Abitur habe, sondern ich hatte in er fünften Klasse hatt ich in Englisch z.B. ne Eins ne, und des kommt, weil mein Vater mit mir, weil er damals bei'n Tommys gearbeitet hat damals, im Krieg, als er n kleiner Junge war, hat er Englisch gelernt, so ganz nebenbei,- und da hat er mit mir als ich drei oder vier war, hat er mit mir Englisch gequasselt 'How do you do?' und so ne (lacht) –

Elisabeth: Ja, aber du hast doch jahrelang Englisch gehabt in er Schule.-

Delia: Ich bin auf der Oberschule derartig abgefallen ja, nich nur in Englisch, sondern auch in andern Fächern,- das zeigte mir, daß ich irgendwo da auch n andres Verhältnis zu hatte.
Ich war auf der Realschule, hab mittlere Reife gemacht und da warn meine ganzen Freundinnen dabei und alle kannt ich, s war überschaubar, da war ich auch noch relativ gut ne. Und das warn ja auch noch konkretere Sachen so: Kochen, und Steno und Schreibmaschine und alles mögliche. Und als es dann losging da, Oberschule, - und dann warn noch zwei außer mir, die kannt ich,- die andern alle zusammengewürfelt, und es hat sich nie überhaupt nie ne Klassenstruktur richtig ergeben und dann Sachen, wo ich genau gemerkt hab, des is irgendwie ne Sache, die qualifiziert dich für irgendnen Abschluß, aber da blickste nich dran lang irgendwie. Da hab ich das, natürlich hab ich das gemacht irgendwie, Deutsch und weiß der Geier was. Mathe hatt ich immer 5, und ich hab gemerkt, daß irgendwas, ja, mit dem kannste vielleicht was machen, ne, aber ich hab da überhaupt kein Verhältnis zu entwickeln könn'.
Und ich hab da auch nich mehr viel, nich mehr viel gelernt. Und ich mein, das, was ich gelernt hab, das is wirklich mit m zehnten Schuljahr abgeschlossen gewesen und nachher warn wirklich nur,- *deine Qualifikationskisten, das mußt de eben drauf gehabt haben und sonst nix ne.*

Elisabeth: *Na ja, da haste eben bestimmte Sachen drauf. Z.B. wenn ich nur an Statistik denke ne, das hat mich also, so zur Verzweiflung gebracht, ich hab aber fast nichts verstanden!* Du hast aber mathematische Kenntnisse, du hast eben gesagt 'geht ausnander wie ne E-Funktion ne, haste gesagt, *ich kann nich zwar denken was du meinst, weil ich weiß, was du meinst,* - aber E-Funktion is mir überhaupt kein Begriff.
Ich konnte nich die simpelsten, - ich weiß jetzt nich, mit was man in Statistik anfängt, es gibt da die ganz simpelsten Sachen ne.

Delia: Das is Bluff. Das lernste, das is das, was ich vorhin sagte.

Die Verf.: Du kannst aber nur mit etwas bluffen, was de hast! Die kannste auch nich einstreun, wenn de's nich hast.

Delia: Gut. Hm. Ja, ich geb zu, also da, auf dieser Basis von realen Kenntnissen bestehn Unterschiede, aber, aber auf dieser Bewußtseinsebene also wie, wie ein' das fertig macht, immer das Bewußtsein 'nichts zu wissen' das macht mich auch fertig ne, - obwohl ich offensichtlich vielleicht n paar mehr praktische Kenntnisse habe als du! Aber im Uni-Betrieb und in unserm Seminar und in unserm Projekt spielt das nich die Bohne ne Rolle.
Sondern da bist du z.B. in der privilegierten Position, weil du praktische

Ahnung hast, du kannst Sachen viel besser nachvollziehn und so weiter, da merk ich schon genau, daß du teilweise wirklich bessre Sachen sagen kannst dazu, als ich mir nur denken kann, - weil ich hab die Erfahrung einfach nich. Und da wird das z.B. aufgehoben ne. Ob du nu Abitur hast oder nich, des spielt keine Rolle mehr.

Elisabeth: Des möcht ich auch sagen, daß grade in unserm Projekt oder so, na, z.T. auch in, in, in, vielleicht z.T. auch in andern Frauenseminaren, aber grade bei uns, da, daß, daß, daß wir von dieser Ebene eben runter sind. Von dieser Bluff-Ebene. Sondern daß wir uns da z.T. also annähernd so geben können wie wir sind ne. Das seh ich auch -

Delia: Nee, wo auch die Qualitäten erst rauskommen können, daß de das nich nötig hast mit solchen blödsinnigen Sachen wie E-Funktion... Eindruck zu machen. Find ich auch gut, daß des auf so'm, in solchen Sachen rauskommt.
Aber ich find des nochmal wirklich wichtig, festzuhalten, daß also dieses, dies Leiden oder dies Bewußtsein von er eignen Schwäche, daß das echt nich, keine reale Grundlage hat,ob de nun n bestimmtes Wissen hast oder nich. Sondern wirklich, wie du so, wie die Strukturen auf dich zukommen und wie du meinst, daß du damit fertig werden kannst ne. Also dieses durchgehende Gefühl, einfach so ner Macht gegenüber zu stehn,die de überhaupt nicht packen kannst. Und das war bei mir total genauso.

Elisabeth: Hast du dich eigentlich als Studentin gefühlt?

Delia: Nee, - nee.

Die Verf.: Du auch nich?

Elisabeth: Nee.
*Weiß nich,- ich rannte da immer hin zu den Seminaren,*und ich bin auch sehr diszipliniert, also weil ich, - ja, irgendwas muß ich ja tun. *Aber ich hab mich nich dazugehörig gefühlt.*
Weiß nich wie! Aber ich hab mich nie als Studentin gefühlt. Ich bin, also s is ja auch so ne Sache, - obwohl das auch vieln so geht, - zum Beispiel die Angst, äh, mich in der Universität überhaupt zu bewegen ne. Also, ich glaub, ich bin vor dem 5. oder 6. Semester, nich einmal hab ich mich gewagt, in die *Bibliothek* reinzugehn, da Fragen zu stelln und äh, wie das mit dem Karteikasten und wie man Bücher findet, und wenn se dann was gefragt haben, hab ich längst schon wieder vergessen, was ich vielleicht im Kopp hatte und solche Sachen ne. Also die find ich unheimlich wichtig, und ich finde auch, an solchen Sachen kann man sowas fest machen, so Erfahrungen ne, weil, weil, weil, wenn de so, *das is nämlich auch so ne, naja, daß de eigentlich garnich mehr weißt, wer de bist ne.
Also du bist aus deiner früheren Situation irgendwie raus aber du kommst auch in die neue überhaupt nich rein.*

Delia: Ja, am Anfang, dacht ich, das Wissen, das braucht man. Ich dachte wirklich, das is so'n Grundstock, an Wissen, auf dem kann ma langsam arbeiten, wenn man das hat ne. Deshalb bin ich immer hingerannt, hab mich unheimlich unwohl gefühlt, hab alle,- äh, entweder so, n paar Leute fand ich dann schon wieder, wo ich so merkte, daß die irgendwie das so, mit ihr'm Persönlichen das bißchen zusammenkriegen, also wo das nich total aufgesetzt war, sondern wo ich dachte, die ham das irgendwie schon n bißchen verarbeitet, die fand ich dann gut, hab die bewundert und andre, wo ich dann sah, daß des so total ausnanderklaffte, die hab ich dann total abgelehnt und äh, hab das, - hab mich dann zu'n paar Leuten hingezogen gefühlt, hab mich aber nich getraut, die anzusprechen, weil ich dachte, die stehn so weit über mir, weil die eben soviel wissen, also, das war total alles widersprüchlich. Auf jeden Fall hatt ich dann so'n *'Fetisch Wissenschaft' über mir, also das is ne objektive, n objektives Wissen, das ich auch irgendwann ma haben muß, aber das ich offensichtlich nich fähig bin mir anzueignen, weil ich, ja, weil ich mich in diesen Betrieb nich einordnen kann* irgendwie, – denn alleine kannst du so'n Wissen nich kriegen, das is ganz klar, das geht nich durch Lesen, das geht nur durch Diskutieren.

Die Verf.: Du – Elfriede – sagtest vorher, daß du Soziologie studiert hast, – auch, daß das irgendwie zusammenhängt mit deiner Herkunft?

Elfriede: Hm. Hm. Ja, deswegen hab ich angefangen, 'Kapital' zu lesen. Ich dacht, ich muß des, ich muß des alles auf die Reihe kriegen, also, äh, des, irgendwie *des gesellschaftliche System hier, so, müßt ich also jetzt durchschaun* und irgendwie *den Platz, den wir da innehatten, also mein Vater* oder *die Familie,* unsere Familie, *das müßt ich alles irgendwie in' Griff kriegen und dann würd ich mich auch besser fühln,* hab ich irgendwie gedacht. Das müßt ich alles irgendwie schön verarbeiten.

Methoden und Definitionsfragen als Ausdruck
der verunsicherten Identität, –
irgendwie biste doch Arbeitertochter

Elisabeth: Du hast doch n Leitfaden ne?

Die Verf.: Hm.

Elisabeth: Du, das is doch ihr Problem. Daß die das nachher auf die Reihe kriegt, also mich, für mich is des jetzt kein Problem ne. Was du so geschildert hast, das, glaub ich, is ihr Problem, wie se des macht, wenn se sich des anhört.
Ich denke jetzt nur an meine Erfahrungen mit den Interviews, wie ich also erst beim Schreiben nachher und beim immer wieder Interviews anhören und nachdenken und aus diesen Erfahrungen der Interviews auch gelernt hab, da strukturiert sich erst so allmählich was und, und was du jetzt so sagst, is n ziemlich vorgefertigtes Raster, find ich nich so gut.
Also, das Problem, hat sie dann nachher, also das zu strukturiern und damit fertig zu werden. Und ich denke auch, daß sie dann kompetenter dafür is, verstehste? Also, also für mich is des jetzt nich so wichtig. Ähm, diese –

Die Verf.: Hm, naja, die individuellen Unterschiede kann ich ja nich ausschalten, wenn ich vorgefertigte, – die Sachen hab ich ja im Kopf ne, und ob dann nachher deine Mutter auch noch Arbeiterin is oder so, das is dann halt wieder n Punkt, wo ich sagen kann 'ja, wenn die berufstätig auch noch is und auch noch Arbeiterin is, dann is es so und so, aber das vorher schon zu definieren und zu sagen, also ich such mir jetzt nur Frauen mit, mit zwei Elternteilen Arbeiter, das, das nich. Das mach ich nich.

Delia: Ja, aber wie willst du dann so Sachen rauskriegen, wie sich auch sowas z.B. verändern kann ne.
Wo also n, also wenn de jetzt proletarisch, also wenn das nur vom Vater ausgeht und dann auch noch wie mein Vater, daß er vom Proletarier zum

Bürgerlichen aufgestiegen is, - solche Unterschiede irgendwie rauszukriegen? -

Die Verf.: Weißte, das will ich garnich rauskriegen.
Was ich rauskriegen will,sagt ich vorhin, is ja ob die,mit denen ich spreche, ne Erfahrung von Benachteiligung oder Diskriminierung oder von nem Bewußtsein ihrer eignen Herkunft haben.
Wenn das nich is, dann kann ich nachfragen warum nich und wenn sich das im Laufe des Gesprächs erst herausstellt, daß deine Erfahrungen doch was mit deiner Herkunft aus Arbeiterverhältnissen zu tun haben, dann, - ja, *warum is es dann total verschüttet? Warum is es dann weg?*
Wie kommt es jetzt, daß du (Delia) immer nachfragst und sagst 'ja, was verstehst du unter Arbeiter, hast irgendwo selber so' n diffuses Gefühl von, ja, irgendwas is da schon mit proletarisch aber auch irgendwo wieder nich ne.
Weißt selber nich, kommste nun aus so'm Milieu oder nich, und was is des überhaupt?
Das zeigt ja schon, daß des total unsicher is bei dir selber.
Daß de das nich weißt und daß de dann auch noch fragst 'ja, was is n des überhaupt?' - Arbeiter, wo fängt der an, is des auch n Handwerker und so? Während ich da schon sagen kann 'doch, doch, ja, ich komm aus ner Arbeiterfamilie', da kann ich dann erzähln, was wir so gemacht ham, da kann ich meine Erfahrungen erzähln, und du kannst sagen 'das is mir alles zu diffus und ich glaub, das is bei mir, irgendwo hat des nix zu tun mit dem Proletarischen. Und dann is des so, dann kann ich dir auch nix einreden, auch wenn ich dir jetzt Definitionen für Arbeiter bring. -

Delia: Ich weiß nich, ob das das Grundlegende is, weißte.

Elisabeth: Du, aber z.B., ich bin jetzt auch in er Frauenbewegung aktiv, oder...

Sylvia: So? (lacht)

Elisabeth: ... und *ich hab so, so diesen Widerspruch, -* da ham wir schon ma drüber geredet, - *daß ich Frau bin* an er Uni, *nie als solchen erfahrn, also ich hab den immer nur so erfahrn, daß ich halt da auch wo ganz anders herkomme und hab das auch ziemlich stark an diesem Abitur festgemacht, aber auch nich nur daran.*
Und daß ich halt so mit dieser ganzen Form von, von geistiger Arbeit überhaupt nich aufgewachsen bin ne.

Delia: Des is dir nich bewußt geworden, aber das liegt doch zumindest auch daran, daß du deswegen wahrscheinlich nie was mit Theorie, also ich geh von mir aus, nie was mit Theorie anfangen konntest, weil du einfach nich drin vorkamst!

Elisabeth: Ja, aber nich nur als Frau!
Zum Beispiel seh ich auch, äh, ähm, *so, als ich noch in der Gruppe war im Frauenzentrum, hab ich große Unterschiede gesehn zwischen den Frauen, - und die kommen halt meistens aus andern Schichten, die dahingehn - und zwischen mir. Ich hab mich da nich unbedingt immer wiederfinden können.*

Die Verf.: S geht mir auch so.
Ich bin auch in er Frauenbewegung seit 2,3 Jahren und da is mirs allmählich auch dadurch noch, dadurch auch noch bewußter geworden, die Herkunft. Durch die Frauen. Da war ich erstmal solidarisch und hab bedacht 'ah ja, daran liegts'. Und dann hab ich gemerkt 'tja, aber da sind

auch noch ne Menge Sachen, die sind anders bei mir'. –

Sylvia: Ich muß da noch mal zurückkommen, weil ich nämlich zu dem was du gesagt hast, sagen wollte, also des is mir schon klar, daß das im Grunde genommen deine Angelegenheit is, wie, was de nachher mit dem Stoff machst oder wie de n auswertest. Und daß das, da kommt bestimmt mein eigener Wunsch rein, – die Systematisierung des Vorgehens irgendwie. Und das is das eine ne. Und das andre mein ich mit dem Systematisiern und Kategorisiern, – nich, daß du dir jetzt Leute aussuchst, sondern danach fragst, daß de das sozusagen irgendwie mit aufnimmst und festhältst.
Ich hatte so den Eindruck,... wenn, wenn ich dir das jetzt nich so erzählt hätte, du hättest nich danach gefragt, ob beide, meine Eltern und so, wo se arbeiten und so, ne und das halt ich doch fürn ziemlich wichtigen Punkt, ne, weil ich mich ziemlich oft verglichen und mit den Kindern aus meiner Grundschule, so also, daß ich da direkt selbst gewohnt habe in Kreuzberg mit meinen Eltern, ähm, immer so'n bißchen es eigentlich anders empfunden habe, immer den Eindruck hatte – ich bin eben grade kein typisches Arbeiterkind, sondern ich bin durch meine Mutter ziemlich stark rausgehoben – und ich war eben äh, in er Klasse, warn drei von, es warn so an die 30, die überhaupt nich auf die Hauptschule gegangen sind, da war ich dabei ne.
Das war für mich so'n durchgehender Faden, daß ich halt Stubenhocker war, Leseratte und dann nachher, naja, der Punkt war schon da, daß meine Mutter gesagt hat 'ach, Mittlere Reife is vielleicht besser als Gymnasium ne'.
So ne Ängstlichkeit oder so ne, aber so grundsätzlich hab ich mich eben nich als typisch empfunden.
Und wenn ich jetzt sozusagen als typisches Arbeiterkind eingeordnet werd bei dir später beim Auswerten, dann würd ich mich mißverstanden fühlen. Und deshalb is mir des auch wichtig, wie du mit dem Material irgendwie umgehst ne.

Die Verf.: Also, ich hätte danach gefragt ne, aber ich geh erstmal von dem aus, was die Frauen von sich aus sagen. Ich hätte an nem bestimmten Punkt schon gefragt, – aber das is erstmal nich das Wichtigste für mich, erstmal is das Bewußtsein der Frauen das Wichtigste für mich und dann kann ich nachfragen.

Elfriede: Ich hab auch Schwierigkeiten mit dieser, äh, zu sagen 'also ich bin keine typische Arbeitertochter' oder 'ich bin deshalb nich typisch, weil' und so, hab ich Schwierigkeiten mit, – hatt ich immer grad bei den Hausfrauen getroffen, die ich interviewt hab, 'also mich müssen Se nich interviewn, ich bin gar keine typische Hausfrau' und da kommen auch tausend so kleine Sachen.
Also, *ich glaub, s spielt gar keine Rolle, ob da so'n paar Sachen n bißchen anders sind* oder die dich aus deiner, – *irgendwie biste, biste trotzdem Arbeitertochter ne, also ob's jetzt typisch is oder was is überhaupt typisch ne.* Also der, wenn de, zehn aus dem gleichen Milieu aus der gleichen Straße anguckst, da findst bestimmt bei jeder findste da irgendwas, was nich ganz da reinpaßt.

Delia: Ja, aber bei dir is es ja dann noch n ganz extremer Faktor, nämlich mit dem Bewußtsein, was du ja vorhin auch gesagt hast, – für dich is auch wichtig, ob, ob, äh, auch wenn man, wenn vielleicht die Verhältnisse nich ganz für, für, für dieses traditionelle Bewußtsein von Arbeitern sprechen,... also wenn ich nich total aus so'm Milieu komm und trotzdem das Bewußtsein hab:ich würd da eigentlich da reinpassen, –

das heißt dann für mich irgendwie, tja, dann kommt's irgendwie nich mehr dadrauf an, was nun wirklich gelaufen is damals, sondern ob du'n Bewußtsein von deiner Unterdrückung hast und wie die Unterdrückung war, woraus das nun genau resultiert ne, - ob ausm schlagenden Vater oder aus ner demütigen Mutter oder ausm schlechten Schulmilieu oder so. - Also ich fühl mich auch unterdrückt an er Uni und zwar ganz, also äh, ziemlich stark ne. Und mir is das in dem Moment dann auch egal, ob das daher kommt, daß ich aus so ner Familie komme, sondern dann interessiert es mich, rauszukriegen, was für Strukturen an er Uni sind und wie man da irgendwie rankommt ne. Oder z.B. dann durch ne andre Organisation von Studium, wie wir das jetzt auch versuchen ne, das find ich also für mich zumindest viel wichtiger ne. Anstatt jetzt irgendwo rumzubohrn, - ich mein, ich will, dein Vorgehn will ich jetzt nich total kritisiern,- aber, also für Perspektiven find ichs irgendwie wichtiger, rauszukriegen, was für Strukturen da sind, wie können Frauen damit positiv umgehn ne.

Die Verf.: Hm. Find ich auch wichtig.
Für mich is nur eben der Ansatzpunkt:wo hol ich die Alternativen her ne. Und da hab ich eben gemerkt, da hab ich welche in mir drin auch und die sind auch teilweise von früher, und die sind nie zum Tragen gekommen. Deshalb fang ich an, dadrüber nachzudenken. Was is da verlorn gegangen. Und das sind Sachen, die will ich wieder herholn und dann verändern irgendwie. Das is, is einfach ne, so ne Lebensnotwendigkeit.Das is auch so ne Sache, was du sagtest mit deiner Mutter, die sich so raushebt, als du das mit dem Lesen sagtest.
Also wenn ich von daher ausgehn würde, von diesem Typischen, dann könnt ich auch sagen 'typisch?' - des is ja schon wieder so ne Sache, daß ich das problematisier, was is denn typisch?
Meine Mutter hat auch immer gelesen und ich auch, immer, - und die grade war aus nem Arbeiterhaushalt, also nu wirklich, ihr Vater war in der KPD und sowas. Also ich würd jetzt nich sagen 'Arbeiter sind alle die, die keine Bücher zu Hause haben und auch nie lesen und nur praktisch'- wichtig wäre zu wissen, was wir gelesen haben - und worauf wir uns nicht konzentrieren konnten, oder warum wir überhaupt Schwierigkeiten hatten, uns zu konzentrieren.

Sylvia: Das is vorhin so'n bißchen entstanden, du hast dich vorhin ganz stark auf Elisabeth bezogen.

Die Verf.: Das mit dem Praktischen?

Sylvia: Und gesagt 'ja, siehste und dann müßte die Struktur eigentlich oder *dieses Verlangen von Arbeiterkindern* nach Praxisbezug, das müßte an der Uni wiedererscheinen' und da hab ich andauernd gedacht 'huch Gott! *Wieso denn nur Elisabeth und ich nich!?'*

Die Verf.: Ja, nee, Mir is nur allmählich aufgefalln, - ich hab während der Oberschule, äh, und überhaupt immer ganz viele Bücher gelesen, die aber wirklich mit meinem Elternhaus, überhaupt mit meiner ganzen Lebenswelt nichts zu tun hatten. Im Gegenteil, das warn alles Bücher, ja, wie Träume ne.
So wie Phantasien, - wo ich mich reinversetzen konnte, reinflüchten konnte auch, - und dann, ja, - die standen für ganz was anderes.
Bücher waren immer Ausdruck von nem andern Leben so von Freiheit, oder von, oder um sich einfach aus dem Raum zu flüchten, in dem ich da saß,hatt ich mich in das Buch vertieft, - da war ich ja schon ma weg, dann konnt ja niemand mehr an mich so richtig ran.

Aber was ich gelesen hab, so inhaltlich, wenn ich Schopenhauer da gelesen hab, des hatte eigentlich, weiß ich nich, - mit meinen täglichen, mit meiner Perspektive, mit dem, was da um mich rum geschah, doch wenig zu tun.

Aufstieg in intellektuelle Kreise. Des is irgendwie keene Leistung!
Das is alles so unfaßbar, unsre Eltern, die machen ja sowas ganz andres

Elfriede: Du, damit hatte mein Vater nie Schwierigkeiten. Also ich z.B., meine Wohngemeinschaft fährt immer ... einmal im Jahr zu uns, wir schlachten immer alle zusamm'n Schwein ... Da hat mein Vater nie Schwierigkeiten mit, des macht dem unheimlichen Spaß. Wir diskutiern da die ganzen Nächte durch über irgendwelche politischen Sachen und da könn die dem alle nich das Wasser reichen, des, des is ganz dufte ne. Des hat für den eigentlich keine Probleme irgendwie ne. Für meine Mutter eigentlich auch nich, - die is eigentlich auch ganz clever, - die war auch ne Zeitlang im Betriebsrat da, in er Firma und so.

Nur die könn' also diese Sachen, also diese, jetzt wo ich die Prüfung gemacht hab, oder so, da, erkenn' die nich irgendwie an als, - des is irgendwie nix ne, des is schön, aber des is irgendwie nix, is irgendwie keene Leistung.

Delia: Also, das find, also find ich eigentlich am schlimmsten, - nee, daß überhaupt, daß so, daß das eigentlich völlig, gerade was eigentlich so intellektuell bei mir, also denen kommt es eigentlich nur drauf an, also eigentlich bin ich ne mißratene Tochter ne, - also die hätten gerne gehabt, daß ich vielleicht Industriekaufmann gemacht und denn n schickes Mädchen und so, was dann beizeiten auch n netten Freund gehabt hätte, und dann ne Familie bekommen hätte. Des ham se mir zwar nie in der Form gesagt ne, - aber dadurch, daß es totgeschwiegen wird, daß ich studiere ne, also es wird nie drüber geredet, 'ja, was machst'n du eigentlich?' Oder höchstens nur mal 'na, wie lange machst'n noch?' oder 'na, wann machst'n wieder ne Prüfung?', aber nie eigentlich was, was für mich wichtig ist an dem ganzen Studium, das wird total totgeschwiegen und das interessiert eigentlich auch nich, weil wichtig is eigentlich, was ich als Frau eigentlich bring.

Ob ich gut aussehe, 'ach, deine Haare sind ja wieder schön lang!' und 'müssen ma geschnitten werden' und 'hastn nich mal n bißchen was Schöneres anzuziehn' oder so. Und wenn ich dann sag 'nee, das interessiert mich nich', dann sagen die 'ja, also das geht aber nich, - dafür ham wir dich aber nich studiern lassen!' oder so.
Ja, und *darunter leid ich.*
Des, ähm, daß es überhaupt keine Qualifikation is, also zumindest in der'n Augen. Daß ich deswegen auch zuseh, daß ich ziemlich schnell fertig werde, daß ich denen nich mehr auf er Tasche lieg, obwohl die können sich des relativ leisten, also die knapsen nich, sondern ham des grad noch über. Aber den Widerspruch halt ich nich aus. Also ich bin froh, wenn ich jetzt bald ne Stelle krieg und den'n dadurch beweisen kann, daß es doch was genutzt hat, dadurch, daß ich eben ne Stelle krieg.

Sylvia: Ich glaub, daß die, die Fremdheit, - also, meine, also unsre Eltern ... also jetzt mal ganz allgemein, machen ja sowas ganz anderes als wir ne, - da können ja gar keine gemeinsamen Erfahrungen mehr sein ne.

Also mehr noch von uns zu ihnen, weil wir lange bei ihnen gelebt ham, ihrn Alltag mitgekriegt ham, ne, und die Familie und so weiter alles kennen, und Umstände außen rum und so,- aber jetzt andersrum ne, daß die unsern Alltag kennen, daß die die Uni, die kennen se ja bloß von außen ne, da können se schon garnich mehr assoziiern,-...ja, und da könnt ich mir an sich auch n Unterschied vorstellen jetzt zu Eltern, die vielleicht selber aufm Gymnasium warn und vielleicht selber ne Uni -oder ähnliche Ausbildung ham, - das kann natürlich auch negativ sein,- Aber die wissen zumindest was, also die können sich unter ner Vorlesung was vorstelln, die können sich unter ner Prüfungsanspannung was vorstelln ne,- wenn, wenn deine Eltern... jetzt ne Prüfung nich wichtig nehmen, dann wahrscheinlich einfach deshalb nich, weil bei ner Lehre z.B., das is ganz klar, da macht man irgendwann n Abschluß, das is aber nich, worauf man jetzt die meiste Energie verwendet, sondern des is eben der natürliche Abschluß der Dinge.
Des is des Fertigwerden ne.
Und da könnt ich mir wirklich n Unterschied vorstelln ne, einfach von andern Erfahrungen.
Und ich weiß nich, des ließe sich wahrscheinlich nur überwinden, wenn ma sie irgendwie zur Uni mitnehmen könnte n halbes Jahr (lacht dabei)- und dann überall einführn und auch die Scheu vor diesen Leuten, großartigen Leutchen nehmen könnte, die garnich so großartig sind, die Scheu, die ham glaub ich Eltern, die ähm, selbst den Krempel schon mitgemacht ham, einfach nich ne. Und die vermitteln eim auch nich so Angst.

Als ich an die Uni gekommen bin, da warn ja Professoren so, so's Allergrößte ne, - und dann warn die ganz großen, die warn die Doktoren ne, und die Diplomanden sich auch noch ziemlich groß ne, und die im Hauptstudium, die warn also auch noch ganz schön ne. (lacht) Und je mehr ich hochgekommen bin, desto mehr bröckelt das ab, also irgendwo.

Aber diese Hochachtung, die hatt ich garantiert nich von ganz alleine, ich glaub schon, daß meine Eltern da mit ne Rolle gespielt haben auch, in der Einstellung dazu ne.

Elfriede: Des verstehn se z.B. auch überhaupt nich, -ich hab jetzt öfter ma mit ihr telefoniert (mit der Mutter) daß ich jetzt arbeitslos bin ne, das versteht se überhaupt nich ne. 'Wieso bist du denn arbeitslos? Mensch, du hast doch wenigstens, du hast doch was getan, du hast doch gelernt, und so ne, und du bist jetzt, - wir ham alle Arbeit und du bist jetzt arbeitslos'. Ja, des versteht se überhaupt nich.

Delia: Ja, und mein Vater is so, der versucht dann immer, mir so hintenrum doch noch Möglichkeiten zu sagen 'ja! Paß ma auf, daß du irgendwie zum Staat kommst!' - Da sag ich 'Ja, so is das nich', - hab ich ihm von den ABM-Stellen erzählt ne. 9 Monate und dann is die Sache gelaufen und nichts haste oder so.
'Ja, wenn man sich n bißchen Mühe gibt' - und denn mußte auch ma gukken, kannst ja auch aufm Land, da suchen se immer welche!'
Aber das, das will ich alles nich, - und wenn ich ihm sag 'Das will ich nich, da kenn ich niemanden, da hab ich keine Lust zu, weil ich nix mit anfangn kann und so' - und 'Ich will jetzt endlich ma was machen, wo ich was mit anfangen kann', 'Ja, alles kann ma nich haben, ma muß klein anfangen' - weißte, diese Sachen kommen alle so hoch, daß ich dann wieder n unheimlich schlechtes Gewissen hab, daß ich, die hab ich ausgenutzt, jetzt die zehn Semester, die ham mir Geld gegeben und jetzt versuchen se mir auch noch irgendwie zu sagen, da sag ich 'Nee, will

ich nich'. Da komm ich mir vor wie so ne Königin auf er Erbse, die dann denkt, sie hat die großen Chancen, und eigentlich is es garnich ne. Das is n unheimlich beschissenes Gefühl!

Die Verf.: Bei dieser Arbeitslosigkeit, - s ging mir auch nach m Studium so, und s ging mir auch wieder nach 2 Jahren Arbeit, war ich auch n Jahr arbeitslos.
Das war auch, da kam'n auch viele Ängste.
Mein Vater kennt das ja nu, wie des is, arbeitslos zu sein ne. Das war für den auch, also 'Hhh! Jetzt hat die studiert und jetzt is die arbeitslos!' Ach Gott, ach Gott, ach Gott!
So, also das war wie, - wie der Weltzusammenbruch, ah sowas, das geht ja garnich. Is doch völlig unmöglich. Auch bei meinem Bruder, der war auch in er Schule gut, war immer auch in er Familie wie dein Bruder, war das Genie, -
mit Einsen muß man schon n Genie sein, aus ner Arbeiterfamilie, da muß man ja denn schon, - also!
Und jetzt schmeißt er das einfach in die Ecke, da kann doch was nich, also, -

Sylvia: Was macht der jetzt?

Die Verf.: Der hat dann lange Zeit nur gejobbt und dann irgendwann, als des so schlimm wurde mit der Arbeitslosigkeit auch, dann wurde die Lesehalle auch zugemacht, dann fiel es ihm auf einmal ein, so, daß er ja keinerlei Ausbildung hatte, daß er ja Hilfsarbeiter is ne.
Jetzt macht er in H. an er Fachhochschule für Bibliothekarswesen ne Ausbildung. Aber, des is für die, also des is wie, - also wär da irgendwann mal ne Bombe gefalln. Des ham die nie kapiert.

Sylvia: Sag ma, wenn ich das hier so richtig seh, *sind hier 3 Leute mit Brüdern, die abgebrochen habn, ne,* - also drei (Elfriede, Elisabeth, die Verf.), ja, deiner hat doch mit 24 ne Lehre angefangn und ... deiner da Großhandelskaufmann abgebrochen und Bauarbeiter geworden, *guck ma an.*

Elfriede: Und der war auch aufm Gymnasium unheimlich gut anfangs, das is echt, der is echt so, der konnte mit den andern nich mithalten, - die ham dann alle Mofas gehabt, ne, - jedenfalls Kofferradios und so ne Scheiße und sowas hatte der alles nich. Irgendwann hat ers Klauen dann angefangen, das war dann der Abstieg.
Das hat meine Mutter auch nie verstanden, warum der jetzt geklaut hat oder so ne, da gabs also große Szenen und irgendwie war dann unheimlich was los.

Die Verf.: Mein Bruder hatte auch an der Oberschule solche Erfahrungen gehabt, - immer. Dann hat er irgendwie von irgendwelchen Leuten äh, Hosen geschenkt gekriegt, - die sahn natürlich nie so aus, wie das, was die in er Oberschule da anhatten.
Und mein Vater hat dann irgendwas genäht oder irgendwas gemacht. Oder meine Mutter.
Der hat des auch am eignen Leib erfahrn, - hat nachher beim Ami Kegel geschoben, um sich noch Geld zu verdienen und lauter so Zeug und, - auch während des Studiums mit 210, - da angefangen, der hat nie Geld gehabt.
Also insofern ham die gedacht 'Könnte ja sein, der Junge hat ja nix gehabt und immer nach Hause geschrieben 'Schick mir mal noch 10 Mark'- da hat der vielleicht irgendwann ma was gemacht, n Ding gedreht oder so ne'.

Und auch von ihren eignen Erfahrungen, meine Eltern ham sich z.T. ja auch so durchgeschlagen und mein Vater nachm Krieg, der hat wirklich auch so hinten rum und so,- Sachen beschafft. Sonst wärn wer garnich durchgekomm', wenn der arbeitslos war.
Das is also nich so weit weg ne, was die sich vorstelln können an Alternative is ja nur, daß ma irgendwas verbrochen hat.
Nich ne andre Meinung hat - dabei is mein Vater immer, immer wieder rausgeflogen, weil er die Klappe aufgerissen hat. Aber des war für die auch wieder so, *dieses Wissenschaftssystem* hat ja für die auch gar kein, - *is ja garnich faßbar,* sie könn' sich des auch garnich vorstelln, daß man da,- daß ma da rausgeht irgendwie oder rausgehn muß. Ich mein, dieses Abbrechen is ja auch nich so freiwillig. Das is ja auch so'n Kampf ne, daß man so, nach Jahren.

Delia: Aber des is doch auch n totaler Widerspruch: wenn einerseits deine Eltern ja jahrelang blechen und so und du dich da,-

Die Verf.: Ham die ja nie gemacht,-

Elisabeth: Naja, aber des Gymnasium ne

Die Verf.: *Ja, was, was bei uns blechen war, is also die Tatsache, daß der nix gebracht hat.*
Andre Kinder, - hat mein Vater gesagt - andere Kinder in dem Alter verdienen doch schon.
Ab 14 gehn die ab und ihr, ihr liegt mir auf er Tasche! Also insofern wars für ihn doch ne Verausgabung von Geld ne, weil er nix zurückbekomm' hat.
Was wer gebraucht hätten.
Bei 800,- Verdienst des Vaters und 3 Kindern is natürlich, - fehlt jede Mark

Wenn die intellektuellen Linken über den 'Arbeiter' reden...

Die Verf.:(zu Sylvia): Was mich noch interessieren würde, was du am Anfang sagtest mit den Intellektuellen, wenn die über Arbeiter geredet ham, was dich daran gestört hat genau.

Sylvia: Na, das war einmal das Gefühl, daß die von Dingen reden, die se eigentlich garnich kenn' oder garnich kenn' können oder die se nur so theoretisch kennen ne.
Das war also dann ganz stark, daß ich so'n bißchen den Eindruck hatte, so, die ham eigentlich garnich so richtig die Berechtigung, mir was zu erzähln. (lacht entschuldigend)
Und, auf der andern Seite eben, daß sie'n Bild vom Arbeiter geliefert haben, wo ich den Arbeiter nich wiedererkannt habe. Also d.h. wo ich die Leute, die ich kannte ne, nich wiedererkannt habe ne.
Und ich hatte dann so irgendwie den Eindruck, also entweder reden die von irgendwelchen andern Leuten vielleicht so, naja, ich mein, kann ja sein ne, kann ja sein, daß die von Jungarbeitern reden ne, also nich von Leuten, die schon so richtig so 10,20 Jahre dabei sind, und, und Familie haben und schon kaputt gemacht sind, sondern so ne, oder von einigen wenigen aktiven Gewerkschaftern oder so ne, - und ja, das war die eine Möglichkeit, und dann, äh, ja, das andere, daß die einfach nich nur von andern Leuten reden, sondern einfach Dinge sagen, die, die nich stimmen. Also das einfach völlig fehlinterpretiern. So'n paar Gewerkschaftskämpfe, so Streik wie jetzt auch ne, dann einfach über-

interpretieren und meinen, da zeichnet sich was Fortschrittliches ab ne,
n Bewußtsein der Arbeiter,- die werdn ja immer revolutionärer, weil ja
überhaupt die Spanne zwischen dem, dem Gewinn des Kapitals ne und
dem Verdienst der Arbeiter, daß die Ausbeutung da andauernd wächst
ne. Und ich hab eigentlich so zu Hause was ganz anderes gesehn. Ich
hab, also mit zu Hause mein ich jetzt nich nur meine Eltern ne, sondern
das war also, das war die ganze Verwandtschaft, das war die ganze Bekanntschaft und vor allen Dingen die Eltern auch so von Schulkamera-
den, das warn die Nachbarn und die warn in Kreuzberg, da gibts kaum
andre Leute, ne, als Arbeiter oder jedenfalls sehr wenige.
Na, jedenfalls wars bei denen eigentlich ganz anders, *die ham zu Hause
gehockt und die ham ziemlich viel erzählt,* also was ich so mitgekriegt
habe als Kind, *wie schrecklich das früher war und wie gut man's jetzt
hat ne.* Und, ähm, vom Krieg erzählt, *von Arbeitslosigkeit erzählt,* -
und damals war es, als ich Kind war, da gabs, also da war alles grade so im, naja, besser werden ne. Und, äh, und es ging also aufwärts
ne, bei meiner Familie persönlich noch nich, aber das war dann so, also von meinen Eltern empfunden, oder von meiner Mutter so empfunden,
eben die Schuld von meim Vater, warum versäuft er auch das ganze
Geld. Und wenn ers nich versaufen würde, dann hätten wirs und dann
könnten wir auch gut leben, was dann auch, als er dann nachher n Unfall hatte, und dann erstmal nich so viel saufen konnte, stimmte ne. Da
ham se sich auch in der Zeit,wo er dann halt s Geld nach Hause gebracht
hat, statt in die nächste Kneipe, da ham se sich dann auch viel mehr
leisten könn' und *da ham se immer so vermittelt 'also uns gehts gut ne'
- wir können uns ne Wohnung leisten, wir können uns einmal ne Reise
im Jahr leisten von zwei und später drei Wochen, inzwischen sind's
schon zwei Reisen à zwei und drei Wochen* im Jahr ne, und *das wird
immer besser sozusagen, materiell, wir können uns n Fernseher leisten
und wir ham zwar wenig Zeit* und so ne, und *wir sind auch abends
ganz kaputt, aber das is, verglichen mit früher, besser geworden. Und
außerdem is das Leben so ne.*
Man kann nich viel mehr erwarten ne.
*Und da war auch nichts Revolutionäres, also noch nich mal von weitem
ne.*

*Da kommt doch so'n Gefühl rauf, daß die eigentlich nich den Arbeiter
mit sein' Qualitäten, also Qualitäten als Eigenschaft gemeint haben, als
den wirklich wichtigen, sondern den Arbeiter,* is mir immer so aufgefalln, *der also Dinge macht, die sie für wichtig halten, also im Grunde
genommen den idealen Arbeiter mit dem revolutionären Bewußtsein.*
Das war einmal, also das sind jetzt so Einzelbeispiele, das war mit S.,
z.B., als ich der erzählt habe, also irgendwie das, das könnt ich
alles nich so nachvollziehn und das stimmt einfach alles nich mit dem
revolutionären Arbeiter, die meinen, - der, der Großteil der Arbeiterschaft ist nach meim Gefühl also echt konservativ, alles bewahrend, er-
haltend, sagend, daß das, daß das Leben eben so is und da muß ma
sich abfinden 'Die einen ham mehr, die andern ham weniger, aber wenn
ich mehr hätte, würd ich auch nich wolln, daß mir das irgendjemand
wegnimmt' und so ne. Und, jedenfalls hatt ich ihr da in irgendnem Zusammenhang des gesagt, daß des also garnich stimmt, daß ich damit andre Erfahrungen gemacht hätte. Und ich hab von meinen Erfahrungen
gesprochen, und dann *hat sie gesagt, ja, ich könnt nich von mein', von
mein', meim Einzelbeispiel ausgehn, sondern ich müßt mir die Statistiken angucken ne,* und das fand ich einfach ne Unverschämtheit.(lacht)

Also so ganz glatt einfach wirklich ne Unverschämtheit ne. Und so, diese Grundhaltung, die is ziemlich oft da gewesen so, *so ungefähr, also*
als wenn die Leute, die Statistiken und die Bücher kenn', besser Be-
scheid wüßten als die Leute, die da herkomm' ne.
Und das andre war, also in er Wohngemeinschaft warn zwei Leute, die
Sozialarbeiter werden wollten, und die also auf der ein' Seite eben so
ganz stark so'n, so'n praktisches Bewußtsein für Arbeiter und so'n Widerwillen gegen Intellektuelle, also gegen Leute, die viel reden, – so
im Grunde genommen so'n emotionales Gefühl für Arbeiter entwickelt hatten ne.
So als wenn se Arbeiter gut und wichtig und richtig finden, so als wenn,
– darin seh ich so'n Gerechtigkeitssinn, der dahinter wäre und so ne
Mitmenschlichkeit.
Auf der andern Seite aber eben im konkreten Fall, wenn ich mich an bestimmten Stellen nich mehr richtig ausdrücken konnte, nämlich dann,
wenn die mir autoritär gekomm' sind, dann bin ich total ins Schleudern
gekomm', entweder hab ich garnix gesagt oder ich hab das nur unartikuliert, nur irgendwie rumgebrüllt oder so ne. Und da hab ich dann irgendwann mal dem einen von den beiden gesagt, *daß das ja auch z.B.*
mit durch meine Herkunft kommt, irgendwie, daß das so bestimmte
Schwierigkeiten, die ich habe, ja, äh, das, das is sozusagen der Anteil
meiner Herkunft.
Und das warn also Leute, die sich eigentlich mit, mit äh, Leuten auseinandersetzen wollten, beruflich, denen das aufgrund ihrer Herkunft, äh,
schlecht geht ne.
Aber dann *im konkreten Fall bei mir, da is das, also, äh, so abgetan*
worden als irgendso 'ne eitle Koketterie dann ne.
"Ja, du streichst ja bloß dein Arbeiterkind raus" ne, und das hab ich,
aber ich hab mich vorher nie bemüßigt gefühlt, das irgendwie irgendwann rauszustreichen, außer da, wo's so'n offnen Widerspruch eben gab
ne.
Und, äh, so also grad, wo ich den Eindruck hatte, daß mir die Fähigkeiten, äh, fehlen, da mich mit denen weiter ausnanderzusetzen, sachlich zu bleiben, nich so überzuschäumen, irgendwo oder mich zurückzuziehen vor'n Autoritäten, daß das eigentlich grad meine Herkunft war
und das aber sich eigentlich sonst immer so gebärden', als wenn se Leute von meiner Herkunft auch, also besonders ernst und wichtig nehmen
und sehn, daß die geschädigt sind irgendwie.
Und das, da is'n Widerspruch und da is irgendwo ne Lüge, – irgendwo
wird das vorgegeben, was, was nich hinhaut ne. Und das is nich der,
das is die Liebe zur Theorie und des is nich die Liebe zu dem Arbeiter
oder zu den Massen oder *das is nich die Liebe zum Menschen oder nich*
der Gerechtigkeitssinn, den ich eigentlich da vermutet hätte, früher mal
ne.

Die Verf.: Ja, das warn bei mir auch so Erfahrungen, wo die unglaub-
würdig wurden, wo die vor mir saßen als Vertreter eben, wie du sagst,
so ner Theorie.
Ja, da war ich einfach sprachlos, und da, so ging ich dann auch wieder nach Hause.
Dann is mir's einmal auch aufgefalln, war ja dann, eigentlich hätten ja
lauter Arbeiter komm' solln, war ja Mode, hatten ja reinströmen solln.
Die kamen aber ja nich, aber s kamen ma so vereinzelt schon n paar
Lehrlinge oder Jungarbeiter oder so, – tauchten in Frankfurt an er Uni
auch ma auf, und einer kam ma, und da debattierten wer wieder und
über Wilhelm Reich und, was weiß ich alles, was, und der sagt denn

aufeinma 'wer is'n W.Reich?' - erzählte so'n bißchen vom Arbeitsprozeß und daß er das unheimlich gut fände hier so und schön und, und dann fragt er irgendwann, wer W.Reich is und da guck ich nur so in die Runde, und diese Gesichter! Die guckten so, und guckten sich erst ma an, so als wollten se, ich dacht, jetzt fehlt bloß, daß einer so macht (Handbewegung mit der flachen Hand an die Stirn). 'Jetzt muß ich mir aber an' Kopf fassen, der weiß nich, wer W.Reich is!' - und ich fand auch die Antwort darauf, war auch dementsprechend, die brachte zum Ausdruck 'Ja, W.Reich,---' äh! Ganz theoretisch ne, ähm, ähm, war einer, der, in er Sexpol-Bewegung war, weißte und so. Und da wußte der soviel wie vorher! 'Ja', dacht ich, 'Mensch, das is doch unverschämt! Das is doch unverschämt, so ne Antwort, die müßten dem doch erzähln, was er gemacht hat mit den Arbeitern und warum und, - 'ja, und solche Sachen.

Elfriede: Obwohl, also grade mit dem nich ausdrücken könn', oder sich nich verständlich machen können, des glaub ich, is zumindest bei mir, also in dem Bereich, wo ich des gemerkt habe, eher so ne Sache von, von 'Frausein'. Also da bin ich ganz sicher. Also, äh, daß man sich als Frau nich wiederfindet in diesem, also das kann ich dann von daher auch garnich trennen ne. Das is ...

Die Verf.: Ja, - aber, weißt du, meine Art von zu Hause wird mir immer deutlicher ganz oft, wie ich mich ausdrücke, was ich vorhin schon ma sagte, mit diesem, ähm, wenn ich so keine fertigen Sätze, sondern so abgehackt und aggressiv oder sonstwas rede, dann merk ich eben jetzt auch in er Frauenbewegung den Unterschied, wenn Frauen sich nich äußern können, - und wenn se sich aber äußern, wie se sich dann äußern ne.
Doch anders als ich. Schon in der Schule, im Grunde wenn ich jetzt zurückdenke, schon in der Grundschule bin ich aufgefalln durch mein, - was auch bedingt war durch die Brüder, - burschikoses Verhalten ma das dann, oder, oder vorlaut oder, oder auffällig is es dann ne. Immer vorne dran mit der Schnauze, und, und so red ich auch, und ich merke jetzt, daß des zu Hause auch so der Umgangston is, - ich weiß nich, in der Literatur heißt es dann 'verkürzter Sprachgebrauch' oder so ne. Und so sprech ich auch, - das is kurz! Und, und dieses ausformulierte und von verschiedenen Seiten betrachtende und so, das is mir fremd, immer fremd geblieben.

Sylvia: Du, man lernt's aber auch, man lernt's unheimlich. Mir is das mal so aufgefalln, ich hab,-
ich hatte, ich hab erst die Mittlere Reife gemacht, ne, da war ich so 16 ne, dann bin ich aufs Gymnasium gekomm' da, also diese Aufbaustufe ne. Und da war ich also, als ich knapp 17 war, da hatt ich n Freund, der ging auch noch aufs Gymnasium und ging schon ganz lange, -Vater war Journalist und so weiter.
Und da hat der mir dann irgendwann, als wir n halbes Jahr grad zusammenwarn, da hat der mir irgendwann erzählt, er fänd das so erstaunlich,- ne, ich war ja da auch aufm Gymnasium ne - und er fand das so erstaunlich, er meinte, er hätte schon zwei Freundinnen gehabt, die aufm Gymnasium warn ne, und die würden alle ganz anders reden als ich, die würden so, ähm, na, wenn man über Dinge redet, die würden das so von alln Seiten betrachten und irgendwie stark differenzieren und sagen 'so, einerseits und andrerseits so, und so aber auch', und das würd ich alles garnich machen ne. Hat er mir das so erzählt

und hat sich gewundert ne.
Und ich hab mir das so angehört und hab gedacht 'Au weia, biste doch
nich so ganz so gut wie die beiden ne' irgendwie ne. Und dann hab
ich's wieder vergessen.
Und das is mir später dann mal eingefalln, *daß ich genau das inzwischen*
gelernt habe, genau so mach ich's jetzt, so red ich jetzt, also bin ich
da den Gang da drei Jahre dieses Gymnasium und jetzt Studium und so,
also ich bin nur mit Leuten zusamm', auch wenn ich selber nich in so'm
Fach drin bin, aber irgendwie bin ich andauernd mit Leuten zusamm',
die auch genauso reden, die das auch von ihrer Schule her so gelernt
haben, und also jetzt wäre zwischen mir und dessen Freundinnen da
gar kein Unterschied mehr ne.
Aber der war anscheinend gleich nach der Mittleren Reife war der noch
da ne.
Also des, da, kannste also, des lernste ne – und da *wirste reingezwängt*
und da verwischen sich glaub ich, also so viele Unterschiede verwischen
sich.
Zum Beispiel die Sprache, wenn du sagst 'blockiert', das hast du früher
nicht benutzt, dieses Wort, du übernimmst ja ganz viel so aus dem Kreis
ne.

Die Verf.: Hm. Ja, aber *woher kommt dieser Widerstand* dann, jetzt auch
bei mir, daß ich irgendwann des auch mir angeeignet hab, und zwar
mühselig, immer wieder versucht, so zu reden, wie die reden und die redeten zum Teil, äh Sätze ne, ohne Ende. Und dann war am Anfang irgendwann ma vier Nebensätze und so redeten die, und da dacht ich 'Ha!
Wie machen die das in ihrm Kopf, daß die wieder den Anfang noch wissen und so, und' – aber ich hab mich dann bemüht, s geht ja auch ne,
mit Anstrengung.
Und dann irgendwie jetzt mit der Zeit, immer mehr, bin ich äh, ja, wieder drauf gestoßen, daß ich das immer mehr durchschaut habe, dieses
Sprachspiel, diese Formen auch in, in Gremiensitzungen oder sonstwo
ne, wo's n Spiel is. Wo ich dann denke 'Was is nu? Was is mir eigentlich gesagt worden, was ändert das jetzt an unsrer Situation, daß der
halbstündige Sätze sagt und da kommt immer dieses Beleuchten da, von',
denk ich, 'das is doch im Grunde Betrug (schreit) von vorn bis hinten,
einschläfernd is des'.
Und irgendwo is dann immer mehr so gekommen, daß ich dachte 'also
nee, du mußt wieder was von dem, was de da so krampfhaft abgelegt
hast, von diesem, in Anführungsstrichen, mehr 'ursprünglichen' Verhalten, von zu Hause her und so, du mußt wieder was zurückholn, das
is besser,– weil, äh, ja, *ich auch gemerkt hab, daß ich mich anpasse,*
aber im Grunde nix davon habe.

Sylvia: Hm, die Anerkennung ne, die Anerkennung von den Leuten, an
die de dich anpaßt ne.

Die Verf.: Hab ich garnich erlebt, hab ich garnich so erlebt, daß ich da
viel Anerkennung krieg. Ich hab mich nämlich trotzdem immer als außerhalb erlebt. Trotzdem immer als jemand, der sich abstrampelt.

Sylvia: Hm. Na, sagn wer ma so, also wenn, wenn ich irgendwas probie-
re, was ich nicht kenn ne, – dann hab ich ja erstmal Schiß, und wenn
ich, wenn ichs dann kann ne, dann hab ich das Gefühl 'Aha, ich habs
beherrscht' und ich kann dann freiwillig selber entscheiden, ob ich das
weiter da mitmache oder s sein lasse, ne, – denk ich, ich mein, man
übernimmt ja unbewußt viel mehr, als man das so nachher noch merkt,
aber irgendwie das Gefühl, daß man das auch könnte, wenn man wollte,

ich glaub, das is ganz schön, also, - das is ganz schön, das gibt eim unheimlich, also irgendwie mehr Sicherheit ne. Wenn man's erst ma gelernt hat, während am Anfang, wenn de nur immer hörst, garnich mitreden kannst, des ja garnich weißt, ob de's jemals kannst, und damit dir vielleicht immer so'n Versagen vor Augen führst ne.

Die Verf.: Aber auch dies Gefühl, wenn ich mir die Sprache aneigne und auch die Klamotten kaufe und so, grade, wenn ich se dann anhatte, dacht ich auf einma 'Uach! Jetzt gehörste zu denen und da willste doch garnich hin'. Is schon möglich, daß das alles nötig war, bestimmte Sachen hab ich mir sicher erst ma angeeignet, auch Bücher hatt ich auch erst ma en masse, bis ich jetzt auch allmählich den Standpunkt hab 'Ah, nee, soviel kaufen, soviel brauchste nich mehr'..., irgendwann gemerkt hab 'Das hilft dir nich, das is nich, - du wirst dadurch deine Klassenherkunft nie überwinden können, indem de jetzt da materielle Sachen anschaffst. 'Weiß nich, irgendwo..., auch mit der Arbeitsstelle jetzt mit dem Gehalt, mit allem, ich hab nie das Gefühl, daß ich nun wesentlich da aufsteige oder daß das besser geht oder daß ich sichrer werde, dadurch. Weiß nich ...

Sylvia: Ja, und ich glaub eben ganz stark, daß das garnich so richtig zu trennen is und unheimlich stark zusammengehört, eben die Problematik jetzt, daß man gleichzeitig Frau und also sagn wer ma, in unserm Fall jetzt hier, Arbeitertochter oder so is ne.

Ja, oder wenn ich so erzähle ne, daß ich von linken Typen angemacht werde, dann sind des tatsächlich zweierlei; das sind also wirklich, das sind, also die ham zwei Rolln ne, - das war nämlich in meiner Wohngemeinschaft drüben ... warn das eben die Typen ne, die mir gegenüber autoritär intellektuell aufgetreten sind ne, die beiden Frauen, die da gewohnt haben, nich ne. Und, des war zu Hause auch mein Vater, der mir gegenüber autoritär aufgetreten is und der is mir als Mann und als Arbeiter, als Vater, als Autorität gegenüber aufgetreten, und *damit läßt sich das wirklich ganz schön schwer trennen.*
Und ich hab also im Gang so an er Uni ne, da sind mir viel öfter die Sachen aufgefalln, daß ich ne Frau bin, in dem, naja, in, also auf jeden Fall, in nem hierarchisch geordneten Betrieb, wo's Macht und Konkurrenz und sowas gibt ne. Und Leistung. Und wo ich das immer irgendwie eher Männern zugetraut habe und dachte, die kenn' sich in den Mechanismen, - also jetzt nich des könn' ne, aber in den Mechanismen aus und sind da auch irgendwie, ähm, damit wirklich vertrauter, daß die also auch selber ... nur vielleicht mal so imponiern wolln ne, *als daß ich gedacht hätte, ich bin hier n armes Arbeiterkind irgendwie unter so vieln Professorensöhnchen, das is mir nie so aufgefalln.* Das warn halt stärker die Männer ne. Das war also für mich eigentlich irgendwie entscheidender ne.

Die Verf.: Ja, da hatt ich noch so im Hintergrund, so Erfahrungen mit, - vor allen Dingen so auf er Oberschule, da hab ich die ökonomischen Sachen auch erfahrn, - wenn man da mal zu denen nach Hause kam und reinkam, was du vorhin erzähltest, die Möbel und die Essensgewohnheiten und dann is da irgendne Haushälterin und solche Sachen ne. In deren Selbstverständlichkeit, mit der se auftraten in er Schule und auch in ihrem angepaßten braven Verhalten, während ich - ja, ich glaub, ich war wirklich die einzige Arbeitertochter, jedenfalls, ich redete viel und von ner andern Perspektive, irgendwie kam da immer so ne kritische Haltung dem Stoff und dem Lehrer gegenüber raus und auch in der Stunde redete ich mit meiner Nachbarin unaufhörlich, konnte nich stillsit-

zen.
Eine Arbeitertochter war da noch, die aber bei allen als asozial galt und
dann immer öfter fehlte und schließlich abgehen mußte (solche Sachen
wie gefärbte Haare, kurze Röcke oder gewagt ausgeschnittene Pullover,
Freundschaften mit GI's u.a. führten dazu, daß sie als Außenseiterin
gesehen wurde). Außerdem war das eben ein Mädchengymnasium, - und
ich habe da schon, und später im Studium noch bewußter, die Rivalität besonders mit einem ganz bestimmten Typ von Frau gemerkt: intellektuelle, theoretisch orientierte und karrierebewußte Frauen. Ja, und
der dritte Aspekt war die besagte Haushälterin, die auch meine Mutter
hätte sein können, aber auch das noch nicht mal,- weil meine Mutter
'nur' Putzfrau war, ich hätte mir nie vorstellen können, daß sie Essen
macht und serviert nach deren Geschmack, dazu war sie viel zu einfach.
Das waren alles Dinge, die nicht nur mit Frausein zu tun hatten, sondern
auch mit ökonomischen Verhältnissen.

Sylvia: Ja, weißt du so bei Frauen,- ich hab das ja auf'm Gymnasium
nich erlebt, weil da alle von er Mittleren Reife kamen, in der Klasse, in
der ich war, mit andern hatt ich nich so viel Kontakt,- aber bei den
Frauen an er Uni, die dann so sehr sicher aufgetreten sind, die sind
eigentlich nich, äh, die sind nich über Leistung sicher aufgetreten, die
sind über so Äußerlichkeiten, die warn dann so sehr schön, da hat man
immer so den Eindruck gehabt, die also, die sahn alle immer so, wahrscheinlich wars Make-up oder irgendwie so glatt und schön und auch
braungebrannt mitten im Winter und so und dann so schicke Sachen und
hatten dann auch da so'n Auftreten.
Das war aber, wie soll ich sagen,- des war so oberflächlich, daß es für
mich auch nie, *das hat mich so im direkten Kontakt manchmal verblüfft
und auch irgendwie n bißchen sprachlos gemacht,* aber s hat mich nie
eingeschüchtert, weils an sich nich, des war nix, was ich auch werden
wollte oder auch haben wollte. Man hat das schon drin, sich auch richtig zu bewegen, wenn man dementsprechend angezogen is und sich auch
noch so zu verhalten, n Glas anders anzufassen und so ne.

Drei Monate später ...

*Frau-Sein und das (verlorene) Gefühl für die Klasse,
aus der wir kommen*

Diesmal sind
Elisabeth, Elfriede und Irene B. anwesend.
Irene gehört auch zur Hausarbeits-Projektgruppe, sie hatte mir den Kon-
takt zu der Gruppe vermittelt.
Sylvia und Delia sind nicht dabei.

Es geht um das letzte Gespräch. Nach dem Gespräch war bei Sylvia und
Delia der Eindruck entstanden, daß ich ihnen einen festen Standpunkt
aufzwingen wollte - nämlich den, daß unsre Schwierigkeiten und unsere
besonderen Erfahrungen an der Uni nicht nur auf unser Frausein zurückzuführen sind, sondern auf *unsere proletarische Herkunft als Frau-
en.*

Elisabeth: ... also, dieser Eindruck mit dem, was du eben sagtest, daß
du deine Vorstellungen da reingepackt hast, also, s hab ich z.B. nich
so empfunden, *vielleicht weil ich mich etwas mehr in den Dingen wiederfinden konnte, als es Delia und Sylvia konnten.* Insofern kannst de das
nich verallgemeinern; ich fand höchstens, daß da unwahrscheinlich viel

angesprochen worden is, was in dieser Zeit irgendwie überhaupt nich annähernd näher geklärt werden konnte.

Elfriede: Was ich anstrengend fand, is, daß ich teilweise das Gefühl hatte, daß also diese ganze Sache, einmal bei uns ja nich so klar war, weil wir eben speziell darüber nich nachgedacht haben ne, d.h. das sind dann so spontan Sachen, die eim dann so auffallen während des Gesprächs. Über dies Frausein ham wir nu schon ganz lange nachgedacht ne und,- es hängt also vieles auch damit zusamm' und bei vielm kann ma eben die Ursache garnich klärn ne ...

Die Verf.: Ja, der Unterschied is, daß ich irgendwo immer so bestimmte Punkte angeben kann ... durchgängig so bei mir, wo ich sagen würde, das hat zu tun mit meiner Herkunft. Und deshalb hab ich das bei euch vorausgesetzt auch, daß es da Punkte gibt, wo ihr das sagt.

Elfriede: Da gibts wirklich *enorme Unterschiede in unserer Gruppe auch ne,* also wenn ich *z.B. so Mittelschichtsfrauen...,* das äußert sich immer anders ne, *die ham irgendwie doch ne andre Auftretensweise oder so, oder ham also nich die Schwierigkeiten wie wir eigentlich.* Also die sind dann so extrem gewesen, daß se rausgefalln sind aus der Gruppe ne,- daß se also n *ganz andres Vermögen, abstrakt zu denken und zu schreiben* hatten, und das fehlte ja in unserer Gruppe ganz einhellig.

Irene: *Ja, und auch diese Art, zu Erkenntnissen zu kommen ne, die war ja bei uns ganz anders als wenn du so von diesem Mittelschichtsdenken ausgehst.*

Elfriede: Unser Zusammenhang in der Gruppe war trotzdem stark, weil wir n Großteil eben Mütter waren ne, und von daher so'n ganz starken Erlebniszusammenhang hatten.

Irene: *Die sehr unterschiedliche Herkunft wurde überwunden, äh, die Schwierigkeiten, die aus er unterschiedlichen Herkunft resultiern könnten ... die äh, wurden überdeckt durch gemeinsame, sehr starke, also existentielle Interessen.*

Die Verf.: Wenn du aus ner Arbeiterfamilie zur Hochschule kommst, dann nur unter der Voraussetzung, daß du 150% arbeitest. Das is ne Fortsetzung der Fabrikarbeit,- das is auch, - ma unterwirft sich diesem Druck. Klar gibt es andre Alternativen, objektiv,... is doch nich die Alternative, Oberschule-Studium oder,- aber s war bei uns immer so. In meim Empfinden auch,- es existiert immer noch als Vorstellung. *Weil, das is ja die Alternative gewesen zu geistiger Arbeit, die ich erlebt hab,* irgendwo gabs da so keine Zwischendinger, klar war die Vorstellung bei meinen Eltern früher mal, daß ich ins Büro geh oder so.
Aber so als Drohung oder als Alternative 'wenn de das nich schaffst, dann gehste eben ganz runter, nämlich dahin, wo wir sind, dann machste das' das is es.
Das is keine realistische Perspektive, sondern *das wurde immer eingesetzt, als Mittel, sagn wir mal, 'wenn de nich machst, dann kommste ans Fließband!'*

Irene: War aber auch so'n bißchen dabei 'wenn du es schaffst, dann entfernste dich von uns, das akzeptiern wir, wenn de's schaffst, aber auch nur dann. Und wenn du es nich schaffst, dann gehörst du eben zu uns, und dann hast du auch bei uns zu sein', und solche Mittelwege dann auch für deine Eltern nich zu sehn warn ne. Das kenn ich auch von H. (Irenes Mann), solche Sachen, daß es akzeptiert wurde, wenn er die Schule

und das Studium gut schafft, dann achtet man ihn auch, aber dann gehört er trotzdem nich mehr so dazu. Und wenn er das nicht schafft, denn,
und trotzdem noch was anders machen will, denn soll er sich man ja nichts
einbilden, denn er hat ja eigentlich versagt, er gehört ja eigentlich zu
ihnen, warum setzt er sich dann immer noch ab, das war so ne ganz
schwierige Zeit, wo er... das eigentlich von alln Seiten gekriegt hat, nich.

Elfriede: Das is eben auch so das Problem, wenn man so als Schüler
oder Student sich so an Mittelschichtsverhaltensweisen anpaßt, ne, daß,
- man gehört ja eigentlich nich mehr richtig zu seiner Familie. Man hat
ja diesen, - was du gesagt hast, dieses enge und so, --- das hast du ja
garnich mehr, das hast du in dem Augenblick nich mehr, wo eben in
deim Bekanntenkreis also nur noch ganz wenig Arbeitertöchter eben
sind, nämlich aufm Gymnasium, da sind also kaum welche. Dann, wenn
du also ne Beziehung haben willst, ne engere, übern Arbeitszusammenhang, und das mußte se ja, biste gezwungen, diese Verhaltensweisen
abzulegen ne.
Sonst haste eben gar keine Beziehungen mehr. Das sind ja die einzigen
Beziehungen, die s also mittelschichtsüblich eigentlich gibt ne, so distanzierte Verhältnisse. Also nich mehr diese engen, - ich glaube schon,
- also ich weiß nich, ob ich jemals solche engen Beziehungen gehabt
hab..., so direkte, ich bin eigentlich nie in der Lage gewesen, immer
direkt zu sagen, was ich meinte oder so, war bei mir nie... direkt spontan so zu reagieren, hab ich immer Schwierigkeiten gehabt, -
während ich so ne Bekannte hab..., die so aus proletarischen Verhältnissen kommt, die aber nich studiert hat, die hat irgendwie so'n Beruf
gelernt, und das bewunder ich unheimlich oft, wie die das macht ne,
die kann also auf jedes und alles direkt positiv und negativ so reagiern
wie se grade..., is unheimlich dufte eigentlich. Ich find des unheimlich
schön.

Elisabeth: Also in Zusammenhang mit der Uni geht mir das auch so, -
daß ich mich da nur sehr schwer äußern kann, und, ja auch Kritik nich
artikuliern kann oder daß es nur stockend rauskommt und wenig spontan is.

Irene: Aber ich habe an er Uni so erlebt, daß ich zuerst keine großen
Schwierigkeiten hatte, mich zu artikuliern, und dann versuchte, mich
anzupassen an den Unistil und das ging auch ganz gut, bis meinetwegen
zum 4. Semester, und *da wurd ich sprachlos.*
Also fast von heut auf morgen. *Ich konnte den Unistil,* den konnte ich
nich übernehmen, das war für mich der Punkt, wo ich merkte 'du kannst
den nich übernehmen, du willst ihn eigentlich auch garnich', *auf der andern Seite merkte ich auch, inzwischen, daß es also nich, nich oppor-
tun is, sich ewig da so mit so ner Vulgärsprache einzubringen. Das wird
also auch überhaupt nich akzeptiert. Und da wurd ich dann, da war ich
ja richtig stumm.* Weil ich diesen Stil nich imitiern konnte. Und übernehmen schon lange nich, so einfach.

Die Verf.: Also meine Erfahrung is auch..., ich mein, das war bei mir
während des ganzen Studiums eigentlich schon. Ich weiß noch, daß ich
da anfing und total vorn Bauch geknallt war, was da so gemacht wurde.

Irene: Nun war ich ja vorher schon berufstätig gewesen lange und hatte zwei Kinder, also ich ging mit dem Bewußtsein an die Uni 'du hast
eigentlich schon was getan, hast auch mal n Recht, hier nix zu tun wie
die Studenten'...
Ich hatte schon das Gefühl, daß ich jetzt auf Kosten der Gesellschaft

arbeite, weil ich ja eben auch schon allerhand für die Gesellschaft getan hatte ne, von daher hatt ich zuerst n relatives Selbstbewußtsein.

Die Verf.: Ich hatte auch gearbeitet nach'm Abi ne, um mir Geld zu verdienen und um studiern zu können, ich war aber so ungeheuer enttäuscht, als ich da ankam und sah, wofür ich gearbeitet hatte ne.
Ich komm in die Seminare und hör da so neutral sachlich reden über dies und jenes,- das is eigentlich egal. Da denk ich 'ja, Donnerwetter, das geht doch so garnich'.
Aber ich konnt da nix sagen. Ich war auch in er Oberschule schon so weit gebracht worden, daß ich da nix sagte. Das hatt ich eigentlich schon, ich hatte mehr so innendrin ne Wut oder Trauer mehr, aber das auszusprechen...ging nich.

Irene: Und bei mir is es so gegangen, daß durch diese, durch dieses Frauenseminar, durch die Frauenseminare überhaupt, aber auch... wesentlich durch unsre Zusammenarbeit hier, sich jetzt so'n andres Selbstbewußtsein entwickelt hat. Und jetzt geh ich wieder in ein Seminar, wo wirklich so'n Stil herrscht, als hätt's nie ne Studentenbewegung gegeben und da kann ich dann drüber lachen. Also da trifft es mich nich mehr so. Da rede ich nich viel, aber, - was ich sage, is denn schlicht und einfach, aber... selbstbewußt (lacht dabei).

Elfriede: *Das hab ich an S. bewundert...* daß sie denn immer aufstand und ihre, wirklich *ihre konkreten Erlebnisse irgendwie so darstelln konnte zu irgendnem Problem ne,* 'ach, da hab ich das und das erlebt, und da is mir das und das wieder passiert', - das fand ich unheimlich gut ne, die, also die hat also so n starkes Selbstvertraun da immer gehabt ne.

Die Verf.: Mensch, das mach ich aber auch immer noch,- also ich sag dann nich ne theoretische Begründung oder sowas, sondern immer und immer wieder mach ich das,- weil ichs auch nur so machen kann, daß ich konkret was erzähle, daß ich von mir erzähle dann, also das is automatisch. Dann seh ich das Gesicht von jemandem und das trifft mich, wenn jemand da so'n ganz neutrales Gesicht macht und guckt irgendwo hin und *ich erzähl jetzt was aus meim Leben, was mich* wirklich *betrifft und der geht entweder drüber weg oder sagt was andres dazu,* da denk ich 'ja, was?! Wie! Hat der das garnich gehört oder das muß doch jetzt ...!! Der muß doch jetzt was...!!'

Elfriede: Also die sind auch getrimmt worden, das war also mit Musikabenden und Unterricht und so, also die mußten alle Leistungen bringen ne, - daß so ne emotionale Beziehung, so ne ganz sinnliche Erfahrung da gar kein Platz hat. Bei uns war auch mal Hausmusik zu Hause, aber so mehr aufgelockert ne, man mußte nich, man hat eben gesungen und gespielt, weil man eben zusammen war, so aus Geselligkeit raus und auch nich mit wahnsinnigen Ansprüchen. Aber bei denen war das, das haste sofort rausgehört. Da warn die Ansprüche da,eben was zu leisten und anerkannt zu werden und auf Trimmen war das ne, ausgerichtet ne. So sind die Kinder eben auch erzogen worden ne. Ich meine diese Förderung, die erfährste doch nicht, man muß sich das selber,-
na Mensch, ich hätte z.B. unheimlich gerne Gitarrenunterricht genommen ne, das größte, was es bei uns gab, obwohl wir n sehr musikalisches Elternhaus sind oder so..., mein Vater immer Organist war, das Größte, was es gab, das war, daß ich die Gitarre geschenkt kriegte ne, ja, aber nie irgendwelchen Unterricht.
Ich hätte da schon, ich war auch in Musik immer sehr gut in der Schule, selbst da wo sie meinten, ich könnte da was machen..., mit der Begrün-

dung, sie hätten sich das schließlich auch alles selber erarbeitet ne.
Jetzt sieh ma, wie de zurecht kommst.

Die Verf.: Das war bei uns auch so. Ich war unheimlich gut in Musik,
hab gerne Musik gemacht, hatte ne Blockflöte, 5 Mark kostet so eine
glaub ich, das war alles, mehr wär nich,- ich hab immer vom Klavier
geträumt, aber das wär, wenn ich das gesagt hätte, da hätt ich glaub
sofort eine gefangen! Wir ham auch Musik gemacht, aber,- Musik, das
is schon wieder so'n Begriff. Was wir gemacht ham, war eben:der eine
trommelt auf n Tisch, der andere macht's mit nem Kamm, die dritte spielt
Flöte und irgendwann hat mein Bruder ne Klarinette gekriegt, mit der
er nichts anfangen konnte, so hat jeder irgendwo drauf rumgetrommelt.

Oder irgendwann hat auch mein älterer Bruder sich ne eigne Gitarre,
ne gebrauchte gekauft.
So ne Art von Musik, die aber wirklich,ja,da hatt ich erlebt, daß das
sinnlich is, wenn man was zusammen macht, weißte,
wo sich eins aus dem andern ergibt, das macht Spaß!
So herstellen, also das war kein Stück, das wir spielten oder sonstwas
ne, das macht man eben so.

Irene: Oder als ich das erste Mal n Bachkonzert gehört hab als Kind,-
da wußt ich überhaupt nich, was ich damit anfangen sollte und da hab
ich mich eigentlich danach gesehnt,- meine Eltern gebeten, s war klar,
daß ich nich,- also das gehörte einfach nich dazu,- was ich damit wollte..., obwohl meine Eltern nich so eindeutig proletarisch warn,aber das
war eben ne Ebene, also das würde sie nur belasten,- wenn ich das unbedingt machen wollte, könn ich ja hingehn, wenn ich Freikarten kriege ne, aber sonst sollt ich sie doch damit in Ruhe lassen.

Elfriede: Während bei Mittelschicht eben solche Begabungen,- also irgendwie, da wird das aufgegriffen.

Die Verf.: Das sind so Sachen, daß da nämlich in den Familien jeder
Zipfel aufgegriffen wird, wenn da nur einer n Buntstift in die Hand
nimmt 'hah! Och, er malt, toll!' und das is bei uns doch nie, Mensch,
da hättste sonst was bringen können, die sagn immer noch 'joa,.'

Irene: Auch so erste Ansätze,- das is aber auch durch die Wohnsituation bedingt, nich, also,- wenn, wir hatten ne Flöte gekriegt und we-
he wir spielten.

Die Verf.: Oh ja, das war bei uns auch,- das war, weiß ich, wenn ich
Sonntag früh aufwachte, dann hab ich gerne irgendwie so geflötet ne.
Ja, da war nebenan das Schlafzimmer, mein Vater wollte sonntags aus-
schlafen, da war ich bei meinen Brüdern im Zimmer, ham wer angefangen, so zu trommeln, das hörtest du nebenan. Das geht garnich dann.

Irene: Na ja und dann im Grunde der Anspruch, also, all diese Sachen
sind ja Freizeitbeschäftigung, also wenn,- dann schon Vokabeln lernen.
Also n Buch war nur akzeptiert, wenn Vokabeln drinstanden und so.

Elfriede: Aber du sagst z.B., das find ich auch, du sagtest auf Leistung trimmen, auf Leistung nur in Bezug auf Erlernen körperlicher
Tätigkeiten, das war bei uns zu Hause zumindest so,
z.B. so theoretische Beschäftigung, n Buch, das wird heute noch nich
als Arbeit anerkannt ne, jederzeit, also wenn ich versuche, zu Hause
irgendwas zu arbeiten, ich bin jederzeit unterbrechbar und erreichbar.
Ich bin jederzeit irgendwie ablenkbar. Das is also nich verständlich zu
machen, daß das nich geht ne.

Das is also keine Arbeit, das is Ausruhn, 'was hast du denn schon getan?' das kommt denn auch ne 'sitzt den ganzen Tag rum' oder nee, -
wenn ich denn sag 'jetzt bin ich aber abgeschafft' oder 'jetzt kann ich
aber nich mehr', 'wovon denn!? Wovon denn? Du hast doch den ganzen
Tag, du hast doch gesessen in er Ecke, wovon bist du denn erschöpft?'

Ne, so, da is also gar kein Verständnis da, ne, für solche Sachen. Und
dann, das is eben auch nie gefordert worden, also auch von uns nich,
also wenn wir da was gemacht haben, dann mußten wir das schon selber machen, so, da wurde vielleicht rumgemeckert, wenn die Zensuren
schlecht warn oder so, aber nich, daß sich da einer hingesetzt hätte
und mit mir Schularbeiten gemacht hätte oder bestimmte Gebiete jetzt
gefördert hätte, wo ich, erstensmal Englisch war überhaupt garnich drin
oder so, das hab ich dann selber machen müssen das ging nich. So mek-
kern über schlechte Zensurn war das einzige, ... sonst nix ne.

Irene: Aber das müßte dir doch eigentlich ne besondere Selbständigkeit
im Studium geben oder!

Die Verf.: Ja, aber eigentlich,- ich hab mich das selber immer wieder
gefragt, ich dachte immer, du müßtest eigentlich ungeheuer stolz sein,
selbstbewußt, weil erstens hat niemand geholfen, *du mußtest das alleine
packen und hast immer noch durchgehalten.*
Und s is aber trotzdem nich so,- im Studium wird des ja garnich anerkannt, und du eignest dir die Sachen doch in er andern Form an und
du *eignest dir des immer mit dein Erfahrungen auch an.* Du sitzt da zu
Hause und wo du die Bücher liest, da erlebste alles mögliche und des
gehört eigentlich alles dazu.
Aber des wird doch da nachher garnich verlangt,- im Gegenteil, des
mußte sogar wegstreichen,
das darf garnich mehr auftauchen.
Dadurch glaub ich, schaff ich des nie, das Selbstbewußtsein zu kriegen,
weil, hier werden irgendwelche andern Sachen gefordert.

Elfriede: Zum Beispiel *hatt ich in der Schule unheimliche Schwierigkeiten, irgendwas nachzufragen, wenn ich etwas nicht verstanden hatte.*
Und zwar nich, um denen irgendwie nich zu zeigen, daß ich was nich
weiß, sondern, *weil, also, äh, bei uns, des gab's nich, man mußte sich
das selber erarbeiten ne.*
Auch wenn man nich verstanden hatte, dann mußte man also selber
sich hinsetzen, solange, bis man's verstanden hatte, das gab's nich,
nachfragen, also ne, das gab's einfach nich.
Und deswegen, *ich hab in der Schule nie irgendwas gefragt.*

Die Verf.: Das ging mir im Studium und s geht mir auch heute noch so,
daß ich überhaupt *die Frageform* nich kenne, daß die in meinem Kopf,
wenn ich etwas nich weiß, als Möglichkeit garnich auftaucht, - sondern ich selbst versuche, anders dahinter zu kommen, durch Beobachtung, Nachlesen, durch freiwilliges Erzählen des anderen!
*Die Alternative zu dem Nachfragen war bei uns: zeigen. Also entweder
du hast's nich verstanden oder s nimmt dir irgend jemand aus der Hand
und zeigt dir was.* Weißte, wovor ich immer so ne Angst hatte, selbst
wenn ich nachfragte und der oder die erklärt mir des, ich weiß es trotzdem noch nich, weil ich eben dieses direkt Kooperative mehr gelernt hatte, wenn ich was nich weiß, dann kommt jemand und sagt 'so, also jetzt
machen wer mal ...' aber dieses andre hier ... das is n Prinzip, man
sagt was 'ja,...' gibt irgendne Antwort, weiß nich, aber sagt niemand
'ja, laß uns mal...!' und auch gleich n Plan oder gleich 'ja, wie machen

wir das, wie packen wir's an?' So 'das is das und das Problem, wie machen wir das' Da brauchen wir die und die Werkzeuge' – verstehste? Die und die Werkzeuge, den Zeitplan, Punkt, so, das fehlt doch.

Irene: Ja, wir warn sehr arm. –
Ich bin ja im Flüchtlingslager aufgewachsen und da, unter unheimlichen räumlichen Verhältnissen und auch kein Geld und Essen, – wir ham echt gehungert und so ne, aber ich würd sagen, offiziell warn wir Pastorenkinder, ne, weil *mein Vater* Theologie studierte, weißte von daher hatten wir n ganz andern Stand.
Und wenn ich zu Hause ma was nich wußte, ne, ein Begriff, dann holte mein Vater n Lexikon und bemühte sich stundenlang, irgendwas zu erklärn. Das war mir immer viel zu umständlich und zu theoretisch und so, aber das hat er gemacht. Oder Probleme von hunderttausend Seiten zu betrachten.
Meine Mutter, die kommt, war Näherin weißte, die so die Bettwäsche nähn, *hat dann am Fließband gearbeitet,* so als so diese Rationalisierungen, die's in dem Bereich gab und, äh, die hat n ganz andern Ansatz, der hat mir auch gefalln, wenn ich n Problem hatte, zu ihr kam, – *wenn ich zu meim Vater kam, der hat dann stundenlang theoretisiert und wenn ich zu meiner Mutter kam, die hat geguckt, was is das Problem und naja, wie gehn wir damit um, also n ganz pragmatischen Ansatz ne.* Also meine Eltern hätten mich immer gefördert, wenn es möglich gewesen wäre ne, die ham mir ja ne Flöte gekauft, aber das ließ sich nachher nich durchführn, wenn 6 Leute auf 50 qm wohnen, denn kannste nich Flöte üben, weißte, da wirste wahnsinnnig...
Und nachher auch mit der Berufsausbildung, guck ma, ich bin ein Jahr zu Hause geblieben, ich mein, da wußt ich, meiner Mutter ging's schlecht und auf der andern Seite stand auch so dahinter, na die Zeiten sind schlecht, na da wartete eben n paar Monate, aber ich hatte nie die Alternative, in die Fabrik zu gehn. Meine Eltern hätten sich, also nur über ihre Leiche wäre ich in die Fabrik gekommen. Das wär einfach nich möglich gewesen. Die wollten schon nich zulassen, Büro oder sowas, – hätt ich sowieso nich gern gemacht. Wie weit se auf meine Bedürfnisse eingegangen sind ne, das war schon wirklich enorm. Das lag z.T. daran, daß sie die Ausbildung für mich bezahlt kriegten, weil ich Halbwaise bin, – ich red immer von meim zweiten Vater, – und äh, sonst hätten se sich nich so viel Mühe gegeben, s klar, weil se's auch finanziell nich gekonnt hätten.
Hm, ich bin einmal durchgefalln durch die Oberschulprüfung und ein Jahr später hab ich dann die Mittelschulprüfung gemacht.
Wenn wir zur Arbeit fuhrn, hat mein Vater jeden Morgen gesagt 'Irene, diese Türen könnten auch dir offenstehn' also s hörte eigentlich nie auf.
Die Frauen in der Nachkriegszeit... spielten ja ne ganz besondre Rolle, und daran hab ich mich viel mehr orientiert.
Mein Vater war schön und mit dem konnte man gut angeben, war so ganz dufte, und, – aber *meine Mutter war eigentlich viel mehr ...* *Ich war eigentlich auch immer so wie meine Mutter.* Ich hab auch keine Eigenheiten, keine Sachen irgendwie von meim Vater übernomm', weißte die Art n Buch zu lesen, oder ne Gabel zu halten oder irgendsowas, nichts.
Nur von meiner Mutter.

Mein Mann kommt ja aus ner Arbeiterfamilie, – und als ich mein Mann kennenlernte und erfuhr, daß er Jura studiert, war ich unheimlich ent-

täuscht.
Ich wußte, daß er studiert und *konnte Studenten natürlich überhaupt
nich leiden*, das war ne Schicht also, *mit der wollt ich überhaupt nichts
zu tun haben.*
Und ähm, hatte immer das Gefühl, das sind, hach, das sind die, die
die Gesellschaft ausnutzen und noch dicke tun damit und so.
*Natürlich hatt ich zu all diesen Sachen viel mehr, äh, zu diesen ein-
fachen Sachen, zu der Art, sich einfach auszudrücken, zu der Art, so
gradlinig zu sein und verläßlich zu sein, äh, viel mehr Beziehung als
zu diesem höflichen Getue und oder wie man das so in der Mittelschicht
trifft, weißte, dieses ganze 'Stuhl anbieten' und, und äh, dieses Zuvorkommende, dieses Verlogne, dazu hatt ich nie ne Beziehung.* Ich hab
mich in solchen Kreisen dann auch immer entsprechend benommen, sehr
zum Leidwesen meiner Eltern.
Und da hatt ich natürlich zu meim Mann auch ne viel bessre Beziehung,
als ich's zu irgendeinem Studenten da gehabt hätte, wäre überhaupt
nich möglich gewesen, mich mit solchen Typen zu unterhalten von daher schon.
Das lag wohl einmal an den Leuten, mit denen ich zusammen aufgewachsen bin, und dann, wohl auch an meiner Mutter.
Während mein Vater das alles drauf hatte, dieses ganze Zuvorkommende
und so. Ja, das war ja für *meine Mutter* n Aufstieg zunächst mal ne,
und dann, äh, hat mein Vater des aber nich geschafft und dann mußte
sie ran.
Also sie hat nie, war nie erwerbstätig in ihrem ganzen Leben, nachdem
sie Kinder, geheiratet, Krieg sag'n wer mal so, nachdem sie mein Vater geheiratet hat, aber, äh, sie hat die Familie immer ernährt, sie hat
sie über Wasser gehalten, – *von dem Geld, was wir kriegten, zu leben,
war wirklich n Kunststück und des hat sie fertiggebracht.*
Die Rente und Sozialhilfe, die wir so kriegten, das war ja früher sehr
wenig und das hat sie eben alles fertiggebracht, zu nähen und einzurichten und, und die Kinder bei der Stange zu halten, in den beengten Verhältnissen zu wohnen und trotzdem so was wie Familie aufrechtzuerhalten und so. Also sie war eigentlich der Stabilisator der Familie, nich
mein Vater. Von daher hat sie auch ne ganz starke Position.
Und ob sie unglücklich war, das kann ich nich so eindeutig sagen, ich
glaub schon, daß sie unglücklich is, aber das würd sie natürlich nich zugeben, also sie würde nicht stolz auf ihre Vergangenheit sein, – manchmal flutscht ihr sowas raus, daß sie so ganz spontan sagt 'naja, weißt
du noch in Breslau, auf den Hinterhöfen, warn da Ratten! Jedesmal, wenn
ich da rüber ging, mußt ich immer erst laut rufen und poltern, damit ich
überhaupt über'n Hof kam!' – und dann schlägt sie die Hand vor n Mund
und es is ihr also furchtbar peinlich, daß sie da nun wieder was gesagt
hat, was wohl nich hinpaßte oder so. Auch mit den Ausdrücken und so,
da sagt se 'ach, Pappi!' sagt se dann immer ne.
Der erste Mann meiner Mutter war Dentist, aber, ähm, hatte Mittelschul-
bildung und hatte aber ne ganz ausgeprägte manuelle Begabung, hat also sich Motorboote selber gebaut und Segelboote und all solche Sachen.
Und äh, der is dann abgerutscht, in kriminelle Kreise gekommen und is
denn Zuhälter geworden. Meine Mutter hat also alles sowas erlebt, was,-
wie man sich so proletarische Familien, –
Und meine Mutter is regelmäßig verprügelt worden von meim Vater, mußte ihr letztes Silber versteigern, er hat das alles mit seinen Frauen durch-
gebracht und so.
Die Mutter meiner Mutter, die war auch Näherin. Hm, und ihr Vater war
Konzertmeister und zwar so'n kleiner, im Breslauer Zoo, hat er dirigiert,

- aber die ham sich sehr bald scheiden lassen, nach der 6.Abtreibung hat meine Oma bei der Engelmacherin ne, hat meine Oma gesagt 'so, jetzt is nix mehr drin, Punkt. Tu dein Dingsbums woanders hin, ich kann nich mehr!' Und dann hat er sie auch sehr schnell verlassen.

Ich war vor dem Studium Buchhändlerin. Ich hab ne Lehre gemacht in so'm großen Betrieb und vorher Volksschule und dann Mittelschule, mit Ach und Krach alles. Ich bin in den letzten Jahren, als ich zur Mittelschule ging, bin ich im Sommer immer aufs Feld arbeiten gegangen. Da hab ich meistens Krämpfe gekriegt du, vor Überarbeitung, und denn, meine Mutter denn gefragt 'glaubst du jetzt, daß ich weiß, was Arbeit is?' – *Meine Mutter hat immer behauptet, ich wüßte nich, was Arbeit is.*

Und als ich denn nachts geschrieen hab ... da hat sie denn, – und ich hab nich aufgegeben, also ich hab z.b. Indianer gespielt und da ham wir uns gegenseitig Wunden beigebracht, und alles solche Sachen, ich konnte gut Schmerzen aushalten nich,– und da hat meine Mutter gesagt 'Na! Vielleicht so'n bißchen!'
Na, sie war nur für die Familie da, nich. Hat selber ziemlich ackern müssen, weil wir ja immer sehr wenig Geld hatten, sehr viel selber machen mußten.

Immer, auch heute noch, jag ich eigentlich immer so'm Phantom nach, weißte, also ich steh immer noch so unter Druck, eigentlich tuste zu wenig oder schaffste zu wenig oder so.
Vielleicht war *das, was sie tat, war eben Spitze nich,* sie stand ja, s war ja für sie ne große Enttäuschung ne, daß sie die Familie so durchbringen mußte, daß sie n Mann geheiratet hat, der unheimlich attraktiv war und durch alle Zeitungen ging, das war ja mal n bekannter Sportler gewesen und dann auch noch Theologie studierte und,– nichts nich.
Ja, hm, das hat sie dann an ihrn Kindern ausgelassen, und da war ich natürlich die geeignete Person nich, sie hatte keine Freunde z.B. und so, daß sie sich dann an mir schadlos gehalten, in jeder Beziehung. Sowohl, um mir ihre Probleme zu erklärn als auch äh, also mich zu drücken. Wir warn vier Kinder,– meine Schwester war der Liebling von meim Vater und mein Bruder hat nur ein Arm, der ältere, – da war also nix, das mußte ich alles machen (arbeiten).
Ich hatte auch sehr früh die Verantwortung für die Familie zu übernehmen und so.
Und von dem Geld, das ich verdient habe ne, mein Bruder ging auch aufs Feld arbeiten,– für den hab ich denn noch mitgeackert, weißte, – damit der überhaupt mitfahrn durfte und daß der sein Soll schaffte, da ham wer natürlich nie was gesehn nich. Also nich mal n Taschengeld, ham wir immer große Versprechungen gekriegt, was wir uns kaufen durften davon und dann ham wer nachher zum Geburtstag vielleicht n Anorak geschenkt gekriegt, den wir sowieso notwendig brauchten.
Als Lehrling hab ich 30 Mark Taschengeld im Monat gekriegt, und das Fahrgeld kostete 25 Mark, und das Essen für'n ganzen Monat hätte eigentlich schon 30 Mark gekostet in der Firma.
Also ich mußte zu Fuß zur Arbeit gehn, wenn ich essen wollte.
Wenn ich mir aber was anschaffen wollte, Schuhreparaturen, das mußt ich ach alles selber bezahln, es war völlig unmöglich, meine Mutter hätt sich des ausrechnen können,– ja, sagt se nein, sie muß noch mit weniger auskomm, sie würde aus nichts was machen, ... da hab ich also sehr viel gehungert und bin auch ziemlich abgeschlafft, ziemlich runtergekommen richtig.

Und bin in den unmöglichsten Sachen rumgelaufen, da war ich 18, weil, also damals ging man nich, da war das ja noch nich chic, schlecht angezogen zu gehn nich, mit kaputten Schuhn und ohne Büstenhalter und, ach, und alles geflickt und gemacht, und es war schrecklich. Ich mußte immer aufpassen, daß ich mich, wie ich mich drehe, damit irgendwie nich irgendwas reißt, ich hatte auch immer furchtbare Komplexe. Und mein Mann hat mir dann natürlich geholfen, soweit es ging, ne, was ich ja aber an sich auch nich wollte, man kommt dann ja auch in so ne Abhängigkeit.
Das war schon schlimm, die Zeit.
Und da war ich ja bis zu meim 22.Lebensjahr, hab ich ja gelernt ne, in er Lehre, von 19 bis 22, und vorher hab ich im Krankenhaus gearbeitet und n halbes Jahr...
Aber das war klar, weil ich für meine Mutter so ne ganz bestimmte Funktion hatte, diese Ehe, da war ich für sie n Gesprächspartner und gleichzeitig war ich für sie ne Konkurrenz ne, ich wurde dann plötzlich attraktiv und so, und machte so Schritte ins Leben raus, von ihr weg und des war für sie natürlich ganz schlimm, wo sie zu Hause sehr angebunden war ...
Da konnte mein Vater auch gar kein Einfluß nehmen, da hat sie dann einmal gesagt 'ja, du willst ja bloß was von ihr' hab ich so durch die Tür gehört, und da hat er nie wieder eingegriffen, nie wieder.-

Ich lauf immer der Vorstellung nach, bloß zu genügen

Aber ich hab grad eben gemerkt, auch so beim Erzähln,- so dieses 'nich zu genügen', das is also n ganz dickes Problem für mich offenbar, weil des zu Hause eigentlich immer war, wenn ich krank war, denn war ich nich krank und wurde nich anerkannt und wenn ich,- nix eigentlich, was ich tat (trauriger Tonfall).-
Und das is sowas, was ich meim Mann eigentlich auch ständig vorwerfe, obwohl der das sicher garnich so sieht wie meine Mutter das früher gesehn hat ne, daß ich immer denke, er würde jetzt so diese Funktion übernehmen. Und deshalb bin ich ja auch unheimlich sauer, weißt du, wenn F. oder so sagen, ich sei so ehrgeizig. Die V. mal, ich sei vom Ehrgeiz zerfressen, weißte. Da hätt ich ja echt mit Gegenständen schmeißen können. *Ich lauf immer der Vorstellung nach, bloß zu genügen, - und da kommt es natürlich auch vor, daß man bei der Gelegenheit mehr leistet als man will, weißt du.*
Ich hab meine Buchhändlerprüfung mit Eins bestanden und ich wollte sie eigentlich nur bestehn, weil ich keine gute Schülerin, ich war auch kein angenehmer Lehrling und nix, ich war auch nich sehr beliebt so bei den Lehrern und so,- und da hab ich mir dann natürlich Mühe gegeben, nur um sie zu bestehn, plötzlich kam da viel mehr bei raus... ich nie gelernt habe, einzukalkulieren ne, also überhaupt, so strategisch vorzugehn, zu sagen 'hier brauchst du dich nich so sehr zu verausgaben, hier mußte noch was tun' - wie ich des eigentlich bei Leuten an er Uni häufig erlebe ne, die genau gezielt sich überlegen, was mußte eigentlich tun. *Ich streng mich immer insgesamt an.*

Proletarische Einstellung zum Studium

Als ich das Studium angefangen hatte, da hätt ich es nich ausgehalten, mir zu sagen ' du ziehst jetzt das Studium durch', das hätt ich nich gebracht. Ich hab gesagt 'ich fang an mit dem Studium, mach dann die Begabtenprüfung, und wenn ich die schaffe, dann fang ich an zu studiern, hab ich gesagt'.

Dann hab ich die Begabtenprüfung gemacht, und die mit Auszeichnung bestanden und da hätt ich ja eigentlich,- wär der Punkt gewesen zu sagen, sich irgendwie zu entscheiden und,- also stolz zu sein oder sonstwas.

Und da war ich aber auch nich stolz und da hab ich gesagt 'ach, ich mach das so nebenbei' und als dann, erstma nachdem ich das Vordiplom gemacht hatte, da hab ich gesagt 'so, jetzt mach ich's auch zu Ende'. Und dazwischen wollt ich dann auch schon n paar mal aufhörn, aber,- so über so'n langen Zeitraum zu sagen 'jetzt machste des' war mir auch so äußerlich.

Also, weil ich, also drei Jahre Lehre, da is man eingebunden, und da muß man jeden Tag zur Arbeit gehn,... aber zu sagen, fünf oder sechs Jahre geistig zu arbeiten und das dann, diese geistige Arbeit dann auch wieder unter Beweis zu stelln, - das wär mir unvorstellbar gewesen.

Die Verf.: Hm, so frei einteiln und selbst bestimmen, was will ich denn machen, wie oft geh ich dahin? Das war bei mir auch immer so, als ich angefangen hab zu studiern, daß ich denn, ich weiß nich, mit so'm ganz unbestimmten Gefühl oder,- zu Hause war auch immer irgendwie klar, das war so wie so'n Trost für meine Eltern vielleicht auch,- naja, sie macht so drei, vier Semester, ich weiß garnich, die hatten keine Vorstellung, wie ich wohl auch nich ne, ich hab gesagt 'ja, ma so vier Semester und denn ma gucken', so als könnte man mit vier Semestern anfangen, das sind zwei Jahre ne, das is schon ganz schön viel. Ja, wenn man wenigstens n bißchen studiert hat, dann könnt man vielleicht ja schon n andern Beruf kriegen als ohne.
Nie das Gefühl, daß es n Studium is, das ne bestimmte Semesteranzahl hat, das Prüfungen beinhaltet, das zu nem Abschluß führt.

Irene: Ja, nie.

Die Verf.: Des war, also s fiel mir wie Schuppen von n Augen,- ich habs Vordiplom dann gemacht und ich habs immer noch nich, immer noch nich richtig gewußt, was dann weiterkommt. Vor'm Diplom, deshalb hatt ich wohl auch diese immensen Schwierigkeiten, auch deshalb,- nich nur,weil ich mich überladen hab mit Themen, auch ne, ich hab auch, wie du sagst, alles, 'ich muß alles machen' und zwar,- weil ich wohl gar nich damit gerechnet hab, daß da ne Prüfung kommt und wie die denn abläuft ne, wie ich dann mitgekriegt hab, die andern sagen, ich weiß nich, ich hab mir meine Themen ausgesucht, dacht ich, des wär interessant, und des und, dann schlugen die andern die Hände überm Kopf zusammen und sagten 'was?!' und die meinten wieder 'Mensch, is die aber überheblich, die hat sich ja Themen ausgesucht!'

Irene: Hm.

Die Verf.: 'Also das is ja wohl', also wirklich! Und ich denk, 'was is los?' Was hab ich falsch gemacht? Ich war wirklich wie naiv, ich dacht 'wieso?!' die sagt 'das is doch unmöglich, das kannste doch nich schaffen und außerdem, du bist ja hirnverbrannt, so'n Thema, in er Prüfung! Ach, das würd ich doch nie machen, da macht ma doch was Begrenztes, Kleines, Nettes, vier Bücher oder weiß nich was', so hatt ich noch nie gedacht, daß man so rangehn kann ne, wirklich nich.
Und die ham mich dann behandelt, als wär ich bösartig, als wollt ich

nun hier so anfangn 'jetzt will ich euch ma zeigen', das wars doch gar- nich (alles sehr lebendig, aufgeregt und hektisch erzählt).

Irene: Na, das is das, was immer so als Aufstieg behandelt wird ne, so wie ich des auch mal in nem Seminar gelernt hab, die Leute, die über n zweiten Bildungsweg kommen, die sind aufstiegsorientiert und äh, setzen sich bewußt von ihrer Klasse ab, sind also eigentlich Klassen- feinde.

Die Verf.: Hm. Das hat mich auch erschrocken, solche Sachen dann, später auch, wenn jemand sowas sagte, dacht ich, 'oh Gott, auweia, – als wenn man n Akkord bricht' man immer fleißig is, klar, damit macht ma alles kaputt, war mir garnich so bewußt. Ich dachte nur wie du 'ich muß ja hier irgendwie durchkomm' und durchkommen kann ich doch nur, wenn ich, ja, wenn ich das Thema mindestens schaffe, wenn ich das alles begriffen hab', war mir nie so klar und dann saß ich da vor der Prüfung eben wirklich, und schlackerte mit 'm Kopf, wußte gar- nich, – und hab nie dran gedacht, ja, Mensch, guck ma, auch solche Überlegungen, der arbeitet, dieser Professor arbeitet da seit Jahren dran, bloß nich, daß de,– im Gegenteil, ich dachte 'ja, da is einer,der weiß da was, da mußte hin! Und das wär doch wahrscheinlich gut', si- cher, mehrere Aspekte, aber ich hab immer gedacht 'du mußt dahin, wo de dich auch drauf verlassen kannst, daß der dir helfen kann', ich dacht ja immer, einer, der da arbeitet, der kann dann sagen 'ja, gut, so macht man das', is ja nich, so läuft ja der Hochschulbetrieb nich ne, aber ich denk 'ja,–'

Irene: *Das is aber auch* irgendwie so ne, – *so ne proletarische Einstel- lung, daß man, ähm, glaubt, wenn jemand was kann, dann sei's gut da- zu, eim was beizubringen, also so ne Konkurrenzhaltung, die hat man gar nich so mitbekomm',* ich dacht auch immer, wenn jemand was weiß, ja, is doch schön, 'wenn du was weißt, dann bring's mir bei, wozu weiß- te's sonst, wozu kann's sonst gut sein'.

Die Verf.: Ja, da sagen mir andre 'du bist aber naiv, du mußt taktisch vorgehn'. Hatt ich nich.

Irene: Hm, Oder was ich auch zur M. gesagt hab, als die ihre Arbeit ab- gegeben hat. 'Ich find es gemein, so ne dufte Arbeit zu schreiben und nie einen Gedanken reinzubringen, den sie unmittelbar,– sie hat nix von dem reingebracht, worüber sie gearbeitet hat.

Die Verf.: Hm. Ja, ich hatte dann das Gefühl, ich hab mich da so durch- geschlichen eben, am Anfang, na mach ma vier Semester, so peu à peu hab ich dann immer zu Hause ma mitgeteilt 'nee, es geht noch weiter' (lacht dabei) und dann ham die des auch irgendwo, die dachten, naja, gut, das geht noch weiter,– aber das war nie vorher besprochen, also acht Semester, da hätten die ja gesagt 'was? Vier Jahre?!'

Irene: Ja, das hat mein Mann übrigens genauso gemacht, weißte? Jeden Sommer, wenn er nach Hause fuhr, wenn er sich da mal hintraute, sag- ten die immer 'wie lange dauerts denn noch?!' 'Och, das weiß ich noch nich, das weiß man da nie so genau, ich mach noch n Semester.' Konnte des auch nich. Aber du hast zügig durchstudiert ne? (zu Elfriede)

Die Verf.: Du hattest ja auch die Perspektive von Anfang an schon nich?

Elfriede: Ja, na so ganz bestimmt war das auch nie ne, aber ich hab also eigentlich so'n Gefühl, daß ich jetzt was ausprobiere und wenn es nich geht, dann laß ich's, sowas hab ich nich ne, also ich fang das an und wenn ich was anfange - ich hab sehr viel Schwierigkeiten gehabt, des anzufangen und so, so irgendwie ne Schwellenangst, da war meine Tochter, die war ja auch schon da, und die war ja noch ganz klein ne, und dann hab ich sowieso also relativ wenig Zeit fürs Studium gehabt und dann hatt ich so ne Angst, überhaupt den Ansprüchen zu genügen oder so. Aber nich, nie solche Gedanken gehabt, also wenn de's nich schaffst, gibst's wieder auf oder so, das nich. Also, dann fängste's lieber erst garnich an. Deswegen hab ich auch so ne Angst, irgendwas anzufangen, weil ich schon Angst habe, ich schaff des nich ne, *aber ich muß mir des vorher gut überlegen, ob ich des schaffe oder nich, und das heißt, wenn ich des angefangen hab, denn mach ich des auch ne.*

Die Verf.: Was ich hab,- ich hab nie gedacht, ich fang nur an und denn ma gucken und denn hör ich wieder auf, sondern ich hatt immer so ne Haltung 'jetzt fang ich ma an und dann wirste's schon schaffen', also irgendwie wirste's dann schon, irgendwas wird damit schon machbar sein, auch so ne Haltung 'mit vier Semestern mußte, - weiß nich, wirste was machen können', weißte? Ich hab garnich gewußt irgendwie, was da hinter war oder was, das wußte ich nich. Aber ich wurschtelte immer so rum.

Irene: Also ich mach mir auch Vorgaben, wo ich, ich setz mir also selber, leg mir selber immer so'n Korsett um, weißte? Ich, äh, hab angefangen zu studiern und ähm, warte mal, wie war das, ach so, ja, - ich hätte ja auch zu Hause arbeiten können, es gab ja damals Anfang '70 viele Kreise und so, hätt ich ja auch dahingehen können und diese ganzen Kapitalkreise und sowas alles und hätte da ja eigentlich mich n bißchen weiterbilden können, so darin, woran ich sowieso Interesse hatte, hätte ich ja machen können. Hab ich gedacht 'nein, du gehst zur Uni, da biste gezwungen was zu lernen, nur dann machste's auch, und denn machste erstmal auf Butterbrot Speck, bis de die Begabtenprüprüfung hast. So, und dann hatt ich die Begabtenprüfung, und da hab ich mir gesagt 'na gut, jetzt machste, kannste erstmal sehn, ob de's bis zum Vordiplom schaffst', aber mich immer diesem Unizwang schon unterstellt, weißte? Ich hab eben gepaukt, bis es mir aus n Ohren rauskam, äh, was ich sonst nie getan hätte, wenn ich nich an er Uni gewesen wär, ich wußte genau - 'du mußt dich in die Institution begeben, nur dadurch lernst du was'. Freibestimmt glaub ich, wär mir nich möglich gewesen. Und denn war wieder n Punkt erreicht beim Vordiplom, und da hab ich dann aber gesagt 'so, jetzt mach ich zu Ende, egal was passiert', da kamen dann erst die dicken Hämmer.

Die Verf.: Wie war n das bei dir, Elisabeth, nach deim vorherigen, du hattest doch immerhin schon ne Ausbildung, hast du dann so das Gefühl gehabt 'so, jetzt studier ich, von vorn bis hinten, mach ich'?

Elisabeth: Nee, nie. Ich hab des als Anternative gesehn, also zu meiner Arbeit und eigentlich nie die Perspektive gesehn, was dann kommt, auch nich die Perspektive gesehn, daß ich ma fertig werde. Und eigentlich zwischendurch immer wieder damit gerechnet, daß ich aufhöre. Andererseits konnt ich mir aber nich vorstelln, wieder zu arbeiten, wenn ich ne ganz andre Alternative gehabt hätte, also außer auch Beruf ne. Irgendwas andres, was mir, was weiß ich, Befriedigung verschafft oder was mir Spaß macht, irgendne Tätigkeit ne, von der ich keine Vorstellung hatte. *Wenn ich des gefunden hätte oder einen andern Lebensbereich oder also was weiß ich, irgendwas Ausgeflipptes, was mich aber nich total kaputt macht oder so, dann hätt ich mir vorstelln können, das aufzuhörn, aber das hatt ich eben nich.*

Irene: Weißt du, was mir in dem Zusammenhang nur einfällt: daß ich immer ungeheure Schwierigkeiten habe, das, was ich will, das, was ich möchte, wirklich auch in die Tat umzusetzen. Also, wenn du so sagst, was Ausgeflipptes würdest du gerne machen, also du müßtest ja eigentlich wissen, was Ausgeflipptes du machen möchtest und du müßtest es dann eigentlich auch machen, aber du machst es auch nie.

Elisabeth: Ja, vielleicht fehlt mir auch der Mut dazu, des zu machen.

Irene: Ja, mir auch.

Elisabeth: Oder,- ja, naja, die Konsequenzen müßt ich ja von diesem Seitensprung oder wie auch immer, wenn de dich abseits stellst oder, also...

Irene: Du, aufzustehn und zu sagen: ich habe Lust, Gitarre zu lernen und damit mein Geld zu verdienen oder auch nich, oder zu malen! Die idiotischsten Leute fangen an, zu schreiben, ich fang nich an! Obwohl ich auch vielleicht Lust hätte, irgendwas zu schreiben oder zu singen oder zu tanzen, irgendwas, was mir mehr Befriedigung verschafft. *Ich mach ne Lehre durch, ich mach n Studium durch, beides kommt mir, beides geht mir überhaupt nich so unter die Haut, weißte,* des is so mehr aufgesetzt, aber es is nich das,- ich bin gespannt, was ich mache, wenn ich fertig bin, ich hab immer das Gefühl, ich drücke mich eigentlich um die Sache, die ich eigentlich machen will. Und ich vielleicht auch kann, aber ich trau se mir nich zu.

Die Verf.: Hast du denn ne Ahnung von dem Ausgeflippten? Wenn du sagst, du hast vielleicht kein' Mut, weißt du aber eigentlich was?

Elisabeth: Nee, weiß ich nich, weiß ich nich. Und wenn ich des mehr wüßte und wenn ichs konkreter fassen könnte oder wenn ich des Gefühl hätte, ich könnte für andere Tätigkeiten, also da könnt ich leben oder so, dann würd ich des machen, ne,- na, doch, wenn, wenn,...

Irene: Wenn es mir *erlaubt* wäre, *würd ich es tun, aber nicht, wenn ich es wollte.* 'Es muß auf dieser Welt mehr als alles geben' oder so heißt es, genau das Problem, weißte, zieht auch jemand einfach los, und sagt 'also, des kann nich alles gewesen sein, ich will noch mehr'.

Die Verf.: (zu Elisabeth) Du meinst immer, des Problem is immer, daß de's eigentlich nich richtig weißt? Aber man kann's ja auch finden ne, man kann ja erstmal...

Elisabeth: Ja, das is schwierig, weißte, irgendwie haste auch das Gefühl, naja, biste auch nich mehr so jung (lacht) - oder so.

Die Verf.: Jaja, jetzt komm' die ganzen Überlegungen von außen ne. Mußt doch ne Existenz haben...

Elisabeth: Kannst ja nich alles stehn und liegen lassen, wenn de Arbeitsmöglichkeiten finden willst und was weiß ich, meinetwegen, so, wat weiß ich, auch so ne Mischung aus künstlerischen Sachen und andern oder so, ja, wie fängste'n das an, wie machste'n das? Oder trauste dich da überhaupt ma n Fuß reinzustelln, ich hab da so irre Vorstellungen ne.

Irene: *Wenn jemand kommen würde, mich an die Hand nehmen und sagen 'immer dieser tägliche, - du kannst das, es gibt nichts anders, was du kannst, das is es, was du kannst, du darfst es, mach es',* dann würd *ich' s vielleicht tun, aber nich von mir aus* ..., von mir aus kann ich Leistungen erbringen, die so einigermaßen auch eingegrenzt sind, nich, - Schule, Lehre, - ich habe eine Lehre gemacht, von der ich genau wußte, das wirste schaffen, das is im Bereich des Möglichen, an das Studium bin ich ja schon ganz anders rangegangen, weil ich mir sagte 'eigentlich gehörst du überhaupt nich da hin' so, aber das war eben auch so ne Institution.

Elisabeth: Du machst das und machst das und ich hab jetzt schon die dritte Ausbildung und hab immer noch nich das Gefühl, das entspricht deinen Gefühln, deinen Bedürfnissen, deinen Möglichkeiten oder so, immer noch was für außen, was de von außen machst, also das hat nix mit dir selber zu tun. Und äh, du kannst dich noch so abrackern mit m Thema, was dann vielleicht doch noch mit dir selber zu tun hat, aber das is dann auch schon wieder entfremdet, weil du so n formalen Anspruch hast, der des Thema dann schon wieder abrückt von dir selber.

Irene: Ich bin sicher, daß wir wissen, was wir wolln, wir machens aber nich.

Die Verf.: Ich wüßte z.B. auch, wie ich die Arbeit schreiben wollte eigentlich, ich würde meine ganzen Aufschreibsel, was ich da tagebuchartig oder gedichtartig oder Briefe meiner Mutter möcht ich am liebsten, also und eben nich sortiert und erste Seite, sondern ich hätte n Prinzip in mir, weiß ich genau, wenn ich mich gut fühl, n guten Tag hab, dann mach ich des nämlich so, dann les ich bei mir nach, dann les ich in nem Buch nach, dann les ich von meiner Mutter was und dann les ich dies und das, - das würd ich einfach alles aneinander, und Punkt, und ich mein auch, man könnt es verstehn. Mach ich doch garnich, geht doch nich. Auch die E., bei der ich gestern war, -die hat unheimlich , in ihrer Situation, wo die sich jetzt so beschissen fühlt, da schreibt die so tolle Gedichte ne, schreibt, um überhaupt was zu schreiben und so, - ja, das müßte in die Arbeit rein ne, das müßte in die Arbeit, das is *ihre* Arbeit. Nich Sozialisationstheorien von so und so, *das is es,* Briefe von ihrer Schwester, wie die Weihnachten erlebt hat früher, das is für sie was ne. Ja, das müßte doch in die Arbeit rein, das fällt doch immer wieder untern Tisch. Und dann denkste weiter 'ach ja, und vielleicht, na, vielleicht kann das mal extra' oder, und so. Ach Mensch! Wird doch nie! Kommt, bei ner Veröffentlichung kommen die nächsten Sachen, da kommt wieder jemand, der sagt 'also, das muß doch...'

Elisabeth: *Ich glaube, man muß den ganzen Schutt irgendwie hinter sich schmeißen und was Neues anfangen, was Eigenständiges, - aber, das is auch besser gesagt als es getan is.*

Irene: *Ich hab auch große Lust, was zu, also was zu erschaffen. Also* wenn ich große Schwierigkeiten hab im Studium, dann fang ich an, irgendwas zu nähn oder zu stricken, da seh ich, da wird was fertig.

Elisabeth: Ja, ich auch, aber, da reduzierste dich auch, da find ich auch so Scheiße, dich wieder so auf Hausarbeit zu ...

Irene: Naja, ich hab ja auch schon Schiffe gebaut, jaja. Oder,- wir reduziern uns dann klar auf das, was wir gelernt haben ne. Ich möchte unbedingt gerne ne Schreinerlehre oder sowas, würde mir Spaß machen ... (reden alle durcheinander)

Elfriede/Elisabeth: Ich möchte töpfern lernen.

Irene: Ich auch,- aber da hab ich Angst, daß meine künstlerische Fähigkeit nicht ausreicht. Furchtbar! Also Mensch!

Die Verf.: Was ich hab bei solchen Sachen,- ich wollt schon mehrmals sowas ma anfangen,...- aber ich hab ne Hemmung, sowas immer nur als Freizeitsachen zu machen, ich weiß auch nich, ich verlier schon die Lust bei dem Gedanken, wenn ich denk 'naja, geh ich auch ma in so'n Kurs' ich weiß nich.

Elisabeth: Das kannste aber ausbaun, find ich,- wenn ich so Leute kenne, die daraus n Beruf gemacht haben oder die das dann als ausschließliche Tätigkeit machen, das hat bei denen auch erst sehr langsam angefangn und hat auch Jahre gedauert, das hat was weiß ich, drei Jahre oder sowas gedauert, die eine Frau, die ich da kenne, die jetzt n Töpferladen hat, das ging unheimlich langsam mit Bausteinen und so.

Elfriede: Ich find das genau umgekehrt, daß ich sowas als Freizeit oder so, Blumen hin- und herpflanzen oder Gartenarbeit zu Hause ne, des is sowas, für mich is des ne erfüllte Freizeit eigentlich. Also des is ne Freizeitbeschäftigung, die mir Spaß macht und die mich erfüllt. Also in er Freizeit irgendwas auch handwerklich herstelln, genäht hab ich was neulich oder so, auch abends, irgendwann mal.

Die Verf.: Was mich ärgert, is diese Trennung. Jetzt guck, jetzt muß ich dann doch eigentlich wieder an' Schreibtisch und dann mach ich aber irgendwas, mal wieder. Montag von 6-8 mach ich n Kurs, ich weiß nich, ich merk immer, daß ich ja keine Lust hab, hinzugehn, ich mach's ja nich und wohl auch, weil ich's ja doch wieder so ...

Irene: Das is dann wieder so abgetrennt, ne, von deinen Dingen. - Also wir ham jetzt n Garten und wenn ich in dem Garten arbeite und seh, da kommen dann irgendwelche Sachen..., das is n ganz beglückendes Erlebnis.

Elfriede: Oder ich hatte hier Vögel, Grünfinken, die hatten wir aufm Balkon genistet, das war unheimlich schön eigentlich.

Irene: Das sind alles so Sachen, damit kann man eigentlich kein Geld verdienen.
Und, so jetzt, wo wir im Projekt alle am Überlegen warn, *da hab ich gesagt 'macht was ihr wollt, ich geh jetzt Knete machen, und wenn sonst was passiert!'* Ich werd also so als Verkäuferin nachher arbeiten einmal, weil ich die Knete brauche und weil ich immer das Gefühl brauche, *also du arbeitest so und so viel Stunden und dafür kriegst du so und so viel Geld!*
Das is das, was Leute übern zweiten Bildungsweg habn, die habn immer n praktischen Bezug zur Arbeitswelt. Also dir (zu Elisabeth) geht es ja ähnlich ne, wir fühln uns ja eigentlich immer noch so der Arbeitswelt zugehörig, eigentlich sind wir ja gar keine richtigen Studenten. Jedenfalls hab ich bei mir immer das Gefühl.

II. Meine Biografie als Beispiel für meine Theoriebildung als Arbeitertochter

1. Vorbemerkung

In den Gesprächen mit den anderen Frauen, in denen sie mir ihre Erfahrungen erzählten, habe ich sehr oft von mir gesprochen. Ohne das wären unsere Gespräche gar nicht möglich; wären es keine Gespräche, sondern Befragungen gewesen. Bei der Auswertung und Darstellung habe ich den Nachdruck darauf gelegt, wie sie ihr Leben sahen; auch bei den Zitaten im 'theoretischen' Teil der Arbeit ließ ich sie sprechen; ich hatte ja die Möglichkeit, mich in und mit der gesamten Arbeit zu äußern.

Aus den Äußerungen, die ich im Zusammenhang der Gespräche mit ihnen gemacht habe, habe ich einen zusammenhängenden Text hergestellt. Was hier fehlt, sind die Erlebnisse im Alltag, die unsere Theorie entstehen lassen und bestärken. Auch: Wissen, das ich mir im Zusammenhang mit diesen Erfahrungen im Alltagsleben aneigne (Gespräche mit Menschen, Beschimpfungen, Ärger, - Zeitungsartikel, Abschnitte aus Büchern, selten ganze Bücher). Das alles sind Quellen unserer Theorie, die assoziativ und das heißt auch: gleichberechtigt nebeneinander und ineinander ver'kettet' die Theorie inhaltlich bestimmen.

Diese Theorie habe ich als 'Loseblatt-Sammlung' aufbewahrt; sie ist mir eigentlich näher als die im folgenden abgedruckte, nach 'theoretischen' Gesichtspunkten und logischer Abfolge geordnete. Die Theorie, die ich hier meine, bestünde aus Stücken, die eben im Alltagsleben möglich sind - und deren Zusammenhang sich beim Lesen und Assoziieren (der Stücke, aber auch mit den eigenen Erfahrungen des Lesers) 'von selbst herstellt.

2. Arbeiterleben

Vorgeschichte

'Mama' mit der Betonung auf der zweiten Silbe sagte mein Vater, wenn er von seiner Mutter sprach. Es klang wie ein Singsang in meinen Ohren, - vornehm, respektvoll und bewundernd. Ich stellte sie mir groß, stattlich und herzlich vor.

Wenn meine Mutter von ihrer Mutter sprach, sagte sie einfach 'meine Mutter'. Und dann erzählte sie, daß sie während ihrer Schulzeit und auch noch, als sie in die Lehre ging, morgens um vier aufgestanden ist, um ihrer Mutter bei der Wäsche zu helfen. Ich stellte mir eine einfache Frau vor, die ihr Leben lang mit ihren Händen gearbeitet hat, um ihre Kinder und ihren Mann, wenn er von der Schicht nach Hause kam, zu versorgen.

Meine Mutter erzählt, als ich sie frage, - nachdem ich aus ihren früheren Erzählungen nur noch einzelne Brocken in Erinnerung habe:

"Meine Mutter hat die Dorfschule besucht, war ein uneheliches Kind einer Frau, Arbeiterfrau, - sie hat gedient irgendwo, hatte noch 4 Schwestern. Die eine Schwester is ja inne Badewanne ertrunken. Die hatten,damals warn in e Hotels auch noch Kohleöfen im Bad zum Heizen, nich, die hat mit Briketts geheizt und die warn noch nich richtig durchgeglüht, und sie hat in e Badewanne gelegen und an e Kohlenoxydgase is se erstickt.Is ihr schlecht geworden, nich.
Ihr erster Mann war erst Instmann, - also Arbeiter auf dem Land, und kam dann in die Stadt,weil se dachten, es wär da mehr zu verdienen.
Der zweite Mann war Vorarbeiter in er Zellulosefabrik. Er hat sein ganzes Leben als Vorarbeiter in dieser Fabrik gearbeitet.
Der bekam für sein 40jähriges Jubiläum im Hitlerregime eine Reise nach Spanien. Nach Madrid, von Kraft durch Freude. Für treue Arbeiter,nich, so irgendwie.
Dann hat er für die Mutter ein Sofakissen mitgebracht, schwarzer Samt mit so spanischer Landschaft drauf, nich und erzählt, daß die Kinder da auf den Straßen betteln, daß se immer bloß die 10 Pfennige in er Hand ham mußten, für die spanischen Kinder und so."

Als ich frage, ob ihr Vater in der KPD war:

"... der war nich drin, - er war so eingestellt für Arbeiter, drin war er nie. Ich weiß nich, dafür hat er keine Zeit gehabt. Vielleicht, daß er ma zu ner Versammlung hingegangen is, im Gewerkschaftshaus hatten wir ja, - kann er schon hingegangen sein, das will ich nich sagen. Und mal, ich mein, er kam mal von der Arbeit nach Hause und da hat er mit'm Gummiknüppel gekriegt, weil n Umzug war, nich. Und die Polizei ging zwischen, hah! Die ham reingeschlagen, mit'm Gummiknüppel, nich, - nur, weil, - er mit'm Fahrrad, er mußte's ja schieben, ... und denn hat er auch noch eins überbekommen."

"*Mein* Vater!" sagte mein Vater, wenn er von seinem Vater sprach. Auch wieder dieser respektvolle Ton, - Ausdruck preußischer Erziehung und Disziplin.
Von ihm erzählte er eigentlich nur, daß er ein bis zweimal im Jahr die ganze Familie verdrosch.

Bei Gelegenheit, wenn mein Vater hilflos und ohnmächtig war vor Wut, des Redens müde, griff er auf das zurück, was er selbst erlebt hatte, zu Hause, beim Militär. Dann kam es aus ihm heraus: "Mein Vater! Der hätte euch aber, ... der ließ nicht mit sich spaßen!" In solchen Situationen schlug mein Vater nicht zu. In anderen wohl.
Außerdem erzählte er von ihm, daß er gelernter Schuster, später Hilfsweichensteller bei der Deutschen Reichsbahn war, ein kleiner Beamter.

Schulzeit meiner Eltern

Mutter schreibt mir einen Brief

"Wenn ich von mir selbst reden sollte, als Schulkind, - morgens um halb sieben stand ich auf, waschen, kämmen, in der Küche, auf einem Küchenstuhl stand eine Schüssel mit Wasser. Um sieben Uhr zum Bäcker, jeden Morgen Frühstück, ab zur Schule. Je nachdem, was vorlag, mehr oder weniger gern, eigentlich gerne, außer wenn's ne Rechenarbeit gab. Um ein Uhr nach Hause, sofort hingesetzt, Schulaufgaben gemacht. Vieles hatte

ich noch vom Unterricht in Erinnerung. So ging das ohne große Probleme.
Am Nachmittag manchmal Sport, später Haushaltungsunterricht, Kochen,
mit ungefähr zwölf Jahren. Ich hatte nie das Gefühl von Enge, obwohl wir
nur eine Stube hatten, wo Vater noch manchmal schlief, wenn er Nachtschicht gehabt hatte. 'Leise ... der Vater schläft', dann saßen wir in der
Küche, die auch nicht groß war.
Und das Gefühl, aus einer Unterschicht zu kommen, hatte ich auch nicht.
*Mein Vater arbeitete Tag und Nacht, meine Mutter versuchte, aus dem Ein-
kommen das Beste zu machen, was gab's da zu schämen?*
*Daß es da Standesunterschiede gab, erfuhr ich erstmals, als ich zur Ober-
schule sollte,* weil das andere Mädchen, das noch vorgeschlagen wurde, -
der Vater war etwas Höheres, was, weiß ich nicht, aber die ging natürlich auf's Gymnasium.

Ich bin ein Mensch, ... der ängstlich war, - hätten meine Eltern gesagt,
'tue das, es kann dir nützen', heute sage ich 'wie schade, daß ich die Möglichkeit hatte und sie nicht nutzte! Naja, ich will damit nur sagen, daß ich
dieses Arbeiterdasein gar nicht als so bedrückend empfunden habe.
Allerdings trugen meine Eltern auch keinen Zank ... vor uns Kindern aus,
das gab's auch gar nicht. Daß es auch mal ne Meinugsverschiedenheit gab,
die uns Kinder betraf, erfuhren wir über unsere Mutter, die manchmal mit
uns schimpfte ... Eigentlich komme ich aus einem ganz heilen Elternhaus."

Zur Oberschule?
Nee, ich wollte nich.
Na, das war so, bei uns gab es zwei Freiplätze. Also für solche, die gut
lernen.
Und da war eine Margarete Kloß, weiß ich noch und ich, wir zwei warn vor-
gesehn.
Den Namen, den hab ich behalten, - na, weil das wichtig war für mich im
Leben, weil ich weiß, wie ich mich damit auseinandergesetzt hab als Kind,
ja.
An sich, so für's Fortkommen wärs ja richtig gewesen, der Lehrer hat gesagt, 'naja, nich, 's wär doch richtig', der hat mir das schon klar gemacht,
aber meine Mutter sagte, 'na, wozu brauchst du das, als Arbeiterkind und
so,wenn du nich gern magst'. Ich wollte nich gern, wie ma als Kind is,ich
kam ja aus Verhältnissen, wie ich auch noch heute bin, zögernd mit allem,
was neu is, ich hatte Angst, vor neuen Klassen, neuen Lehrern, neuen
Kindern. Und überhaupt, wie das nu wär, in e Oberschule nich, und dann
hatt ich auch Angst, daß ich sowas überhaupt garnich schaffen würd nich.
Also, - und dann sagt die Mutter 'na, also, wenn du nich gern willst, das -
wozu brauchst das auch, nich, das, - Mädchen, wozu braucht, - unser Vater hat sich garnich so reingemischt, überhaupt in unsre Erziehung.
Und denn hat man auch gedacht, 'ach Gott, man lernt eben' - ich hatt immer,immer schon vor,Schneiderin zu lernen, - schon, wie ich noch zur
Schule ging, ich wollt immer Schneiderin werden und das warn eben damals Berufe, alle größeren Geschäfte hatten Schneiderateliers nich und,
und vor alln Dingen gabs auch privat viele Schneiderinnen, die auch ihrn
Kundenkreis hatten und so nich, - und die Leute ließen auch noch viel
mehr nähn. S war genau, wie heute, s war Arbeitslosigkeit, und man wollt
den Eltern nich so lange, - ich war jetzt 14 Jahre, naja, dann will man nich
den Eltern zu Hause liegen nich. Der Vater war ja auch Arbeiter und in er
Zeitung war so ne schmale Annonce drin 'Lehrling gesucht für Putzge-
schäft'. Naja, denn hab ich n Lebenslauf geschrieben und so nich, und
bin eben da hingegangen. Mit bubberndem Herzen, aber, wie ich da drin
war, in dem Büro, wie ich bin, - ich war eigentlich ziemlich kess nich,so.

Ich hab immer der Mutter geholfen. *Wie ich gearbeitet hab, bin ich morgens um vier aufgestanden und hab der Mutter geholfen, Wäsche zu waschen.* Komisch, die hat nich die Lene geweckt, es hieß denn auch schon eine Zeit, hier, s nächste Mal kommt denn die Lene dran, aber, immer war ich dran, ich weiß auch nich. Die war jünger.
Oder ich hab der Mutter mal putzen geholfen oder so, sonntags. Überhaupt, wenn ich doch nich Geschäft hatt, war ich morgens auf, hab die ganze Wohnung gemacht, und de Mutter hat in de Küch gekocht schon, Mittag, nich.

Die Edith war ja denn noch kleiner, die ging ja denn noch zur Schule auch, nich, ja. Und das war ja unser Nesthäkchen, dadurch daß se schon als Kind diese Mittelohrvereiterung bekam und operiert wurde und so, aber die war ja auch dann bald schnell in Stellung, die war richtig in Stellung bei einer Familie als Hausmädchen nich. Ja, – die hat richtig im Haushalt gearbeitet. Die hat auch da geschlafen. Das war aber eine gute Familie, eine nette Familie mit Kindern und so nich.

Die is erst weggekommen, wie se geheiratet hat. Der Gerhard hat Elektrotechnik gelernt. Der is vom zweiten Vater, zehn Jahre jünger.

Ich hab genau wie du am Tisch gestanden, der Mutter die Wäsche gebügelt. Meine Mutter hat mir denn immer Ratschläge gegeben, die Hemden, das hab ich ja fast alles so von meiner Mutter, auch wenn ich die Küch gewischt hab am Sonnabend, und der Mutter geholfen hab, denn sagt se 'nich nur den Markt, auch die Gassen wischen!' Also unter die Stühle und unterm Tisch, alles wegrücken nich. Da sagt se 'den Markt, den Markt und nich die Gassen!' nich, sagt se, wenn se denn zugesehn hat und ich weiß, wie die Mutter mal ne Fehlgeburt hatte (flüstert) und dann war die Hebamme da, – da hab ich jeden Tag das Wohnzimmer, – naja, damit alles immer sauber war, wenn die Hebamme kam. Auch wie der Gerhard geboren war, – die kam's Baby denn baden, meine Mutter hat ja zu Hause entbunden ..., ich war die Älteste, und denn hab ich unterm Bett gewischt, weiß ich, mit dem großen Lumpen, mit'm Schrubber! –
Da war ich zehn Jahre.
Und denn sagte die Hebamme 'du bist ein fleißiges Mädchen' sagt se, nich, 'hast wieder alles so schön sauber gemacht'. Die hat mich denn immer so gelobt nich.
Naja, und der Vater mußte arbeiten, – der konnt ja nich wegen der Mutter zu Hause bleiben nich. Und nachdem, später weiß ich, denn kam denn dem Vater seine Mutter, – also dem zweiten Vater seine Mutter nich, – die kam denn und hat denn n bißchen geholfen im Haushalt."

Vater

Mein Vater erfährt sehr früh die Wertlosigkeit seiner Person

Die Mutter meines Vaters wollte, daß der Junge zur Oberschule geht.
Der Lehrer sagte auch, daß er für die Volksschule zu gut sei.
Er macht die Vorschulklassen für's Gymnasium.

"... jedenfalls, ich kam nur bis Obertertia.
Ich konnt nich Gedichte aufsagen, ich konnt nich Algebra", sagt mein Vater kurzangebunden, als ich ihn frage.

Ich erinnere mich, wie er immer und immer wieder vom Versagen geträumt hat, von Knoten, die er nicht auflösen, Aufgaben, die er nicht lösen konnte. Immer wieder erzählt er, wie er in der Schule aufgerufen wurde 'Bublitz' (mit dem Nachnamen!) - und er überhaupt nicht weiß, worum es geht.Nichts aufsagen, nicht antworten kann.

Später reagierte mein Vater sehr böse, wenn in dem Wohnblock, in dem wir wohnten, eines der Kinder meinen Bruder oder mich mich Nachnamen riefen. Er sagte, 'unser Name, der wird nicht in den Dreck gezogen!' So empfand er das. So empfand auch ich es, wenn mich in der Schule ein Lehrer nur mit Nachnamen anredete.

Zu Hause hat sich niemand darum gekümmert, was er in der Schule macht. Was sein Vater kontrollierte, waren die Religionssprüche. Die mußte er können.

Sein Vater wird noch ziemlich jung vom Zug überfahren, oft näht seine Mutter bis spät in die Nacht Kleider und Wäsche für Modehäuser. Von der Rente des Vaters können sie nicht leben. Als Junge fährt er die genähte Wäsche spätabends mit dem Roller oder mit dem Fahrrad noch aus.

"... ob ihm das was ausgemacht hat, daß er da noch losmußte? Och, -das hat er wahrscheinlich auch, - naja, ich weiß nich, - gern gemacht,wie hätt es denn die Schwiegermutter sonst gemacht? Sie hätt ja denn selber gehn müssen nich?
Die hatten ein Wohnzimmer, ein Ankleidungszimmer, Schlafzimmer, Balkon, - und noch ein kleines Zimmer, vier Zimmer, Küche und Bad.
Also Platz hat der gehabt. Aber wahrscheinlich auch nich so das Interesse, wenn die Mutter genäht hat, nich."

"... die Schwiegermutter, ... die war also so'n bißchen eingebildet,so'n bißchen von sich eingenommen und so, nich, - ich hab mich ja immer gewundert, die Schwiegermutter hat 'mir' und 'mich' oft verwechselt, obwohl se in der Großstadt geboren war. Meine Mutter nie."

Die Sprachlosigkeit gegenüber Argumenten drückte mein Vater oft in grammatikalischen Verbesserungen aus.Darin steckte sein Gefühl für das Wesentliche, Richtige.

Wenn meine Mutter 'mir' und 'mich' verwechselte, oder wenn sie sagte,'ich habe mich nie entschuldigen brauchen', dann sagte er 'das heißt 'ich habe mich nie zu entschuldigen brauchen' '. Auf das 'zu' legte er - auch bei uns Kindern - sehr viel Wert.

Anstatt zu sagen 'ach, wie schön, da hast du es gut gehabt', benutzte er die Amtssprache.

Er war der fürsorgliche Vater, der uns im 'Gleichschritt' erzog.
Nicht nur die Redensarten und die Kontrolle zu Hause erinnerten mich an das 'Dritte Reich' oder an militärischen Drill, sondern auch das einfache *Gehen*. Mein Vater ging sein Leben lang wie ein Soldat beim Exerzieren. Uns erzog er vor allem beim sonntäglichen Spazierengehen. Meine Brüder waren bestimmt schon 16 und 18 Jahre alt, ich war zehn.
Er ging hinter uns her und kontrollierte unseren Schritt. Vor allem achtete er darauf, ob wir unsere Füße im richtigen Winkel nach außen warfen. Gingen wir neben ihm, packte er uns fest am Arm oder hielt unsere Hand und achtete darauf, daß wir mit ihm im Gleichschritt gingen.
Wenn er nachts nicht schlafen konnte, erzählte er mir später, wie sie ihm eingebleut hatten zu marschieren; wie sie ihn so lange fertig gemacht hatten, bis er andere fertig machte.

Arbeitswelt meiner Eltern

Als mein Vater nach der vierten Oberschulklasse abgeht, macht er eine Lehre als Dekorateur in einem Modehaus. Meine Mutter lernt ihn dort während ihrer Lehrzeit als Verkäuferin kennen. "...damals mußte man noch drei Jahre lernen, mit Warenkunde, Buchführung und so, und Umgang mit Kunden. Also ich bin nicht nur Putzfrau, - was ich später ja gemacht hab, - obwohl das ja auch ein Beruf ist, der gebraucht wird" (schreibt meine Mutter in einem ihrer letzten Briefe).

Über die Arbeit meines Vaters damals sagt sie: "... Einfälle! Ach Gott, wenn ich denk, was der Vater alles für Fenster gemacht hat. Das is alles Scheiße heut! Die machen ja gar keine Hintergründe mehr. Naja, - früher mußte der Dekorateur was leisten! Da mußte ein Thema sein im Fenster, nich. So, wie er heute alles eigen macht, so hat er auch damals seine Fenster gemacht, bestimmt. Tolle Ideen! Die drüben von Karstadt, die Dekorateure standen dann immer im Fenster und ham schon geguckt, was er denn nu wieder macht..." ...
"Wie der Vater weg war, zum Militär, da mußte ich noch die Fenster machen, hab ich dekoriert, weil ich immer ihm seine Gehilfin war nich. Die 115.- von mir hat er noch gespart, jaja. Ja, dann hab ich Fenster gemacht nich. Mit Hintergrund, mit Malerei, mit allem. Hab ich gemacht."

Während meine Mutter sagt, daß auch Dekorateur damals mehr wert war als heut, sagt mein Vater: "Was ich mir so eingebildet habe, als ich das erste Hutfenster gemacht habe, ich weiß noch, da hab ich noch n Kopf gemalt, - was ich mir so eingebildet habe! Da hab ich dann noch runtergeschrieben, n Namen - und dann wurd ich gleich zum Chef gerufen, war ich gleich entlassen... 'wir sind doch hier kein, Sie sind doch kein Gemäldemaler hier, Sie arbeiten hier für die Firma, nich daß sie da Bublitz drunterschrieben, -' mußt ich gleich drüberstreichen nich.

Das war als Lehrling noch, s ging ans Seidenstofflager, da war ich dann immer Mithilfe, also Zureicher als Lehrling beim Chefdekorateur, hinterm Fenster, ... da sagt er 'holn Se mal jetzt vom Seidenlager noch die grünen Seidenstoffe', da gehste hin und denn is Kundschaft da, und denn kannst ja auch nich ewig da hinten warten, hinter der Kundschaft, bis drankommst, - der im Schaufenster, der Chefdekorateur, der macht schon immer so (klatscht in die Hände) 'Heinz! Heinz! Du kommst doch noch an schaffen?!' -
So kommt man denn schon da an und sagt nich wahr 'ich soll die Stoffe holn', da sagt der Verkäufer, nich wahr, 'haste nich Zeit, Stift?' - nich, wie's so is, nich, ja, und denn, denn dreht sich die Kundin vielleicht auch um nich 'was ist denn das hier für n Ton' oder wie oder was, ja, und da geht das denn schon hoch, angerufen, und denn kam ich zur Zentrale, zum Chef rauf ... und da wurd ich schon entlassen, *ohne daß man was Böses will nich, man wird getrieben*, was zu holen, nich. Stell dir ma vor, der Meister steht da, die Maschinen laufen und der Lehrling kommt garnich mehr wieder mit de Bretter, nich. Dasselbe.
So beginnt denn das Leben."

Von diesen Dingen sprach mein Vater nur auf Nachfragen. Manchmal erzählte er vom Elternhaus, das preußisch streng war, aber wiederum nicht so streng, daß er nicht nachmittags auf den Dächern herumlaufen oder beim Kaufmann für zehn Pfennig Grützwurst kaufen konnte, wenn das Mittagessen ihm nicht geschmeckt hatte.
Aber das waren Erlebnisse, die so weit weg waren, daß sie nur an Sonntagnachmittagen, bei schummrigem Dämmerlicht, erzählt wurden, wenn wir ihn

fragten.
Sein Leben wurde bestimmt durch die Verrohung und Abstumpfung während
des Krieges; und man wußte nicht so recht, - kamen seine zackigen Bewegungen und seine Nervosität vom Krieg oder von seinem späteren Hilfsarbei-
ter-Dasein.
Die Nazi-Zeit war etwas, was ihn überhaupt nicht zur Ruhe kommen ließ.
Aber auch die Angst vor dem nächsten Arbeitstag, die Angst, wieder herum-
kommandiert zu werden, ließ ihn nicht schlafen, wenn er nachts in der Küche saß und grübelte; oder einfach die Ruhe genoß.

Später sprach er immer öfter von Rechenschaft, die er sich über sein Leben
ablegte, "wie war das doch mühsam, - was hat man schon erreicht"; oder
es sprudelte aus ihm heraus, wie er im Krieg polnische Kinder gesehen hatte, die sprachlos dastanden, "weil sie gar nicht wußten, wie sie das, was
sie sahen, in Worte ausdrücken sollten!"
Er führte seine Schlaflosigkeit zurück auf seine Erlebnisse an der Front,
Wachehalten als Soldat, aber auch: nächtelanges Organisieren von Lebensmitteln nach dem Krieg.
Es war die Gewöhnung an durchwachte Nächte, die ihn nicht mehr schlafen
ließen. Auch: so wenig Lohn für ein so arbeitsreiches Leben.

"Ohne daß man was Böses will,..man wird getrieben..",so fing es an und
so ging sein Leben weiter;- als er 1947/48 sieht,daß seine Kinder fast sterben vor Hunger und Unterernährung, und mit Typhus, TB, Rachitis (die
typischen Proletarierkrankheiten aus Unterernährung und feuchten Wohnungen!) krank werden, geht er nachts los, auch tagsüber, und organisiert, was er kriegen kann. "...was ich nach dem Krieg geplündert hab,
soviel hat niemand geplündert, das geht auf keine Kuhhaut, ach Gott,ach
Gott, nein!", sagt er später.

Jahrelang, immer wieder, erzählt er von seinen Raubzügen, von denen er
nachts vollbepackt mit dem Fahrrad nach Hause kam. "...morgens, wenn
ich aufwachte, lag alles da, frisch gewaschen das Obst ... alles schön
frisch."
Er berichtet von Tauschgeschäften und was er sonst noch alles ergatterte,
eine Schreibmaschine vom Ami gegen ein paar Hühner vom Bauern; einen
Schrank vom Engländer, übers Eis geschoben und aufs Fahrrad geladen (!),
nach Hause gebracht; nachts beim Bauern Kartoffeln ausgegraben, im Dunkeln die Augen weit aufgerissen (später sagt er, daß er davon schlechte
Augen und Ischias bekommen hätte); die Angst, wenn er den Sack Kartoffeln auf dem Fahrrad nach Hause schob und ihm unterwegs ein Schupo begegnete, der ihn fragte, wo er jetzt, zu nachtschlafener Zeit,mit dem Sack
herkäme.

Von diesen Erlebnissen und von der Not, in der wir zu jener Zeit lebten,
sprach er immer wieder von selbst. Wir alle sprachen gerne darüber.Trotz-
dem wir nur zwei kleine, enge Zimmer in der Baracke bewohnten, eine Küche davon noch durch eine Pappwand abgetrennt war, die Toilette aus einem Wassereimer bestand, erschien uns diese Zeit später,als wir in einem
Wohnblock in der Stadt wohnten, wo es drumherum höchstens Ruinen zum
Spielen gab, später langweilige Spielplätze, wie ein Paradies.

Proletarische Kindheit

Wir wohnten in einer Flüchtlingsbaracke, hatten einen Hühnerstall und einen kleinen Garten hinter dem Haus. Die Holzbaracke war ziemlich verwahrlost, als wir einzogen. Mein Vater hat sie mit meinen Brüdern wohnlich ge-

macht. Meine Mutter hat Gardinen, Bettwäsche und Tischdecken genäht. Aus alten Kleidern und Mänteln, abgetragenen Hosen und aus aufgetrennter Wolle hat sie für uns alle Kleidungsstücke gemacht. Obwohl sie versucht hat, sorgfältig zu nähen und zu stricken, bunte Litzen auf Hosen und Röcke zu nähen, sahen sie ärmlich aus. Dafür konnte sie nichts. Die Hauptsache war, daß sie wärmten.
Auf das Äußere konnten wir keinen Wert legen.

Ich lernte, daß das Äußere nicht so wichtig ist wie die Arbeit und die Überlegungen, die darin steckten.

Einige Leute hatten kleine Schrebergärten angelegt. Sie hatten Kaninchen- und Hühnerställe.
Ich lief mit angehaltenem Atem an dem aufgeplusterten Truthahn vorbei. Wenn ich mein Sonntagskleid anhatte, rannte er hinter mir her. Allmählich begriff ich, daß es mein Kleid war, das ihn aufregte, nicht ich. Das Kleid war rot.

Wir lebten mit den Jahreszeiten. Im Sommer waren wir hinter dem Haus in unserem kleinen Garten. Meine Mutter saß auf der Bank, strickte und nähte. Ab und zu stand sie auf und roch an den Blumen. Mein Vater tischlerte, es roch nach Holz und Farbe. Meine Brüder halfen ihm dabei, oder schnitzten einen Stock oder eine Vogelschleuder. Die Sonne schien. Kinder kamen vorbei mit Brombeeren in der Hand. Ich nahm einen Blecheimer und zog mit ihnen los, Brombeeren und Holunderbeeren suchen.
Meine Mutter kochte Holunderbeer- oder Brombeersuppe daraus. Mein Vater machte Pfannkuchen. So hatte jeder etwas zum Essen beigesteuert.
Im Winter stiegen wir auf den Dachboden und rochen an den Boskopäpfeln, die dort lagerten. Mein Vater merkte sofort, wenn die Nachbarn sich ein paar von unseren Äpfeln genommen hatten. Er sah die Stellen, an denen die Lücken zwischen den Äpfeln verändert waren.

Wir machten Tomaten und Bohnen, Kürbisse und Birnen ein.
Wir saßen alle um einen Tisch und spielten. Mein Vater sägte Holzfiguren aus, malte sie an und hängte sie übers Bett. Abends las meine Mutter eine Geschichte vor, in der diese Figuren vorkamen.

Über dem Bahndamm war ein See, auf dem morgens der Reif hing. An den Fenstern hingen Eiszapfen. Ich steckte sie in den Mund und lutschte daran. Meine Mutter sagte, 'Nich!, davon wirst du krank.'

Wenn ich abends im Bett lag, hörte ich manchmal ein Käuzchen vor dem Fenster. Meine Mutter erzählte, daß es nur so laut ruft, wenn jemand stirbt. Ich dachte, es ruft nach mir. Ich hatte Angst zu sterben.

Sonntags gingen wir am Wasser spazieren. Wir setzten uns alle auf eine Bank und sahen den Seemöwen zu. Manchmal nahmen wir altes Brot mit und fütterten sie. Ihr Kreischen machte mir keine Angst. Ihr Geräusch gehörte zu dem des Wassers, das gegen die Steinmauer schlug.

Im Sommer nahm mein Vater uns an der Hand und kaufte ein Eis für 20 Pfennig. Jeder durfte einmal lecken. *Ein Eis für alle.*

Im Hühnerstall stand eine große Birke. Im Frühjahr schlug sie aus. Sie bekam grüne Blätter und gelbe Kätzchen. Ab und zu zog ich die Rinde ab, die lose an ihrem Stamm hing. Ich lernte, daß die Rinde der Birke lebt und empfindlich ist.

Ich sah, wie die Hühner Küken bekamen und wie aus dem gelben Pflaum weiße Federn wurden. Wenn eins von ihnen starb, war ich traurig. Irgend-

136

wann sah ich, daß mein Vater sie hinter dem Haus in den Gulli warf.Das
begriff ich nicht, - d.h. ich *wollte* es nicht.
Ich wollte den Hühnern nicht wehtun. Ich dachte, sie mögen es nicht,
wenn ich ihnen die Eier wegnahm, die sie gelegt hatten. Wenn sie merkten, daß ich Angst hatte, hackten sie mich. Ich konnte nichts dagegen
tun, daß wir die Eier zum Essen brauchten.

Mein ältester Bruder erzählt: "Die Nieten kamen in den Kochtopf." Er
führte eine Strichliste über die Hühner, wieviele Eier sie legten. Er sagt:
"Ich war so mit der Liste beschäftigt, daß ich gar nicht daran dachte,zu
schummeln...".
Mein anderer Bruder sagt: "Das mit der Liste war aber nicht schlimm, -
wir hatten nur Superhühner."
Wenn der Zug vorbeifuhr, waren die Hühner ganz aufgeregt. Ich erlebte,
wie sie aufgeschreckt in ihr Unglück flatterten. Wenn ein Huhn Draht verschluckt hatte oder vom Zug überfahren wurde, schlachtete es mein Vater.
Meine Brüder mußten es festhalten, mein Vater holte das Beil und legte es
auf den Holzklotz. Ich konnte es nicht mitansehen und lief weg.Für meine
Brüder war es normal, beim Schlachten zu helfen. Sie waren damit beschäftigt, das Huhn auf dem Klotz festzuhalten.

Meine Mutter ging mit mir in die Stadt. Wir gingen in einen Park. Dort
konnte man einen Roller mit richtigen Gummireifen für zehn Pfennig aus-
leihen und eine halbe Stunde damit fahren. Ich durfte mir die Farbe des
Rollers aussuchen. Dann sagte meine Mutter 'nu fahr ma schön, - ich warte hier auf dich'. Ich fuhr eine halbe Stunde immer an ihr vorbei und lachte. Dann gingen wir nach Hause.

Meine Mutter klopfte an der Tür. "Oma Dubecke, könn'n wir n bißchen
Dill in ihr'm Garten abschneiden? Ich will gekocht'n Fisch machen und der
schmeckt doch nich ohne Dill."
"Ja,Ja, nehmen Sie nur." Der Dill stand ganz hochgeschossen in ihrem
Schrebergarten. Sie konnte ihn nicht alleine verbrauchen. Alle halfen sich
gegenseitig. Meine Mutter sagte: "Riech mal, - daran erkennst du Dill,der
sieht ganz fein und hellgrün aus, und muß *so* riechen."

Mein Vater brachte Schweineohren mit aus der Stadt. Sie wurden gekocht.
Alle rissen sich um die Knorpelstücke. Es blieb aber immer noch genug
davon übrig, daß meine Eltern davon Sülze machen konnten.
Mein Vater brachte Weißkohl mit und wollte Sauerkraut machen. "Du mußt
dir aber ordentlich die Füße waschen." Er schrubbte sich die Füße mit
heißem Wasser und Kernseife. Dann fing er an, in einer großen Blech-
schüssel das Kraut zu treten. Das war anstrengend. Er kam ins Schwitzen.
Danach wurde das Kraut in einen Steintopf eingelegt.

Im Sommer setzte ich mich mitten in die Wiese und atmete den Duft von
Gras,Huflattich,Margeriten und Gänseblümchen ein. Ich roch die Kühe.
Dann flocht ich einen dicken Kranz, den mir meine Mutter zu Hause um
den Kopf legte.
Abends in der Dämmerung kam meine Mutter uns entgegen. "Wie seht ihr
denn aus!?" Überall hing das abgemähte Gras in unseren Kleidern, in den
Haaren, - in den Schuhen steckten ganze Grasbüschel. An den Schuhen
hingen oft ganze Klumpen voll Lehm. "Macht das ma ab, sonst schimpft
der Vater." Schuhe waren etwas, das wir nicht von anderen Leuten geschenkt bekamen. Sie waren teuer. Mein Vater besohlte sie oder redete
mit dem Schuster, daß er sie billiger machte. Er mochte nicht, wenn wir
mit den Schuhen durch die Pfützen wateten, und sie voll Dreck nach Hause brachten. Die Sohlen lösten sich leicht vom Oberleder. Wenn mein Bruder mit seinen guten Schuhen Fußball spielte, gab's jedesmal Krach,wenn

vorne ein Stück vom Leder abgestoßen war. Wir mußten mit dem Wenigen, das wir hatten, sorgfältig umgehen.

Ich lernte in dieser Zeit, verschiedene Gerüche und Geräusche voneinander zu unterscheiden und begriff, was sie bedeuteten. Ich roch an den Bäumen, hörte und sah an den Tieren, mit denen wir aufwuchsen, wie es Frühling wurde. Ich spürte den warmen Regen auf der Haut; die Feuchtigkeit an den Füßen, wenn wir barfuß über die Erde, über die Steine, durchs nasse Schilf zum Seeufer liefen.

Später, in der Stadt, lernte ich, daß Geräusche stören. Der Autolärm und das Leben der Nachbarn, das wir durch die Wand von allen Seiten hörten, machten uns nervös. Mein Vater kam von der Arbeit in der Fabrik schon gereizt nach Hause. Meine Mutter ging zeitweise auch arbeiten und war abgehetzt. Der soziale Wohnungsbau machte das alles nur noch schlimmer.

Ich lernte, daß das Essen mit den Händen hergestellt wird. Essen ist Ausdruck von Arbeit. Belohnung für Arbeit. Wer nicht arbeitet, hat nicht verdient zu essen. Das Essen mit unseren Händen anzufassen, war für uns selbstverständlich.

Ich merkte, daß unsere Füße und Hände, aber auch Denkenkönnen, wichtig sind. Wir legten große Strecken zu Fuß zurück. Es waren viele Handgriffe und viel Kraftaufwand nötig, um leben zu können. Man mußte genau überlegen, wie man aus dem Wenigen etwas machte; wie man das Geld, das Essen und die Kraft sparsam einteilte. Und auch: wann der günstigste Zeitpunkt war, etwas zu tun, zu fragen; Schulaufgaben zu machen, zu spielen, zu arbeiten. Alles war nicht immer möglich. Das Denken hing mit unserem (Zusammen-)Leben zusammen.

An der Hand meiner Brüder ging ich mit ihnen am Bahndamm entlang. Sie hielten mich fest, damit ich nicht ausrutschte. Ich balancierte auf den Schienen.
Wir gingen barfuß über den Bahndamm, - die Steine drückten sich in die nackten Fußsohlen. Im Sommer waren die Steine und die Schienen heiß. Ich lernte, mutig zu sein. Ich lief schneller rüber auf die andere Seite, über die Wiese ins Schilf. Meine Brüder hielten mich fest, damit ich im nassen Schilf nicht ausrutschte. Manchmal schnitten wir uns die Füße auf. Sie bluteten. Im Wasser wurde das Blut abgewaschen. Ich lernte durch die Natur und durch den menschlichen Umgang mit ihr. Das hat mir später, in der Stadt, geholfen, wo es hinter dem Wohnblock nur einen Sandkasten und eine Turnstange gab; und wir in den Ruinen Versteck spielten.

Geborgenheit an der Hand des Vaters. Auf dem Fahrrad mit ihm - überall hin.

Ich fühlte mich geborgen auf meinem Fahrradsitz, in eine Decke eingewickelt. Ich hielt mich an den Händen meines Vaters fest.
Es war anstrengend, wenn mein Vater mit mir auf dem Fahrrad zum Markt fuhr. Es ging den Berg hoch und wieder runter. Hinten drauf stand eine große Tasche. Vorne saß ich. Er mußte ordentlich in die Pedale treten. Wir kamen am Wasser vorbei. An manchen Tagen wurde es gar nicht richtig hell. Es war Herbst. Mein Vater fuhr gegen den Sturm an. Ich sah, wie das Wasser über die Ufer trat und das Land überspülte, wo wir im Sommer auf der Bank saßen und den Möwen zusahen. An der Stelle, wo Sonntags die Eisbude stand, war nur noch ein Stück vom Dach zu sehen. Ich konnte es kaum glauben. "Wo sind denn der Eisverkäufer und seine Frau? Sind die ertrunken?" "Nein, die wissen ja, wann das Hochwasser kommt", sagte mein

Vater. "Denen passiert schon nichts."
Ich seh genau vor mir, wie mein Vater da aussah. Der hatte so'ne Mütze
auf, wie sie Arbeiter häufig tragen, ich weiß nich, wie ich das nennen
soll, jedenfalls hatte die vorne so'n Schirm dran und war so aus Filzstoff.
Und irgend ne Joppe hatte er an, hatte er auch von irgendwo hergekriegt.
Hintendrauf auf'm Fahrrad war so ne große Stofftasche, die hatte er selbst
genäht. Und vorne drauf, in so'm Kindersitz, da saß ich. Eingemummelt,
warm angezogen und ne Decke um die Knie gewickelt. So hat er mich immer mitgenommen. Das war richtig gemütlich.
Da fuhren wir oft Sonnabend, so am Vormittag, los, einkaufen. Der is immer sehr spät auf den Markt gefahren, denn da gab's viele Sachen billiger
oder noch was dazu , umsonst. Die kannten den schon alle. Dann hat er
denen wohl immer erzählt, daß er ne Frau und drei Kinder hat, und dann
ham sie ihm einiges geschenkt. Da hab ich schon ganz früh mitgekriegt,
wie der verhandelt hat. Wie der Geschichten erzählt hat, wie wir so leben,
denen damit gezeigt hat, daß wir nicht viel haben. Und, das war ein, ein
Gefühl, wenn wir denn nach Hause kamen! Meine Güte, war das toll! Dann
ham wir ausgepackt, und meine Mutter hat geguckt und sich gefreut, wieviel wir mitgebracht hatten. Das is später eigentlich auch so geblieben.
Wenn mein Vater Freitagabend, - nach der Arbeit einkaufte, dann hat er,
wenn er nach Hause kam, Sturm geklingelt und dann hat er in der Küche
alles ausgepackt, auf dem Tisch ausgebreitet. Da sah das viel aus! Oft
war das auch viel, und billig, was er mitgebracht hat. Da war er immer
ganz stolz. Und wir habn jedes Stück beguckt, hin- und hergedreht. Und
er hat erzählt, was das eigentlich kosten sollte und für wieviel er's schließlich bekommen hat. Zum Bäcker fuhr ich zweimal die Woche. Da ham die
ihm immer so drei Brote mitgegeben, für'n paar Pfennige, die war'n dann
n paar Tage alt, aber warn noch gut. Das war das, was er am liebsten gemacht hat, glaub ich, - uns was mitbringen, wo wir uns drüber freuen
konnten. Wenn er schon nich viel verdient hat, dann wollte er wenigstens
zeigen, daß er sich bemüht, daß wir trotzdem durchkommen.

Der handgreifliche Wert des Geldes; eine sinnliche Erfahrung der Arbeit

Oder wir sind zum Arbeitsamt gefahren, Stempelgeld holen, einmal die Woche. Wie wir da anstanden! Warten mußten. Und dann hat er mir erzählt,
wie das so für ihn ist.

Später, weiß ich, hat er sich manchmal geniert, da hat er mich geschickt.
Einmal hat er in einer Firma nur kurz gearbeitet, und is dann nich mehr
hingegangen oder ich weiß nich, ham sie ihn rausgeschmissen, - auf jeden
Fall hatte er noch sein' restlichen Lohn zu kriegen. Und da bin ich hingegangen.
Und hab gesagt 'ich möcht das restliche Geld für mein' Vater abholen'. Er
stand draußen und hat gewartet. Als ich dann mit dem Geld in der Tüte
kam, hat er gestrahlt. Das war manchmal so wie bei Kumpanen. So, als
wenn wir gegenseitig irgendwo Schmiere standen und uns was ergaunert
ham. Das war einfach auch manchmal so, daß man das Gefühl hatte, man
ergaunert sich was, wenn man einfach das holt, was eim zusteht.
Überhaupt, Mensch, *da war so'n ganz anderes Gefühl für Geld immer bei
uns:* der Vater kam einmal in der Woche mit der Tüte nach Haus. Da war
das Geld drin. Und dann saßen wir abends im Wohnzimmer und er hat die
Tüte ausgeschüttet, hat geguckt, wieviel sie ihm abgezogen haben und
dann wurde das eingeteilt. Das waren Mark- und Pfennigbeträge. Ich seh
vor mir, wie das Licht von den Lampen, die über dem Wohnzimmertisch

hingen, auf dieses bißchen Geld schien. Und dann wurde drüber gesprochen, was wer nu erst mal alles wieder kaufen könn'.

Ich weiß nich, das war was, was ich später, in der Oberschule bei den andern, und erst recht im Studium, überhaupt sehr vermißt hab: da wurd über Geld überhaupt nich gesprochen! Das war, als wenn das was Ungehöriges war. Und ich mein, das war natürlich manchmal bedrückend, wie wir rechnen mußten, zu Hause, – aber das war auch was, was uns verbunden hat. Die andern, – vor allem in Beziehung zu Freunden hab ich das gemerkt, die warn alle so großspurig, die taten so! Das war zu Hause gar nich drin. Und dann auch das, daß mein Vater nach Hause kam und was mitbrachte und sich freute über Kleinigkeiten, das war eigentlich schon sehr schön. Das hab ich direkt vermißt, später. Da hab ich so oft das Bild von meim Vater vor mir gesehn, wie der manchmal vor Freude Tränen in'n Augen hatte, und wie seine Hände zitterten, wenn er das Geld nach Hause brachte. Wie der uns anguckte, was wir jetzt wohl sagen. Also, da is es mir oft durch den Magen gefahren, wenn ich so mit ganz anderen Männern zu tun hatte, die eher eingebildet warn auf das, was se wissen. Da spielte nur Wissen und Theorie ne Rolle, auch noch, gut angezogen sein und gut aussehen. So was alles. Aber Geld und Essen, – oder die eigenen Hände, wie die müde warn, zitterten und wie die was anpackten, das war gar nich mehr wichtig.

Mein Vater war 31 Jahre seines Lebens Hilfsarbeiter. Dazwischen Zeiten der Arbeitslosigkeit und Krankheit.

Nach dem Krieg – 1955 – arbeitete meine Mutter bei einem Pfarrer als Putzfrau. Sie erzählt: "Es war Weihnachtszeit. Ich verdiente 0.50 DM die Stunde. Im Flur stand ein Schrank, der zu Weihnachten voll war mit Gänsen, Gemüse, Obst und Nüssen. Glaubst du, ich hab auch nur einmal etwas davon bekommen? Nie!"
Sie durfte immer nur die Fußböden drumherum wischen, die Möbel abstauben und die Sachen der Kinder aufräumen. Der Sohn ging zu meinem Bruder in die Oberschule – dieselbe Klasse. Als er das Abi nicht schaffte, wurde er Bauarbeiter.

Mutter saß in der Kirche. Es war Erntedankfest. Auf dem Altar waren Brot, Obst und Gemüse ausgebreitet. Sie erzählt: "Ich saß immer da und dachte, 'och Mensch, wenn ich doch von den dicken Trauben was bekommen würde'". Nie haben wir Trauben oder anderes schönes Obst bekommen. Immer nur einen halben Kohlkopf oder so; andere, die's längst nich so nötig hatten, bekamen mehr und schönere Sachen. Die Trauben behielt der Pfarrer selbst. Ein Beispiel christlicher Nächstenliebe.

Später ging meine Mutter manchmal auf dem Herbstfest oder auf dem Rummel arbeiten. Sie verkaufte Würstchen und Bier. Mein Vater und ich gingen sie besuchen. Wir sahen, wie sie hin- und herrannte, und wie sie schwitzte. Wir ärgerten uns darüber, daß sie ihr Geld so hart verdiente. Sie gab uns ein Würstchen und meinem Vater ein Bier. Sie gab uns mehr Geld raus, als wir ihr gegeben hatten.

Einmal arbeitete sie auf einer Messe in der Küche. Sie wusch mit kochend heißem Wasser das Geschirr ab. Mein Vater und ich gingen am zweiten Tag hin und sahen nach, wie und wo sie arbeitete. Endlich fanden wir sie, wie sie da in der Küche stand. Mein Vater fragte eine Bedienung 'wo is meine Frau?' – Als er sie sah, ging er zum Chef, schimpfte ihn aus, ging zu meiner Mutter und sagte zu ihr, 'zieh dich sofort an, Mutti, – das hier ist nichts für dich.'
Sie wehrte sich erst noch, sagte 'wieso?' Aber sie sagte das schon ganz

verzagt; wir nahmen sie mit nach Hause.

Meine Mutter hat oft gearbeitet, überall. In privaten Haushalten, bei den 'Besseren', die sich eine Putzfrau leisten konnten. In der Zeit hab ich zu Hause oft das gemacht, was sie sonst hätte machen müssen, wenn sie nach Hause kommt. Und dann hat sie auch mal in einer Fabrik gearbeitet, und oft als Verkäuferin im Warenhaus. Da bin ich nachmittagelang durchs Kaufhaus gelaufen, bis sie Schluß hatte und wir zusammen nach Hause gehn konnten. Zu der Zeit hatten meine beiden Brüder Schule, waren viel unterwegs. Wenn ich die Wohnung aufgeräumt hatte, bin ich zu meiner Mutter gegangen. Dann hat sie mir zehn Pfennig gegeben für einen Mohrenkopf. Da bin ich so richtig langsam durch's Warenhaus geschlendert und hab mich auf diesen einen Mohrenkopf gefreut. Und nach ner Weile stand ich schon wieder da. Da sagte sie 'du kannst nich immer hier stehen, der Chef guckt schon.' Naja, da bin ich wieder los. Das war eine Zeit, wo meine Phantasie angefüllt war mit diesen ganzen Sachen, die ich da gesehn hab. Aber meistens hat sie in Haushalten gearbeitet. So kriegte ich den ersten Kontakt zu 'besseren' Leuten.
Ich half ihr, die Arbeit fertig zu machen, damit sie früher nach Hause gehen konnte. Ich holte sie von der Arbeit ab, damit sie auf dem Nachhauseweg nicht so alleine war und auch ich nicht alleine zu Hause saß.

Als sie im Kaufhaus arbeitete, half ich ihr abends, die Schürzen oder Unterwäsche zusammenlegen, und wartete am Personaleingang auf sie.
Warten fiel mir schwer, ich half ihr lieber, da ging die Zeit besser 'rum.

Das Gefühl, gar nich richtig zu existieren

Manchmal war's auch nich mehr zum Aushalten. War ja klar, - kaum Geld, drei Kinder, ne enge Wohnung, alles so eng und so wenig zum Leben. Und die ham sich das sicher auch mal ganz anders vorgestellt. Jedenfalls war's dann manchmal sehr schlimm. Am schlimmsten war's, daß die Mutter dann so ne Angst hatte. Da drehte mein Vater ab und zu durch, schlug auch zu, - meine Brüder hat der öfter geschlagen, meine Mutter auch. Ich stand immer nur so dabei, hab zugeguckt. Das war auch schlimm. Konnt ja nix machen, nur gucken.

Später hab ich immer wieder das Gefühl gehabt, daß ich gar nich so richtig dazu gehör. Auch immer so das Gefühl, so außen zu sein. Eigentlich gar nich richtig zu existieren. Ja, weil ich immer die 'Kleine' war, die dabeistand, machtlos zugucken mußte. Das is so durchgängig geblieben. Ich sollte dann wohl meiner Mutter auch helfen, aber da fühlt ich mich oft gar nich in der Lage dazu. Was sollt ich denn machen? Na, ja, da hat meine Mutter dann oft gesagt, 'geh du ma zum Vater, dich mag er, dir tut er nix. Setz dich en bißchen zu ihm hin, dann wird er wieder ruhiger.' Und ich hab eine Angst gehabt, dahin zu gehn! Weil er doch wütend war und gesagt hat 'laßt mich bloß in Ruhe! Geht mir alle weg, geht mir aus den Augen!' Bei solchen Gelegenheiten, wenn er nicht gut zu sprechen war auf meine Mutter, - weil se irgendwas gesagt hatte zu ihm oder weil das Geld schon wieder alle war und er ihr die Schuld dafür zuschob, - da hat er immer 'Grete' zu ihr gesagt. Da wußt ich schon, was los ist. Sonst hat er immer 'Mutti' gesagt. Aber dann! Da war was los, kann ich dir sagen.
Na, jedenfalls hab ich ganz schön gezittert. Und war auch wütend auf meine Mutter, daß die mich *dann* immer zu ihm schickt, wenn se Krach hatte. Sowas Bescheuertes!
Und denn hab ich mich einfach zu ihm hingesetzt und vor mich hingeguckt. Das war so, als ob ich mich betont leise verhalten hätt', kein Ton gesagt, um ihn bloß friedlich zu stimmen. Und denn saß ich da ganz lange, - jedenfalls kam's mir vor wie ne Ewigkeit.
Und er saß da, ganz geschlagen, - und so allmählich fragt' er mich denn irgendwas 'willst auch'n Schluck' oder 'soll ich dir ne Decke umwickeln, is dir kalt?' oder sonst irgendwas. Manchmal sagte er auch, 'die Mutter hält nie zu mir.'
Nach ner Weile bin ich denn rausgeschlichen, hab so getan, als müßt ich auf's Klo oder mal irgendwas holn, und hab den andern, - meiner Mutter und meinen Brüdern dann zugeflüstert 'er is nich mehr so, s is alles in Ordnung'. Und denn hat meine Mutter oft gefragt 'solln wir denn reinkommen?' und, dann hab ich gesagt 'bloß nich, bleibt bloß weg! Laßt uns.'
Als ich älter war, hat meine Mutter das immer noch gemacht. Immer hat die das gemacht. Ich war immer diejenige, die's ausbügeln sollte. Da hätt ich sie manchmal für umbringen können!

Mit der Mutter: Bloß los!

Wenn's gar nich zum Aushalten war, hat meine Mutter mich an der Hand gepackt, schnell, schnell unsre Mäntel geschnappt und dann sind wir los.

Eigentlich nur immer die Straße entlang gelaufen. Nirgendwohin, Ach ja, damals wohnte da in der Nähe so'n Arzt, zu dem se manchmal hinging. Und da sind wir, wenn's so aussichtslos war, dann hingegangen, am Sonntag, ham da geklingelt. Und dann hat mein Mutter dem erzählt,was wieder los war und daß es so nicht mehr weitergeht. Dann hat der n bißchen auf se eingeredet. Und denn sind wir langsam wieder nach Haus gegangen. Manchmal sind wir aber auch in nen Park gegangen, oder auf irgend ne Wiese.Ham uns da in die Sonne gesetzt und geguckt.Warn todtraurig. Und meine Mutter hat immer so vor sich hingeredet, hat mir dauernd erzählt, daß se nich mehr kann, Angst hat, und was der nu wieder zu ihr gesagt hat. Das war so ein Gefühl, jahrelang, eigentlich bis nach dem Studium, daß ich, wenn die Sonne schien, todtraurig wurde und immer dran gedacht hab. Immer gedacht hab, 'komisch, warum sagen alle Leute, wenn die Sonne scheint, s geht ihnen gut und freuen sich,fühln sich besser als sonst?' Bei mir war Sonne immer verbunden mit Traurigkeit, mit so ner Sehnsucht, daß es eigentlich alles schön sein sollte,aber gar nich war.
Manchmal war's dann auch so, daß wir so lange geredet ham, bis wir auf einmal anfingen, uns totzulachen über alles. Da fingen wir so richtig an, aufzuleben, ham uns die Szenen, die wir gerade zu Hause erlebt hatten, nochmal erzählt, ja, fast vorgespielt. Und denn war's besser. Das hab ich alles so ab vier Jahre miterlebt. Ab da. Wenn wir dann ne Weile wegwarn, dann hatten wir wieder Mut, nach Hause zu gehn. Aber auch Angst, - weil wir ja nich wußten, was uns zu Hause erwartet. Und, am liebsten wärn wir manchmal gar nich mehr zurückgegangen. Das war so'n richtiger Klos im Hals, wie so ne Mauer auch, daß wir da wieder zurückgehen mußten.
Aber denn sind wir ganz langsam so Schritt für Schritt nach Haus geschlichen, ham uns festgehalten. Manchmal hatte ich das Gefühl, daß ich meine Mutter festgehalten hab. Und kurz vor der Tür ham wir uns nen Ruck gegeben, und sind ganz fest aufgetreten, da wieder reingegangen. Meistens war's denn auch schon wieder vorbei. Das war ne Stimmung wie nach ner Schlacht. Meine Brüder ham sich verzogen in irgendne Ecke, sich beschäftigt. Mein Vater saß auch da und machte irgendwas.Und kein Ton wurde geredet. Wir ham auch nix gesagt.

So im Großen und Ganzen hat mich das eigentlich alles sehr ernst gemacht. Da haste das Gefühl,daß de doch nur ne Last und n unnötiger Esser bist, - obwohl die das natürlich nie gesagt habn, zu der Zeit wenigstens noch nich. Später sagte mein Vater oft 'du gehst Ostern ab!', wenn er wütend war.

Ich übernahm sehr früh die Rolle eines Erwachsenen. Einmal dadurch,daß ich ja immer zu meim Vater geschickt wurde, um ihn zu besänftigen,wenn's Krach gab, und dann auch, weil ich meine Mutter oft trösten mußte und ihr beistehn mußte. Ich spielte zu der Zeit oft mit kleinen Kindern, indem ich sie im Kinderwagen ausfuhr. Ich bemutterte sie einfach. Das war auch da schon ne Art, mir Ruhe zu verschaffen, so'n bißchen wegzugehn von zu Hause. Ich klingelte bei Nachbarn und fragte 'darf ich Christine n bißchen ausfahrn?' Ich fuhr die Straßen entlang, ganz alleine. Und denn hab ich mich auf ne Bank gesetzt und den Kinderwagen danebengestellt. Ich hab vielleicht so'n bißchen geredet mit dem, weiß nich, - eigentlich hab ich die nur mitgenommen, damit ich nich alleine bin. Und dann saß ich da und hab weit weg geguckt, so verloren in die Luft geguckt und geträumt. Nachgedacht. Ich hab genau das gespielt, was ich mit meiner Mutter erlebt hatte.

Meine beiden Brüder:
Der Praktische und der, der aus Büchern lernt

Die gingen ja zur Schule. Der Älteste dann, - als ich fünf war, schon
zur Mittelschule, der andre zur Oberschule. Mein ältester Bruder hat
meim Vater ziemlich viel mitgeholfen, so bei praktischen Sachen am Haus,
im Garten, im Hühnerstall. Holz gesägt und sowas. Das war auch immer
so ne Zeremonie. Jeder Handgriff, jede Bewegung wurde von meim Vater
festgelegt, 'die Säge mußt du so halten, jetzt mach das so und, - nein!
Nicht so!' So ging das immer! Die mußten auch n dickes Fell haben, meine Brüder. Denn ham die auch den Garten angelegt, hinterm Haus. Da
Blumen gepflanzt. Ich hab immer aus den Stiefmütterchen die Samen raus-
gepult. Das sollte ich ja nich, aber ich konnte nich widerstehn. Ich mußte gucken, was da drin ist. Auch bei den Löwenmäulchen hab ich immer
aufgemacht und geguckt. Überall die Samen angeguckt. Das hat mir einfach Spaß gemacht.

Und denn is mein ältester Bruder auch viel mit meim Vater mitgefahren,
hat Sachen besorgt mit ihm. Half ihm beim Ausbessern der Baracke, oder
hat mit ihm den Zaun vom Hühnerstall geflickt.
Ach, das war auch so ne Szene mit meinem Bruder Klaus, der zur Oberschule ging, - das werd ich nie vergessen.
Der hatte mal n Freund aus der Oberschule mitgebracht. Das ging völlig
daneben. Der hängte sich da an Zaun, sprang da hoch, - und meim Vater blieb der Atem stehn. Die hatten den mühsam geflickt und der hängte sich da dran!
Das war so, daß der den Wert solcher Arbeit überhaupt nicht einschätzen
konnte, der hatte einfach keine Ahnung davon. Ab da kam nie wieder
einer mit nach Hause zu uns. Und so ging's eigentlich auch meim Bruder.
Der war von Anfang an der Unpraktische, - der, der pauken mußte für
die Schule. Der wurde so richtig festgelegt auf theoretische Intelligenz,
hatte auch keine Möglichkeit, was andres zu machen. Der war dann eben
auch unpraktisch! Was der anpackte, wurde ihm aus er Hand genomm'n
und so wurd ihm bewiesen, daß er für praktische Dinge des Lebens nichts
taugte. War gut zum Bücherlesen und so. Das Verhältnis zwischen dem
und meim Vater war schon von früh an ziemlich gespannt. Vielleicht war
das auch so'n bißchen, weil der in den Augen meines Vaters so der Besserwisser war, der, der eben zur Oberschule ging, was mein Vater ja
nicht durchgehalten hatte. Und wovon er im Grunde auch nichts mehr
wissen wollte. Was mein Vater nich praktisch einsehn konnte, konnt er
auch nich kapiern, behielt er einfach nich. Und da hat er sich immer gewundert, daß der Klaus nachmittagelang saß und gelernt hat aus Büchern.
Da hab ich schon erfahren, was das bedeutete, in so ner Familie intelligent zu sein und als Intellektueller zu gelten! Der gehörte schon damals
gar nich richtig zu uns. Wurde aber auch von allem freigehalten, - während ich ja später auch immer mit ranmußte bei meiner Mutter; aber auch
meinem Vater helfen mußte beim Tapezieren, Einkaufen und beim Kochen
am Wochenende. Da mußte ich meistens Handreichungen machen.
Der wurde so richtig in die Rolle gedrängt. Und in er Schule, da gehörte
er auch nich richtig zu den andern. Der war manchmal froh, wenn der
Lehrer ihn lobte und ihm sagte, daß er irgendjemand Nachhilfeunterricht
geben sollte. Das war für ihn ne Anerkennung, und auch ne Möglichkeit,
von zu Hause wegzukommen. Ein Erlebnis is mir auch noch besonders in
Erinnerung. Da kam mein Bruder nach Haus und war ganz fertig. Er hatte n paar aus seiner Klasse getroffen, - das war'n auch alles so Söhne
von Pastorn und Lehrern, Ärzten und was weiß ich, jedenfalls kam er

sich oft mit seinen Knickebockern, die er von zu Hause aus anziehen mußte, weil keine andren Hosen da warn, da n bißchen lächerlich vor. Oder
wenn mein Vater ihn zwang, im Sommer kurze Hosen anzuziehn. Das hatten die andern wohl nich. Die kamen da mit langen Hosen und Bügelfal-
ten und er mit Socken und kurzen Hosen. Das empfand der irgendwie
auch als demütigend. Na, und als er die mal traf, die standen da so zusammen, wollt er zu denen hingehn. Und da müssen die zu ihm gesagt
habn, 'du bist hier nicht erwünscht!' Also da gehörte er nich dazu, zu
Hause auch nich. Der muß sich da schon manchmal ganz schön allein gefühlt habn. War auch irgendwie ständig Außenseiter. Wurd, - genau wie
ich später, - immer beim Nachnamen gerufen und war bei allem dabei;
wenn irgendwas war,war's der Bublitz!Nur weil der sich unheimlich angestrengt hat und fleißig war bis dorthinaus, immer gelernt hat, hat der
die Oberschule geschafft. Ging mir auch so. Die aus den guten Familien
konnten das nicht vertragen, daß da einer aufgrund seiner Leistungen
gut war in der Schule. Oder: daß sich einer überhaupt so anstrengte.
Für die war das n Streber. Die kriegten ja gute Noten im Grunde einfach so, weil se Söhne oder Töchter von dem und dem warn.

Wie ich mein Gefühl für die Zeit entwickelte

Im Winter liefen meine Brüder auf dem See Schlittschuh. Da sind wir öfter auch mit meim Vater gegangen, der hat mich nachmittags mitgenommen. Und dann ham wir am Ufer probiert, wie dick das Eis war, ob das
hält. Und dann war das Schilf, alles war eingefroren. Sonst, außer uns
war unter der Woche kein Mensch da. Der ganze See gehörte uns. Jedenfalls hatte man so'n Gefühl.
Und einmal ham sie gesagt, sie würden mich abholen, wenn ich ausgeschlafen hätte. Nachmittags um vier, sagten sie, würden sie kommen.
Ich bin aufgewacht und hab auf den Wecker geguckt und zu meiner Mutter gesagt 'es ist vier Uhr'. Und denn kamen sie auch. So hab ich mein
Interesse für die Zeit entwickelt. Durch die persönliche Beziehung zu
meinen Brüdern. Ab da lernte ich die Uhrzeit. Fragte immer wieder, wie
spät es is. Und dann wußte ich's innerhalb kurzer Zeit.

Ich war ja noch zu klein zum Schlittschuhlaufen. Hab's zwar immer wieder probiert, - ich hatte sowieso immer hohe Schnürschuhe an, so kleine Stiefel. Mein Vater sorgte dafür, daß ich die trug, weil meine Fuß-
gelenke noch zu schwach warn, hat er immer gesagt! 'Halbschuh ver-
derben die Füße' hat er gesagt.Ja, und da bin ich beim Schlittschuhlaufen immer n bißchen umgeknickt und so ganz zittrig gelaufen. Da hat
mein Vater, - der hatte uns n Schlitten gebaut, und da hat er an den
so ne Stange rangemacht, so'n ganzen Bogen, wie beim Kinderwagen,
mit dem hab'n die mich dann auf'm Eis rumgeschoben. Die müssen sich
ja auch manchmal komisch vorgekommen sein! Und die Leute ham auch
komisch geguckt. Manche ham so geschmunzelt oder gelacht. Und das
war dann so wie später auch noch, - wenn mein Vater was machte: das
war zwar praktisch und nützlich, aber sah n bißchen komisch aus. Da
empfand ich auf einmal die Blicke der andern, schämte mich plötzlich.
Und dann fing ich wieder an, zu üben , Schlittschuh zu laufen. So war
das immer. Ich hab dann versucht, das Gefühl zu überwinden, die Kleine und Unselbständige zu sein, indem ich geübt hab., was die schon
konnten.

Mit fünf fing ich an, in die Schule zu gehn. Das heißt, ich nahm n Ranzen, weiß nich, woher ich schon einen hatte, und ging immer wieder zur Schule. Übte, wie das wär. Und lesen konnt ich auch schon vorher. Ich glaub, mein Bruder und meine Mutter, die ham mir schon so'n bißchen was gezeigt. Ja, und dann bin ich losmarschiert. Einfach so.

Mein Schulweg ging über einen kleinen Feldweg, durch die Baracken an kleineren Gärten vorbei; und dann auf der Straße durch die ganze Stadt. Die war ja nich so groß. Jeden Morgen kam ich am Schlachthof vorbei. Da sah ich, wie die die Schweine über die Straße trieben oder se am Schwanz zogen. Dann verschwanden se hinter schweren Eisentüren. Danach hört ich nur noch entsetzliches Quieken. Das ging mir jedesmal durch Mark und Bein.

Mein mädchenhaftes Aussehen macht Mühe – Angst, etwas zu verlieren

Morgens war das immer so mühselig, da mußt ich Zöpfe flechten für die Schule. Oder auch am Sonntag. Da kaufte meine Mutter so breite Haarschleifen aus Taftseide. Die warn teuer. Und jedesmal, wenn se mir die ins Haar band, hatte ich Angst, daß ich se verlier. Und auch wenn ich se nich verlor, machten die mir Sorgen: nach jedem Mal Anziehn mußten die gewaschen oder zumindest neu gebügelt werden, damit die ordentlich aussahn. Das war, glaub ich, das erste, was ich selbst gewaschen und gebügelt hab, meine Haarschleifen. Manchmal zog ich die so fest, daß sie mir wehtaten. Die ziepten und rissen mir sogar die Haare aus. Bloß, damit ich se nich verlier. Das konnt ich dann nämlich merken, wenn das nich mehr so ziepte, dann konnt ich schnell den Weg zurücklaufen und noch suchen.
Meine Mutter hat mich immer sehr liebevoll behandelt. Wenn die mich kämmte, dann tat das nich weh. Bei meim Vater, wenn der das machte, war das immer so grob.
Meine Mutter hat auch meine Zöpfe so geflochten, daß die nich schief und krumm warn. Das sah nämlich komisch aus, und denn lachten die andern.

In der Volksschule, da bin ich einmal mitten im Schuljahr auf Erholung geschickt worden. Mein Vater arbeitete zu der Zeit bei der Post, da gab's das von der Post aus. Und da war das immer ein Theater morgens mit meinen Zöpfen. Die ham mich richtig rumgeschuppst. Ich war ja noch klein und konnte meine Zöpfe noch nich richtig flechten; ich war auch das erste Mal von zu Hause weg, vielleicht stand ich da so eingeschüchtert rum, ich weiß nich. Jedenfalls lachten die mich immer wegen meiner Zöpfe aus. Und, weil ich so große Augen machte. Außerdem war das n katholisches Heim und ich war ja evangelisch, – da fiel ich auf, was ich auch machte. Vor jeder Mahlzeit beteten die, abends machten die mit Weihwasser da immer so'n Kreuz auf die Stirn. Und ich hab jedesmal versucht, das auch zu machen. Das Gebet konnte ich in kurzer Zeit. Abends das hab ich auch gemacht, damit die mich in Ruhe ließen. Prompt holten die die Ordensschwester. Ach, es kommt noch besser: morgens um sechs konnte man freiwillig in die Kirche marschiern. Da bin ich extra aufgestanden und hingegangen. Ich war acht oder neun Jahre. Na ja, – und grade morgens stand ich da allein mit meinen Zöpfen, weil die Großen entweder nich da warn oder es selbst eilig hatten. Und dann sah ich wieder blöd aus, wenn die Zöpfe da schief rumhingen. Am liebsten hätt ich se mir abgeschnitten. Und überhaupt wollt ich mich da verkriechen. Ich wurd ja dann auch krank und mußte ins Krankenhaus, hatte Röteln gekriegt. Ich weiß nich, das war fast noch schlimmer. In er wildfremden Umgebung, die ganze Woche kein Besuch - lag ich da in em Einzelzimmer und wartete, bis ich nach vier Wochen endlich nach Hause durfte.

Ach, und das Schlimmste war noch, in dem Gottesdienst wollte ich wieder dazugehören, bin dann auch nach vorne gegangen, zum Abendmahl. Da schreit eine von hinten ganz laut: die is aber nich katholisch, die darf das nich. Also, die ham mich immer erwischt!

Komm, wir machen was Schönes
Geborgenheit und Freiheit für uns Kinder

Hin und wieder, wenn zu Hause dicke Luft war, - das konnte man schon am Gesicht sehn, - dann hatte mein Vater n ganz verkniffenen Mund. Verschaffte sich so Platz in der Wohnung, machte richtig um sich greifende Bewegungen. Und meine Mutter guckte in sich gekehrt. Und denn verzogen wir uns am besten. Wenn wir nich auf die Straße gingen, setzten wir uns still hin und überlegten uns was. Mein Bruder sagte dann auf einmal 'Komm, wir machen was Schönes'. Ich mein, das sagte der auch manchmal, wenn uns einfach langweilig war.
Wenn's Ärger gab, saßen wir erstmal da wie gelähmt und warteten, bis es losging. Teilten uns so gegenseitig mit 'Was hat er gesagt,und was hat die Mutter gemeint' und so. Da ging die Angst schon ma n bißchen von weg. Dann warn wir auch sicher, warn ja zusammen, ging keiner weg. Das ging nich, den andern im Stich lassen. Und denn mußteste einfach was erfinden, wie de die Atmosphäre aushältst, irgendwas, was dich am Leben erhält, wo du wieder Kraft schöpfst und Mut kriegst.Und das ham wir denn gemacht. Also vor allem mein Bruder Klaus und ich. Der hat mir denn ne Geschichte vorgelesen oder erzählt, da konnten wir uns so aus den bedrückenden Verhältnissen flüchten, uns was vorstellen. Oder wir machten einfach was. Wir produzierten Sachen, die uns schon beim Machen Spaß machten und stundenlang beschäftigten, und mit denen wir auch nachher spielen konnten oder so. Da habn wir in den Schubladen nachgeguckt, was da so an Material rumlag und das verwendet.Wichtig war ja, daß wir einfach zusammen warn und was machten. Deshalb hab ich sehr lange an meinem Bruder gehangen und fühlte mich allein, als er so wenig Zeit für mich hatte, auch kein Interesse mehr, durch die oberen Klassen in der Oberschule und natürlich auch später, durchs Studium, da war er ja weg, und denn mußte ich alleine sehn.

Phantasie und Tagträume; das war mit das wichtigste Lebensmittel, das wir einfach zum Leben brauchten. Ich lernte, durch phantasievolle Tätigkeiten Langeweile und belastende Lebensverhältnisse zu überbrücken und im Grunde auch so'n bißchen zu verändern. Wir hatten ja wenig Mittel und deshalb mußten wir uns was einfallen lassen. Material für Sachen verwenden, für die sie gar nich gedacht warn. Das hab ich natürlich auch von meiner Mutter und von meim Vater mitgekriegt, daß die da Sachen, die wir brauchten zum Leben, aus allem möglichen selbst machten. Und sich überlegten, wie man am sinnvollsten mit dem Wenigen doch noch was Schönes draus machen kann. Aber das warn eben oft so mehr nützliche Sachen. Oder Sachen, bei denen ich nich direkt beteiligt war, wenn mein Vater was machte. Bei meiner Mutter, da warn's eben auch mehr so Sachen, die wir unbedingt brauchten, wo sie dann rechnen und überlegen mußte. Mit meim Bruder, da konnt ich so mehr spielerische Sachen machen, s wurde auch alles sehr sorgfältig gemacht, da achtete er

immer sehr drauf. Mit allem wurde sehr sorgfältig umgegangen, weil ja
nich soviel Geld da war, einfach was Neues zu kaufen. Aber auch, weil,
wenn wir schon was machten, dann mußte das auch wirklich was werden.
Das warn so meine besten Erlebnisse. Da war manchmal so ne richtige
Stimmung, wie ich se mir in so ner Werkstatt vorstell', wo so jeder das
produziert, was ihm Spaß macht und wo er sich drin wiederfindet. *Das
ging Hand in Hand,* jeder machte das, was er konnte, guckte beim andern zu. Und denn wurde auch so nebenher erzählt oder gesprochen,
manchmal auch gesungen oder irgend n Rhythmus aufn Tisch geklopft,
so beim Arbeiten. Einfach aus Lust.
Das war n tolles Gefühl von Geborgenheit und Dasein, einfach Zusammensein. Das hat mir eigentlich mitgeholfen, die Oberschule auch so auszuhalten, weil ich sowas zu Hause eben auch erlebte.

Geborgenheit zu Hause
wir machten was, was uns unmittelbar interessierte

Geborgen gefühlt hab ich mich trotz der ganzen schlimmen Sachen. Das
kam eigentlich dadurch, daß wir was machten, was uns interessierte und
was wir zusammen machen konnten. Also das mußte nich so sein, daß wir
unbedingt etwas machten, also so praktische Sachen anfertigten, die wir
so brauchten. Das warn oft auch Gespräche, die so ihrn Ausgangspunkt
bei Sachen hatten, die eim wirklich zu schaffen machten oder die einen
einfach berührten. Was eben so den Alltag ausmacht. Und von da aus
kamen wir oft auf Themen, die auf Umwegen mit dem zu tun hatten,was
wir erlebten. Das war einfach so, daß wir uns von ganz banalen Dingen
aus Wissen aneigneten. Was der eine nicht wußte, wußte eben der andere. Oder er hatte mal was gehört, was er nich verstanden hatte und
denn versuchten wir zusammen, das irgendwie rauszufinden, und auch
mal in nem Buch nachzuschlagen oder so. Das habn wir eben dann gemacht, wenn es sich so ergab oder wenn wir Lust dazu hatten. Dann
blieben wir beim Mittag zwei Stunden sitzen und redeten und redeten.
Da verging die Zeit und kein Mensch dachte daran, irgendwas andres
zu machen. Aber das warn eben ganz konkrete Sachen. Auch Lebensansichten, Anschauungen, die jeder so hatte, über die wurde da gesprochen. Das hab ich, glaub ich, in der Schule, also besonders in der Oberschule am meisten vermißt; daß da das Wissen, das wir uns aneignen sollten, nich irgendwie so entstand, aus ner bestimmten Lebenssituation und
aus ner Frage heraus, die sich ergab, sondern Wissen war da was ganz
anderes. Das war so, als wenn man eigentlich gar nich richtig was wissen wollte, sondern immer so tun mußte, als wollte man jetzt grade das
wissen.Aber das war ja meistens garnich so. Wenn wir zu Hause über Religion sprachen, dann war das so ne mehr existentielle Sache, ob so bestimmte Sachen eben Schicksal sind und, und da wurde ganz naiv, - war
aber gar nich naiv, - gefragt, ja, wieso is denn das so und was is denn
das überhaupt für'n Leben, wo die Menschen sich gegenseitig erschießen
oder rackern und doch zu nix kommen. Also das, was wir da besprochen
haben, das lief immer so lebhaft ab, das hatte n ziemlich engen Zusammenhang zu dem, wie wir so lebten oder was wir so immer wieder erlebten. Das war nix, was auf ner ganz andern Ebene irgendetwas für sich
war, so Zusammenhänge auf ner abstrakten Ebene, die gab's da nich,
oder die warn immer, wenn schon abstrakt, aber doch auch ganz bekannt
oder begreiflich irgendwie. Und da war Bewegung drin in so'm Gespräch,
dabei wurde laut gelacht, rumgelaufen, der Körper ging mit, da war auch
alles andre so einbezogen. Hunger und Durst, - da holteste dir zwischen-

drin wieder was oder was weiß ich, faßt den andern auch beim Reden an.
Das warn ja alles Sachen, die in der Schule völlig verboten warn. Da lief
das alles so nacheinander und ganz anders.

In der Schule:
da war alles abgeschlossen irgendwie,
da blieben keine Probleme wirklich offen

Immer wurden einem nur Aufgaben vorgesetzt. Immer nur Aufgaben. Vor
allem: die mußten immer ne bestimmte Lösung haben, immer *eine ganz be-*
stimmte war richtig, die anderen falsch. Das hab ich schon sehr früh
empfunden, daß mir das gestunken hat, daß de immer gezwungen wurdest, *eine* Lösung anzugeben. Nich mehrere und auch nich so unschlüs-
sig sein oder sich nich entscheiden könn'n zum Beispiel, das gab's gar
nich. Und das stimmte doch nich, – also der größte Teil von dem, was
ich sonst erlebte, da gab's keine festen Lösungen. Da gab's im Grunde
ja auch nich so vorgeschriebene Aufgaben. Die dann auch abgeschlossen
warn, wenn de des einmal behandelt hast. Das gab's doch gar nich. Das
is, glaub ich, der wesentliche Unterschied: unsere Phantasie und Vorstellungen und so, die liefen ja zu Hause nur immer deshalb weiter, weil
da so vieles gar nich gelöst werden konnte. Da gab's nich: die Arbeit
macht Spaß oder die Arbeit macht keinen Spaß. Das hing doch immer von
den Umständen ab, von so vielen Sachen, – und mal macht se mit dem
Spaß, ne andre macht mit nem andern Spaß oder auch je nach Stimmung.
Solche ungefähren Sachen, die kamen in der Schule garnich vor. Da war
alles abgeschlossen, irgendwie, – kann ich auch nich so gut erklärn, was
ich meine. Ja, und warum kann ich's nich: also in unserem täglichen Leben, da mußte nich alles erklärt werden. Da biste mehr so auf Stimmun-
gen und auf Wünsche eingegangen, da haste dich nich um Begriffe oder
Prinzipien gekloppt. Und wenn's auch mal um Begriffe ging, dann warn
des immer so Sachen, die mit einem Menschen zusammenhingen oder mit
Menschen überhaupt. Also da bestand nich so'n Zwang, alles so wörtlich, so, daß es stimmt, auszudrücken. Was da stimmte, war so mehr
der Körper, das, was einer so ausdrückt, Geld, Arbeit, die einer macht,
Handgriffe, – ja, und auch Reden, das schon. Aber *da blieb immer so*
viel Platz für Phantasie. Damit mein ich alles, was nich direkt ausgedrückt und gelöst wurde, sondern irgendwie offen blieb. Wo dann vielleicht auch gar keine Zeit blieb, um das weiter auszuspinnen oder genau zu klären. Da konnte sich so was entwickeln, in deim Kopf oder so
gefühlsmäßig. Das war ne bestimmte Atmosphäre oder Spannung, die
zwischen dem blieb, was de geredet hast und dem, was de dann machtest. Und du hattest auch das Gefühl, du redest, um den andern zu
verstehen, den wirklich zu verstehen, wie der lebt, was der so alles
aufgenommen hat. Was der sich so vorstellt vom Leben. Und diese Vorstellungen, die wurden dann aber auch wieder so ganz konkret umgesetzt. Das war ja richtig Wertvolles, Vorstellungen, die einer so vom
Leben hat oder von ner bestimmten Sache, wie man die so machen könnte.

Mit dem, was ich da in er Schule lernte, konnt ich für diese Art zu leben garnix gebrauchen. Des war so was Extras, was damit garnix zu
tun hatte. Hat mir nich so direkt was genützt und auch nich soviel Freiheit gelassen wie das andre. Das kommt mir jetzt erst: daß de im Grunde mehr Freiheit für dich selbst hattest. Sicher, da wurde auch vorgeschrieben oft, wie de was zu machen hast, aber das warn trotzdem we-

nigstens Sachen, mit denen de dich auskanntest. In der Schule wurde dir's vorgeschrieben und s warn oft Sachen, mit denen de überhaupt sonst nix zu tun hattest. Das war noch fremder. Und im Grunde war's auch so, daß de dadurch so festgelegt wurdest auf die Masse: was alle machten war richtig, und das war ja vorgeschrieben. Für so einzelne Ideen und Macharten war da gar kein Platz. Bei uns zu Hause hat jeder so ausprobiern können, aus dem was zu machen, was da war. Aber das is schwierig, so richtig das zu beschreiben, was ich meine. Da fehlen mir die Worte.

S is komisch, aber: für des was de erlebst, haste sowenig Worte. Auch was de so empfindest. Da haste garnich weiter gelernt, dich auszudrük-ken. Ausdrücken war in der Schule so ne Sache für sich, die dann aber garnich mit dem zu tun hatte, was de wirklich erlebt hast. Also das war im Grunde richtig nutzlos, und auch wertlos irgendwie. S wurde nur höher bewertet, allein dadurch, daß des ne 'höhere' Schule war. Aber eigentlich, so im Elternhaus, wurd des auch nich bewertet. War ja so für das, was de den ganzen Tag machtest oder dachtest, irgendwie unnötig.

Unser Wohlstand

Der neue Wohlstand bedeutete für uns: ne 3 Zimmer Wohnung statt 2, n Bad und ne Küche. Aber das war trotzdem eng, zu fünft. Von überall hörteste, was los war. Am Wochenende war manchmal n richtiges Tohuwabohu. Wenn die von er Arbeit kamen, dann warn die ausgelaugt und unzufrieden und ließen das alles zu Hause aus.Da wohnten in unserem Eingang einige Arbeiter, und auch andre Leute, kleine Angestellte und so. Da war ab und zu was los, - dann hörteste, wie einer seine Frau und seine Kinder schlug, dann kam die Polizei. Ach, und auf einmal war bei denen wieder alles in Butter und du standst da! Oder du kriegtest mit, wie die eine Nachbarin n paar Mal aufm Trockenboden, auf er Treppe schlief, weil se keinen Schlüssel hatte abends, arbeiten gegangen war,Bedienen, und ihr Mann se dann nich reingelassen hat. Der wollte wohl nich, daß se arbeiten geht. War auch eifersüchtig. Lauter so'n Zeug haste da erlebt.
Später hat mich das nervös gemacht, als ich für die Schule eigentlich mehr Ruhe gebraucht hätte. Da war ich innerlich so richtig aggressiv, konnte nix machen, saß da und guckte an die Wand. Vor mir lagen meine Hefte.

N andrer Teil unsres 'Wohlstands': mein Vater ist dann am Wochenende, das war aber auch erst sehr viel später, als meine Brüder schon wegwarn, da is er einkaufen gegangen. Ging er ins Kaufhaus, um Fleisch zu kaufen. Da gab's ja oft dieses abgepackte Zeug. Da is er doch, - genau wie früher zu den Verkäufern gegangen, hat denen wieder ne Geschichte erzählt, irgendwas und gefragt, ob sie ihm nich n Stück Fleisch von hinten, aus er Küche holen könnten. Also frisches Fleisch und n besseres Stück. Ja, und denn ham die das gemacht. Das hat funktioniert.

Auf diese Weise kamen wir in den Genuß des gesellschaftlichen Wohlstands.
Und vorher war das so, daß meine Mutter und ich ganze Taschen und Einkaufsnetze voll nach Hause schleppten zum Wochenende. Meine ganze Schulzeit über, bis zu den letzten Klassen, wo mein Vater mal ging.

Wenn's Geld gab, ging meine Mutter los und kaufte erstmal so richtig ein. Nach n paar Tagen hatten wir schon nich mehr viel Geld. Ich hab se dann immer beschwichtigen wollen, daß se nich gleich wieder alles ausgibt. Aber die war nich zu stoppen. Die war jedesmal so glücklich, daß se mehr als n paar Mark in er Tasche hatte, das ging im Nu, da war das wieder weg.

Und ich war immer n bißchen ängstlich, wenn se die Hälfte vom Haushaltsgeld gleich nach dem ersten ausgegeben hatte; wußte ja auch, daß wir - meine Brüder und ich - dann aushelfen mußten, wenn wer was hatten; und ich wußte, daß das wieder n Anlaß für Streit war.

Oft ging ich geistesabwesend neben ihr her, wenn sie übers Einkaufen sprach, über das Geld und die Mahlzeiten; wenn sie laut überlegte, was der bräuchte und was der - und Redensarten wie 'was machen wir bloß heute abend zu essen?' oder 'wir könnten ja mal wieder ...', die gingen mir manchmal so auf die Nerven, daß ich nur halb zuhörte. Außerdem wußte ich, wenn mein Vater nach Hause kam und was ganz anderes essen wollte, dann gab's eben das, - also war das ja doch umsonst, was ich vorschlug. An diese Einkäufe werd ich mich mein Leben lang erinnern, dieses: 'Mehr ausgeben als haben', das liegt mir richtig im Magen. Ich weiß, daß das bestimmt auch ein Grund war, warum ich studieren und weg von zu Hause wollte. Ich wollte nicht mehr hören, wie man das Geld umdrehen muß, um auszukommen, wie man über jede Mark nachdenken muß, - und die Kataloge, aus denen Pullover und andere Sachen bestellt wurden, die doch nie so schön waren, wie wir uns vorgestellt hatten, sondern eben nur so schön, wie sie für wenig Geld eben sein konnten.

Manchmal denke ich aber auch, das hat nichts mit dem Geld zu tun, das die kosten; das wird einfach für die Masse gemacht, Massengeschmack, Kitsch, billiges Zeug, das nich sitzt und schreckliche Farben hat, oft. Aber sie konnte ja nix andres Kaufen, das Geld reichte immer nur für Ratenzahlungen.

Ich erinnere mich, wie wir in den fünfziger Jahren immer zum Schlachthof gingen und dort Fleisch fürs Wochenende kauften. Das war dort billiger als anderswo. Die Frauen standen in Reihen, in einer langen Schlange. Vorne hielt ein Mann Fleischstücke in die Höhe und sagte laut den Preis. Die Frauen verhandelten. Wir standen bestimmt zwei Stunden an. Eine Stunde hin, eine zurück. Zurück war schlimm, da war ich vom Warten müde, war so acht, neun Jahre alt. Und denn hörte ich die Frauen immer reden, sie hatten ihre Einkaufstaschen überm Arm und erzählten sich.

Ab und zu zog ich meine Mutter am Arm und fragte sie, warum das denn nich vorwärts ginge. Sie ließ sich nicht beunruhigen, redete weiter über Gott und die Welt. Vor allem, wenn sie über uns zu Hause redete, schämte ich mich. Ich zog sie wütend am Ärmel und sagte dann so, daß die anderen Frauen es hören konnten: "Mensch, erzähl doch nich immer alles andern Leuten! Was geht die das an?!" Ich dachte, wenn ich es so laut sage, hören die von selbst auf, weil sie eingeschnappt sind. Mutter sagte nur "laß mich doch" und schüttelte mich ab. "Einmal muß ich doch reden, mit wem soll ich denn sonst mal erzähln?"

Ich schämte mich oft, wenn sie so mitten auf der Straße mit jemand über unser Familienleben oder überhaupt über unsre Sachen sprach.

Oft kamen wir schwer beladen nach Hause; ich seh uns vor mir, wie wir die Straßen entlanggingen mit Taschen und Netzen für fünf Mann so vollgepackt, daß uns die Finger abschürten; unter einem Arm dann noch Brot oder sonstwas eingeklemmt. Ich kann mich nich erinnern, daß auch

nur einmal einer meiner Brüder mitgekommen oder uns entgegen gegangen wär.
Oft sind wir aber nach Hause gerannt, weil wir bis vier Uhr nachmittags zu Hause sein mußten. Dann stand ja mein Vater da. Nach Haus gekommen, ausgepackt und dann hab ich schnell Badewasser eingelassen, während meine Mutter schon Kaffee gekocht hat für "ihn". Und den Kuchen oder irgendwas hingestellt, damit "er", wenn er nach Haus kam, sich erstmal hinsetzen konnte. Und dann hat sie schnell gebadet bis er kam. Da hatte se mehr Ruhe. Die konnte das nich leiden, wenn er immer hinten dran war. Und dann hab ich mich so um sieben, acht Uhr abends hingesetzt und Schularbeiten gemacht. Bis nachts manchmal.
In solchen Sachen steckte bei uns die Liebe zum andern: Hin und wieder das Essen auf den Tisch stellen, wenn jemand müde und hungrig nach Hause kommt; das Badewasser einlassen, während der andere seine Sachen auspackt und sich auszieht; ihn zuzudecken, wenn er sich hinlegt. Einfach irgendwie sich liebevoll um den andern kümmern. Und natürlich auch: zuhörn, was er auf der Leber hat. Das war sehr wichtig. Wir haben viel geredet zu Hause.
Schlimm war immer für mich, wenn wir kaum mehr Geld hatten, dann schickte meine Mutter mich zum Kaufmann um die Ecke. Da sollt ich anschreiben lassen. Das war mir peinlich. Dann ham die auch manchmal gefragt, ob se denn krank wär, weil se ne Weile schon nich mehr da war. Und denn hab ich entweder 'ja' gesagt, oder gesagt, sie hätt so viel zu tun. Käme aber nächste Woche wieder. Da wußt ich, daß se dann wieder Geld hatte und ihre Schulden bezahlen konnte.
Manchmal is mein Vater da hingegangen, durch Zufall oder weil er schon wieder was gerochen hat. Dann war was los, wenn die ihm sagten 'Ihre Frau hat Schulden bei uns.'
Oft kam mein Vater zernervt nach Hause. Also das is doch klar, bei der Arbeit! Die Anspannung, die mußte er ja irgendwo loswerden. Das hat mir lange zu schaffen gemacht. Viel später is mir aufgefallen, daß der durch diese langen Jahre Hilfsarbeiterdasein völlig zerrüttet worden is, auch so in seim Interesse für andere Sachen oder für Menschen! So daß er mit der Zeit immer weniger unter die Leute wollte, am liebsten auf dem Sofa liegen, wenn er nach Hause kam oder am Wochenende, - nur schlafen. Durch diese Oberschule ham die uns richtig die Augen verdreht dafür. Da haste das garnich mehr richtig sehn können. Dabei hat der trotzdem immer noch soviel gemacht, zu Hause für uns eben. Immer für seine Familie. Und gerade von uns hat er oft garnich so ne Anerkennung bekommen.
Aber oft hat meine Mutter doch gesagt 'wenn wir dich nicht hätten, Vater' - Bei dem ganzen Mist warn die ab und zu, wenn alles mal ruhig war, wenn se nich solche Sorgen hatten, eigentlich sehr lieb zu'nander. Und auch der Vater hat oft gesagt 'Ohne die Mutter würd ich garnich zurechtkommen, da würd ich morgens überhaupt nich aus'm Bett kommen'. Das hat er ihr eigentlich immer hoch angerechnet, daß sie *jeden* Morgen aufstand, für alle das Frühstück gemacht hat, ihn n paar Mal geweckt hat, bis er endlich aus'm Bett kam. Und ihm seine Tasche gepackt hat und in die Hand gedrückt hat. Na, und denn hat se immer noch aus'm Fenster geguckt, wie er losging oder -fuhr. Irgendwann hat er sich mal so'n kleines Moped gekauft, is sonst immer mit'm Fahrrad gefahren. Und vom Lastenausgleich hat er sich mal n billiges gebrauchtes Auto gekauft. Das hat er natürlich gepflegt, wie alles, was er gekauft hat. Und wenn Reparaturen nötig waren, kam er immer ganz kleinlaut 'Mutti, gib mir mal Geld ...' das war ja jedesmal ne ganz schöne Ausgabe für unsre

Verhältnisse.
Und dann, als ich mit'm Studium schon fertig war, is mir aufgefalln,wie
sein ganzer Körper im Grunde wie ne Maschine war, manchmal. Besonders wenn ihn was aufregte, - und mein Vater regte sehr viel auf,
der is einfach so nervös geworden, hat auch immer sehr viel Angst gehabt vorm Leben, - jeden Tag wieder, naja,wenn ihn was aufregte,dann
ging alles in Bewegung. Vor allem die Hände. Die gingen immer zum
Mund, machte er sich die Finger feucht, so, als müßt er jeden Moment
anfangen zu arbeiten. Immer so: Zupacken.

Und während der Oberschule, da war's oft so: wenn mein Vater aus der
Fabrik nach Hause kam, da klingelte er, als wenn der Krieg ausgebrochen wär. Und wenn wir nicht sofort aufmachten, wurd er schon nervös. Das mußte alles schnell schnell gehen. Der hatte keine Zeit zu warten. Is ja auch wieder so ne Fortsetzung wie das den ganzen Tag schon
läuft bei der Arbeit. Und morgens auch schon, wenn er anfängt, da wurde jede Minute, die er zu spät kam, ja abgezogen und außerdem wurd er
denn auch noch angeschnauzt.

Dann stand er manchmal da mit so ner Tasche. Die hatte er meiner Mutter während des Krieges aus Frankreich mitgebracht. So ne richtige Le-
dertasche. Hat se später nur noch von mir gekriegt, als ich Geld verdient hab nach'm Studium. Und die hat er genommen für sein Butterbrot
und sein Trinken. Dann nahm sie ihm sofort die Tasche ab, packte se
aus, leerte die Reste von Kaffee aus der Thermosflasche aus. Mein Vater ging langsam immer hinter ihr her und erzählte oder fragte. Er
brauchte erstmal jemand, der mit ihm redete. Wenn ich dann manchmal
gleich in mein Zimmer verschwand, war ihm das nich so recht. Der mußte mich auch erstmal wieder sehn und fragte, ob ich nich da wär,und
denn kam er rein und guckte, was ich so mach oder redete. Oder er
sagte 'Komm doch, auch n Schlückchen Kaffee trinken'. Wenn ich sagte
'ich hab schon' guckte er immer so komisch, enttäuscht irgendwie, - so,
als hätt er das Gefühl, ich wollte mich drücken.

Später, als ich längst aus'm Haus war und alleine lebte, ham die mich
mal besucht. Da war mein Vater schon Rentner. Und da sah ich, wie
hinten im Auto diese Tasche lag. Da hatte er inzwischen sein Werkzeug
drin. Das schnitt mir richtig ins Herz. War für mich immer so'n Gefühl
von Armut, wenn so'n Gegenstand nie ausrangiert, sondern immer noch
weiterverwendet wurde. Solange man's noch gebrauchen konnte, wurd
des noch mal geklebt oder geflickt, - egal, wie's aussah. Das is auch
was, was ich bei andern, in er Schule oder später im Studium, nie erlebt hab.

Also bestimmte Gegenstände, die ham für mich ne ganz besondre Bedeutung. Irgendwas. So eben auch diese Tasche. Oder auch andre Sachen,
schöne Schuhe oder so, die meine Mutter inzwischen einfach nich mehr
tragen konnte. Als Putzfrau oder so war se soviel auf den Beinen,das
ging nich mehr.
Oder ne Bernsteinkette, die mein Vater ihr früher geschenkt hatte.Die
hat se irgendwann mal, als es uns ganz dreckig ging, ins Pfandleihhaus
gebracht. Und dann hat se den Termin verschwitzt, um se wieder abzu-
holen, und da war sie weg! Das war ein Schreck. Jedesmal, wenn mein
Vater danach fragte, 'Zieh doch mal deine Kette an' mußte se sich was
andres ausdenken.
Das hat mich deprimiert. Bestimmte Sachen sind das, das kann auch n
Arbeiter auf der Straße sein, einer mit so'ner Mütze, wie se mein Vater

oft aufhatte, – da krieg ich so'n komisches Gefühl. Und denn möcht ich
am liebsten einfach nach Haus laufen und sie beide umarmen. Aber das
geht denn ja nich. Oder ich möchte einfach weglaufen. Und manchmal
möchte ich einigen Leuten, die so wohlhabender sind, und für die alles
so selbstverständlich is, ganz schön eins in die Fresse haun.

Da gab's keine Trennung und kein Schamgefühl

Ne andre Sache war, daß bei uns eigentlich nix getrennt vom andern ablief. Ob das jetzt Waschen war oder aufs Klo gehn oder Baden. Das Wasser war damals in einem großen Behälter, – ich weiß garnich, ich glaub,
das hat mein Vater mit meinen Brüdern aus der andern Baracke geschleppt.
Und dann mußteste in demselben Raum auch aufs Klo gehn und dich waschen. Da gab's kein Schamgefühl! Das war immer schon so bei uns.
Das war auch später noch so, eigentlich immer bei uns zu Haus, auch als
wir umgezogen warn und in dem Neubau wohnten. Wenn da einer badete,
oder aufm Klo saß, da war das, als wenn gerade dann besonders viel
Zeit war, um zu reden. Da saß ich in der Badewanne und meine Mutter
oder mein Vater, – bei meinen Brüdern weiß ich's nich so genau. –saßen
auf dem Badewannenrand und wir ham gequatscht! Alles erzählt, was so
los war den Tag über. Oder auch Diskussionen geführt, – die gingen
quer durch die ganze Wohnung. Die war ja nie groß. Und du hörtest alles, was einer im nächsten Zimmer sagte. Da konnteste durch die ganze
Wohnung reden. Besonders meine Mutter hatte so'n Faible, – die lief mir
immer hinterher, – ich ihr aber auch, – und erzählte. Oder wenn wir debattierten, das ging immer weiter, egal wo du gerade bei warst oder was
du machtest, da war keine Trennung. Quer durch die Wohnung ham wir
zusammen geredet, – alle Türn offen.

Wir badeten in einem Badewasser, – zumindest wir Kinder. Damals war
das erstensmal viel zu schwer, dauernd neues Wasser rüberzuschleppen;
außerdem zu teuer. Also das is auch später im Neubau, als ich in die
Schule ging, so geblieben: mindestens drei badeten in eim Badewasser.
Das war einfach zu teuer, da jedesmal neues einlaufen zu lassen. Da
wurde der Dreck abgeschöpft! Mein Vater hat später dann immer noch
mal neues bekommen; aber da er, wenn er Freitag um fünf Uhr von der
Arbeit kam, erstmal über ne Stunde in der Wohnung einfach rumgehn
mußte, war das dann immer schon lauwarm, bis er endlich so weit war.
Das hat mich oft geärgert, daß der immer so lange brauchte. Aber jetzt
versteh ich das, daß der einfach sich erstmal bewegen und so durch die
Wohnung laufen mußte, bis er die Arbeit so nach und nach n bißchen
abgeschüttelt hatte.

Die *Sparsamkeit* mit Wasser, – auch mit Strom und so is immer geblieben.
Das war wirklich auch dadurch bedingt, daß wir immer wenig Geld hatten: so 800 Mark netto Lohn als Arbeiter und dazu dann durch Aushilfsarbeiten meiner Mutter noch so 150 bis 200, manchmal bis 400 Mark, das
war dann schon viel. Aber ich mein, für fünf Personen is das nich viel.
Und da kams dann bei manchen Sachen zu richtigen Marotten. Mir is das
am stärksten bei meim Vater aufgefallen. Ich glaub, der war auch vom
Arbeitsprozeß, von dem ganzen Lärm und Dreck, den ganzen Tag hin-
und hergescheucht werden und gehorsam sein, pünktlich sein, immer flott
funktionieren, einfach so nervös, daß der garnich in Ruhe sagen konnte,
'Paß n bißchen auf, wenn de dir die Hände wäschst, laß das Wasser nich
ewig laufen', sondern der gab eim richtige Anweisungen, wie man n Was-

serhahn aufzudrehen hatte und wie man n zudreht.

Also, das war manchmal n richtiges Ritual beim Händewaschen zum Beispiel: da mußteste die Hände anfeuchten, dann das Wasser abdrehn, dann die Seife in die Hand nehmen, dann einreiben, dann mit dem kleinen Finger oder so den Hahn wieder aufdrehn und so. Ne, also das war manchmal zum Explodieren! Da war ich innerlich richtig zerrissen vor Wut manchmal. Da hätt ich am liebsten, - ja, auch beim Baden, wenn ich da die Seife unters Wasser tauchte. Ach du lieber Gott! Mein Vater kam ja immer rein beim Baden, auch später noch, als ich schon älter war, und dann guckte er, wieviel Haarwaschmittel ich nehm, wieviel Seife! Meine Güte, das war, - also da hab ich dann schon immer lieber rechtzeitig meine Mutter gerufen zum Rückenwaschen oder hab einfach gesagt, daß Mutter s schon gemacht hat. Damit er nich immer guckt!

Meine Mutter bekam in ihrem ganzen Leben noch weniger Kleidungsstücke als wir Kinder, - mein Vater auch.

Das Einkommen reichte noch nicht einmal für's Essen, erst recht nicht für unsere Ausbildung; das meiste verdienten wir uns später selbst, in den Ferien. Erst als meine Brüder aus dem Hause waren, konnte meine Mutter ab und zu ein Stück Stoff für mich kaufen. Für sich selbst kaufte sie selten etwas, sie hatte sich im Laufe der Jahre vergessen. Sie achtete kaum mehr auf ihr Äußeres. Mein Vater sagte immer, 'wozu brauchst du das?' Mit der Zeit brauchte sie wenig mehr als ein paar Nylonstrümpfe, die sie aber auch meistens heimlich kaufte. Wenn ein paar kaputt gingen, sagte mein Vater, 'na, das ist aber ein teures Vergnügen!' Wenn ich sie nicht manchmal gedrängt und ausgeschimpft hätte, - ich weiß nicht, wie sie dann ausgesehen hätte.

Ich sehe sie vor mir, wie sie die Straße entlang kam. Sie ging nicht, sie rannte. Immer. Die Haare hingen ihr aufgelöst ins Gesicht. Sie hatte lange Haare, zu einem Knoten zurückgesteckt. Sie löste sich beim Arbeiten halb auf, Strähnen hingen ihr ins Gesicht. Sie lächelte immer, wenn sie mich sah. Auch wenn sie ganz müde ankam, immer lächelte sie.

Einmal bekam mein Vater 'aufsteigende Hitze' und kaufte ein Kleid für sie und eins für mich. Es waren dieselben, nur eine andere Farbe. Er hatte es in einem teuren Bekleidungsgeschäft gekauft und kam stolz mit der Tüte nach Hause. Sie mußte es sofort anziehen. Als sie es auspackte, sagte sie schon, 'Na, das zieh ich bestimmt nich an! Was du auch immer machst!' Meine Mutter war 35 Jahre älter als ich. Es war zu jugendlich für sie. Mein Vater sah das nicht, er wollte eine junge Frau. Da er so selten etwas kaufte, für sich und für andere, war ihm der Geschmack ganz abhanden gekommen. Er dachte bei allem, was er kaufte, vor allem daran, daß es teuer war und das es haltbar war. Er wollte ihr eine Freude machen. Aber es hing im Schrank, bis es irgendwann verschwand.

Klaus ging zur Oberschule; nachmittags saß er im Kino - die Abreißerin kannte ihn schon. Er besorgte sich abgerissene Kinokarten von der ganzen Woche, vom ganzen Monat. Er sammelte und sortierte die Karten systematisch. Für jeden Tag und jede Vorstellung gab's eine andere Farbe. Er wußte genau, wann welche dran war. Zwischen Daumen und Zeigefinger hielt er die abgerissene Karte hin und kam meistens so rein. Meistens ging er von hinten rein, wenn die anderen rauskamen. So verbrachte er seine Nachmittage eine Zeitlang während der Oberschule.

Wir hielten auf der Straße amerikanische Soldaten an. Ich bettelte mit anderen Kindern "Have you got money?", "Have you got a chewing gum?" Es waren die ersten Sätze, die ich auf englisch konnte. Irgendwoher hatte ich sie aufgeschnappt. Meistens bekamen wir Kaugummi oder 50 Pfennig. Mich zu schämen, daran habe ich nie gedacht.

Wir warteten, bis die Wagen voll beladen mit Trauben zur Weingenossenschaft kamen; in den Pausen und nach der Schule liefen wir hin und fragten 'Können wir ein paar blaue Trauben bekommen?' Oft taten die Winzer so, als hörten sie nichts. Ich weiß, daß ich lange davorstand und mir immer wieder einen Satz überlegte, den ich sagen wollte. Ich machte mir innerlich Mut. Manchmal standen wir auch nur und guckten so lange mit so großen Augen, bis sich einer erbarmte. Ich füllte meinen Beutel und lief nach Hause. Stolz packte ich die Trauben aus. Die ganze Familie bekam von *meinen* Trauben.

Mein Bruder Klaus und ich hingen am Fenster und zählten die Autos. Nachdem mein Vater von der Arbeit zu Hause war, durften wir oft nicht mehr raus. Wir konnten nicht viel tun in der engen Wohnung. Uns blieb nur übrig, aus dem Fenster zu gucken. Da gab es immer was zu sehen. Wir teilten uns die Autos nach Typen. Wer die meisten gezählt hatte, hatte gewonnen.

Mein ältester Bruder arbeitete schon als Dekorateur. Ich sah ihn kaum. Nur morgens, wenn ich noch im Schlafzimmer meiner Eltern schlief, kam er rein und besah sich im Spiegel der Frisiertoilette von der Seite und von hinten. Es war die Zeit, als Rock'n Roll getanzt wurde und die Jugendlichen Elvis Presley-Frisuren trugen. Er kämmte sich kunstvoll mindestens eine Viertelstunde. Er hatte die ganzen Haare naß gemacht, damit die Tolle besser hielt. Mich ärgerte das, weil ich dadurch wach wurde. Und auch: weil er jeden Tag den Spiegel naß spritzte, den ich dann wieder putzen mußte.

Wir trafen uns auf dem Rummelplatz, meine Freundinnen und ich. Ich ging schon zur Oberschule, trug toupierte Haare, einen engen Rock und einen langen, weiten Pullover. Die Lippen waren weiß angemalt, die Augen schwarz. Meine Eltern und meine Brüder sagten, daß ich verheerend aussehe.

Wir standen den ganzen Nachmittag an den Boxautos rum und warteten darauf, daß uns einer der Jungens ansprach und zum Fahren einlud.

Wie kannst du die Entfremdung in der Schule erträglich machen?
Eine Möglichkeit: Rock'n Roll

Das hat was zu tun mit der Nähe zu proletarischen Verhältnissen, diese Rock'n Roll-Musik damals. Ich hab das durch meine älteren Brüder mitbekommen. Später dann auch in er Oberschule: das war in den ersten Klassen, muß so zwischen 13 und 15 Jahren gewesen sein. Also da gab's in der ganzen Klasse noch vielleicht drei Mädchen, die aus Arbeiterverhältnissen kamen. Zu denen fühlt ich mich in der ersten Zeit hingezogen, nachdem der Kontakt zu Freundinnen aus der Volksschule, aus'm Wohnblock, aber auch so, aus der Klasse, nachgelassen hatte. Da warn Mädchen, die kam auch aus einfachen Verhältnissen und war mit mir zur Oberschule gekommen. Die war Tochter von so'm Weinbauern. Die waren zu Hause sehr einfach und auch so, die Luise, hieß die, war selbst so'n einfaches und bescheidenes Mädchen. Aber dann hab ich mich bald zu den anderen hingezogen gefühlt, die aus solchen Familien kamen wie ich und war besonders mit der einen ne zeitlang befreundet. Das warn alle drei so Mädchen, die mit 13, 14, naja, was man so frühreif nennt, warn.

Damals war bei den Jungens so die 'Halbstarken-Zeit', und das war ja
bei den Mädchen auch. Nur, - das war'n eigentlich alles proletarische
Jugendliche. Und wir, in der Oberschule fielste damit auf. Wir hatten
toupierte Haare, enge Röcke und so weite, lässige Pullover drüber. Von
der ganzen Aufmachung her war das für die Oberschule n Schlag ins
Auge. Damals hab'n wir uns darum nich so gekümmert, ham uns angemalt und denn immer Geschichten erzählt von Jungens oder so. Da ham
die andern ihre Ohren aufgesperrt und zugehört, aber auch so gelächelt
dabei. Also das war zwar interessant für die, aber unsre Art, so zu reden, alles so ganz genau zu erzählen, was wir so erlebt hatten, wenn
wir im Freibad nachmittagelang mit irgendwelchen Jungs rumlagen oder
einfach so in er Stadt rumliefen und da angequatscht wurden und uns
auch drauf eingelassen haben. Also das war für die irgendwie kurios,
glaub ich, die ham gedacht 'Was sind denn das für welche?!' Da war ja
überhaupt nix ne, wir sind nur so durch die Gegend gezogen. Und denn
sind wir schon tanzen gegangen. Die andern habn später Tanzschule gemacht. Hab ich nie gemacht. Wär kein Geld für dagewesen. Komisch,ob-
wohl meine beiden Brüder das mitgemacht habn. Bei mir war das nich
so. Ich hab das so gelernt. Hab das bei meinen Brüdern abgeguckt
oder mit denen zu Hause mal getanzt, wenn die's Radio auf volle Lautstärke stellten. Oder, das irreste war ja, die eine, die hat n Platten-
spieler in die Schule mitgebracht. Und tolle Platten, alles Rock'n Roll
Musik. Und da ham wir in jeder Pause getanzt. Das war verrückt. Die
andern ham zugesehn, n paar ham auch mitgemacht. Aber meistens ham
wir da vor der Klasse getanzt. Das war toll. Mir is das damals ganz normal vorgekommen, ich fühlte mich denn auch mit denen zusammen da ganz
stark, das war nich irgendwie das Gefühl, daß de da nur so auffällst.
Also, daß das auffällig war und nich dahingehörte, das haste schon gemerkt, aber da haste nich n Hals eingezogen, des ham wir einfach gemacht.

Arbeitermädchen:
die wurden in der Schule behandelt wie Asoziale.
- Wirklich etwas wissen wollen ist unanständig

Und das warn auch Mädchen, die wie ich im Unterricht nie still warn,
immer geredet ham mit der Nebensitzerin. Die konnten sich nich ruhig
und diszipliniert verhalten, die ham fast pausenlos geredet. Und die
warn auch gut im Unterricht, - nur, die wurden von den Lehrern und
den Lehrerinnen behandelt wie Nutten oder Asoziale irgendwie. Teilweise warn die auch befreundet mit amerikanischen Soldaten. Das paßte
einfach nich dahin. Und da hab ich das wieder gemerkt, - daß de dich
da unterscheidest. Du warst im ganzen irgendwie lebendiger.
Auch so vom Interesse her an dem, was da im Unterricht gemacht wurde. Ich weiß, daß wir in Geschichte und Erdkunde immer ganz konkrete Sachen gefragt ham und wissen wollten: wie die Menschen da so lebten und sowas. Das mußte man sich richtig erzwingen, daß man da auch
was von erfuhr. Aber das war selten. Meistens wurd das ganz schnell
abgebogen oder vertagt, - meistens wußten die darüber selbst auch so
wenig und sind schnell weitergegangen zu Zahlen und irgendwelchen
Persönlichkeiten. Immer sowas. Aber selten ma was ganz Konkretes,wo
de dir so lebendig vorstellen konntest, wie andere Menschen so zu verschiedenen Zeiten, in er Geschichte, gelebt ham. Und weil uns das alles
so langweilte, ham wir geredet, über andere Sachen eben. Oder über das,
was wir an Fragen oder Wissen so von jemand oder aus Büchern, die

wir für uns gelesen ham, hatten. Darüber habn wir eigentlich viel geredet. Und denn kriegteste n Eintrag ins Klassenbuch dafür, daß de so konkrete Interessen hattest. Auch die Sachen mit der Musik und mit'm Tanzen, das mußte einfach sein, weil de's nich mehr aushalten konntest, da immer zu sitzen und dich schön ruhig zu verhalten. Darauf konnteste dich richtig freun, wenn de morgens in die Schule gingst. Das andre war alles so'n Zwang. Ich weiß nich, warum die nie, kein einziges Mal was darüber erzählt ham, daß es Menschen gibt, die bei der Arbeit singen oder tanzen, oder eben als Belohnung und Feier für die Arbeit tanzen und ausgelassen sind. Das war alles so streng und so trocken.

Wenn de nich spurst, gehste ab.
Alles Lebendige und Sinnliche mußteste verstecken

Ja, und diese Mädchen sind bald abgegangen. Die letzte ging, glaub ich, kurz vor der Mittleren Reife ab. Da blieb se fast sitzen und denn wurd ihr gesagt, sie sollte besser abgehn. Die war so gut in Sprachen und so, - aber nee, da sollte se sich lieber um ne Stelle kümmern. Hat se auch gemacht. Später hab ich se noch mal getroffen und erfahrn, daß se bald geheiratet hat und Kinder bekommen hat. Ich hatte in der Zeit 'noch befriedigend' in Betragen. Da war ja was los. Da mußte meine Mutter in die Schule kommen. Und denn, - also sonst hat die ja nie was gesagt, aber da! Hat se mir mit der flachen Hand so gewunken, als ich aus'm Klassenzimmerfenster guckte und sie nach Hause ging. 'Komm du mir bloß nach Hause.' Und zu Hause ham se mich dann alle bekniet. Auch gerade mein Bruder Klaus, der ja in er Schule so gut war und oft Preise bekommen hat für seine Leistung, hat gesagt, 'also, wo du dich rumtreibst' und so, ne, da warn se sich auf einmal alle einig. So ging's nich weiter. 'Ich würd mich an deiner Stelle mal hinsetzen und für die Schule lernen.' Na, ja, das zog. Da konnt ich nix mehr machen. Mein Vater verbot mir dann den Kontakt mit denen, die da abgegangen warn, und ab da irgendwie hab ich mich leise verhalten. Irgendwann schnitt mein Vater mir radikal die Haare ab, das war schlimm! Da bin ich drei Tage nich in die Schule gegangen, weil das so unmöglich aussah. Zu retten war da aber nix mehr. Als ich wieder hinging, da ham se gelacht. Und dann hatt' ich eine Wut und hätt heulen können, daß se das geschafft hatten. Denn hab ich meine Haare schön glatt und ordentlich und brav gekämmt und n nettes Kleid oder n Faltenrock angezogen und dann warn se alle hellauf begeistert. Ab da hab ich mich umguckt nach Mädchen, die aus ganz andern Verhältnissen kamen. Hab mich zwangsläufig mit denen angefreundet. Da hab ich alles drangesetzt. Da kam ich denn so in die Rolle der Klugen und Überlegenen. Alles, was so'n bißchen lebendig und sinnlich, ja, auch so frech und so war, hab ich ab da sukzessive versteckt. Und denn ham se sich später gewundert, meine Eltern, daß ich da mit so ganz andern Ansprüchen nach Hause kam. Das war auch wieder nich richtig. Ich wußt garnich mehr, was richtig war. Gehörte nirgends mehr hin. Ab Mittlerer Reife. Und zu denen da gehör ich ja auch nich, also zu den neuen Freundinnen. Wenn ich da mal mit ner knallig bunten Hose oder nem bunten Pullover ankam, ham die schon geguckt und denn sollt ich möglichst verschwinden, bis die Eltern aufkreuzten, wenn ich mal bei denen war. Da war ich auch immer so jemand, mit dem ma eigentlich keinen Umgang haben durfte.

Nee, das liegt nich daran, daß de da über dein Elternhaus sprichst, also darüber redest, was zu Hause is, was deine Eltern arbeiten und worüber da gesprochen wird,- *das is einfach so,daß die das riechen.An deiner ganzen Art merken die, wo du herkommst.* Daß du so überspru- delst, laut lachst, wenn de Lust hast, albern bist oder eben viel redest. Die warn ja im Grunde viel sprachloser, ham ja nich drüber geredet,was se so wirklich erleben und verarbeiten. Die ham nur so geredet, um ir- gendwie zu glänzen. Irgendnen Eindruck zu machen. Das war denen wich- tig. Mir aber nich. Und deshalb hab ich mich da auch immer unwohl ge- fühlt. Da hatteste auch immer das Gefühl, daß de irgendwie nich hinge- hörst. Aber, mir blieb ja nix andres übrig. Das waren die, an denen ich mich orientieren mußte. Wie die das machten, die Sachen so wiedergaben, wie se im Buch standen und sich so aneignen, wie das da begründet und abgeleitet wird, - also ich weiß nich, das konnt ich nie. Aber ich hab mich da auch so mit denen zusammengetan, weil doch niemand da war. Und weil ja auch nix andres zugelassen war. Das andre hatten se mir ja zwangsweise ausgetrieben, mit Drohungen zu Hause und schlechten Noten in er Schule. Das war die Quittung für das, was ich so war.Und das doch durchzusetzen, irgendwie, das is ja bis heute geblieben.Immer wieder hab ich den Versuch gemacht, daß se mir das nich ganz abknöp- fen. Und im Grunde hat das auch garnix genützt, mit der Anpassung und dem Abgucken wolln, wie die das machen. Ich konnt das ja nich.Ich wollt das auch nich, so gehorsam nachbeten, was da verlangt wurde. Deshalb hab ich eben mich wenigstens so äußerlich versucht, da dran zu halten und hab die auch gefragt, wie die das machen. Für die war das gar keine Schwierigkeit. Also, die hatten vielleicht schon manchmal Schwierigkeiten,was zu kapiern. Aber wenn ihnen einer den Ablauf und so die Argumentationsfolge genau erklärt hat, dann kriegten die das in ihren Kopf rein. Ich nich. Ich weiß, wenn wir nachmittags mal so Mathe zusammen gelernt habn, dann bin ich immer wieder ausgebrochen, hab immer gefragt, 'Ja, aber warum? Wo gibt's denn sowas, was is'n das ei- gentlich genau, was du da jetzt erklärst?' Das habn die garnich verstan- den. Die Lehrer ja auch nich, wenn ich so fragte. Denn habn die nur noch mal wiederholt, was se schon gesagt hatten, daß da irgendjemand mal so'n Satz festgelegt hat und daß das eben so is. Daß man das ein- fach lernen müßte. Ich glaub, die ham garnich kapiert, was ich wirklich wissen wollte. Damals hab ich schon immer gefragt, unter welchen Um- ständen sowas entstanden is, wie der gelebt hat, der da so'n mathema- tischen oder physikalischen Satz aufgestellt hat und wo und wie der das rausgefunden hat. So die konkreten Umstände eben. Aber das fanden die irgendwie dumm oder lächerlich, weiß nich. Das war dann so, als wollten die mir an die Stirn fassen und mich fragen, 'bist du noch ganz dicht?' Immer kam mir so'n erhobener Zeigefinger entgegen, wenn ich fragte und so'n tadelnder und auch belächelnder Tonfall 'also, wie kann man nur so fragen!' Als sich das so häufte oder, ja, vielleicht so allmählich auch erst in meim Kopf festsetzte, hatt ich überhaupt keine Lust mehr, in die Schule zu gehn. Da hab ich ne Zeitlang immer häufiger geschwänzt. Mir hat's rich- tig gegraut, dahin zu gehn. Erfahrn hab ich sowieso nich, was ich woll- te, und immer nur schlucken, was die mir anbieten, das wollte ich nich.

Mein Verhältnis zu Jungens: intellektuell

Da is das mit der Zeit alles so anders geworden. Auch mein Verhältnis zu Jungens, zu Freunden damals. Vorher hatt ich manchmal so Bekannte,die ich während der Ferien in der Fabrik kennengelernt hatte oder sonstwo,

auf er Straße auch, überall. Und das ging ja nich, da wurd ich von allen Seiten beobachtet und kritisiert und 'der is doch nix für dich', auch
schon so was wieder, so ne Einstellung zu Arbeitern, die wir doch auch
warn, also 'das is nix für dich, das is kein Umgang für dich'. Das warn
überhaupt keine Menschen, das war nur noch 'das' und 'Umgang'. So irgendwas, was da wegmußte.

Und dann, wenn ich da Freunde aus der Oberschule hatte, ja, gut, da
bin ich sonnabends immer zum Tanzen gegangen. Das wurde so vom Jun-
gengymnasium veranstaltet und auch von unserm, – da war ich eigentlich ziemlich selbständig und selbstbewußt. Bin da alleine auch hingegangen. Kannte dann ja viele. Und das hat mir Spaß gemacht da, ich konnt
sehr gut tanzen, einfach so anders tanzen als viele andre. Guck ma, da
is es auch wieder so gewesen: ich hab selbst beim Tanzen immer was er-
funden, mich so bewegt, wie mir grad einfiel. Ob's das gab oder nich. Die
andern ham sich da so an Formen und Tanzschritte gehalten. Und vor allem als Mädchen auch wieder so zart und so'n bißchen zurückhaltend. So
war ich einfach nich. Und dadurch war ich aber ziemlich beliebt, irgendwie.

Aber ansonsten ham die gar nich für mich existiert, die Jungens. Ich
hatte so richtig drin, daß ich jetzt intellektuell als Mädchen war und auch
an denen, – außer so Gesprächen über Gott und die Welt, über irgendwelche Freunde und außer eben Tanzen und auch ma Spazierngehn, hatt
ich nur so intellektuelle Beziehungen zu denen, ich hab mit denen über
Literatur geredet. Und mit dem einen, als der so schlecht in er Schule
war und Angst hatte, daß er's Abi nich besteht, da hab ich mit dem
hingehockt und englische Grammatik und Vokabeln gepaukt. Wirklich. So'n
Zeug gemacht. Und ich bin überhaupt nich drauf gekommen, daß der vielleicht was ganz anders von mir will! Das war für mich einfach klar: wir
treffen uns, um zu reden und zu lernen. Ja, mal in' Arm nehmen, klar,
aber was heißt das schon. Das hab ich im Grunde auch noch auf meine
intellektuellen Qualitäten bezogen, so als Belohnung quasi. Dachte, der
findet dich nett, weil de das weißt.

So is es ja im Grunde im ganzen Studium geblieben: Männer, mit denen ich
an der Uni zu tun hatte, die existierten für mich nur als Intellektuelle und
Besserwisser, aber nich so sinnlich als Mann. Überhaupt nich. Der, mit
dem ich befreundet war lange Jahre, der war dann eben nich intellektuell,
sondern mehr so praktisch.

Oberschule: wenn de doch bloß Geld verdienen würdest

Das hat sich natürlich besonders in der Oberschule ausgewirkt als schlechtes Gewissen. Da haste immer gedacht 'mein Gott, wenn de doch bloß Geld
verdienen würdest! Daß de nich immer denken mußt, was nimmste jetzt
schon wieder alles auf ihre Kosten!' – Das war n ganz schöner Druck auch
auf die Leistungen in der Schule. Da mußteste dich natürlich besonders anstrengen, damit de dann bei Gelegenheit wenigstens sagen konntest, 'ihr
habt gar keinen Grund zu meckern, ich hab einsen und zweien und andre
sind garnich so gut. Also!' Und dann biste deswegen ja auch in den Ferien
arbeiten gegangen. Also ich bin zum Beispiel nich nur arbeiten gegangen,
um für mich Taschengeld zu haben. Sondern, mindestens so ab Mittlerer
Reife hab ich das extra auch für mein Vater gemacht, damit der sieht,
daß ich zu Hause nich auf er Tasche lieg und auch nich immer behaupten
konnte: die Mutter arbeitet nur für die Kinder. Als meine Brüder dann

weg warn, konnt das ja nur noch ich sein und dann hab ich der Mutter
Geld abgegeben von dem Ferienverdienst, oft extra im Beisein meines Vaters, eben, damit er's sieht.

Ach, und überhaupt war das so, daß de eben auch so arbeiten mußtest,
damit de nich nur hockst und nix tust. Manchmal kam das jedenfalls so
raus, bei meim Vater. Bei meiner Mutter kann ich mich garnich erinnern,
daß die jemals sowas gesagt hat. Die hat ja nu auch immer meine Hilfe
gehabt, irgendwie hab ich mindestens zu Hause immer was gemacht, gewaschen, gebügelt, ach, eigentlich alles mit ihr geteilt. Und sie abgeholt
von der Arbeit mittags, wenn se Putzen ging oder als se dann eben mal
im Krankenhaus, auch als Putzfrau bis mittags gearbeitet hat. Dann bin
ich von er Schule schnell nach Hause, hab manchmal noch was eingekauft,
- meine Mutter ging morgens los, räumte so das Nötigste auf, und für den
Rest legte se mir en Zettel hin. Aufräumen, Staubsaugen, Wäsche waschen
und so. Und denn schrieb se eben auch auf, was ich zum Mittagessen einkaufen sollte. Und das hab ich dann auch gemacht, bis se fertig war und
dann hab ich se meistens noch abgeholt. Das war mir schon schlimm genug, daß se das überhaupt machen mußte, - da wollt ich se wenigstens
nich allein nach Haus laufen lassen. Und dann konnten wir unterwegs auch
schon n bißchen reden.

Nach'm Mittagessen hab ich oft gesagt, se soll sich ne Stunde hinlegen, da
mußt ich se manchmal richtig zu zwingen. Und denn hab ich inzwischen
abgewaschen. Da war ich aber auch müde eigentlich. Schule den ganzen Vormittag und so, - naja, und dann sind wir meistens in die Stadt
gegangen oder ham irgendwas gemacht zu Hause. Eigentlich hat so jeder dem andern geholfen, mein Vater ja auch. Der hat ja am Wochenende auch eingekauft und auch gekocht und abgewaschen.

Ich wußte, daß sie nix hatten

Mein Vater, der hat auch, wenn er sonnabend die Sachen gemacht hat,
gesehn, daß wir uns ausruhn, meine Mutter und ich, da hat er mich
dann aufs Sofa gepflanzt, und mich in Decken eingerollt wie als kleines
Kind, das hat er immer gemacht, gern gemacht. Und denn mußt ich mich
ausruhn. Schlafen. Da hat er auch geguckt, ob ich auch schlief. Un wenn
ich dann nach n paar Minuten wieder aufgestanden bin, war er ganz unzufrieden. 'Ach, die is ja schon wieder aufgestanden! Na, das war aber
nich viel! So wirste nich durchhalten!' Das war auch wieder, also da hat
er denn auch wieder berücksichtigt, daß ich zur Oberschule geh, daß
das anstrengend ist, und daß ich da Ruhe brauch. Nur, je nachdem,
wie's ihm ging, hat er eben auch manchmal gemeckert, wenn die Mutter
mir Stoff kaufte für n Kleid oder so, oder wenn ich für sonstwas Geld
ausgab. Das war aber eigentlich nich viel, - in der Oberstufe hab ich
angefangen zu rauchen, da hab ich mir ab und zu Zigaretten gekauft.
Na, und das hat ihn denn, wenn ihn der Hafer stach, eben gestört.
Aber sonst hab ich mir ja nix großes gekauft. Das bißchen Geld, das
ich hatte, ging ja drauf für die Schule, was ich da so brauchte, - damit sie mir nix geben mußten. Ich wußt' ja auch, daß sie nix hatten.
Und da war das selbstverständlich für mich. Und auch für Briefporto,
- Mensch, da hat er sich auch manchmal angestellt, das war alles zuviel. Vielleicht war's ihm einfach zu viel, daß wir überhaupt jemand
schrieben. Mein Vater, der wollte am liebsten seine Ruhe haben, das
hat ihn alles beunruhigt. Der wollt's schön gemütlich, alles dicht ma-

chen nach außen, und bloß nich, daß noch einer zu Besuch kam oder daß de großen Aufwand machtest mit Briefkontakten und so.

Trotzdem hab ich dann ab Mittlerer Reife ne Brieffreundin in England und Frankreich gehabt und hab auch beide besucht. Da hab ich vorher in den Ferien gearbeitet und denn ham meine Eltern mir, glaub ich, auch noch was dazugegeben, und dann ging das. Und die warn beide auch bei mir zu Besuch. Das war ganz schön teuer. Weil meine Eltern, -besonders mein Vater, auch so'n Aufwand gemacht haben, die wollten, daß alles da war, daß es an nix fehlte, daß die nachhèr nicht sagen konnte 'Also das war ja da ärmlich' oder so. Jedenfalls ham die sich da bald überschlagen.

Schulfreundinnen in der Oberschule:
die hatten alle viel mehr Geld als wir

Ach, einmal weiß ich noch, wollt ich auch mal Geburtstag feiern. Ich glaub, mein 18. Geburtstag war das. Das war sonst bei uns, als wir älter warn, oder überhaupt, nix Besondres. Aber da dacht ich, weil die andern auch immer mal was machten, - so nachmittags war das ne zeitlang üblich bei meinen Freundinnen in der Oberschule, daß wir uns gegenseitig besuchten. Einfach da saßen und klöhnten, Kaffee tranken und meistens gab's Kuchen oder belegte Brötchen. Die hatten alle viel mehr Geld als wir. Aber ich gehörte da irgendwie dazu. Und meine Mutter ließ sich ja nich lumpen, wenn die wußte, daß die nachmittags kamen. Und an diesem Geburtstag war das auch so. Mensch, da ham wir das halbe Zimmer umgeräumt, da war auch noch die Französin da, und meine Mutter hat Torte gekauft und Getränke. Und für abends noch was zum Trinken. Ach, du lieber Gott! Und dann kamen garnich so viele. Wir hatten zu der Zeit garnich mehr so'n besonders gutes Verhältnis. Irgendwie ging das so auseinander. Ich fühlte mich mit denen immer unwohler. Die warn im Grunde doch so'n bißchen eingebildet und hochnäsig. Und wenn se mich brauchten zum Reden, denn war's ja gut, dann kamen se vorbei. Oder redeten auch mit meiner Mutter. Das fanden die gut, daß se meiner Mutter im Grunde erzählen konnten, was zu Hause bei denen los war oder wenn se sich verliebt hatten und s ging daneben, denn kamen die an, und redeten mit meiner Mutter darüber! Stell dir ma vor, da erzählte die denn von früher, wie das bei ihr war und so. Und dann fanden die das ja toll! So was gab's bei denen garnich, daß sie so offen mit ihrer Mutter darüber reden konnten. Das wurde immer als unwichtig abgetan. Bei uns war das eigentlich nich unwichtig, - ich mein, mein Vater hat da nich richtig zugehört, der fand das nich so wichtig. Der konnt da nich so viel mit anfangen ... zuviel von meiner Person und so, das war für ihn nich wichtig. Meine Mutter hat sich immer dafür interessiert. Die hat immer gefragt. Manchmal ging mir das natürlich auch auf n Wecker, wenn ich garnix erzähln wollte, - das war dann so'ne Angst, daß die mich festlegt auf ein'n Freund, den ich grade hatte. Weißte, ich nahm das ja selbst oft garnich so wichtig, - ja, und wenn, dann wollt ich's auch ab und zu für mich behalten. Und denn kriegt ich schon zuviel, wenn se immer fragte. Oder wenn ich Post kriegte und sie winkte womöglich schon von weitem mit'm Brief, - auf den ich ja tatsächlich jeden Tag gewartet hatte.

Ja, aber sonst war das mit den Freundinnen allmählich komisch. Die entwickelten sich immer zu sich hin, blieben auf einmal so unter sich. Ich weiß auch nich, - zwei Jahre hatte ich ne Freundin, die kam aus so ner neureichen Familie; die bildeten sich besonders was ein und taten viel drumherum. Die hatten zwei Blumengeschäfte. Wenn da mal n Ball war oder so, dann hatte ich mit meiner Mutter ja n Kleid genäht und ging dann da hin. Hatte mir die Haare selbst gewaschen und eingedreht oder sonstwas und denn gerade noch den Eintritt und n bißchen Geld fürs Trinken. Aber bei denen war das immer ein Affentanz! Die gingen zum Friseur, – die Schwester von der war ganz übergeschnappt, die lieh sich dann ne Perücke und kaufte sich noch n tolles Abendkleid und so'n Zeug. Also daneben kam ich mir dann auf einmal wieder so wenig vor. Vorher, zu Hause hatte mir das noch Spaß gemacht, aber auf einmal war ich da und sah, wie die andern sich alle rausgeputzt hatten, was für teure Sachen die anhatten und mit welcher Selbstverständlichkeit und Lässigkeit die sich da bewegten! Da war erstmal für ne Stunde alles weg. Da mußte ich richtig tief Luft holen und mir immer wieder so innerlich sagen 'du bist genau so gut wie die, laß die bloß, guck nich immer da hin'. Aber das war schwer. Trotzdem hab ich da immer Freunde gehabt, – also s war garnich so. Meistens sogar viel eher als die. Die saßen da so lässig und so, aber eben auch affektiert, und im Grunde wirkten die auch langweilig. Während ich immer viel geredet und gelacht, ja, und mich einfach so bewegt hab, wie ich war, – und das wirkte auf viele Jungens oder überhaupt, das wirkte einfach schon wieder so, als wenn ich mit der größten Selbstverständlichkeit dahin gehöre und mich da wohlfühle. Das war innerlich oft garnich so. Ich hatte dann auch manchmal das Gefühl, die Freundinnen da, die so aus nem reichen Elternhaus kamen,die konnten das einfach nich ertragen. Das war so ne Rivalität. Die ham sich sicher sehr geärgert, daß sie mit ihrem Aufwand garnich so viel erreichten. Und denn brauchte auch gerade die Freundin mich, damit se jemand hatte, mit dem se reden konnte. Die Eltern von der warn vielleicht bescheuert! Also die mochten das wohl nich so besonders, daß ich mit ihr befreundet war. Ich kam nachmittags oft zu ihr. Da hatten wir Ruhe, war n großes Haus und kein Mensch da. Und dann konnten wir so richtig den Nachmittag verbringen wie wir wollten, ham Gedichte oder was anders gelesen und klassische Musik gehört. Das war im Grunde ne ganz andre Welt. Aber ich hab ja immer gesagt, was meine Eltern so machen, hat die Freundin ja gewußt.Aber sie hat das auch immer so weggewischt. Die konnte das auch garnich so richtig einschätzen, was das wirklich bedeutete. Da hab ich die frisiert, wenn se zum Konzert ging. Sie hat so'n Abonnement gehabt. Die hat nich gefragt, ob ich mitkomm. Das war irgendwie klar, daß ich dann nach Hause ging. Dafür hatt ich ja den Nachmittag mit ihr bekommen, so quasi ne. Also nee. Obwohl ich mich da ganz wohl gefühlt hab, – ja, aber eigentlich doch immer so fremd. Das war mehr so Neugierde, gucken, was es noch alles gibt. Und dann hat der Vater aus dem Geschäft zu Hause bei ihr angerufen und dann sollte se in' Blumenladen kommen zum Aushelfen.Die wollten nich, daß se mit mir so viel zusammen war und die wollten auch garnich, daß se Abi macht. Die sollte den Laden mit ihrer Schwester übernehmen. Die hatten ja keine Söhne fürs Geschäft, also sollten die Töchter das machen. Und da hat se manchmal nein gesagt, ging einfach nich in Laden und denn gab's oft Knatsch deswegen.

Also am Anfang, da bin ich auch oft sonntags in' Laden zu ihr gegangen. Die ham vormittags aufgehabt. Und da hab ich mich ins Hinterstübchen gesetzt und wenn niemand im Laden war, ham wir da gesessen und uns wieder erzählt. Aber was wir da erzählt haben! Da ham wir nich so direkt über uns gesprochen, das war da schon alles mehr so theoretisch, abgehoben. Über Nietzsche, Schopenhauer, Kant geredet und so'n Zeug. Das war so ne Phase. Und als ich denn so voll drauf einstieg, – mein

Bruder hatte mir ja viel erzählt oder geschrieben, damit konnt ich denn angeben so'n bißchen.
Da hab ich doch glatt vorm Abi gesagt, ich wollte Philosophie studieren, da sind die bald auf'n Arsch gefallen.
Also sowas, 'die is wohl verrückt geworden'. So ham die mich behandelt, als wenn ich mich total überschätzen würde. Die machten alle so viel realistischere Sachen, viele wurden Lehrerin, aber so was hochwissenschaftliches, was ja auch lange von er Ausbildung her dauert, also das warn die Wenigsten, die sowas überhaupt in Angriff nahmen.

Zu Hause: das war so eng.
Zuhören war meine Hauptbeschäftigung

Zu der in' Laden bin ich sonntags auch einfach deswegen gegangn: zu Hause ham die alle lang geschlafen, da konnt ich mich nich rührn, und dann wollt ich auch einfach manchmal raus, das war mir dann zu eng oder so, mit alln da zusammen, und denn bin ich dahin gegangen. Früher bin ich so in den ersten Oberschulklassen, mit 14 in die Kirche gegangen, aus demselben Grund! Einfach, um da rauszukommen, um jemand zu sehen, unter Menschen zu sein. Wo hätt ich sonst hingehn solln, sonntags durftest du niemand besuchen, also so von den Freundinnen, - das gehörte sich nicht. Die Mädchen, die im Wohnblock warn, zu denen hatte ich durch die Oberschule ja keinen Kontakt mehr, das ging überhaupt nich. und die andern, die warn alle so wohlerzogen, die blieben sonntags zu Hause. Da ging man einfach nirgends hin. Spaziern mit'n Eltern oder die gingen sonstwohin, was weiß ich. Jedenfalls sah ich die nur in er Schule, bis auf die eine Freundin später. Und da konnt ich mich nur in die Kirche setzen und da anhörn, was der erzählte und hörn, wie die Leute singen. Das war vielleicht langweilig da! Da hab ich auch nur gesessen! Immer geträumt, an was andres gedacht. Und immer fühlt ich mich da nich hingehörig, - in er Schule nich, in er Kirche nich, im Studium nich, - ja, und eigentlich ja auch zu Hause oft nich richtig. Ich war ja die Jüngste und ich ging da einfach so unter, also wenn's so um mich ging. Wenn ich gebraucht wurde für irgendwas, dann nich. Essen machen helfen oder so, zuhörn. *Zuhörn* war meine Hauptbeschäftigung und mit der Arbeit im Haushalt *zusammen* auch meine Existenzberechtigung. Das war schon ganz früh so ne typisch weibliche Rolle eigentlich. Obwohl ich immer auch andre Sachen gemacht hab, die garnich so weiblich sind, also vom Spielen her und auch so, in meim ganzen Verhalten war ich eigentlich nich so mädchenhaft. Aber die ham mich da doch möglichst drauf getrimmt! Das andre wurde nich so akzeptiert, da ham die vielleicht mal drüber gelacht oder so, meine Mutter hat auch denn ma gesagt, 'Nu sei ma nich so! Sei ma nich so vorlaut, nich so frech!' 'Hab ma nich so'n eigenen Kopf', wollte se sagen. So war das.

Einen eigenen Kopf haben:
das war auffällig und überheblich

Die letzten zwei Jahre bin ich einfach nich mehr gern zur Schule gegangen. Da hatte sich das eben mit den Freundinnen so auseinander entwickelt, die beguckten mich so, und sagten immer, ich stünde so über allem drüber. Tät immer so, als wüßte ich alles besser, - ja, vielleicht hatten se da auch'n bißchen recht, ich behauptete oft einfach was, und blieb

dann auch dabei. Oder ich hatte was, was mir mein Bruder erzählt hat,
und das wirkte für die überheblich und allwissend. Dadurch war ich viel
zu klug in deren Augen. Auch der Lehrer hat mich so behandelt. Eine
einzige Lehrerin, die hat auch berücksichtigt, daß ich wirklich was wußte, - also, was auch über den Unterrichtsstoff hinausging, so Sachen,
die ich gelesen oder mir überlegt hatte. Aber die meisten wollten davon
nichts wissen. Das war dann vorlaut und kritisch. Und so behandelten
mich mit der Zeit auch die Freundinnen. Die warn auch neidisch, wenn
ich von meim Bruder erzählte. Ich weiß nich, also jedenfalls ging das
nich mehr so gut. Und da hab ich allmählich richtig Angst gekriegt,in
die Schule zu gehn. Die versuchten immer öfter, mich in so ne Sünden-
bockrolle reinzudrängen. Wenn irgendwas war, dann war ich das. Wenn
jemand auf dem Ausflug rauchte, - machten die alle,die, die eben rauch-
ten, - aber wenn der Lehrer vorbeikam und guckte, dann war ich die einzige. Und ich war auch die einzige, weil ich se nämlich nich schnell ausmachte, bloß weil der Lehrer vorbeikam, sondern ganz offen in der Hand
behielt.Und das hat dem ja nich gepaßt.Und da hatte ich n Eintrag oder
n Anschnauzer weg! Und die ham das mit der Zeit so richtig spitz gekriegt, daß ich mich so verhielt. Und ham das ausgenutzt.

Im Unterricht:
ich flüsterte die Antworten nur noch vor mich hin

Auch im Unterricht, - da wurd ich so allmählich immer ruhiger. Sagte
nix mehr, aus Angst, ner andern zuvorzukommen, deren Rivalin zu sein,
was weiß ich. Ich flüsterte die Antworten, die ich wußte, nur noch vor
mich hin. Ich fand das auch so affig, da immer die Hand hochzuheben,
da hätt ich dauernd die Hand hochheben können, das kam mir komisch
vor. Ich hielt mich einfach nich an die Vorschriften, sich zu melden, -
dachte, man kann doch einfach sagen, wenn ma was weiß. Das war ja
so, als wenn nur die was wüßten, die die Hand hoben. Das war ja so'n
richtiges Wettbewerbsspiel: manche schnalzten so richtig mit dem Finger
und sagten 'Oh, ich weiß...!' Also so was Beklopptes. Da hab ich mich
manchmal direkt für die geschämt, wie die sich da aufführten, und ich
empfand das so als unfair, die andern da auszuspielen. Das heißt doch
garnich, daß alle andern das nich wissen, - und wieso müssen denn einige so tun, als wärn sie die Besten! Das hab ich nie verstanden. Ich
hab denn vor mich hingeflüstert oder halblaut geredet, dachte, daß wir
das alles machen könnten. Dann könnten se doch nich immer eine dran-
nehmen und die bewerten. Aber nee, damit kam ich nich weit. Dann hat
die, die um mich rum saß und das hörte, das laut gesagt, als hätte sie's
gewußt und die kriegte die gute Note.
Vielleicht hat das auch noch den Aspekt, daß ich mich nicht mehr traute.
Und wenn ich's denn so leise sagte, denn konnt ich sagen, ich hätt das
nich so gemeint. Das war soviel wie, als hätt ich's nich gesagt. Aber geärgert hat mich das, wenn ne andere dafür ne gute Bewertung oder Note einkassierte. Und so war das allmählich ne richtige Feindschaft untereinander, - auch n richtiger Zwang, dahin zu gehn. Das hängt sicher
damit zusammen, daß in den letzten beiden Oberschulklassen die Konkurrenz immer stärker wurde, das konnteste richtig merken, wie das auf einmal so immer mehr gegeneinander ging. Da sorgte jeder so für sich, jeder
wollte die besten Noten habn und so, ach Mensch.

Mein Verhältnis zu meinem Bruder: schön und angstgeladen.
Fragen, die wischte er so intellektuell weg

Mein Bruder verhielt sich ja auch n bißchen so, - also das kann auch sein, daß er's gut gemeint hat, weil er ja schon studierte und das so wußte, wie schwer das war. Der hat erst Germanistik studiert und dann hat er gewechselt zu Philosophie. Und das hat ihn ganz schön fertig gemacht, was die da machten. Abstrakter ging's ja nich mehr. Der war zwar in er Schule immer das Genie, - also war einer der Besten und zu Hause wurd der mir immer vorgehalten, wenn ich ma weggehn wollte, - sonst nich, aber dann! Dann sagte mein Vater 'Der Klaus, der hat aber zu der Zeit gelernt, der is nich weggegangen. Du bist noch Schulkind'. Da wurdeste von allen Seiten eingezwängt in so Leistungen und immer Arbeiten müssen. Immer, wenn ich was für mich machen wollte, hieß es 'der hat aber ...-' Das war nich gut so.

Ansonsten bin ich aber ganz gern zu meim Bruder hingefahrn, hab den besucht, während der da in Heidelberg studierte. Und dann hat er mir sehr viel erzählt über das, was er grade gelesen hatte und so. Vieles hab ich natürlich überhaupt nich verstanden, hab aber trotzdem immer zugehört. Der war so'n Ideal für mich, einfach jemand, der schon weiter war. Und da hatte ich das Gefühl, daß ich was lernen kann. Das war auch nie so trocken, wenn der was vorlas, hat er's auch ziemlich erklärt, obwohl doch mehr so intellektuell. Aber ich glaub, ich hab einfach genossen, da bei ihm zu sein, mit ihm stundenlag zusamm' zu sitzen. Da kam ich oft garnich mehr hoch, traute mich auch garnich, mich richtig zu benehmen, weil ich immer das Gefühl hatte, das störte ihn alles. Da mußt ich manchmal ganz bewegungslos und gebannt dasitzen und nur immer zuhörn. Der hat mich da schon n bißchen, ja, ganz schön eigentlich benutzt, um ihm zuzuhörn. Wollt mir alles, aber auch alles, was ihm durch den Kopf ging, erzähln. Ich weiß nich, ob der da schon so isoliert war, sich auch sehr allein gefühlt hat. Später hat er mir ma gesagt, - ach, eigentlich auch, als ich dann auch dort studierte, hat er gesagt, daß er sowas wie Elternhaus schon vermißt. Sich irgendwo hingehörig fühlen, das hatte der ja auch lange nich mehr. Also damals war das sicher noch das Elternhaus, so wirklich zu Hause, das er damit meinte; später dann mehr so'n Gefühl von Elternhaus, eben mal irgendwo hinzufahrn, wo er gern gemocht wird und sich auch wohlfühlt. Einfach so. Das hat er ja, seit er studierte, kaum mehr gehabt. Gab immer Spannungen und Krach zwischen meinem Vater und ihm. Das ging garnich. Wenn er's gemacht hat, dann mehr so wegen der Mutter. Die fehlte ihm, glaub ich, schon, und er machte sich auch Sorgen um sie. Hat lange Zeit in Briefen sich mit ihr auseinandergesetzt, wie ich später ja auch, und irgendwie ham wir beide wohl erwartet, daß se konsequenter is. Wenn se doch sagt, sie hält das alles nich mehr aus, da ham wir gedacht, wir müssen dafür sorgen, daß se da weggeht, wir müssen für sie sorgen. Aber das hat se nich gemacht. Dafür ham wir se manchmal ganz schön gehaßt. Das war dann so aussichtslos, da hörste immer, s geht so nich, und wenn de denn sagst, 'ja, dann mach's anders, wir helfen dir, wir können ja auch arbeiten gehn und so,' dann hat se abgewunken. Jedenfalls hat er mich wohl auch gebraucht zum Zuhörn. Als ich dann sagte, daß ich auch Philosophie studieren wollte, hat er sich an' Kopf gefaßt und gesagt 'Du spinnst wohl, mach das bloß nich.' Ich wußte ja damals noch nich, wie sehr ihn das geschafft hatte. Ich wollte das einfach auch machen. War ja auch überhaupt mit der Ober-

schule n bißchen so, - daß er da auch so'n Vorbild war. Meine Mutter
hat auch immer n schlechtes Gewissen gehabt, ihm gegenüber, daß se
sich nich genug gekümmert hat, auch noch während des Studiums,und
denn hat se mir immer alles aufgetragen, ich sollte mich kümmern, ich
sollte gucken, daß er nich hängen bleibt oder so. Darauf hat er immer
sehr wütend reagiert. Kann ich jetzt auch verstehen. Wenn ich da auf-
kreuzte und bloß ma fragte, 'wie weit biste da und damit, haste schon
was geschrieben?', dann war's aus. Der erzählte mir immer von Büchern,
die er schreiben wollte, dachte sich Titel aus, und wenn ich nachfragte, war's zu viel.
Irgendwie war das auch immer n bißchen angstbeladen für mich, dahin
zu fahrn. Ich wußte genau, daß ich so machen mußte und so sein mußte, wie er wollte. Andre Ansichten oder verständnisvolle Fragen, die
wischte er so intellektuell weg. Das war dann nichts. Auch wenn ich
ihm Briefe schrieb, und so'n bißchen wissen wollte, was ich machen sollte, auch von zu Hause schrieb oder von Büchern, die ich gelesen hatte.
Ich spürte immer den Druck, so klug sein zu müssen und so seine Sichtweise haargenau zu teilen. Die änderte sich ja laufend, da mußte ich
ganz schön aufpassen, daß ich mir nich den Mund verbrannte. Das war's,
was mir Angst machte. Auch die Zeit, die ich mit ihm zusammen war,da
bestimmte er total, was wir machten, wie lange und so. Wann wir aßen.
Alles. Mein Hunger, meine Müdigkeit, alles richtete sich danach, wie ihm
zumute war. Aber andererseits war das Schöne, - was für mich sehr
wichtig damals war, eben mal über was andres zu reden als über Geld
und Lebensmittel und so, und eben auch ungestört zu sein, stundenlang
so sitzen zu können. Das hatte sowas Träumerisches, Unwirkliches irgendwie. Und das war sehr schön. Wenn das nich immer gewesen wär,
wär ich ja garnich mehr hingefahrn. Ich hing ziemlich an ihm.
Ich kann das, was mich mit meinem Bruder Klaus verbindet, eigentlich
besser beschreiben durch ein Buch. Es gibt da ein Buch von Salinger
'Der Fänger im Roggen' heißt das. Und das bring ich immer in Verbindung mit ihm. Das is eine Geschichte über einen Jungen, der von der
Schule fliegt, vom Elternhaus auch entfremdet is und in New York tagelang rumläuft. Und der hat so'n Gespür für das, was am normalen Leben irgendwie ekelhaft is. Er hat so ne kleine Schwester, die ihm manchmal furchtbar aufn Wecker geht, die aber trotzdem die einzige is, die er
noch manchmal trifft und mit der er gern redet. Und immer wieder sagt
er von ihr, daß er sie irre findet. Wahrscheinlich hab ich mir das auch
immer gewünscht.
Da is eine Stelle, die ich nie vergessen werd, und das is für mich mein
Bruder Klaus: da erzählt der Junge, daß er sich kleine Kinder vorstellt,
die in einem Roggenfeld spielen und daß er alle festhalten würde, die
über die Klippe rauslaufen wollen. Er wäre eben der Fänger im Roggen.

Na, ja, - und so is das eben, er hat für mich immer was zu tun gehabt
mit dem Kindlichen, eben mit dem, was sich nich unterordnet,was wegläuft vor den Erwachsenen, - weil sie oft in ihren Lebensverhältnissen garnich mehr anders können als gleichgültig oder brutal gegenüber
Kindern zu sein. Jedenfalls war das so, daß ich wußte 'es is möglich,
wegzulaufen, du könntest weglaufen, wenn du wolltest.' Und das wär
nich feige oder so, sondern einfach ganz normal.Ich glaub, das hat mir
sehr viel Stärke gegeben, das war so'n Wissen, von dem ich dachte,daß
es nur wenige Menschen haben.
So hat er auch Wissen weitergegeben, - indem er so alles aus dieser Warte sah. Und der wußte eben alles Mögliche, nich nur, was bei Hegel oder

Nietzsche stand, der las Gedichte vor, dann spielte er Lieder von kanadischen Arbeitern vor oder ganz verrückte Reggae-Musik, erzählte von Filmen, Radiosendungen, von Bekannten. Vor allem hatte der auch ein ganz tolles Verhältnis zur Natur.Der sog die Luft oft richtig in sich auf, oder faßte eine Pflanze ganz zart an, erklärte und lachte auf einmal, so aus sich heraus, freute sich und du wußtest irgendwie, warum, - und doch wieder nich genau. Wenn der was machte, dann machte er das immer ganz gründlich. So'n Qualitätsbewußtsein hab ich weder in der Schule noch in der ganzen Unizeit wieder getroffen.

Das Wichtigste außer dem, was ich schon gesagt habe, war für mich wohl auch bei ihm Hunger nach Wissen, wie man leben und lernen kann,und auch diese vielen Interessen, die er hat.

Was mich lange Zeit fertig gemacht hat, war die Art, wie er auf mein Denken und auf meine Fragen einging. Also irgendwann schrieb er mir mal, daß ich froh sein könnte, wenn ich Mittlere Reife schaffen würde.Das war, als ob ich mir ja nicht anmaßen dürfte, was er geschafft hatte. Da bin ich zusätzlich zu dem, daß de vom Elternhaus her dich sowieso ständig beweisen mußt, daß de für die 'höhere' Schule taugst, noch unter Druck gesetzt worden. Und wenn ich denn so schrieb, was mir durch'n Kopf ging, also auch, was ich so gelesen hatte, so unverdaut, dann kriegt' ich so richtig ein' vor'n Kopf gehaun, indem er das kritisierte und bewertete. Und mir denn immer das Gefühl vermittelte, ich sei zu dumm, um mit ihm so'n Briefaustausch zu haben. Dann schrieb er, was Briefe im 19.Jahrhundert für ne Funktion hatten, warum die Leute sich da Briefe schrieben, so als intellektuellen bürgerlichen Austausch, - da durften also nur wesentliche weltbewegende Dinge drinstehn. Und das hab ich nich erfüllt. Entweder ich schrieb den Kleinkram von zu Hause,oder schrieb, wie ich mich so fühlte oder ich hab schon aus lauter Angst vor meinen Gedanken, die mir dann banal und einfach vorkamen, auch meine Sprache, war ja alles viel zu simpel, - da schrieb ich denn aus irgendwelchen Büchern was ab. Schrieb's vielleicht n bißchen um, aber s war ja zu merken, das war nich von mir, das klang dann so hochtrabend. Und da schrieb er, daß ich damit aufhörn sollte, ihm so'n Zeug zu schreiben, das wär nix für mein Alter und überhaupt sollt ich ihm erst wieder schreiben, wenn ich konkrete Fragen hätte oder so.Schulmeister. Ach, das hat mich ganz schön fertig gemacht. Bin ich lange garnich mehr von losgekommen. Und hab mich erst recht nicht getraut, so zu schreiben, wie ich gekonnt hätte, dann hab ich ewig gesessen,um n Brief zu schreiben, das ging eigentlich garnich, hatte nur noch Hemmungen. Und ich wollt aber so gerne schreiben und auch von ihm was erfahren.

In der Schule ging's mir genauso. Die Aufsätze hab ich genauso geschrieben. Mußt ich machen, weil ich doch eigentlich mit vielen Themen garnix anfangen konnte. Also, ich konnt ja nich schreiben, was ich so mit Kleist oder Thomas Mann anfing, wie ich da so Verbindungen zog zu dem, was in meim Alltag passierte. Davor hatte ich Angst gekriegt. Und denn konnt ich ja nur was andres schreiben. Aber was, was garnich aus mir heraus kam. Das holte ich mir dann aus Büchern. Hab gedacht, 'das machen doch alle so'. Aber s machten eben nicht alle so.Ich hab das so direkt gemacht, - das wirkte so aufgesetzt, weil ja zwischendurch doch meine Gedanken und auch meine Hilflosigkeit im Grunde zum Vorschein kamen. Die andern konnten das mehr so durchhalten.Die warn ja gewöhnt, nich von sich zu sprechen, sondern des so als Gegenstand für sich zu sehen. Den Unterrichtsstoff so als Sache zu sehen, die se einfach beherrschen mußten. Aber nich irgendwie so mit ihrem Leben füllen mußten. Und die andern, die anders schreiben, die machen das auch so mehr sachlich. Also da gab's als Alternative bei Aufsatzthemen oft dann diese Literaturinterpretationen oder begriffliche Abgrenzungen, Erörterungen nannte sich das, glaub ich, – und auf der andern Seite dann so Sachthemen. Das warn aber auch oft Sachen, zu denen ich nicht so blutleer und sachlich schreiben konnte. Also hab ich mir was angeeignet, was überhaupt nich zu mir gehörte und auch nicht zu meiner sonstigen Art und Weise paßte. Da hab ich mich oft sehr geschämt. Aber ich konnte nich anders, mir fiel nichts ein, wie ich den Konflikt hätte anders lösen können.

Beim Abi is mir das erst richtig bewußt geworden. Da wurde mir alles vermiest durch diese formalen Sachen und da fiel's mir erst richtig auf. Vielleicht, weil das so der Abschluß war. Jedenfalls hab ich da wieder so'n abstraktes Thema genommen, – s gab sonst wieder nur so Zitat- und Gedächtnisinterpretationen und denn hab ich in der Not n Thema genommen, also n Besinnungsaufsatz über drei Begriffe. Ich glaub, über Gespräch, Dialog, Disput, sowas. Meine Güte, das wußt ich gleich, daß mir das in der Form völlig fremd war und auch so ne abgehobene Sache wieder. Da muß mir beim Nachdenken und Schreiben auch bewußt geworden sein, was da alles querlief, – also vom Elternhaus her zur Schule. Dann hab ich einfach über die Art Gespräche geschrieben, die ich von zu Hause kannte, was da so abließ. Und auch über die Gespräche mit meiner Mutter, die ja n wesentlichen Teil meines Lebens ausmaten. Also auch so lautstarke und hitzige Sachen, und, daß da von so'm Gespräch oft die eigne Existenz abhängt. Das paßte da ja garnich hin. Jedenfalls sagte der Deutschlehrer mir später, daß zwei Lehrer den Aufsatz begutachtet hätten, der eine hätt mir ne vier gegeben, der andre ne eins. Dann ham se sich auf ne drei geeinigt. Deutsch hab ich eigentlich gerne gemacht, war auch eins meiner besten Fächer. Und jetzt hatt ich einfach mal gewagt, so zu schreiben, wie ich's erlebt hatte, – und dann so ne Note! Ne drei war schlecht. Und auch in der mündlichen Prüfung über 'Brechtsches Theater'. Da mußten nur so bestimmte Stichworte fallen 'episches Theater' und dann fragt der 'und was is das?' und denn mußteste ne bestimmte Formulierung bringen, auswendig gelernt. Was das inhaltlich genau war und warum, wieso, davon war überhaupt nich die Rede. Und schon garnich, daß das was mit Arbeiterbewegung und Proletariern zu tun hatte. Also das war eben genau das, was dann im Studium weiterging: es stellten sich gar keine wirklichen Probleme, die in der Schule behandelt werden sollten. Da wurden künstliche Probleme oder noch nich mal, einfach Tatsachen, theoretische Tatsachen verbreitet und du mußtest se auswendig lernen. Jedenfalls ist mir das so vorgekommen. Und ich hab's einfach nich glauben wollen, ich hab das immer wieder nich fassen können, daß da garnich über Wirkliches und über wirkliche Fragen geredet wurde, auch nich angesprochen werden durfte. Wenn de das gemacht hast, wurdeste behandelt, als wenn de krank wärst, 'na, was hast du denn für'n Problem?' Du hattest ein persönliches Problem, s war ne Schwierigkeit von dir, und die wurde belächelt und ansonsten nach der Stunde, so leise, behandelt. Jeder Versuch, des denen irgendwie recht zu machen, war zum Scheitern verurteilt, du bist immer genau daneben getappt. Du konntest dich noch so bemühn, dich zu verstellen, das ging gar nich. Mit der Zeit hab ich innerlich nur noch Widerstand gehabt. Ich hab gedacht 'Menschenskind, warum tun die immer so, grade, wenn de en eignes Interesse hast und wenn de gedacht hast, die Frage is jetzt aber für alle interessant und wichtig, darüber müssen wir unbedingt reden, warum tun die dann im-

mer so, als wärste bescheuert?' Das hab ich lange Zeit überhaupt nich
verstanden und auch nich verkraftet. Nur so'n stillen Widerstand entwickelt. - Und denn hab ich das ja weiterverlagert. Immer gehofft,im-
mer gedacht 'na, ja, warte mal, wenn de studierst, dann kannste aber
endlich dem nachgehn!'

Studium:
die totale Ernüchterung mit abstrakten, gleichgültigen Inhalten

Also von dem ganzen Studium da is so'n Begriff hängengeblieben, komisch, s is, als wär alles andre versunken. Und dieser Begriff, der is
einfach so in meinem Gehirn hängengeblieben und hat sich festgesetzt
und daran hab ich dann immer wieder angesetzt, nach'm Studium vor
allem. Das war n Seminar, in dem ging's um das Verhältnis von Persönlichkeit und Gesellschaft, und dann tauchte der Begriff 'Sinnlichkeit'
auf. Ja, das hätte eigentlich gereicht, daß ich in meim ganzen Studium
dieses eine Seminar gemacht hätt. Vielleicht is es auch nich unwichtig,
daß das ne Frau gemacht hat. Jedenfalls, ich hab da eigentlich nie was
gesagt, bin aber immer hingegangen. Gut war, ich merkte, die andern
konnten mit dem Begriff und was das so bedeutet auch garnix anfangen.
Die hat uns n Loch in den Bauch gefragt, da kam nix. Dann hat se was
erzählt von den Betonbauten vor der Uni, von den trostlosen Gebäuden
und wie das auf unsre Sinne wirkt. Und das Ganze ging um die Arbeit
und die Sinne, die man dabei so braucht, - das war ne Stelle aus Marx.
Und es ging um entfremdete Arbeit und wie dadurch so unsre Sinne verkümmern, wie das durch diese einseitige Arbeit einfach zerstört wird.
Und wie die sich trotzdem immer wieder durchsetzen, in irgendeiner Form.
Also da mußt bei mir irgendwas passiert sein. Ich konnt nich sagen was,
aber das war sehr wichtig, daß ich das mitbekommen hab. Aber trotzdem,
irgendwie konnt ich mit diesem Begriff so, also zusammen mit Privateigentum, entfremdeter Arbeit, garnix anfangen. Mein Bruder war zum Beispiel immer umgekehrt vorgegangen: der hatte dir was Positives, Schönes gezeigt und dadurch merkteste, wie grau das andre war. Da hatteste
denn auch schon n Beispiel vor Augen, wie's anders sein könnte. Aber
hier wurdeste wieder allein gelassen. Ich weiß nur noch, daß es in dem
Raum immer sehr kalt war. Danach bin ich denn garnich mehr zur Uni
gegangen.

Das Studium war ernüchternd und trostlos. Ich hab,glaub ich, nur ratlos und manchmal trostlos durch die Gegend geguckt. Und hab naiv rum-
gefragt 'was soll das und was soll das, kannst du mir das nich sagen?'
Und denn dieses verständnisvolle Kopfschütteln so oft.

Ich hatte nach'm Abi erstmal n halbes Jahr gearbeitet,im Krankenhaus
geputzt und Essen zurechtgemacht in er Küche, und die meisten andern
ham angefangen zu studiern in der Zeit. Ich hatte noch kein Geld,das
Stipendium, das dauerte je erstmal ne zeitlang, bis ich das was bekam.
Und in der Zeit hat natürlich meine Hoffnung und meine Phantasie,die
ham ganz schön in mir gearbeitet, was das wohl wär, so Studieren.Da
hab ich mir vielleicht was drunter vorgestellt! So'n bißchen auch dadurch bedingt, daß ich bisher immer am meisten gelernt hatte,wenn ich
mit jemand ganz intensiv diskutiert hab und zusammen war auch,also
auch zusammen essen und schlafen und sowas alles, das war eigentlich
Bedingung. In der Schule war das ja nich, aber zu Hause manchmal
und denn mit meim Bruder, wenn ich mich früher mit dem hinsetzte

oder wenn ich ihn besuchte, später, als er schon studierte und ich noch zur Schule ging. Das war so nah alles, also das war wieder ne bestimmte Athmosphäre: du sitzt da, trinkst heißen Tee oder er kocht was und dabei redeste die ganze Zeit über irgendwas. Das war alles irgendwie zusammenhängend mit andern Sachen.

Damals hätte mir das trotzdem schon auffallen müssen, daß da auch so viel Fremdes, eben Intellektuelles und auch so Überhebliches war. Das war manchmal so, daß ich spazierenging mit ihm, und so war's auch, als ich dann studierte, wenn ich da an nem Haus vorbeikam, wo aus'm Fenster leise Klaviermusik kam, und so stille Straßen, das wirkte alles so vornehm und so unerreichbar und trotzdem hatt ich das Gefühl, so muß ich sein, das alles muß ich können oder mitmachen, dann werd ich hier akzeptiert, sonst nich. Und das war innerlich so'n richtiger Druck im Magen, das hat mir ne ungeheure Angst gemacht. So wie verschlossne Türen eigentlich, die aber immer so'n Forderungscharakter hatten so, als würde da auf den Türen und Fenstern was draufstehen, so ne Geheimschrift, die ich einfach nich verstand und auch im Grunde garnich verstehen wollte. Das wollt ich garnich. Ich wollt Zusammensein, eng zusammen und Sachen gemeinsam machen. Dieses andre, das Stille und Zurückhaltende, und auch das abstrakte Reden dann, war für mich der Inbegriff an Verlassensein und Alleinsein. Allein zurechtkommen und alles allein können und wissen. Das war mir unheimlich. Auf einmal erschien mir diese ganze Wissenschaft und diese Hochschule, die Leute da wie so'n Höllenzauber. Also so, als sollt ich da wohin gebracht werden, wo ich nich hinwollte. Da wurd mir richtig schwindlig. Ich konnt dann garnich mehr denken. Alles verschwommen in meim Kopf. Alles erschien mir so unsinnig, - meine Hoffnung, daß ich mich da wohlfühlen konnte, war schon ganz am Anfang völlig am Boden zerstört. Und wie gleichgültig die da im Seminar alles Mögliche redeten! Das haute mich um. Und ich kam mir im Grunde nur noch überflüssig vor.

Ja, und denn hörte ich ja erstmal nur noch zu. Dasselbe Verhalten wie vorher in der Schule.

Und erst ganz spät, irgendwann rückte ich denn mit meinen Vorstellungen und Gedanken mal raus. Aber das war dann so hochgegriffen, das hatt ich ja alles so lange im Stillen für mich aufgebaut, und denn kam das raus wie so'n Koloss! Das war alles so bombastisch!

Was Wissenschaft für mich bedeutet hat:
sich selbst und den anderen Menschen begreifen.
Broterwerb, Berufsstatus war in meinem Kopf
garnich mit Studium verbunden

Wissenschaft, Studium, - das war für mich etwas, das überhaupt nichts mit praktischer Berufsausbildung zu tun hatte, niemals. Das war genau das Gegenteil: die Möglichkeit, endlich mal wegzukommen von dem ständigen Zwang, über Geld- und Lebensmittelverwendung, über bestimmte Arbeiten, die im Alltag einfach notwendig waren, nachzudenken. Sondern ich wollte erforschen, all die Fragen, die in der Schule nicht beantwortet wurden, - so nach dem Sinn der Welt und des Menschen, nach dem Zusammenhang vieler Sachen, ich wollt dem allen auf den Kern kommen. Auch so begreifen, wie der Mensch denkt, wie er früher gedacht hat, warum sich das ändert und solche Sachen. Auch Natur. Das war mir alles so interessant und ich wußte noch so wenig, wirklich. Ich wollte meine Fragen beantwortet bekommen, Wissen haben. Einfach mehr Wissen, -

und dann war das *die* Enttäuschung, als ich im Studium merkte, daß es darum überhaupt nicht ging. Da war alles so formal, die Studenten taten weiterhin, als täten sie alles nur aus Zwang! Und die machten denn ihre Referate auch so ganz stur und lustlos. Das begriff ich überhaupt nich. Ich hatte so ne richtige Sehnsucht nach Wissen und Reden mit anderen Menschen, denen das wichtig war. Nicht nach weiterhin zwangsweise Hausaufgaben machen, wie in der Schule, ohne eigentliches Interesse an den Sachen. Ich hab das überhaupt nich fassen können! Da gings wieder nur um das Wissen als etwas, für das man etwas bekommt! Und darum, auf jeden Fall etwas Besseres zu sagen als der andere. Das wollte ich doch grade nicht. Da hätt ich lieber in n Beruf gehen können,Geld verdienen. Konkurrenz am Arbeitsplatz und so, Hochkommen, etwas werden. Das alles hab ich mit dem Studium nicht verbunden.

Ich hatte das Gefühl, daß die meisten Studenten um mich herum sich der Wissenschaft einfach ausliefern. Sie setzten ihr nichts entgegen. Es ging um Faktenwissen, um Verständnisfragen, Begriffserklärungen um der Sache willen. Einen Antrieb aus ihrem Leben heraus hab ich da nie bemerkt. Alles, was ich dachte und sagte, mußte ich vorher in meinem Kopf in ein bestimmtes Begriffssystem und Theoriegebäude einordnen. Was ich dachte, galt nichts, wenn ich es nicht in ganz anderen Begriffen ausdrücken konnte als meinen eignen; ich war mit dem Bewußtsein an die Uni gekommen, die ganzen Leerstellen in meinem Kopf, die vielen Fragen endlich mit anderen Menschen zu bearbeiten und zu beantworten. Ruhe zum Nach-Denken und Gedanken formulieren hatte ich mir vorgestellt.Auch: Dinge,die meine Träume und Phantasien beschäftigten, wollte ich zum Inhalt machen. Also, ich hatte richtig Lust zu studieren und stellte mir das Arbeiten dort mit Lust und Spaß vor, - auch lustig. Das war aber genau das Gegenteil: lustlos, ernst, trocken!
Statt dessen erlebte ich, wie Wissen formal gehandhabt wurde,- wie wichtig es war, theoretische Abhandlungen richtig zu interpretieren und sie in der richtigen Form, sachlich cool vorzutragen. Auch die Frauen, die ich traf, - mit denen konnt ich überhaupt nicht viel anfangen.Das war'n oft so damenhafte Frauen, entweder nur schön anzusehn oder so'n bestimmter intellektueller Frauentyp, auch schön und sehr gepflegt, meist gut angezogen. Also selbst später, als es modern war, schäbige Sachen zu tragen, die sahn ja bei denen immer noch aus wie angegossen,hatten n guten Schnitt und so, schöne Farebn, Sachen, die farblich und von er Form her einfach zusammenpaßten. Die wirkten alle so sicher. Das war'n natürlich nich nur die Äußerlichkeiten, aber die auch. Also Kleider,die hatten irgendwie ne andre Bedeutung. Scheinbar hatten die für die nur die Bedeutung, daß man es eben hatte. Das war selbstverständlich.Und da warn so viele Dinge, die bei denen selbstverständlich warn, daß ich da einfach nich mitkam. Auch immer das Gefühl behielt, ich sei weniger wert, unscheinbar. Und auch was ich dachte, das kam mir, schon während ich's dachte, unsinnig und kleinkariert vor. Weil, die redeten doch ganz anders, die redeten so neutral und selbstverständlich über alles. Eben so, als wenn sie das alles garnich wirklich betrifft. Mehr so als Stoff, den man lernen muß. Nicht als wirkliches Problem. Das hat mich vor allem unglücklich gemacht: selten sagte ma einer, was ihn wirklich so in seinem Alltag, in seiner gesamten Existenz anging, was er so alles erfahren hatte bisher, - das kam überhaupt nicht zur Sprache,in er Studentenbewegung schon garnich. Da war das schon wieder zur Mode verkommen, daß da über Probleme gesprochen wurde. Mit so'm theoretischen Anspruch und moralisierenden Getue, da bekam ich richtige

Angst, überhaupt was von mir anzusprechen. Das warn Probleme auf höherer Ebene irgendwie. Und ich hatte ja genug Probleme, - von zu Haus her, und auch so, mich zurechtzufinden. Und mir fehlten jede Menge Voraussetzungen, also so formale Voraussetzungen einfach. Ich merkte immer wieder, daß ich mir was ungeheuer Blumenreiches unter Studieren vorgestellt hatte, so ne schönere Welt, in der wir alle an einer Sache gemeinsam arbeiten, - statt dessen war das trockenes Gestrüpp von Theorien, die mir Kopfschmerzen machten. Und die mich Tag und Nacht beschäftigten, ohne daß ich wußte, warum. Irgendwie sind dadurch so viele Dinge verdrängt worden. Alle möglichen Sachen, weshalb ich mir eigentlich die Mühe gemacht hatte zu studieren: Ich wollte mehr Menschen und und irgendwie mehr Menschliches kennenlernen. Also so direkten Kontakt mit Menschen hab ich mir wohl gewünscht, - aber eben nich nur Kontakt, so, sondern so, wie ich's manchmal zu Hause erlebt hatte: Zusammensein, Arbeiten, Nachdenken, Drüberreden. Einen Menschen erleben, vielleicht auch mehrere, wie sie so an einer Sache arbeiten und drüber nachdenken. Immer so Schritt für Schritt.Stattdessen sitzte da alleine. Und wenn de Gespräche führst, dann immer nur über die Art und Weise, da durchzukommen, wenn überhaupt, über Begriffe und so was alles.Ab und zu fallen dann so'n paar Brocken Bildungsgeschichte, - ich weiß nich, entweder die wußten sowas wirklich alles oder sie ham einfach n paar Sachen in petto gehabt. Jedenfalls,das warn die formalen Voraussetzungen, die mir fehlten. Und natürlich das Geld, - und die Sicherheit. Ich hatte keine Zeit und keine Ruhe, hatte ich nie. Schon vorher, in der Schule, und da erst recht nich.Darüber hätte ich reden müssen. Studium war so was Großes, sowas, was de ständig irgendwie rechtfertigen mußt vor deinen Eltern, vor Leuten wie deinen Eltern (die auch für wenig Geld arbeiten), vor dir selbst. Und dann *brauchste einfach Menschen, die auch so n richtig existielles Interesse am Wissen habn.* Das nich so lässig obenhin oder so stur wissenschaftlich sehn. Das wollte ich nich. Also, das is genau der Punkt, wo ich immer versagt hab: mich zu verkaufen als jemand, der ich gar nich bin, eigentlich, das konnt ich noch nie, hab ich einfach nich gelernt. Und das brauchteste da zum Überleben ... Ich begriff dann sehr schnell, daß ich da eigentlich fehl am Platz war.
Fühlte mich arbeitslos. Ich sah keinen Sinn darin, mir irgendwelche Bücher einfach so durchzulesen, nur, weil's die Studienordnung oder das Seminar, irgendwelche wissenschaftlichen Klimmzüge, gerade so vorschrieb. Das ging bei mir nie. Ich behielt das auch nich. Das war völlig umsonst. Zum Beispiel is mir aufgefallen, daß ich für alles sehr viel Zeit brauchte; da kamen Erfahrungen, wo die anderen vielleicht einfach Theorie und Begriffe um ihrer selbst willen waren,um eben später n bestimmten Beruf zu haben, angeben zu können, ich weiß nich. An so Beispielen wie *'Identität', 'Sozialisation'* und auch an so politischen und ökonomischen Begriffen hab ich unheimlich rumgeknappst, - ich konnt mir da zunächst garnichts drunter vorstelln. Und wenn, dann stellt' ich mir wieder so konkrete Sachen vor, da lief das ab wie so'n Film, konkrete Dinge, die ich erlebt hatte, die versuchte ich mit diesen Begriffen irgendwie zu verbinden. Aber das war so anstrengend, und die paßten auch garnich. Die beinhalteten irgendwie andre Erfahrungen, - das warn alles Sachen, die so weit auseinander waren, also so diffus hab ich das empfunden. Identität war so was ganz andres, so was für sich, vom anderen Menschen getrennt, dann so dosiert. Das kannte ich nich. Und deshalb hatt ich damit ungeheure Schwierigkeiten. Das brauchte sehr lange, bis ich mir das wenigstens abstrakt aneignen konnte, und

auch dann, das blieb alles so hohl, unausgefüllt. Und so fühlte ich mich
auch.Deshalb das Gefühl von Arbeitslosigkeit. So'n Gefühl 'jetzt be-
schäftigste dich bloß mit etwas, damit de nich bloß rumsitzt' , aber eigentlich hatte das alles wenig Sinn.
Diese Begriffe hatten aber ihre Wirkung: ich fühlte immer mehr, daß ich
ihnen nich entsprach. Das war'n wie so Ziele, auch wie so moralische Gebote 'so mußt du sein, wenn de ne Identität hast und was weiß ich alles' und wenn de so nich bist, ja, dann biste eigentlich gar kein Mensch.
Der mußte denn erst noch werden. Aber das kannste ja garnich schaffen. Das wollt ich auch garnich, - aber trotzdem irgendwie immer 'du
mußt'. Die sagen das alle und sonst fällste ganz raus. Ich kriegte so
richtige Beklemmungen. Wenn ich mir das jetzt so überlege, hab ich seit
dem Studium Depressionen gehabt. Ich hab das alles in mich reingefres-
sen, nichts sagen können, war sprachlos. Aber ständig bedrückt, das
ich das alles nich schaffe und auch gar nich verstehe. Ich hab mich ja
im Grunde geweigert, das so mitzumachen. Das empfand ich wie Prostitution, - sich dem theoretischen Betrachten und auch dieser ganzen Lebensweise auszuliefern. Das entsprach mir nicht, das spürte ich.Über-
haupt dieses Einordnen und Eingeordnetwerden, dieser ständige Zwang,
das war wie n Balanceakt. Ungeheuer anstrengend, und unbefriedigend.
Das war ja aber auch der Inhalt: Identität als Balance von bestimmten
Fähigkeiten. Also, das war'n nich meine Fähigkeiten. Ich hatte andre.
Aber die gehörten da ja nich hin. Das wär auch nich gegangen, die
auszusprechen oder mal drüber zu reden. Das war einfach nich der
richtige Ort und auch nich die Zeit dafür. Auch später, als das mal so
aufkam, nach der Studentenbewegung, - ja, da war Gefühl und Empfindung, Ängste und sowas alles, das war so getrennt von allem andern.
Ich kann doch nich irgendwelchen Leuten erzählen, daß ich Angst hab,
und wovor, und denn gehste wieder nach Hause. Damit is doch das Problem überhaupt nich angesprochen, geschweige denn gelöst. Das war einfach so, daß ich so rausgerissen war aus meim bisherigen Leben und
jetzt so wie an ein andern Ort verpflanzt, mit ganz andern Gewohnheiten und Denkweisen und da sollt ich mich zurechtfinden, - das ging nich.
Da fehlten wirkliche menschliche Bindungen, - nur aus denen und mit
denen entsteht bei mir so'n Bedürfnis zu arbeiten, da entstehn Probleme und Fragen, Neugierde und Phantasie. Sinnliche Erfahrungen mit
Menschen, die fehlten mir einfach. Also damit mein ich auch so herzli-
che Erfahrungen, so Sachen, daß de merkst, der andre kommt ohne dich
auch nich weiter, der hat auch keine Lust, alleine was zu machen.Aber
das war da nich, - da mußteste erstmal lernen, alleine zu sein, selbständig zu sein, für dich zu arbeiten und so. Das war für mich fremd und
aufgesetzt, wenn ich das trotzdem versucht hab. Ich war die ganze Zeit
über todunglücklich. Das war ein einziger Zwang, durchzuhalten, etwas
zu Ende zu machen, was ich angefangen hatte und auch, - ich hatte ja
so große Hoffnungen und denn einfach sagen 'nee, is nich'. Denkst ja
auch immer, du strengst dich nich genug an, dabei liegt's größtenteils
daran, daß so viele Dinge, die du kannst und auf die du eigentlich auch
stolz bist, da garnich zum Tragen kommen. Und schlimm ist, daß de auf
einmal merkst, daß de dir zwanghaft das Zeug doch wieder angeeignet
hast, so obendrauf irgendwie, nicht wirklich. Und denn kommste in Kontakt mit andern Leuten und die lachen dir offen ins Gesicht und nehmen
dich auf'n Arm, wenn de so redest. Ne Sprache und Denkweise dir angewöhnt hast, die alles nur noch kompliziert sieht und ausdrückt. Und
da war ich oft erst recht bedrückt, daß ich zu denen garnich mehr gehörte! Und dabei wollt ich doch genau so sein, - so richtig lebendig

über ne Sache reden und so mit einfachen Worten, mit deiner Sprache
dich mit anderen Leuten verständigen. Das war schlimm. Dieses ver-
krampfte Daherreden ging mir selber ziemlich auf'n Wecker!Und auf einmal siehste dich selber mit den Augen der 'einfachen Leute'. Das hab ich
da schon als Verrat empfunden. Ich kam mir so schäbig vor, - eigentlich
wollte ich mehr wissen, aber auf unsre Weise, so, wie wir in der Arbeiterfamilie uns das angeeignet habn, vom praktischen Zusammenleben her.
Das heißt nicht, daß man sich da nich in theoretische Höhenflüge ver-
stricken kann, aber doch weniger, das bleibt immer mehr auf dem Boden
der Tatsachen. Und das Wissen, das man sich von da aus holt, das is
direkt aufregend, sich in eine Sache vertiefen, - das willste dann auch,
das is spannend, was Neues zu erfahren und sich das selbst mit einer
eigenen Methode anzueignen. Aber so, das war immer dieser theoretische
Zwang, so für sich gesehn, und auch, immer mußteste ne bestimmte Methode haben, die mußte erklären, begründen, und so, - aber alles auf
theoretischem Niveau. Da holste dir denn auf einmal nämlich auch schon
die Fragen und Probleme aus theoretischen Darstellungen. Das sind ja
garnich deine. Und denn hab ich immer Leute beneidet, die auch viel
wußten, aber das mehr so mit ihrem Alltag und mit ihrer Art zu sprechen, im Zusammnehang machten. Mit solchen Leuten hätt ich gern gelernt. Die hab ich eigentlich auch gesucht. Das ist mir jetzt mal aufgefallen, daß ich die ganze Zeit danach gesucht hab, und zwar einfach
durch mein Verhalten. Indem ich mich ganz offen verhalten hab, immer
schon, so direkt und nie so geglättete Sätze und Zusammenhänge, oder
meine Erfahrungen nie so beschönigt erzählt hab, das hab ich einfach
nicht gekonnt. Und dann hab ich geguckt, wie mein Gegenüber darauf
reagiert. Normalerweise, wenn ich da mit Leuten rede, die so aufgewachsen sind wie ich, da is das normal, die gucken dann nich komisch.
So reden wir eben am besten über unsere Erfahrungen. Aber wenn mir
denn jemand mit abstrakten und so allgemeinen Bemerkungen, oder mit
so'm Stirnrunzeln begegnet is, oder eben so redegewandt alles, was ich
gesagt hatte, eingesteckt hat, dann hab ich mich zurückgezogen. Das
war ja dann so, als hätt ich garnichts gesagt, da fühlt ich mich so minderwertig, wie so'n kleines ungezogenes Mädchen. Immer dann hatt ich
das Gefühl, ich tick nich richtig. Ich lernte in dieser ganzen Zeit,wäh-
rend und nach dem Studium, daß man jemand mit einer bestimmten Betonung oder einfach mit einer betont sachlichen, komplexen Antwort maß-
regeln kann, einfach 'zur Raison' bringen. Ja, aber was heißt denn Vernunft in dem Falle? Wenn diese Vernunft nicht aus meinen Lebensumständen herauswächst, kann ich damit nichts anfangen. Das ist wie eine Er-
ziehungsmaßnahme, Disziplinierung. In meiner Erziehung gab es solche
Maßnahmen nicht. Da gab es laute Unterhaltungen oder auch offene Drohungen 'wenn du das nich sein läßt,dann wirst du schon sehn', aber
nicht dieses versteckte Vernunftprinzip und Moralisieren hinter allem.
Das war alles handfester und deshalb auch besser zu packen. Dagegen
hatte ich gelernt, mich zur Wehr zu setzen, Widerstand zu leisten oder
so, aber gegen dieses für mich gekünstelte Verhalten war ich machtlos.
Ich hab lange gebraucht, bis ich gemerkt hab, daß für uns das Private garnich so existiert wie für Menschen, die abgesichert sind. Die können sich's leisten, zurückhaltend zu sein und moralische Maßstäbe zu haben, die mit ihrer Existenz garnich unmittelbar in Zusammenhang stehn.
Für uns hat diese Trennung Privates - Öffentliches nie in der Form existiert. Das war etwas, was man ja so oft nach außen tragen mußte,um
sich's leichter zu machen, um was zu erreichen oder auch einfach aus
Hilflosigkeit. Und das hab ich in der Uni ja auch oft gemacht, - erst

hab ich versucht mir ein' abzubrechen, aber dann hörte ich mich selber reden. Das war, als hörte ich einen fremden technischen Apparat reden, wußte garnich, wie der funktioniert, hatte den nur aus Angst in Gang gesetzt. Oft hab ich gehofft, daß ein Satz reicht oder ein Begriff. Den hab ich so wie so'n Monument vor mich hingesagt und hab gedacht, jemand anders macht weiter, bestätigt das, was ich sage, nur aufgrund eines Begriffs, weil der ja weiß, wo er einzuordnen ist. Und wenn das dann nich ging, dann kriegt ich richtige Luftblasen im Gehirn und hab mich von einem Brocken zum andern geschleppt. Ich konnt auf der Ebene einfach nie ausdrücken, was ich eigentlich sagen wollte. Bücher waren immer so Ausdruck von 'etwas sein wollen oder haben wollen, was ich nicht hatte', was da auch nich drinstand, in den meisten wissenschaftlichen Büchern jedenfalls nich. Und bei jedem Buch wieder das Verlangen, daß ich mit meinem Bedürfnis nach Sinnlichkeit und Lebendigkeit mich da wiederfinde. Daß da auch einer so denkt. Das hab ich immer nur in Büchern gefunden, die aus dem Wissenschaftlichen rausfielen. Die nicht so auf wissenschaftstheoretischer Ebene kritisierten, was Theorien und Methoden an einseitigem und zwanghaftem Denken produzieren, sondern die einfach durch so ne ganz konkrete, menschliche Art, in der da geschrieben wurde, Kritik waren. Bücher, die auf der Seite meiner lebendigen Erfahrungen standen und mir halfen, daran festzuhalten.

Also am schlimmsten war diese Disziplinierung meiner Gedanken und meiner Sprache, und dann natürlich auch die ganzen Umgangsformen. Vor allem aber das Disziplinierte, Beherrschte, - das sich auch in der wissenschaftlichen Arbeit ausdrückte in vorgeschriebenem Aufbau und Schreibweise, in der Art der Gedankenfolge. Immer war wichtig, wie es nach außen wirkte. Bei uns war immer die Substanz wichtig, der Inhalt selbst, nicht das Äußere.
Studieren hieß 'zitieren können'.
Auch die Studentenbewegung in den 60iger Jahren machte da keine Ausnahme für mich. Ich kam mir so ordentlich und sprachlos denen gegenüber vor; die redeten Sätze, die ich kaum dem Sinn nach verstehn, aber schon garnicht selbst sagen oder behalten konnte. Die meisten linken Studenten und Studentinnen legten eine Lässigkeit an den Tag, die ich in meinem ganzen Leben einfach nie hatte. Ich war so oft ängstlich und verschüchtert gewesen, daß ich mir diese Lässigkeit einfach nich vorstellen konnte. Und das war ja auch so. Ich war froh, daß ich's überhaupt bis dahin geschafft hatte und daß mich niemand direkt anschnauzte.
Und auch das Äußere: die legten mit einer Lässigkeit ihre ordentliche Erziehung und Kleidung ab und zogen kaputte Jeans oder Pullover an, während ich da manchmal im Kostüm rumlief, das ich mir für die Oberschule gekauft hatte. Für neue Sachen hatte ich dem Honnef einfach kein Geld. Und wenn ich die manchmal so sah, dacht ich an unsere abgewetzten Pullover und Jacken, wo auf den Ärmeln so Lederherzen drauf warn, mit denen wir uns immer geniert habn. Mir fielen die Kleider ein, die ich von Nachbarinnen und vom Hilfswerk gekriegt hatte, und die alle so häßlich und unförmig warn, daß ich bieder darin aussah. Jedenfalls hab ich mich da nie wohlgefühlt. Mir kam das, was die sagten und die Gebärden, das Aussehen, vor wie ungezogene Kinder, wie bei Leuten, denen absolut nix mehr einfällt, und die alles haben, was se wollen und s deshalb nich mehr sehn können.

Verstaubte Buden und Buchläden gaben mir nicht das Gefühl, zu Hause zu sein. Bei uns war früher alles so ordentlich und sauber, - außerdem:

die Methode, der Anspruch, der blieb genau der gleiche wie vorher auch, eher noch schlimmer. Nur die Leute hatten gewechselt. Und die konnten einen noch eher verletzen, weil se so vertraut taten, so kumpelhaft. Da hab ich das 'du, sag mal,...' oft als abstoßend empfunden, denn die warn nich wie ich, sondern die fühlten sich überlegen. Aus Angst, wieder außen zu stehn oder womöglich irgendwie bloßgestellt zu werden, hab ich denn auch kumpelhaft getan und bin schnellstens wieder abgehaun.

Erst als ich nach m Studium arbeitslos wurde, und zum ersten Mal so richtig gescheitert war, überarbeitet und gescheitert, da fing ich an, 'meine Theorie' zu entwickeln, zurückzugehn zu meinen früheren Erfahrungen, zu dem, was ich da gelernt hatte ...

III. Arbeiterkultur und proletarischer Lebenszusammenhang

> *"Man kann ... keine Gesellschaftsschicht er-*
> *kennen, ohne die Frauen als wesentliche Ex-*
> *ponenten ihrer Gemeinschaftsqualität, d.h. der*
> *gemüts- und milieubedingten Kräfte zu betrach-*
> *ten. Das späte Interesse für die proletarische*
> *Frau ist nur charakteristisch für die effektive*
> *Gleichgültigkeit gegenüber den ... Fragen des*
> *Proletariats überhaupt. "*
>
> *(aus: Lisbeth Franzen-Hellersberg, Die jugend-*
> *liche Arbeiterin, Tübingen 1932, S. 3)*

Arbeiterkultur und proletarischer Lebenszusammenhang
als Widerstandsform

1. Die historische Situation

Die Kultur der unteren Volksschichten ist für die herrschenden Gesellschaftsschichten der vorbürgerlichen Gesellschaft nur interessant gewesen als aufmunternder Kulturgenuß, - als Unterhaltung bei Festen,
als Schauspiel zum Vertreiben der eigenen Langeweile. Seit der Industrialisierung gibt es eine spezifische Volkskultur, die 'Kultur der Arbeiter'.
Sie ist lange Zeit von Bürgerlichen als Kultur nicht erkannt worden. Arbeiter waren für die gesellschaftlichen Schichten, denen Arbeit an sich
schon etwas Anrüchiges war, immer 'Subjekte', mit denen man besser
nicht in Berührung kam. Die dreckige Arbeit und der zerstörerische
Arbeitsprozeß wurden so den arbeitenden Menschen selbst, den Arbeitern oder 'Proleten' zur Wesenseigenschaft. Was die herrschenden Klassen selbst mit ihrer unersättlichen Maschinerie, ihrer Geldgier und Macht
in Gang gesetzt hatten, kreideten sie denen an, die die Maschinerie in
Gang hielten und den gesellschaftlichen Reichtum mit ihren Händen er-
arbeiteten.
In bis dahin nicht vorhandenem Ausmaß vernichteten die Bürger des
hochkapitalistischen Zeitalters einen Großteil der überlieferten Volkskultur. Sie beraubten die Menschen ihrer Freizügigkeit, ihrer Undiszipliniertheit, - ihrer Feste und Feiertagsgewohnheiten, indem sie sie in die
Städte und in die Fabriken holten, sie für einen Hungerlohn beschäftigten und aus ihrem bisherigen Lebenszusammenhang herausrissen. Sie ver-
längerten den Arbeitstag und ersetzten den herkömmlichen Arbeitsrhythmus "durch die strenge Disziplin des regelmäßigen Arbeitstages. Die Ent-

fremdung der Arbeit wurde stärker" (Pollard 1979, S.155) Es entstand allmählich eine eigenständige 'Arbeiterkultur', zusammengesetzt aus überlieferten Momenten der früheren bäuerlichen oder handwerklichen Lebensweise und neu entstandenen Artikulationsformen der industriellen Arbeiterschaft.

Arbeiterkultur kann unter diesem Aspekt verstanden werden als eigen-

ständige 'Produktion von Erfahrung und Lebenszusammenhängen', als Antwort auf die geschichtliche Zersetzung ihrer früheren wirtschaftlichen und sozialen Lage; als Form von Geschichtsbewußtsein, die sich frühere Formen der Arbeit und des Zusammenlebens im Gedächtnis bewahrt; als Reaktion gegen die entfremdete Arbeit im Betrieb und somit, positiv formuliert, *als Bedürfnis nach menschlicher Identität,* die sich in der Arbeit nicht verwirklichen läßt.

Diese 'Arbeiterkultur' erschien den politisch und wirtschaftlich herrschenden sowie den intellektuellen Schichten der Gesellschaft als Abklatsch der bürgerlichen Kultur, - wenn sie überhaupt mit Kultur in Verbindung gebracht wurde.

"Von diesem Standpunkt aus gesehen war die Kultur der unteren Volksschichten, die sich im Zeitalter der Industrialisierung in eine Arbeiterklasse verwandelte, eine abgeleitete und minderwertige Kopie, ohne Eigenwert, wie auch die Wurzeln im Leben der Arbeiterschaft selbst."(S. Pollard 1979,S.150)

Arbeiterkultur bezeichnet die Daseinsweise von Menschen, die nach industriellen Arbeitszeit-Normen arbeiten. Das bedeutet,sich in einer gemeinsamen Lage gegenseitig am Leben zu erhalten, sich gegen fremdbestimmte Arbeitsbedingungen und unablässig erhöhte Leistungsanforderungen sowie gegen die kulturell-moralische Bevormundung der bürgerlichen Gesellschaft zu wehren. Das Gefühl, sich als austauschbare Arbeitskraft und wertlose Masse zu fühlen, in der der Einzelne nicht gilt, trägt zusätzlich zu Geldsorgen und ständig drohender Arbeitslosigkeit zu einer seelischen Dauerspannung körperlich arbeitender Menschen bei. Sie kann nur 'aufgelöst' werden, indem man sich aufeinander verlassen kann und versucht, sich wenigstens untereinander als Menschen zu begegnen. Es mißlingt oft. Der Arbeitsprozeß, schlechte Wohnverhältnisse und Geldsorgen machen die Menschen nervös und gereizt, - Bedingungen dafür,daß sie eher aufeinander los-, als aufeinander zugehen.

Englische Sozialwissenschaftler haben erkannt, daß die *Arbeiterklasse* nicht nur von der Fabrikarbeit 'erzeugt' wurde, sondern sich auch selbst erzeugte; daß sie nicht als eine homogene und fixe Masse entstanden ist und als solche auch nicht existiert. Gegenüber marxistischen Theoretikern, die von einer materiellen Verelendung als Motivation des assoziativen Zusammenschlusses von Arbeitern ausgehen, sahen sie als wichtigstes Motiv die kapitalistische Veränderung der gesamten Lebensweise, die mit "tradierten Vergesellschaftsformen, Normen und Werten der Volkskultur (kollidierten): der autonomeren Produktionsweise ... der kommunalen Solidarität" (M.Vester 1978,S.37).

So verstehen englische Sozialwissenschaftler unter *Klasse* nicht eine ausschließlich durch die ökonomischen Verhältnisse vorgegebene Struktur oder einen Begriff, sondern "...etwas, was in menschlichen Beziehungen tatsächlich geschieht... Und Klasse geschieht, wenn einige Menschen infolge gemeinsamer (überlieferter oder geteilter) Erfahrungen die Identität der Interessen zwischen sich selbst wie gegenüber anderen Menschen, deren Interessen von ihren eigenen verschieden (und ihnen gewöhnlich entgegengesetzt) sind, fühlen und artikulieren". (E.P.Thompson, zit. nach M.Vester 1978, S.37)

Die Versuche von Angehörigen der Arbeiterklasse, sich zusammenzuschließen, sich in direkten, meist lokalen Aktionen gegen überhöhte Steuern und Preise, gegen die Enteignung ihrer Existenzgrundlage und ihres Lebensraumes durch Maschinenarbeit zur Wehr zu setzen, sind immer wieder zerschlagen worden; teils geschah dies durch direkte brutale Gewalt, teils durch ideologische Indoktrination mit bürgerlichen Werten wie Sparsamkeit, Gehorsam, Arbeitsdisziplin, Pflichterfüllung, Wahrung des Privateigentums, Individualismus und vor allem: Respekt vor dem Unternehmer und dem Kapital sowie Identifikation mit dem Betrieb. (S.Pollard 1979;G.Jones 1979)
Meistens waren direkte, gegenständliche Aktionen der Arbeiter, die in ritualisierten, gegenständlichen Formen abliefen, die Reaktion darauf, daß sie mit freien Verhandlungen und Petitionen nicht weiterkamen; so war beispielsweise die gezielte Maschinenzerstörung keineswegs eine irrationale und blinde Handlung gegen die Maschinerie überhaupt, "sondern gegen deren kapitalistische Anwendungsform (gerichtet), gegen die Freisetzung ganzer Arbeiterkategorien durch neue Technologien"(M. Vester 1978,S.37/38, siehe auch M.Vester 1970,S.146/147;vgl.M.Henkel/ R.Taubert 1979).
Die Anwendung von Gewalt war nichts als eine logische Folge der Entwicklung, daß Arbeiter mit Reden und schriftlichen Forderungen nicht weiterkamen. Sie zerstörten vor allem solche Maschinen, "die unter Preis und Qualität produzierten ... normgerecht arbeitende Maschinen ließen sie unversehrt." (vgl. M.Vester 1970,S.145-152). Sie zerstörten aber auch Maschinen, wenn durch ihre Einführung Arbeitskräfte freigesetzt wurden und 'auf der Straße lagen' (vgl. Henkel/Taubert 1979,S.67).
Arbeiterkultur kann in einer Gesellschaft, die den Arbeitern unmenschliche Lebensbedingungen aufzwingt, keine autonome öffentliche Kultur sein. Der Willkür wirtschaftlicher und staatlicher Maßnahmen ausgesetzt, entwickeln Arbeiter Widerstand in nach außen hin relativ abgeschlossenen Gemeinschaften (vgl. A.Brandenburg 1977; G.Jones 1979; Shlomo Na`aman 1978). Diese Lebensform wurde und wird durch wirtschaftliche 'Fehlplanungen' und Gedankenlosigkeit gegenüber den Lebensbedürfnissen proletarischer Menschen in bestimmten Abständen 'systema-

tisch' unterbrochen: "Nur in einem analytischen Zusammenhang der Verschärfung und Lockerung von ökonomischem und sozialem Druck läßt sich begreifen, daß die Lernprozesse der Arbeiter immer wieder unterbrochen werden, der Regression unterliegen, daß Lernerfolge verlorengehen, daß also keineswegs von einem kontinuierlichen Lernen und damit auch nicht von einem mit eiserner Notwendigkeit produzierendem Selbstbewußtsein der Arbeiterklasse gesprochen werden kann".(Vorwort von A.Krovoza und Th.Leithäuser zu M.Vester 1970,S.14/15; vgl. auch J.Günter,Leben in Eisenheim,1980).

2. Die Situation während und nach '45; der neue 'Wohlstand'

Über die Hitlerzeit sagt eine Arbeiterfrau:
"Wir waren nicht direkt für Hitler, sag'n wer mal, daß wir nun für IHN gewesen wären, - aber wir waren auch nicht dagegen; - es ging eben unaufhörlich aufwärts und dafür waren wir" (Vgl. W.Fuchs 1980 über die Ansichten von Arbeitern zur Zeit des sog. 'Faschismus').

In der Nachkriegszeit waren Arbeiter ihrer Existenzgrundlage und ihrer kollektiven Kultur beraubt worden. Ehemalige Handwerker, Bauern und Landarbeiter, ganze Bauern- und Landarbeiterfamilien (Vertriebene aus den Ostgebieten) hatten keine Existenzgrundlage mehr und wurden durch Kriegsverletzungen, Krankheiten und Arbeitslosigkeit proletarisiert.Viele ehemalige Handwerker oder gelernte Facharbeiter stiegen ab zu ungelernten Hilfsarbeitern (vgl. Hanne M., Elisabeth H., beide im Anhang).
"Nicht wenige Flüchtlinge ... entstamm(t)en natürlich einem Arbeiter-Milieu. Ein Teil der Herkunftsgebiete hatte bereits einen hohen ... Industrialisierungsgrad ... Andererseits zeigte sich bei vielen dieser Zuwanderer wiederum jenes Durchlaufen von 'Zwischenstufen' im Verlauf des persönlichen Lebens oder des Generationswechsels. Selbstverständlich haben sich außerdem auch nach 1945 noch einmal zahlreiche ostdeutsche Bauern- und Landarbeiterfamilien in Industriearbeiterfamilien verwandelt." (H.P.Bahrdt 1975,S.33)
Andere erhielten auch nach dem Krieg wegen ihrer politischen Tätigkeit keine Arbeit, kamen nicht mehr 'rein ins Arbeitsleben. Elisabeth H. (vgl. Anhang) erzählt, wie ihr Vater, der vor und während der Nazi-Zeit noch in der KPD war, nach dem Krieg nur noch im Garten gearbeitet hat,ansonsten arbeitslos zu Hause herumsaß, - während ihre Mutter beim Bauern und in der Fabrik arbeitete.
Die Arbeiterschaft zerfiel in heterogene Gruppen von 'Arbeitnehmern'. Es entstand eine große Gruppe von Hilfs- und Gelegenheitsarbeitern,die politisch nicht organisiert waren und auch im Privatleben ziemlich isoliert in einer neuen Umgebung lebten.
"Durch den Verlust des Eigentums waren die Vertriebenen in einem spezifischen Sinne 'klassenlos' geworden; sie mußten noch dazu von einer Gesellschaft aufgenommen werden, in der die überkommene Eigentums- und Güterordnung infolge der Niederlage gleichfalls fragwürdig geworden war,so daß man angesichts dieser Verhältnisse nach 1945 nicht nur in den drei Westzonen mit Recht von einer 'mobilisierten Gesellschaft' sprechen kann".(W.Jacobmeyer 1976,S.18)
In der Bundesrepublik bewirkten die Erlebnisse des Faschismus zunächst starke Bestrebungen der Demokratisierung weiter Gesellschaftsbereiche, einschließlich des Produktionsbereichs. Organisiertes politisches Handeln erfolgte 1945 in der Regel von Arbeitergruppen, die in der 'Arbeiterbe-

wegung aktiv gewesen waren und auch während des Faschismus Wider-
standsgruppen angehörten. (vgl. B.Kasper/L.Schuster 1978)
"Dessen bemerkenswerteste Variante ist in der historischen Erinnerung
sowohl der BRD als der DDR ... mehr oder weniger verschüttet.Die damals an verschiedenen Orten unter vielerlei Namen auftretenden 'Antifa-
schistischen Ausschüsse' (Antifa) sind den 'gescheiterten Alternativen'
in der politischen Entwicklung Deutschlands zuzuzählen ... Demokrati-
sche Spontaneität drängte in machtleere Räume, wie sie im Zuge des militärischen Zusammenbruchs entstanden ... (Es) entstand ein Machtva-
kuum, das ... durch spontan sich bildende, räteähnlich organisierte
Antifaschistische Ausschüsse (gefüllt wurde) ... Sie wurden entweder
von den Militärregierungen bald verboten oder mußten schon früh dem
Effektivitätsdruck weichen, der von sich restituierenden Verwaltungen
ausging ...
Eine andere Variante spontanen politischen Handelns vollzog sich im betrieblichen Bereich. Arbeiter drangen in machtfreie Räume vor allem
solcher Betriebe ein, deren Unternehmer oder Führungspersonal angesichts ihrer nationalsozialistischen Vergangenheit ... verhaftet wurden
oder ... Gegenwehr nicht wagten ... (Sie) zielten ... auf den schnel-
len Aufbau der Gewerkschaftsorganisation." (G.Plum 1976,S.91-93;vgl.
auch L.Niethammer u.a.(Hg.) 1976)

Diese spontanen Formen politischen Handelns seitens der Arbeiter wi-
chen schnell den Machtbestrebungen der Industrie, die in Einklang mit
den Alliierten Machthabern ihren politischen Ausdruck in verwässerten
Demokratisierungsvorstellungen, dem Mythos der 'Nivellierten Mittelstandsgesellschaft (Schelsky), fanden.
Diese Gleichheitsideologie besagte, daß scheinbar alle Bevölkerungs-
gruppen gleichermaßen am wirtschaftlichen Aufschwung teilhatten.Da-
rin bestand die Glaubwürdigkeit der politischen Legitimation des demo-
kratischen Gesellschaftssystems in der Bundesrepublik. Die Gewerkschaften wurden zu einem integrativen Faktor dieses Demokratieverständnis-
ses.

Seit Mitte der 50 er Jahre wurden nun auch Bereiche in die Gesellschafts-
politik einbezogen, in denen die Benachteiligung großer Bevölkerungsteile offensichtlich war (und die vorher teilweise durch gegenseitige private Hilfeleistungen, teilweise durch wirtschaftliche Unterstützung abge-
deckt waren,wie: weite Teile der Sozialfürsorge und des 'sozialen' Woh-
nungsbaus (vorher: betriebseigene Wohnungen), sowie der Kindererziehung, der Schul- und Berufsausbildung). Sozialstaatliche Maßnahmen
erweckten den Eindruck der sozialen Absicherung für viele Arbeiterfamilien. Vor allem im Bereich der Kultur- und Bildungspolitik wurden verstärkt Anstrengungen unternommen, Arbeiterkindern den Zugang zu weiterführenden Schulen zu ermöglichen. Bildungsprogramme für den Vor-
schulbereich sowie die staatliche finanzielle Förderung studierender Arbeiterkinder aus 'einkommensschwachen' Familien waren die Folge.

Das bedeutete, daß eine große Gruppe Intellektueller (vor allem Lehrer)
sich stärker mit den (Bildungs-) Interessen von Arbeitern und Arbeiterkindern auseinandersetzen mußte; schließlich mußten sie als Lehrer "zum
ersten Mal den Realitäten der Kultur der Arbeiterklasse ins Auge blicken"
(Centre for Contemporal Cultural Studies 1976,S.35).

Die Realität des Arbeiterlebens nach dem Krieg war davon bestimmt, eine
neue Existenz aufzubauen, 'mit den eigenen Händen' wieder 'von vorne
anzufangen', neue Lebensperspektiven und -zusammenhänge aufzubauen,

um so der Zersplitterung, dem Gefühl der Entwurzelung, aber auch der Armut und der soziokulturellen Bevormundung 'von oben' entgegenzuwirken. Zusätzlich zu den Auswirkungen der 'landesweiten Mobilität', der Zerstörung von Gemeinde- und Nachbarschaftsstrukturen durch 'regionalen wirtschaftlichen Niedergang und Stadtsanierung in Großstädten' (Centre, S. 37) mußten Arbeiter durch ihren Zusammenhalt und ihre Lebensformen der 'kulturellen Hegemonie' (A.Gramsci) durch die neue Ideologie des Wohlstands und die Propagierung der Konsumgesellschaft entgegenwirken.

Auch wenn schon zuvor die Freizeit der Industriearbeiterschaft in zunehmendem Maße durch die strenge Disziplin des regelmäßigen Arbeitstages geprägt war, war die traditionelle Freizeitgestaltung der Arbeiter doch nicht in derselben Weise von der ernsten und mühevollen Welt der Arbeit getrennt, - sie war selbst Teil einer einheitlichen Gesamtkultur mit eigenen Bräuchen, eigenen Moralvorstellungen, Sitten und einer eigenen Familienstruktur. Gegenüber der bürgerlichen Familie war sie gekennzeichnet durch fehlende feste Strukturen und Normen, die 'Familienlosigkeit' der Proletarier, bedingt durch lange und unterschiedliche Arbeitszeiten der Familienmitglieder. Hiermit sollen die haarsträubenden Lebensbedingungen in Massenquartieren der Großstädte oder 'Bruchbuden' am Rand der Städte keineswegs verniedlicht werden; wichtig ist aber der Aspekt, daß unter diesen noch so elenden Bedingungen viele Familien sich wenigstens durch nachbarschaftliche (Selbst-) hilfe oder überhaupt durch das Wissen, daß die Menschen der nächsten Umgebung ebenso leben wie sie, über Wasser halten konnten. Durch die städtebaulichen und infrastrukturellen Maßnahmen sowie die Konsumideologie der 60 er/70 er Jahre jedoch wurde die Arbeiterschaft in die Gefolgschaft von 'Volksparteien', Konsum- und Wohlfahrtsversprechen hineingezogen, die ihren Bedürfnissen (nach Wohlstand) vielleicht entsprochen haben mag, nicht aber ihren Bedürfnissen nach persönlichen Kontakten und freundlichem, am anderen interessierten Zusammenleben.

Schon gar nicht ihre Freude am Improvisieren, Selbstmachen, - und an unzerstörter Natur. Gerade für Arbeiter läßt sich ein ausgeprägtes Empfinden für Natur feststellen, die oft der Ausgangspunkt für ihr Bedürfnis nach Wissen und wissenschaftlicher Erkenntnis bildet. Massenmedien, Konsum und Wohnungsbau sind hier gemeint, wenn von kultureller Hegemonie die Rede ist. Dennoch hatte die Zugehörigkeit zu dem Familienzusammenhang, in dem oft alle mitarbeiten mußten, einschließlich der Frauen und der Kinder, eine für die 'Persönlichkeit' und das Bewußtsein der Arbeiter festigende Funktion (hier von Persönlichkeit zu sprechen ist dennoch - angesichts der zumeist zermürbenden Arbeits- und Lebensbedingungen der meisten Arbeiterfamilien und der vor dem 2.Weltkrieg massenhaften Arbeitslosigkeit - ein Hohn).

3. Arbeiterkultur und Arbeiterfrau

Besonders hart war in diesem Zusammenhang die *Situation der Arbeiterfrauen*. Auf ihren Schultern lag eine 'Herkulesarbeit': ihre ganze Persönlichkeit drückte sich darin aus, mit den wenigen Mitteln, die kaum zum Leben reichten, auszukommen; belastet zu sein von Krankheiten der Kinder, die durch fehlende Hygiene in engen und feuchten Wohnungen, durch Ernährungsmängel und oft fehlende liebevolle Fürsorge hervorgerufen wurden; durch aufreibende Arbeit im Haushalt in miserabel ausge-

185

"Schlafkammer" eines Schichtarbeiters, in die die Bewohner nachträglich ein 'Schiebefenster' ins angrenzende Zimmer einbauten, um lüften zu können

Abbruchreife Arbeiterwohnungen der Gerresheimer Glashütte

Hintergrund: Industriebetrieb
Vordergrund: Wohnblock, in dem vor allem Arbeiter wohnen

Ausblick auf den 'eigenen' Betrieb, in dem der Arbeiter, Herr O. und seine Frau jahrzehntelang gearbeitet haben

statteten Wohnungen, die meistens in dreckigen Wohngegenden lagen (Arbeiterwohnungen lagen - und liegen noch heute - direkt in der Nähe des Industriebetriebs, oft an verkehrsreichen Straßen) zu versuchen, mit Ordnung und Sauberkeit gegen das Verkommen der Wohnung anzukämpfen und ein Mindestmaß an Gemütlichkeit herzustellen; des Schmutzes, den die körperliche, zumeist dreckige Arbeit verrichtenden Männer nach Hause brachten, einigermaßen 'Herr' zu werden; zusätzlich belastet durch den Zwang, fast täglich Wäsche zu waschen, weil aus Geldnot nicht viele Kleidungsstücke zum Wechseln vorhanden waren. Dazu noch die Kinder erziehen, wobei sie bei aller Liebe zu den Kindern, bei allem guten Willen, gegen die meist armseligen Verhältnisse anzugehen, oft unterlagen.

Li Fischer-Eckert beschreibt in einer Untersuchung, die sie 1914 über "die wirtschaftliche und soziale Lage der Frauen in dem modernen Industrieort Hamborn im Rheinland" gemacht hat, wie die Persönlichkeit vieler Arbeiterfrauen, mit denen sie gesprochen hat, unter diesen Lebensumständen allmählich hoffnungslos verkümmerte: "Dann stellt sich jene hoffnungslose, lähmende Gleichgültigkeit ein, die alles erträgt und allem seinen Lauf läßt, die nichts mehr sieht und erlebt,die nur noch mechanisch das Haus versieht und Steine statt Brot reicht" (1913,S.69).

Die Berichte vieler Arbeitertöchter über ihre Mütter, die 1977/78 entstanden sind, gleichen jenen Schilderungen, die Fischer-Eckert von 1913 macht, fast aufs Haar. Ähnlich deprimierende Erfahrungen in Bezug auf die eigene Persönlichkeit waren bei vielen Arbeitertöchtern selbst vorzufinden, die es nicht gelernt haben, sich am Leben zu freuen.

Fischer-Eckert beschreibt, daß die Lebendigkeit der Arbeiterfrauen sich auf ihre Jugend(erinnerungen) beschränkt und schließlich im Laufe ihres

Arbeiterlebens ganz auf das Auskommen und das Wohl der Familie konzentriert ist:

"Und doch haben die meisten dieser Frauen auch einmal eine Jugend gehabt, haben hoffnungsfreudig ins Leben geschaut, das erzählten ihre leuchtenden Augen, wenn ich sie nach ihrer Herkunft fragte, danach, wie sie ihre Jugend verbracht" (S.69).

So sehr sich die Arbeiterfrauen bemühten, mit den wenigen Mitteln ein Familienleben zu ermöglichen, so sind sie doch in den meisten Fällen weit davon entfernt, "was wir unter den Begriff 'normale Familienverhältnisse' zusammenzufassen pflegen" (S.85).

Das persönliche Leben der Arbeiterfrauen bestand – und besteht – überwiegend aus Sparsamkeitsüberlegungen und Selbstmachen (Stricken, Nähen) von Kleidung. Auch die Ernährung der Familie war mit den wenigen zur Verfügung stehenden Mitteln, fast ohne Haushaltsgeräte, aufwendiger als in bürgerlichen Familien.

So charakterisiert Fischer-Eckert zusammenfassend das Leben der Arbeiterfrauen: "Es drängt sich im Leben dieser Frauen alles auf die eine Frage zusammen, was sollen wir essen, womit sollen wir uns kleiden? Und die Beantwortung dieser Frage hetzt sie vom frühen Morgen bis zum späten Abend von der Waschbütte zum Kochherd, vom Garten an die Nähmaschine ... *Nur mit Aufwendung aller Kräfte halten sie in dem ewigen Kleinkrieg, der durch das Mißverhältnis von Einnahme und Ausgabe ihr Leben beherrscht, die völlige Niederlage, ein Verkommen der Familie ab.* Aber diesem Kleinkrieg fällt nicht nur häufig die körperliche Kraft zum Opfer, eben so schlimm, vielleicht noch schlimmer ist es, daß in diesem nimmermüden Plagen um Befriedigung der äußeren Bedürfnisse der Familie nach und nach jedes persönliche Leben der Mutter leiden muß, daß sie verlernt, sich einmal auf sich selbst zu besinnen, daß sie zum Schlusse nur noch ein mechanisches Werkzeug ist, das, wie der Sklave im römischen Staat, als rechtloses Sachgut gewertet wird und sich selbst auch als nichts anderes mehr vorkommt." (S.90)

Besonders in der Nachkriegszeit (des 2.Weltkriegs) traf für viele Arbeiterfrauen dieselbe Situation zu, wie Fischer-Eckert sie für die Verhältnisse um 1913 beschreibt: "Eine Fremde unter Fremden, die sie nicht verstehen, ihre Persönlichkeit nicht kennen, lebt sie dahin, in ruhelosem Lebenskampfe, den die Launen der Konjunktur, der Mangel an Existenzsicherheit ihr aufzwingt. Einseitig, lichtlos drückt der Hunger und die Blöße ihrer Kinder sie unter die Herrschaft des nacktesten Materialismus und je schwerer und notwendiger die materielle Befriedigungsmöglichkeit zu beschaffen ist, desto mehr treibt ihr innerer Mensch in einen Zustand der Unzufriedenheit und Lebensverbitterung hinein, die seelischem Selbstmord gleichkommt." (S.133) (Vgl. auch hierzu die Schilderungen der Arbeitertöchter über ihre Mütter: bes. Elisabeth H., Hanne M., deren eigene Situation in Bezug auf ihre seelische Lage sich ähnlich ausdrückt wie die hier beschriebene.)

Das Gefühl, wertlos und mit ihren Existenzsorgen alleine gelassen zu sein, hat auch nach dem 2.Weltkrieg für viele Arbeiterfrauen bedeutet, daß sie kein Bewußtsein von der Verantwortung, die in ihrer Arbeit liegt, entwickelt haben. Noch einmal der Vergleich mit der Untersuchung von 1913:

"Statt dessen sehen wir ... meistens eine elende, früh gealterte Frau mit sorgenvollem, abgehetztem Gesichtsausdruck, aus dem jeder Lebensglaube gewichen, ein Wesen, das körperlich und seelisch verkümmert,

das ein eigenes Leben, eine Zwiesprache mit sich selbst nicht kennt." (S.136)

Li Fischer-Eckert kommt dann auch zu dem Schluß, daß in dieser Atmosphäre nur jemand leben kann, der außer den materiellen Dingen wie Essen und Trinken, mit dem Geld auskommen, nichts kennt und sich um die Entwicklung seiner seelischen und geistigen Fähigkeiten nicht kümmern kann. *"Solange das persönliche Leben der Arbeiterfrau vollständig brach liegt, solange ist auch an eine kulturelle Hebung des Proletariats nicht zu denken"* (S.136/37).

Nachbarschaftsbeziehungen, die sich ergaben, wenn die Frauen schon längere Zeit zur Arbeitersiedlung gehörten, waren lebenswichtig für sie. Für zugezogene Arbeiterfrauen (wie es für die Untersuchung von Fischer-Eckert 1913 zutraf, wo viele aus Süd- und Osteuropa nach Hamborn gekommen waren; vgl. die Situation nach dem 2.Weltkrieg!) war es schwierig, unter den neuen Lebensumständen zu den einheimischen Frauen Zugang zu finden. Oft waren die Frauen so damit beschäftigt, unter widrigen Existenzumständen für den Lebensunterhalt zu sorgen, daß sie für alles andere gar keinen Sinn hatten; sich armselig vorkamen und möglichst mit keinem Menschen über ihre Sorgen redeten, weil 'sich das nicht gehört'. Ansonsten aber war es ein gewohntes Bild, daß die Frauen auf der Straße standen und sich unterhielten; auf den Treppen saßen und Kartoffeln schälten oder Gemüse putzten; Wäsche aufhingen, flickten, strickten und dabei miteinander redeten.

Während die Männer nach der Arbeit in der Kneipe, den (Schreber)-Garten, Verein oder zu politischen Versammlungen gingen, arbeiteten die Frauen bis spät in die Nacht unermüdlich zu Hause oder sie warteten auf ihre Männer, die sie tagsüber und am Abend nach der Arbeit kaum zu Gesicht bekommen hatten. Ausgleich hatten sie in den täglichen Kontakten mit Nachbarfrauen oder Verwandten, die sich in der gleichen Lage befanden; ab und zu in Familienfeiern, Nachbarschafts- oder Kinderfesten, bei denen alle zusammenkamen. Diese Lebenskultur der Arbeiterfrau ist immer wieder unterbrochen worden: durch Kriege oder wirtschaftliche Rückschläge wurde sie aus ihrem gewohnten Lebenszusammenhang herausgerissen.

Während des 2.Weltkriegs wurden immer mehr Frauen eingesetzt, um die Produktion überhaupt aufrechterhalten zu können. Dabei ergab sich die Schwierigkeit, die Mutterschafts- und Familienideologie allmählich abzubauen und den Frauen Schwerarbeit in der Rüstungsindustrie zuzumuten. Wie im ersten Weltkrieg, so wurde auch hier aus Mangel an Männern deren Arbeit durch die Arbeit der Frauen ersetzt.
Als die Männer dann wieder aus dem Krieg nach Hause kamen, mußten auch die Frauen zunächst wieder aus der Produktion verschwinden. Willkürlich wurden sie je nach wirtschaftlicher und politischer Situation in die Produktion eingesetzt oder nach Hause geschickt.
Das wäre oftmals ohne die nachbarschaftliche Selbsthilfe der Frauen gar nicht möglich gewesen. So aber nahmen sie sich gegenseitig die Kinder ab und standen sich gegenseitig bei ihren Sorgen bei.

Über die Situation von Arbeiterfrauen im 'Dritten Reich' schreibt Theweleit: "Bei der Heranziehung der Frauen (in die Produktion) muß besonders behutsam vorgegangen werden. Auf diesem Gebiet erfolgende Mißgriffe können sich sowohl auf die Stimmung in der Heimat wie auf die an der Front gefährlich auswirken. So sank in der Phase des Blitzkriegs der Anteil arbeitender Frauen, die sonst hätten arbeiten müssen. Mit andauerndem Krieg war das Konzept nicht aufrecht zu halten." (K. Theweleit 1977,S.185; vgl. T.Mason 1976)

Für viele Arbeiterfrauen war es in dieser Zeit einfach notwendig, in die Fabrik zu gehen oder beim Bauern zu helfen. Oft war der Mann 'an der Front' gefallen und sie mußten sehen, wie sie allein fertig wurden und für die Kinder sorgten. Viele Arbeiterfrauen hatten Unterstützung bei der Nachbarschaft und Verwandtschaft, mit denen sie in einem Haus oder höchstens ein paar Straßen weiter wohnten. Die Kinderversorgung übernahm jeweils die Frau, die nicht arbeiten ging und selber Kinder hatte. Das war selbstverständlich. Dadurch verdienten auch sie ein paar Pfennige nebenbei oder bekamen Lebensmittel, Kleidung u.a. (vgl. auch das 'Kostgängerwesen' in den Großstädten, mit dem Arbeiterfamilien ihren Lebensunterhalt aufbesserten, obwohl sie kaum etwas daran verdienen konnten und die Frauen dadurch zusätzliche Last mit der Hausarbeit hatten; vgl. Li Fischer-Eckert 1913,S.78/79; K.Theweleit 1977,S187ff.).Wie das 'Kost- und Schlafgängerwesen' zur Zeit der Industrialisierung, als sich Massen von Arbeitern in den Städten ohne 'Dach über dem Kopf' wiederfanden, war auch die gegenseitige 'Kinderverwahrung' eine solidarische Hilfsmaßnahme unter den Frauen, die von der Not diktiert wurde.

Theweleit beschreibt in seinen 'Männerphantasien', wie sich besonders bürgerliche Männer (Soldaten) der damaligen Zeit die Arbeiterfrau als vor Aktivität strotzende 'männliche' Frau vorstellten. Eine Frau,die überall zupackte und sich in ähnlicher Weise einsetzte für das Leben ihrer Familie, kannten sie nicht. Bürgertöchter, ihre Schwestern und Frauen, waren anders, - in ihrer Vorstellung zumindest hatten sie von ihnen das Bild der 'weißen Krankenschwester', die liebevoll und fürsorglich für ihr Wohl sorgte.
Die proletarischen Frauen waren für sie die kämpferischen,aggressiven Weiber, oftmals identisch mit 'Huren', die gegebenenfalls auf sie einschlugen; sich wie ein 'monströses Ungeheuer' auf die Soldaten schmissen;und 'schamlos' ihr Leben und das ihrer Kinder schützten (Theweleit).
"Die Arbeiterfrauen waren durch den Krieg aus der bis dahin für sie üblichen Hausfrauenfunktion emanzipiert worden (!,die Verf.).Gezwungen, ihre Familien allein zu ernähren,mußten viele in die Fabriken.Sie hatten Antihungerdemonstrationen organisiert,sich an Plünderungen voller Schaufenster beteiligt. Sie hatten lernen müssen, sich mit Unternehmern herumzuschlagen, sei es um den Lohn, sei es um die Höhe der Mieten in den unternehmereigenen Wohnungen. Sie hatten traditionelles Männerterrain erobert und entsprechend traten sie auf. Sie waren unheimlich". (K.Theweleit 1977,S.185; vgl. auch: S.Kontos 1979)

Der Zwang zur Arbeit in den Betrieben und die Familienangelegenheiten ohne die Männer zu erledigen, verhalf Arbeiterfrauen zu ihrer 'Selbständigkeit', oder besser: zu ihrem Mut, zu ihrer Selbsttätigkeit. Aber auch als 'bloße' Hausfrauen trugen sie mehr Verantwortung, waren sie oft gezwungen, sich zu überlegen, wie sie mit dem wenigen Haushaltsgeld auskommen konnten, mußten sie sich mit Behörden, Vermietern und Ratenkassierern und mit der 'Erziehung' der Kinder alleine 'herumschlagen'. Die Kindererziehung bestand meistens aus Arbeiten, mit Anpacken. So wurden Arbeiterfrauen unterstützt: durch die Arbeit der Kinder. Dadurch, daß sie diese Arbeiten ziemlich selbständig und allein verant-

wortete, vermittelten sie ihr ein 'Selbstbewußtsein', das bürgerliche
Frauen nicht haben konnten. Hanne sagt: "Daraus resultiert ja auch ihr
Selbstbewußtsein und ihre Bestätigung ne, daß sie das sagen kann 'ich
mach ja alles alleine'"(siehe Anhang).Bürgerlichen Frauen nahm das zur
Verfügung stehende Geld und ihre weibliche Erziehung, - in der ihnen
vermittelt wurde, daß Arbeit sich für Frauen ihres Standes nicht gehört
- einen Teil dieser 'Selbständigkeit' ab.

Die Situation nach dem 2.Weltkrieg war für viele Arbeiterfrauen so,daß
sie arbeiten gehen mußten, damit es schneller aufwärts ging. Eine Arbeiterfrau sagt über die damalige Zeit: "Zuerst wollt ich nur n halbes Jahr
arbeiten gehn, - und dann sind's zehn Jahre geworden. Wissen Se,nach'm
Krieg warn wer so'n bißchen abgerissen, kein Hemd, kein heiles Hand-
tuch, nischt. Na,ja, und dann hab ich zu meim Mann gesagt, 'weißte,
damit's n bißchen fixer geht, ich geh auch arbeiten' ".
Bei den meisten Frauen, mit denen ich gesprochen habe,war es einfach
selbstverständlich, daß die Mutter mitarbeitete, - zusätzlich zu ihrer
Hausarbeit und zu den Kindern. Selbst bei einigermaßen gutverdienen-
den Schichtarbeitern arbeitete die Arbeiterfrau 'nebenbei' mit.
Elfriede erzählt über die materiellen Verhältnisse im Elternhaus: "Mein
Vater is an sich Bauer gewesen und denn sind wir geflüchtet und ...
(er) is (jetzt) Bandarbeiter. Im VW-Werk, hat er Schichtdienst gemacht
...und da hat er sehr viel Nachtschicht gemacht, immer diesen dreifachen Wechsel nich ...!! '59 sind wir nach Wolfsburg gezogen, vorher
ham wir auf'm Dorf gewohnt, weil meine Mutter immer bei Bauern geholfen hat. Und da war, das war so ne kleine Werkswohnung mit so
zwei kleinen Kinderzimmern, so ganz kleenen Löchern, - und da ham
wir dann eben gewohnt ...und (meine Eltern) ham denn auch so'n Haus
gebaut aufm Land. Und der (Vater) hat jetzt ne Nebenerwerbsstelle ne,
der arbeitet nach wie vor im VW-Werk und wenn er nach Hause kommt,
dann arbeitet er weiter... Nachdem die Mutter aufgehört hatte, beim
Bauern mitzuhelfen,arbeitete sie in der Wäscherei,in verschiedenen
Kaufhäusern und im Lebensmittelgeschäft als Verkäuferin, - was sich gerade so anbietet." Obwohl Elfriedes Vater arbeitet, so viel er kann,eben
auf zwei Arbeitsstellen,damit sie das Haus bezahlen können, muß Elfriedes Mutter auch arbeiten gehen.
Auch Roswithas Vater übernahm nach '45, bis zu seiner Rente, immer
noch Nebentätigkeiten: "Mein Vater übernahm schon Jahre vorher neben
seiner Arbeit als Heizer noch andere Tätigkeiten, - wie Zeitung austragen, Versicherung kassieren, - die ihm seine ganze Freizeit nahmen"
(siehe Anhang). Unmittelbar nach '45 aber ernährten viele Frauen die
Familie zunächst alleine.
Roswitha schreibt über diese Zeit: "Mein Vater arbeitete als Vorarbeiter
im Moor, meine Mutter arbeitete im Haus und gelegentlich bei den Bauern auf dem Feld. Später hatte sie eine Brotniederlage, fuhr mit dem
Fahrrad durch die Gegend und lieferte Brot aus ... 1949 ... wurden
wir ... umgesiedelt ... meine Mutter arbeitete bei den Bauern und mein
Vater fand nach einer Zeit der Arbeitslosigkeit Arbeit in einer Lederwarenfabrik ..." (siehe Anhang). Doch auch später arbeitete ihre Mutter "immer dann, wenn sie gebraucht wurde, ... als Kellnerin in einer
nahegelegenen Gastwirtschaft" (ebenda).

Auch Hanne's Mutter übernahm, als ihr Vater wegen Krankheit lange
Jahre zu Hause war, zunächst die Ernährerrolle. Hanne meint: "Meine
Mutter (hat) uns ja auch im Grunde ernährt..., von ihrer eigenen Ar-
beit: die hat geputzt und gewaschen. Das war damals 50 Pfennig in der

Stunde ne" (siehe Anhang).
Durch diesen geringen Arbeitsverdienst und die zusätzliche Hausarbeit
sind Arbeiterfrauen einer Belastung ausgesetzt, die sie kaum verkraf-
ten können. Oft sitzt der Mann zu Hause und rührt, trotz Arbeitslosigkeit, keinen Finger im Haushalt und in der Versorgung, geschweige denn
der (liebevollen) Fürsorge für die Kinder.
Hanne sagt, daß ihre Mutter den Kindern und dem Vater deshalb oft
Vorhaltungen gemacht hat, "... 'wenn's nach dem ging, dann würdet ihr
ja garnix werden ne, ... da würden wir ja überhaupt nicht weiterkommen, ... nichts anschaffen können', - zumal der auch früher so lange
krank war und nichts verdient hat und wenig Stempelgeld. ... Und der
Vater hat ja auch nichts gemacht ne, der hat ja den Haushalt nicht gemacht ne..." (siehe Anhang). Stattdessen saßen die arbeitslosen Männer
(der Familie und Bekanntschaft) alle tagsüber in der Wohnung, spielten
Karten und tranken.
In den Gesprächen zeigte sich, daß die meisten Arbeiterfrauen nicht nur
zu Hause, sondern auch durch ihre Erwerbstätigkeit das Rückgrat der
Familie waren. Angelika sagt: "...meine Mutter hat ... immer ... als
Putzfrau gearbeitet, vom Alter von 14 oder 15 Jahren an,- früher in
em Haushalt ... bei irgendsoner Metzgerfamilie und dann später halt
eben in Büros bzw. danach eben in Privathaushalten ...... und .. am
Anfang ham wir bei ihren Eltern gelebt, die ham n Bauernhof und da hat
se dann mitgearbeitet, alles Mögliche gemacht, Hausarbeit, Feldarbeit..."
Auch Elisabeth schildert, daß ihre Mutter *immer* Putzarbeiten, Landarbeit
und Feldarbeit gemacht hat. Bei ihr war es, wie bei einigen anderen,so,
daß die Mutter aus den ärmlichen Lebensumständen und aus dem dauern-
den Streit um Geld und Lebensmittel weg wollte, vor allem aber aus der
Situation, daß der Mann 'auf der Tasche lag', und sie obendrein oft
noch durch Hausarbeit, Schläge und Sexualität, die nach seinen Bedürfnissen, nicht nach ihrer Müdigkeit ging, belastet war (siehe Elisabeth H.,
Anhang).
Dieser Überdruß der Mutter, daß sich im Alltag alles um Arbeiten und
Sorgen dreht, hat vor allem die Kindheit und Jugend der Töchter geprägt und oftmals ihren Wunsch, ja nicht so zu werden wie die Mutter,
in Bildungsinteressen gelenkt. Anne erzählt immer wieder, wie sie von
zu Hause abgehauen ist, bloß, damit sie nicht zugucken mußte, wie die
Mutter sich abrackert; wie sie zunächst bei ihren Großeltern Zuflucht
suchte und später bei Schulfreundinnen, mit denen sie über 'das Leben', Bücher, Freunde, Urlaub, was man so vom Leben erwartet,reden
konnte, wofür zu Hause kein Platz war. Sie beschreibt ihr Elternhaus
mit den Worten: "Ich hab mich als Kind schon über mich selbst erschrocken, weil ich sowas gemacht hab (da hab ich mich n halben Tag
in das Badezimmer ... einge-
schlossen), mich nich freute,
nach Hause zu kommen, sondern nur dachte, 'um Gottes
Willen, jetzt geht dieser Zirkus wieder los!' - so mit Mutter erleben und den Vater ...
ja, dieses, .. im Badezimmer
zu sein, mich selber im Spiegel anzugucken und zu sehn,
dieses verqollene Gesicht,so
daß ich mir als Kind selbst ge-

sagt hab 'du bist nicht normal .. daß de, nachdem de zu Hause bist,
erstmal heulst im Badezimmer' ". Über ihre Jahre als Schulkind sagt sie:
"..(Es war so) daß ich allein morgens aufgestanden bin, weil meine Mutter wegen ihrer Depression meist im Bett lag und Frühstück gab's nich,
... und wenn ich nach Hause kam, wußt ich genau, daß meine Mutter
mit ihrem Putzfimmel, daß sie da rumjammerte ...daß ich als Kind schon
meine Sachen gepackt hab und mir dann irgendwo Bonbons gekauft hab
von geklauten zehn Pfennig .. und abends .. ging ich zu meiner Großmutter, ... und da hab ich dann Schularbeiten gemacht ne. Also da
war's ruhig und da störte mich keiner, da hörteste keine Stimmen von
meinen Eltern". Obwohl mir Anne in ihrem Haß auf ihre Mutter eine zeitlang besonders verbissen erschien, verstand ich doch mit der Zeit,was
dahinter steckte: der Vorwurf, daß sie als Mädchen, als Kind nie ein
richtiges Zuhause hatte, nie erfahren hatte, sich zu freuen, Ruhe für
sich zu haben, sondern immer direkt in die Streitigkeiten der Eltern
und Vorwürfe der Mutter an den Vater einbezogen war. Ihre Schlußfolgerung "ich hatte immer so das Gefühl: so möcht ich nich leben!"
wird von vielen Arbeitertöchtern geteilt, eigentlich von den meisten.
Die meisten warfen ihren Müttern vor, daß sie sich alles gefallen ließen,
daß sie arbeiteten bis zum Umfallen, daß sie zwar manchmal schimpften,
aber doch nichts an ihrer Lebenssituation änderten. Was Anne sagt,fin-
det sich in den Schilderungen der anderen Frauen mehr oder weniger
ausführlich und direkt wieder: "Ich hab immer so das Gefühl gehabt,
jetzt mußte .. irgendwo als Kind merkt ich schon, was wir ihr da zumuten ist schlimmer, als was ma nem Hund eigentlich zumutet ..... ich
haute ab zu Freundinnen, - ich hätte wahrscheinlich körperlich gezwungen werden müssen, um der zu helfen ... und se tat mir in so lichten
Momenten auch leid, daß sie da so rumkroste, - aber ich war weg ne.
Das war mein andres Leben, das war wichtig, statt da Hausarbeit zu

machen.. Ich hatte innerlich immer das Gefühl, wenn die sich umbringt, also ... eigentlich versteh ich des, so möcht ich auch nich .." (Anne) Anne sagt, daß ihre Mutter ihre eigenen Interessen sehr wenig kannte und auch mit den Kindern zusammen nicht entwickeln konnte, -"ich seh des irgendwo als totales Einschlafen der Persönlichkeit .. garnichts,ausser, daß se mal n Mann anlachen konnte und in der Nachbarschaft und so" ...- wenn die meisten anderen Frauen diese Sichtweise der Arbeit ihrer Mütter auch nicht teilten, was sie fast alle merkten, war,wie ernst die Mutter durch die Armut und durch die überanstrengende Arbeit im eigenen Haushalt und Arbeiten außer Haus geworden war. Fast alle litten sie darunter, einige sagten, wenn sie nicht Ausgleich bei anderen gehabt hätten, oft bei den Großeltern, wären sie selbst noch ernster geworden als sie ohnehin schon waren. Jutta erzählt von ihrer ernsten Mutter und im Gegensatz dazu von ihren fröhlichen Großeltern: "...ich hatte das, glaub ich, alles sehr negativ dargestellt ne und, ja, ich möchte des so in Bezug auf meine Mutter eben, schon so beibehalten ne.Meine Mutter (war) halt n ernster Typ irgendwie .... aber ich hab neulich mal mit irgendjemand so über Kindheit geredet und da kamen mir sehr viel positive Sachen wieder in' Sinn, die ich so erlebt hab früher und da spieln meine Großeltern ne große Rolle .... da war auch irgendwo so das Gefühl da, das mir so zu Haus meistens fehlte: Schmusen und Gern haben und irgendwie fröhlich sein und lustig sein, und immer am Opa hängen und so."
Daran sieht man, daß enge und ärmliche Verhältnisse nicht unbedingt ernst und gefühlsarm machen, sondern genau das Gegenteil erzeugen können. Allerdings sind solche Schilderungen in Bezug auf die eigenen Eltern, und erst recht die eigene Mutter, sehr selten gewesen.Das kann bei einigen daran liegen, daß sie noch zu sehr unter den Eindrücken der bedrückenden Mutter leiden, während ich durch die Entfernung vom Elternhaus die Stärke und den Mut der Arbeiterfrauen schon eher empfinden und nachvollziehen kann.
Allerdings kommt dazu, daß ich meine Mutter eben nicht nur bedrückt und lebensmüde, sondern auch sehr aktiv und fröhlich erlebt habe.Jutta sagt auf meine Frage, woher sie denn die Kraft zum Studium hat: "Ja, die eine Kraft war .., daß ich nich so werden möchte wie meine Mutter, nich so'n Leben haben möchte wie die .., daß ich irgendwie anders leben möchte", und die andere Sache sind ihre Existenzängste, die sie immer wieder beunruhigen; trotzdem, so leben möchte sie nicht und auch nicht so wie ihre Schwester, beispielsweise oder "alle, wie sie dastehn ne, die leben zwar alle n bißchen unterschiedlich, aber trotzdem, so arbeiten, nach Haus kommen, schlafen und n bißchen Vergnügen ne."
Obwohl die meisten Frauen sich vielleicht doch nicht so bewußt überlegt haben, warum sie studieren wollten, - kommen viele zu der Ansicht,daß sie so, wie die Mutter gelebt und gearbeitet hat, nicht leben wollen. Hanne schätzt die Arbeit ihrer Mutter richtig ein - ".. die Arbeit, du mußt dir mal vorstellen, alles so dienende" (siehe Anhang) - und sie weiß, daß sie etwas anderes will. Zwei Jahre, nachdem sie ihr Studium dennoch aufgegeben hat, verrichtet auch sie 'dienende' Arbeiten: ohne Ausbildung erledigt sie alle anfallenden Büroarbeiten einer Speditionsfirma. Ihre Hoffnung richtet sich nun, da sie den 'Absprung' aus den einfachen Lebensverhältnissen der Eltern in wohlhabendere Kreise nicht geschafft hat, darauf, Geld für eine eigene Wohnung und ein paar Möbel, für einen 'stinknormalen Urlaub von Neckermann oder so' zu sparen.
Das Leben der Mutter als Orientierung ist natürlich für Mädchen am wichtigsten; aber bei Jutta kommt auch schon zur Sprache, daß eigentlich

alle gemeint sind, die so arbeiten müssen wie die Eltern, ohne Veränderungsmöglichkeiten, ohne Abwechslung, - wie es ihr auch ging, bevor sie über den zweiten Bildungsweg ihr Studium aufnahm. Roswitha meint, wie Jutta: ".. also, - der große Schrecken war, so zu leben wie sie ne, das war der große Schrecken ne" (siehe Anhang), wobei diese Äußerungen immer zu sehen sind auf dem Hintergrund des Bildungswegs, den die Frauen hinter sich haben. Ihnen haben gerade die Mütter oft die Möglichkeit eröffnet, überhaupt zur höheren Schule zu gehen, zu studieren. Die Mütter wollten es meistens, die Väter kümmerten sich nicht weiter darum. Bei Roswitha war es so wie bei vielen anderen: "Also meine Mutter ging auch arbeiten ne, .. 'ich muß doch auch arbeiten gehn, damit du es besser haben kannst!' " (siehe Anhang).

Christel sieht die Aktivität ihrer Mutter, ähnlich wie Roswitha, als belastend, gleichzeitig findet sie aber bewundernswert, wie die Mutter das fertiggebracht hat, "wie hat meine Mutter das nur geschafft? Vier Kinder .. und .. und Schulgeld mußte sie da noch bezahln ...." Ihre Mutter war, nachdem ihr Vater im Krieg gefallen war, "immer Arbeiterin". Trotzdem haben die Kinder nicht nur Realschule oder Gymnasium besucht, sondern "wir haben alle Musikunterricht gehabt, spielen alle Geige und Flöte und so weiter, alle vier Kinder" ... Antrieb dazu war ihr musikalischer Vater, der bei Festen auf dem Dorf aufspielte und gerne Musik studiert hätte; was die Mutter auch von Christel erwartete, die Flöte und Geige spielen konnte, bevor sie in die Schule kam. Christel entschied sich - gegen den Willen ihrer Mutter - für deren Interessen: "Meine Mutter hat immer davon geschwärmt, Astronomie zu studieren". Christel studierte Metereologie und sagt dazu: "..in der Hinsicht hat meine Mutter auch wieder n bißchen Schuld. Meine Mutter guckt furchtbar gerne Sterne und nicht nur nach'n Sternen, sondern auch nach'n Wolken und, - und wenn wer Rüben verzogen haben oder dann, und ein Gewitter zog auf ne, - weder meine Mutter hatte Angst vorm Gewitter noch ich, sondern hat uns alles fasziniert, wie die Wolke da emporschoß und wuchs und die Blitze und so, da ham wir uns aufm Feld hingeworfen und so, ... mein Gott! Und dann lagen wir auch da und ham auch zum Himmel geguckt ne, - und die Wolke und das Wetter und wie is das und das und das (lacht dabei sehr glücklich) - damals hab ich nicht gewußt, wie glücklich ich war meine Güte!"

Während die einen als Kind mehr die traurige Seite des Lebens einer Arbeiterfrau erlebten, - vor allem deren ständige Überarbeitung und Bedrücktsein durch die Lebensverhältnisse, haben andere zumindest etwas von der Lebensfreude der Mutter in der gemeinsamen Arbeit erlebt, - wie bei Christel war es auch oft bei mir, und bei anderen, die ich hier leider nicht alle zu Wort kommen lassen kann. Während ich gar nicht so froh war darüber, daß meine Mutter arbeiten ging, - weil ich viel im Haushalt helfen mußte, aber auch, weil ich dadurch oft ganz allein war, empfanden andre es als Erholung oder Bereicherung, denn: "meine Mutter, die is immer streng gewesen ... is ne ziemlich resolute Frau, ..die hat auch nicht davor zurückgeschreckt, uns mitten auf der Straße, wenn wir uns eben nicht wohlanständig verhalten haben, eine runterzuknalln und so", sagt Christel. Deshalb war sie auch ganz froh, daß sie dem Einfluß ihrer Mutter ein bißchen entkommen konnte .. "das is wieder für mich das Gute gewesen, nämlich meine Geschwister, die sind viel eingeengter .., ich bin mir selbst überlassen gewesen, weil meine Mutter so viel gearbeitet hat, konnte ich mich n bißchen freier entwickeln."

Auch die beengten Lebensverhältnisse, die von außen, besonders in der wissenschaftlichen Literatur zu diesem Thema fast nur als beengend und schrecklich erscheinen, sind sehr unterschiedlich erlebt worden.Besonders bei denen, die insgesamt mit dem Leben im Arbeitermilieu nicht mehr viel zu tun haben wollen und froh sind, daß sie die Ausbildung geschafft haben, kam vor allem der einengende und ihre Entwicklung hemmende Aspekt der engen Wohnverhältnisse zur Sprache. Bei den anderen,die viele Aspekte des Arbeiterlebens nach wie vor gut finden, die auch insgesamt ihre Herkunft eher positiv sehen als daß sie sie vergessen wollen, kam oft heraus, daß sie die Enge als Kind nicht empfanden und es für sich, aber auch für die Eltern besser fanden, in der Verwandt- und Nachbarschaft aufgehoben zu sein als im Kindergarten. Sie meinten auch, daß sie es eigentlich besser fänden, wenn die Kinder mit den Erwachsenen zusammenlebten. Angelika sagt: "Wir ham mit ganz vielen Verwandten in einem Haus gewohnt, ..gut, es ham viele Leute, bestimmt immer drei oder vier in einem Zimmer geschlafen, ne, aber irgendwo fand ich das besser, denn da konnten eben mehrere arbeiten gehn und ein Teil dann eben die Kinder verwahrn und so ne."

In der gesamten Literatur über die Arbeiterkultur und über proletarische Lebenszusammenhänge wird das Leben der Arbeiterfrauen, wie es als Zusammenhang von Arbeiten gehen, Kinder und Haushalt führen und offenen Nachbarschaftsbeziehungen im Alltagsleben existiert, kaum so beschrieben, daß man die immense Arbeit der Frauen darin wiederfindet, geschweige denn den Wert, den diese Arbeit für die eigenen Mütter hatte,darin wiederfinden kann.
Arbeiterfrauen wußten, was Arbeiten heißt, auch wenn sie nicht erwerbstätig waren. Den Haushalt in einer engen und mit wenigen Mitteln eingerichteten Wohnung in Ordnung zu halten, ist eine ungeheure Arbeit, - zumal mit Kindern und einem Mann, der sich eigentlich garnicht so viele Gedanken macht, ob das Geld für die nötigsten Dinge überhaupt reichen kann oder nicht. Und unter diesen Bedingungen ein Familienleben herzustellen, ist wirklich ein Kunststück, - das die meisten Arbeiterfrauen fertigbringen (mußten).

Die ungeheure Anstrengung der proletarischen Frau, einen 'Lebenszusammenhang' herzustellen, wo die Arbeits- und Lebensverhältnisse einen Zusammenhang der Familie eher verhindern, wird dort in keiner Weise adäquat dargestellt! 'Volkskultur der Arbeiter' wird oft gleichgesetzt mit Vereinsleben, Kneipenbesuchen, kulturellen Versammlungen der Männer (vgl. S.Reck 1977). Außerdem werden Kirmes und Musikveranstaltungen, Familienfeste, sowie für das Arbeiterleben spezifische solidarische Umgangsformen darunter gefaßt (E.Lucas 1976, D.Puls u.a.). Es geht in den meisten Fällen um 'den' politischen oder bürgerlichen, familienorientierten Arbeiter (S.Reck). Einzige Ausnahme ist die schon genannte Untersuchung von Li Fischer-Eckert über die Situation der Arbeiterfrauen, die bei E.Lucas und K.Theweleit erwähnt wird. Aber selbst in dieser Untersuchung spricht trotz der durchweg guten, d.h. realistischen Darstellung des Lebens von Arbeiterfrauen häufig eine moralisierende Haltung gegenüber den Anstrengungen und dem Versagen der Arbeiterfrauen, ihr Leben zu meistern. Nach meiner Ansicht ist das aus der Herkunft der bürgerlichen Moral und entsprechenden Vorstellungen von 'normalen Familienverhältnissen' zu erklären, die die Forscherin teilt.

In der Zeit nach dem 2.Weltkrieg, als die Wohlstands- und Konsumideologie sich Befriedigung und Stillegung proletarischer Ausdrucks- und Protestformen auch das Arbeiterleben erfaßte, wurde die Situation vieler Arbeiterfrauen durch den 'neuen Wohlstand' nicht etwa verbessert, sondern in sozialer Hinsicht eher schlechter. Der 'Wohlstand' sowie die 'neue Chancengleichheit' in der (Aus-)Bildung für Arbeiterkinder wurde über ihre Arbeitskraft mitfinanziert; im Bereich der Bildung fast ausschließlich über ihre. Vor allem bei Familien mit mehreren Kindern reichte der Verdienst des Mannes kaum zum Leben. Bis auf Anne's Mutter waren fast alle Mütter berufstätig. Für darüber hinausgehenden 'Luxus' war es unabdingbar, daß die Frau mitarbeitete. Unter der Zergliederung der Arbeiterschaft in jene, denen es gut ging, die sich hochgearbeitet hatten, sich an kleinbürgerliche Konsum- und Lebensgewohnheiten mehr oder weniger anpaßten und jene, die nach wie vor kaum genug zum Leben hatten; unter der Zerstörung von Wohngebieten und sozialstaatlichen Maßnahmen in anderen Bereichen hatte vor allem die Arbeiterfrau zu leiden, die jetzt auch ihre elementarsten Möglichkeiten zur 'öffentlichen' Kommunikation mit Nachbarn sowie eines Teils ihrer verantwortlichen Tätigkeiten beraubt wurde, ohne daß gleichzeitig andere Möglichkeiten der Entfaltung im Berufsleben wie im kulturellen/sozialen Bereich bestanden. Die Rede von dem unermüdlichen 'Ordnungsfimmel' proletarischer Hausfrauen oder ihre Gleichgültigkeit gegenüber Haushaltsdingen und Kindererziehung mutet von daher zynisch und arrogant an. Ebenso wie neuerdings oft von bürgerlichen Frauen zu hören ist, daß Arbeiterfrauen es doch besser hätten als sie, weil sie immer arbeiten 'durften', während sie von jeglicher Arbeit ferngehalten wurden, sich statt dessen mit Kultur und für die spätere standesgemäße Heirat wichtigen Dingen - wie Stricken, Häkeln, Lesen, Einübung von für die Konversation angebrachten Fähigkeiten, Lächeln, entzückend sein - beschäftigen 'mußten'. Aus diesen Einschätzungen der Situation der Arbeiterfrau spricht die völlige Unkenntnis ihres wirklichen Lebens. Ihre Wünsche und Hoffnungen können sich, bedingt durch enge und stereotype Wohnungen, oft nur im Ordnungssinn ausdrücken. Alltagssorgen werden in der Tat aufgewogen durch Arbeiten, Ordnung ins Alltagsleben bringen, Sorge für die Nächsten. Die Kulturindustrie und die Massenmedien haben zur Entwertung ihrer Arbeit und ihres Wirkungsbereichs beigetragen. Wo sie früher die Möglichkeit hatte, mit Bekannten und Nachbarn, aber auch mit der Familie gesellig zusammenzusitzen, Dinge zu besprechen, an denen alle beteiligt waren, wird heute der Fernsehapparat eingeschaltet. Wo sie früher mit ihrer Arbeitskraft etwas für die Familie tat, wird heute gekauft. Ihre Lebensbedingungen haben sich dadurch nicht verbessert. Sie muß das alles mitbezahlen, - häufig genug arbeitet sie, damit das Auto bezahlt werden kann, damit Getränke im Haus sind für den Fernsehabend, damit die Kinder eine Ausbildung und die notwendige Kleidung erhalten können. Sie hat davon für sich selbst am wenigsten.

"Die Nachkriegsperiode erlebte die einschneidende Kapitalisierung der Freizeitbeschäftigung der Arbeiterklasse, z.T. als 'Amerikanisierung' empfunden ... Die Wohlstands-Verbürgerlichungsthese und (die) Analyse der Vereinnahmung der Ideologie und informellen Lebensweisen der Arbeiter legen nahe, daß die Arbeiterklasse drauf und dran war, ökonomisch bestochen und kulturell bevormundet zu werden" (Centre for Contemporal Cultural Studies 1976, S. 35 u. 37).

Die moralische Rechtfertigung der Ausbeutung hatte durch diese Ideologie und die Verbreitung des Massenkonsums andere Formen angenommen als die direkten Formen der Ausbeutung im 19. Jahrhundert und zu Beginn des 20. Jahrhunderts.

Lohnerhöhungen und Arbeitszeitverkürzungen erwiesen sich als wirtschaftliche Investitionen, weil klar wurde,daß eine weniger ermüdete, besser genährte und mit sogenannten Wohlstandsartikeln versehene Lohnarbeiterschaft mehr leisten konnte als überarbeitete Menschen;und weil dadurch das Widerstandspotential auf subtilere Art gebrochen werden konnte. Eine 'Arbeiterbewegung', wie die Gewerkschaft der Nachkriegszeit, die staatstragend mitarbeitet, ist mehr wert als eine,die von unten her Streiks organisiert und über Lohnanreize hinausgehende Forderungen stellt. Es zeigt sich immer wieder, daß Arbeiter sich davon trotzdem nicht einschläfern lassen; und daß sie, - wenn sie sich von Tarifverhandlungen zwischen Gewerkschaftsvertretern und 'Arbeitgebern' verraten fühlen, auf spontane, 'wilde' Ausdrucksformen zurückgreifen (vgl. auch den Kampf der Stahlarbeiter in Lothringen im März 79). Und es zeigt sich auch, daß dann direkte Formen der Gewalt gegen sie angewendet werden, wie Polizeieinsatz, Kündigungen, Aussperrungen. Ein Teil dieser Maßnahmen ist freilich bürokratischem Handeln gewichen, das direkte Formen des Handelns immer mehr auf entfremdete, bürokratische Ebenen und entsprechende Argumentationsmodelle verweist (vgl. Tabu-Katalog der Arbeitgeber als Reaktion auf den Metallstreik 1978).

Die 'nivellierte Mittelstandsgesellschaft' hat die materiellen und kulturellen Unterschiede zwischen den Klassen verfeinert, aber nicht abgebaut. Die Lebens- und Wohnkultur, wie auch die Arbeit unterscheidet sich zwischen Arbeitern und bessergestellten Angestellten, erst recht der neuen Schicht der 'technischen und wissenschaftlichen Intelligenz', den Technokraten und Managern (zu denen nicht nur die Wirtschaftsführer und die politische Führung in den Betrieben und Parteien gehören, sondern auch ein Teil der Gewerkschaftsführung) immer noch krass, auch wenn Arbeiter teilweise eine (klein-)bürgerliche Lebensweise und deren ästhetisches Stilempfinden übernommen haben (vgl. auch F.U.Pappi/I.Pappi 1978), auch wenn teilweise die Löhne von Fach- und Schichtarbeitern denen der unteren/mittleren Angestellten angeglichen sind.

"Es ist zwar ein Verdienst der gewerkschaftlichen Tarifpolitik, wenn heute die Erwerbseinkommen der Arbeitnehmer weniger differenziert als in früheren Jahren sind, zumal auch die überproportional steigende Steuerbelastung dazu geführt hat, daß die Nettoeinkommensschichtung der Arbeitnehmerhaushalte ausgewogener ist. Disparitäten bestehen jedoch noch immer" (R.Marckwald 1980, S.14).
Demnach hatten Arbeiterhaushalte 1978 ein Brutto-Erwerbs- und Vermögenseinkommen von höchstens 1750 DM; im Bereich von 1500-2500 gab es eine Konzentration der Arbeiterhaushalte, während knapp ein Zehntel unter 1250 DM hatten; 50% verfügten über 2250 DM, am häufigsten waren 2100 DM Einkommen.
Bei den Angestelltenhaushalten lag das verfügbare Einkommen bei einem Zehntel monatlich unter 1500 DM; bei einem weiteren Zehntel unter 2000 DM, am dichtesten zwischen 2000 und 3000 DM und am häufigsten bei 2200 DM (ebenda,S.12).

Erfahrungen mit der Wohlstandsgesellschaft:
Proletarische Menschen wehren sich gegen die Zerstörung ihrer Kultur

4. Die 'neue' Arbeiterkultur:
der gebrochene Widerstand und ein Rest an 'schöner leben' und Zusammenhalt? - und wie die Arbeitertöchter das Problem der 'höheren Bildung' verarbeiten

Erst in den siebziger Jahren setzte sich in der Bundesrepublik die Auffassung durch, daß es nicht genügt, "Momente der Betriebssituation (Qualifikation und Dequalifikation von Arbeitskraft, Situation am Arbeitsplatz,Stellung im Produktionsprozeß) 'als objektive Faktoren der Bewußtseinsbildung und des Bedürfnisses nach Veränderung zu betrachten" (E. Lucas 1976,S.12). Jetzt formulierten Sozialwissenschaftler den Anspruch, "den proletarischen Lebenszusammenhang in seinem historischen Entstehungskontext und in seiner Totalität zu erfassen" (S.Reck 1977,S.7). Begriffe wie: 'das Proletariat', 'die Arbeiterklasse' und das 'Arbeiterbewußtsein' wurden nicht mehr als fixe Kategorien gesehen, sondern als 'erfahrenes Verhältnis des Konfliktes und des Kampfes' gegen die herrschende Klasse (T.Mason 1977,S.8). Damit wurden proletarische Menschen von den Intellektuellen eigene Lernprozesse 'zugestanden', die ihr Bewußtsein und ihren Veränderungswillen aus den eigenen Lebenszusammenhängen und geschichtlichen Erfahrungen erklärbar machten.Dieser Prozeß löste eine Geschichtsschreibung ab, die nur die traditionell organisierte Arbeiterbewegung (in kommunistischen und sozialdemokratischen Parteien) erfaßte. Die Organisationen der Arbeiterbewegung selbst zogen die fest institutionalisierten und organisierten Aktionen und Meinungen der Arbeiter der 'nicht-öffentlichen', informellen Arbeiterkultur vor. Sie paßten sich dem Modell der bürgerlichen Öffentlichkeit an, die nur das gelten läßt, was in ihrem Sinne öffentlich geschieht. Öffentlich heißt dann auch, daß ihre Interessen in jenen Organisations- und Ausdrucksformen zur Sprache kommen müssen, die die bürgerliche Gesellschaft vorschreibt. Formen des Widerstands und Protest, spontane Aktionsformen, die sich keiner Organisationsdisziplin 'von oben' unterwerfen, wurden verdrängt. Sie existierten aber immer in viel größerem Ausmaß als angenommen wurde (R.Tilly 1977; G.Korff 1979; B.Mahnkopf 1978; W.Fuchs 1980).

In England haben Sozialwissenschaftler schon in den 50er Jahren damit begonnen, das Leben der Arbeiter außerhalb des Betriebs zu untersuchen. Gegenstand dieser Untersuchungen waren vor allem das 'Privatleben' - Wohnsituation, Nachbarschaftsbeziehungen, Lebensstandard und politische Orientierungen - der Arbeiter. Ausgelöst wurden sie durch die gesellschaftliche Situation, daß der zunehmenden Macht der Wirtschaftsverbände und der Massenmedien auf seiten der Arbeiterschaft scheinbar durch Widerstandsunfähigkeit begegnet wurde. Die (neue) Strategie der herrschenden Gesellschaftsschichten, die Zustimmung der Massen dadurch zu gewinnen, daß sie ihnen bewußt einen 'Kulturstempel' aufdrückte, eröffnete eine breite Diskussion über die 'Verbürgerlichung' traditioneller Arbeiterschichten und ihre Ablösung durch den 'neuen' Arbeitertypus, den 'Wohlstandsarbeiter'. In diesem Zusammenhang wurde Arbeit vor allem als Lohnerwerb betrachtet. Festgestellt wurde: Arbeiter denken vor allem materiell. Sie wollen ihre Arbeitskraft im Betrieb möglichst teuer verkaufen und gehen befriedigenderen Beschäftigungen außerhalb des Betriebs, in ihrer Freizeit, nach. Dieser Begriff

des 'Wohlstandsarbeiters' löste den der 'Arbeiteraristokratie' ab. Gemeinsam war beiden, daß sie 'als Einfallstor für bürgerliche Werte' in die Arbeiterschaft dienten (Pollard) und daß ihre Existenz allgemein als Beweis dafür galt, daß die begrenzten Lebenschancen der Arbeiterschaft
ihre eigene Schuld seien und nicht dem Gesellschaftssystem zugeschrie-
ben werden durfte. Gesellschaftlich-wirtschaftliche Gründe traten so
hinter individuell-moralischen Kategorien des bürgerlichen Denkens zurück.

Dennoch konnte keineswegs von einer fortschreitenden Integration der
Arbeiter in die bürgerliche Gesellschaft gesprochen werden. Goldthorpe/
Lockwood 1967/68 und Kern/Schumann 1970) kamen in ihren Untersuchungen zu dem Schluß, daß selbst relativ gutbezahlte 'wohlhabende Arbeiter' in ihrer "außerbetrieblichen Lebensweise keineswegs die Züge der
'middle class' "(M.Osterland 1975,S.168) annehmen. Die 'neue' Lebensweise bestand vor allem darin, daß Verwandtschaftsbeziehungen zugunsten der Konzentration auf 'Haus und Familie' abnahmen; bedingt durch
den Umzug in eine fremde Umgebung, in der die Arbeiter sich eine neue
Arbeitsstelle gesucht hatten. Überdies wurde der "relativ hohe Lebensstandard vor allem durch 'die normale Praxis' von Überstunden erreicht"
(M.Osterland 1975,S.169).

'Arbeiterkultur' in dieser Form trat als eigenständiger Bereich der gesellschaftlich herrschenden Kultur dann gegenüber, als gewachsene Sozial-
und Kommunikationsformen der Arbeiterschaft durch wirtschafts- und so-
zial(kommunal)politische Entscheidungen zersetzt wurden.

"Die Kraft der Arbeiterkultur entstammt ihrer langandauernden volkstüm-
lichen Tradition und es gelang ihr, sich in den Jahren der Industrialisierung an die neuen Klassenerfahrungen anzupassen. Sie war auch stark
genug, ihre Unabhängigkeit bis in das 20.Jahrhundert zu wahren.Be-
zeichnenderweise sind es gerade die Historiker, die aus diesem Milieu
selbst hervorgegangen sind, die heute die Geschichte der englischen
Arbeiterkultur von neuen Gesichtspunkten aus betrachten"(S.Pollard
1979,S.166).

Sie hielten am 'Fortbestand des Gegensatzes bürgerlicher und proletarischer Kultur' fest (W.Lepenies) und stellten den bürgerlichen Kulturbegriff überhaupt in Frage.
"Gegen die bürgerliche, auf die Hervorbringung von 'Werken' hinorien-
tierte Einschränkung des Kulturbegriffs, die ja zugleich die Voraussetzung ist für die Behauptung einer angeblichen 'Kulturlosigkeit' der Arbeiterklasse, beharren die britischen Forscher auf einem *umfassenden,
lebensbezogenen Begriff von Kultur*" (Hervorhebung vom Verfasser; M.
Vester 1976,S.62).

Unter 'Arbeiterkultur' wird hier eine Lebensweise verstanden,nicht etwa proletarische Kunst als besondere Form der Freizeitbeschäftigung.
Überhaupt unterscheidet sich dieser Kulturbegriff grundsätzlich von
dem der bürgerlichen Kultur: während diese sich auf - ästhetische und
künstliche - Gegenstände und Ausdrucksmittel, auch Umgangsformen,
bezieht, hat jene es mit grundlegend gemeinschaftlichen Formen der Entwicklung und der Beschäftigung zu tun.
'Arbeiterklassenkultur' ist vornehmlich gesellschaftlicher, weniger individueller - insbesondere nicht intellektueller oder künstlerischer - Natur. Sie ist Ausdruck der sozialen Beziehungen unter Angehörigen der
Arbeiterklasse; was bedeutet, daß sie zugleich die Solidarität unterein-

ander ausdrückende und festigende Lebensäußerungen hervorbringt.

"Was dem Bürger sein Goethe, ist dem Arbeiter seine Solidarität" (M. Vester 1976), umschreibt den Gegensatz zwischen proletarischer und bürgerlicher Kultur treffend. Obgleich – wie schon ansatzweise beschrieben – Arbeiter nun auch dieses Bereichs ihres Ausdrucksvermögens und der Selbstverwirklichung durch die Kulturindustrie und Massenproduktion immer mehr enteignet werden, bleiben widersprüchliche Momente dieser proletarischen Lebenskultur erhalten. Arbeiterkultur äußert sich nicht im 'Massenkonsum', sondern darin, daß Arbeiter lachen und sich auf die Schulter klopfen, sich beistehen, obwohl sie nicht wissen, wie sie den Kredit und die nächsten Raten bezahlen sollen, die höhere Miete, Heizungskosten, was Anzuziehen für die ganze Familie, die Reparatur für's Auto, Steuern und Haftpflicht, die kaputte Waschmaschine oder eine neue, den Urlaub, – das bißchen Fröhlichkeit am Sonnabend beim Fernsehen oder Kartenspielen mit Nachbarn; obwohl sie nicht wissen, wie lange sie ihren Arbeitsplatz noch behalten werden.

Sich trotz dieser Belastungen und der anstrengenden Arbeit von Mann und Frau ein bißchen zu freuen, über Kleinigkeiten, – lächelnde Augen, eine freundliche Bemerkung; Musik machen oder hören und ausgelassen sein, das alles ist Arbeiterkultur.

Sie ist die umfassende Daseinsweise von Menschen, die tagsüber körperliche, oft automatische und stumpfsinnige Arbeit verrichten und sich nach Feierabend auf Ruhe und Zusammensein mit der Familie freuen. Und die trotz Feierabend nicht abschalten, müßig herumsitzen, einfach die Zeit vertun können, sondern unablässig tätig sein müssen, getrie-

ben von der Arbeitshektik und dem Wunsch, außerhalb der 'Arbeit'
noch etwas Sinnvolles für sich zu tun.
Einfach die Zeit vertun, Dinge genießen, das gibt es in Arbeiterfamilien
kaum. Sicher gibt es Gespräche um den Wohnzimmertisch oder in der
Kneipe mit Freunden und Bekannten; die Frauen unterhalten sich meistens im Treppenflur oder auf der Straße. Aber alle Gespräche kreisen
um die eigene Lebenssituation. Da gibt es keine 'gehobene' Unterhaltung,
Konversation, spielerische Diskussionen um etwas, worum es nicht wirklich geht. Da geht es immer um etwas: um das eigene Leben und was
man tun kann, 'daß es anders wird'. Das bedeutet, sich am Leben erhalten, Ruhe finden und sich als Menschen fühlen können. Oft ist das Gefühl, austauschbare Arbeitskraft und wertlose Masse zu sein, in der der
Einzelne nichts gilt, bedrückender und belastender als die wirklichen
Geldsorgen und die ständig drohende Arbeitslosigkeit. Beides hängt unmittelbar zusammen.

In dem Berliner Projekt "Jetzt reden wir" - Betroffene des Märkischen
Viertel, reden Arbeiter und Arbeiterinnen offen über ihren Notstand.
Sie erkennen ihre grenzenlose Abhängigkeit von wirtschaftlichen Dingen, Arbeitsbedingungen, Kreditverpflichtungen. Ihre 'Gedankenfreiheit',
die täglich von morgens bis abends im Betrieb zerschlagen wird und die
sie am Wochenende auch nicht mehr 'hervorholen' können, endet dennoch
von Vorstellungen vom besseren Leben, in dem sie ihre eigenen Bedürfnisse und Fähigkeiten entwickeln können. "Unsereiner, wir wartn doch
darauf, daß wir mehr Spielraum kriegen" (1975,S.193) und "(der Arbeiter) muß mehr Geld für weniger Arbeit kriegen, daß er erst mal finanziell mehr Luft und mehr Zeit hat" (S.193). Dazwischen aber Gedanken
wie die Einschätzung ihrer gegenwärtigen Situation: "Wenn du wirklich
alles zusammen nimmst, was also wirklich alles so ist, dann bleibt dir
als logische Folgerung wirklich nur, ausm Fenster zu hopsen" (S.179).

Sie erkennen die Schwierigkeiten der Solidarität untereinander,den Neid
auf ein paar Pfennige mehr Verdienst beim anderen, das Problem, sich
gegenseitig bei Eheproblemen, bei der Beaufsichtigung der Kinder,bei
finanziellen und beruflichen Schwierigkeiten und der beklemmenden Wohnsituation, die sie voneinander isoliert, zu helfen. Und sie führen diese mangelnde Solidarität auch darauf zurück, daß sie jetzt im Wohnvier-
tel nicht mehr alle in der gleichen Lage sind:
"... das is auch raffiniert gemacht, ... daß immer so durchlaufend Woh-
nungstypen da drin sind, wo dann Leute einziehn, die besser gestellt
sind vom Beruf her und eben vom ganzen sozialen Kram ... und das is
wirklich Absicht: damit die Leute sich nicht solidarisieren! Wo wir in
Bergkamen gewohnt haben, da waren alles Bergleute ... da hielten die
zusammen. Das war einfach der gleiche Stand ... Du wirst eben nur
Leute aktivieren können, denen es dreckig geht, die anderen fallen aus.
Und so is eben das ganze Märkische Viertel gemacht: Überall haben se
immer solche Hemmnisse eingebaut in Form von Leuten, denen es gut
geht" (S.143/44).

*Diese Probleme stellten sich übrigens auch in der Gruppe der Frauen,
die sich nach zahlreichen Einzelgesprächen mit mir alle paar Wochen gemeinsam trafen (vgl. Kap. 1). Die Unterschiede waren zu groß. Während einige nicht wußten, wovon sie übermorgen leben sollten, wie sie
ihre Prüfungsängste, ihr Problem mit ihrer Sprache und Denkweise, bewältigen sollten, plänkelten andere am liebsten über Gott und die Welt;
über Freunde, Kultur, alternative Lebensmöglichkeiten, wie sie in Ge-*

sprächen an der Hochschule Mode sind.
Bei einigen war aber das Empfinden für ihre Notlage so groß, daß sie
den Zusammenhalt der Gruppe nötig gebraucht hätten, um wirklich in
ihrem Alltagsleben eine Rückenstärkung zu haben. Das klappte nicht.
Die einen wollten von den Problemen der anderen möglichst wenig hören, wechselten abrupt das Thema und gingen plötzlich früher nach
Hause, so daß nur noch Einzelgespräche über die Probleme einiger Frau-
en möglich wurden. Selbsthilfe und auch der von einigen Frauen unter-
stützte Anspruch, anderen Frauen, die in einer ähnlichen Lage sein
könnten, ein 'Lebenszeichen' zu geben, scheiterten an den Unterschie-
den. Allerdings ist mir aufgefallen, daß solche Dinge zu zweit oder zu
dritt viel besser gingen; daß ein ganz unmittelbarer persönlicher Kontakt notwendig war, um zuhören und richtig verstehen zu können,was
mit der anderen los war. In der Gruppe ging der wechselseitige An-
näherungsprozeß nie so weit, daß sich eine Frau wirklich auf die drän-
genden Probleme der anderen einließ; obwohl die Gruppe, die sich monatlich traf, höchstens aus sieben Frauen bestand.
Ein wesentlicher Grund war aus meiner Sicht, daß sich einige außer-
stande fühlten, sich wieder Probleme mit dem Geld, der Arbeits- und
Lebenssituation anzuhören, was sie zu Hause jahrelang erlebt hatten
und jetzt nicht mehr wollten. Sie äußerten immer wieder die Angst,daß
sie dann selbst wieder Beklemmungen kriegten. Das waren übrigens dieselben Frauen, die froh waren, wenn ihnen jemand Geld lieh, ohne lange zu fragen, wofür und wann sie es zurückgeben könnte; wenn ihnen
jemand bei der Arbeit half oder einfach zuhörte; durch sein Verhalten
zeigte, daß er sie verstand. Diese mehr selbstverständliche, nichtver-
bale Ebene war in der Gruppe zunächst nicht möglich, weil sich alle zu
wenig kannten.
Außerdem war es so, daß jede einzelne durch Geldmangel, alleine leben,
Arbeitsschwierigkeiten so belastet war, daß kaum Möglichkeiten vorhanden waren, den anderen zu helfen. Auch das ging dann wieder eher
zwischen einzelnen Frauen, wo mehr Zutrauen entstehen konnte und die
Probleme nicht so geballt von allen Seiten auftraten.
Dieser Widerspruch zog sich durch alle Treffen: einerseits die eigenen
Probleme zu äußern und die der anderen hören zu wollen; andererseits
endlich befreit sein wollen von dem ewigen Existenzdruck, ausgelassen
und fröhlich sein können.

Wenn vor allem marxistische Sozialwissenschaftler 'die Arbeiterklasse'
jetzt als 'erfahrenes Verhältnis des Kampfes gegen die herrschende
Klasse' sehen, so fehlt meiner Ansicht in ihren Analysen der Aspekt,
wie sich in der konkreten Erfahrung dieser Kampf innerhalb der Arbeiterklasse auf der Ebene des Alltagslebens im proletarischen Lebenszusammenhang auswirkt. Die Strategie, daß Arbeiter immer wieder in Tarifverhandlungen, durch Rationalisierungsmaßnahmen ('Sozialpläne'),
durch Kommunalpolitik, die von wirtschaftlicher Effinzienz getragen wird,
betrogen werden; daß man ihnen ihre Forderungen 'hinterrücks' abkauft;
einzelne herausgreift und sie unter Vorwänden entläßt, führt dazu,daß
sie sich auch untereinander 'bekämpfen', sich konkurrenzhaft oder gleichgültig gegeneinander verhalten. Ihr Kampf ist also Kampf gegen 'die
herrschende Klasse', und zugleich - ein oft verzweifelter - Kampf gegeneinander. Der Klassenkampf, der von oben geführt wird, bewirkt,
daß er sich auch 'unten' abspielt. Existenzangst wird durch die tägliche Arbeitssituation, und besonders in - spontanen - Streikaktionen
durch den kollektiven Widerstand der 'Arbeitgeber' (letztes Beispiel:

'Tabu-Katalog' der Arbeitgeberverbände) sowie der einzelnen Unterneh-
mensführung systematisch erzeugt. Eine weitere Strategie, die Arbeiter 'klein zu kriegen', ist die Konsumindustrie, die Arbeiter zwingt,
Dinge zu kaufen, die sie zum Teil sogar selbst herstellen; sie in ständig neue Unsicherheit versetzt (Abzahlungen, Erhaltung des Lebens-
standards orientiert an dem der anderen im Betrieb, im Wohngebiet),
die sich auch in ihrem Bewußtsein niederschlägt.
Das führt dazu, daß Arbeiter in den eigenen Reihen 'auseinanderbrök-
keln', bei Rationalisierungsmaßnahmen von sich aus kündigen und einer 'Abfindung' zustimmen, wie sie in den 'Sozialplänen' der Unterneh-
mensleitung zur Aufrechterhaltung oder Herstellung des Arbeitsfriedens
vorgesehen sind.
Ein Teil kündigt, ein anderer wird gekündigt, der Rest macht Überstunden. Das sind Erfahrungen, die Arbeiter und Arbeiterinnen im Betrieb
immer wieder machen, die als lebensgeschichtliche Erfahrung und als
geschichtliche Tradition bestätigt wird und sich ins Leben der Arbeiterfamilie und ihrer sozialen Beziehungen fortsetzt.
Alle *wissen* zwar, daß unbedingter Zusammenhalt notwendig ist, dennoch
arbeiten die Umstände und die Menschen selbst, auch wenn sie es gar
nicht wollen, immer wieder gegen den Zusammenhalt. Ohne diesen inneren Kampf in der Arbeiterschaft, zwischen einzelnen Familien und im
einzelnen Arbeiter selbst wäre die proletarische Lebenssituation unzu-
reichend und das heißt: unrealistisch beschrieben. Massenentlassungen,
drohende Arbeitslosigkeit, Krankheiten sind Teil des Arbeiterlebens, der
ihnen Energien nimmt, die sie für gemeinsame Aktionen brauchen; schließlich führt es dazu, daß jeder sehen muß, wie er allein durchkommt, die
eigene Existenz absichert. Dennoch ist das Bedürfnis nach Solidarität
im täglichen Leben, nach mehr Spielraum und Bewegungsfreiheit für
alle, nach Selbstbestimmung, vorhanden. Wenn es im Arbeiterleben eine Erfahrung gibt, die sich ständig wiederholt, dann die, daß man 'auf
keinen grünen Zweig kommt', egal, wie man es anstellt; schon dadurch
entsteht der Zwang zur Gemeinschaft. Egoismus bedeutet im Arbeiterleben: den anderen zum Leben brauchen. Unabhängig vom anderen zu
leben, den anderen im Konkurrenzkampf auszustechen, wie es als Grund-
pfeiler der bürgerlichen Existenz hochgehalten wird, gibt es, wenn es
nach den Bedürfnissen der Arbeiter und ihrer Frauen geht, eigentlich
nicht. Arbeiter haben und brauchen zum Leben den anderen Menschen,
statt Geld, Besitz und Waffen.
Deshalb trifft jede Niederlage, jeder Rückschlag sie 'bis ins Mark'; so
werden ihre Menschlichkeit und ihre Arbeitskraft in bestimmten Abständen zerstört. *So verkehrt sich unter harten Existenzbedingungen das
Bedürfnis, mit dem Menschen zusammenzuleben und zu arbeiten, auch
in den Kampf gegen ihn; diese zwei Seiten sind immer Teil des gemeinschaftlichen Lebens von Arbeitern.*
In der Arbeiterfamilie zeigt sich, daß die Gemeinschaft lebensnotwendig
ist und zugleich alle überfordert; der Einzelne wird zuviel gebraucht
(da sich alles nur auf wenige Menschen konzentriert), obwohl er gar
nicht die Kraft hat, soviel gebraucht zu werden. Die Ehepartner konzentrieren sich aufeinander, weil einer alleine zu wenig ist, nicht genug Geld verdient, um alleine, 'unabhängig' vom anderen leben zu können; weil zur Erholung von der Arbeit die Hilfe und Fürsorge des anderen notwendig ist. Meistens reicht auch das nicht aus, wenn Kinder
vorhanden sind. Kinder sind in der Arbeiterfamilie - immer noch - notwendig als Arbeitskraft; sie leben praktisch unter den gleichen Bedingungen wie die Erwachsenen; werden frühzeitig als Mitverdiener gefor-

dert.

Aus den Schilderungen der Frauen, die sich eine höhere Schulbildung und das Studium 'erkämpft' haben, wird deutlich, wie schwierig die Durchsetzung solcher individueller Interessen in der Arbeiterfamilie ist; verschärft dadurch, daß Mädchen bis heute in der Arbeiterfamilie selbstverständlich eine Fülle von Arbeiten leisten, die unbezahlt sind und für die Aufrechterhaltung der Familie, wenn beide Elternteile arbeiten gehen, unerläßlich ist. Dazu kommt, daß solche Bildungsinteressen bei mehreren Kindern meistens nur für ein Kind in Frage kommen; wenn Brüder vorhanden sind, gehen sie vor.

Dieser Existenzkampf miteinander und gegeneinander ist durch die Wohlstands- und Aufstiegsideologie noch verschärft worden. Auf den Aspekt der Mehrbelastung aller Familienmitglieder durch Mehrarbeit und durch Wegfallen von sozialer Kommunikation innerhalb der Familie und mit Verwandten/Nachbarn wird im Folgenden noch näher eingegangen. An dieser Stelle erscheint es mir zunächst wichtig aufzuzeigen, wie der sogenannte 'Wohlstand' menschliche Umgangsformen verhindert und die Existenzangst sogar noch verstärkt; also genau das Moment der gegenseitigen Konkurrenz und Gleichgültigkeit in den überwiegend an der Gemeinschaft orientierten Lebenszusammenhang von Arbeitern einführt, das für die bürgerliche Lebensweise kennzeichnend ist.

Das führt dazu, daß Arbeiter, die so hart für den 'Wohlstand' arbeiten müssen, einen Teil ihrer menschlichen Eigenschaften und Umgangsformen auf die Arbeit und die Gegenstände, die sie sich für ihren Verdienst kaufen, übertragen. Daß sie mit Gegenständen teilweise sorgsamer umgehen als mit Menschen. Es tritt also einerseits der Effekt auf, daß sie Arbeiten bloß als 'Maloche' und ein 'Sich Abrackern' sehen, wobei dann im Vordergrund das Geld steht; daß sie aber andererseits, gerade weil sie so 'rackern' müssen, ein besonderes (Wert-)Gefühl für ihre verausgabte Arbeit, nicht unbedingt für die Arbeitsprodukte, entwickeln. Diesen Wert übertragen sie, da er ihnen bei der Arbeit weggenommen wird, teilweise auf die gekauften Sachen. Der Wert der eigenen Arbeit wird damit verlagert auf das Geld und den Konsum. Das ist aber wiederum nur ein Aspekt. Denn andererseits haben sie auch da das Gefühl, daß sie die gekauften (oder ausgestellten) Waren mit hergestellt haben; sie entdecken ihre eigene, körperliche Tätigkeit in den Gegenständen wieder. Sie haben zu den Gegenständen eine unmittelbar über die Arbeit vermittelte Beziehung und Wahrnehmung; können bei der Aufmachung vieler Waren genau beurteilen, was für ein 'Schund' sich dahinter verbirgt, und wie sie 'über's Ohr gehauen werden' beim Kauf. Daß sie trotzdem kaufen, liegt daran, daß ihnen gar nichts anderes übrig bleibt.

Ich möchte diese Art der Wahrnehmung von Gegenständen bei Arbeitern als 'naturwüchsiges', unmittelbar sinnliches Bewußtsein ihrer Arbeit bezeichnen; etwas, worin sie ein gegenständliches Bewußtsein ihrer Arbeit und zugleich ein 'abstraktes' Bewußtsein haben, Teil des gesellschaftlichen 'Gesamtarbeiters' zu sein. Das heißt, daß sie ein allgemeines Gefühl für den Wert ihrer Arbeit und ihre Zusammengehörigkeit haben. Daß sich das in der konkreten Situation, in der es um sinnlich faßbare Solidarität geht, auf dieser kollektiven Ebene nicht oder nur sehr begrenzt äußert, liegt, wie schon gesagt, an Strategien 'von oben', die ihre Existenzangst steigern, die sie auseinander dividieren; und daran, daß sie Solidarität nur im unmittelbaren persönlichen Verhältnis entwickeln können. *Arbeit ist, obwohl in der Fabrik austauschbar, für*

Arbeiter selbst in ihrer Realität und in ihrem Bewußtsein, etwas sehr
Wertvolles, nicht beliebig Austauschbares. Schließlich beruht ihr gan-
zes Leben, ihre ganze Identität auf Arbeit. Sie wird zum - fast aus-
schließlichen - Lebensinhalt. Und so fühlen sie sich auch nicht austauschbar, wie der Arbeitsvertrag und die Arbeitsbedingungen im Betrieb es ihnen vorschreiben wollen. Sie fühlen sich gezwungenermaßen
so, aber nicht wirklich, als Mensch. Wenn das auch von oben belächelt
wird, für sie ist jeder Handgriff, jede Fertigkeit eine 'Kunst';sie sind
froh, wenn sie unter den harten und hektischen Arbeitsbedingungen
maschinelle Fertigkeiten beherrschen. Darüber hinaus versichern sie
sich gegenseitig in ihren Hilfen, in ihrem Dasein, in Blicken,die sie
sich bei der Arbeit zuwerfen, in witzigen Bemerkungen, daß sie einander brauchen. Diese Gefühle für ihre Arbeit, die sie täglich verausgaben müssen und für die anderen Menschen, mit denen sie gemeinsam in
einer Werkstatt, in der Fabrikhalle (am überschaubaren Arbeitsplatz)
arbeiten, drückt sich auch in ihrer Wertschätzung von Gegenständen
aus. Sie sehen auch in Kunstwerken und Gebäuden die Arbeit, die darin steckt. Daher auch oft ihre Abneigung und ihr Entsetzen, wenn
Gegenstände beschädigt oder zerstört werden. Wer selbst arbeitet und
aufgrund der eigenen Arbeitskraft nur wenig Geld hat, schätzt Arbeit
wesentlich höher ein als jemand, der genug Geld hat, um neue Sachen
zu kaufen oder herstellen zu lassen. Arbeiter greifen nur, wenn sie
total ihrer Lebensgrundlage beraubt werden, zu gegenständlichen,kämp-
ferischen Mitteln, die die Zerstörung von Sachen zum Ziel haben.Bür-
gerliche Kampfmaßnahmen richten sich dagegen oft durch direkte oder
subtil angewendete Gewalt, sowohl gegen Menschen als auch gegen Sachen. Für sie ist der Mensch Objekt, die Sachen und das Geld Subjekt
ihres Besitz- und Machtstrebens geworden, die zur eigenen Bereicherung immer wieder erneuert werden müssen.

Die eigene Existenzunsicherheit und das Gefühl der Wertlosigkeit können Arbeiter nur aufheben, indem sie sich gegenseitig im Alltag durch
direkte und verläßliche Beziehungen untereinander helfen. Während für
die Vermögenden nur das Geld und die Arbeit als 'Produktionsfaktor'
zählt, ist das Vermögen der Arbeiter der Mensch.
"Das menschliche Vermögen wird in jeder Hinsicht und jederzeit als gemeinschaftlich betrachtet und die Freiheit, zu ihm Zugang zu erhalten,
gilt als Recht, das aus dem Menschen folgt ... solcher Zugang (existiert),
in welcher Form auch immer, entweder gemeinschaftlich oder gar nicht"
(M.Vester 1976, zit. nach R.Williams 1963).
Anstelle von 'Sachen' in der bürgerlichen Lebenswelt, zählen bei Arbeitern der Mensch, sein 'Wesen' und seine Hilfsbereitschaft immer noch
mehr. Die Bedürfnisse aller im proletarischen Leben gehen vor, wenn
es um die Beachtung gesellschaftlicher Normen und Anstandsregeln geht.
'Anstand' und 'gutes Benehmen' haben in diesem Lebenszusammenhang
keinen Platz, obwohl sie von den Kindern und Erwachsenen mit der Begründung 'das macht man so' oder 'das gehört sich eben so' auch verlangt werden. Im Großen und Ganzen schreiben aber die Arbeits- und
Lebensverhältnisse den Anstand vor. Sie verlangen den vollen Einsatz
der Lebenskräfte und der Nerven. Sie machen die Menschen nervös,un-
gehalten und gereizt.Sie engen die Menschen so ein, daß sie, die den
ganzen Tag ein und dieselben Handgriffe verrichten, nach Feierabend
oft ausschließlich das Bedürfnis nach Ruhe und Bewegungsfreiheit haben. Eine Freiheit, die Menschen in einer besseren beruflichen und gesellschaftlichen Position sich bei der Arbeit und in der Freizeit wirk-

lich nehmen können. Diesem Bedürfnis werden bei Arbeitern überall enge Grenzen gesetzt, sei es bei der Arbeit, durch das Geld, durch die Größe und Einrichtung der Wohnungen.
Dennoch ist das Bedürfnis nach Bewegungsfreiheit und Solidarität nach wie vor da und es wird in den engen Spielräumen auch umgesetzt. Ich meine daher, daß die folgende wissenschaftliche Einschätzung nur einen Ausschnitt der Lebenssituation von Arbeitern erfaßt: "Die Zerstörung von Arbeiterwohnquartieren – (Siedlungen, Wohnblocks mit homogener Zusammensetzung) – in deren Kneipen die Männer sich treffen, auf deren Straßen die Kinder noch spielen konnten, hat ... zur Auflösung solidarischer Verkehrsformen beigetragen wie die ideologische Vereinnahmung klassenspezifischer Erfahrungsgehalte durch die Kulturindustrie und die widersprüchliche staatliche Sozialpolitik" (B.Mahnkopf 1978, S.109/110).
Auffällig ist auch hier wieder, daß von solidarischen Verkehrsformen der Männer und vielleicht auch noch der Kinder die Rede ist, - wie sich aber die Zerstörung dieser 'Verkehrsformen' auf das Leben der Frauen in der Familie – tagsüber oder nach der eigenen Berufstätigkeit am Abend – auswirkt, gerät nicht in den Blick. Frauen, die sich kaum wagen, bei der Nachbarin, - wie das früher möglich war - Geld oder ausgegangene Lebensmittel zu borgen; die dabei kurze Gespräche führen konnten; die die Kinder für ein paar Stunden zur Nachbarin, Freundin oder zu Verwandten geben konnten, während sie Einkäufe machten oder arbeiten gingen; die vor der Tür oder über den Balkon, während sie Hausputz machten, schnell ein paar Worte wechseln konnten; oder im Laden, auf der Straße jemand trafen, - sie leben jetzt ziemlich isoliert.
Auch in der eigenen, oft kleinen Wohnung sind sie eingeengt und fallen der phantasielosen 'Schrankwand-Einrichtung' zum Opfer.
Sie leiden - genauso wie die Kinder - besonders unter den engen Wohnungen, den phantasielosen Einheitstypen mit Wohnzimmer, Schlafzimmer und vielleicht vorhandenen winzigen Kinderzimmern, die jede eigenständige 'Phantasietätigkeit' in der Einrichtung, jede Veränderung 'im Keim ersticken'. Um aus dieser isolierten, beengten Lebensweise herauszukommen, müssen sie sich 'aufraffen', um mit Menschen Kontakt aufzunehmen, aber auch dann scheitert ihre Eigeninitiative oft an den neuen Wohnverhältnissen im Viertel, die kaum Kommunikationsmöglichkeiten bieten.

Eine Arbeiterin schildert, wie ihre Bedürfnisse in der Sozialbauwohnung eingeschränkt werden: "Die Wohnung kannste alle nur Null-Acht-Fuffzehn einrichten: alle haben die Couch vor'm Fenster, alle haben die Sessel davor, und dann is es aus - Schrank klatsch an die andere Wand, dann biste Feierabend!... ich stell mir ja ne familiengerechte Wohnung ganz anders vor: einen großen zentralen Raum, den du den Bedürfnissen entsprechend immer ändern kannst und dann von Erde bis zur Decke alles eingebaute Schränke, daß du alles son Dreck nicht kaufen brauchst".
("Jetzt reden wir" - Betroffene des Märkischen Viertels 1975,S.141)
Ihr Wunsch, mit den Kindern in einem großen Raum zusammenzusein, sie nicht immer ins Kinderzimmer 'abschieben' zu müssen; sie nicht dauernd anzuschreien, daß sie nichts kaputt machen; mit den Kindern zu spielen und durch die Wohnung zu toben, scheitert an den Räumlichkeiten und Einrichtungsgegenständen; und schließlich am Geld.
"... die Kinder haben zwar ihr Kinderzimmer, aber was meinst du, wo die klucken? Die sind hier bei mir im Wohnzimmer. *Das Bedürfnis des Menschen is da, mit der Familie zusammenzusitzen...ich finde das nich* gut, daß die Kinder immer abgeschoben werden. Bei jedem Dreck müssen

die Kinder verschwinden ... Unsere Kinder und so, wir sind uns wichtiger ... Wie? Das is doch nich der Sinn des Lebens, n Tisch zu haben - ne Anregung, die kannste nich aus'm Tisch ziehn". (ebenda,S.142)
"Wir haben nirgendwo Zentren, wo wir uns in größeren Mengen zusammenfinden können. Wir hocken alle in den Mauselöchern, wir haben überhaupt keine Nachbarn im Grunde genommen. Selbst auf dem Flur,wo du mit vier Familien zusammenhockst. Du kommst da nich zusammen,weil das so geschachtelt is - das is Glücksache, wenn du da jemand triffst ...das is wie im Kittchen. Lange Flure mit einzelnen Zellen, das isoliert so richtig schön". (ebenda,S.142/143)

"Nur 30% der Arbeiterhaushalte mit 5 und mehr Personen wohnte 1968 in Mietwohnungen mit 5 und mehr Räumen. 26% in 1 bis 3 Räumen; bei den entsprechenden Angestellten-/Beamtenhaushalten waren dagegen 60% in Mietwohnungen mit 5 und mehr Räumen untergebracht. Auch bei kleinen Haushalten sind zum Teil die Differenzen erheblich: 36% der 4-Personen-Haushalte von Arbeitern wohnte z.B. in Mietwohnungen zwischen 1 und 3 Räumen ..." (A.Backhaus-Starost/E.Backhaus 1976, zit. nach: Materialien zur Lebens- und Arbeitssituation der Industriearbeiter 1973, S.177)

"Die Benachteiligung bezieht sich ebenso wie auf die Größe der Wohnung auch auf ihre Ausstattung mit Bad, Warmwasser und Heizung ..Die Kinder sind die ersten Leidtragenden der ungenügenden Wohnraumverhältnisse in der Bundesrepublik. Von 14 Millionen Kindern .. besitzt eine Million kein eigenes Bett. Sie müssen ihre Schlafstätte mit Geschwistern oder gar den Eltern teilen. Auf den Wohnungsämtern stapeln sich die Anträge von kinderreichen Familien ... auf Zuweisung einer Sozialwohnung .."
Die Enge der Räume bewirkt "das Fehlen einer räumlichen Trennung zwischen Erwachsenen und Kindern. Daraus ergibt sich .. die Möglichkeit der permanenten Kontrolle der Kinder durch die Erwachsenen und die Unmöglichkeit der Kinder 'unter sich zu sein', ... zum anderen,daß das Kind sehr intensiv am Leben der Erwachsenen teilnimmt, ihre Diskussionen, Sorgen und Probleme direkt mitbekommt" (ebenda,S21/22).
Aus der Sicht der Betroffenen, die sich an ihre Kindheit erinnern, klingt dieses Gefühl noch stärker heraus, weil es damals, - in den 50 er Jahren - noch weniger Wohnungen mit genügend Räumen gab.
Oft schliefen Kinder und Eltern in einem Zimmer, sogar in einem Bett.
Lucia erzählt: "Bei mir war das ja schon immer so gewesen, daß ich das alles so schlimm empfunden, so bedrückend empfunden hab, .. die sich ständig gekabbelt haben um mich oder auch so unternander, -.. und daß ich immer sehn konnte ... also jeder hat so seine Meinung, die versucht er durchzubringen.."
Und ich meine, daß solche Auseinandersetzungen in so einer andren Familie .. nich so nach außen getragen werden, so, daß die Kinder des alle nich so mitbekomm', - bei uns wurde des alles in der Küche ausgetragen und da konnte man nich ins andre Zimmer gehn.."
".. Det war nich bei uns, ich hab mit in dem Bett geschlafen bei denen ... bis ich 18 war." (siehe Anhang)

Deutlich wird in vielen Schilderungen der Frauen, mit denen ich gesprochen habe, daß das ständige Zusammensein als Kind mit den Erwachsenen insoweit positiv empfunden wurde, als dadurch die lebenspraktischen Dinge im Vordergrund standen, was dann später erleichterte, mit anderen Menschen offen zu reden; zu handeln, anstatt lange zu debattieren;Din-

ge mit anderen Menschen gemeinsam 'anzupacken'; daß das aber andererseits sehr viel an Eigenraum und Eigentätigkeit 'verschluckte' und sie sich als Kind sehr oft innerlich alleine fühlten, weil die eigenen Bedürfnisse zu kurz kamen; sie immer gezwungen waren, die Sorgen und Auseinandersetzungen der Erwachsenen zu teilen und zu berücksichtigen.
".. Kinder, - will ich wirklich bewußt keine haben. Weil ich niemals möchte, daß, - daß so'n Kind dat auch so empfindet so wie ich dat empfunden hab, so alleine auch zu sein .."(Lucia, siehe Anhang)
Marianne sagt: "Ich würd sagen, daß die Räumlichkeiten unsere Beziehungen zu Hause geprägt haben. Also bei uns hätte das unheimlich viel ausgemacht, mehr Räume zu haben ... Da hätte ich dann so wirklich ne Chance gehabt, auch so Sachen zu machen ... Ja, aber das war was, was einfach nich ging ... Weil, an dem gleichen Tisch wurde genäht, wurde gegessen und wurde Zeitung gelesen und Schulaufgaben gemacht. Und Briefe geschrieben...
"Ich weiß, daß also ich immer so erlebt hab, daß ich neben mir stand ... und mich unheimlich einsam gefühlt habe ... Also Ohnmacht und Einsamkeit is also was, was sehr durchgängig is ne."

Diese Erlebnisse der Einsamkeit führten bei vielen Frauen in der Kindheit schon zur Entfremdung von den Eltern, von dem, was sie täglich an Alltagssorgen, an Arbeit und Nervosität nach Hause brachten. Die *Straße* wurde unter diesen Umständen fast zum einzigen Ort, an dem sie sich *frei und ungestört bewegen,* für sich sein konnten.

"Ich weiß ... daß ich so mit vier Jahren, daß ich mit meim Kinderwagen durch diese Häuserschluchten .. durch dieses ärmliche Milieu da durchgewandert bin und so nach dem Motto 'Kind, geh ma spieln' ne", sagt Marianne.
Anne erzählt, wie sie unter diesen Umständen als Kind oft *von zu Hause weggegangen ist,* auf Bahnhöfen herumgestanden und zugesehen hat, wie die Leute wegfahren.
Und sie erzählt, daß das *Lesen* für sie immer schon eine wichtige Möglichkeit war, die bedrückenden häuslichen Erlebnisse zu verarbeiten, sich eine eigene Welt zu schaffen, zu der niemand außer ihr selbst Zugang hatte.
".. Oft warn das auch so Sachen, wo's Kinder schwer hatten, Bücher, wo ich denn immer mich identifizieren konnte mit den Kindern, weil die aus Heimen abgehauen waren ..."

Lesen und Nachdenken im frühen Kindesalter, sich selbst überlassen, - war bei vielen Frauen eine Verarbeitungsform der bedrückenden Erlebnisse im Elternhaus. Oft war das auch - zumindest - indirekt ein Anlaß für das Studium: da im Arbeitermilieu selbst zu wenig Möglichkeiten gesehen wurden, aus den täglichen Existenzsorgen und der Arbeitsdisziplin, die das Arbeiterleben in der Familie bestimmte, herauszukommen, wurde Bildung als eine Möglichkeit gesehen, diesen Lebensumständen zu entkommen und Geld zu verdienen.

Lesen hatte für viele auch den Vorteil, daß sie in den engen Verhältnissen einen 'Spielraum' hatten; daß sie nicht so stark in die Hausarbeit der Mutter einbezogen wurden oder sich einfach weigerten, indem sie sich hinter ihre Bücher zurückzogen; vorgaben, Schulaufgaben zu machen, oder nachmittags zum Lernen zu Schulfreundinnen gehen konnten (vergleiche die Schilderungen der häuslichen Atmosphäre in diesem Kapitel). Wirklich für die Schule lernen ist in der Arbeiterfamilie dagegen fast unmöglich. Abgesehen von den Räumlichkeiten und dem lautstarken Ar-

beiten und Reden der Erwachsenen drumherum ist es oft das mangelnde
Verständnis der Eltern für geistige Arbeit. Sie haben kein Verhältnis
dazu,können nicht einschätzen, daß und wie sehr man sich dabei konzentrieren muß. Von körperlicher Arbeit wissen sie, wie lange bestimmte Tätigkeiten dauern, und daß man dabei ansprechbar ist. Geistige Arbeit können sie nicht (ein-)schätzen. Sie erscheint außerdem für sie oft
nicht als Arbeit, sondern als Zeitvertreib, als Luxus, - woraus sie die
Berechtigung ableiten, daß sie sie jederzeit unterbrechen können.

Roswitha sagt: "Ich hab während der Pubertät, hab ich Zeiten gehabt,
da konnt ich ihn (den Vater) nicht im Zimmer ertragen - und das bei
diesen beengten Wohnverhältnissen is das natürlich, also, ich bin manchmal aufs Klo gegangen, um mich zurückzuziehn ne, ... hab mich da eingeschlossen ne."
".. also wir habn gewohnt: 45qm war das .. das warn 5 Personen...Und
gearbeitet hab ich immer am Küchentisch ne, also was gelernt ne..dieses
Gerede um einen rum, dieses Gefühl, nich mal etwas für sich zu sein.."
(siehe Anhang).

Elisabeth erzählt, daß besonders ihre Mutter überhaupt nicht verstehen
konnte, wie man von geistiger Arbeit müde werden kann: während ihrer
Sozialarbeiterausbildung wohnte sie zu Hause in einem Zimmer,das im Winter nicht beheizbar war, das ihr aber auch sonst sehr ungemütlich erschien. Trotzdem war es der einzige Ort, an den sie sich zurückziehen
und ausruhen konnte. "S war ganz merkwürdig ... des war .. unmöglich, daß ich, wenn ich meinetwegen, wir hatten regelmäßig jeden Morgen Unterricht .., des war unmöglich, daß ich mich mittags erstmal hingelegt hab, zwei Stunden oder so, zwei Stunden geschlafen hab und dann
hätte gearbeitet ne. Das hat meine Mutter überhaupt ... nie verstanden.
Ich mußte immer gleich arbeiten .., ja, und was ich dann noch an Freizeit hatte, da hat se dann erwartet, daß ich ihr dann halt mithelfe bei
der Hausarbeit. Oder denn mal so abends zu arbeiten und dann Licht
vergeuden, wenn man doch tagsüber arbeiten konnte und abends soll
man schlafen und so ne."

Elfriede bestätigt das, was Elisabeth und einige andere auch immer wieder erzählten und worunter sie manchmal sehr litten: ".. so theoretische
Beschäftigung, n Buch, das wird heute noch nich als Arbeit anerkannt
ne, jederzeit mal so wenn ich versuche, zu Hause irgendwas zu arbeiten, ich bin jederzeit unterbrechbar und erreichbar. Ich bin jederzeit
irgendwie ablenkbar. Das is also nich verständlich zu machen, daß das
nich geht ne. Das is .. keine Arbeit, das is Ausruhn, 'was hast du denn
schon getan?' Da kommt denn auch ne 'sitzt den ganzen Tag um' oder
... wenn ich denn sag 'jetzt bin ich aber abgeschafft' oder 'jetzt kann
ich nich mehr', 'wovon denn?! .. Du hast doch den ganzen Tag, du
hast doch gesessen in er Ecke, wovon bist du denn erschöpft?' Ne,al-
so da is also gar kein Verständnis da, ne für solche Sachen."

Die Gewohnheit, daß immer jemand um einen herum ist, kehrt übrigens
später bei vielen Frauen wieder als Unfähigkeit zur Konzentration-;
auch wenn sie alleine sind, als unterschwellige Hoffnung, daß jemand
da ist und doch gleichzeitig wieder nicht, weil sie wissen, daß sie sich
allzuleicht ablenken lassen; als Unfähigkeit, sich an den Schreibtisch
zu setzen, weil sie eigentlich, - immer noch - kein Verhältnis zu dieser
Art der Arbeit haben.

Lucia z.B. arbeitet immer in der Küche, dort fühlt sie sich wohl. Der

Küchentisch wie überhaupt die Küche sind ihr von früher vertraut als der Ort, an dem gesprochen wurde; an dem sie immer saß und lernte; dort saßen alle zusammen am Tisch und aßen. Essen als Ausdruck von Geborgenheit, Belohnung der Arbeit. Sie erzählte mir, als sie ihren Freund kennenlernte, der zu jener Zeit studierte, habe sie bei ihm immer *unter* dem Schreibtisch gesessen, weil sie sich ihm gegenüber und auch im Verhältnis zu den Büchern, dem Schreibtisch klein und unwissend vorgekommen sei. Jetzt, da sie selbst ein Arbeitszimmer und einen Schreibtisch hat, kann sie dort nicht sitzen und arbeiten - 'da krieg ich sofort wieder Angst und fang an zu zittern. Dat gehört alle nich zu mir', sagt Lucia. Wir sitzen immer, wenn wir über unsere Arbeit sprechen, - auch, wenn ich ihr Geschriebenes durchsehe, in der Küche.

Viele Frauen äußern ihre 'Unfähigkeit', geistige Arbeit als Arbeit zu sehen, einzuschätzen, wie lange sie brauchen, um ein Buch zu lesen. Sie haben gelernt, ihre Arbeit nach Zeit und sichtbarem Ergebnis einzuschätzen; und Arbeit als etwas zu sehen, das gemeinsam *mit* anderen Menschen geschieht, nicht alleine, in sich zurückgezogen. Roswitha erkennt in unserem Gespräch, daß nicht nur die Räumlichkeiten schuld daran waren, daß sie nie für sich sein konnte, wenn sie für die Schule lernen mußte, sondern daß es auch daran lag, daß ihre Eltern kein Verhältnis zu ihrer Tätigkeit hatten. Diese Erfahrung ist durchgängig für fast alle Frauen gewesen. Dazu kommt, daß ihre Eltern sich einfach nicht vorstellen konnten, daß Lesen und Lernen Spaß macht; sie selbst hatten zum Lesen keine Lust, wenn sie müde von der Arbeit kamen oder nahmen sich nicht die Zeit. Roswitha erzählt z.B., daß ihr Vater sogar einen Vorwand brauchte, wenn er Zeitung las, so sehr hatte er die Disziplin körperlicher Arbeit, die immer mit Nützlichkeit und Lebensunterhalt verbunden ist, übernommen. Er füllte dann Formulare für einen Antrag aus und las nebenbei verstohlen die Zeitung; Zeit ist im Arbeiterleben vor allem Arbeit, Kampf um die eigene Existenz, erst in zweiter Linie Geld und erst in dritter Linie - Ruhe oder produktive/spielerische Beschäftigung. Ausruhen, Lesen sind Luxus, vertane Zeit. Auch von ihrer Mutter berichtete Roswitha, daß ihr der Arzt gegen ihre Nervosität empfohlen hatte, sich auszuruhen und etwas zu lesen, was ihrer Mutter völlig unmöglich war. Sie sagte, sie müßte immer an alles mögliche denken, ihre Kinder, die Arbeit, das Auskommen, - lesen könnte sie nicht. Immer wieder taucht in einigen Berichten auch das schlechte Gewissen der Töchter gegenüber ihren Eltern auf, wenn sie sich Zeit zum Lesen und Nachdenken nahmen, die ihre Eltern sich nicht nehmen konnten. Vor allem gegenüber der Mutter, weil sie an ihr sahen, wie sie unermüdlich von morgens bis abends arbeitete, von ihr hörten, wie schwer es sie hatte. Ausnahme war, wenn etwas Sichtbares bei ihrem Lernen herauskam. Angelika hat z.B. erlebt, daß sie für Geschichte immer ungestört einen Nachmittag lang sitzen konnte, weil sie dafür viele Bilder und Zeichnungen in ihr Heft malte oder klebte; etwas, was die Eltern als konkretes Ergebnis ein-sehen konnten.

"Ich hatte ein ganz tolles Geschichtsheft, - ... Karten reingemalt und Bilder ... dann ham die mich auch in Ruhe gelassen und da konnt ich dann auch arbeiten, wenn die gesehn ham, ich setz mich hin und da kommt was bei rum ne, sahen se auch irgendwas dann ne."

Lernen für die (Ober-)Schule ist in der Arbeiterfamilie Luxus. Schularbeit wurde nicht als Arbeit anerkannt; da die meisten Arbeitermädchen zur Entlastung der Mutter im Haushalt mithelfen oder selbst neben der

Schule einer Erwerbstätigkeit nachgehen mußten, machten sie das, was sie für die Schule tun mußten, erst spätabends, wenn es im Haushalt nichts mehr zu tun gab, die anderen sie nicht mehr störten und sie eigentlich zu müde waren. Daraus entwickelte sich notwendigerweise die eigene Haltung, daß geistige Arbeit keine Arbeit ist. Elisabeth sagt: ".. sicher geht das auch andern so, aber, das hab ich halt schon auf meine Herkunft zurückgeführt: ich fühlte mich .. unfähig, geistig zu arbeiten. Ich hatte überhaupt kein Verhältnis zu nem Buch ... mir is nich klar, was es bedeutet, n Buch durchzuarbeiten. Da hab ich kaum n Verhältnis. Ich hab n Verhältnis zu allen praktischen Sachen ... Ich hatte auch lange Zeit Schwierigkeiten, das als Arbeit anzusehn."

Die Einschätzung dessen, was in der Arbeiterfamilie 'Arbeit' bedeutet, zeigt sich immer wieder daran, daß körperliche Arbeit als unaufschiebbar, für den Lebensunterhalt und die Aufrechterhaltung der häuslichen Verhältnisse aller lebensnotwendig, und als solche auch als ermüdend gesehen wird. Geistige Arbeit ist demgegenüber Privatinteresse des Einzelnen und muß erledigt werden, nachdem alles andere getan ist. Arbeitermädchen trifft diese Arbeitshaltung der Arbeiterfamilie besonders hart, da sie, wie schon mehrfach aufgezeigt wurde, für alle Arbeiten im Haushalt, für das seelische und körperliche Wohl der Geschwister und der Eltern, insbesondere des Vaters, mit verantwortlich sind. Erholungsbedürfnissen aufgrund von anstrengender Denk- und Schreibarbeit wird daher verständnislos begegnet, - wobei Verständnis hier sehr handfeste, existentielle Hintergründe hat, und nicht mit Einstellungen von bürgerlichen Eltern gegenüber den Bedürfnissen ihrer Kinder verglichen werden kann.

Aus den Schilderungen von Irene wird sehr deutlich, wie es kommt, daß oft gerade die Mütter die Ausbildung ihrer Töchter zwar forcieren, sich aber andererseits durch ihre Belastung und ihre Erziehung zu Arbeit als 'Hemmschuh' erweisen. Schließlich sind sie fast ausschließlich belastet durch die Geldnot und die engen räumlichen Verhältnisse, durch die mangelhafte Ausstattung der Wohnungen, die ihnen Mehrarbeit aufzwingen; durch unaufhörliches Grübeln, wie das Einkommen am besten eingeteilt werden kann; und ständiges Kreisen ihrer Gedanken um 'Wie machen wir das bloß ..., was essen wir, wovon kaufen wir Kleidung...' Diese Dauerbelastung der Arbeiterfrau führt dazu, - zumal wenn sie zu alledem noch berufstätig ist oder war, - daß sie der Tochter dieselben Leistungen abverlangt.
"Meine Mutter, .. war Näherin, weißte ... hat dann am Fließband gearbeitet ... Mein Vater war schön und mit dem konnte man gut angeben, ... *aber meine Mutter war eigentlich viel mehr ...* Sie hat die Familie immer ernährt, sie hat sie über Wasser gehalten, - von dem Geld, was wir kriegten, zu leben, war wirklich n Kunststück und des hat sie fertiggebracht..
Ich war vor dem Studium Buchhändlerin. Ich hab ne Lehre gemacht in m großen Betrieb und vorher Volksschule und dann Mittelschule, mit Ach und Krach alles. Ich bin in den letzten Jahren, als ich zur Mittelschule ging, bin ich im Sommer immer aufs Feld arbeiten gegangen. Da hab ich meistens Krämpfe gekriegt du, vor Überarbeitung, und denn, meine Mutter denn gefragt 'glaubst du jetzt, daß ich weiß, was Arbeit ist?' - *Meine Mutter hat immer behauptet, ich wüßte nicht, was Arbeit ist. ..* und da hat meine Mutter gesagt 'Na, vielleicht so'n bißchen' (vgl. die Äußerungen von Christel, Hanne und Jutta in diesem Kapitel).

Manchmal ging die Einschätzung der eigenen geistigen Arbeit und Sprache so weit, daß die Frauen glaubten, sie kämen aufgrund der Tatsache, daß sie 'von klein auf gelesen' haben und 'mit Büchern nie Schwierigkeiten' hatten, wohl nicht aus einer Arbeiterfamilie oder seien eben keine 'typische' Arbeitertochter.

Sylvia: "... also, wenn ich überlegen würde, wo ich eigentlich direkt gemerkt habe, daß ich,äh, naja, daß mein Vater Arbeiter war...ich hab z. B. von klein auf gelesen und mit Büchern nie Schwierigkeiten gehabt ne, ich hab auch meine Mutter also, also Reden is bei uns ein und alles ne ...'

"..Also meine Mutter redet sehr viel, und sehr gut und is auch keine Proletarierin in dem Sinne, find ich ja nich so, überhaupt nich ne."

Während Sylvia an anderer Stelle berichtet, wie sie durch die wissenschaftliche Art, über Arbeiter zu reden, sprachlos gemacht wurde, hält sie hier zu recht daran fest, daß auch in der Arbeiterfamilie sehr viel geredet wird; und daß auch Arbeiterkinder lesen. Allerdings distanziert sie sich selbst, indem sie das anerkennt, wieder vom proletarischen Milieu. Sie wehrt sich dagegen, als 'typisches' Arbeiterkind eingeordnet zu werden, denn: "Meine Mutter hat immer gesagt, also s is wichtig, daß ich n eigenen Beruf habe und daß ich unabhängig bin und so, und daß ich nich heiraten muß..und hat..drauf hingedrängt, die war diejenige, die mirs auch ermöglicht hat, gegen den Widerstand der Familie, zu studiern ne."

".. Und von ihr aus würd ich mich nich als Arbeitertochter bezeichnen ne. Von meim Vater aus und von dem Milieu, von der Gegend, von den Schulkindern da ne, drumrum, von den Bekannten, Verwandten schon ne. Von den Wohnverhältnissen, allem ne."

Die an diesem Gespräch beteiligten Frauen widersprechen dieser Zergliederung in 'typische' und andere Arbeitertöchter:
"Also, ich glaub, s spielt gar keine Rolle, ob da so'n paar Sachen n bißchen anders sind oder ... irgendwie biste .. trotzdem Arbeitertochter ne, also ob's jetzt typisch is oder was is überhaupt typisch ne.Also ... wenn de zehn aus dem gleichen Milieu, aus der gleichen Straße anguckst, da findst bestimmt bei jeder findste da irgendwas, was nich ganz da reinpaßt", sagt Elfriede.

Dennoch wird Lesen, Denken und Bildung von den Frauen selbst im Gegensatz zum Arbeitermilieu gesehen, – einmal, weil es unter den gegenwärtigen Verhältnissen Arbeitern tatsächlich nicht selbstverständlich ist, Gespräche zu führen und Bücher zu lesen, die über den Alltag und die Existenzsorgen hinausgehen; weil das, was im Arbeiterhaushalt gelesen wird, dem widerspricht, was in der Schule und in der bürgerlichen Kultur als 'Literatur' gilt, weil Arbeiter sich nach dem zermürbenden und ermüdenden Arbeitsprozeß nicht auf 'schöngeistige' Bücher konzentrieren können; zum anderen, weil von den Frauen die eigene Bildung oft bewußt als Fortsetzung des 'Sich Hocharbeitens', des 'sozialen Aufstiegs' aus dem Arbeiterdasein gesehen wird, der auf Kosten der Mutter ging, obwohl er von der Mutter vorgelebt oder von ihr zumindest gefördert wurde.

Viele der Frauen, die mit dem Studium persönlich versucht haben, dem Arbeiterdasein als lebenslänglichem und unausweichlichem 'Schicksal' zu entkommen, haben gerade den Müttern gegenüber Schuldgefühle. Während sie es doch gleichzeitig waren, die sich von der Tochter das erhofften, was sie selbst nicht verwirklichen konnten. Eine Arbeiterin aus dem schon mehrfach zitierten Berliner Projekt im Märkischen Viertel, selbst Mutter von fünf Kindern, in bezug auf ihre Wünsche: "Ich möchte lieber n Arsch voller Bücher auf der Erde stehn haben oder n Klavier besitzen, das wäre etwas, wovon ich ganz persönlich etwas hätte ... Wir haben zwar erkannt, daß dieser ganze Konsum ein Scheißdreck ist, daß wir den nich brauchen, daß es andere Dinge gibt, die wichtiger sind für uns, aber ... wir haben keine Möglichkeit, es gibt eben nischt ... wir können auch unternander so nix anfangen, wir können kein Buch lesen, die Bücher sind scheißteuer, ... und das sind eigentlich die Dinge, die uns bedrücken: uns bleibt nischt! Uns bleibt nur dieser Scheißfernsehkasten, aber wir haben darüber hinaus keine Möglichkeit, uns in einer anderen Richtung zu bewegen" (1975, S143).

IV. Erfahrungen von Arbeitertöchtern und ihren Müttern:
Ihre Lebenszeit wird ausgefüllt mit unermüdlicher Arbeit und Phantasie gegen die Zerrüttung des Menschen durch zerstörerische Produktionsmethoden

Als ich anfing, dieses Kapitel zu schreiben, waren meine Wut und meine Trauer, meine Anspannung und Lähmung am größten. In mir selbst erlebte ich beim Nachdenken über das, was ich über den Lebenszusammenhang der Arbeiterfamilie schreiben wollte, daß in der Arbeiterfamilie alle persönlichen und gesellschaftlichen - auch die geschichtlichen - Erfahrungen im Arbeiterleben zusammenkommen. Die Familie stellt zweifellos den Brennpunkt der Widersprüche zwischen Fabrik und Privatleben dar. Wie bei den anderen Kapiteln durchlebte ich beim Schreiben noch einmal alles, was ich erfahren hatte: die Zerstückelung, die einen in der Arbeiterfamilie oft gar keinen klaren Gedanken fassen läßt; die Unruhe, die einen immer wieder lähmt und vorantreibt; die Kraftlosigkeit und Erschöpfung, die mich oft zu Hause überkam, früher, wenn ich mich endlich abends hinsetzte und begann, meine Schulaufgaben zu machen; die Wut, die immer wieder aufkam und keinen Adressaten hatte. Wie damals bin ich auch jetzt immer gereizter und ungeduldiger geworden, wenn ich merkte, wie der Alltag, wie die Beziehungen zu einem Menschen, mit dem ich gern zusammen bin, wie ich mich selbst daran hinderte, etwas der Reihe nach und in Ruhe auszuführen. Wie damals merkte ich, daß diese Ungeduld aus meinen Verhältnissen kam, die meine Eltern, meine Geschwister und mich daran hinderten, etwas für uns zu tun, das unserer Vorstellung von sinnvoller, ganzer Arbeit entsprach. Jetzt war mein Problem, die 'Wahrheit' über unsere Verhältnisse auszudrükken, indem ich möglichst genau beschrieb, wie das Leben in der Arbeiterfamilie aussieht. Heute wie damals brachten mich Geräusche, Musik, die ich durch die Wand von Nachbarn hörte, Fragen, die jemand zwischendurch an mich stellte, völlig aus dem Konzept. Dann war ich soweit, alles 'hinzuschmeißen'. Ich merkte, wie die Bedürfnisse, konzentriert an einer Sache zu arbeiten und gleichzeitig nicht alleine zu sein, immer wieder gegeneinander prallten. Die Ungeduld, die sich daraus ergab, machte die Vorstellung von dem, was dann entstehen sollte, immer größer; verkleinerte die Kraft und den Mut, überhaupt anzufangen mit dem, was man endlich einmal schaffen will. Zu Hause hatte ich das oft erlebt: das Gefühl von der Wertlosigkeit bei der Arbeit, der Existenzkampf, die Sorge um den täglichen Lebensunterhalt und um die Zukunft ließen ganz große Dinge im Kopf entstehen; die - einmal ausgeführt - das Gefühl, als Mensch zu leben und als Einzelner etwas wert zu sein, erhöhten.

Damals wie heute wurde ich durch diese Erfahrungen immer empfindlicher und aufmerksamer für die Zerstörung der Umwelt, die Häßlichkeit der Straßen und Häuser; die Verödung ganzer Stadtteile; die Phantasielosigkeit, mit der Menschen einander begegneten, sich unterhielten oder besser, sich durch die Massenmedien und Urlaubsprospekte unterhalten ließen.

Und dann kam noch eine Sache hinzu, die zu erkennen für mich als Frau aus proletarischen Verhältnissen sehr wichtig war: immer wieder merkte ich am eigenen Leib, durch mein eigenes Handeln, das sich hier auch im Thema und Inhalt meiner Arbeit ausdrückt: mit welch immensem Kraftaufwand gerade Arbeiterfrauen gegen die zerstörerischen Lebens- und Arbeitsverhältnisse kämpfen, gegen die Zerrüttung durch unmenschliche Arbeit, gegen die häßlichen Wohngegenden und Wohnungen, gegen die Rechnungen und Preiserhöhungen, und schließlich erst zuletzt gegen die eigene Müdigkeit. Und ich bekam wieder Wut, diesmal auf die Väter und Brüder, die immer, was sie auch tun, die Helden der Arbeiterfamilie sind; deren Anstrengungen ungleich höher gewertet werden als die der Frauen; deren Erholungs- und Ruhebedürfnisse vorrangig vor denen der Frau sind; und die selbst oft so gleichgültig und manchmal auch so gemein über die Arbeit der Frauen hinweggehen. Diese Wut war längst nicht mehr auf meinen Vater und auf meine Brüder direkt bezogen, ich kannte inzwischen genügend andere Familien, in denen das alles genau so war. Ich brauchte lange, bis ich diese Wut auch gegenüber den Müttern empfand, die die Männer selbst zu Helden stilisieren, weil sie gelernt haben, ihre eigene Arbeit stumm und bescheiden, wie selbstverständlich, für jene zu verrichten. Und die von ihren Töchtern verlangen, daß sie ebenso bescheiden und selbstverständlich doppelt und dreifach arbeiten für den Haushalt, für den Vater, für die Geschwister, für ihren Freund, für ihren Mann, - immer für andere und ganz zuletzt für sich selbst.

Diese Wut machte mich zunächst traurig und hilflos. Ich konnte nur wie gebannt, sprachlos und mit trockenen Augen starr in die Gegend gucken, wo ich nichts sah als Bilder von Arbeit, körperlicher Erschöpfung und Schwäche, und das wie selbstverständliche Wiederhochkommen und Zupacken von Arbeiterfrauen; nie mutlos, immer wieder zuversichtlich, daß doch einmal alles getan sein wird.

Bilder von Frauen, die , erst wenn sie ganz erschöpft sind vom vielen Hasten und Sorgen, die Füße für eine halbe Stunde hochlegen; und die sich auch dann mit geschlossenen Augen immer noch im Geist damit beschäftigen, wie sie es anstellen könnten, daß es ihren Kindern besser geht als ihnen, davon träumen, wie das nervenaufreibende Zusammenleben und die Ausbildungskosten für ihre Kinder durch einen Lottogewinn mit einem Schlage gelöst wird...

Gegen wen hätte ich meine Wut und die schmerzvollen Erfahrungen wenden sollen? Wie ausdrücken, was sich gar nicht mehr in Worte fassen läßt? Ich begann während dieses Kapitels wieder, Gedichte zu schreiben. Und dann machte ich mich daran, die geschichtlichen Wurzeln, - oder besser: die Geschichte der Entwurzelung und des Kampfes um gemeinschaftliches Leben - der Arbeiterfamilie, zu schreiben, weil ich meine, daß diese Geschichte im Leben studierender Arbeitertöchter 'aufgehoben' und immer noch wirksam ist.

Arbeiterfrauen.
Ihr Dasein und ihre Arbeit in der Familie

Aufhebung der proletarischen Familienlosigkeit

Ein richtiges Familienleben findet nicht statt. Die Zerrüttung der Familie durch die Arbeitszeiten des Mannes und der Frau; durch Geld- und Existenzsorgen; durch die Zerstörung der eigenen Kraft und Lust im Arbeitsprozeß. Der Versuch, Ruhe und eine Gemeinschaft herzustellen, ruht auf den Schultern der Töchter und Mütter in der Arbeiterfamilie.

Im proletarischen Leben wenden besonders die Frauen eine unglaubliche Mühe auf, um das Leben in der Familie erträglich und lebendig zu machen. Sie gleichen die Zerstückelung, die der Ehemann und möglicherweise sie selbst im Betrieb durch den festgefügten Arbeitsrhythmus erleiden, mit viel Mühe aus.

Der Tatsache, daß ein richtiges, geordnetes Familienleben mit Sicherheit im Rücken und zuversichtlichen Zukunftsperspektiven nach vorne nicht möglich ist, begegnen sie durch liebevolle Fürsorge, Anteilnahme, unermüdlichem Zuhören, kurz: durch ihre eigene Lebendigkeit.

Vor allem wird es den Frauen übel genommen, wenn sie still und bedrückt auf den existentiellen Druck reagieren; wenn sie ihrer Unzufriedenheit Ausdruck verleihen, daß sie alle zu wenig sehen, zu wenig gemeinsame Dinge tun, zu wenig Zusammengehörigkeitsgefühl spürbar ist, so mag das keiner in der Familie hören.

Daß der Mann still ist und sich nicht äußert über seine Arbeitserfahrungen, seinen Ärger mit Vorgesetzten oder Kollegen; daß er sich nur an Sonn- und Feiertagen, wenn er ausgeschlafen und ausgeruht gefrühstückt hat, nach den Problemen seiner Frau erkundigt oder nach den Kindern fragt, scheint selbstverständlich. Er hat ja schließlich die ganze Woche gearbeitet. Er leidet genug darunter, daß er 'nur Arbeiter ist', daß seine Arbeit im Betrieb und oft auch zu Hause nicht genügend anerkannt wird. Und so hat er genug damit zu tun, sich für die nächste Woche zu erholen.

Für seine Erholung sorgen die Frauen in der Familie. Auf ihn ist die ganze Zeiteinteilung und die Benutzung der Wohnräume abgestellt. Wenn er nach Hause kommt, müssen die notwendigsten Arbeiten getan sein: die Wohnung in Ordnung gebracht sein, das Essen fertig auf dem Tisch stehen, die Kinder zur Ruhe gebracht und mit sich beschäftigt sein; das bedeutet, es muß einfach Ruhe eingekehrt sein, damit seine Frau sich ausschließlich auf seine Unruhe konzentrieren kann. Wenn das nicht der Fall ist, ist meistens 'der Teufel los' und der Feierabend für's erste 'im Eimer'.

Besitz, ausreichendes Einkommen, Ansehen und Zukunftsplanung in den Verhältnissen der bürgerlichen Familien heißen für die Arbeiterfrau und ihre Familie: Arbeit, Sparsamkeit und Unsicherheit; stärkere Belastung durch den Haushalt, nervlich anstrengende Arbeit oder Schichtarbeit gehören zum 'Wesen' der Arbeiterfamilie. Für Frau und Kinder bedeutet das, daß ihr Lebensraum eingeschränkt ist, ihre Bewegungsfreiheit, ihre Kontakte und Möglichkeiten, Freundschaften zu schließen, begrenzt sind durch die Uhrzeit, die sich vor allem nach der Arbeitszeit und den Schlafbedürfnissen des Vaters richtet: "Wenn er (der Vater) nach Hause kam, -ja, mußten wer ruhig sein, weil er schlafen mußte. Ich hatte mein eigenes Zimmer, wir sind zwei ... Und da war, das war so ne kleine Werkswohnung mit so zwei kleinen Kinderzimmern, so ganz kleenen Löchern, - da ham wir denn eben gewohnt. Und ja, natürlich, nachmittags mußten wir unheimlich leise sein, mußten wir denn eben runtergehn ne (auf die Straße), also meistens warn wir denn unten, wenn mein Vater tagsüber geschlafen hat. Oder oben, warn wir denn eben leise ne" (Elfriede).

Die körperliche und seelische Erholung des Vaters steht also über der von Frau und Kindern. Die Zeiteinteilung und die Bewegungsfreiheit der übrigen Familie richten sich überwiegend nach seinen Bedürfnissen. Und das, obwohl die Frauen meistens auch noch arbeiten gehen; oft sogar zeitweise ganz für den Unterhalt der Familie sorgen (bei Arbeitslosigkeit, Krankheit, Invalidität des Mannes).

Arbeit, Zeitgefühl und Phantasie von Mutter und Tochter für das Mensch-Sein

Alle Arbeiten, die der Arbeiter im Haushalt macht, sind Dinge, bei denen er sich entspannen oder seine Fähigkeiten als Handwerker, gelernter Facharbeiter oder sonstige Kenntnisse beweisen und zur Anwendung bringen kann. Damit ihm das überhaupt möglich ist, hilft ihm seine Frau, und oft auch die Tochter, zu entspannen, ruhig zu werden. Sie helfen ihm durch praktische Kniffe und Handgriffe, durch unendliche Geduld und Ruhe, die er bei der Industrie-Arbeit verlernt hat. Meistens hilft die Arbeiterfrau durch ihren gelegentlichen Verdienst, daß es dem Mann überhaupt möglich ist, sich ein 'Hobby' zu leisten. Werkzeug, Material, das er für seine Arbeit an der Wohnung, am Haus, im Garten, am Auto oder für seine Liebhabereien braucht, werden vom verdienten Geld der Frau gekauft. Außerdem steuert sie die Ausgaben für Alkohol und Zigaretten, für sonstige Extraausgaben, die im Haushaltsgeld nicht vorgesehen waren, durch ihre Erwerbstätigkeit bei. Im Grunde sorgt die Arbeiterfrau für sich und die Kinder, weil das Gehalt des Ehemannes oft gerade für die Miete, Strom, für Essen und Trinken, – für die allernötigsten Anschaffungen reicht. Für die Anschaffung eines Autos, für Haushaltsgeräte, für Einrichtungsgegenstände und vor allem für die (Aus-)Bildung der Kinder ist die Mitarbeit der Frau unerläßlich. Zwar steigen die Löhne, aber die Preise auch, – und die Veränderung der Lebensumstände, die fehlenden Lebenszusammenhänge mit Bekannten und Verwandten kosten Geld: statt Unterhaltung im Freundes- und Verwandtenkreis braucht die Familie Ersatz, der ihr von allen Seiten - käuflich - geboten wird. Durch die Proklamierung der Wohlstandsideologie und des Massenkonsums und durch die veränderte Zusammensetzung der Nachbarn wird die Arbeiterfamilie unter den gegenwärtigen Verhältnissen zu einem Lebensstandard gezwungen, den sie sich gar nicht leisten kann. So ist die Frauenarbeit außer Haus für Arbeiterfamilien lebensnotwendig geworden wie zu Beginn der Industrialisierung.
Was Alexandra Kollontai 1921 über die Arbeiterin und deren Situation in der Ehe schrieb, trifft auf die heutige Situation von Arbeiterfrauen unverändert zu: "(Es ist so), daß die Ehe die Proletarierin keineswegs vor dem Zwang, ihre Arbeitskraft zu verkaufen, retten kann. In zunehmendem Maße werden verheiratete Arbeiterinnen gezwungen, eine Berufsarbeit außerhalb des Hauses mit der Haushaltsarbeit, der Erziehung der Kinder und der Bedienung des Mannes zu kombinieren. *Ihr Leben verwandelt sich zu einem ewigen Schuften, sie schläft nie genug und hat keine Ahnung, was Ausruhen heißt. Sie* ist die erste, die morgens aufsteht und sie geht auch zuletzt ins Bett. Trotzdem lösen sich die Arbeiterfamilien auf, das Heim verwahrlost und die Kinder sind sich selbst überlassen. *Die Frauen zerreißen sich umsonst und versuchen verzweifelt, die Familie zusammenzuhalten... Durch die Entstehung der Großproduktion schrumpft die Bedeutung der Familienökonomie. Eine*

Funktion nach der andern fällt weg. Wichtige Aufgaben des Familienhaushalts, die früher untrennbare Bestandtteile der Hausarbeit gewesen sind, verschwinden. Es ist z.b. nicht mehr nötig, daß die Arbeiterfrau ihre kostbare Zeit mit Strümpfestopfen, Seifenherstellung und Kleidernähen verschwendet, wenn gleichzeitig diese Massenkonsumartikel im Überfluß auf dem Markt vorhanden sind. *Diese Tatsache spielt keine Rolle, solange sie nicht genügend Geld hat. Um Geld zu verdienen, muß sie ihre Arbeitskraft verkaufen ...* Deshalb also löst sich die Familie, insbesondere in der Stadt, auf..." (Alexandra Kollontai 1921,ersch. 1977,S.125/26).
Und selbst, wenn die Eheleute neue Freunde und Bekannte gefunden haben, wenn sie sich mit Arbeitskollegen treffen, so kostet auch das mehr Geld als früher, weil die Unterhaltung auch im Arbeitermilieu heute im allgemeinen mit gutem Essen und Trinken, mit gemeinsamem Ausgehen,Kneipenbesuchen verbunden ist. Der verständliche Wunsch, 'aus den eigenen vier Wänden' rauszukommen , 'mal andere Gesichter zu sehen', eine andere Umgebung, sich für die anstrengende Arbeit auch etwas leisten zu können, kostet, - gemessen an dem Verdienst von Arbeitern - sehr viel Geld. Und da vor allem die Frau darunter leiden muß, wenn sie keinen Bekanntenkreis hat und isloiert zu Hause sitzt, geht sie schon aus dem Grund mit arbeiten. 'Schöner leben' mit Wein oder Bier, Stammtischgesprächen über Politik und Familienleben, über die Ausbildung der Kinder und über den nächsten Urlaub bedeuten Ausgaben, die der Mann allein durch seine Arbeit nicht einbringt. So versucht vor allem die Frau, durch ihre Arbeit und durch ihren Antrieb, nach der Arbeit abends zusammen mit ihrem Mann wegzugehen, ein gemeinsames Leben mit ihm herzustellen. Und so versucht sie, auch in der Familie gegen die widrigen Arbeits- und Lebensumstände unermüdlich gemeinschaftliche Formen des Zusammenlebens zu ermöglichen; noch, wenn sie sich hinsetzt zum Ausruhen, ist sie innerlich gehetzt von dem Gefühl, noch nicht genug getan zu haben an diesem Tag; muß sie sich überwinden, die Wäsche liegen zu lassen oder den Pullover für ihren Mann oder eins ihrer Kinder ein andermal weiterzustricken. Bei ihr äußert sich die Unruhe durch den 'Berg von Arbeit', der auf sie wartet, durch die Unzufriedenheit mit der eigenen Arbeit ja oft viel schlimmer als bei ihrem Mann,weil für sie die Arbeit nie aufhört; weil sie 'Schichtarbeit' macht, ohne selbstverständlich abgelöst zu werden vom Mann und von den Kindern; und weil sie für ihre Arbeit in den seltensten Fällen Anerkennung bekommt. Ihre Arbeit besteht außer der gegenständlichen Arbeit in der Firma, in der sie arbeitet und im eigenen Haushalt, in der unermeßlichen und von niemand bezahlten oder auf andere Weise vergüteten gedanklichen und seelischen Arbeit für ihren Mann und ihre Kinder. Während die Arbeit und die ganze Erziehung des Mannes darauf beruhen, daß Sachen, Gegenstände, Maschinen, technisches Wissen, seine Beziehung zu Menschen zu einem großen Teil aus seinen Gedanken verdrängt haben, ist die Arbeiterfrau dazu erzogen worden, sich zuerst um die Menschen zu kümmern; Menschen, die zerschlagen und müde von der Arbeit kommen, zu versorgen, zu 'bemuttern'. Alle Arbeiten, die sie außer Haus verrichtet, und besonders die im Haushalt, sind eng an ihre Beziehung zu ihren nächsten Mitmenschen gebunden: wie Marianne Herzog aus ihren Erfahrungen mit Fabrikarbeiterinnen berichtete, kreisen deren Gedanken hauptsächlich um die Kinder, den Ehemann, oder bei jungen Arbeiterinnen um den (gewünschten) Freund. Auch die Gespräche unter Arbeitskolleginnen drehen sich in erster Linie um die Angehörigen; um die Ausbildung der Kinder, - für die die Frauen meistens arbeiten, besonders die der Töchter, die so wenig selbstverständlich ist wie es die eigene war und auf die - aus den eigenen Erfahrungen mit Ehe und Kindererziehung; mit der ungelernten Arbeit - um so mehr Wert gelegt wird. Dafür, daß die

225

Arbeiterfrau auf die Bildung ihrer Tochter so viel Wert legt, muß sie arbeiten gehen. Für ihren Mann ist die Ausbildung der Kinder kein so großes Problem, schließlich muß er arbeiten, da sollen sie auch arbeiten gehen, - oder sie sollen selbst Geld verdienen, daß sie sich eine bessere Berufsausbildung leisten können. Für die Arbeiterfrau ist es nicht möglich, so zu denken, weil ihre gesamte Arbeit und Lebensperspektive mit Menschen zu tun hat und auf sie bezogen ist; sie will den Kindern mehr Freiheit ermöglichen, als sie selbst hatte. Vor allem die Tochter soll nicht so arbeiten müssen wie sie, soll Kindheit und Jugend anders erleben als sie es gehabt hat. Sie soll im Gegensatz zu ihr schöne Kleider und eine eigene Ausbildung haben und vor allem: unabhängig sein vom Mann. Das ist in vielen Fällen bei den Müttern die eigene Vorstellung von Freiheit gewesen, die sie, da es ihnen nicht gelungen ist, für ihre Tochter verwirklicht sehen wollen. Und genau dieser Gedanke hat sie oft bewogen, morgens aus dem Haus zur Arbeit zu gehen.

Gleichzeitig schränkt der Gedanke an die Kinder ihre Freiheit auch wieder ein, weil sie ständig bei der Arbeit und nach der Arbeit das Gefühl hat, die Kinder zu vernachlässigen. Vor allem der Tochter gegenüber hat sie ein schlechtes Gewissen, der sie oft einen Zettel hinlegt, auf dem steht, was alles zu zun ist, bis die Mutter oder der Vater nach Hause kommt. Das versucht die Arbeiterfrau auszugleichen, - wieder durch Mehrarbeit. Unablässig gleicht sie ihre eigene Erwerbstätigkeit aus: sie hetzt nach Hause, kauft auf dem schnellsten Weg unterwegs ein, - was meistens die Lebenshaltung verteuert - holt die Kinder bei Bekannten ab, bringt ihnen etwas mit, damit sie für ihre Abwesenheit entschädigt sind. Sie räumt in Windeseile die Wohnung auf, versucht überhaupt in kurzer Zeit, bis der Vater nach Hause kommt, wieder Ordnung in die Familienverhältnisse zu bringen; hört sich von den Kindern an, was sie alles erlebt oder verbockt haben; was sie sich wünschen und unbedingt 'haben' wollen; hört zu, was in der Schule los war und welche Schulaufgaben noch nicht gemacht werden konnten, weil ja niemand da war, der sich um sie gekümmert hat. Vor allem hört sie die ganze Zeit, daß die Kinder sich selbst überlassen waren und daß sie sich jetzt um sie kümmern muß. Die Berufstätigkeit der Arbeiterfrau kostet vor allem sie selbst ein schlechtes Gewissen und einen ungeheuren Verschleiß an Arbeitskraft. Während der Akkord in der Fabrik 'von oben' durch Arbeitszeitnormen bestimmt wird, gibt es in ihrem Leben Akkord-Arbeitszeitnormen, die noch schlimmer sind, weil sie alleine mit ihnen fertig werden muß, weil kein Kollektiv da ist, das sich aufgrund informeller und impulsiver Übereinkünfte gegen die Ausbeutung weigert. Es liegt daran, daß sie privat konfrontiert ist mit 'Bergen von Arbeit'; mit den Sorgen und Bedürfnissen der Kinder; daß das, was in der Fabrik als Arbeitstempo vorgegeben wird und von Arbeitern und Arbeiterinnen torpediert wird, auf ihre eigenen Knochen geht. Sie arbeitet im Privatleben der Familie doppelt und dreifach, um die verlorengegangene Zeit wieder 'rauszuholen'. Das heißt, sie gleicht nicht nur die für den Haushalt verlorene Arbeitszeit aus, - was auch bedeutet: Ruhe und Muße haben für Mann und Kinder; sie holt auch das mörderische Tempo der Arbeit im Betrieb wieder ein, indem sie noch schneller als vorher, noch schneller als in der Firma arbeitet, ihren Haushalt versieht. Das alles, damit, wenn der Mann nach Hause kommt, von Arbeit erst einmal nichts mehr zu sehen ist. Ihre Arbeit zu Hause ist in sich genauso von der Entfremdung durch die Zeit, in der sie gemacht werden muß, gekennzeichnet wie die Arbeit in der Fabrik, - mit dem Unterschied, daß ihre Arbeit an den Bedürfnissen der Familie orientiert ist, unmittelbaren Gebrauchswert hat und also mit Liebe zur Arbeit und mit Geduld getan werden sollte. Sie kann sich Verweigerung und Ausschußarbeit gar nicht leisten, weil das auf Kosten der Familie, auf ihre eigenen Kosten geht. Kritik trifft sie unmittelbar als Menschen. Die Un-Kosten ihrer Fehler verschwinden nicht, wie im Betrieb, in der Masse oder in der für den Einzelnen nicht mehr sichtbaren und nachvollziehbaren – faktischen – Verringerung des Einkommens; sondern sie sind direkt spürbar als Kostenerhöhung des Unterhalts; als spannungsgeladene Atmosphäre des Familienlebens. Wenn sie vor lauter Nervosität und Hektik einen Teller zerbricht oder das Essen zu lange kocht, kriegt sie sofort 'die Rechnung präsentiert'. Dann ist sie die schlechte Haushälterin, die nicht wirtschaften kann. Darin besteht aber ihre Identität als Arbeiterfrau: sparsam sein und wirtschaften können. Wenn sie hektisch in der Wohnung hin- und herrennt, orientierungslos und planlos Dinge von hier nach da räumt, wenn sie nicht genug Ruhe aufbringt, sich hinzusetzen und aufmerksam zuzuhören, so bringt ihr auch das 'Minuspunkte' ein. Ihre Arbeit als Mutter besteht darin, geduldig zu sein – und das in der Arbeiterfamilie, in der jeder, wenn er nach Hause kommt, die Hektik von der Arbeit, von der Schule gerade abschütteln oder bei der Mutter los werden will. Was bedeutet: die Mutter muß dafür sorgen, daß die Arbeitszeitnormen der Industrie auf das Zusammenleben nach Feierabend, am Wochenende nicht so durchschlagen, daß ein – friedliches – Zusammenleben gar nicht mehr möglich ist. Und sie muß für die innere Ruhe ihres Ehemannes und der Kinder Sorge tragen. Dafür bezahlt sie mit ständiger innerer Unruhe; einer ständigen Anspannung, ständig 'auf dem Sprung sein'; womit sie dafür sorgt, daß Ruhe einkehrt, daß noch Unterhaltungen stattfinden und daß nicht jeder sich in seine 'Ecke verzieht', sondern auch noch Lust auf ein Gemeinschaftsleben da ist.

Gemeinschaft und Individualität in der Arbeiterfamilie

Ein Familienleben zu ermöglichen bedeutet für die Arbeiterfrau: Möglichkeiten zur Selbstbesinnung herzustellen, wo die besinnungslose Arbeit nach der Stoppuhr, der tägliche Kleinkrieg mit den Ausgaben, der Ärger mit der Arbeitsstelle *menschliche Beziehungen zerstört.* Tag für Tag leistet sie dieselbe Arbeit, Tag für Tag versucht sie aufs Neue, das, was auf die Familienmitglieder von außen einwirkt, in deren Regungen und Äußerungen zu erfassen. Sie kann das mit den finanziellen Mitteln und mit der Zeit, die ihr zur Verfügung stehen, nur in sehr begrenztem Ausmaß tun. Und sie tut es oft gegen den Willen der Familie, – die ihre Ruhe haben will, in der jeder oft einfach genug hat vom ewigen sich kümmern müssen um den anderen. Der Arbeitsprozeß in der Fabrik, auch in der Schule bewirkt eine Abneigung gegen die Masse; gegen die Unterordnung unter Gruppennormen. Zu Hause angekommen werden die Kinder und der Ehemann wieder konfrontiert mit einer 'Gemeinschaftsideologie', die ihre Individualität manchmal im Keim erstickt. Deshalb wollen sie nichts wissen von Gemeinschaft und Familie; verziehen sich, sobald es geht. Auf der anderen Seite ist das Bedürfnis nach Gemeinschaft auch bei ihnen da; nur: es ist zuviel erzwungene Gemeinschaft dabei. Überall müssen gerade Menschen, die körperlich arbeiten, die wenig Geld zur eigenen, persönlichen Verfügung haben, sich gesellschaftlichen Normen beugen. Was die Arbeiterfamilie an 'Individualität' ermöglicht, beschränkt sich oft auf Minuten, in denen man sich selbst überlassen ist. 'Individualität' bedeutet unter diesen Lebensumständen 'Abschalten', seinen Gedanken nachhängen, Träumen. Das ist schon viel. Das ist das Wichtigste für Menschen, die dauernd in einen Prozeß eingespannt sind, der nicht von ihnen ausgeht, der nicht in ihrer Hand liegt. *Träumen wird zum Mittel des Überlebens, auch in der Familie. Zur Verwirklichung reichen die Mittel und die Nerven kaum. Die Individualität proletarischer Menschen bleibt im träu-*

merischen Schwebezustand; kann sich unter diesen Lebensumständen nicht entfalten.

Das Bedürfnis der Arbeiterfrau,
Zeit zum Leben und zum Reden zu haben,
setzt sich gegen die Stoppuhr durch

Wie machen es Arbeiterfrauen, daß sie mit den unterschiedlichen Zeitanforderungen und -bedürfnissen bei der Arbeit im Betrieb, im Haushalt, - bei der Fürsorge und Pflege des Ehemannes und der Kinder fertigwerden? Wie machen sie es, daß sie von nervtötender und schlecht bezahlter Arbeit umschalten können auf die Zeit- und Erholungsbedürfnisse ihres Mannes und ihrer Kinder? Woran liegt es, daß sie die teilweise unerträglichen Spannungen und oft mit direkter körperlicher Gewalt ausgetragenen Streitigkeiten in der Familie aushalten? Daß sie an die Familie glauben, nicht an ihre Arbeit im Betrieb? Wie kommt es, daß sie für den 'Wohlstand' der Familie arbeiten gehen, für Haushaltsgeräte, die Zeit sparen und die Arbeit erleichtern sollen und gerade ihr Arbeitszeit aufbürden, nämlich im Betrieb verausgabte Arbeitszeit?

Und das unter Lebensumständen, wo sich doch die Familie durch die Arbeit, durch den gesellschaftlich produzierten Reichtum, der käuflich ist, scheinbar auflöst und die Arbeiterfrau sich also umsonst abmüht? Wo nehmen sie die Energie her, für Ruhe zu sorgen, wo doch alle äußeren Umstände Unruhe schaffen; der Mann nach der Arbeit gereizt nach Hause kommt und erst einmal 'Luft abläßt'; ihre Bemühungen oft gar nicht ertragen kann, sondern mit einer Hand wegwischt, was sie zustandegebracht hat-, wofür sie sich oft das Geld 'vom Mund abgespart ' hat?
Ihr unerschütterlicher Einsatz für Menschlichkeit innerhalb einer Umwelt von Nüchternheit, sachlichen, technischen Funktionen, Existenzsorgen und Geldmangel rührt daher, daß auch ihre Lebens- und Zeitperspektive aus der Phantasie von einem schöneren Leben genährt wird. Sie kann es einfach nicht glauben, daß das alles sein soll: morgens aufstehen, zur Arbeit gehen,Geld verdienen, Geld ausgeben, Kochen, Aufräumen, Kinder versorgen, - also sich gerade so am Leben erhalten. Sich um 'Lappalien' streiten, aber sich nicht wirklich etwas zu sagen haben, ist für sie unfaßbar und unerträglich, weil sie ihr ganzes Leben lang darauf hin orientiert ist und daran arbeitet, Leben zu ermöglichen, aufrechtzuerhalten und weiterzuentwickeln. Für sie steht das Prinzip unmittelbarer, praktischer Erfahrungen mit Menschen über dem Prinzip der gegenständlichen, rein sachlichen Arbeit. Und sie erlebt täglich, wie dieses nach der Uhrzeit ablaufende Prinzip der gegenständlichen Arbeit die Menschen übergeht; wie es die Beziehungen zwischen den Menschen gerade in der Arbeiterfamilie immer wieder zerstört. Die Aufarbeitung proletarischer Erfahrungen in der Arbeiterfamilie ist deshalb so schwierig,weil sie nichts Einheitliches sind. Das Spezifische besteht darin, daß die proletarische Erfahrung bei der Arbeit und in der Familie keine geordneten Verhältnisse kennt. Die Arbeiterfamilie ist keine Organisation des Zusammenlebens mit festen Normen wie im Fall der bürgerlichen Familie, in der Sicherheit und ein gewisser Besitz, zumindest aber ein ausreichend festes Einkommen das Verhalten in sichere Bahnen lenken. Sie wiederholt die ganzen chaotischen, planlosen Fehlentscheidungen der Wirtschaft im täglichen Leben miteinander. Sie schlagen auf den Einzelnen und auf die Beziehungen untereinander unmittelbar durch. Da gibt es keine schonenden Vermittlungsschritte; keine Möglichkeit, sich gesellschaftliche Entscheidungen, Einflüsse des Arbeitslebens auf das Privatleben 'vom Leib zu halten'. So holt sich in der Arbeiter-

familie jeder, was er braucht. Unterstützung, Ratschläge, Informationen,die er alleine nicht zum (Über-)Leben hat. Solidarität und Gemeinschaft als Selbstzweck gibt es da nicht. Wenn Zusammenhalt notwendig ist, dann hält die Familie zusammen; wenn nicht, ist jeder für sich. Wenn ein Kind sich alleine fühlt, dann hängt es an der Mutter, und wenn die Mutter zur Arbeit geht, an eins der Geschwister. Wenn auch das nicht möglich ist, dann an eins der Nachbarkinder. Sich an jemand festzuhalten, das ist im Arbeiterleben immer möglich. Aneinanderhängen, Gemeinschaft, - das sind Erfahrungen, die nicht unbedingt an die eigene Familie gebunden sind. Die Arbeiterfamilie hat keinen festen Rahmen, der sich nach außen hin abschirmt. Sie lebt nicht abgegrenzt gegen andere Familien. Privates und öffentliches Verhalten als Unterscheidungskriterium für Vertrautheit und Distanz existiert in der proletarischen Erfahrung eigentlich nicht. Die Menschen kennen sich untereinander. Aufgrund ähnlicher Erfahrungen schenken sie einander Vertrauen, verlangen keine Beweise, Belege. Sie glauben jemand, wenn er erzählt, 'das war so und so, das hab ich erlebt'. Sie hören zu, und wenn der andere Hilfe braucht, helfen sie. Wenn sie nicht können, helfen sie nicht. So einfach ist das.Die Menschen wissen, daß ihnen nichts geschenkt wird, daß nichts von selbst passiert. Ihr Leben ändert sich nur, wenn sie etwas tun. Um jede Kleinigkeit müssen sie kämpfen. Das fängt für die Frau beim Einkaufen von preiswerten Lebensmitteln an und hört bei der Suche nach einer Arbeitsstelle auf.

Die Frau geht arbeiten, wenn das Geld nicht reicht, wenn sich die Eheleute etwas vornehmen, etwas leisten wollen, was mit dem Einkommen des Mannes nicht geht. Ihre Entscheidung, arbeiten zu gehen, hat nichts mit Emanzipation oder Unabhängigkeit zu tun. Eine 'kleine' Freiheit zeigt sich darin vielleicht, - nämlich die, daß sie sich von ihrem Mann nicht jeden Pfennig vorrechnen lassen muß.

Und das beschränkt sich nicht auf die Arbeit der Frauen, sondern jeder hilft mit, wo er kann. Proletarische Menschen haben keine 'Beziehungen', die ihnen weiterhelfen. Das müssen sie alleine machen. Immer erarbeiten. Und weil das so schwer ist, helfen die anderen. Sie beraten zusammen,wie man es anfangen könnte; sie gehen auch mit zur Behörde, zum Arbeitsamt; oft gehen die Frauen auch mit bis zum Betrieb, begleiten den Mann, wenn er etwas Unangenehmes vor sich hat; und umgekehrt. Der Mann hilft,wenn die Frau zu Hause arbeitet, - Heimarbeit macht; oder wenn sie sich abends hinsetzt und für einen Fortbildungskurs lernt, dann hilft er. Nicht immer, - aber oft. Nach seinen Kräften. Sie helfen einander, indem sie sich begleiten, sich festhalten. Die Sicherheit der Arbeiterfamilie ist der andere Mensch. So heben sie die Zerstückelung der Arbeit und des Lebens auf; so geben sie sich gegenseitig Anerkennung; respektieren den anderen in seiner Menschenwürde, die ihm bei der Arbeit - und den Kindern oft schon in der Schule - abgenommen wird. Sie hängen aneinander, um sich Mut zu machen. Im Leben der Arbeiterfamilie gibt vieles darum, sich Mut zum Leben zu machen. Und diese Erfahrungen wiegen die Spannungen und Streitigkeiten auf, die auch da sind; die Explosionen, die ausdrücken, daß einer verzweifelt ist und nicht mehr weiter weiß. Das nimmt alle mit, es soll hier auch nicht beschönigt werden.
Aber trotzdem wissen alle, daß es aus Hilflosigkeit geschieht, weil die Arbeit die Menschen kaputt macht und das Geld trotzdem nie reicht; weil so viele Waren angeboten werden in den Kaufhäusern, im Werbefernsehen und die Arbeiterfamilie sich am wenigsten davon kaufen kann, - obwohl alle schwer arbeiten. Die Explosionen im Zusammenleben kommen aus den Spannungen, die die Menschen den ganzen Tag einstecken müssen; aus dem Ar-

beitsrhythmus, den Bewegungen, die immer nach dem gleichen Schema ablaufen; und vor allem aus dem Zwang, immer nach 'der Pfeife von anderen
zu tanzen'. Das erzeugt Wut und Nervosität, die sich in der Familie körperlich entlädt, weil bei der Arbeit kein Ventil da ist.

Das alles sind Erfahrungen, die besonders die Arbeiterfrau in der Familie
so betreffen, daß sie sich für ihre Familie mehr einsetzt als für ihre Arbeit.
Hier erfährt sie wenigstens noch menschliche Regungen, erlebt sie direkt
am Menschen, was die Arbeit aus ihm macht. Sie wird gebraucht als diejenige, die tröstet und den Ärger über sich ergehen läßt. Und sie wird gebraucht als Mensch, der sich über die kleinsten Dinge freut und beteiligt
ist an allem, was im Alltag geschieht. In der Fabrik oder im privaten Haushalt bei anderen Leuten wird sie nur gebraucht als Dienstleistungs- und
Arbeitskraft. Zu Hause geht es um Menschen,um direkte Erfahrungen mit
ihnen. Familie hat die Arbeiterfrau nie gehabt im Sinne von traditioneller
Sicherheit, Familienbesitz- und tradition. Deshalb hält besonders die Arbeiterfrau am Familienleben fest. An ihrer Sprache, ihren Gesten, Berührungen anstelle von Maschinenlärm, Waren und Stimmengewirr im Kaufhaus,
Fußböden, die sie putzen geht. Auch gewaltsame Berührungen gehören
zu ihrem Familienalltag. Auch Sprachlosigkeit, nur noch das Gesicht verziehen können (vgl. Roswitha im Anhang).Und vor allem das Dasein anderer
Menschen.Dafür entschädigt sie ihre Arbeit im Betrieb nicht.Sie bekommt dort
nicht soviel,daß sie das vergessen könnte.Es geht nicht darum,die Arbeiterfrau und ihre Sehnsucht nach Familiengemeinschaft,ihre oft erniedrigenden Erfahrungen,ihre Langeweile in ihren vier Wänden,zu verherrlichen. Es geht
darum, zu sagen, wie es ist. Nicht zu beschönigen, aber auch nicht als
rückständig oder nur als Elend zu beschreiben. Die Arbeiterfrauen wehren
sich dagegen, daß ihnen das Wenige an Menschlichkeit, das sie in der Familie erleben, durch Fabrikarbeit, durch den Zwang, unqualifizierte Arbeit
zu verrichten, genommen wird. Eine Art der Menschlichkeit des menschlichen Elends, die bei bürgerlichen Frauen durch Geld, Anstandsregeln,
weiblicher Zurückhaltung, Höflichkeit und Sanftmut eher verschluckt werden. Streit gibt es in bürgerlichen Familien auch. Aber er wird leise ausgetragen, hinter geschlossenen Türen, nach Regeln, die die Sprache und den
Tonfall beherrschen. Nicht durch Berühren der wesentlichen Dinge, die
einen Menschen im Kern berühren. Und wenn es doch geschieht, so wird
es schnell wieder kaschiert, durch Schweigen, Anstand, Sprache, Geld,
Distanz. Das ist im Leben der 'Arbeiterfamilie nicht möglich'.(Vgl. Lucia im
Anhang) Die Erfahrungen von Arbeiterfrauen entsprechen ihren wechselnden Lebensumständen.

Die 'anarchische' Unmittelbarkeit in der Arbeiterfamilie
ist das einzig menschliche Vermögen gegen
eine unmenschliche Arbeitsdisziplin

Darin besteht die Hauptschwierigkeit, sie zu erklären oder überhaupt nur
zu beschreiben. Sie wechseln mit jeder Situation, wie die Umstände,die sich
'mit einem Schlag' ändern können. Von Wissenschaftlern wird immer versucht,
die proletarischen Erfahrungen auf einen allgemeinen Nenner zu bringen;ein-
zelne Lebensbereiche oder besser: Teile des Lebens in formale Beziehungen
zu setzen, eine Ursache zu finden. Damit machen sie aus dem Leben der Arbeiter etwas Statisches. Gerade bei Arbeitern ist das Leben voller Bewegung.
In der Familie findet vieles gleichzeitig statt, im wirklichen Leben, und im
Kopf der Arbeiter läuft vieles nebeneinander. Es gibt immer mehrere Ursachen, wechselnde Ursachen und Zusammenhänge. Man kann zum Beispiel die

Berufstätigkeit der Arbeiterfrau und die Auswirkung auf ihr Familienleben nicht auf eine Ursache zurückführen; oder darin ein Ziel sehen. Da ergibt sich eines Tages das Problem, daß das Geld hinten und vorne nicht reicht, und dann sieht sie zufällig in der Zeitung eine Annonce, und dann geht sie dorthin, arbeiten. Für eine Zeitlang. Bis der Engpaß vorüber ist. Oder es entwickelt sich durch ihre Erwerbstätigkeit ein neuer Aspekt, sie lernt durch Gespräche andere Interessen kennen, entwickelt neue Bedürfnisse und entschließt sich vielleicht, weiterzuarbeiten. Und so geht das weiter. Das ist nichts vorher Geplantes, auf lange Sicht im Kopf Überlegtes. Im Arbeiterleben beruht vieles auf Zufällen, auf Schwankungen im Wirtschaftsleben, Schwankungen in den Entscheidungsprozessen der Menschen.

Das proletarische Leben ist wie im Arbeitsleben, so auch im Privatleben der Familie, nichts Einheitliches. Ebensowenig sind es die Erfahrungen der Menschen. Wenn die Arbeiterfrau an einem Tag sagt, daß sie das alles nicht mehr aushält, so stimmt diese Aussage in ihrer Erfahrung genauso mit dem Gegenteil überein.

Negt/Kluge haben diese besondere Art, in der Menschen im Arbeiterleben ihre Erfahrungen machen, ausgedrückt, indem sie sagen:

"Erfahrungen werden in dem Maße zu Waren, in dem sie auf einen Generalnenner zu bringen sind. Alle Erfahrungen des Proletariats sind spezifisch. Sie lassen sich verallgemeinern, aber sie können nicht auf dieses Allgemeine ... reduziert werden. Sie werden als qualitative Momente produziert. Die Aufarbeitung der proletarischen Erfahrung ist deshalb so schwer, weil sie nicht die Kommensurabilität der Warenbeziehungen hat. Sie verändert sich mit jeder Veränderung der Situation" (O.Negt/A.Kluge, 1972, S. 85).

Auch 'Vermittlung' gibt es im proletarischen Leben nicht. Die Kategorie der 'Vermittlung', von der intellektuelle Bürgerliche häufig sprechen, entspricht in ihrem wirklichen Leben distanzierten Beziehungen, Waren-Reichtum und entsprechenden Regeln, nach denen sie 'gepflegt' werden. Da wird etwas mit Geld, mit Sprache und mit Denken vermittelt. Da setzen Zwischenstufen auf der Ebene der Sprache und des Handelns Abstand zwischen die Menschen; zwischen ihre bloße Existenz und ihr Leben. Im Leben der Arbeiterfamilie stoßen die Lebensbereiche der Arbeit und der Familie, der Wirtschaft, des Wohnungsmarktes und der Lebensäußerungen im täglichen Leben der Menschen unvermittelt aufeinander. An Stelle des vermittelten Sprechens und Handelns tritt dort spontane Aktivität. Tun, das Gewalt und Liebe ausdrückt. Mit Gewalt Liebe erfahren, auch mit zerschlagenen, müden Gliedern, – das ist die Wirklichkeit der Arbeiterfrau. Darunter leidet sie, das genießt sie aber auch, denn sie hat Vertrauen entwickelt zu diesen Äußerungsformen. Das andere, stillere, vornehmere ist ihr fremd. Das wünscht sie sich wohl manchmal, davon träumt sie auch, darüber spricht sie mit ihrer Tochter, – aber damit leben kann sie nicht. Die Gesten der Arbeiterfrau im Alltagsleben sind darauf konzentriert, ihrem Mann oder ihren Kindern zu helfen, eine Sache zu Ende zu machen; zu helfen, aus Stücken ein ganzes Produkt herzustellen; jemand festzuhalten, der sich selbst nicht mehr aufrecht (er)halten kann. Das ist ihre Sprache. In der drückt sie oft auch ihre Wünsche, ihre Bedürfnisse nach einer Unterhaltung aus (vgl. besonders das Gespräch mit Roswitha M., siehe Anhang). An diesen Gesten und 'Grimassen', an der Sprache, die sich auf dem Gesicht und in Handbewegungen mehr denn in Worten ausdrückt, ist die Tochter unmittelbar beteiligt. Da sie am ehesten als 'Komplizin' der Mutter, als ihre Hilfe und ihr Beistand gebraucht wird, entwickelt sie ein Gespür für das Leiden und für die ungeheure Aktivität der Mutter, – die oft, wie im Fall von Agnes' Mutter, garnicht mehr nach außen dringt, nicht umgesetzt wird. Sie lernt auf diese Weise, sich intuitiv zu verständigen, zu erraten, was gemeint sein könnte durch einen Laut, durch Bewegungen auf dem Gesicht; durch Abwenden, den Raum verlassen u.a. Arbeitertöchter nehmen auch nicht nur durch Einbezogenwerden in Streitgespräche der Eltern mehr an den Sorgen, an den belastenden Erfahrungen der Familie teil als z.B. die Söhne. Sie können durch ihre häufigere Anwesenheit zu Hause, durch Mithilfe im Haushalt und durch Mittragen der Verantwortung für Ordnung, für die Ausgaben und für die Ruhe der Familie garnicht anders als ein 'offenes Ohr' entwickeln für alles, was um sie herum geschieht. Für sie sprechen die Körperhaltung der Mutter, sprechen Geräusche und Stimmen, die sie durch die Wand hören, 'Bände'. Was sie oft daran hindert, sich auf sich zu konzentrieren. Und was sich als Haltung entwickelt hat, die, wie bei den Eltern in deren Haltung zur Arbeit und zueinander, aus einer Mischung aus Ablehnung und Liebe zu diesem Dasein besteht.

Für die Arbeiterfrau ist die Arbeit außer Haus keine Alternative zum Familienleben, auch wenn dieses sich oft darin beschränkt, daß in der Wohnung nur jemand da ist. Für sie ist der Glaube an den Menschen, an Liebe, füreinander Dasein mehr wert als Arbeit und Geld, die sie sowieso nicht frei und unabhängig macht. Dazu kommt die Belastung durch ihre Arbeit im Betrieb, deren geringe Bezahlung ihre Existenz-Unsicherheit doch nie aufheben kann. Ihre Funktion als bloße 'Reservearmee' heben Arbeiterfrauen vorbeugend auf, indem sie die Familie nie - auch bei der Fabrikarbeit nicht - verlassen. "Arbeiterfrauen, die nicht selten wegen stumpfsinniger Fabrikarbeit die Familie vernachlässigen gezwungen sind, fordern unter diesen Bedingungen ... den Schutz vor dem ökonomischen Zwang zur Arbeit" (Astrid Albrecht-Heide, 1972, S.22).

Arbeiterfrauen: Ihr 'Prinzip Hoffnung' liegt in der Liebe zum Menschen, das gegen das abstrakte, sich in industrieller Arbeit vergegenständlichende Menschsein arbeitet

Dieser Glaube an ein menschliches Dasein ist, - gerade weil er durch ihren Alltag immer wieder zerstört wird, weil er immer nur in Bruchstücken in Erfüllung geht, ein unzerstörbares Prinzip Hoffnung in ihr, das sie jeden Tag von Neuem verwirklichen will.

Frauenarbeit bedeutet für Arbeiterfrauen Arbeit in der Industrie, - aber auch in zahlreichen kleinen Betrieben, oft Familienbetrieben; Arbeit im Kaufhaus, im Lebensmittelladen, in Gaststätten, in Büros zumeist als Putzfrau, selten als Sachbearbeiterin; in Privathaushalten, Krankenhäusern, - immer ist es ungelernte Arbeit oder Arbeit, in der sie nach langen Jahren Hausfrau- und Mutterdasein wieder als ungelernte Arbeitskraft tätig ist. Von 3,5 Millionen Arbeiterinnen sind 3,3 Millionen Hilfsarbeiterinnen. Frauen, die keine Ausbildung haben. Das bedeutet für die meisten Arbeiterfrauen; sich nicht 'hocharbeiten' können, fachlich nichts dazulernen, keinen Arbeitserfolg haben außer einem niedrigen Lohn, der ins Haushaltsgeld, in den täglichen Lebensunterhalt verschwindet; bedeutet: 'Zuverdienst', nicht selbständig von eigenem Geld leben können. Bedeutet für ihr Leben: aus der Abhängigkeit vom Mann nicht herauskommen können durch eigene Arbeit; und: je nach Wirtschaftslage eingestellt oder entlassen werden, eingesetzt werden in Arbeitsbereiche, in denen Männern der Verdienst zu niedrig und die nervliche Belastung zu hoch ist.

Die Arbeiterfrau kann unter diesen Umständen garnicht anders als von Liebe und vom Leben mit Mann und Kindern träumen.

Elfriede Jelinek beschreibt in ihrem Roman 'Die Liebhaberinnen' (Hamburg 1976) sehr anschaulich, wie das Bedürfnis von Arbeitermädchen und -frauen, etwas zu lernen, durch mangelnde Entfaltungsmöglichkeiten bei der Arbeit in der Fabrik, durch die fehlende Ausbildung systematisch zerstört wird; und wie ihnen unter diesen Umständen kaum etwas anderes bleibt als gegeneinander auf die Hoffnung zu bauen, daß ein Mann sie heiratet, der 'es zu etwas bringen wird' im Leben, der sie versorgt, und sie damit aus der Fron der Fabrikarbeit erlöst (vgl. S.Metz-Göckel, 1978).

Das ist der Grund ihrer unermeßlichen Ausbeutung, aber auch der Grund ihrer unglaublichen Stärke. Sie kann langatmige Prozesse wie die Kindererziehung, - Eingehen auf deren Bedürfnisse, Zuhören, Zusehen, wie sie etwas entdecken, begreifen, - überhaupt deshalb der Arbeit im Betrieb vorziehen, weil für sie ihr Lebenssinn im Menschen besteht, - und noch nicht, wie beim Mann, durch rein vergegenständlichte Teilarbeit verdrängt ist. Im Wirtschaftsleben wird sie nur als Produktionsfaktor gebraucht, der Leistungen gegen Geld erbringt. Sie hat - im Gegensatz zur bürgerlichen Frau - keine ausreichende Ausbildung erhalten, die ihr Sicherheit im Berufsleben gibt. Sie kann jederzeit an einen anderen Arbeitsplatz versetzt werden oder entlassen werden; was ihr nicht erlaubt, sich mit einer Arbeit wirklich zu 'identifizieren'. Für die Familie ist ihre Berufstätigkeit meistens auch nur eine Einnahmequelle. Daß sie eine Arbeit sucht, die ihr Spaß macht, erscheint unter den Lebensbedingungen der Arbeiterfamilie und bei der gegenwärtigen Wirtschaftlage als 'Witz'. Der einzige Bereich, wo sie wirklich merkt, daß sie gebraucht wird, ist die Familie, das Zusammenleben mit ihrem Mann und ihren Kindern. Die blanke Existenzangst ist eine Seite ihres unerschöpflich scheinenden Reservoirs an menschlicher Kraft, die die Zerstückelung ihres Lebens - durch die Herrschaft der Zeit und des Mannes - überbrückt. Eine zweite Seite ist die, daß sie täglich erlebt, daß und wie sehr ihr Mann sie braucht; daß also auch er nicht unabhängig und in Freiheit von anderen Menschen, von ihr leben kann. Er braucht sie, weil er von seinem Gehalt die ganzen Dienstleistungen, die seine Frau zu Hause für ihn macht, nicht bezahlen könnte, wenn er sie nicht hätte; er braucht sie, damit er überhaupt unter den Arbeitsbedingungen arbeiten kann, unter denen er arbeitet.
Das ist übrigens auch ein Grund, warum Arbeiter sehr viele Arbeiten im Haushalt gemeinsam mit ihrer Frau machen: weil er sich in derselben Abhängigkeit von der Frau befindet wie umgekehrt; und weil seine Arbeit in der Fabrik ihn auch nicht befriedigt. Außerdem ist für ihn Hausarbeit oft eine Art, sich zu entspannen, seine bei der Arbeit einseitigen Bewegungen 'auslaufen' zu lassen; vielseitiger zu betätigen. Und, was in der wissenschaftlichen Literatur zur Arbeitsteilung in der Arbeiterfamilie selten berücksichtigt wird: es ist eine Möglichkeit, mit seiner Frau zusammen zu sein, die nötige Arbeit zu tun und sich dabei zu unterhalten.
Die Ausbeutung seiner Kraft und die schlechte Bezahlung seiner Arbeit würde der Arbeiter sich vielleicht weniger gefallen lassen, wenn seine Frau ihm zu Hause nicht einen Teil seines Ärgers abnehmen und für seine Erholung sorgen würde; andererseits ist gerade ihre Arbeit, ihre Forderung nach menschlichen Beziehungen wiederum ein Antrieb für ihn, sich nicht alles bieten zu lassen.
Diese Zusammenhänge kann man nicht so linear sehen, wie es in wissenschaftlichen Untersuchungen zu diesem Thema oft geschieht: dort wird dann oft festgestellt, daß Arbeiterfrauen aufgrund der Unterbewertung ihrer Arbeit zu Hause und der mangelnden Attraktivität von Lohnarbeit sich als

Hemmschuh für die möglichen Forderungen ihres Mannes am Arbeitsplatz erweisen; daß sie ihm gut zureden, zufrieden zu sein, nicht aufzumucken, nicht zu streiken, damit er weiterhin wenigstens das wenige Geld nach Hause bringt. (vgl. L.Müller, 1976).

Ich meine, daß gerade Arbeiterfrauen aufgrund ihrer täglichen Konfrontation mit Sparsamkeitsüberlegungen, mit der täglichen Erfahrung, wie die Arbeit die Gesundheit ihres Mannes zerrüttet und ihn nervös macht, ein Interesse daran haben, daß er sich seine Menschenwürde bei der Arbeit nicht abkaufen läßt. Arbeiterfrauen haben nie – weder in wissenschaftlichen Untersuchungen, in der Geschichtsschreibung noch in ihrem täglichen Leben die Anerkennung bekommen, die sie verdienen. Sie sind mit ihrer Arbeit in der Familie und am Arbeitsplatz im Betrieb das Rückgrat der Wirtschaft und ihrer Männer. Aber ihre Leistungen wurden und werden weiterhin totgeschwiegen. Wie gerade sie sich nicht nur für ihre eigenen Interessen am Arbeitsplatz einsetzen, sondern auch dafür, daß ihre Ehemänner durch die wirtschaftliche Ausbeutung, durch Rationalisierungs- und Dequalifizierungsmaßnahmen nicht immer weiter 'herunterkommen' als Mensch, darüber wird in den Geschichtsbüchern nie etwas erzählt. Über die Stärke der Frauen aus der Arbeiterklasse weiß ich nur aus meiner eigenen Erfahrung, aus zahlreichen Erlebnissen und Berichten von Arbeiterfrauen in meinem Alltag und aus den Gesprächen mit ihren Töchtern, die dieser Arbeit zugrunde liegen.

Der Arbeiter braucht seine Frau aber nicht nur, weil er mit seinem Einkommen alleine nicht leben könnte; sondern er braucht sie auch in Zeiten der eigenen Arbeitslosigkeit oder Krankheit, in denen sie ihn nicht nur zu Hause pflegt, sondern 'einspringt' und arbeiten geht. Roswithas Vater gehört zu den Arbeitern, die die Fabrikarbeit nicht lange ausgehalten haben:
"...mein Vater... also der hat ...kurz, ... erst in der Fabrik gearbeitet und das hat ihn also, wie er mir, – weil ich erst in letzter Zeit angefangen hab, mit ihm zu reden überhaupt, da hat er mir mal gesagt, daß er das nicht aushalten konnte, in die Fabrik zu gehen, daß es ihm also derart Magenschmerzen bereitet hat ne und also dann auch Magengeschwüre oder -schleimhautentzündung gekriegt hat... und hat dann als Heizer, also auch als Arbeiter, gearbeitet bis zum Rentenalter ..." (Roswitha M., siehe Anhang).

Später, als ihr Vater wegen Krebsverdacht ins Krankenhaus eingeliefert wird, begleitet sie ihn und hilft ihm, einen Fragebogen auszufüllen:
"...und er hat mich dann immer so gefragt ne und die einzige, also, da war eine Frage 'Meinen Sie, Sie haben genügend, – Ihre Arbeit wurde genügend anerkannt?' Ne, das hat er mit 'Nein' beantwortet ne." (ebenda)

In ihrem Lebenslauf beschreibt sie, wie ihre Mutter mit ihrer Arbeit 'aushalf' in Zeiten der Arbeitslosigkeit, der Krankheit ihres Vaters, wenn sein Verdienst für den Unterhalt der Familie nicht ausreichte; oder ihr Vater in Kauf nahm, weniger zu verdienen für eine 'erträglichere' Arbeit.

"...*sie arbeitete immer dann, wenn sie gebraucht wurde.*
Zwischendurch kam sie öfters mal kurz nach Hause, um nach uns zu sehen und uns zu versorgen...(dann) wechselte meine Mutter von einem Familienbetrieb in den anderen, – sie arbeitete schließlich schwarz, d.h. nicht renten-, – kranken-, und sozialversichert als Verkäuferin...
(Später) arbeitete mein Vater als Rentner in der Wach- und Schließgesellschaft ... da man diese Arbeit kaum alleine machen kann, half ihm meine Mutter, – und zwar ohne eigenen Lohn ... (dann kam die) Krebserkrankung meines Vaters, Operation, – danach hat er weitergearbeitet, sich gequält...(jetzt) ist er krankgeschrieben. Meine Mutter arbeitet drei Tage

in der Woche immer noch dort. Nach einer internen Vereinbarung, offiziell ist sie dort nicht angestellt, - denn die Wach- und Schließgesellschaft stellt nur Männer ein ..." (ebenda)

Aus Roswithas Bericht wird deutlich, was bei den meisten Arbeiterfrauen ihre Berufstätigkeit bestimmt: sie arbeiten, um Zeiten der Arbeitslosigkeit des Mannes zu überbrücken; um den geringen Verdienst des Mannes auszugleichen und auch, um die existentielle Unsicherheit für die ganze Familie bei ständig drohender Arbeitslosigkeit des Ehemannes abzuwenden; ihre Tätigkeiten sind ungelernte oder angelernte Gelegenheitsarbeiten, die sich gerade anbieten. Sie arbeiten, wo sie gerade gebraucht werden, wobei wichtig ist, daß der Weg zur Arbeitsstelle nicht zu weit ist, damit sie ab und zu nach den Kindern sehen können oder zumindest nach der Arbeit schnell wieder zu Hause sind. Ihre Berufstätigkeit wird eingeschränkt durch ihre meist fehlende Ausbildung oder durch die Tatsache, daß sie wegen der Heirat, später wegen der Kinder, lange Zeit ausgesetzt hat; durch ihren Einsatz in 'Arbeitsmarktlücken', in denen kein Mann wegen des zu geringen Gehalts oder wegen der Strapazierung seiner Arbeitskraft, auch wegen der oft nur zeitlich begrenzten Arbeitsmöglichkeit, arbeiten würde.

Außerdem suchen gerade Arbeiterfrauen sehr oft ihre Arbeitsstellen in unmittelbarer Nähe zur Wohnung, weil sie die Kinder nicht so lange alleine lassen oder bei Nachbarinnen/Verwandten unterbringen können. Auch dadurch wird ihre Auswahl eingeschränkt; wird ihre Arbeitskraft zeitlich so ausgenutzt, daß sie durch die Hetze von der Arbeitsstelle nach Hause, durch schnelle Einkäufe unterwegs und hektisches Aufräumen der Wohnung und Kochen nach der Arbeit einem ungeheuren Abnutzungseffekt unterliegt.

Und dabei sind das nur die allernotwendigsten und oberflächlichsten Arbeiten. Abgesehen vom gründlichen Saubermachen, Wäschewaschen, Bügeln, Nähen, Stopfen, Reinigen von Haushaltsgeräten usw. ist sie immer für die Kinder und für ihren Mann da: sie hört sich unermüdlich an, welche Erlebnisse die anderen tagsüber hatten; welche Wünsche sie haben und sich erfüllen wollen; wie erledigt sie oftmals von der Arbeit, von der Schule sind. Eine Hilfe für die Hausarbeit kann sie sich - wie andere Frauen - nicht leisten; im Gegenteil, sie muß ihre Arbeitskraft noch mehr einsetzen, damit sie den Beruf und den Haushalt in kürzester Zeit schafft. Entlastungen,die Frauen aus bürgerlichen/mittelständischen Kreisen sich eher leisten können, wie: Fertiggerichte, Wäsche waschen lassen, Reinigen lassen, kaputte Wäsche wegschmeißen, Socken durch neue ersetzen, wenn sie gestopft werden müßten, fertige Kleider kaufen ..., das alles sind Dinge, die die Arbeiterfrau trotz Berufstätigkeit selbst machen muß.

Insofern ist die Einschätzung, die Alexandra Kollontai schon 1921 von der Hausarbeit der Arbeiterfrau gab, die durch den möglichen Massenkonsum überflüssig geworden sei, auch heute noch nicht zutreffend, - selbst wenn die Arbeiterfrau durch ihre eigene Arbeit im Betrieb Geld verdient. Sie macht immer noch sehr viel mehr Dinge selbst als dies in vielen anderen Haushalten üblich ist.

"Sparsames Wirtschaften bedeutet ... meist (für den Arbeiterhaushalt),daß man Produktionsstufen, die andere Familien an den Markt delegieren,wieder in den Haushalt hineinnimmt..." (H.P.Bahrdt 1973, zit. nach R.Schmidt-Becker 1976).

Zu diesen 'Produktionsstufen' zählt das 'Vorkochen' berufstätiger Arbeiterfrauen für den nächsten Tag (weil es billiger kommt, als wenn Mann und Kinder auf die Schnelle etwas essen gehen; außerdem auf die Dauer gesünder ist); dazu zählt auch Wäsche waschen und bügeln (die von anderen Frauen oft 'weggegeben' wird), Kleidungsstücke selbst ändern, selbst nähen usw..)

Das sind alles Arbeiten, die zeitintensiv sind und die bei der Arbeiterfrau zu der 'Arbeit' mit den Kindern und mit dem Mann im sozialen, gefühlsmäßigen Bereich dazukommen; die andererseits beinhalten, daß die gefühlsmäßigen Ausdrucksformen und die Beziehungen der Menschen in der Arbeiterfamilie nichts von der Arbeit für die eigene Existenz und von darüber hinausgehenden schöpferischen Tätigkeiten Abgetrenntes sind.

Den Begriff der 'Beziehungsarbeit', wie er in der neuen feministischen Diskussion verwendet wird, halte ich für unmenschlich, weil er genau die Vermarktung und Vergesellschaftung der menschlichen Beziehungen auf abstrakter Ebene weiter vorantreibt, anstatt in die andere, menschlichere Richtung zu weisen. Zum Beispiel war bei handwerklicher Arbeit der vorindustriellen Periode diese 'Beziehungsarbeit' der menschliche 'natürliche' Aspekt des Arbeits- und Lebenszusammenhanges der Familien- und/oder Werkstättenangehörigen. Den Verlust dieser Gemeinsamkeit durch die Trennung von Beruf und Familie, von Arbeit und Leben jetzt dadurch 'auszugleichen', daß alles, was zwischen Menschen geschieht, als Arbeit bezeichnet und angerechnet werden soll, halte ich für eine Entwicklung in die falsche Richtung. Ich glaube vielmehr, daß mehr Menschen, - und vor allem Menschen, die unter harten Bedingungen körperlich arbeiten, ohne geistige Entwicklungsmöglichkeiten, - 'loskommen' müssen von der Mystifizierung der Arbeit, die ihr menschliches Wesen bis in die innersten Regungen bestimmt, was bedeutet, daß sie für weniger Arbeit mehr Geld bekommen, dadurch mehr Zeit gewinnen für sich; und daß weniger den Menschen zerstörende Dinge produziert werden; damit mehr Arbeitskraft dem menschlichen Leben, also einer menschlicheren Produktion(sweise) zugute kommen kann, wobei unter 'Arbeit' hier die gesellschaftlich bewertete und bezahlte Arbeit verstanden wird, demzufolge sich der Mensch ausschließlich in Arbeit veräußern und vergegenständlichen soll, die durch das gesellschaftliche Produktionsniveau bestimmt ist.

Ich halte in diesem Zusammenhang auch nicht für entscheidend, ob die Arbeit der Frauen in der Familie analog der vorkapitalistischen Produktionsweise betrachtet wird oder als Phänomen, das von der Kapitalentwicklung und Vergesellschaftung der Arbeit selbst hervorgebracht und zum Funktionieren der kapitalistischen Produktion unabdingbar ist. (Vgl. die Diskussion um diese These von Negt/Kluge u.a., auch bei R.Schmidt-Becker 1976,S.3ff.; vgl. Claudia v. Werlhof 1978)

Ich meine, daß die Weise der gesellschaftlichen Produktion und der Entlohnung der Arbeit in der kapitalistischen Gesellschaft nur auf der Basis der Arbeit von Frauen möglich ist, die sich trotz ökonomischer Zwänge und trotz der Berechnung des Wertes der Arbeit nach der Zeit, die sich in Geldmünzen umsetzen läßt, Zeit nehmen für Arbeiten, deren 'Entlohnung' in keinem Verhältnis zu ihrem Aufwand steht; und daß sich andererseits in dieser Arbeitsweise der Frauen tatsächlich ein geschichtliches Tun und Bewußtsein ausdrückt, das von der überwiegend nach technischen und ökonomischen Gesichtspunkten funktionierenden gesellschaftlichen Arbeit(steilung) in zunehmendem Maße verdrängt wird.

Die immensen Leistungen der eigenen Mutter sind es, unter anderem, die Arbeitertöchtern die Kraft und das Durchhaltevermögen zu ihrer Ausbildung gibt. Die Arbeit und das Selbstbewußtsein der Mutter enthält in sich ein widersprüchliches Moment: einerseits muß sie, weil oft das Geld des Vaters alleine nicht zum Lebensunterhalt reicht, mit arbeiten gehen; und muß trotzdem zu Hause jede Menge produktive Arbeiten übernehmen, einschließlich der zeitintensiven Arbeit der Kindererziehung und der Ruhe, mit der sie die Nervosität und Zerstückelung des Mannes durch seine Arbeit im Betrieb ausgleicht. Das heißt, sie erscheint für die Tochter als nimmermüde, aktive Frau, die Ungeheures leistet. Andererseits erlebt die Tochter am Beispiel der Mutter, wie diese sich 'abrackert', ohne an die eigenen Bedürfnisse zu denken und ohne aus ihrer Abhängigkeit vom Mann und den täglichen Existenzsorgen herauszukommen (vgl. die Schilderungen im 3. Kap.). Sie erlebt auch, daß die Fabrikarbeit oder andere Gelegenheitsarbeiten der Mutter für sie keine Erleichterung, keine Alternative zur belastenden Lebenssituation in der Familie darstellen; sie erlebt, daß dadurch die aufreibende Arbeit der Mutter erst recht kein Ende nimmt, daß sie selbst mit zerrütteten Nerven nach Hause kommt und noch mehr Kraft aufwenden muß, um erst einmal selbst zur Ruhe zu kommen, um dann ein ruhiges Familienleben herzustellen.

Die Arbeiterfrau befindet sich in dem Dilemma, daß sie die teilweise unmenschlichen Lebensbedingungen der Arbeiterfamilie, ihre täglichen Existenzsorgen, aber auch ihr Gefühl der Unzufriedenheit und Langeweile angesichts der Tatsache, daß die übrige Familie morgens das Haus verläßt, um zur Arbeit oder zur Schule zu gehen, - daß sie diese Bedingungen eintauschen muß gegen noch unmenschlichere bei der Arbeit im Betrieb. Dort kann sie ja das, was sie eigentlich vermißt: Zusammensein mit Menschen, interessante Gespräche, die über ihren Alltagskram hinausgehen, aber auch, alleine sein und etwas für sich tun, nicht annähernd verwirklichen. Dort wird ihre Arbeitskraft genauso zerstückelt wie die ihres Mannes, wird die durch die sichtbare Anwesenheit der anderen Arbeiter und Arbeiterinnen in einem Raum möglich erscheinende Kooperation, Einheit von menschlichen Fähigkeiten, Beziehungen und Arbeit täglich verhindert, im Ansatz zerstört.

In einem Theaterstück von Franz Xaver Kroetz wird anschaulich deutlich, wie der Mann, nachdem seine Frau ihn verlassen hat und nun für sich selbst sorgt, mit der Zerstörung seiner Fähigkeiten und seines Menschseins bei der Arbeit hilflos sich selbst überlassen bleibt, wenn er nach Hause kommt. Ohne die Frau, die ihn versteht, die ihm zuhört, die ihn als Menschen behandelt. "Da er allein mit der Wohnung nicht zurechtkäme, hat er alles in einen einzigen Raum verlagert: die Küche. Man sieht, dort allein spielt sich noch Leben ab. Er schläft dort, er hat dort den Fernseher hingestellt, alles. Und die Küche ist zu groß. Eigentlich bewohnt Otto nur den engsten Raum um die Küchencouch, wo er schläft ... Alles andere ist fern und unberührt und groß" (F.X.Kroetz, 'Mensch Meier', Manuskript zum Theaterstück).

Dort spielt er sich selbst 'ein heiteres Beruferaten mit Robert Lemke' vor: "Was bin ich? ... Wie Sie wollen... Polsterer hab ich gelernt und bin jetzt angelernter Arbeiter bei BMW und schraub sechzehn Schrauben ein im Fünfhundertzwanziger. Sie sind Autobauer? Ja, Autoschraubeneinbauer ... Jawohl, der Kandidat ist ein Schraubenzieher ... Hier sehen Sie, liebe Zuschauer, die ausgeprägte Schraubhand mit drei Fingern und die andere mit zwei Fingern. Diese Reduzierung ist das Ergebnis der Züchtung. Die verbliebenen Finger haben die doppelte Größe normaler Finger und werden dem Arbeitsvorgang optimal gerecht ...!" (ebenda, S. 112)

So sitzt er, seit seine Frau weg ist, allein in der Küche, sinniert und versucht 'in der Einsamkeit' zu lesen, merkt aber, daß er das garnicht kann, wenn er länger lesen will 'wie kurz'.

Und als er seine Frau bei einem Treffen fragt, ob sie immer noch gern (als Verkäuferin) arbeiten geht, ob ihr das lieber sei als ihr Leben mit ihm zusammen, antwortete sie ihm, daß sie trotz der anstrengenden und zermürbenden Arbeit im Warenhaus von Familie nichts mehr wissen will. "Gern hab ich es (die Arbeit als Schuhverkäuferin im Warenhaus) bisher noch nie gemacht. Aber es is besser wie das andere daheim. Bloß auf'd Nacht hab ich oft Füß, daß man meint, da sind hundert Liter Wasser hineing'

schütt..."
Trotzdem empfindet sie es besser als die Hausarbeit, - weil sie jetzt eben
selbst Geld verdienen muß zum Leben und sich um andere Dinge keine Gedanken mehr zu machen braucht.
"Ganze Vormittage hab ich dagsessen und hab plärrt wie ein Schloßhund,
ned wegn was, da war ja nix, sondern ich hab mich einfach hingsetzt an
Küchentisch nach die notwenigen Arbeiten und drauf gwartet, daß jetzt
gleich die Tränen kommen werden..."

So ist die Arbeit der Mutter im Haushalt und die Berufstätigkeit der Mutter
besonders für Arbeitermädchen ein abschreckendes Beispiel, - und das,
obwohl sie andererseits die Kraft und Stärke ihrer Mutter bewundern.
Aber die Aussichtslosigkeit der Situation, in der die Mutter ihre ganze
Kraft aufwendet, ist für die Tochter nicht anstrebenswert. Aus diesem
Grund wollen gerade Mädchen aus Arbeiterfamilien nicht heiraten und Kinder kriegen, sondern zuallererst eine richtige Ausbildung, einen richtigen
Beruf erlernen. Das ist für die wenigsten möglich. Für noch viel weniger
ist es möglich, zum Gymnasium und dann noch zur Hochschule zu gehen.
Wenn mehrere Kinder da sind, kommt eine höhere Schulbildung meistens
nur für ein Kind in Frage; ist ein Sohn dabei, so ist er normalerweise der
erste, dem es zusteht. Die Tochter muß für ihre (Aus-)Bildung in der Familie und oft außer Haus arbeiten (vgl.die Berichte von Elfriede, Elisabeth
und mir bei dem Gespräch in der Hausarbeit-Projektgruppe; vgl.die Situation bei Hanne M., bei der die Bildung zwischen ihrer Schwester und ihr
so aufgeteilt wurde, daß die Schwester eben die praktische Arbeit machte
und sie die geistigen Leistungen erbrachte, wo also unter den Geschwistern,
wie das auch bei Brüdern in Arbeiterfamilien aus ökonomischen Gründen
notwendig ist, - in praktische und theoretische 'Begabung' aufgeteilt wird,
weil das Geld nur für die Ausbildung eines Kindes reicht.)
Hanne sagt:
"...meine Schwester is da,... weil die älter war, ... auch n bißchen strenger rangenommen worden insgesamt ne, eben auch, wenn's um's Helfen ging
im Haushalt ne. Und dann zeichnete sich das auch schon ab, daß ich eben
weiter zur Schule ging, weil meine schulischen Leistungen so gut warn und
meine Schwester eben nich ne ... weißte, die eine studiert, und die andre
wird Hausfrau... Mir wurde immer gesagt 'geh ma nach oben und mach ma
deine Schularbeiten, die E. kann ja helfen.'
Das war bestimmt auch beschissen für meine Schwester ne" (siehe Anlage).

Anders war es nur bei den Frauen, die das einzige Kind waren; in deren
Ausbildung besonders die Mutter ihr ganzes Denken, und ihr verdientes
Geld steckte.

Die Mutter braucht ihre Tochter als Lebenshilfe.
Die Tochter muß für sie dasein;
aber auch für den Vater, die Geschwister.

Statt einer Haushaltshilfe oder Putzfrau kann die Arbeiterfrau nur auf die
Tochter zurückgreifen. Sie geht ihr bei der Hausarbeit zur Hand; und hört
ihr gleichzeitig zu. Die Arbeiterfrau steckt den Kindern oder dem Mann
Geld zu, wenn einer von ihnen etwas braucht. Da sie das Haushaltsgeld
verwaltet, ist es an ihr, die Extraausgaben durch ihre Rechenkünste, durch
ihre zur Gewohnheit gewordene Sparsamkeit wieder auszugleichen. An sich
denkt sie zuletzt, wenn überhaupt. Sollte sie es trotzdem einmal 'wagen',
sich etwas zu 'leisten', so geschieht es zunächst heimlich; hinter dem Rük-

ken ihres Mannes gibt sie der Tochter – hinter vorgehaltener Hand – zu
verstehen, was sie vorhat oder sich 'im Überschwang' gekauft hat. Ihr Gefühl, überfordert zu sein vom täglichen Kalkulieren mit Geld und Zeit; ihre
Überarbeitung durch die eigene Berufstätigkeit und durch die ständige Sorge um Ordnung in einem Haushalt, der schon aufgrund der körperlichen
Arbeit ihres Mannes und eventuell ihrer Söhne mehr Arbeit macht, aber
auch aufgrund der kleinen Wohnung und des wenigen Geldes, kann sie oft,
wenn ihr Mann zu Hause ist, der Tochter nur 'sprachlos', durch Gesten
und Blicke zeigen. Daher ist oft die einzige und wichtigste Entlastung für
die Mutter, daß sie sich bei der Tochter von Zeit zu Zeit aussprechen kann;
und daß die Tochter ihr im Alltag beisteht.

"... die Hilflosigkeit, die drückte sich in er andern Weise aus, also nicht,
daß sie das offen sagte, ...sondern, daß sie's mit so'm ... sich Abwenden
und so, vorwurfsartig ne, also da hat sich ihr Gesicht verzogen ..., hat
se sich Unterstützung geholt von uns, von mir und meiner Schwester"
(Roswitha M., siehe Anhang).

Das Dasein der Tochter und der intuitive Zusammenhalt mit ihr ist für die
Arbeitermutter unter den heutigen Verhältnissen, in denen die Familie oft
isoliert in einem heterogenen Wohngebiet lebt, die einzige Möglichkeit, ihren
Pflichten nachzukommen, was für sie heißt: wenn alle anderen nicht mehr
können, wenn auch ihre Kräfte eigentlich erschöpft sind, von früh bis spät
'auf dem Posten sein'. Dasein, anwesend sein, – da braucht oft nicht viel
gesprochen zu werden, – wichtig ist die Anwesenheit der Tochter und die
Möglichkeit, ihre Hilfe zu beanspruchen; die Gemeinsamkeit und die intuitive Verständigung mit der Tochter entschädigt die Mutter für den von der
Arbeit körperlich und nervlich zerrütteten Mann. Mit ihm kann sie über viele Dinge nicht sprechen; da ist sie oft froh, wenn 'Frieden und Ruhe
herrscht', wenn er sich beruhigt hat von der Arbeit und sich beschäftigt.
Der Tochter nimmt sie es daher besonders übel, wenn sie keine Zeit für sie
hat, weil sie ihre einzige wirkliche Stütze ist.
Die Tochter muß im Gegensatz zum Sohn und zum Mann jederzeit erreichbar
und zur Hilfe und Unterstützung bereit sein. Durch diese 'assoziative' Verbindung mit der Mutter bildet die Tochter ihre körperlichen Gefühle für
das Leiden der Mutter aus. Es erwächst aus dem Leiden unter aufgezwun-
gener Arbeit, unter beengten Verhältnissen, unter Geldsorgen, – und letztlich auch aus der Unzufriedenheit mit einem Mann, der so wenig Geld nach
Hause bringt; der nur seine Pflicht gegenüber der Arbeit und der Fabrik,
politische Aktivitäten als Arbeiter und eventuell Kneipengespräche und Fußball mit Kollegen teilt, – der aber zu Hause oft still in der Ecke sitzt und
die Lebendigkeit seiner Frau, ihr Bedürfnis nach Zärtlichkeit, aktiver Liebe,
zusammen Ausgehen, oft einfach nicht bemerkt. Oder sie als störend empfindet.

Da die Mutter es nicht gelernt hat, ihre Unzufriedenheit oder ihre Wünsche
direkt zur Sprache zu bringen, zeigt sie es anders: Leiden und verhohlene
Freude drücken sich besonders bei der Arbeiterfrau in 'stummen' Grimassen
und Gesten aus, für die die Tochter besonders empfindlich und empfänglich
ist. Die Tochter lernt auf diese Weise auch, daß es kaum Möglichkeiten gibt
für ihre Mutter, gegen die ständige Hektik, gegen das 'Rechnen mit dem
Pfennig',anzugehen.Während Arbeiter und Arbeiterinnen in der Fabrik sich
mit der Verweigerung gegen normgerechte Teilprodukte und durch langsa-
meres Arbeiten gegen die sinnlose Ausbeutung ihrer Arbeitskraft wehren,
gibt es für die Arbeiterfrau in der Familie diese Formen des Widerstands
nicht. Sie kann, wenn sie nervös ist oder wieder einmal 'alles satt' hat, Geschirr zerschmeißen, oder noch phantasieloseres Essen kochen, als sie mit

dem wenigen Geld ohnehin schon gezwungen ist; sie kann vielleicht auch einmal im Monat verschlafen, aber das sind alles Formen der Verweigerung, die als Mehrarbeit und Mehrkosten wieder auf sie zurückfallen; und die ihr unmittelbar den Ärger der übrigen Familienmitglieder eintragen; so kommt sie aus ihrer innerlichen Hektik und Unzufriedenheit nie heraus.

Das Schlimmste ist für sie, daß ihre aufreibende Arbeit, ihr ständiges Bemühtsein, aus den einfachen Verhältnissen 'etwas zu machen' kaum von irgendjemand in der Familie anerkannt wird. Die Hauptarbeit und -verantwortung, daß der Haushalt 'in Schuß' ist, ruht auf ihren Schultern und dennoch sieht das niemand. Und sie kann das alles nicht einfach ablegen, weil ihr dazu das Geld, die Ausbildung und oft Freundinnen oder Bekannte fehlen, die ihr dabei helfen. Sie kann nicht einfach in die Stadt gehen und ihre Unzufriedenheit und Langeweile in ein schönes Kleid umsetzen. Für persönliche Ausgaben reicht das Geld in der Arbeiterfamilie nicht. Das wäre nur möglich, wenn sie Haushalt und Kinder noch mehr vernachlässigen würde. Aber auch dann scheitert alles an ihrer Ausbildung. Bei Frauen, die jahrelang wegen der Kinder nicht mehr gearbeitet haben, ihrem Beruf nicht mehr nachgegangen sind oder nur Halbtagsarbeiten gemacht haben, bleibt, wenn die Kinder größer sind oder aus dem Haus gehen, kaum eine Perspektive. Immer wieder hören gerade Arbeiterfrauen notgedrungen auf zu arbeiten, wenn sie erfahren, daß ihre Kinder nachmittagelang 'durch die Gegend streunen' oder in der Schule immer mehr abfallen. Sie hoffen darauf, daß sie eines Tages, wenn die 'Kinder aus dem Haus sind', wieder die Möglichkeit finden. Aber diese Möglichkeiten sind gering.

Irene Rackowitz,eine Arbeiterin,die in einem Berliner Projekt im Märkischen Viertel 'Jetzt reden wir',zu Wort kommt und von der im vorigen Kapitel schon die Rede war,hat sich für einen Film zur Verfügung gestellt,in dem sie ihren Versuch,als Arbeiterfrau aus der Alltagsnot herauszufinden,darstellt.Sie akzeptiert ihren Weg keineswegs als 'Schicksal', sondern meint, daß sich das, was sich in ihrer Familie abspielt, in tausenden Familien abspielt, - nur, daß sich keiner 'reingucken' läßt. An ihrem 'Schicksal' wird deutlich, wie sie ihre Arbeitskraft und ihren ganzen Lebensmut verausgabt hat für Mann und Kinder, ohne daß in deren Gedächtnis viel davon hängenblieb. Auch daß sie jahrelang halbtags gearbeitet hat, scheint kaum einer in der Familie noch zu wissen. Nach der Scheidung von ihrem Mann erlebt sie, wie sie während ihrer Ehe aufgefressen wurde vom Alltag, wie sie ihre Arbeit mit dem Raubbau an ihrer Gesundheit, ihrer finanziellen Notlage (sie lebt von Sozialhilfe) und einer fehlenden Perspektive für ihre - berufliche - Zukunft bezahlt hat. Sie weigert sich dennoch, ihre verhinderte Liebesfähigkeit zu akzeptieren, sie weigert sich ebenso, daß im Bewußtsein ihrer Familie und ihrer Umwelt als Arbeit nur zählt, wenn einer morgens um 7 aus dem Haus geht, während ihre Arbeit nichts wert sein soll. Die einzige Tochter, bei der sie wirklich Verständnis und Unterstützung findet, ist ihre jüngste Tochter, die noch bei ihr lebt. Alle anderen haben so schnell wie möglich versucht, 'aus dem Haus zu gehn', mit einem Freund oder alleine eine eigene Existenz aufzubauen.

Diese Erfahrung, daß die eigene Arbeit immer weniger wert ist als die des Mannes, - auch wenn er 'nur' Arbeiter ist, - führt auch bei Arbeiterfrauen in Abständen zu Ausbruchsversuchen aus ihrer scheinbar ausweglosen Situation. Diese Ausbrüche bleiben oft in Ohnmacht und Hilflosigkeit stecken. Enden in Beschwichtigungen und in dem Teufelskreis, es doch allen recht machen und alles schön machen zu wollen für die Familie - und damit auch für sich. Aber, sagt Roswitha aus ihrer Erfahrung von zu Hause, "...des geht garnich... weißte, so ihre Versuche ... zu reden sind ja unheimlich hilflos ne, also 'ich laß mir alles nich mehr gefallen ne', und dieses 'alles' kann sie garnicht benennen, weil es in der Art ihrer Arbeit liegt ... die Bedürfnisse des Einzelnen zu befriedigen ... Wie soll sie das benennen? Ich laß mir alles nich mehr gefallen ... ihre Arbeit, verstehste, so putzen oder so, das würde sie ja nicht so auslaugen, allein das Putzen, wenn es nich immer schön für die ... und Essen gekocht, 2 Stunden sich hingestellt, weißt, ich kann meine Mutter heut auch verstehn ne, dann komm' wir alle an, und sie kocht da drei Stunden lang ... obwohl sie noch gearbeitet hat, – ja, und dann gucken wir..., – ja ne, was is das schon?... ja, s is nie genug ne, – auch is nichts gut genug ... und ja, sie bekommt keine Anerkennung ne ..." (Roswitha M., siehe Anhang)

"... und diese Harmonie, also dieses Schön-Haben-Wollen wurde quasi zum Zwang ne und dann, so, die kleinste Auseinandersetzung wurde zu eim Drama. Ja, und weil das n Drama wurde, so viel ausgemacht hat, gab's dann ... dementsprechende Beschwichtigungen" (ebenda).

Das Bild, das sich aufgrund der ständigen, mühevollen Arbeit der Mutter im Kopf der Töchter einprägt, ist dann, daß eine Frau in einfachen Verhältnissen ihren Lebenssinn darin sieht, zu arbeiten ohne großen Lohn, ohne Anerkennung. Und daß sie besonders darauf achten muß, ihre Armut durch Arbeit auszugleichen.

Die Unzufriedenheit mit der eigenen Situation führte bei einigen Müttern schließlich dazu, daß sie nur noch herumkritisierten, daß niemand ihnen etwas recht machen konnte. Selbst die Hilfe bei der Hausarbeit durch die Tochter wurde dann oft mit einer Handbewegung der Mutter weggewischt, die doch alles besser kann als die Tochter.

"...ich hatte eigentlich auch nie große Lust, meiner Mutter zu helfen, weil die sagte das zwar 'nun mach doch auch ma was!' – gab uns auch n Putzlappen in die Hand und guckte dann. Und wenn ich dann was gemacht hab, war sie im nächsten Moment da und hat mir das Ding aus der Hand gerissen und manchmal sogar um die Ohren geschlagen und gesagt 'so wird das nich gemacht, komm, ich mach das alleine!' ... und dann hab ich natürlich versucht, mich zu drücken, wo ich kann ... das is auch so kennzeichnend für sie: sie macht n schlechtes Gewissen und sagt 'guck ma, was ich alles mache', aber wenn man wirklich was machen will, will sie das garnich ne. Daraus resultiert ja auch ihr Selbstbewußtsein ..., daß sie das dann sagen kann 'ich mach ja alles alleine'" (Hanne M., siehe Anhang).

Schließlich kamen von Seiten der Mutter auch immer wieder Vorhaltungen an den Vater, – der zu wenig Geld verdiente; der vor allem aber ihre ganzen Hoffnungen von einem Leben zunichte machte, in dem sie wenigstens ihr sorgloses Auskommen gehabt hätten.

"Ich weiß garnich, ob die das überhaupt kann..., sich irgendwo anlehnen, weil sie eben immer diejenige war,... das is ja jetzt auch noch so bei den beiden, daß sie eben macht und tut, und meinen Vater eben nachzieht. Sagte meine Mutter auch immer 'ich muß ja alles machen!' dann sagte er manchmal schon so richtig kleinlaut ... 'ja, ich verdien doch auch mein Geld ne, davon leben wir doch auch!' und dann sagte sie so, als wenn das schon das letzte wär '...ja, das is ja auch wohl das letzte! He! Das is ja wohl deine Pflicht!'" (Hanne M., ebenda)

Anne sagt: "...Meine Mutter, ... die hat meim Vater des dauernd vorgehalten, daß er diesen Ehrgeiz nicht hatte ... nich mal mehr Geld nach Hause brachte, nich mehr konsumierte. Daß der also lieber da 50 Mark zur Bank brachte, statt des für uns Kinder auszugeben. Sie hätte das Geld mehr für

Kleidung für uns Kinder ausgegeben..."
In den meisten Fällen war es ja wirklich so, daß die Sorge für die Kindererziehung, für deren Kleidung und Spielsachen, später die nötigen Ausgaben für die (Schul-)Bildung alleine der Mutter überlassen waren. Sicher
kümmert sich auch der Vater um die Kinder.
Elfriedes Erinnerungen an schöne Unternehmungen gemeinsam mit dem Vater: "Der is eigentlich immer sehr, der wollte früher mal Lehrer werden
und der wär eigentlich n ganz guter Lehrer geworden. Der hat immer unheimlich viel gemacht, – mit uns, Fahrradwanderungen und so. Hat immer
Zeit für uns gehabt."

Daran wird auch wieder deutlich, daß die Väter der Frauen, mit denen ich
sprach, sehr oft eine andere, befriedigendere Arbeit hatten, bevor sie Arbeiter wurden, die ihnen in der gegenwärtigen Situation Rückhalt und ein
wenig Selbstvertrauen gibt; die sie auch in ihrer Freizeit oft aufnehmen
und als Entlastung zur Arbeit im Betrieb aufrechterhalten können; meistens
hilft ihnen ihre Frau dabei durch ihre eigene Mithilfe, durch ihr verdientes
Geld oder einfach, indem sie sich in der Zeit um Haushalt und Kinder kümmert. Der Frau sind diese Möglichkeiten, früheren Tätigkeiten oder Vorlie-
ben nachzugehen, durch ihre Arbeit für Mann und Kinder, die ihr wenig
Zeit für ihre eigenen Bedürfnisse und Kenntnisse in anderen Bereichen
läßt, viel eher genommen als ihrem Mann. Noch dazu hat sie oft verlernt,
auch einmal an sich zu denken. Viele Arbeiterfrauen sind in dieser Hinsicht
bedürfnislose Wesen geworden.
Elfriede erzählt: "(Mein Vater), der wollte Bauer werden ... und hat auch
versucht, n Hof zu kaufen, und die ham auch übern Lastenausgleich Gelder
gekriegt, weil wer halt n Hof hatten, – früher – und ham denn auch so'n
Haus gebaut auf'm Land ... und wenn er nach Hause kommt, dann arbeitet
er weiter, der arbeitet also bestimmt 16 Stunden am Tag,– da zieht er Schweine und hat da seinen Acker und so ... des war eigentlich, ... dieser Gedanke auch, und diese Perspektive, das war das, was ihn eigentlich aufrechterhalten hat ne."

Auch Strenge und Schläge werden vom Vater eher hingenommen als von der
Mutter; was bei ihm 'Orientierungshilfen' für das Kind sind (Anne), wird
bei der Mutter als Härte verurteilt.
Beim Vater gelten andere Maßstäbe, – von ihm wird nicht erwartet, daß er
lieb und nett ist und sich um die eigenen Interessen kümmert. Mit ihm konnten die meisten Töchter sowieso nicht reden, hatten auch weniger körperlichen Kontakt oder Möglichkeiten, ihm zur Hand zu gehen und dabei zu sehen, wie er reagiert.

Anne sagt über die Erziehung ihres Vaters: "...mein Vater, wo nich drüber
geredet wurde, ... da wurde dann einfach körperlich eingeschritten. Muß
ich sagen, is teilweise für mich auch ne Sache, wo ich dem Kind ne Orientierung gebe. Find ich manchmal besser als alles zu begründen... ich wußte immer, die andern kriegen jetzt zu Hause stundenlang vorgehalten, warum se erst um sieben komm', in der Mittelschicht und ... da kriegte ich
eventuell dann eine gefegt und dann war alles gut...
...Ich weiß nur, daß ichs damals angenehm empfunden hab, daß ich damals
so gedacht hab 'ja, ein Glück, jetzt is es vorbei oder so'...
...ich kenn's doch, wenn meine Mutter mich geschlagen hat, fünf Minuten
später geh ich zu ihr hin und wollte irgendwas von ihr wissen ... und da
wars weg oder bei meim Vater auch ...
Andrerseits hab ich vielleicht ... doch Angst gehabt ... bei meim Vater
hab ich immer Angst gehabt und die nur nich ..., hab ich immer Angst ge-

habt 'der muß doch jetzt ... wieder auf ne bestimmte Sache, die ich ma verbrochen hab, zu sprechen kommen",...ich bin als Kind, wenn ich meinen
Vater sah ... bin ich praktisch n paar Straßen weiter in ne Querstraße,
um ihm nich zu begegnen ... im Grunde ... Angst, daß der plötzlich ...
ausholt ne".

Diese Erfahrungen mit Schlägen sind nun keineswegs 'typisch' für die Arbeiterfamilie, - worauf mich besonders einige Frauen hinwiesen, die solche
Erfahrungen nicht gemacht hatten. Was in den Gesprächen mit den Töchtern
aber immer wieder zur Sprache kam, waren die Streitigkeiten in der Familie,
die sich scheinbar um Lappalien drehten, um täglichen Kleinkram, der immer
wieder 'durchgekaut' wurde. Dahinter verbarg sich in Wirklichkeit die ständige Gereiztheit durch eine zu enge Wohnung, durch schlechte Arbeitsverhältnisse und wenig Geld; und oft auch die Enttäuschung der Eltern über
das eigene (Zusammen-)Leben.
Marianne empfand das als sehr schlimm und langweilig: "...daß Situationen
da warn, die bedrückend warn, so, - die drei Personen eingepfercht in zweieinhalb Zimmer, und diese so gegenseitig schon sowieso immer unter Kontrolle und dann da ja auch überhaupt keine Gefühlsäußerungen zulässig warn,
ohne daß das beobachtet war und daß ... dieses miteinander Reden auch
schon so ne Stereotypie gekriegt hat ... mir kommen da immer so Situationen, wie, - ja, er (mein Vater) kommt nach Hause und kauft ein ... ja,er
bringt da'n Pfündchen Zucker mit nach Hause. 'Ja, warum kaufst du denn
so wenig ein, kauf doch lieber größere Portionen'... war immer der gleiche
Käu ne."

Hanne erkennt in diesen Streitereien die materiellen Gründe, die die Atmosphäre zu Hause oft lebensbedrohlich 'verpesteten', "...ich kann mich an
einen Streit erinnern, der war ganz fürchterlich, der ging also soweit, daß
meine Eltern sich stark geschlagen haben, so daß ich Angst gekriegt hab.
Und ausschlaggebend war da gewesen, daß meine Mutter ein Brikett zuviel
in'n Ofen geschmissen hatt ... Da is auch, Grundlage is da wirklich, daß
da überlegt werden muß, wieviel verbrennen wir ... oder so, wann können
wir wieder neue Kohle kaufen. Ja,... und da kommen natürlich auch noch
andre Dinge dazu, daß so ne Lappalie so wichtig werden kann, - selbst
wenn das Geld knapp is, is auch nich selbstverständlich ne. Da kommen
auch die ganzen Spannungen ... dann raus ..." (Hanne M., siehe Anhang)

Aber auch die Reaktionen der Arbeitertöchter darauf ist nicht einheitlich,
wie auch das Leben in der Arbeiterfamilie nichts Einheitliches war, das vor-
hersagbar nach bestimmten Ordnungsprinzipien ablief, sondern je nach finanzieller Lage, je nach Nervosität oder Entspanntsein der Eltern wechselte. So wechselte der Standpunkt der einzelnen Frauen untereinander oft,
je nachdem, in welcher Situation sie gerade waren, wenn wir darüber sprachen; je nachdem, welcher der anderen Frauen gerade bei dem Gespräch
dabei war (bei unseren späteren Gruppentreffen); je nachdem, welche Erfahrungen die Frauen in der Zeit davor gerade mit Freunden oder Bekannten gemacht hatten, tendierten sie machmal eher zu still und, vernünftig und
sachlich ausgetragenen Auseinandersetzungen oder befürworteten eher die
explosive, oft körperliche Art, sich zu streiten, die sie von früher kannten.

Bei Anne fiel mir dieser Wechsel am häufigsten auf; einmal hatte sie genug
vom vielen Reden und Erklären; bestand darauf, daß ein Mensch "das ...
auf die indirekte Art und Weise merken muß (was mit ihr gerade los war)
oder er merkt das nicht". Dann bestand sie auch darauf, daß man bei Auseinandersetzungen seine Wut auch körperlich zeigen sollte, -
"Ich find, des kann doch ne viel bessre Art, - des Interesses auch am an-

dern sein, wenn ich in dem Moment, wo ich Wut habe, ma zeige, 'also hör
ma, ich muß!' – d.h. nicht Desinteresse am andern zeigen, sondern auch
ma körperlich sich ausdrücken."
"...ich find das vertrauter, wenn mir jemand spontan eine wischt, als wenn
er drei Stunden lang nich mit mir redet..."
Zog jemand sich bei einem Streit erst einmal für ein paar Stunden zurück
oder gar für ein paar Tage, so empfand sie das als Mißachtung und Gleichgültigkeit gegenüber ihrer Person, worauf sie keine Handhabe zur eigenen
Reaktion hatte. Das verstärkte ihr Gefühl der Ohnmacht, das sie von zu
Hause nur als Vernachlässigung und Alleingelassen werden kannte, dort
aber nie bei direkten Auseinandersetzungen erlebt hatte.
Diese Erfahrung, daß die andere auf ihre explosive Wut nicht einging, sondern nach kurzen Versuchen, mit ihr zu sprechen, wegging oder sie einfach
nicht beachtete, führte dann oft zum Abbruch von Freundschaften, weil das
Verhalten des anderen ihre Person im Kern traf. Darin liegt auch wieder
die Erfahrung, daß das Verhalten eines Menschen mehr ausdrückt und 'mehr
wert' ist als seine Worte. Worte sind im proletarischen Milieu, wenn sie nicht
gleichzeitig mit der totalen physischen Mißachtung oder Zerstörung der eigenen Person verbunden sind, nie so schwerwiegend, daß sie durch ein anderes Verhalten nicht wieder aufgewogen werden können. Jemand sich selbst
überlassen, ihn zum Nachdenken zwingen, indem man ihn alleine läßt, ist dagegen kaum wieder gut zu machen. Es führt meistens zur totalen Distanzierung von einem Menschen, zum Abbrechen des Vertrauens und damit der
freundschaftlichen Beziehung. Bei anderen Gelegenheiten empörte sich Anne
mit derselben, aufgeregten Stimme darüber, wie Menschen sich anbrüllen
und sich gegenseitig Sachen an den Kopf schmeißen können.
Ein andermal wieder schwärmte Anne für Menschen, die 'theoretisieren' und
sich intellektuell ausdrücken und verhalten. Es war oft schwierig, herauszufinden, was sie wirklich meinte. Wahrscheinlich meinte sie beides, denn
sie hat ja garnicht die Alternative, sich zu entscheiden. Vielleicht drückte
sich in ihrer Wechselhaftigkeit aber auch aus, daß sie noch nicht gefunden
hatte, was sie suchte: einen Menschen, der sie intuitiv versteht, nicht erst
große Worte macht; mit dem sie über Bücher und Filme reden kann - und
der sie vor allem nicht alleine läßt.

Auch wenn sie über körperlich und oft lautstark ausgetragenen Streit im
Elternhaus sprach, traten diese Widersprüche je nach Situation auf. Sie
werden in den Erzählungen von Anne über ihre Eltern deutlich, wo sie einerseits darauf besteht:
"Weißt du, ich find Streit was Positives.", und, wie aus Annes vorherge-
henden Äußerungen schon ersichtlich wurde, die Streitigkeiten mit den Eltern nicht als schlimm, sondern als wohltuend empfand, weil das eine Sache
war, die mit einer Ohrfeige oder kurzen Wutausbrüchen beendet wurde. Andererseits erzählte sie, daß sie sich als Kind oft
"nich freute, nach Hause zu kommen, sondern nur dachte 'um Gottes Willen,
jetzt geht dieser Zirkus wieder los!'"
Und während der Schulzeit, auch durch Begegnungen mit Familien ihrer
Freundinnen, in denen es ruhiger und gesitteter zuging, oft das Gefühl hatte "...ich war immer froh, wenn ich morgens ausm Haus ging und dacht so,
'die Alten, die meckern sich wieder an', im Grunde genommen gings mir so,
ich merkte, daß ich die Eltern meiner Freundin mir wünschte, im Grunde so,
nett, fein und tolerant ... das war ne Erholung."

In diesen Widersprüchen zeigt sich, was ich so oft in den Begegnungen mit
den Frauen gespürt habe: daß sie einerseits in ihrem Verhalten, in ihrer
Art zu reden, - eigentlich in allen ihren menschlichen Äußerungsformen

hin- und hergerissen waren zwischen dem Alten, Gewohnten, das sie über lange Jahre hindurch kannten; und dem Neuen, bei dem sie sich doch nicht so wohl fühlten, zu dem sie sich eher zwangen in einer neuen Umwelt, weil sie merkten, daß sie anders nicht zurecht kamen.
Dieses Schwanken kann andererseits auch ausdrücken, daß sie das Neue, - das Zurückhaltende, Tolerante im Umgang miteinander, - einfach nicht erreichen konnten, sondern immer wieder merkten, wie sie durch ihre eigenen Entbehrungen, durch ihre daraus entstehende Ungeduld, aber auch durch ihre Lebendigkeit, ihre Lust, sich lauthals zu ereifern, 'aneckten'.

Auch Marianne spricht diesen Konflikt an im Verhalten zu ihrem Vater und in ihren Erfahrungen, die sie mit ihrem explosiven Verhalten später mit Freunden und Bekannten oft gemacht hat. Oft war der Anlaß für die Wut auf den Vater, die zeitweise sogar in Haß umschlug, daß sie es nicht ertragen konnte, wie die Interessen und die Bewegungsfreiheit der Mutter hinter denen des Vaters zurückstanden; und wie ihre eigenen Interessen von ihrem Vater mißachtet wurden.

"Was mir auffällt is, daß diese Bestimmtheit in der Sprache etwas ist von dem, was ich auch zu Hause erfahren hab... Da hat es im Grunde genommen nur Entscheidungssätze gegeben ne, ...'du machst jetzt das und das ne' ... Das war so nach dem Motto 'du machst das oder s gibt was drauf'. Das is eigentlich auch der Umgangston von meinen Eltern gewesen... Dieses Klaffen von Sprache, das is mir bei meinem Vater bewußt geworden ... Wenn der mal wirklich ansetzte zu ner Kritik, dann hab ich also die Form seiner Sprache genommen und ihn damit fertig gemacht... Das war immer nur so nach dem Motto 'klein, klein'... meine Wahrnehmung von dem, was also bis zum 16.Lebensjahr abgelaufen ist, ... war eigentlich die, daß ... das immer nur so ne haßerfüllte Atmosphäre war...
Also das war ja soweit, daß ich damals mit meim Vater, daß ich da so entsetzliche Ausnandersetzungen hatte ... da, - ich hätte sehr gern, also mit diesem schönen langen Küchenmesser meinen Vater also umgebracht ne."

War früher ihre Wut, daß sie sich mit dem Vater nicht so richtig 'in die Haare geraten' konnte, gegen die Mutter gerichtet, die sie um des Friedens willen zurückhielt und beschwichtigte, so richtet sich jetzt ihre Wut und Trauer gegen sich selbst, wenn sie sich doch hinreißen läßt zu radikalen Auseinandersetzungen.
"...das Schlimme is..., daß ich eben so total halt immer alles abgebrochen hab ... da sind einige Beziehungen, da gibts eigentlich garkein Zurück mehr. So geht das nich. Das tut auch wahsinnig weh... Das macht auch letztlich so ne unwirkliche Situation... weil das ja nachher bei dir selber ja dieses Schuldgefühl hervorruft, du mußt das alles wieder zurücknehmen..."

Was in den Äußerungen einiger Arbeitertöchter zu diesem Thema oft zum Ausdruck kam, war der Wunsch und die mit der Bildung in der höheren Schule und Hochschule verbundene Hoffnung, daß es in ihrem Leben eigentlich anders werden sollte als in dem der Mutter. Daß Streitigkeiten sich nicht um den Alltagskram drehen sollten, in denen sich dann die ganze Spannung und Unzufriedenheit, oft auch noch handgreiflich, -entlud, sondern wenn schon Streit, dann um Dinge, die nicht an die eigene Substanz gehen und die einem nicht jede persönliche Regung nehmen.
Als schlimm empfanden sie im Elternhaus die ständigen 'Wechselbäder' und die wechselseitigen Widersprüche im Verhalten der Eltern. Das war es, was sie 'auf der Lauer' hielt und sie in ständige unterschwellige Angst versetzte. Zu der Zerstückelung ihres eigenen Lebenszusammenhangs durch

die von Mutter oder Vater geforderte Bereitschaft, mitzuhelfen, zuzuhören, während sie sich gerade hinsetzen wollten, um Schularbeiten zu machen oder zu lesen, kam hinzu, daß sie aufgrund der Wohnverhältnisse immer Zeuge der Streitigkeiten der Eltern wurden, an denen sie garnicht beteiligt waren und oft auch nichts ändern konnten. Das war eine Erfahrung, die sie von den Eltern entfremdete, zumal ihnen in der Schule oder bei Besuchen von Freundinnen ein ganz anderes Bild von Familie vermittelt wurde. Familie war dort etwas Geordnetes, Ruhiges, - jedenfalls nach außen hin. Danach sehnten sie sich oft. Das war auch ein Antrieb und ein Teil ihrer Stärke, ihre Ausbildung zu schaffen, wobei hier der Wunsch, von zu Hause wegzukommen und es anders, nämlich besser zu machen, bedeutete, daß sich aufgrund des jahrelang erlebten 'Aufeinanderhockens' in einer kleinen Wohnung und der ständigen Geldknappheit, die ihre individuellen Interessen an allen Ecken und Enden behinderten, ein ungeheurer Drang nach Wissen und damit assoziativen Vorstellungen von 'Zeit für sich haben' entwickelte, die ihnen die Kraft zum Durchhalten gaben. Hinzu kam die Arbeit ihrer Mutter, die sie ständig vor Augen hatten. Sie war einerseits stolz auf ihre Arbeit und auch wieder nicht; rühmte sich oft, daß sie das alles neben ihrer Erwerbstätigkeit noch schaffte: den Haushalt in Ordnung zu haben, die Kinder ordentlich anzuziehen und zu erziehen, andererseits gab sie doch immer wieder zu erkennen, wie unzufrieden sie mit ihrer ständigen Arbeit im Haushalt und im Beruf war; vor allem damit, daß ihr Verdienst immer 'ins Haushaltsgeld ging', und mit einem Mann, der selbst keine Aufstiegsmöglichkeiten hatte und damit auch ihr keine Gelegenheit bot, sich weiterzuentwickeln, lebte.

"Meine Mutter hat auch immer damit geprahlt, daß die Leute, bei denen sie früher gearbeitet hatte zu der Zeit,... daß die immer sagten 'wir bewundern Sei, wie Sie das schaffen. Sie arbeiten den ganzen Tag, ham die Kinder und die sind immer so adrett und ordentlich und der Haushalt immer so sauber'... " (Hanne M., siehe Anhang)

Und obwohl sich die Mutter so angestrengt hat, das alles zu schaffen, bleibt der Eindruck, daß das alles nicht das Richtige ist, daß die Arbeit, die die Mutter macht, unter aller Würde ist. Und daß die Entlohnung ihrer Arbeit ebenso unter aller Menschenwürde ist.

Aus ihrer eigenen Erfahrung entsteht bei der Mutter der Wunsch. daß es wenigstens ihrer Tochter besser gehen soll als ihr.

"Diese Sache mit der Weiterbildung und mit der Schule kam von meiner Mutter... 'ich will ja, daß es euch mal besser geht und daß ihr nicht so hart arbeiten müßt wie wir'. Und da mußte ja dann auch wirklich auf vieles verzichtet werden ne..." (Hanne M., siehe Anhang)

Aus diesem Verzichtenmüssen resultiert dann die hohe Erwartung an die Leistungen und den Erfolg der einen Tochter, für die die Familie, und besonders die Mutter, zurücksteckt.

"...meine Schwester hat dann auch noch diese Handelsschule gemacht ne, war auch nich üblich. Mein Bruder hatte ne normale Lehre gemacht, als Anstreicher. S war so ne Steigerung, mein Bruder war noch so durchschnittlich, meine Schwester hatte wenigstens schon Handelsschule, also die brauchte schon wenigstens nich mehr körperlich sich so anzustrengen... bis hin zu mir, wo dann das ganz Tolle rauskommen sollte, was dann nie gekommen is ne." (Hanne M., siehe Anhang)

Daraus wird aber auch ersichtlich, daß in einer Arbeiterfamilie das Geld einfach nicht reicht, um mehreren Kindern eine längere Ausbildung zu ermöglichen; und daß auch hier wieder die wissenschaftlichen Behauptungen von der Planungsfähigkeit und mangelnden Zeitperspektive, die sich auf

246

die Zukunft richtet, an den elementarsten Grundlagen in der Arbeiterfamilie - dem *fehlenden Geld* - vorbeigehen. Schon, wenn auch nur *eins* von
mehreren Kindern die Möglichkeit erhält, zur höheren Schule zu gehen, muß
es selbst immer nebenbei dafür arbeiten. Die Erfahrung, die Hanne mit ihrem selbstverdienten Geld gemacht hat, das sie keineswegs nur für sich behalten und ausgeben konnte, sondern von dem sie auch ihrer Mutter etwas
gab, wenn sie mit ihrem Haushaltsgeld nicht auskam, ist in Arbeiterfamilien
normal.

Da fällt schon die Tatsache ins Gewicht, daß jemand mit 14 Jahren kein Geld
zu Hause abgibt; und erst recht, wenn derjenige bis 19 zu Hause wohnt,
ißt und die nötigsten Kleidungsstücke auch noch vom Verdienst der Eltern
gekauft werden müssen. Und da fällt es erst recht auf, wenn ein 'Schulkind'
sich vom eigenen Geld Bekleidungsstücke kauft, die soviel kosten, daß die
Familie davon einen halben Monat leben könnte. In der Schulzeit fängt der
Prozeß der Aufwertung der eigenen Person an, der später an der Hochschule noch stärker wird: daß man sich als Kind aus einer Arbeiterfamilie in irgendeiner Weise dafür rechtfertigen muß, daß man zur Oberschule 'darf'.

Das geschieht durch den Versuch, überdurchschnittliche Leistungen zu erbringen, der eine Zeitlang auch gelingt; und bei Mädchen äußert es sich
auch in der Aufwertung des eigenen Aussehens. Die eigene Mutter wurde
oft im Gegensatz zu Müttern von Schulfreundinnen als Frau gesehen, die
dienende Arbeit, vor allem immer körperliche Arbeit verrichtet, bei der sie
sich die Hände schmutzig macht; bei der auch ihr Äußeres leidet und ver-
nachlässigt wird. Das Geld, das die Arbeiterfamilie zur Verfügung hat,
reicht, selbst wenn Mann und Frau arbeiten, nicht für Extraausgaben; dazu gehören alle die Ausgaben, die die Bekleidung der Familie betreffen.
Da aber die Kinder wengistens ordentlich, wenn auch nicht besonders schick
und modisch gekleidet sein müssen, geht ihre Kleidung vor. Der Mann
braucht nicht viel, und genauso geht es auch der Arbeiterfrau. Dabei bräuchte sie schon etwas, das sie bei Einkäufen, bei Behördengängen und bei Besuchen von Schulfreund(en)innen anziehen könnte. Viele Arbeiterfrauen gehen nicht nur deshalb nirgends hin, weil sie eine Scheu haben, aus dem
Haus zu gehen oder Angst haben, daß sie sich vornehm benehmen müssen,
sondern auch, weil sie einfach 'nichts anzuziehen' haben. Einige Frauen erzählten mir, daß ihre Mutter nie in der Schule war, weil sie nichts 'Ordent-
liches' hatte, was sie hätte anziehen können; weil sie sich vor den anderen
Müttern genierte, natürlich auch ängstlich war wegen des Umgangstons und
der gebildeten Sprache in der Schule.
Bei den Töchtern kommt dann besonders durch die höhere Schule der Drang
auf, schicke und ausgefallene Sachen zu haben, mit denen sie von den anderen abstechen und bewundert werden können;womit sie sich oft auch von
der Mutter absetzen wollen: von ihrem 'biederen Geschmack', ihrem vernach-
lässigten Äußeren und von der Wertlosigkeit ihrer Arbeit.

"...das hatte dann auch so'n Entfremdungsprozeß mit sich gebracht ne.Die
Eltern sagten 'du bist was Besseres und so ne, ... und da hatte das eigentlich schon angefangen, daß ich diese Träume vom Geld auch ... selbst angepackt hatte, - denn ich hab, ... was für mich eigentlich Luxus war damals, hab ich mir eigentlich selber geleistet, das wär sonst nich möglich gewesen, - ne Lederjacke oder n Führerschein. Ja, das hab ich mir selber gekauft. Und vor allen Dingen Kleidung war auch wichtig für mich, ne. Nich
nur, um den andern gleich zu sein, ... nachher auch, um was andres zu
sein ... ich wollte irgendwie rausstechen ne ... diese Lederjacke hat 200,-
Mark gekostet, ... gemessen an dem, was mein Vater verdiente oder was
meine Mutter in der Woche für Essen ausgab, war das wahnsinnig viel...

Ich hab sogar denen mal was geliehen, meine Mutter, die kam manchmal zu mir und sagte, sie kommt mit dem Haushaltsgeld nich aus ne,... das war ... och Mensch, ... ziemlich toll für mich, daß ich in der Lage war, ihr Geld zu leihn, ich hab dann auch gesagt 'brauchst mir nich wiederzugeben' (Hanne M., siehe Anhang).

Höhere Schulbildung – wie überhaupt geistige Bildung – ist für die ganze Arbeiterfamilie ein Luxus, der vor allem auf Kosten der Arbeiterfrau geht; und der vor allem den Töchtern immer ein schlechtes Gewissen bereitet.
Sie können sich diesen Luxus nur leisten, indem sie selbst neben der Schule arbeiten gehen; der Mutter im Haushalt helfen, und was noch wichtiger ist, für sie da sind, im Alltag zu ihr halten.
Die ungeheuren Verzichtleistungen der Mutter sind für sie dann erträglich, wenn sie darüber und über ihre – unerfüllten – Wünsche, Hoffnungen, frühere Illusionen, die sie sich vom Leben gemacht hat, sprechen kann. Und wenn sie darüberhinaus an der Bildung ihrer Tochter soweit teilhaben kann, daß diese sich mit ihr über andere Dinge als über ihren Alltagskram unterhält. Viele Arbeiterfrauen interessieren sich oft in weit stärkerem Maße als ihre Männer für Politik, für Tagesthemen, Kultur, Literatur. Dafür bringt der Arbeiter nach der Arbeit oft kein Interesse mehr auf. Und die Sprachlosigkeit ihres Mannes in dieser Hinsicht wie auch in Bezug auf ihr Eheleben, ihre Bedürfnisse als Frau, hat für viele Frauen der Arbeiterklasse etwas Bedrückendes. Für ihr Bedürfnis zu sprechen, etwas anderes zu hören als immer nur Ärger bei der Arbeit, Sorgen um das Geld, nimmt sie die Anstrengungen auf sich, für die Ausbildung ihrer Tochter zu arbeiten.
Es ist nicht nur die Hoffnung, daß die Tochter es besser haben soll als sie, sondern auch ihr Bedürfnis, sich über Dinge auszusprechen, die in ihrem Alltagsleben zu kurz kommen. Die ihr vorenthaltene Bildung gleicht sie dadurch aus, daß sie an der Bildung der Tochter teilnimmt.
Viele Gespräche zwischen Tochter und Mutter über ihre eigentlichen Interessen müssen heimlich vor sich gehen. Sie finden statt, während der Vater bei der Arbeit ist, sind oft begleitet von Arbeit im Haushalt. Sie finden statt bei gemeinsamen Einkäufen. Immer sind sie von Tätigkeiten, von menschlichen Aktivitäten begleitet. Selten haben Tochter und Mutter Zeit, sich hinzusetzen und in Ruhe miteinander zu sprechen. Da die meisten Tätigkeiten unter Zeitdruck stattfinden, erledigt sein müssen, bis der Vater nach Hause kommt, haftet auch den Gesprächen meistens die Hektik und das Getriebensein durch die Arbeits-Zeitnorm an.

Diese Hektik ist mir auch in den Gesprächen mit einigen Frauen aufgefallen. Sie zeigte sich in der Redegeschwindigkeit, aber auch im ganzen Ablauf, wie Roswitha M. den Druck, unter dem sie leidet, bildhaft ausdrückte 'als ob ein ganzer Schuldenberg mir hier oben auf den Schultern sitzt und mich niederdrückt'. So äußerte sich dieser 'Schuldenberg' nicht nur in der Arbeit an der Hochschule, im schlechten Gewissen gegenüber dem Elternhaus bei geistiger Arbeit und bei Geldausgaben, sondern im Grunde zeigte sich die Tatsache, daß im Arbeiterleben nie genügend Zeit und Geld vorhanden ist, in allen Lebensäußerungen der Frauen. So eben auch in der Unruhe beim Reden. Es kam mir manchmal vor, als wenn 'einer hinter ihnen her' wäre, einer der sie antreibt, schneller zu machen. Ich meine, darin zeigt sich, daß im Arbeiterleben so wenig Zeit bleibt für die eigene Person, für alles, was nicht direkt verwertbar ist im Arbeitsprozeß und was insofern nicht direkt dem Lebensunterhalt nützt. Dazu gehören Dinge wie Reden, Erzählen, Schreiben, – alles was die Phantasie und den Verstand betrifft, wird aus der täglichen Arbeit verdrängt; durch sie zerstört und muß, da das Bedürfnis nach diesen Dingen noch da ist, förmlich 'gestohlen' werden.

Die Verdichtung der Arbeitsbewegungen in der Industrie hat auch im Privatleben der Arbeiter zur Folge, daß alle Äußerungsformen, so auch die Sprache, 'verdichtet' werden. In der Arbeiterfamilie sind Mutter und Tochter davon am stärksten betroffen, weil sie die Folgen der Industriearbeit direkt zu spüren bekommen und gleichzeitig immer darum bemüht sein müssen, sie auszugleichen. Dadurch wird ihre Zeit und Sprache, alles, was ihre Bedürfnisse und Äußerungsformen betrifft, verkürzt und – in anderer Weise als bei den Arbeitern und Arbeiterinnen in der Fabrik – 'verdichtet'. Man könnte dieses Phänomen als 'Entsprachlichung' proletarischer Menschen bezeichnen, wie Eva Neuland (1975) es für die 'Entsprachlichung' von Arbeiterkindern durch die Mittelschichtsprache in der Schule getan hat.

Allerdings wird hierbei wieder nur der Aspekt der Entfremdung und der Unmenschlichkeit im Leben der Arbeit 'auf den Begriff' gebracht; der gleichzeitig zu diesem Problem einsetzende 'Erfindungsreichtum' in den zwischenmenschlichen Ausdrucksformen der Arbeiter wird in wissenschaftlichen Untersuchungen immer wieder vergessen.

So bleiben aus Mangel an Zeit von Sätzen, die vielleicht im Kopf noch vorhanden sind, bei der gegenseitigen Verständigung oft nur Satzfetzen übrig; Lücken zwischen den Worten werden durch Tätigkeiten, durch Blicke, kurz: durch Handeln und intuitive Verständigung 'ausgeglichen'. Das bedeutet, daß besonders Frauen im proletarischen Milieu der Zerstückelung ihres Lebens durch die industrielle und häusliche Arbeit in der Weise entgegenwirken, daß sie ihr Bedürfnis nach menschlichen Äußerungsformen zumindest ansatzweise ausdrücken. Ansatzweise gelingt dies deshalb nur, weil der Erzählfluß und die Zeit, die sie sich eigentlich nehmen möchten, immer wieder unterbrochen werden durch hektische und sprunghaft ausgeführte Arbeiten; durch plötzliche 'Ereignisse' im Alltagsleben, die erst einmal wieder ihre volle Aufmerksamkeit beanspruchen. Reiner Lochmann (1974) beschreibt die Beziehung zwischen Tochter und Mutter im Arbeitermilieu als symbiotische Beziehung, die im Gegensatz zu anderen Familien nie aufgelöst wird. Er sieht die Ursache dieser Beziehung allerdings – aus männlicher Sicht – nur in der Unzufriedenheit der Mutter in ihrer Ehe und ihrem Beruf, die sie dadurch auszugleichen versucht, daß sie die Kinder, vor allen Dingen die Tochter, an sich bindet. Er sieht nur die Seite der Abhängigkeit der Tochter von der Mutter und umgekehrt; nicht aber die Selbständigkeit von beiden, die sich – auch – in dem ständigen Kampf um ein eigenes Leben in der Familie, in den eigenen Ausdrucksformen zeigt. Richtig scheint mir allerdings seine Schlußfolgerung zu sein, daß sich aufgrund der engen Beziehung zwischen Mutter und Tochter bei den Töchtern eine 'assoziative' Lernmethode entwickelt, die gebunden ist an unmittelbare Erfahrungen und persönliche Bestätigung durch einen Menschen, den sie mögen.

Daß Arbeitertöchter besonders von einer sie als Menschen akzeptierenden Gesprächssituation abhängig sind, in der der andere auch als persönliches Vorbild anerkannt werden kann, ist in meinen Gesprächen mit ihnen immer wieder deutlich geworden. Persönliches Vorbild heißt hier, daß ich, die ich auf sie zukam und meine Erfahrungen und Probleme ansprach, gerade dadurch, daß ich das von mir aus tat, 'Vorbild' für sie war, das sie ermunterte, ihre Schwierigkeiten, aber auch ihre Stärken, ihre Ideen und Einfälle anzusprechen.
Vorbild ist im Arbeitermilieu nicht jemand, der nur zuhört oder Einwände macht, sondern vor allem seine Erfahrungen anspricht und dem anderen

durch Gestik, Mimik oder Bestätigung mit Worten anzeigt, daß er mit sei-
nen Erfahrungen nicht alleine dasteht.
Das ist in der Arbeiterfamilie zwischen Müttern und Töchtern die grundlegende Art der Verständigung, und geschieht zwischen Tochter und Vater kaum, (eben aufgrund unterschiedlicher Erfahrungen und Interessen).
So war es häufig der Fall, daß die Frauen mir im vertrauten Gespräch sagten, daß sie bei mir Gedankengänge hätten, die sie mit jemand anders
nicht entwickeln könnten und daß ihnen solche Gespräche seit Jahren an
der Hochschule nicht möglich gewesen seien; was daran lag, daß wir gleiche Erfahrungen gemacht hatten und uns 'assoziativ' im Denken und Sprechen unterstützen konnten. Die Sympathie mir gegenüber war oft eine Bedingung für die Offenheit und Lebendigkeit ihrer Schilderungen und für
die Reichhaltigkeit an Ausdrucksformen, mit der sie ihre Erlebnisse wiedergaben. So verloren einige Frauen im Verlauf unserer Gespräche und Begegnungen das Gefühl, daß ihre Erfahrungen und ihre darauf aufbauenden
Erkenntnisse unwichtig oder 'läppisch' sind. Dann wurden sie von selbst
immer konkreter und immer detaillierter in ihren Gedankengängen.

Negt/Kluge (1976) haben darauf hingewiesen, daß proletarische Menschen
überhaupt abhängiger sind von der konkreten Situation, von ihrem Gegenüber, wenn sie sich äußern. Und daß Arbeiter mit dem Erzählen garnicht
mehr aufhören, sich in der ihnen vertrauten Form äußern, wenn sie Vertrauen zu den Anwesenden und damit zu ihrer Lebenserfahrung entwickeln.
Ich meine, daß diese enge Beziehung zwischen Lernen, sich äußern, Sprache und der Sympathie für einen Menschen bei den Frauen aus dem Arbeitermilieu noch stärker ausgeprägt ist als bei den Männern, weil sie von Kindheit
an ihre Arbeit mit der Befriedigung menschlicher Bedürfnisse und mit der Liebe zum Menschen verbinden, nicht mit gegenständlicher Arbeit, die einen Wert
an sich darstellt (und die daher bei Männern den Übergang zur Arbeit als Quelle des Geldverdienens leichter macht als bei Frauen). Ich meine auch, daß
diese assoziative Fähigkeit bei Arbeiterfrauen gegenüber bürgerlichen Frau-
en stärker ausgeprägt ist, weil die ganze Lebensumwelt im Arbeitermilieu
einerseits stärker auf dem Raubbau an menschlichen Fähigkeiten basiert
(und die Frauen aus diesem Grund umso zäher an diesen Fähigkeiten festhalten); und weil andererseits gerade dieser 'Raubbau' bewirkt, daß auf
körperliche und intuitive Ausdrucksformen ein größeres Gewicht gelegt
werden muß.

Wichtig ist für diese Art des 'assoziativen' Lernens, daß es sich nicht im
Gehirn eines einzelnen Menschen abspielt, sondern immer auf den 'Einsatz'
des anderen angewiesen ist, also durch gemeinsame Tätigkeiten und Gedanken, die sich wechselseitig ergänzen, zustande kommt. Ich halte es
auch an dieser Stelle nicht für entscheidend, ob das Rudimente von handwerklicher Arbeit sind, ob sich also da auf der Ebene des menschlichen Umgangs Formen entwickeln, die auf das Bedürfnis nach qualitativer Arbeit hinweisen. Entscheidend finde ich jedoch, daß dieser 'assoziative Strom', dieses Hand in Hand, 'Kopf in Kopf' - Arbeiten im proletarischen Lebenszusammenhang deshalb so stark ausgebildet ist, weil die Menschen dadurch der Zerstückelung ihres Körpers, ihres Verstands und ihrer Lebenszeit durch die Arbeitsteilung, durch Existenzangst und dadurch
bedingter Hektik entgegenwirken können. Sie weigern sich damit, sich als
Mensch 'verhackstücken' zu lassen, und drücken so das Bedürfnis aus,
als ganzer Mensch zu leben, qualitative Erfahrung zu machen.
Begriffsbildung erfolgt auf diese Weise in der Arbeiterfamilie besonders
bei den Frauen auf der Grundlage gemeinsamer Arbeit, Empfindung und
Phantasie. Sie beruht in der Tat auf einer 'symbiotischen' Beziehung, die

kaum Distanz ermöglicht; in der es nicht möglich ist, daß ein Mensch nur in Teilaspekten akzeptiert wird, in anderen nicht. Sie umfaßt den ganzen Menschen.

Hedwig Ortmann beschreibt daher meiner Ansicht nach zutreffend den Charakter sozialer Beziehungen in der Arbeiterklasse so, daß er die ganze Person umfaßt, deren wesentliches Merkmal die Gleichheit der Menschen ist.

"Freundschaften unter Angehörigen der Arbeiterschicht tendieren dahin, den einzelnen in einem so großen Ausmaß zu beanspruchen, daß die Grenze zwischen dem Freund und dem Selbst unscharf wird. Die Gratifikationen einer Freundschaftsbeziehung bestehen für das Individuum in seiner *totalen Anerkennung* (Hervorh. durch die Verfasserin) und in einer starken affektiven Bindung" (H. Ortmann, 1972, S.64).

Das bedeutet, daß eine Beziehung zwischen Menschen nicht auf 'individuierenden ' Eigenschaften beruht, wie teilweise gemeinsamen Interessen und vor allem verbalen Äußerungen; sondern auf der gefühlsmäßigen Solidarität mit dem ganzen Menschen, die sich vor allem im Verhalten ausdrückt.

"Eine soziale Beziehung, die den einzelnen so weitreichend einbezieht, deren Medium aber weniger die Sprache, als das nicht-verbale Verhalten ist, ist in hohem Maße störanfällig. Während verbale Äußerungen zurückgezogen oder neu interpretiert werden können, sind Verhaltensäußerungen nicht korrigierbar. Durch Verhalten ausgedrückte Zurückweisungen des Partners sind unwiderruflich und zerstören die Beziehung meist endgültig" (H. Ortmann, 1972, S.65).

Dieser Totalitätsanspruch an Menschen und die damit verbundene Forderung nach intuitivem Verstehen bringt Arbeitertöchter in der Schule und in der Hochschule immer wieder in eine Außenseiterposition. Auch ihre Art zu denken, ihre Art der 'Begriffsbildung' steht im Widerspruch zur logischen und abstrakten Begriffsbildung, die Ausdruck getrennter Arbeits- und Lebensbereiche, und also Ausdruck gesellschaftlicher Arbeitsteilung ist. In der das Denken zum Eigenwert erhoben wird, dessen Grundlage, das Geld, in den Produkten der geistigen Arbeit, in den Begriffen und Theorien, aber verborgen bleibt. Damit ist das Scheitern von Arbeitertöchtern mit ihrer Grundlage, der menschlichen Sinnlichkeit und Lebendigkeit, mit ihrem gemessen an Geld und materiellen Reichtum 'voraussetzungslosen' Denken, in Schule und Hochschule 'vorprogrammiert'.

V. Arbeitertöchter mit ihren Erfahrungen im bürgerlichen Bildungssystem

So drückten einige Arbeitertöchter ihr Verhältnis zur Wissenschaft und Hochschule aus:

"Früher hab ich gedacht, daß an der Universität nur ganz dolle Menschen sind, Menschen, die gütig, hilfsbereit, denen Geld überhaupt nichts ausmacht ..., Leute, die gerne wissen möchten, die gerne erfahren möchten, die forschen möchten ...
Bei uns in der Familie wurden Professoren quasi als Halbgötter hingestellt, ... wirklich n Halbgott ... vor dem man ... Ehrfurcht haben muß, aber nicht ... weil er so ne hohe Stellung hat, sondern weil er eben so'n Mensch ist." (Christel)

"Ich hab Theorie erlebt als etwas, was mit mir zu tun hat,- ... also Wissenschaft dauernd auf meine Privatbeziehung angewandt hab ...
Ja, ich glaube, daß... ne Lernmotivation,- also ich kann mich erinnern an die ersten Semester, da dacht ich, ich bin im Paradies, is wahr, also dieser Vergleich: sonst immer morgens so aufstehn um halb sieben, pünktlich - und plötzlich, man kann auch mal um halb acht aufstehn und das war freiwillig! ...
Das hab ich schon immer gehabt, diese Distanz zu meinen eignen Gefühlen, ... das war die einzige Möglichkeit, ... nich dauernd irgendwo depressiv sein zu müssen oder so,- s war die einzige Möglichkeit, das durch Denkprozesse in' Griff zu kriegen." (Anne)

"... man hat mir ma gesagt: das Impulsive da müßt ich beherrschen, - daß ich letztlich... gezwungen war, meine Bedürfnisse nach emotionalen Äußerungen einfach zu verstecken, ... die Theorie mir so aneignete, daß da meine Gefühle irgendwo noch zum Tragen kamen... weil ich eben die Emotionalität wirklich in diesen tagtäglichen Beziehungen nich leben konnte." (Anne)

"... auf jeden Fall hatt ich ... so'n Fetisch Wissenschaft über mir, ... n objektives Wissen, das ich auch irgendwann ma haben muß, aber das ich

offensichtlich nich fähig bin mir anzueignen, weil ich... mich in diesem Betrieb nich einordnen kann irgendwie,– denn alleine kannste so'n Wissen nich kriegen..." (Delia)

"Ich dacht, ich muß des,... also... irgendwie des gesellschaftliche System hier, so, müßt ich also jetzt durchschaun und irgendwie den Platz, den wir da innehatten, also mein Vater oder die Familie, unsre Familie, das müßt ich alles irgendwie in'n Griff kriegen und dann würd ich mich auch besser fühln, hab ich irgendwie gedacht. Das müßt ich alles irgendwie schön verarbeiten." (Elfriede)

"...ich habe an er Uni so erlebt, daß ich zuerst keine großen Schwierigkeiten hatte, mich zu artikulieren, und dann versuchte, mich anzupassen... und da wurd ich sprachlos. Also fast von heute auf morgen. Ich konnte den Unistil nich übernehmen, du willst ihn eigentlich auch garnich ... Und da wurd ich dann, da war ich ja richtig stumm." (Irene)

"Ich konnte Studenten... überhaupt nich leiden, das war ne Schicht also, mit der wollt ich überhaupt nichts zu tun haben." (Irene)

"Die ganze Universität war für mich mit Glorienschein... und erst so nach und nach überhaupt (hab ich gemerkt), wie gemein die sind, daß jeder bloß nach seinem eignen Vorteil, bei den Studenten fängt es schon an, bei den Professoren hört es auf. Der andre darf's bloß nich wissen, was der da macht,... der könnt da irgendeine Idee klaun und die für sich verwenden." (Christel)

"Das is aber auch irgendwie so ne,... proletarische Einstellung, daß man ...glaubt, wenn jemand was kann, dann sei's gut dazu, eim was beizubringen, also so ne Konkurrenzhaltung, die hat man garnich so mitbekomm'." (Irene)

"Sprache und Denken an der Hochschule, das spricht mich nicht so an. Als wär so ne Mauer zwischen dem Menschen und dem, was er sagt." (Jutta)

Das Arbeiterdasein in den Köpfen der Arbeitertöchter

Die Äußerungen einiger Frauen in Bezug auf ihre Arbeiter-Herkunft waren unsicher; oft fragten sie mich, was ich unter 'Arbeiter' verstünde. Darin zeigte sich einmal die Unsicherheit, etwas zur Sprache zu bringen, was sie häufig versteckt hatten. "Also, Fabrikarbeiter, des war mein Vater nich ne. Aber ich hab mich immer irgendwie so gefühlt ne, daß ich aus ner Arbeiterfamilie komm', obwohl ich des irgendwie versucht hab, so'n bißchen, so in der Schule bei Klassenkameradinnen, so'n bißchen abzutun ne". (Angelika) Mit dem 'Bildungsaufstieg' verdrängte Erfahrungen traten wieder vor Augen: "Der große Schrecken war, so zu leben wie sie ne..." (Roswitha M., siehe Anhang)

Andererseits zeigte sich in ihren Fragen die Verunsicherung durch Begriffe, die sie sich während des Studiums über 'den Arbeiter' angeeignet hatten. Darunter wurde nämlich meistens der traditionelle Fabrik-Arbeiter mit einem ausgesprochenen Bewußtsein seiner Lage gefaßt. Die Frauen selbst verstanden darunter meistens mehr als nur die Stellung des Vaters im Betrieb: "Ja, vielleicht sind des erstmal so rein formale Sachen wie Einkommen und Art der Arbeit, die ... eben mein Vater und meine Mutter ausübten und dann wiederum: aus welcher Familie sie vielleicht stammten und ... wie das vielleicht auch ziemlich viel von andern Leuten und Nachbarn und sonstigen Leuten so gesehn worden is". (Angelika)

In ihrem Kopf war das Arbeitersein verbunden mit einer ärmlichen Wohngegend und beengten, lauten Wohnverhältnissen; mit dem, was im Elternhaus unter 'Arbeit' verstanden wurde; den überwiegend körperlichen, unausgesprochenen und direkten Verhaltensweisen; dem ständigen Nachdenken über Geld und Arbeit; dem lebhaften Reden, das häufig in impulsive oder explosive Auseinandersetzungen überging; und auf der anderen Seite war es verbunden mit gegenseitigem Helfen und Beistehen, Zusammenhalten, Geborgenheit durch das Dasein der anderen, sinnliches, natürliches Verhalten. Sie wußten aus diesem Arbeiterdasein, daß sie sich Bewegungsfreiheit nur durch eigene Initiative, meistens durch Arbeit, verschaffen konnten. Für die meisten aber war die Tatsache, daß beide Eltern niedrige und dienende Arbeit verrichteten und sie sich als Kinder weitgehend selbst überlassen blieben, außer auf der Straße kaum Spielmöglichkeiten hatten und ziemlich früh in die Gemeinschaft der ganzen Familie einbezogen waren, – die hieß: Arbeit und Sorgen; Unterordnen persönlicher Interessen unter das 'Gemeinwohl' aller, – jetzt das hervorstechendste Merkmal ihrer Herkunft. Durch die Schule sahen sie diese 'Eigenschaften' ihres Milieus mit den Augen der anderen: Arbeiter war in der Schule kein Beruf, existierte im Grunde genommen garnicht. Deshalb dachten sie sich oft etwas Besseres aus und hatten Angst, daß es herauskommt. Geldmangel galt als Makel, für den sie sich schämen mußten, als wären sie dafür verantwortlich. Nach dem Beruf der Mutter wurde sowieso nicht gefragt, obwohl sie doch meistens auch oder hauptsächlich arbeiten ging. Sie lernten, sich dafür zu schämen, daß ihre Eltern sich Tag für Tag 'abrackerten' und doch zu nichts kamen. Auf dieser unmittelbar sinnlichen Ebene der Erfahrung begriffen sie, daß die Wertlosigkeit und Besitzlosigkeit hervorstechendes Merkmal ihrer Lebensverhältnisse im Arbeitermilieu waren. Aus dem, was sie von Freundinnen oder Schulkameradinnen über deren häusliche Verhältnisse erfuhren, begriffen sie, daß ihre Mutter, wenn sie nicht gerade in der Fabrik arbeitete, zu deren 'Bediensteten' gehörte, die als Putzfrau in besseren 'Kreisen' dafür sorgte, daß deren Mütter sich die Hände nicht schmutzig zu machen brauchten oder einem Beruf nachgehen konnten.

Zu Hause wiederum gerieten sie mit ihrer aus der Schule mitgebrachten Haltung in Widerspruch zur Arbeits- und Lebensauffassung der Eltern. Die Mutter machte 'stumme' Vorwürfe, daß sie ihr nicht genügend 'zur Hand' gingen, der Vater sagte ihnen, wenn er gereizt von der Arbeit nach Hause kam, oft direkt ins Gesicht: "Du bist faul, du gehörst ins Arbeitshaus, da wirste auch noch mal landen, da wird man dir das Arbeiten beibringen..." (Roswitha R., siehe Anhang) oder "Du wirst es nie zu was bringen, du wirst schon sehen, naja, dann gehst du eben ab in die Fabrik!" (die Verf.)

So erfuhren sie die Widersprüche zwischen körperlicher und geistiger Arbeit nie als allgemein-gesellschaftliches Problem, das man reflektieren konnte oder auch nicht, sondern spürten sie immer direkt am eigenen Leib, – ständig gezwungen, sich für eins von beiden zu entscheiden, was sie in ihrer Situation garnicht konnten und daher oft so zu 'lösen' versuchten, indem sie beiden Ansprüchen möglichst vollkommen nachkamen.

Dieser Druck erzeugte im Elternhaus gezwungenermaßen oft die 'lässige' Haltung 'ich schaff das schon', was sich auch praktisch darin zeigte, daß sie sich die Zeit zum Lesen und Lernen förmlich 'stehlen' mußten; in der Schule wiederum führte es zu ungeheuren Anstrengungen, damit sie ja nicht 'hängen' blieben und auch, weil es ja garnicht selbstverständlich war, daß sie dort waren. Das bedeutete fleißig und zurückhaltend zu sein, nicht aufzufallen; schon aus dem Grund, weil die Schulbildung im Elternhaus nicht selbstverständlich, sondern mit ungeheuren Mehrkosten verbunden war, die zumeist die Mutter durch ihre Erwerbstätigkeit aufbrachte.

"... des stammt alles, was ich gehabt hab, aus dem verdienten Geld meiner Mutter und die hat mir so irgendwie beigebracht, ja, also verstehste, die Angst, nich akzeptiert zu werden von den andern .. *s war was ganz Starkes in mir*, daß ich eigentlich... *daß es ne Gnade von ihnen is*, daß ich ... also an dieser Schule sein kann ne, ... es is nich selbstverständlich ne, s is klar, *wenn man also s Gefühl hat, s is eigentlich keine Selbstverständlichkeit oder nich mein Recht ne, dann kann man sich auch sehr schwer wehrn ne*" (Roswitha M., siehe Anhang)

Mir ist aufgefallen, daß die Frauen, deren Eltern nicht ihr ganzes Leben lang oder schon über die Generation der Großeltern Arbeiter waren, sondern vorher als selbständige oder in kleinen Betrieben angestellte Handwerker, als kleine Beamte oder Angestellte, im Dienstleistungssektor oder als Bauer/Landarbeiter gearbeitet hatten und oftmals als 'Vertriebene' aus den ehemaligen Ostgebieten in eine neue Welt kamen, wenig Selbstvertrauen hatten, sich besonders schüchtern und in sich zurückgezogen verhielten; und sich ihrer Arbeiterherkunft schämten. Bei ihnen war das Gefühl der Entwurzelung schon von Kindheit an, durch eine im Vergleich zu anderen Arbeiterfamilien besonders isolierte Lebensweise, vorhanden, das durch das Gefühl der Fremdheit in der Schule und Hochschule noch verstärkt wurde. Eklatant ist auch, daß gerade sie einem besonders starken Druck vom Elternhaus ausgesetzt waren, die Entwurzelung und Deklassierung der Eltern durch ihre (Aus-)Bildung wettzumachen.

Dieser Druck wirkte sich im Zusammenhang mit dem Kostenfaktor, den die Bildung des Arbeitermädchens für die Arbeiterfamilie darstellt, auf ihr Selbstbewußtsein und ihre Leistungen in zerstörerischer Weise aus, vor allem dann, wenn die Hoffnungen der ganzen Familie auf ihnen lasteten. Dann kam es immer wieder zu jenem Teufelskreis, den Roswitha M. beschreibt:
"Für mich is es so, daß theoretische Arbeit gar keine Arbeit is... als wärs Vergnügen... Als wärs ein Luxus, der mir eigentlich garnich zusteht... (für die Eltern is das so) ... daß das irgendwas Fremdes is und Bewunderungswürdiges, ... und auch Respekterheischendes ... also sie auch so'n bißchen zum Fürchten bringt ne, auf der andern Seite ja eigentlich was, was wertlos is ne" (siehe Anhang).

"...ich hab das Gefühl, es sitzt da hinten auf mir was ne, ein Schuldenberg ne, der mich so niederdrückt ne, verstehste, der mich lähmt... (ebenda)

So machen sie in ihrer Erziehung ständig die Erfahrung, daß sie da, wo sie sind, nicht hingehören und da, wo sie hinwollen, nicht hinkommen können, wenn sie nicht schließlich zu der Einsicht kommen:
"Ich weiß, daß ich auch anders leben kann und anders glücklich sein kann, ohne daß ich mein Examen mache." (Hanne)
Einige Zeit später erzählte mir Hanne, daß sie sich jetzt endlich exma-

trikuliert hätte und ganz erleichtert sei, daß sie damit nichts mehr zu tun hätte; Bücher würde sie keine mehr lesen, und darüber sei sie ganz froh.

So wiederholten besonders diese Frauen den Prozeß der Deklassierung und Proletarisierung, den ihre Eltern schon selbst mitgemacht und als Geschichte erfahren hatten, in ihrer eigenen Entwicklung. Selbstbewußtsein über soziale Beziehungen und Kontakte in der Schule oder im Studium herzustellen wurde für sie – außer durch die finanziellen Schwierigkeiten – schon dadurch erschwert, daß sie von Kindheit an gelernt hatten, wie arm sie sind und daß sie ihre Armut und – das Gefühl der eigenen – Wertlosigkeit nicht nach außen dringen lassen durften. Da das aber bei offenen sozialen Beziehungen kaum geht, haben sie sich zurückgezogen, und wurden schweigsam gegenüber ihren eigenen Erfahrungen. Sie haben gelernt, die eigene Mittellosigkeit als Strafe zu sehen, an der sie selbst schuld sind und die sie nur durch eigene Anstrengung überwinden können. Echte Hilfe von außen haben sie selten erfahren, standen jeder Hilfe, jeder Annäherung überwiegend mißtrauisch gegenüber mit dem Gefühl, daß man sie doch nur aushorchen oder ausnutzen würde. Was auch wieder ihrer Erfahrung aus dem proletarischen Milieu entspricht, daß jemand, der gar nichts hat, alles gibt, weil er denkt, daß er nichts zu verlieren hat und was in einer Gesellschaft, in der jeder auf seinen eigenen Vorteil bedacht ist, eine realistische Einschätzung ihrer Lage sein kann, – da sie eben doch etwas zu verlieren haben: nämlich ihre Arbeitskraft und ihre Ideen, letztlich aber ihre menschliche Würde. Eine Erfahrung, die eine für alle proletarischen Menschen einheitliche Erfahrung ist, so grundlegend verschieden ihre übrigen Erfahrungen und Lebensverhältnisse im einzelnen auch sein mögen. In den Gesprächen mit einigen Frauen, besonders auch mit Hanne, kehrte daher die Frage immer wieder: wie kommt es, daß wir uns immer nur über unsere Arbeit definieren, uns nicht wohlfühlen, wenn wir nicht unablässig tätig sind und uns beweisen, daß wir 'Berge versetzen' können; daß wir uns immer so verausgaben und dabei an Substanz verlieren? – Auch das wiederum eine Erfahrung, die sie an ihren Eltern erlebt haben: daß die ihr Leben lang hart gearbeitet haben und am Ende nichts davon hatten, außer, daß sie zu Essen hatten und sich aufrieben im Existenzkampf. Diese Erfahrung, daß jemand nur seine körperliche Arbeitskraft verkaufen kann, um existieren zu können und damit gleichzeitig seine Existenz täglich aufs Spiel setzt, sie Stück für Stück – im Arbeitsprozeß – verliert, wollten sie ja gerade durch ihre Bildung überwinden. Wobei genau diese Erfahrung im Elternhaus wie 'ein Schuldenberg' auf ihnen sitzt und sie niederdrückt, aber auch die andersartige Weise, zu lernen und zu leben, die ihnen an der Hochschule begegnet. So daß schließlich ihr Bemühen um Verbesserung ihrer Lebenslage – und damit verbunden die 'Aufwertung' der ganzen Familie – ähnliche Züge bekommt, wie O. Negt/A. Kluge sie den zeitweisen Ausbruchsversuchen von Arbeitern zuschreiben:

"Die Beengung im Produktionsprozeß und in der Familie führt bis zu einem bestimmten Lebensalter zu Ausbruchsversuchen: es sind Ausbruchsversuche innerhalb der Gefängnismauern. An ihnen werden die Grenzen erlernt, die jeder bloß individuellen und auf einzelne Lebensäußerungen beschränkten Emanzipation oder Ausweichbewegung entgegenstehen. Alle diese Erfahrungen summieren sich in dem 'Prinzip lebenslänglich'. An ihm, der festen, zur 'zweiten Natur' gewordenen Erwartung, daß sich die abhängige Situation im Arbeitsprozeß und die Enge des Lebenszusammenhangs nicht wenden lassen, verfestigt sich ein gegen das

Interesse an Erfahrung überhaupt gerichteter Block ..." (O.Negt/A.Kluge, 1972,S.63)

So war es auch für viele Frauen schwer, sich auf andere Lebensweisen und Anschauungen einzustellen, ohne daß ihre ohnehin schon verunsicherte Identität noch brüchiger wurde. Zumal sie selten die Gelegenheit hatten, andere Frauen aus Arbeiterfamilien kennenzulernen und ihr Bemühen, aus dem proletarischen Lebenszusammenhang 'auszubrechen' als Erfahrung alleine machten.
Auffällig war bei den Frauen, die von zu Hause schon stark das Gefühl der 'Entwurzelung' hatten – und sich, obwohl ihnen die Bürde der ganzen Familie auferlegt wurde, 'etwas zu werden', indem sie die Oberschule besuchten und studierten, mit ihren Bildungsinteressen oft gegen die ganze Familie erst noch durchsetzen mußten, – auch der Verschleiß an finanziellen Mitteln. Obwohl sie immer wieder betonten, wie wenig Geld sie zur Verfügung hatten, war es tatsächlich so, daß sie verhältnismäßig viel Geld ausgaben.

Obwohl viele Frauen darüber erleichtert waren, daß sie möglichst weit weg von zu Hause, für die Familie unerreichbar studierten, litten sie andererseits häufig unter der fremden Umgebung der Hochschule und Wohnsituation und gaben Geld aus, um ihr Alleinsein, oft auch ihr Außenseiterdasein zu überwinden. Dazu kommt, daß in der Hochschule ein gewisses Niveau an finanziellen Mitteln und Ausstattung mit Kleidung, Büchern und anderen Dingen einfach vorausgesetzt werden; und daß jemand, der diese Dinge nicht hat, schwerer Zugang findet zu anderen.

Ein anderer Aspekt ist meiner Ansicht nach auch: daß viele Frauen es nicht aushalten konnten, über Jahre hinweg Entbehrungen auf sich zu nehmen, die sie schon in der Oberschule gegenüber den anderen Schülern als schmerzlich erlebt hatten und für die auf lange Sicht durch das Studium keine Aussicht auf Besserung bestand; daß sie das vielleicht besser ertragen hätten, wenn sie Arbeiterinnen gewesen wären, und nicht ständig vor Augen gehalten bekommen hätten, was andere alles haben und was sie alles nicht haben. Das Studium weckt Bedürfnisse, für die sie garnicht die Mittel aufbringen können (vgl.die Äußerung einer Studentin aus gutbürgerlichem Haus gegenüber den 'Emanzipationsversuchen von Hanne M., siehe Anhang).

Oft versuchten sie die Sicherheit, die Studenten aus bürgerlichen Verhältnissen im Verhalten und Auftreten, in der eigenen Meinung haben, dadurch auszugleichen, daß sie sich wenigstens äußerlich die Voraussetzungen dafür schafften. Das ist keine 'Fixierung auf Konsum', sondern reale Ohnmacht gegenüber einer Situation, die einerseits von ihnen fordert, so zu sein wie die anderen, – weil von deren Lebensstandard und Denkweise selbstverständlich ausgegangen wird,– und ihnen andererseits Abstinenz abfordert, die jenen Studenten nicht abverlangt wird.

Ich halte daher die Ideologie der 'Chancengleichheit' für Arbeiterkinder für besonders verlogen; die wirklichen Unterschiede zu Kindern aus bürgerlichen Familien (Beamten und Akademikerfamilien) beruhen keinesfalls nur auf Denk- und Sprachunterschieden, auf eher gefühlsmäßigen Äußerungsformen, sondern ganz elementar auf unterschiedlichen materiellen Voraussetzungen, die, selbst wenn Arbeiterkinder wollten, ihre Anpassung an den Verhaltensstil der bürgerlichen Welt verhindern. Arbeiterkinder werden dafür, daß sie aus mittel- und besitzlosen Familienverhältnissen kommen, doppelt und dreifach bestraft, sobald sie in die Schule kommen; erst recht, wenn sie den Mut aufbringen, zur Hochschule zu gehen.

Was Carol Hagemann-White und Reinhart Wolff über die Leistungsmotivation und die Planungsperspektive von Arbeiterkindern in der Schule schreiben, zieht sich durch die Biografien der Frauen, deren Aussagen ich hier zugrundelege, wie ein roter Faden:

"Wenn man die Fähigkeit, durch langfristige Planung und Verzichte die Befriedigungschancen zu maximieren, überhaupt vergleichen will (zwischen Kindern der Mittelschicht und Arbeiterkindern, die Verf.), müßte der höhere Schulbesuch des Arbeiterkindes mit der Fabrikarbeit eines Professorenkindes verglichen werden ..." (1975, S.303)

Von Arbeitern und deren Kindern wird gesagt, daß sie möglichst früh und möglichst viel Geld verdienen wollen; daß sie immer an das Nächstliegende denken und nicht in der Lage sind, langfristige Ziele ins Auge zu fassen, die im Moment Verzicht auf unmittelbare Befriedigung elementarer Bedürfnisse bedeuten würden. Hagemann-White/Wolff vertreten demgegenüber die Ansicht, daß es hier garnicht um Planung oder Entscheidung für unmittelbare Bedürfnisbefriedigung geht, daß also Mittelschicht- und Arbeiterkinder nicht eine unterschiedliche Zeitperspektive ihres Lebens haben, sondern daß die Gründe für oder gegen Bildung und damit auch für das Durchhalten einer so langfristigen Ausbildung, wie sie der Besuch des Gymnasiums und der Hochschule erfordern, woanders liegen:

"Es wird dabei ... unterschlagen, daß das 'Mittelschichtkind' in der Regel für die Dauer des höheren Schulbesuchs sowohl Geld (und andere Annehmlichkeiten) zur Verfügung hat..." (S.303)

"Grundsätzlich geht die These des 'deferred gratification pattern' (Befriedigungsaufschubs), was die Arbeiterfamilie betrifft, nicht nur im konkreten Fall des angestrebten Schulabschlusses fehl, sondern sie stellt auch eine Fehleinschätzung der Lage und des Verhaltens der Arbeiterklasse dar, als sei deren Los die Folge blinder Gier nach unmittelbarer Befriedigung. Eine einfache Frage Annie Steins läßt den ganzen ideologischen Ansatz zusammenbrechen: "Hat die Mittelklasse sich jemals wirklich etwas versagt, was sie dringend brauchte oder haben wollte?... Die Praxis aufgeschobener Befriedigung ist das tägliche Los der Armen" (S.304; das Zitat von Annie Stein 1971, S.183).

Für die meisten Arbeitertöchter gab es nicht die Möglichkeit, daß die Eltern oder Verwandte ihnen 'eben was zusteckten' oder ihnen gar das Zimmer, Kleidung, Büchergeld gaben, während sie nur für den täglichen Lebensunterhalt zu sorgen hatten. Sie mußten während ihres Studiums immer dafür arbeiten gehen, daß sie lernen 'durften'. Kleidung, Bücher oder gar Urlaub mußten sie selbst verdienen, wobei sie auch dann zu Hause oft Klagen darüber hören mußten, wofür sie ihr Geld ausgaben. Sie mußten sich entscheiden zwischen Arbeitsmitteln wie Bücher u.a. und Ausgaben für das Zimmer, Kleidung, Fahrgeld, Essenskosten und Urlaub. Die Zeit, die sie arbeiten mußten, ging ihnen an konzentriertem Lernen und an der eigenen Erholung ab.

Dazu kam oft das schlechte Gewissen, daß sie den Eltern immer noch nichts zurückgeben konnten, dafür, daß sie ihnen ermöglicht hatten, zur Oberschule und Hochschule zu gehen. Daß in Arbeiterfamilien die geistige Bildung als Luxus erscheint, ist ja nicht ein bewußter Widerstand der Eltern, sondern ist bedingt durch die Knappheit der Geld- und Lebensmittel. Dieses 'Luxusgefühl' wirkt sich bei den Töchtern viel stärker aus als bei den Söhnen, weil bei Mädchen die Haltung dazu kommt, daß sie das alles nicht brauchen, und ja doch heiraten. So müssen Mädchen zum einen gegen die weibliche Erziehung kämpfen, und zugleich gegen den Druck, der durch die materiellen Bedingungen der Arbeiterfamilie besteht.

Aus diesem Teufelskreis der Überforderung kommen viele Frauen garnicht mehr heraus.
Sie hat ihre Ursachen in materieller Unsicherheit, oft finanzieller Not, die nur durch immer mehr Schulden überbrückt werden kann und die das Gefühl der Existenzunsicherheit immer weiter verstärkt; die schließlich den 'Verstand raubt' für das, was einen an der Hochschule wirklich interessiert. Sie hat eine weitere Ursache in der ständigen Widersprüchlichkeit der Situation, die über die Jahre der Oberschulbildung und des Studiums unausgesetzt erlebt wurde und zu ständiger Anspannung und Überforderung treibt: die gesellschaftlich herrschende Einschätzung der körperlichen Arbeit als 'wertlose' Arbeit; die Gleichgültigkeit gegenüber proletarischen Erfahrungen in Schule und Hochschule und die im Arbeitermilieu ebenso vorherrschende Einschätzung der geistigen Arbeit als überflüssiger Luxus (vgl. Roswitha M., Anhang, Berliner Gruppengespräch, 1.Kap.).
Höchstleistungen sind auf diesem Hintergrund die einzige Daseinsberechtigung; die einzige Rechtfertigung der geistigen Bildung in der Arbeiterfamilie und der Anwesenheit von Arbeiterkindern in Schule und Hochschule.
Außerdem führt vor allem die Tatsache, daß die Frauen sich in dem, was sie sich an theoretischem Wissen und Redekünsten, vor allem der Kunst des Reflektierens, aneignen sollten, mit ihren Erfahrungen und Ausdrucksformen garnicht wiederfinden, zu diesem inneren, oft verbissenen Kampf um Wissen und Durchschauen; der Zwang, sich abstraktes Bücher-Wissen anzueignen, das unverständlich, steril und langweilig ist, kostet sehr viel mehr Zeit, als wenn Lernen mit Lust geschieht. Immer wieder berichteten die Frauen über die Angst und die damit verbundene Blockierung, das, was in den Büchern steht, nicht richtig zu verstehen; in der vorgegebenen Gedankenfolge nicht wiedergeben zu können.
Mit der - mehr oder weniger verbissenen - Aneignung dieses intellektuellen Wissens findet gleichzeitig eine Entwertung der proletarischen Erfahrung statt. Also muß auch da wieder Mehrarbeit geleistet werden. Daß diese Zusatzarbeit einigen Frauen oft einfach nicht mehr möglich war, zeigt sich in den vielen Äußerungen, die widerspiegelten, wie häufig sie erwogen hatten, das Studium abzubrechen und es oftmals nur deshalb nicht taten, weil 'man zu Ende macht, was man einmal angefangen hat'; zeigt sich in ihrer völligen Verunsicherung und in ihrem ständigen Versuch, in einer fremden Welt 'Wurzeln zu fassen', zeigt sich schließlich aber auch in einer teilweise völlig verstörten bzw. zerstörten Identität, die zum Abbruch des Studiums führte (vgl. Hanne M., siehe Anhang).

Was O.Negt und A.Kluge über die Dequalifizierung der proletarischen Erfahrung im Arbeitsprozeß, in der gesamten bürgerlichen Öffentlichkeit und Kultur schreiben, gilt auch hier wieder für die Situation ihrer an der Hochschule studierenden Töchter, wo das, was sie erlebt haben und was sie als Menschen geprägt hat, noch einmal im Kopf zerstört wird, bis sie fast zerbrechen:

"Was man als realistischer Mensch empfinden, ausdrücken, mitteilen darf, wird über die Verkehrsformen des Produktionsbetriebes, des Alltagsverhaltens und ... über die Massenmedien erlernt oder geprägt. Was von diesem Überbau der Erfahrung negiert wird, müßte eine unerhört starke Natur oder ein kindliches Selbstbewußtsein haben, um sich gegen den gesellschaftlichen Druck aufrechtzuerhalten..." (O.Negt/A.Kluge,1972, S.64)

Die starke Natur der Frauen, die den Schritt aus dem proletarischen Milieu zur Hochschule vollzogen haben, entstand aus den Konflikten, in die sie mit ihrem Bildungsinteresse in der Arbeiterfamilie gerieten; aus ihrem kämpferischen Einsatz für ihre Interessen; aus der existentiellen Unsicherheit, die sie von frühester Kindheit an erlebt hatten und aus der sie unbedingt einen eigenen Ausweg suchten. Die Erfahrung, daß im proletarischen Leben nichts fertig vorgegeben ist, daß man sich vielmehr - gemeinschaftlich - alles selbst erarbeiten muß, ist ein Teil ihrer Stärke, die durch geistige Arbeit allerdings fast verzehrt wird, da sie jetzt für alles alleine aufkommen müssen. Jemand, der in völlig ungesicherten sozialen Verhältnissen aufgewachsen ist, der in teilweise 'chaotischen' Familienverhältnissen oft eher abgeschoben als beachtet und anerkannt wurde, hat nicht die Wahl, gesellschaftlichen 'Aufstieg' und das dazugehörige Gefühl abzulehnen, wenn er zur Hochschule kommt; sobald die Entscheidung für das Studium gefallen ist, ist es lebensnotwendig, in den neuen Kreisen Ansehen und Durchsetzungsvermögen zu erwerben; und gleichzeitig Strategien zu entwickeln, sich nicht an den 'Fetisch Wissenschaft' auszuliefern. Das oft auffällige Bemühen, zu gefallen, geistreich zu reden wie die anderen Studenten es tun, mag nach außen zunächst als bloße Anpassung erscheinen; in Wirklichkeit verbirgt sich dahinter Selbstschutz und der Versuch, die eigene Selbständigkeit zu bewahren. Mit direktem und offenem Verhalten, wie es im proletarischen Lebenszusammenhang möglich ist, machten die Frauen an der Hochschule die Erfahrung, daß sie sich total auslieferten und sich verausgabten. So muß der Versuch, sich durch bürgerliche Theorie nicht zu prostituieren, sondern an dem eigenen Erfahrungszusammenhang festzuhalten, in privater 'Schwarzarbeit' geleistet werden. Für viele Frauen war das Studium ein Projekt, das sie unmittelbar mit ihrer Lebenssituation verknüpften; ein 'Werk', das sie aus eigener Kraft vollenden mußten, damit sie ihre Lage begreifen und verändern konnten. Sich aus dem Elend herausarbeiten, haben sie durch die Arbeit der Arbeitermutter begriffen, die wußte, was 'Arbeit' heißt.

Ich meine, daß auch in dieser Hinsicht die Situation für Frauen aus Arbeiterfamilien eine andere ist als für Männer: das Ringen um Theorie, und das heißt um Begreifen der eigenen Lebenslage setzt die Verantwortung, die Arbeitermädchen für das Zusammenleben der Familie immer hatten, fort. Wurde sie in der Arbeiterfamilie unweigerlich zum Mittragen der Belastungen und Auseinandersetzungen der Eltern, vor allem aber zum Aushalten der seelischen und körperlichen Belastung der Mutter, herangezogen, so überträgt sie jetzt diese verantwortliche Haltung auf die Theorie: sie versucht durch Begreifen Zusammenhänge herzustellen, die den ganzen Menschen umfassen, die auch nur mit anderen Menschen gemeinsam hergestellt werden können. Und sie versucht, der aufopfernden Lebensweise der Mutter durch das Studium einen eigenständigen Entwurf entgegenzusetzen; behält aber gleichzeitig deren aufopfernde Arbeitsweise bei, indem sie versucht, in einer Umwelt, die an Konkurrenz und Warenbeziehungen orientiert ist, ihre Bedürfnisse durchzusetzen und zu verwirklichen; ihre Bedürfnisse sind: sich am Menschen und seinen Wünschen und Hoffnungen orientieren, nicht an einem austauschbaren Produkt. Da sie dieses Ziel an der Hochschule im Alleingang verfolgt, führt es zu demselben Raubbau an ihren Kräften wie bei der Mutter. Sie ersetzt die fehlende Kooperation der anderen durch eigene Denkarbeit, Handgriffe; stellt assoziativ Gedankengänge her, die das theoretische Wissen mit konkreten Erfahrungen 'verbindet' oder besser: sofort im Aneignungsprozeß assoziativ in konkrete Erfahrung 'übersetzt'. Analog dem Arbeitsprozeß ihrer Mutter, die unablässig gegen die Zerstörung konkreter Erfahrung und Menschlichkeit, gegen Zerstückelung von Gedanken und Arbeitsabläufen arbeitet; analog auch der 'Phantasieproduktion', mit der Arbeiter und Arbeiterinnen in der Fabrik die fehlende Kooperation und zusammenhängende Arbeit ersetzen, stellen Arbeitertöchter an der Hochschule Zusammenhänge her, wo die arbeitsteilige und abstrakte Wissenschaft sie zerstört hat. Das kann sie deshalb, weil sie in ihrer Erziehung erlebt hat, daß Menschen nur im Zusammenhang, in der gemeinsamen Auseinandersetzung und in der gegenseitigen Hilfe aller etwas erreichen können.

Auf diese 'assoziative Lernmethode', die in der Arbeiterfamilie gerade wegen der unmenschlichen und für einen Menschen unerträglichen Arbeits- und Lebensbedingungen lebensnotwendig ist, soll noch näher eingegangen werden. Hier ist zunächst nur wichtig festzuhalten, wie das Arbeitermädchen durch den engen Zusammenhang mit der Mutter deren Arbeitsweise übernimmt, aus Stücken etwas Ganzes zu machen, zerstückelte Arbeitskraft, – die sich in der Fabrik nur in sich wiederholenden Einzelbewegungen und Einzelteilarbeit äußern darf, – in neue Lebenskraft zu 'verwandeln'; dem Arbeiter, der zerschlagen und mit dem Gefühl der eigenen Wertlosigkeit nach Hause kommt, das Gefühl zu geben, daß er als Mensch wertvoll ist und als solcher gebraucht wird. Dieses 'Prinzip' orientiert sich nicht an individuellen Leistungen und Produkten, sondern an der gefühlsmäßigen Anerkennung des Menschen als Menschen, an seinen Bedürfnissen, die die Grundlage für den Zusammenhalt der Arbeiterfamilie bilden. Daß die Entfaltung der Bedürfnisse des Einzelnen nur in der Gemeinschaft möglich ist; daß sie das 'menschliche Vermögen' erst hervorbringt, ist eine der wesentlichen Bestimmungen der Arbeiterfamilie.

Arbeiterfrauen und -mädchen sind die Quelle dieses menschlichen Vermögens. Sie sorgen mit ihrer Arbeit, ihrer ständigen Sorge ums Dasein und ihrer intuitiven Wahrnehmung dessen, was einen Menschen kaputt macht und was ihm zum Menschen fehlt, dafür, daß dieses 'Vermögen' entsteht. Daher ist das, was einige Frauen über die Räumlichkeiten und deren störende Auswirkungen auf ihre geistige Arbeit sagten, nur ein Aspekt. In Wirklichkeit drücken sich die Wohnverhältnisse deshalb für Arbeitermädchen so stark aus, weil sie zum Dasein für andere und zur Sensibilität für menschliche Lebensäußerungen erzogen wurden. Diese Sensibilität bedeutet für sie: sich sofort kümmern um das Wohl des anderen; die Existenzunsicherheit, von der alle Lebensäußerungen der Arbeiterfamilie geprägt sind, lindern helfen durch eigene Arbeit. Proletarische Kindheit besteht daher heute, da die bezahlte Kinderarbeit gesetzlich verboten ist, für ein Arbeitermädchen aus indirekten und in-

formellen Arbeiten, die nicht bezahlt werden, die aber für die Aufrechterhaltung der Arbeiterfamilie unerläßlich sind. Sei es, daß sie Einkäufe macht und den Haushalt versorgt, während die Mutter berufstätig
ist – was oft bedeutet: für die Geschwister und den Vater kochen, waschen, aufräumen–; sei es, daß sie selbst gelegentlich für ein paar
Mark arbeiten geht, um sich selbst etwas kaufen zu können, was vom
Einkommen der Eltern nicht möglich ist; sei es, daß sie der Mutter
Geld zusteckt, damit es nicht dauernd Streit mit dem Vater um das
Haushaltsgeld gibt; sei es, daß sie der Mutter beisteht, die körperliche und seelische Belastung erträglicher zu machen: immer ist sie direkt an den Sorgen und an den Freuden der ganzen Familie beteiligt.
Die andere Seite ihrer Erziehung ist, daß sie sich in viel stärkerem Maße als Jungens selbst überlassen ist, ihre Sachen selbst in Ordnung
halten muß.
Jungens werden von den häuslichen Pflichten weitgehend freigehalten;
zumal, wenn sie Schwestern haben, wälzen sie die Arbeit und Anteilnahme am Familienleben auf die Schwester ab. Dadurch entsteht für den
Arbeiterjungen, der zur Oberschule und zur Hochschule geht, ein stär-
kerer Druck auf seine Leistungen. Wenn er schon nicht mehr 'zur Familie gehört', muß er Schule und Studium mit glanzvollen Leistungen
schaffen. So wird er in der Arbeiterfamilie häufig behandelt wie ein 'Genie', das dadurch aber aus dem Familienzusammenhang sehr früh heraus-
fällt. H.Ortmann beschreibt diese Situation des Arbeiterjungen als 'soziales Stigma', das sich im Stolz der ganzen Familie auf sein Können ausdrückt. Äußerungen wie 'der Junge hat Köpfchen... aus dem wird noch
mal etwas' (1971, S.102) machen ihn sehr früh zum Außenseiter.
"Das hat zur Folge, daß er ... sich zu immer größeren Leistungen an-
gespornt sieht. Denn Verstand ist die Währung, mit der er sich seinen
... Weg erkauft hat und Verstand scheint ihm immer mehr dasjenige Mit-
tel zu sein, das zählt." (H.Ortmann,1971, S.104)
Daher passen sich Jungens auch eher an den Ritus der intellektuellen
Arbeit an. Sie haben kein anderes Arbeitsprinzip kennengelernt; das der
Mutter und eventuell vorhandener Schwester(n) betrachten sie aus der
Ferne, sie sind aber nicht direkt in die Arbeit der Familie einbezogen.
Sie haben gelernt, daß für ihre Bedürfnisse gesorgt wird; praktische
Arbeiten, die sie neben der Schule oder während des Studiums machen,
machen sie für sich. Dennoch beansprucht der Vater auch sie oft für prak-
tische Arbeiten im Garten, an der Wohnung; sie haben trotz der eher fördern-
den Haltung der Eltern gegenüber ihrer Ausbildung gelernt, praktisch zu arbeiten. Und sie haben auch das intensive, gemütliche, aber auch konfliktreiche
Zusammenleben der Familie miterlebt, aus dem sie sich oft zwanghaft abson-
dern mußten, um in der Schule mitzukommen. Was sie im Gegensatz zu
Mädchen eher ausgebildet haben, ist vielleicht die Einbildung, daß sie ihre finanzielle Notlage vom Elternhaus durch ihren Verstand und durch über-
ragende Leistungen überwinden können; tatsächlich haben sie mehr Bewegungsfreiheit als die Mädchen. In der Zeit, in der die Mädchen im Haushalt
helfen oder zumindest zu Hause anwesend sein müssen, können Jungens Tätigkeiten nachgehen, die sie von der Schularbeit entlasten (Vgl. Biografie
der Verf.). Daß sie dadurch mit der Schul- und Studiensituation nicht unbedingt besser zurechtkommen, zeigen die Äußerungen einiger Frauen aus
dem 'Hausarbeitsprojekt' in Berlin, deren Brüder entweder vom Gymnasium
abgingen oder das Studium abbrachen (Kap. 1).
"Also, ich bin sowieso nie, also in der Schule nie gefördert,– im Gegensatz zu meim Bruder, den se also gerne, bei dem se's gerne gesehn hätten, wenn er studiert hätte.

Der des aber nich gepackt hat auch wegen seiner Herkunft nicht gepackt hat ne, – er is weiter aufs Gymnasium gegangen und is daran kaputt gegangen, daß da eben nur Professorensöhnchen warn und so, und
da konnt er nich mithalten. Hat er angefangen zu klaun und hat keene
Schularbeiten mehr gemacht und denn mußt er abgehn..." (Elfriede)

"Mein Bruder hat nach m vierten Semester das Studium geschmissen und
hat jetzt als 24-jähriger ne Lehre angefangen ... und da war in unsrer
Familie natürlich die Hölle los ... des war also so schlimm für die, plötzlich sehn zu müssen, jetzt ham wir den durchs Abitur geschleift, das
hat ganz viel Geld gekostet und dann hat er angefangen zu studiern ...
und sagte plötzlich 'also ich kann mit dem Studium nichts mehr anfangn,
ich will jetzt was Praktisches lernen'." (Elisabeth)

Die Identität von Arbeitertöchtern, die studieren, ist Suche nach Identität

Karin Struck spricht in ihrem Buch "Klassenliebe" immer wieder die
Sprachnot der Arbeiterkinder und ihre Suche nach Identität an. Sie
selbst entdeckt bei sich das Essen als Identitätssuche, als "EINVERLEI-
BUNG DER BÜCHER; DIE ICH NICHT EINVERLEIBEN KANN" (1973, S. 228).
Sie erzählt von einer Studentin, die ihr Studium aus denselben Gründen
abgebrochen hat wie sie, Karin, ihre 'Aufstiegsschwierigkeiten' nicht
bewältigen konnte: als Arbeiterkind einfach nicht begreifen, was da in
der Hochschule erzählt wird, was von den 'marxistischen Bürgern' über
die 'Klasse der Arbeiter' erzählt wird und wie die Bücher schreiben.
Als Arbeiterkind sich verloren fühlen bei dieser Art geistiger Arbeit.
Und was macht die Studentin, die das 'immer noch nicht gefressen hat',
was da von ihr verlangt wird?
"Jutta frißt seit Wochen ungeheure Mengen frischer Sahne in sich hinein,
Jutta erzählt, in Rehrungshausen sei früher gebuttert worden, jede Woche ... und jede Woche habe sie als Kind ... von dieser frischen Sahne
essen dürfen, und sie ißt jetzt seit Wochen ungeheure Mengen Sahne,
Essen als IDENTITÄTSSUCHE, nachdem sie ihr Studium abgebrochen habe, nachdem sie in der bürgerlichen Institution Universität zermalmt
worden sei, von ihr halbzermalmt wieder ausgespuckt worden sei."(S. 230)

Daran erinnerte ich mich, wenn Lucia aus lauter Angst vor den Prüfungen und vor der Abschlußarbeit, die sie ja ganz alleine, 'ohne fremde
Hilfe' anfertigen sollte, ungeheuer viel Süßigkeiten verschlang. IDENTI-
TÄTSSUCHE! Oder wenn sie oder Hanne, die eigentlich nur Schulden
hatte, losgingen und sich 'was zum Anziehen' kauften.

"Was ich unter Identität verstehe"? fragt mich Lucia. "Ja, das könnt ich
am besten am Beispiel erklärn ... eine Kommilitonin, die erzählt mir un-
unterbrochen was von Identität und Identität sei eben auch, wenn ma
alleine leben könnte und eben nich ständig jemand braucht. Und dann werde ich angegriffen, hier, mit meim Hans Josef, weil ich ihn brauche, ja, richtig, ich brauch ihn auch wirklich, *immer*, ... und ich meine, ... der Mensch
is n soziales Wesen und du kannst nich alleine mit irgendwas fertig werden,
– ich meine, das is n Betrug..., weißte..." (siehe Anhang).

Elisabeth erzählt immer und immer wieder, wenn wir uns treffen, wie alleine sie ist und wie sie darunter leidet: "Alleine machen se dich ein
... da sitzt de also da und kriegst die Wut und die Wut ... und das
is ja ne aufgezwungene Wut ne..., also alleine seh ich mich da eingebuttert." (siehe Anhang)

Marianne liest aus ihrem Tagebuch vor: "Was soll die Anreicherung meines Freundes- und Bekanntenkreises mit Frauen aus soliden Verhältnissen?
Schein. Betrug. Je weniger Fäden ich aus meiner Vergangenheit aufnehme, desto größer wird das Ohnmachtsgefühl ... es bleibt nichts mehr von mir übrig ... Das Bewußtsein der Minderwertigkeit als Arbeitermädchen kann nicht aufgerichtet werden durch Bildung, da diese keine Garantie ist für die Identitätsfindung. Übrig bleibt die Unsicherheit und das doppelte Bewußtsein des Mangels gegenüber den Mittelstandskollegen ...
Was hab ich Positives aus meiner Vergangenheit herübergeholt? Fragmente.
Wieviel müssen Arbeitertöchter sich versagen, damit sie studieren können? Ihnen fehlt die Basis."

"Ich war mit 4 Jahren dabei, Entwürfe zu machen von dem, wie' sein sollte ... das Bewußtsein der Minderwertigkeit als Arbeitermädchen kann nicht aufgerichtet werden durch Bildung ..."

Anne weiß genau "Ich habe gar keine Identität. Ich fühle mich nirgendwo geborgen". Weder bei den Bürgerlichen noch bei Menschen, die gewohnt sind, körperlich zu arbeiten, - Anne hatte nie das Gefühl, irgendwo dazu zu gehören. "Ich merk einfach, selbst Menschen, die sich für intellektuell halten, entweder ham die keine Erfahrungen darüber oder so, das kapiern bestimmte Menschen einfach nich so, warum man sich mit sich selbst beschäftigt ... Für mich gehört zu meiner Identität, daß ich auch über Probleme reden kann, - daß ich jemand hab, der ähnlich so ne lange Zeit gebraucht hat, bis er weiß, was er will".

"Ich brauche jemand, der mit beiden Beinen auf dem Boden steht", sagt Hanne, als sie ihr Studium abgebrochen hat. Nachdem ihre Freundschaft mit einem türkischen Studenten sich auch als brüchig erweist und schließlich auseinandergeht, fährt sie zu ihren Eltern nach Hause, erholt sich und geht ins Büro arbeiten. Vorher schon hat sie eingesehen "ich weiß, daß ich auch anders leben kann und anders glücklich sein kann, ohne daß ich mein Examen mache..." (Vgl. Anhang)

Und was Elisabeth (aus der 'Hausarbeits-Gruppe') sagte, habe ich von allen zu hören bekommen: "...ich hab mich nie dazugehörig gefühlt... zum Beispiel die Angst,... mich in er Uni überhaupt zu bewegen um... vor dem 5., 6. Semester, - nich einmal hab ich mich gewagt, in die Bibliothek reinzugehn, da Fragen zu stelln ..., und wenn se denn was gefragt haben, hab ich schon längst wieder vergessen, was ich vielleicht im Kopp hatte ... das is nämlich auch so ne, naja, daß de eigentlich gar nich mehr weißt, wer de bist ne. Also, du bist deiner früheren Situation irgendwie raus."

Angelika beschreibt ihre Empfindungen in der Hochschule mit anderen Worten, die aber, wie bei den anderen, ihr Ausgeschlossensein ausdrücken: "...da hör ich nur meinen eigenen Schritt ... ganz laut und, und das Einzige, was ich dann höre, ... bei mir is es dann immer so, daß ich unheimlich viele Türen nur sehe und hinter diesen Türen irgendwas passiert,... und das Einzige, was dann mal passiert: irgendwo knallt mal ne Tür und dann hör ich Gelächter oder irgendsowas ne".

Ich möchte diese Situation von studierenden Arbeitertöchtern kurz umreißen:

Objektive Situation: Anteil (statistische Angaben)

Gesamtstudentenzahl 1978	877 208
Anteil der Frauen	294 208
Anteil von Arbeiterkindern bis zu 10%	87 832
Anteil von Arbeitertöchtern ca. 3%	2 600
Doktoranden-Anteil der Arbeiterkinder	4 %
Promovierende von ungelernten Arbeitern	2 %
von gelernten Arbeitern	1 %
promovierende Arbeitertöchter	1 %
promovierende Arbeitertöchter v. ungelernten Arbeitern	0,6 %

Die meisten Arbeitertöchter dürften, gerade in den letzten Jahren, über den 2. Bildungsweg zur Hochschule gekommen sein; waren auch bei den Frauen, mit denen ich gesprochen habe, mehrheitlich über den 2. Bildungsweg und meistens an der Pädagogischen Hochschule (drei Frauen hatten den 'normalen' Weg über Gymnasium zur Hochschule gemacht; neun über Volksschule/Realschule oder Volksschule/Hauptschulabschluß

/Lehre - oder Realschule, über Begabtensonderprüfung oder Wechsel von der Realschule zur Oberschule, zur Hochschule.
"Es gehört zu den, ... durch nichts zu rechtfertigenden Dramen unseres Bildungswesens, daß es bisher nicht gelungen ist, Töchter aus Arbeiterfamilien ... an die Institutionen der höheren Bildung heranzuführen. Keine Gruppe hat so wenig Aussicht wie sie, eine den Fähigkeiten entsprechende Bildung zu erhalten". (H.Pross,1969, zit.nach F.Hervé,1973, S.56)
Susanne Grimm fand in Interviews mit Arbeitern heraus, daß Arbeiter in Bezug auf Hausbau, Altersversorgung, Spartätigkeit und Familienplanung keineswegs planungsunfähig seien, 'seltsamerweise bestünde aber eine unbewußte Bildungsabstinenz', die sich aus einer dem Arbeiterbewußtsein eigenen 'affektiven Distanz' zur Mittelschicht und ihren Institutionen - wie Schule und Universität - erklären läßt. Für die große Mehrheit ist Bildung nicht gleichbedeutend mit Schulbildung, sondern mit 'besserem Benehmen' und 'Charakterfestigkeit'.
Susanne Grimm geht dieser affektiven Distanz im Bewußtsein der Arbeiter nach und findet heraus, daß sie auf realen Erfahrungen beruht:
"... eine 'Ekelschranke' hindert viele nichtkörperlich Arbeitende am Kontakt mit Arbeitern...
Zur Ekelschranke kommt die 'Moralitätsdistanz': viele Nichtarbeiter behandeln, beruflich und außerberuflich, Arbeiter als Menschen zweiter Klasse, die ... von Natur aus moralisch minderwertig sind". (K.J. Huch,S.68)
Diese Erfahrungen entstehen nicht im Kopf der Arbeiter, sondern in ihrer praktischen, alltäglichen Erfahrung. Dieselben Erfahrungen machen Arbeitertöchter immer wieder - wie auch Arbeitersöhne natürlich, die können's nur besser im Kopf kompensieren - in der Schule und in der Hochschule, immer subtiler werdend. Einerseits haben sie das Verhalten der Eltern verinnerlicht, andererseits sieht man ihnen oft auch tatsächlich die körperliche Arbeit ihrer Eltern und ihre eigene sowie die begrenzten materiellen Möglichkeiten an, und drittens paßt das zusammen mit ihren Erfahrungen, in denen sie immer wieder merken, daß sie benachteiligt werden aufgrund ihres Aussehens, Benehmens, ihrer Sprache und ihres 'vorlauten' Verhaltens. Das sind Dinge, auf die sie mit Anpassung reagieren, in den seltensten Fällen mit Widerstand - was ja vereinzelt garnicht auf Dauer möglich ist.

Ein wichtiger Aspekt, der immer wieder auftauchte in den Gesprächen, war die mangelnde Bereitschaft, sich zu Leistungen zu zwingen, wie sie in der Hochschule verlangt werden. *Daraus ergab sich die Erkenntnis, daß es garnicht darum geht, sich mehr anzustrengen, sondern anders, nämlich besser zu arbeiten;* was bedeutet: daß das Produkt vom Menschen aus überlegt und ihm nützen soll. Diese Arbeitsweise geht nur *mit* anderen Menschen zusammen.
Vom Standpunkt der bürgerlichen Erziehung und Wissenschaft gilt das als Schwäche, - was teilweise von den Frauen selbst auch so gesehen wird.
Die Erfahrung der Wertlosigkeit der eigenen Arbeit und die Schuldgefühle gegenüber dem Elternhaus werden dadurch immens verstärkt. Der andere Teil der Frauen bewertet die eigene Arbeitsweise durchaus positiv, hält daran fest, daß sie das eigentlich alles könnten, leidet aber darunter, daß sie es in Wirklichkeit nie umsetzen können. 'Es klappt einfach irgendwie nicht'-, 'aber im Grunde kann ich das alles, ich weiß oft viel mehr als die anderen, aber ... ich trau's mir irgendwie nicht

zu'. Ein ständiges Schwanken zwischen Wissen und Nicht-Wissen. Und die Angst, dahin wieder abzurutschen, wo man von oben beurteilt wird als jemand, dem es an Selbstdisziplin fehlt, dem es mehr auf's Essen als auf's Denken ankommt und der auch seine übrigen Bedürfnisse nicht aufschieben oder auf andere Bereiche verschieben kann. Alle diese Beurteilungen sind in der Einschätzung des Elternhauses und des eigenen Verhaltens da - entweder real oder als Angst. Was in einer Untersuchung von L.Schneider/S.Lygaard über den Mangel an Aufschubverhalten und langfristiger Planung festgestellt wird, daß sie offensichtlich '... eine weitergehende und quälende Selbstdisziplin ablehnen, (woraus) für Unterschichtsangehörige eine gewisse Zufriedenheit erwächst, die sie an das bestehende System bindet, auch wenn sie vom Standpunkt der übrigen Sozialschichten aus 'wie Tiere leben'' (Huch,S.65), ist im Bewußtsein von Arbeitertöchtern an der Hochschule genauso ausgeprägt vorhanden wie bei den Arbeitereltern selbst. Eine solche überhebliche Einschätzung und Abwertung löst Wut aus, aber auch unheimlichen Ehrgeiz, durch Anpassung an gute Kleidung, gutes Benehmen und Selbstdisziplin in Sprache und Theorieaneignung.

Um die Kluft zwischen sich und den 'besseren' Kreisen zu überwinden, werden zwei Möglichkeiten gesehen - die sich nur teilweise miteinander vereinbaren lassen: entweder *alle Anstrengung wird auf die Aneignung von Theorie und logischem Denken verwendet* - auch als Abwehr gegen die starke gefühlsmäßige Beanspruchung in der Arbeiterfamilie - gleichzeitig als Beweis der eigenen Verstandeskraft. Bei einigen Frauen war das bewußt als 'Strategie' gegen die überfordernde Mutter entwickelt, die ständig mit ihren Alltagssorgen kam oder nur depressiv und nachdenklich 'rumsaß'; und die Tochter sich zunehmend mit logischem Denken und hektischem Reden in einem für die Mutter fremden Bereich 'vom Leib halten' lernte.

Der Triumph, den Lebensverhältnissen im proletarischen Milieu - konkret den Eltern - durch Intellektualität überlegen zu sein, zeigte sich bei sehr wenigen Frauen; die auf der anderen Seite die traurige Erfahrung machten, daß sie damit für sich und ihr Leben noch nicht viel gewonnen hatten - weder gefühlsmäßig, sozial noch materiell.

Die andere Möglichkeit beruhte auf der - manchmal unbewußten - Einsicht, daß sie aufgrund eigener Arbeit und Leistung doch nicht weiterkommen und deshalb ihre Kraft lieber für die *Aneignung von sicherem Auftreten* -unabhängig von Wissen - und ihr Geld lieber für *Kleidung* und gutes Essen investieren. Anpassung an bürgerliche Lebensgewohnheiten wie beim Arbeiter durch Autobesitz, Urlaub u.a. - so hier durch *feines Benehmen* und äußerlich faszinierende Theorie als Mittel zum Zweck, es einmal besser zu haben.

Der Lebenszusammenhang von studierenden Arbeitertöchtern ist im Wesentlichen durch die Erfahrung bestimmt, daß sie sich im Denken, in ihrer Sprache sowie im Verhalten und in der äußeren Erscheinungsform anpassen müssen, wenn sie zu Schulbildung und Wissenschaft zugelassen werden wollen.

Der Anpassungsdruck ist bei studierenden Arbeitertöchtern deshalb so extrem, weil die proletarische Lebensgeschichte der bürgerlichen Aneignung von Wissenschaft total widerspricht - und weil sie andererseits Erkenntnis zur Veränderung des eigenen Alltagslebens braucht.

Der Lebenszusammenhang von Arbeitertöchtern an der Hochschule ist gekennzeichnet durch extremen Anpassungsdruck, durch das Leiden unter abstrakter Theorie, die mit den eigenen Lebensformen und Gefühlen nicht unmittelbar zusammengebracht werden kann und die auch nicht der eigenen Denkweise entspricht. Sie entspricht insofern nicht dem Bedürfnis nach einem unmittelbaren Nutzen von Wissen für die Veränderung des eigenen Alltags. Arbeitertöchter müssen sich gleichzeitig mit theoretischem Wissen auch immer die *Form* der Aneignung dieses Wissens zu eigen machen – sie müssen ihre Blockierungen durchbrechen, weil sie sonst den Anforderungen wissenschaftlicher Arbeit nicht nachkommen können. Dafür bleibt ihnen im Wissenschaftsbetrieb gar keine Zeit, außerdem werden sie durch die Theorie selbst und die Organisation von Wissenschaft daran gehindert. Sie müssen also wieder doppelte Arbeit, Mehrarbeit leisten, – analog der Mehrarbeit des Fabrikarbeiters, ihrer Mütter und Väter. Sicher ist das Leiden unter diesem Druck und Ausmaß der Anpassung, sowie deren Verarbeitung unterschiedlich, je nachdem, ob sie über das Gymnasium zur Hochschule gekommen sind oder über vorherige Berufspraxis. Diejenigen, die den individuellen Bildungsaufstieg über das Gymnasium direkt gemacht haben, sind einerseits viel länger an Disziplinierung und Zwang zu theoretisch abgehobener Arbeit gewöhnt, haben aber während der Schulzeit stärker unter ihrer proletarischen Herkunft gelitten. Für sie ist es wichtig, zu sich zu finden, Zutrauen zum eigenen Denken und ihren positiven Erfahrungen im Elternhaus zurückzugewinnen, um sich nicht ganz zu verlieren. Auf der anderen Seite sind gerade sie unter dem Zwang, endlich zu 'arbeiten', ihr Wissen zu verwerten. In den Augen der Eltern, besonders des Vaters, ist ihr Studium – auch für sie selbst – nicht Arbeit, sondern Luxus. Ein Zeitvertreib, den sich in der Arbeiterfamilie eigentlich niemand leisten kann. Das zeigen die Erzählungen über die Schwierigkeiten, zu Hause – während der Schulzeit – ein Buch zu lesen, oder Zeit und Raum für die Schularbeiten zu haben. Abgesehen von den räumlichen Einschränkungen im proletarischen Elternhaus ist Zeit dazu da, zu arbeiten. Arbeiten heißt aber: körperlich arbeiten oder zumindest auf eine Art Geld zu verdienen. Dazu kommen die materiellen Mittel, die für die Schule und Hochschule von der ganzen Familie entbehrt werden müssen. Dazu kommt aber, daß damit nicht nur Geld verausgabt wird, sondern auch nichts zurückkommt, wie das bei mitverdienenden Kindern des gleichen Alters der Fall ist.

Ein weiterer Aspekt ist, daß Theoriearbeit mit der Ausbeutung der eigenen körperlichen Arbeitskraft assoziiert wird – nicht als Verausgabung von Geld und Kleidung, sondern als Machtmittel der Herrschenden. Der Arbeiter erkennt im Denken und in der Sprache seiner studierenden Kinder die Sprache seiner Arbeitgeber wieder,– für Arbeitertöchter ist natürlich erst recht nicht zulässig, was ihm vorenthalten wird, und was gegen ihn als Überlegenheit gewendet wird. Daher erwartet er, daß Theorie auch ihm etwas nützt, und daß seine Tochter zumindest einen ordentlichen Beruf ergreift oder wenigstens (!) einen reichen Mann heiratet, damit sich die Investition gelohnt hat. Die Mütter erwarten das übrigens auch, und strengen sich deshalb umso mehr an, die notwendigen Mittel durch Lohnarbeit zu beschaffen.

Für Arbeitertöchter, die über den Umweg von Berufspraxis und zweitem Bildungsweg zur Hochschule kommen, ist dieser Druck nicht so stark; sie genießen zunächst die Möglichkeit, sich ihrer Zeit einteilen zu können nach ihren Bedürfnissen, zu lesen und nachdenken zu können. Daß sie arbeiten können, haben sie schon bewiesen. Sie haben bürgerliche Leistungsansprüche nicht so verinnerlicht, erleben aber dennoch ganz bewußt, daß sie ihre Fähigkeiten und ihr Wissen an der

Hochschule kaum umsetzen können.

Die Notwendigkeit aufzusteigen, und der unmittelbare Druck, ihr Leben und ihre Lebensperspektive durch das Studium zu verändern, bringt Arbeitertöchter an der Hochschule in eine schizophrene Situation, in der sie einen ständig wechselnden Prozeß von Anpassung und Widerstand durchlaufen. *Individueller Aufstieg aus der Arbeiterfamilie durch Bildung ist eine Erfahrung ständiger Isolation.*

Mit Hilfe des Studiums ihr Leben zu verändern, es besser zu haben als die Eltern, vor allem als die Mutter und den Eltern ihre Mühe durch schnellere und bessere Leistungen zu vergelten, ist ein Überanspruch. Der Zwang, eigentlich die materielle Situation der Familie zu verbessern, ist kurzfristig nicht erreichbar. Er widerspricht den langfristigen Perspektiven des Studiums und der Rentabilität des Studiums. Er widerspricht auch dem gleichzeitigen Bedürfnis, die eigene Lage zu durchschauen, – dieses Bedürfnis beruht nicht nur auf dem – diffusen – proletarischen Bewußtsein der Arbeitertöchter, sondern ist notwendig für die Aneignung abstrakter Theorie und Erfahrung, und die der Lebensweise von Arbeitertöchtern fremden Umgangsformen, die durch Individualität, Konkurrenz und distanziertes, förmliches Verhalten gekennzeichnet sind.

Das Bedürfnis nach Aufarbeitung und notwendiger existentieller Bewältigung und Veränderung des eigenen Lebens kommt im offiziellen Studienbetrieb zu kurz. Individueller Aufstieg von studierenden Arbeitertöchtern besteht aus der Verleugnung ihrer proletarischen Erfahrungen und aus der ständigen Erfahrung von 'Anderssein'. Benachteiligung ist für ihre Situation, ihre ökonomische und geschlechtsspezifische Mehrarbeit ein Begriff, der ihre tatsächlichen Erfahrungen und Gefühle verharmlost bzw. verschleiert. Sie bestehen aus einer Aneinanderreihung von Diskriminierungen und demütigenden Erfahrungen, sehr subtil ausgeübt und von denjenigen, die aktiv daran beteiligt sind, in den seltensten Fällen wahrgenommen.

Der unmittelbare Gebrauchswert von Theorie und wissenschaftlichem Studium ist: Flucht aus der Enge der proletarischen Lebensverhältnisse, der symbiotischen Beziehungen und totalen Einbeziehung aller Tätigkeiten in den Lebenszusammenhang der ganzen Familie.
Welchen Ausweg haben Arbeitertöchter an der Hochschule, wenn sie Theorie als Flucht begreifen, erkennen, daß es ein Mittel ist, Zeit für sich zu haben – und gleichzeitig an der Abstraktheit und Weiträumigkeit des Denkens extrem leiden?
Sie können nicht den Ausweg wählen, Theorie als Mittel für sich zu nutzen und ihre Lebenslage und -geschichte mit Hilfe von theoretischer Erkenntnis zu begreifen. Dazu müßte Theorie inhaltlich konkreter sein, und es müßten andere Aneignungsformen (sowie Vermittlungsformen) möglich sein. Der gesellschaftliche Verwertungszusammenhang von Theorie, auch deren konkreter Nutzen, interessieren mich hier nicht; wichtig ist in diesem Zusammenhang, daß sie weder den konkreten Bedürfnissen von Arbeitertöchtern entspricht noch den (Bildungs-)Wert erfüllt, den sie verspricht und den besonders Arbeiterkinder erwarten; ganz zu schweigen von ihrem Tauschwert als Mittel des Aufstiegs.
Der Faszination durch Weiträumigkeit von Theorie und Zeit zum Nachdenken als Ausgleich für enge Lebensverhältnisse, dichte, gefühlsmäßig direkte Kommunikation und dem ständigen Zwang, praktisch tätig

zu sein oder zumindest immer zur Verfügung zu stehen, entspricht das
Leiden unter dieser Weiträumigkeit und Abstraktheit, das Leiden unter
der Distanz des theoretisch Begriffenen von der eigenen Person wie
auch der Distanz zu den Studentinnen und Studenten aus bürgerlich-
mittelständischen Familien.

Hanne sagt: "Ich kann mir nicht im Kopf Raum schaffen, den ich praktisch gar nicht zur Verfügung habe". Und sie erkennt gleichzeitig, daß
sie sich durch eigene geistige Arbeit nicht den fehlenden Raum schaffen kann, weil sie die sozialen Umgangsformen und Beziehungen nicht
hat, auf die es ja eigentlich ankommt. So machen Arbeitertöchter immer
wieder die Erfahrung, daß die Bewertung ihrer Leistung vom Zufall abhängt, nicht so sehr vom Wert ihrer Arbeit. Damit wird die Entwertung
ihrer Arbeit fortgesetzt und gleichzeitig ihre Leistungsmotivation ständig herabgesetzt, weil sie ja erfährt, daß ihre Arbeitsweise und Erfahrung von Arbeit nicht zählt, und weil andererseits bürgerliche Theorie von ihren Erfahrungen weit entfernt ist. Auf ihre wirkliche Lebenssituation angesprochen ist den meisten Frauen bewußt, daß sich ihr Leben im Vergleich zu früher eigentlich kaum verändert hat. Sie genies-
sen jetzt die Freiheit, sich mit Büchern zu beschäftigen, ab und zu in
Ruhe nachdenken zu können. Aber sie leiden unter ständigen Minder-
wertigkeitsgefühlen, unter der Überverausgabung ihrer Arbeitskraft
für das Studium und für menschliche Beziehungen. Sie brauchen Menschen so dringend,- gerade in ihrer isolierten Situation. Aber in jeder
neuen Beziehung machen sie die Erfahrung, daß sie anders sind, Fremde unter Fremden. Ihre Art, Probleme ganz direkt und offen anzusprechen, sich als ganzer Mensch einzubringen, nie Zeit zu verlieren, sondern immer tätig zu sein; Probleme zu klären, sobald sie entstehen,
sowie ihr Gefühl, weniger wert zu sein als andere (Frauen aus anderen Familienverhältnissen) führt auch im privaten Bereich wieder zu
doppelter und dreifacher Arbeit. Sie kämpfen um Verständigung; darum,
überhaupt erst die Voraussetzungen dafür zu schaffen, daß sie verstanden werden. In Wirklichkeit kämpfen sie darum, als Tochter aus einer
Arbeiterfamilie wie ein Mensch behandelt zu werden. Das Gefühl, Substanz zu verlieren, und nicht nachzukommen, sie wieder aufzubauen wie
auch das Gefühl, immer arm zu bleiben, trotz der ganzen Anstrengung
keine geistigen und materiellen Höhenflüge zu vollbringen, drückt ihr
"Klassenbewußtsein" aus.

Aus ihrer Erfahrung mit dem ständigen Kampf im Alltag, verstanden und
akzeptiert zu werden wie jeder andere Mensch,- der so oft das Gefühl
der Entfremdung und der eigenen Minderwertigkeit hinterläßt, ergibt
es sich, daß dieses Gefühl sehr oft umgesetzt wird in noch mehr Anpassung, noch mehr Verleugnung der eigenen Erfahrung, der Basis der
eigenen Identität in proletarischen Verhältnissen – und in noch mehr
Verausgabung an Arbeitskraft, die in fast regelmäßigen Rhythmen umschlägt in Müdigkeit, Lähmung und Interesselosigkeit (die bis zum Abbruch des Studium führt), oder im selben Rhythmus wieder umschlägt
in zähes, verbissenes Festhalten am selbstgesetzten Ziel.

Die Beziehung zum wissenschaftlichen Gegenstand hat bei Arbeitertöchtern eine ganz persönliche, lebensgeschichtliche Bedeutung; auf der
Aneignungsebene taucht das Problem auf, eine der eigenen Erfahrung
und Sprache fremde Theorie damit zu verbinden oder die eigene Erfahrung fallenzulassen; auf der Vermittlungsebene äußert sich das Bedürfnis nach lebenspraktischer Qualität von Begriffen als Problem, Dinge

wirklich handgreiflich sichtbar und be-greifbar zu machen. Theorie und eigene Lebenspraxis liegen bei Arbeitertöchtern so dicht zusammen, daß diese enge Beziehung im Wissenschaftsbetrieb kaum vermittelt und nachvollzogen werden kann. Sie haben das für sie ganz normale Bedürfnis, eigene Lernprozesse nach außen offenzulegen und den Ablauf des Prozesses genau nachzuzeichnen. Dieses Prinzip widerspricht der bürgerlichen Aneignung eines Gegenstandes völlig. Die totale persönliche Betroffenheit wirkt in der wissenschaftlichen Öffentlichkeit der Hochschule wie Prostitution auf der Straße.

Weibliche proletarische Identität und Offenheit

Bei Arbeitertöchtern zeigt sich die besondere Fähigkeit, emotional offen über eine Sache zu sprechen, ohne die weiblich übliche Zurückhaltung zu wahren. Also Dinge direkt auf ihre Person zu beziehen und alle Prozesse, die bei ihnen ablaufen, nach außen offenzulegen. Das ist nicht, wie bei Frauen aus bürgerlichen Familien, ein Prozeß der Emanzipation – der Weg von der weiblich-zurückhaltenden zur offeneren, auch aggressiveren Äußerung von Gefühlen, – sondern Ergebnis der proletarischen Sozialisation. Entstanden durch offene Konflikte im Elternhaus, die ja für alle sichtbar und hörbar ausgetragen werden, weil Rückzug aufgrund der räumlichen Verhältnisse garnicht möglich ist; und weil die Widersprüche im Arbeitsprozeß (der Fabrik u.a.) so unvermittelt erfahren werden, daß eine Vermittlung im sozialen Verhalten nicht möglich ist.

In dieser Offenheit steckt auch das Moment der selbstverständlichen Verantwortung für sich selbst, die für alltägliche lebensnotwendige Arbeiten im Haushalt und für das Funktionieren der Familie ganz früh erworben wird, – die allerdings nie ohne Bestätigung von außen getragen werden kann. Es ist in der proletarischen Familie einfach normal, daß man sehr früh Dinge selbständig tun muß, gleichzeitig aber auf die Mitarbeit/Hilfe oder Bestätigung der anderen angewiesen ist, – weil die Abhängigkeit aller voneinander stärker ist.

Also ist die Verantwortung und Selbständigkeit proletarischer Mädchen von Anfang an gefesselt durch die Lebensverhältnisse selbst, die eben nur kollektive Veränderungen und Arbeit zulassen. Das ist ein Moment, das in der Hochschule für Arbeitertöchter immer wieder als lähmend auftritt: einmal der unmittelbare Drang, *Denkprozesse und praktische Veränderungen/Erfahrungen im eigenen Leben sofort mitzuteilen, sie nicht als etwas Privates zu betrachten.* Das Private in der Form bürgerlicher Privatheit existiert in der Arbeiterfamilie ja nicht; private Geschichten werden sogar oft nach Außen getragen, mit dem Ziel, etwas zu erreichen, – auf die eigene miese Lage aufmerksam zu machen. Arbeitertöchter sind aber an der Hochschule gezwungen, dies in einer versteckten und unechten Form zu tun, die ihnen alle Spontaneität raubt, andererseits stoßen sie auf Verwunderung der anderen, daß sie gerade die kollektive Unterstützung durch die anderen brauchen, da sie doch so aggressiv und – nach außen – selbstbewußt vorgehen. Daß ihr Selbstbewußtsein immer auf Unterstützung durch andere angelegt ist, ist in bürgerlichen Denkkategorien ein Paradox.

Im Lebenszusammenhang von Arbeitertöchtern sind Inhalt und Beziehung zu einer Sache unmittelbar miteinander verknüpft. Der Inhalt entspringt unmittelbar aus dem Lebensprozeß oder wird zumindest immer unter diesem Aspekt ausgesucht. Dadurch ist auch die Beziehung zu ihm unmittelbar über ihr eigenes Leben bestimmt.

Mir ist dieser unmittelbare Zusammenhang auch in einer Situation deutlich geworden, in der ich mit Anne über ihre Prüfungsängste sprach und sie mir sagte 'ich hab das Gefühl, ich schaff's nicht' und dabei lachte. Was als Widerspruch nach außen aussah, war garnicht widersprüchlich, sondern im Lebenszusammenhang von Arbeitern eine ganz normale Äußerung auf beiden Ebenen, die Erfahrung, daß einem inhaltlich doch keiner so genau weiterhelfen kann und daß man deshalb am besten über die eigenen Sorgen lacht. Das machen alle. Damit teilt man sich mit, daß man's nicht so schwer nehmen soll. Die Erfahrung, daß es ja nicht in ihrer Macht steht, sich gegenseitig zu helfen. Außerdem ist Hilfe etwas, was mit hierarchischen Machtverhältnissen zu tun hat und bei Arbeitern nicht akzeptiert wird. Das bedeutet Lachen, - dann Abwehr, Selbstschutz, die eigene Menschenwürde wahren. Solidarität als Beziehung durch die Arbeit zueinander erscheint niemals als Hilfe.

Von daher auch das Problem vieler Arbeitertöchter, mit dieser in der bürgerlichen Lebensweise von der Arbeit völlig getrennten Gefühlswelt und -äußerung zurechtzukommen, - in letzter Zeit besonders deutlich dadurch, daß durch Sensibilisierung und Selbsterfahrung Bürgerlicher die gefühlsmäßige Beziehung einen eigenen Stellenwert bekommt und völlig losgelöst von gemeinsamer Arbeit und persönlichen Lebenszusammenhängen geäußert wird. Das ist für Arbeitertöchter eine ungewohnte und künstliche Art der menschlichen Beziehung, bei der sie ihren Gefühlen und Bedürfnissen als von ihrer alltäglichen Arbeit getrennt gegenüberstehen.

Arbeitersprache und Sprachverwirrung: die Verleugnung der proletarischen Sprache und deren Ausdrucksform an der Hochschule bringt Sprachunfähigkeit und Sprachzerstörung genau dort, wo bürgerliche und proletarische Lebensweise aufeinanderprallen.

Ich habe in meinem ganzen Studium nicht eine Arbeitertochter getroffen, wahrscheinlich, weil ich selbst nie davon sprach. Jetzt, da ich eine Arbeit darüber schreiben wollte, begegnete ich ihnen.
'Ich bin aus einer Arbeiterfamilie, ja ja, doch, - aber das hätte ich nie gesagt, wenn du nicht ...' -
Im Wissenschaftsbetrieb würde sie kaum erkennen, - ich meine, daß das eine unmögliche Erwartung ist, äußerlich zu erkennen, daß jemand aus einer Arbeiterfamilie kommt, wo Arbeiterkinder doch dauernd erfahren, daß sie nur 'geduldet' werden, wenn sie sich zumindest äußerlich anpassen. Die Äußerung einer Dozentin vor einiger Zeit 'was, du kommst aus einer Arbeiterfamilie? Bei deiner vermittelten Sprechweise?!', von Aussehen sprach sie nicht direkt, aber ich weiß, daß ich mich nun jahrelang angestrengt hatte, nicht mehr so aufzufallen durch billige und im bürgerlichen Sinne geschmacklose Kleider, - ja, diese Äußerung fand ich umwerfend dumm. Zumal solche Dinge hinzukamen wie 'du hast ja garnichts Ursprüngliches, - du machst ja Klassenverrat' - ironisch gesagt, natürlich, weil man solche Dinge in bürgerlichen Kreisen nicht direkt anspricht. Ich weiß, daß es anderen Frauen auch so gegangen ist und wir haben lange darüber gesprochen. Exemplarisch wird die Unterdrückung von Arbeitertöchtern an der Unterdrückung ihres Sprachvermögens und ihrer körperlichen Ausdrucksfähigkeit, Lebendigkeit, - die sie am ehesten als Mittel der Disziplinierung gegen sich gewendet sehen. Dazu

kamen dann ästhetische Kriterien der bürgerlichen Lebensweise, – in der Kleidung, in der Wohnung, in den Umgangsformen, – alles, wie beim Arbeiter auch. In meinen Gesprächen mit Arbeitertöchtern waren das immer wieder zentrale Themen, – auch die Sorge, daß sie ihr ganzes Geld für den Konsum solcher Sachen ausgeben und daß das Geld für's Studium dadurch einfach nicht reicht.

Mir ist sehr oft bei den Frauen, die ich innerhalb der Hochschule traf, aufgefallen, daß sie bürgerlicher als die Bürgerlichen waren, feiner und disziplinierter. Das ist so mit Unterdrückten, daß sie die Züge ihrer Unterdrücker extrem annehmen, wenn sie keine Gelegenheit sehen, sich zu unterstützen. Sie nehmen zum Teil so übertrieben die Kleidung und Sprache bürgerlicher Frauen an, daß es manieriert und künstlich wirkt, und nur wenn man genau hinsieht oder hinhört, bemerkt man die Anstrengung. In Wirklichkeit ist es also anstrengend, sich so zu verstellen, – das äußert sich dann in Tonfall und Sprechweise, die bewußt ausgewählt erscheinen, tatsächlich aber nur die ungeheure Unsicherheit und Anstrengung widerspiegeln.

Ich habe andere Frauen getroffen, bei denen ich sofort ihr 'ursprüngliches', natürliches Verhalten wiedererkannte. Aber sie traf ich außerhalb der Hochschule; im privaten Gespräch zeigten sie sehr schnell, wie sie wirklich sind, weil sie sich, wie sie sagten, seit langer Zeit zum ersten Mal wieder als Person ernst genommen fühlten, weil ich ihnen zuhörte, wenn sie ihre Erfahrungen erzählten, und nicht lachte, wie ihnen das so oft in der Hochschule passiert, wenn sie konkret von sich sprechen.

Lebendigkeit und Offenheit, ihre Probleme als selbstverständlichen Teil von sich offen auf den Tisch legen, körperlichen Kontakt aufnehmen mit derjenigen, mit der sie gerade sprechen, sich sprachlich der Solidarität des anderen versichern, auf das Ansprechen von Erfahrungen – nicht Fragen stellen – mit dem Erzählen von "Geschichten" antworten, – das waren die wichtigsten Dinge, die mir auffielen, wenn wir uns privat trafen.

Sprachliche Ausdrücke wie 'ne' und 'weißte' sind nur der offensichtlichste Ausdruck ihrer Identität und ihres Wunsches, unterstützt zu werden; Solidarität(sbedürfnis) als Teil der Sprache. Übrigens reagierten alle Frauen erschrocken auf ihre Sprache, und besonders auf diese Solidaritätsbekundungen, als sie ihre Gespräche schwarz auf weiß lasen. Da war es ihnen wieder fremd, auf dem Papier mußte das alles hochdeutsch, mit fertigen, nicht abgerissenen Sätzen und systematisch geordnet stehen. Was sich im Gespräch als gute Atmosphäre erwies, trat ihnen jetzt zunächst wieder als Unsicherheit und Schwäche gegenüber.

Noch deutlicher wurde ihr natürliches Verhalten in ihrer ausführlichen und ganz konkreten Situationsschilderung; Erzählungen, in denen sie sich immer im Zusammenhang mit anderen und mit der Umwelt begriffen.

Studierende Arbeitertöchter drücken ihre qualitativen Erfahrungen genauso aus wie Arbeiter, nämlich in einer Art 'Umweg-Produktion' von Geschichten, in die sie ihr Leben lang verstrickt sind, und in denen sie die Widersprüche im täglichen Leben erfahren.

Diese 'Umweg-Produktion' hat einmal die Funktion, qualitative Lebenserfahrung zu bewahren, und zum anderen ist sie ein Hinweis darauf, wie sich Menschen sprachlich und körperlich gegen den Zeitdruck der kapitalistischen Arbeitszeit-Norm zur Wehr setzen, indem sie nämlich im Erzählen Widerstand dagegen leisten und sich Zeit für sich nehmen, die ihnen sonst nie zugestanden wird.

In der Hochschule geht das nicht. Angelika sagte anfangs, 'unsere Sprache ist in der Hochschule unangebracht. Sie schockiert die anderen, macht vielleicht auch nachdenklich, – das habe ich gelernt. Deshalb habe ich mir jetzt endlich angewöhnt, halbwegs logische und deutlich verständliche Sätze zu sprechen'. Christel sagt mir schon am Telefon, bevor ich sie kenne, 'jetzt weiß ich, daß ich ja durch meine Bildung und meine Sprache doch nicht aus einer Arbeiterfamilie komme'. Später erzählt sie mir, daß ihre Mutter Fabrikarbeiterin war, und sie erzählt mir, wieviel Mühe es sie gekostet hat, ihre Sprache von zu Hause 'loszuwerden'. Sie hatte zu diesem Zweck einen Volkshochschulkurs belegt, und jetzt hat sie's geschafft. Wenn man genau aufpaßt, hört man, wieviel Anstrengung es sie kostet, so zu sprechen. Sie sagt auch, daß sie mit ihrer Sprache ihr Selbstbewußtsein abtrainiert hat, – ihre damit verbundene Angst äußert sich in der ständigen Angst, zu stottern. Davon ist sie eigentlich überzeugt, obwohl es garnicht der Fall ist. Sie glaubt es erst, wenn man ihr ausdrücklich sagt, daß es nicht so ist. Sie sagt, daß sie sich Stück für Stück ihre Freiheit erarbeitet hat, – daß es sich aber nicht lohnen würde. Ihrem kleinen Sohn merkt sie dieselbe Sprachlosigkeit an, wenn sie mit ihm zu Bekannten kommt, die, gemessen an ihren Verhältnissen, in bürgerlichem Reichtum leben. Oft gehen diese demütigenden Erfahrungen bis zur völligen Zerstörung ihrer 'ursprünglichen' Sprache oder überhaupt bis zur völligen Sprachlosigkeit.

Sprachzerstörung hat auch etwas mit Schuldgefühlen gegenüber dem Elternhaus und mangelnder Anerkennung im jetzigen Milieu zu tun. Die meisten Arbeitertöchter haben das Gefühl, daß sie gar keine Identität haben. –

"Ich weiß garnicht, was das ist, Identität - ich hab mich noch nirgendwo geborgen gefühlt, weder bei den Bürgerlichen noch bei den Arbeitern fühle ich mich richtig hingehörig. Ich gehöre nirgendwo hin, fühle mich heimatlos, irgendwie!" sagt Anne.

Äußerungen wie diese spiegeln die Situation von Arbeitertöchtern zwischen den Stühlen einer irgendwie diffusen proletarischen und bürgerlichen Identität wider.

Bei denjenigen, die auf dem Gymnasium waren und ihren Eltern jetzt schon seit Jahren 'auf der Tasche liegen', obwohl sie meistens nebenher gearbeitet haben - aber eben nicht abgeben konnten zu Hause - ist das Bedürfnis ganz stark, endlich fertig zu werden und Geld zu verdienen; damit sie dann endlich aus diesem Kreis von Schuldgefühlen heraus sind und sich und den Eltern beweisen können, daß sie auch noch zu etwas anderem nützen als zu Theoretisieren und intellektuellem Gerede. Arbeitskraft zeigt sich in der Arbeiterfamilie vorwiegend in körperlicher Arbeitskraft und in Geld. Alles andere kommt an zweiter Stelle.

Die Fremdheit gegenüber bürgerlichen Verkehrsformen und bürgerlicher Weiträumigkeit, formalem, distanziertem Verhalten und Differenziertheit an sozialen Kontakten führt bei studierenden Arbeitertöchtern dazu, daß sie den Bereich der Phantasie für die Reproduktion des eigenen Ich brauchen - und daß sie von dort her auch die Kraft zum Durchschauen der Verhältnisse beziehen.

Sie sind gegenüber bürgerlichem Verhalten viel stärker in einer Beobachterposition, als daß sie wirklich daran teilnehmen könnten. Die Fremdheit führt dann einerseits - lebensnotwendig - dazu, daß sie in der Phantasie in eine 'schönere Wirklichkeit' ausweichen, andererseits aber dazu, daß sie in eine Außenseiterposition geraten, von der aus sie natürlich Herrschaftsmechanismen und -strukturen der bürgerlichen Welt eher durchschauen als die Bürgerlichen selbst.

'Theorie' - Bildungsprozesse von Arbeitertöchtern an der Hochschule:
a. Bildungsaufstieg als Erfahrung der Deformation

Astrid Albrecht-Heide untersucht "die vom zweiten Bildungsweg beanspruchte oder ihm zugewiesene Funktion, Chancengleichheit zu gewährleisten" und kommt zu dem Schluß:

"Zwar sind Arbeiterkinder am (Braunschweig-)Kolleg stärker als auf dem ersten Bildungsweg, und sie bilden auch eine von den übrigen verschiedene Gruppe: Als Aufsteigende stehen sie denen gegenüber, die eher einen gesellschaftlichen Status halten oder gar einen gesellschaftlichen Abstieg vermeiden." (1972,S.578)

Wie ich schon sagte: vielfach wird in der Sozialwissenschaft als Grund für das Fehlen von Arbeiterkindern an weiterführenden Schulen und erst recht an Hochschulen die fehlende Zeitperspektive für langfristiges Planen und Handeln, für das Durchhalten einer Sache, die über lange Zeiträume geht, angeführt (vgl. Hagemann-White/Wolff,1975; G. Kasakos,1974). Kontrolle und Aufschub von unmittelbarer, kurzfristiger Bedürfnisbefriedigung zugunsten langfristiger Ziele wurde dort auch für Mittelschichtkinder relativiert, weil gezeigt werden konnte,

daß Mittelschichtkinder und vor allem Kinder aus Beamten- und Akademikerfamilien garnicht auf kurzfristige Befriedigungsmöglichkeiten
verzichten müssen, wie dies aber Arbeiterkindern abverlangt wird,
wenn sie sich für einen längeren Bildungsweg entscheiden.
Auch Astrid Albrecht-Heide weist auf den formalen Charakter der Kategorie des Bedürfnisaufschubs hin; und sie zeigt, daß für Arbeiterkinder, die später studierten, auch früher schon Lesen eine wichtige
Beschäftigung war; und folgert insofern, daß das Studium für sie
kein Aufschub von Bedürfnissen gewesen sein kann.

Das mag in bezug auf das Lesen zutreffen; doch meine ich, verfällt
A.Albrecht-Heide hier auch dem Fehler, daß sie dieses Bedürfnis formal behandelt und nicht fragt, was die Arbeiterkinder gelesen haben;
welche Inhalte in den Büchern vorkamen, welche Sprache usw. Daran
scheitern Arbeiterkinder, nicht nur die Töchter, gerade: daß die Wissenschaftssprache ihnen fremd ist, und ihr Bedürfnis, etwas zu erfahren, enttäuscht wird. Insofern wird ihr Bedürfnis nach Erfahrung
und Wissen nicht nur 'aufgeschoben', sondern sogar abstrakt negiert.
Unter diesem Gesichtspunkt erscheint mir ihre Schlußfolgerung, daß
das Studium für jene Arbeiterkinder, die früher viel gelesen haben,
kein Bedürfnisaufschub war, so nicht haltbar. Die Schwierigkeiten liegen auf einer anderen Ebene als der bloßen Tatsache, daß Arbeiterkinder , die studieren, auch früher schon gelesen haben: sie finden
sich in den Büchern der bürgerlichen Wissenschaft und Literatur oft
einfach nicht wieder. Zum Beispiel führt sie selbst eine Untersuchung
von F.Fürstenberg an (1969), der festgestellt hat, daß die Lebensweise von Arbeiterjugendlichen, die auf der Moral der Gegenseitigkeit
und der Bindung des Einzelnen an die Gruppe beruht, der Aufstiegsideologie widerspricht; so daß A.Albrecht-Heide zu der These kommt:

"... daß (Bildungs-)Aufstieg nicht allein gegenüber der Herkunftsklasse oder -gruppe entsolidarisiert, sondern möglicherweise überhaupt
solidarisches Verhalten erschwert" (1976,S.580) und feststellt, daß
Arbeiterkinder, auch wenn sie nicht durch die weiterführenden 'Bür-
gerschulen' (Popitz,1965) gegangen sind, sondern über den Weg der
Berufs- und Arbeitswelt zum zweiten Bildungsweg gelangt sind, ihre
Situation individuell empfinden und zu bewältigen versuchen. "Soziale Erfahrungen werden auf individuelle verkürzt" (1972,S.582) ...
Die Deformationen, denen sie ausgesetzt sind, erfolgen auf Ebenen,
die vom Individuum im ... Alleingang nicht bewältigt oder verändert
werden können" (ebenda,S.582).

Ein Bestandteil der Entfremdung, die Arbeitertöchter an der Hochschule empfinden, ist das Prinzip der individuellen Leistung, die dem solidarischen Verhalten widerspricht, das im Arbeitermilieu trotz der Veränderungen durch Konsum- und Wohlstandsideologie und trotz ober-
flächlicher Anpassung der Arbeiterfamilie an Mittelschichtwerte dennoch
erlebt wurde. Die Enttäuschung in diesem Bereich war auch bei denjenigen, die durch die Oberschule an individuelle Leistung gewohnt
waren, vorhanden. Denn sie konnten, solange sie zur Oberschule gingen, die Anforderungen der Schule dadurch ausgleichen, daß sie die
Klassenkameradinnen lange kannten; daß die Klasse über längere Jahre zusammenblieb, also auch eine Gruppe war, zu der sie gehörten;
daß sie sich in der Freizeit mit Freundinnen zusammensetzen konnten,
die bei Schwierigkeiten mit den Schulaufgaben halfen; und nicht zuletzt das Zugehörigkeitsgefühl zur Familie (das sie hatten, obwohl sie

manchmal froh waren, wenn sie morgens aus dem Haus gehen konnten).
Anne hat, wie die anderen Frauen auch, - darunter gelitten, daß die
Eltern sich zu Hause so oft stritten; daß ihre Mutter immer stärker
in ihrer Unzufriedenheit mit ihren Lebensverhältnissen versank und
sich niemand für ihre schulischen Leistungen interessierte.
Dennoch hat auch sie empfunden, wie wichtig es war, daß zu Hause
wenigstens jemand da war. Familienleben heißt ja im Arbeitermilieu vor
allem:Dasein von Menschen füreinander, die sich außer ihrer Menschlichkeit und Unmenschlichkeit, Zärtlichkeit, Liebe und Arbeitskraft
(alles qualitative Eigenschaften) keine materielle Sicherheit, kein großes Interesse für Kultur und Bildung bieten können.

Die meisten Frauen hatten vom Studium meist eine ganz andere Vorstellung, als dort dem Leistungsverhalten der Oberschule wiederzu-
begegnen. Studium war für sie der Inbegriff von Freiheit, von zwang-
losem Forschen und Lernen. Sie hatten sich erhofft, ihr Studium weitgehend selbst zu bestimmen. Sie assoziierten damit gemeinschaftliches
Lernen. Statt dessen wurden sie mit erneutem Leistungsdruck, und
meistens mit ihren Erfahrungen und Interessen völlig entgegengesetz-
ten Inhalten konfrontiert. Die Tatsache, daß sie Studium meistens
mit einem ganz bewußten eigenen Interesse verbanden, widersprach
der zunehmend technisierten, und dadurch bedingten inhaltsloseren
Bildung an der Hochschule. Entweder das Studium war von vornherein
schon ein berufsqualifizierendes Studium (wie im Falle der Pädagogischen Hochschule), oder es bewegte sich im freischwebenden Theoretisieren, wobei auch dann teilweise die Inhalte zunehmend formal
waren oder sich auf einer idealistischen Ebene bewegten. Das widerspricht dem Interesse und den Erfahrungen von Arbeiterkindern,
erst recht von Arbeitertöchtern, die noch mehr als die Söhne gelernt haben, sich Wissen immer im engen Zusammenhang mit ihren Erfahrungen, mit ihrer Phantasie und ihrem Alltagsverstand im Handeln mit anderen, anzueignen. Sicher führt erst die Konfrontation
mit der Phantasielosigkeit und mit der Tatsache, nur wenige Studenten darauf ansprechen zu können, dazu, daß die eigenen Voraussetzungen,und damit auch das fehlende Geld,dann auf einmal eine große
Rolle spielen.Darunter haben die meisten Frauen,mit denen ich gesprochen habe, am stärksten gelitten: ihre Erwartung an das Studium,
sich wißbegierig etwas anzueignen, um zu einem besseren, sorglose-
ren und auch bewußteren Leben zu gelangen, die von den meisten
Studenten gar nicht geteilt wurde und ihnen zeigte, daß sie mit ihrer
Situation ziemlich allein dastanden. Ihr Anspruch erscheint in einer
Situation, in der alle fraglos 'die Wissenschaft als das Höchste' akzeptieren, als ungeheuerlich. Niemand sonst scheint daran zu denken,
daß man mit der Erwartung an die Hochschule kommen kann, zu erfahren, wie man menschlich leben und sich dafür notwendiges Wissen
aneignen kann. Unter solchen Bedingungen wird der Anspruch 'vom
Arbeiterdasein zum Menschsein' aufzusteigen, wie Jürgen, ein Student aus einer Arbeiterfamilie, es nennt, zum Aufstieg, der bedeutet:
als Einzelner vom 'under-dog' zum 'top-dog', zur großen Karriere zu
kommen (vgl. A.Albrecht-Heide; H.Ortmann).

Mit dem Versuch, die gemachten Erfahrungen im Arbeiterdasein mit
ihren Mitteln zu begreifen oder sich andererseits im Karrieredenken
selbst zu vergessen, müssen Arbeiterkinder scheitern; beides setzt
für den Einzelnen Maßstäbe - und damit Arbeitsleistungen, Geld und
Disziplin voraus - die gerade von Arbeiterkindern nicht erfüllt wer-

den können. Sie werden nicht nur nicht unterstützt, sondern ständig daran gehindert, eins von beidem zu erreichen. Sie kommen schon mit dem Bewußtsein der 'Minderwertigkeit' zur Hochschule und entwickeln daraus den Anspruch, zu begreifen, warum das so ist, um ihre Lage zu verändern. Und nun werden sie an der Hochschule erst einmal dafür bestraft, daß sie aus Arbeitsverhältnissen kommen. Sie werden gezwungen, einseitig zu werden, was sie aufgrund ihrer ökonomischen und ihrer seelischen Lage nicht können, – ohne daß sie im Kern ihrer Persönlichkeit deformiert werden. Sie verlieren stückweise ihre Identität als Arbeiterkind. Zu ihr gehört: sich nicht stundenlang konzentrieren können auf (formale, sinnentleerte) Wissenschaftsinhalte, auf Bücher, die in einer komplizierten Sprache geschrieben sind. Dazu gehört die Nähe von Menschen, die ihr Dasein zum Lernen brauchen, mit ihnen in der eigenen Sprache reden können. Die Zerstörung ihrer Identität durch die bürgerliche Wissenschaft ist nicht nur eine 'Sprachzerstörung' (A.Lorenzer) oder 'Entsprachlichung' (E.Neuland), sondern eine soziale Degradierung: als Arbeiterkind zur sogenannten 'Unterschicht' zu gehören, deren Angehörige scheinbar unfähig sind, ihr Leben selbständig in die Hand zu nehmen oder 'klassenbewußt' unaufhörlich gegen ihre elende Lage zu kämpfen. Sie lernen, daß sie ein 'diskriminiertes Individuum' (A.Albrecht-Heide) sind, dessen Mängel man nur mit kompensatorischen Maßnahmen 'abschwächen' kann. Diese Sichtweise "verhindert (aber gerade) die Frage nach der kollektiven Diskriminierung der Arbeiterklasse, dem dieses Kind entstammt, und deren Lage durch das individuell herausgehobene und seiner Klasse entfremdete Kind nicht geändert wird" (A.Albrecht-Heide,1972,S.588/89).

Sie werden durch ihre Erfahrungen und zusätzlich durch die Theorien, die sie sich aneignen (müssen), ständig darin bestätigt, daß sie alleine schuld sind an ihren (fehlenden) Voraussetzungen. Eine solche Hochschulausbildung und Wissenschaft "läßt den Diskriminierten auch noch den Preis seiner individuellen Veränderung zahlen. Jene, die von der Benachteiligung anderer profitieren, bestimmen den Preis ... Die Kinder aus der Arbeiterschaft ... sind einem einseitigen Anpassungsdruck unterworfen, an dessen Legitimität kaum ein Zweifel aufzukommen scheint. Der Anpassungsdruck dagegen, der von den nichtbürgerlichen Sozialschichten ausgehen könnte, wird mit gleicher Selbstsicherheit ausschließlich als Zumutung verstanden, 'das Niveau zu senken' (H.Popitz 1965, zit.nach A.Albrecht-Heide,1972,S.589).
Wenn Arbeiterkinder ihren Bildungsanspruch durchsetzen könnten, würde das Niveau der wissenschaftlichen Bildung zweifellos erhöht, nicht 'erniedrigt'!

Das Wissen von Arbeitertöchtern, Produkt jahrelanger Erfahrung und verhinderter Anwendung ihrer individuellen und kollektiven Fähigkeiten, wird in der Hochschule ausgeschaltet.

Die deprimierendste Erfahrung für Arbeitertöchter ist nicht das abstrakte Wissen; also nicht die Tatsache, daß sie sich von eigenen, unmittelbaren Erfahrungen entfernen müssen. Das tun sie auch in ihren Phantasien, Tagträumen von einem menschlicheren, freundlicheren Leben; in ihrem Nach-Denken und Wissensdrang, der sich keineswegs auf das Unmittelbare, direkt Nützliche konzentriert. *Das Deprimierende ihrer Erfahrungen an der Hochschule besteht vielmehr darin, daß sie sich entfernen, ohne den Ausgangspunkt in ihrem Leben genom-*

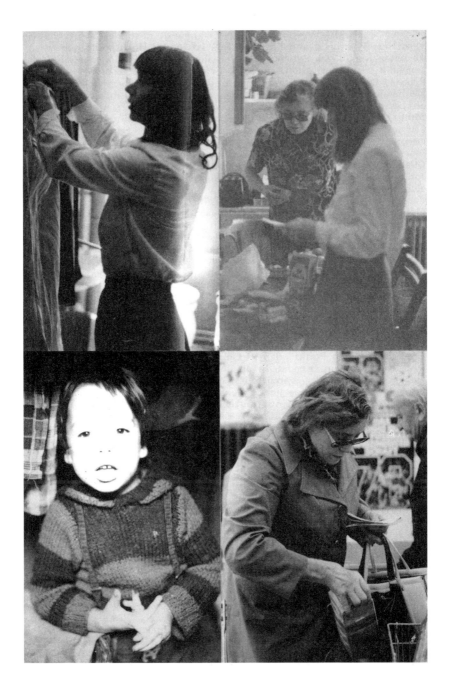

men zu haben. Die Verbindung von Erfahrung, gesundem Menschen-
verstand, Phantasie und Sachkenntnis ist in der Hochschule genauso
verboten wie in der Fabrik. Sie unterliegen einem Prozeß der Abstraktion und der Deformation, der ihre Erfahrung negiert; nicht einem
Prozeß, der von ihren Erfahrungen ausgehend zu abstrakteren Zusammenhängen, Einsichten und Wissen kommt. Das macht ihre Entfremdung
aus. Ihr wirkliches Wissen und ihr Antrieb, zu wissen, werden abgetötet, so daß sie mit der Zeit ganz vergessen, was sie eigentlich wissen wollten oder auch: warum sie überhaupt an die Hochschule gekommen sind. Ihnen wird schwindelig von dem Wust an Theorien, den sie
'verschlingen' müssen. Sie merken sehr schnell, daß es nicht auf die
Qualität der Theorie und der zugrundeliegenden Erkenntnis ankommt,
sondern auf die Quantität. Der Gebrauchswert der Theorien, die sie
sich aneignen müssen, wird ihnen nicht mitgeteilt; und sie dürfen andererseits von ihrem Bedürfnis nach Wissen, von ihren eigenen Fragen,
nicht ausgehen. An diesem Punkt müssen sie sich immer entscheiden,
obwohl sie das nicht können und auch nicht wollen. Entweder sie passen sich an, - dann verlieren sie die Orientierung, das Bewußtsein,
das sie an die Hochschule gebracht hat. Da aber die reibungslose Anpassung nicht möglich ist, weil sie weder Geld, die Denkweise noch
die dazu notwendige langjährige Erziehung, d.h. Kultur 'genossen' haben, bleiben sie Außenseiter. Sie können sich das vermittelte Wissen
nur in begrenztem Ausmaß aneignen. Aus mehreren Gründen: 1. das
'mittelbare' Wissen der Bücher, Vorlesungen und Seminare enthält Erfahrungen, die sie nicht gemacht haben und die ihrer Kultur und Tradition - im proletarischen Lebenszusammenhang - nicht entspricht. Sie
interessieren sich zwar zunächst für das Fremde, aber sie merken an
einem bestimmten Punkt, daß ihre Erfahrungen darin nicht aufgehoben
sind, sondern von fremden Erfahrungen völlig verdrängt werden. Dazu kommt, daß in dem vermittelten Wissen nicht einmal die eigene Er-
fahrungsbasis der bürgerlichen Menschen zum Vorschein kommt, sondern nur auf einer hohen Abstraktionsebene als tote Erfahrung und
Arbeit vergangener Generationen erscheint. Selbst "... wenn die ur-
sprüngliche Produktion der mittelbaren Erfahrung fast reine Gebrauchs-
produktion war" (O.Negt/A.Kluge,1972,S.58,Anm.43), also die wissenschaftlichen Ergebnisse in ihrer Entstehung, im Zusammenhang mit
menschlichen Bedürfnissen und praktischer Arbeit entstanden sind,
ist dieser Ursprung den Begriffen und den Theorien nicht mehr anzusehen und wird auch in der Hochschule nicht vermittelt. Dort wird
von Voraussetzungen ausgegangen, die den Wissenschaftlern selbst
entweder nicht bekannt sind oder die sich von ihrem Erkenntnisinteresse - und ihrem Mitteilungsbedürfnis gegenüber den Studenten - völlig
abgelöst hat. So erscheint das Forschungsinteresse derjenigen, die
an der Hochschule geistig arbeiten, und die Verpflichtung zur Lehre
als zwei Bereiche, die sich gegeneinander verselbständigt haben. Der
Konflikt, in dem Arbeitertöchter an der Hochschule sind, stellt sich
dar als Konflikt zwischen ihrem Bedürfnis, Erfahrungen durch Wissenschaft zu machen, ihre vergangenen Erfahrungen besser zu verstehen,
ihr Leben menschlicher zu gestalten, - und dem abstrakten 'Bedürfnis' der Wissenschaftler, sich ihre Wissenschaft als 'Produktivkraft'
zu erhalten, als 'aufgehäuftes Wissen', das zugleich aufgehäuftes Geld
und Ansehen bedeutet. Der Konflikt spielt sich also ab "zwischen einem ... Erkenntnisvermögen, das sich an der Notwendigkeit, das Le-
bensschicksal der Menschen zu verändern, orientiert und ein Vermögen aller unterdrückten Menschen ist, und einer Erkenntnis, die im

Herrschaftsgefüge, auch im Interesse an der professionellen Erhaltung als Wissenschaft, sich konstituiert hat und sich damit auf zusätzlich zusammengesetzten Stufen der Produktion als spezialisierte Produktivkraft entwickelt". (O.Negt/A.Kluge,1972,S.51)

b. Die im proletarischen Lebenszusammenhang gemachte Erfahrung, daß Lernen immer im unmittelbaren Zusammenhang mit Erfahrung und im Umgang mit Menschen und Gegenständen erworben wird, läßt es nicht zu, daß Arbeitertöchter sich Wissen aneignen, das nicht nur ihre Erfahrungen ausschaltet, sondern jeden Kontakt zur praktischen Erfahrung verloren hat. Sie können mit einer Wissenschaft nichts anfangen, die ohne Erfahrung, und somit inhaltsleer ist. Nun ist ihr 'proletarisches Erkenntnisinteresse' zu Beginn des Studiums entweder noch nicht bewußt oder sehr schnell von einem Wust von Theorien und formalen Anforderungen der Hochschule verschüttet. Dann setzt ein Prozeß ein, indem sie es erst einmal mit der Wissenschaft versuchen; sich bemühen, zu verstehen, was in den Büchern steht. Aber ziemlich bald wächst die Unzufriedenheit und die Ungeduld, die sie bei jedem Buch erfaßt, das sie zunächst hoffnungsfreudig aufschlagen. Sie merken, daß sie betrogen werden. Ihr eigener 'Zeitbegriff' erlaubt es nicht, daß sie sich tage- und wochenlang bei ein paar Seiten aufhalten, was sie müßten, um das ihrem Erfahrungszusammenhang fremd gegenüberstehende Wissen zu verstehen. Jemand, der nie Zeit für sich gehabt hat im Leben und der gehofft hat, durch die Aneignung von Wissen herauszubekommen, wie er mehr Zeit zum Leben bekommt, wird sehr schnell ungeduldig, wenn er seine Zeit nun wieder für eine Arbeit verausgaben soll, die ihm nicht nützt. Das Interesse der Arbeitertöchter, die ich befragt habe, war es aber nicht nur, herauszufinden, wie sie ihre Lebenszeit sinnvoll gestalten können, also insgesamt als Mensch leben können, um nicht wie im Arbeiterleben in Stücke gerissen zu werden, sondern sie hatten auch Interesse daran, die Aneignung von Wissen selbst als sinnvolle Tätigkeit zu erleben, die Spaß macht, die ausfüllt, in der man sich wiedererkennt, über die man mit anderen Menschen auf heitere und vergnügliche Weise sprechen kann. Das waren *die* Hoffnungen, die sie mit dem Studium verbunden hatten, um derentwillen sie viele Anstrengungen und Entbehrungen auf sich nahmen. Was sie zunächst als positiv erleben,ist, daß sie ihre Zeit besser einteilen können, daß sie nicht der Pünktlichkeit und Disziplin unterworfen sind, wie sie in der Fabrik, im Büro, in der Schule herrschten: "...also ... die ersten Semester, da dacht ich, ich bin im Paradies, is wahr, also dieser Vergleich: sonst immer morgens so aufstehn um halb sieben, pünktlich und plötzlich, man kann auch mal um halb acht aufstehn und das war freiwillig! ..." (Anne)

Aber sie machen dann die Erfahrung, daß die Zeit, die sie jetzt scheinbar zur Verfügung haben und freiwillig verausgaben, ausgefüllt wird mit abstraktem Wissen, daß die Zeit ihnen also doch wieder - auf indirektem Wege - weggenommen wird.

Anne sagt deshalb: "... dann war es so, daß ich im Grunde genommen vom ersten Semester an das Gefühl hatte, eigentlich erzählen die immer das Gleiche, nur immer aus ner anderen Sicht und irgendwo auch von Anfang an das abgelehnt hab, das mitzumachen".

Dadurch wird das Studium für Arbeitertöchter zu der Erfahrung, daß ihnen, wie ihren Eltern bei der Arbeit und ihnen selber im Elternhaus, die Zeit gestohlen wird. Sie erfahren nichts darüber, wie sie ihre Lebenszeit sinnvoll gestalten und für sich nutzen können. Sie erfahren darüber hinaus durch die Beschäftigung mit abstrakter Theorie den Diebstahl an Lebenszeit am eigenen Leib. Diese Erfahrung ist für sie noch schlimmer als ihre frühere Ausnutzung durch Arbeit und ständig geforderte Gemeinschaft im Elternhaus oder durch eigene Berufstätigkeit. Sie hatten gehofft, durch Bildung aus diesem Teufelskreis herauszukommen. Jetzt merken sie, daß sich ihr Schicksal mit Hilfe dieser Wissenschaft nicht wenden läßt. Der Zwang, sich fremdes, - im Grunde langweiliges - Wissen anzueignen, bringt sie in ein Dilemma: einerseits besteht wissenschaftliches Arbeiten darin, möglichst viel Wissen in kürzester Zeit anzuhäufen (also wie in der Fabrik zu arbeiten, in möglichst kurzer Zeit produktiv sein, heißt dort wie in der Hochschule: quantitative Leistungen erbringen). Das ist Arbeitertöchtern und überhaupt Arbeiterkindern nicht möglich, da sie sich das verlangte Wissen nicht einfach 'mechanisch' aneignen können, sondern doppelt so lange wie Studenten aus anderen Elternhäusern brauchen, bis sie sich überhaupt darauf konzentrieren, es sich aneignen, schließlich es beherrschen und wiedergeben können. Wissen zu beherrschen, ist ihnen aber auch fremd; Wissen muß nützlich sein, anwendbar sein im menschlichen Leben. Die Herrschaft der Wissenschaft(ssprache) beruht aber darauf, daß sie in jeder beliebigen Situation auf beliebige Menschen angewendet wird, daß sie die Menschen beherrscht - und zwar sowohl diejenigen, die sie als Verfügungswissen besitzen als auch diejenigen, die mit ihrer Hilfe unwissend gehalten werden. Auch das widerspricht der Erfahrung und dem Bedürfnis von Arbeitertöchtern: sie *können* sich Herrschaftswissen nicht aneignen, weil sie die Voraussetzungen dafür nicht beherrschen. Sie haben nicht gelernt, sich Wissen abstrakt anzueignen und genauso abstrakt darüber zu verfügen (unabhängig von der konkreten Situation; unabhängig von den Menschen). Sie haben nicht die Erfahrungen gemacht, die in diesem Herrschaftswissen stecken, sie haben nie gelernt zu herrschen. Das sind aber Grundvoraussetzungen für wissenschaftliches Arbeiten: da werden Dinge und Menschen von oben betrachtet, wie Gegenstände unter die Lupe genommen und zerlegt. Wissenschaft ist von oben entwickelt und hat in ihrer Betrachtungsweise und in ihrer Praxis an der Hochschule immer dem menschlichen Leben übergeordnete Perspektiven. Diese Erfahrung fehlt im Leben von Arbeitertöchtern. Darin besteht ihr grundsätzliches Problem bei der 'Theoriebildung': während in der Wissenschaft Arbeit, Sprache, Lebendigkeit als totes Material erscheint, welches wie eine Maschinerie angeeignet und in Gang gehalten wird, können Arbeitertöchter von der lebendigen Arbeit des Menschen, von seinen Bedürfnissen zu leben, nicht absehen. Auch Sprache ist für sie lebendig und spielerisch. In ihr können sie die eigene Phantasie ausdrücken, die je nach Situation, Gegenüber und Sympathie für einen Menschen wechselt. Sie haben die Erfahrung gemacht, daß Menschen Widerstand leisten gegen abtötende Arbeit, gegen unmenschliche Lebensbedingungen. Ihre grundlegende Erfahrung basiert darauf, daß man mit Menschen nicht alles machen kann und daß man mit sich selbst nicht alles machen läßt - auch wenn ihre Eltern sich andererseits oft eingeschüchtert und ängstlich verhalten haben. Diese Erfahrungen werden in der wissenschaftlichen Welt abgetötet. Dort geht es darum, über menschliche Erfahrungen abstrakt zu verfügen. Dadurch werden auch die Gedankengänge, die Theoriegebäude und die Sprache zu etwas Abstraktem. Voraussetzung ist, daß diese Art zu denken in langfristigen Erziehungsprozessen gelernt

wurde, wie das bei Kindern aus bürgerlichen Familien bruchlos vom Elternhaus zur Schule und Hochschule geschieht (ausgenommen bürgerliche Handwerker- oder Bauernfamilien, bei denen die praktische Arbeit sich gegen die abstrakte theoretische Denkweise in ähnlicher Weise sperrt wie bei Arbeitern). Sie werden schon im Elternhaus - und dadurch reibungslos in der Schule - darin trainiert, über 'Übungsmaschinerien der toten Sprache' zu verfügen, "... ohne daß diese Sprachen (ihnen) Widerstand leisten - wie es eine von Realität durchzogene Umgangssprache tut ... (Sie lernen) hier, über (ihre) lebendige Spracharbeit diszipliniert zu verfügen. Eine Folge davon ist, daß (sie) später in der Lage (sind), mit Sprachmaterial abstrakt umzugehen. (Sie lernen) unabhängig von der konkreten Situation, sich sprachlich und verfügend zu bewegen." (O.Negt/A.Kluge,1972,S.92,S.64)

Ein weiterer Aspekt ist, daß Arbeiter ihren Kindern vermittelt haben, Zeit, die einem nicht selbst zugute kommt, sondern für Leistungen und Geld verausgabt werden muß, möglichst kräftesparend zu verausgaben und darauf zu achten, daß in kürzester Zeit möglichst viel herauskommt. Zeit ist im Arbeiterleben ein Luxusartikel, soweit er das eigene Leben betrifft. Da das Lesen wissenschaftlicher Bücher, in denen - eigene - Erfahrungen nicht wiederzufinden sind, sehr zeitraubend ist und das angelesene Wissen für das eigene Leben wenig Gebrauchswert hat, haben Arbeitertöchter sehr oft ein schlechtes Gewissen. Sie müssen, um das Studium zu schaffen, ungeheuer viel Zeit verausgaben für ein Wissen, das ihnen nichts nützt und das sie sich im Grunde auch in der abstrakten Form, unter bloß quantitativem Aspekt, nicht wirklich aneignen können. Sie sind durch ihre eigenen Erfahrungen - im proletarischen Lebenszusammenhang - blockiert und arbeiten ständig gegen diese Blockierung an. Sie müßten ihre Erfahrungen, ihr bisheriges Leben vergessen können, um das zu schaffen, was von ihnen verlangt wird. Da das nicht möglich ist, werden ihre bisherigen Erfahrungen und Hoffnungen aus dem öffentlichen Lernen, Wissen und Verhalten an der Hochschule verdrängt; und damit endgültig in den privaten Bereich, oft nur noch in die Tagträume und Phantasien, abgeschoben. Sie unterliegen genau wie Arbeiter und Arbeiterinnen in der Fabrik, bei denen alles, was für den Arbeitsprozeß nicht mehr notwendig ist, zerstört wird, einer 'organisierten Verelendung' (Negt/Kluge).

Der Widerspruch zwischen geistiger und körperlicher Arbeit;
qualitativer Lebenszeit und quantitativ verausgabter Arbeitszeit

Zeit wird nun auch im Alltagsleben und im Bewußtsein von Arbeitertöchtern zur Aneinanderreihung von - quantitativen - Stücken. Die Endlosigkeit der Arbeit im Haushalt der Arbeiterfamilie - wie überhaupt im Arbeiterleben -, die sie in ihrem Gedächtnis gespeichert und die als Erfahrung ihre gesamte Persönlichkeitsstruktur bestimmt hat, ist jetzt durch die Endlosigkeit 'mechanischer', theoretischer Arbeit fortgesetzt. Sie ist um so schlimmer deshalb, weil die Frauen mit vollem Bewußtsein an ihrer Entfremdung arbeiten; sowohl an ihrer eigenen an der ihrer Herkunftsklasse. Es ist, als würden sie mit Wissen und Bewußtsein immer wieder auf Begriffe starren, die sie wie in einem Käfig gefangen halten und nicht loslassen. Das Perfide daran ist, daß etwas, das qualitative Arbeit im Bewußtsein, vor allem aber: im Leben erfordern würde, - Arbeit an der Herstellung von Erfahrungen und Bewußtsein -, reduziert wird auf rein quantitative Arbeit. Bei ihr kommt es darauf an, Zeit zu gewinnen. Nicht für das eigene Leben zu lernen, sondern für die mengenmäßige Aneignung von Wissen. Während die Eltern in ihrem Arbeitsprozeß zu mechanischen Handlangern abgestempelt werden, werden die Töchter im Bildungssystem zu mechanischen Kopfarbeitern. Sie werden zu Ausbeutern erzogen. In mehrerer Hinsicht: Sie können den Bildungs-'Aufstieg' nur um den Preis auf sich nehmen, daß ihre Eltern, ihre Geschwister, ihre ganze Klasse 'unten' gehalten wird. Bildung kostet Geld, Zeit, Arbeitskraft; zunächst die Arbeitskraft ihrer Eltern und der Geschwister, die verzichten müssen, damit sie sich Bildung aneignen können.

Der Bildungsaufstieg ist eine Aneinanderreihung von Kosten, von finanziellen, - aber was noch viel schlimmer ist: von Lebens-Zeit-Kosten. Sie bekommen das Versprechen der 'Chancengleichheit', was angesichts der bürgerlichen Arbeits- und Lebensweise bedeuten würde: das Versprechen, genausoviel Zeit und Leben zu haben wie die Bürgerlichen (die die anderen für sich arbeiten lassen) und in Wirklichkeit wird ihnen Zeit abgenommen; sie mußten mit ihrer Entscheidung für den 'Bildungsaufstieg' ihre 'Arbeiterseele' verkaufen und dafür eine kapitalistische, ausbeuterische eintauschen, die auf Kosten der anderen lebt.

Diese sinnliche Erfahrung der 'Ausbeutung' der Eltern erleben die Arbeitertöchter durch den Gegensatz ihres Denkens zu dem Denken ihrer Eltern und Geschwister, - durch den Gegensatz ihrer geistigen Arbeit zur körperlichen Arbeit, - durch die Kosten ihrer Ausbildung. Sie versuchen sich mit dem Gedanken zu trösten, daß ihre Eltern immer gesagt haben, es solle ihnen einmal besser gehen. Aber sie können den Gedanken nicht verdrängen, daß besonders die Mutter verzichtet hat, um ihre Bildung zu finanzieren, die ihnen überhaupt nichts 'Besonderes' gebracht hat, sondern Zeit und Lebendigkeit genommen hat. Dieser Gedanke ist für sie um so unerträglicher, da sie genau wissen, was Arbeit bedeutet. Ihr moralisches Empfinden ist - trotz des an der Hochschule vorherrschenden Konkurrenzdenkens und individualistischen Durchsetzungsverhaltens, immer noch stark an ihre proletarische Herkunft gebunden. Diese Bindung wird dadurch verstärkt, daß sie nicht zu denen gehören, die Zeit im Überfluß haben und sich ausruhen können. Für sie ist der Wunsch, über sich und über menschliches Leben nachzudenken, zur harten, rein quantitativen Denkleistung geworden, deren Produkt sie nach bestimmten Normen anfertigen und abgeben müssen. Daneben läuft als 'Schwarzarbeit' die qualitative Arbeit gemäß ihren Bedürfnissen und Vorstellungen, die sie mit der formalen Wissenschaft unablässig zu verbinden versuchen. Auch diese 'Schwarzarbeit' wird gespeist aus ihren früheren Erfahrungen im proletarischen Milieu. Dies - und das immer wieder erlebte Scheitern, das sie bei ihren Versuchen erleben, die quantitative, der Norm entsprechende Arbeit, mit ihren Vorstellungen von Qualität zu verbinden, kostet sie den größten Teil ihrer Lebenszeit an der Hochschule. So sind die Arbeitertöchter in ihrem täglichen Leben und in ihrem Bewußtsein keineswegs auf der Seite der ausbeuterischen Zeitnehmer, sondern teilen das Schicksal vor allem ihrer Mütter, die immer versucht haben, aus sinnlos zerstörter Arbeitskraft und Zeit etwas Lebendiges zu machen. Sinnlichkeit war die Basis für die Arbeit und Denkweise ihrer Mütter. Dieses menschliche Bedürfnis und Vermögen übertragen sie auf ihre wissenschaftliche Arbeit.

Denn in Wirklichkeit passiert mit ihnen nichts anderes als mit Arbeitern: ihnen wird Zeit nicht durch verdichtete Arbeitsbewegungen bei körperlicher Arbeit genommen, sondern durch verdichtete Bewegungen im Kopf. Und sie nehmen ihrerseits ihren Eltern Zeit weg: indem diese einen Teil ihrer Arbeitskraft und -zeit dafür verausgaben, daß ihre Kinder zur höheren Schule gehen, sich 'bilden' können; indem diese sie nicht mehr ansprechen dürfen zu Hause – und auch später –, weil sie nachdenken müssen, sich auf fremdes Wissen konzentrieren müssen, das ihren Erfahrungen, ihrem ganzen Lebens- und Zeitrhythmus total widerspricht: geistige Arbeit erfordert, wie Roswitha gesagt hat, die völlige Konzentration auf sich selbst und erfordert eine Umwelt, die arm an Sinnesreizen ist.

Die Welt der Arbeiter ist am Arbeitsplatz und in der Familie aber voll von Sinnesreizen, Ablenkungen durch Lärm, Unruhe, Nervosität, menschliche Stimmen, Schritten, Bewegungen von Menschen, die unruhig und gehetzt umherlaufen; die sich abreagieren müssen, weil sie sonst verrückt würden an der unmenschlichen Arbeitsweise. Ich habe zu Beginn des Kapitels über die Arbeit der Arbeiterfrauen in der Arbeiterfamilie (Kap. 4) kurz darüber geschrieben, daß es mir gerade bei diesem Kapitel schwer fiel, mich auf eine Sache zu konzentrieren, vor allem darauf, die Dinge schrittweise und nacheinander zu entwickeln und darzustellen. Was ich damit meinte war genau dieser Prozeß, den ich hier darstellen will: die Nervosität und Zerstückelung kommt von der Arbeit mit nach Hause und zerreißt dort jede fortlaufende Arbeit. Es sind zwei Prinzipien, die besonders bei Arbeitertöchtern extrem aufeinanderstoßen (da sie an allem, was im Leben der Arbeiterfamilie geschieht, unmittelbar beteiligt sind, auch 'passiv' beteiligt, durch Wahrnehmung, Empfindung, mit der sie alles um sie herum mitbekommen): die zerstückelte Arbeits- und Lebensweise des Arbeiterlebens und die für geistige Arbeit notwendige Konzentration auf eine (ganze) Aufgabe, die Ruhe und Zeit erfordert. Es ist eine unglaubliche Zumutung für Arbeiterkinder und deren Eltern, die durch geistige Arbeit auf sie zukommt: so wenig sich Arbeiter, die den ganzen Tag am Denken gehindert werden, abends auf einmal konzentrieren und nachdenken können, so wenig können das ihre Kinder.

Die geistige Arbeit bedeutet durch ihre 'Produktionsweise' und durch die Inhalte einen Raubbau, – ja, Diebstahl am Leben der Arbeiterfamilie. Das fängt in der Schulzeit für Arbeitertöchter an. Das Denken im Arbeiterleben löst sich von den Erfahrungen und dem täglichen Leben mit Menschen, verselbständigt sich und erhebt sich über die Arbeit der Eltern. Sie fangen an, das Leben im Arbeiterdasein unerträglich zu finden und es von oben herab zu betrachten. Darüber haben viele Frauen gesprochen, weil das der Kern ihres schlechten Gewissens ist. Nicht nur, daß sie das Geld und die Zeit ihrer Eltern beansprucht haben (Zeit, die die Eltern mit Knochenarbeit für ihre Bildung verausgabt haben), sondern vor allem die Tatsache, daß die Eltern sie dafür bezahlt haben, daß sie sich Herrschaftswissen aneignen, macht das schlechte Gewissen. Gewissen heißt im proletarischen Leben Wissen um den anderen, achten, was der andere fühlt und braucht.

Arbeitertöchter eignen sich aber mit dem Aufstieg ins bürgerliche Bildungssystem ein 'zweites' Gewissen an, das sie brauchen, um in der Schule und in der Hochschule Erfolg zu haben: ein Gewissen, das darauf beruht, Dinge und Menschen, Menschen wie Dinge zu beherrschen und sich gegen den anderen durchzusetzen. Dazu müßten sie sich bür-

gerliche Herrschaftsregeln und Durchsetzungsmethoden aneignen, wozu
sie aber nicht in der Lage sind.
Der Prozeß der geistigen Arbeit im Kopf von Arbeitertöchtern läuft
nach dem Muster der Fabrikarbeit, die sie im Elternhaus erlebt haben,
ab. Alles, was sich in der Arbeiterfamilie abgespielt hat, die Zerstückelung der Zeit, der Arbeitskraft, der fehlende persönliche Raum, die
ständigen Unterbrechungen durch Tätigkeiten, Gespräche, Stimmen der
anderen, durch Lärm von der Straße, von nebenan, – vor allem aber
die Unruhe und Nervosität in der eigenen Wohnung, dies alles haben
sie über Jahre hinweg seelisch und geistig aufgenommen und schleppen
es nun mit sich herum. Ihr Zeitgefühl und ihr Denken, also auch ihr
Vorstellungsvermögen sind von dem unablässigen Tätigsein und dem
ständigen Gefühl, nicht genug Zeit zu haben, 'besessen'. Ihre Situation
hat sich gegenüber früher verschlechtert, weil sich jetzt alles in
ihrem Kopf abspielt, weil sie niemand haben, mit dem sie es teilen (gemeinsam erleben und einander mitteilen) können. Während bei Arbeitern
und Arbeiterinnen in der Fabrik das Denken im Zusammenhang mit körperlicher Tätigkeit steht und die körperliche Arbeit trotzdem weitergeht,
auch wenn sie am Denken gehindert werden, läuft bei Arbeitertöchtern
schon während der Schulzeit und erst recht an der Universität alles im
Kopf ab. Dort laufen mehrere Bewegungen neben- und gegeneinander.
Sie verdichten Bewegungen in ihrem Kopf wie Arbeiter ihre Körperbewegungen bei der Fabrikarbeit verdichten müssen. Sie haben gelernt,
daß man nicht nur zu – körperlicher – Arbeit gezwungen werden kann,
sondern zum Denken. Und sie haben gelernt, schizophren zu denken:
mal so, wie einfache Arbeiter, denen das Denken täglich abgetötet wird;
mal so, wie gebildete Leute, denen das Bildungsideal mehr wert ist als
Geld und Essen, weil sie von beidem genug haben. Sie haben zwei
'Denkweisen' verinnerlicht, die beide in sich noch widersprüchlich sind:
da ist einmal das Prinzip der Fabrikarbeit, die nach Tempo und zerstückelten Tätigkeiten funktioniert, was durch das 'Hand-in-Hand' arbeiten mit der Mutter etwas gemildert wird. Da ist aber auf der anderen
Seite das Prinzip der geistigen, intellektuellen Arbeit, das darauf basiert, daß ein Produkt allein hergestellt und abgegeben werden *muß*.

Beide Arbeitsweisen sind unvereinbar. Sie stoßen in den Köpfen von
Arbeitertöchtern gegeneinander, erzeugen dort explosive Ausbrüche
und Zusammenbrüche, etwas, das gegen ihren Willen abläuft und sie
unglücklich macht. Sie kriegen im Kopf nicht mehr zusammen, was im
Leben auseinandergerissen ist; wobei durch die geistige Bildung alles
noch schlimmer geworden ist: das Leben und Denken in der Arbeiterfamilie war an sich schon zerrissen; dazu kam der Widerspruch durch
die bürgerliche Bildung und Lebensweise, in der es scheinbar nur Zu-
sammenhängendes, Ruhiges und Ausgeglichenes gibt. In Wirklichkeit
besteht die bürgerliche Denk- und Lebensweise darin, daß sie erst
garnicht versucht, Zusammenhänge herzustellen. Sie hat keinen Begriff von etwas, sondern nimmt etwas in den Griff, damit es nach bürgerlicher Vorstellung funktioniert. Von außen sieht es anders aus.
Da Arbeitertöchter selten wirklich Einblick in bürgerliche Verhältnisse
haben und bei der Aneignung von Begriffen und Theorien, die aus an-
einandergereihten, logischen Bausteinen bestehen, ihre Schwierigkeiten
haben, – also auch da nie bis zum Kern des Begriffs, zur Inhaltslosig-
keit vordringen, schließen sie sich mit ihrem Prinzip Hoffnung der bürgerlichen Bildung an. Die große Enttäuschung und Unzufriedenheit
kommt erst beim Studium; während der Schule haben sie als Ausgleich

die Arbeiterfamilie, wo sie 'Luft ablassen' können. Das machen dort alle. Jedoch in der Schule oder in anderen Familien fallen sie damit auf; deshalb unterlassen sie es dort meistens, verhalten sich anständig; und streiten sich zu Hause. Solange das geht, wächst ihnen die Schule nicht über den Kopf. Schlimm wird es erst später, wenn sie sich ganz für die bürgerliche Welt, die Hochschule entschieden haben. Dort dürfen sie nur diszipliniert und sachlich sein, nicht laut oder wütend werden. Das wäre ja unwissenschaftlich! Als Frau aus Arbeiterverhältnissen müssen sie sich doppelt anpassen, "mit auf der Welle schwimmen, ja nicht auffallen, die Normen beherrschen". wie Marianne sagt. So fragt Marianne denn auch 'was machen wir Arbeitermädchen mit dem Studium? Wie leben die 2% Arbeitermädchen, wie überleben sie?' Im Grunde läuft jetzt alles darauf hinaus, ihren Verstand zu retten, was für sie bedeutet: Freiheit zum Leben zu haben, nicht zum Denken. In ihrem Kopf bewegt sich dieser Gedanke unablässig wie das Räderwerk einer Maschine, die sie am Leben hält. Deshalb stimmen beide Äußerungen von Marianne über ihr Studium und ihr Verlangen, durchzuhalten (das ihr oft den Verstand geraubt hat), überein: Studium sollte Freiheit vermitteln, äußere und innere Freiheit, Bewegungsfreiheit zum Leben (eine Wohnung für sich, alleine sein können, etwas tun, wenn es einem Spaß macht, ohne gestört zu werden, von sich aus auf Menschen zugehen können) und Bewegungsfreiheit im Kopf, auch gefühlsmäßige Bewegungsfreiheit haben. Sie hat gemerkt, daß das Studium ihr diese Freiheit kaum vermitteln konnte und hat sich doch gezwungen, durchzuhalten. Hanne sagt dagegen: "Ich kann mir nicht Raum im Kopf verschaffen, den ich in Wirklichkeit nicht zur Verfügung habe" und hört auf, zu studieren. Aufhören zu lernen tut sie deshalb nicht, im Gegenteil, vielleicht fängt sie jetzt erst an. Sie muß ganz von vorne anfangen, weil sie mit ihrer Oberschulbildung 'vorprogrammiert' ist. Es dauert nahezu 2 Jahre, bis sie wieder 'Lust' hat, sich Gedanken zu machen, was ihr Spaß machen würde, aber vor allem: wovon sie in Zukunft leben soll. Marianne macht weiter, aber sie kommt zu dem Schluß, daß es keine große Freiheit sein kann, etwas durchzuhalten, nur weil man es angefangen hat, weil man es sich und vor allem den anderen beweisen muß, daß man es schafft. Was verbirgt sich an Erfahrungen hinter den Sätzen, die Marianne in ihr Tagebuch schreibt, als ihre Freundin Hanne, auch Arbeitermädchen, zusammenbricht und schließlich das Studium abbricht? "Chancengleichheit durch Bildung. Das Bewußtsein der Minderwertigkeit als Arbeitermädchen kann nicht aufge-

richtet werden durch Bildung, da diese keine Garantie ist für die Identitätsfindung. Übrig bleibt ... das doppelte Bewußtsein des Mangels ... Was soll die Anreicherung meines Freundes- und Bekanntenkreises mit Frauen aus soliden Verhältnissen? Schein. Betrug. Je weniger Fäden ich aus meiner Vergangenheit aufnehme, desto größer wird das Ohnmachtsgefühl. Je mehr ich die Vergangenheit verdränge, desto stärker entleere ich mich. Es bleibt nichts mehr von mir übrig ... Was hab ich aus meinen Möglichkeiten gemacht? Was hab ich Positives aus meiner Vergangenheit herübergeholt? Fragmente.

Wieviel müssen Arbeitertöchter sich versagen, damit sie studieren können? *Ihnen fehlt die Basis.* " Ein Satz, den eine Studentin aus gutbürgerlichen Verhältnissen fast wörtlich auch sagte, als sie mit mir über Hanne's Zusammenbruch sprach. Die fehlende Basis müssen Arbeitertöchter sich hart erarbeiten. Durch Geldverdienen und Hausarbeit noch am wenigsten, obwohl beides selbstverständlich ist; beides hält sie vom Studium ab, nimmt ihnen Zeit zur Konzentration. Dennoch halten die meisten, die ich kenne (wie Marianne) daran fest:

"Für mich gabs keine Alternative. Ich mußte da einfach durch, mir beweisen, daß ich denken kann und daß ich mich nich aus der Ruhe bringe... (allerdings), so beschissen wie ich mich da gefühlt hab (wärend der Abschlußarbeit) kann ich mir kaum vorstelln, daß das der Weg zur Selbständigkeit is." (siehe Anhang)

Dazwischen immer wieder der eine Gedanke: aufhören! Das Studium als Zwang beenden, weil keine Möglichkeit gesehen wird, sich dort als Menschen zu erleben, menschlicher zu leben als im Arbeiterdasein. Das menschliche Leben 'von der Pieke auf' lernen, - mit dieser handwerklichen, soliden Vorstellung vom forschenden Lernen sind viele Arbeitertöchter zur Hochschule gekommen. Mit der Zeit ist die Enttäuschung so groß geworden, hat die Zeit, die ihnen mit bitterernsten Theorien und verbissenen Diskussionen, denen jede Lebendigkeit und jeder praktische Bezug zum Leben fehlte, weggenommen wurde, sie so ausgehöhlt, daß sie nur noch daran denken, "den Absprung zu schaffen". Immer wieder taucht dieser Gedanke auf und kreist in ihrem Kopf.

"Daß ich jetzt nich den Absprung schaffe..., mir dauernd (klarmachen kann), daß das irgendwie einfach notwendig is ne, daß ich das in diesem Trott weiter mach ... Also ja nich zuviel in Frage stelln, oder zuviel hinterfragn, es könnte ja wirklich die Möglichkeit auftauchen, daß ich irgendwie mich selbst danach sehne, was anderes zu machen..." (Angelika F., siehe Anhang)

Sie machen trotzdem immer weiter, da es nicht sein darf, daß das alles nur ein Traum war, der Traum von der großen Freiheit durch Bewußtsein, durch geistige Arbeit. Der Traum von einem Projekt, das im Arbeiterleben anfing und in Phantasien weiterlief, weil die Wirklichkeit zu eng und zu klein war, um ihn zu verwirklichen.

"Die ganze Enge, die ganze Unmöglichkeit, sich zu entfalten, hat sich darin auch geäußert, so meinen Phantasien und Träumereien nachzuhängen. Da, also ganz kräftig mit meim Kopf schon von Kindesbeinen an zu produziern, was sich auch schon so eben niederschlägt in so ziemlich dicken Tagebüchern ...Ja, und das is was, wo dann einfach nur so so ne Theorielastigkeit ... nur noch hat angeknüpft ...", sagt Marianne.

Und Angelika erzählt immer wieder, daß sie inzwischen von anderen Dingen träumt. Das Studium ist zur Pflicht geworden, die sie zu Ende machen muß, damit sie eine Existenzgrundlage hat.

"Warum ich trotzdem weitermache? Ja, guck ma, du, irgendwie so, wenigstens vorübergehend minimal finanziell abgesichert zu sein durch Bafög und demnächst halt eben, um irgendwie schneller fertig zu sein und ne Anstellung (als Lehrerin) zu finden ...
Manchmal wünsch ich mir sowas ... Wirklich, so ne ganz feste Arbeit, die ich dann da habe und die ich aber auch genau da lasse, ne, – wo ich überhaupt nichts mitnehme und mich in der Zeit, die ich sonst habe, mich überhaupt nich damit beschäftige.
Ja, und den Absprung zu schaffen dann, das is unheimlich schwer."

Diese Verpflichtung hängt nicht nur mit der eigenen Existenzgrundlage zusammen, sondern mit der der Eltern und Geschwister, die für die eigene Bildung, – die jetzt so enttäuschend empfunden wird,' – auf vieles verzichtet haben.

"Ich brauch halt n richtigen Beruf, einen, wo ich ziemlich viel Geld verdiene ..., genug, um meine Eltern unterstützen zu können..." (Angelika)

Ihre Träume sind zusammengeschrumpft auf die bloße Existenzerhaltung, auf Träume von einer richtigen Arbeit, die sie von dem Zwang des Denkens um des Denkens willen befreien soll und bei der sie endlich genug Geld verdienen, um auch den Eltern wieder etwas zurückzugeben. Seit unseren Gesprächen sind 2 Jahre vergangen; Angelika muß den ganzen Tag arbeiten gehen, um ihre 2 Kinder und ihren Mann zu ernähren, – der, ebenfalls aus einfachen Arbeiterverhältnissen kommend, sein Studium schon längst hingeschmissen hat. Angelika hat immer noch vor, ihre Abschlußarbeit zu schreiben und Lehrerin zu werden. Aber mit welch einem Kraftaufwand wird sie das schaffen?!

Der Satz, den viele Töchter von ihren Müttern im Gedächtnis haben 'du sollst es mal besser haben als ich' bedeutete gleichzeitig auch immer 'ich will es mal besser haben, wenn du es besser hast'; bedeutete für viele Arbeitertöchter, daß sie ihre Eltern in irgendeiner Weise entschädigen könnten. Arbeitereltern erwarten zumindest unterschwellig, daß sie auch etwas davon haben, wenn ihre Kinder es zu etwas gebracht haben. Das bedeutet einerseits, daß dadurch das Ansehen der ganzen Familie steigt, das bedeutet andererseits aber auch finanzielle Erwartungen, vor allem in der Hinsicht, daß die Kinder für sich selbst sorgen können und die Areitereltern ihren Verdienst endlich für sich haben.
Die Träume vom Geld fingen bei Hanne schon an, während sie zur Schule ging, Geld, das sie vor allem für die Eltern und Geschwister ausgegeben hätte:

"... da war ich auf der Realschule. Und später dann auf'm Gymnasium ... (da) war das so, daß ich sehr oft so, bevor ich einschlief, hab ich mir vorgestellt, ich hätte sehr viel Geld, ne Million, das war garnich wichtig, woher, das war dann plötzlich da ... erstmal hab ich mir überlegt, machste was für deine Eltern ... und als nächstes kommen meine Geschwister ... und wenn ich dann dabei war, wat *ich* nun eigentlich damit mache, dann war ich eingeschlafen...
Wichtig warn eigentlich nur die Dinge, die ich so, erstmal so für andere kaufen würde ... Das hatte irgendwas damit zu tun, daß ich so das

Gefühl hatte, ich könnte mein Gewissen auch damit beruhigen oder so, Schuldgefühle loswerden ne, ..." (Hanne M., siehe Anhang)

Durch Geld sollte auch die Entfremdung ausgeglichen werden. Statt Gesprächen und Gemeinsamkeit wenigstens Geschenke, die die Dankbarkeit zeigen. Dieses Schuldgefühl ist bei den meisten Frauen an der Hochschule noch größer geworden, bedingt durch die 'Flucht' aus dem Elternhaus. Vor allem der Mutter gegenüber war das Gefühl, ihr nicht mehr viel zu sagen zu haben und ihr andererseits auch nicht mehr zuhören zu können, – also diesen assoziativen Zusammenhang zwischen Mutter und Tochter, der für die Arbeiterfrauen lebenswichtig ist, durch ihr Studium zu durchbrechen, ein Gefühl, das sie oft bedrückte. Und dann machten sie die Erfahrung an der Hochschule, nicht am rechten Platz zu sein, nicht zu wissen, was man da eigentlich soll, Was sie dort gesucht haben, war an der Hochschule nicht zu haben:

"Bißchen mehr Sicherheit, vielleicht Geborgenheit. Das Wissen einfach: da ist dann jemand ne", sagt Hanne.

Sicherheit gab es in der Arbeiterfamilie nicht. Geborgenheit war aber da, – trotz der Erfahrung, sich oft selbst überlassen zu sein, selbständig für die eigenen Belange zu sorgen, sich alles erarbeiten zu müssen. Und zwar schon allein aufgrund des Gemeinschaftsgefühls, des Wissens, daß die anderen in der selben Lage sind. Geborgenheit war nicht etwas, das sich unbedingt über Zärtlichkeit oder langwierige Gespräche herstellte, sondern durch gemeinsame Hilfe und Erfahrung.

"Das Wissen einfach: da ist dann jemand" ist die Grundlage der Familiensolidarität im Arbeitermilieu. Es ist jemand da, der einem zuhört, der einem nach seinen Kräften hilft, der einfach das Gefühl gibt 'wir machen das'. Dieses grundlegende Wissen hat geholfen, die Zeit auf dem Gymnasium zu überstehen, auch wenn die, die zu Hause waren, einen durch ihr Dasein oft am Nachdenken hinderten. Während an der Hochschule 'geholfen' wird, indem man beruhigt mit Worten wie 'du machst das schon', ist für die Arbeiterkultur wesentlich 'wir' machen das schon'. Das beruhigt dann wirklich und gibt Zutrauen zu Menschen und zu sich selbst.

Wissen ist in der Hochschule etwas, das sich im rein theoretischen Denken bewegt; wie es auch in der Oberschule sich immer auf einer Ebene bewegte, die mit Leben und Existenzängsten nicht im entferntesten zu tun hatten. "Wissen, daß jemand da ist, – was ist das schon?" Kontakt mit der Gruppe wird nicht als persönliche Notwendigkeit gesucht, sondern als zusätzliche - moralische - Leistung, nach dem Muster des amerikanischen Imperativs 'be sociable' illusions- und scheinbar bedürfnislos erstrebt. "Konkurrenz ist selbstverständlich und ohne Leidensdruck" (I.Sewig,1977,S.43/44).

Anne sagt, was Wissenschaft für sie bedeutet: Etwas auf den Begriff bringen heißt für sie, aufgrund der Körpersprache eines Menschen dessen Sinnlichkeit - und Arbeit - und darin seine Lebenslage zu be-greifen. Begriff ist für sie Wissen um die eigene Lebenslage und die des anderen. Sie "ist für mich Ausdruck von Gemeinschaftsgefühl". Damit ist eine Grundlage proletarischer Theoriebildung benannt: man muß die praktischen Voraussetzungen des Menschen erfassen und sie durch gemeinsames Erleben kennenlernen; man muß am eigenen Leib erfahren, was ein Mensch tut, fühlt, denkt. Das ist das Vermögen, das besonders Arbeitertöchter aus ihrer Arbeit mit der Mutter, aus ihrer intuitiven

und assoziativen Verständigung mit ihr gelernt haben; und was besonders ihre Wahrnehmung und ihr Denkvermögen ausmacht. Sie haben gelernt, auf Menschen einzugehen; sich still zu verhalten, wenn jemand
nervös oder gereizt ist; sie haben gelernt, mit den Augen, den Händen, mit ihrer ganzen Sinnlichkeit zu erfassen, in welcher Lage sich
ein Mensch befindet. Auf diesen Erfahrungen bauen 'Begriffe' wie Gemeinschaft, Dasein, Zusammenhalten auf. Es sind lebendige Begriffe,
die beim Hören Bilder vor Augen führen, in denen Menschen zusammensitzen, zusammen lachen oder weinen, die Sorgen teilen; oder sich
zusammen auf den Weg machen, um etwas gemeinsam zu erreichen. Die
Begriffe der proletarischen Theorie sind Abbildungen von lebendigen
Situationen; - die sich eigentlich nicht 'auf den Begriff bringen lassen'.
Wenn lachende Menschen auf den wissenschaftlichen sterilen Begriff gebracht werden, sind sie keine lachenden Menschen mehr. Begriffe trennen die Menschen voneinander und von sich selbst. Davon wollen proletarische Menschen nichts wissen. Er reicht ihnen, daß sie tagsüber
bei der Arbeit getrennt sind, daß sie oft durch die unterschiedlichen
Arbeitszeiten im Privatleben nicht zusammenkommen können. Begriffe
nützen ihnen nichts. Es müssen Lebenssituationen beschrieben werden,
ganz detaillierte Beschreibungen von Menschen: wie die ihre Arbeit erleben, wie sie reagieren, wenn sie jemand anschreit. Wie sie still dasitzen und gucken. Wenn nur gesagt oder geschrieben wird 'H. sitzt
in ihrem Zimmer und versucht zu lesen. Da geht die Tür auf, ihre Mutter redet laut auf sie ein, daß sie endlich mal im Haushalt helfen soll.
Die Mutter geht wieder raus. H. sitzt da und guckt aus dem Fenster'.
Das würde jeder verstehen, der sich schon einmal in der gleichen Lage
befunden hat. Derjenige kann sich einfühlen und *weiß* aufgrund seiner
Empfindung, was in H.vorgeht. Die Redewendung, die ich bei einfachen Leuten, vielleicht nicht unbedingt nur bei Arbeitern oft gehört
habe 'du machst dir keinen Begriff...' bedeutet, 'du kannst dich nicht
reinversetzen in die Situation, in mich, du müßtest dabeigewesen sein,
es erlebt haben' *Erleben ist in der proletarischen Theorie Begreifen.*
Erleben wird, wenn es nicht mit dem anderen geteilt wurde, sondern
erzählt wird, ganz anschaulich durch genaue Beschreibung der Situation, der eigenen Empfindung, dessen, was man selbst gesagt hat, was
der andere gesagt hat, welche Rolle man selbst gespielt hat, welche
die anderen, usw. vermittelt. *Begriffe proletarischer Menschen sind genaue Abbildungen von Situationen.* Situationen sind etwas, das zwischen Menschen geschieht, Empfindungen, Wahrnehmungen, Handeln,
menschliche Zusammenhänge. Sie werden durch bürgerliche Begriffe
auseinander genommen. Durch Begriffe wie Ich-Identität fühlen sich
Arbeitertöchter vor den Kopf gestoßen. Sie verstehen einfach nicht,
was das heißen soll. Ist das Ich und die Identität etwas Getrenntes?
Was gibt es sonst noch für Identitäten? Überhaupt sind Begriffe der
bürgerlichen Theorie, die in einem Wort etwas ausdrücken, etwas Un-
menschliches, das aus ganzen Menschen Teile macht, wobei die Teile
auch noch isoliert werden durch ein Etikett.

Das Bedürfnis von Arbeitertöchtern ist es, mit Menschen zusammenzusein, menschlich zu leben und sich dafür Wissen anzueignen. Wissen
heißt nicht, sich Begriffe aneignen. Es ist nicht nur das bürgerliche
Wissen und begriffliche Denken, sondern das Begriffliche überhaupt,
das sie stört und auch nicht interessiert. Es ist die Angst, durch Begriffe und wissenschaftliche Sprache zerstört zu werden. Bürgerliche
Sprache, die sich dieser Begriffe bedient, wird als Ausdruck von

Reichtum empfunden, den sie selbst nie hatten.
Die eigene Angst ist Ausdruck von Besitzlosigkeit, die Angst, daß die
eigene Person existentiell durch Sprache (den wissenschaftlichen 'Co-
de') vernichtet werden kann. Angefangen hat diese Angst bei den meisten Frauen auf der Oberschule oder am Abendgymnasium.

"Ne Freundin von mir sagte so, also s würde ne größere Verzweiflung
ausdrücken, wenn man schreit, als so dieses normale Sprechen...
Und *da hab ich gemerkt, daß ich ungeheuren Horror hab vor Leuten,
die Worte so gut einsetzen können, daß sie mit Worten jemand anders
umbringen können...* (das is) eigentlich ne ganz andre Form von Gewalt. Woher hab ich, warum hab ich eigentlich diesen Horror vor solchen Menschen!?... also *angefangen hat's in der Oberschule... Man
diskutiert*" (Roswitha M.,siehe Anhang).

Die Gewalt, die sich hinter der formalen Sprache der Schule und Hochschule verbirgt, beruht auf Eigentum, auf Geld. Und im Bewußtsein
von Frauen, die aus der besitzenden Klasse an die höhere Schule und
Hochschule gekommen sind, zeigt sie sich in ihrem Selbstbewußtsein,
sie drücken mit ihrer Sprache und ihrem ganzen Auftreten aus, daß
ihre Anwesenheit selbstverständlich ist. Die Verzweiflung, von der
Roswitha sprach, beruht darauf, daß Arbeitertöchter immer wieder erfahren haben, wie wenig sie haben, wie wenig wert sie sind im Vergleich zu anderen Mädchen. Sie sagt: "... die andern Verhaltensweisen ... also die hab ich wahrgenommen als n sicheres umgehen können
oder daß es ihnen selbstverständlicher war so bestimmte Sachen ne,...
(daß sie) nich so ängstlich warn ..."

"Wenn ich nur an die B.-Töchter denke, da wirds mir jetzt noch
schlecht, wirklich! N Rechtsanwalt in G., aber die sind mittlerweile
Millionäre, damals hatten se ja schon n paar Häuser ... also die könnt
ich heut noch umbringen ... Und immer vor solchen Frauentypen, auch
an der Uni, hab ich immer Angst gehabt ... immer, immer, immer! Also ... fürchterlich arrogant und fürchterlich schnippisch und ... mit
zwei Worten konnten sie ein' fix und fertig machen ... Einfach, nun
stand der ganze Reichtum hinter ihr...
Was ich da geheult hab, meine Güte!
Ich wurde weder aufgerufen, also ich bin nichts gewesen. Also, noch
nich mal Luft, sondern wirklich der letzte Dreck quasi.", erzählt Christel.

In diesen Erfahrungen kommt die Wertlosigkeit der körperlichen Arbeit
gegenüber der geistigen, die Armut gegenüber dem Reichtum zum Ausdruck. Arbeitertöchter haben unmittelbar erlebt, wie sie als Töchter
von Arbeitern und Arbeiterinnen, die sich bei der Arbeit 'die Finger
dreckig machen' behandelt werden wie ein Nichts. Nicht nur ihre Form,
sich auszudrücken, sich zu wehren, war in der Oberschule nicht erwünscht, sondern es haftete ihnen die Arbeit als Existenzgrundlage
überhaupt als Makel an: in der Schule sowohl wie bei Freundinnen und
deren Familien. Arbeit ist in der bürgerlichen Schule Ausdruck von Armut. Sie gehört da nicht hin. Insofern drückt sich die Verzweiflung,
die bei Arbeitern aus der zerstörerischen Arbeit und der Erfahrung, daß
sie ihr Schicksal mit Arbeit nicht verändern können, bei Arbeitertöchtern schlimm aus. Man sieht ihnen die Arbeit, das Elternhaus an.

"...die warn alle furchtbar schick angezogen und wir hatten damals kein Geld... und dann kam noch hinzu, daß ich damals, um meiner Mutter zu helfen, schon morgens um drei sind wir aufgestanden und haben im Frühjahr Rüben verzogen. Wenn ich dann zur Schule kam, was meinst du, wie meine Fingernägel da schon aussahn, und man konnte den ganzen Dreck überhaupt nich mehr abschrubben..." (Christel)

Immer wieder haben sie ihre Zeit und Kraft darauf verwendet, diesen 'Makel' auszugleichen. Sie sind während der Schulzeit arbeiten gegangen, um in der Schule mit den Klassenkameradinnen mithalten zu können und um die Mutter zu entlasten. Und doch waren sie immer 'anders'. Die Anstrengung, die sie auf sich nahmen, teilte sich in ihrem Aussehen, in ihrem Verhalten, ihrer Sprache mit, so daß sie sich krampfhaft überlegten, wie sie sich unauffällig und wohlerzogen verhalten können, damit die anderen sie akzeptieren und in Ruhe lassen.

Während sie an den Voraussetzungen arbeiteten, um überhaupt zur höheren Schule gehen zu können, konnten die anderen sich Ruhe und Zeit nehmen zum Lernen, zu Vergnügungen, Freizeitbeschäftigungen. Freizeit bedeutet für Arbeitertöchter Arbeit: Arbeit, um der Mutter zu helfen und um Geld zu verdienen (für den Haushalt; für die Schule), Arbeit für die Ruhe in der Familie und in ihrem Kopf, die sie dringend brauchten, um sich auf die geistigen Anforderungen der Schule konzentrieren zu können; und ganz zuletzt Arbeit für die Schule, die sie meistens machten, wenn ihnen vor Müdigkeit die Augen zufielen. Oft haben sie sie auch nicht gemacht, – aus Mangel an Zeit und Ruhe; und vor allem, weil die Schulbildung sie inhaltlich nicht interessierte: Die Arbeit für den Lebensunterhalt und für die Kosten, die höhere Schule verursachte, nahm soviel Raum in ihrem Leben ein, daß sie nicht zum Wesentlichen kamen. Wobei das Wesentliche für sie darin bestand, die Fremdheit und die Anforderungen der Schule in ihrem Kopf zu verarbeiten; die Verzweiflung, die sich aus ihren demütigenden Erlebnissen in der Schule und bei den seltenen Einladungen bei Schulfreundinnen ergaben, 'abzuschütteln'.

"...von...dem psychischen Streß war des ne ungeheure Anstrengung! Also ich kann mich erinnern, in der Oberstufe ... da hab'n wer halt so diskutiert... und ich kam von diesem Wochenende heim und hab mich hingehaun aufs Bett ... und war eine Woche krank ne, – ich konnt nich ne, ich hab nur noch geheult ... und zwar kam das dadurch, daß ich mich nich getraut hatte, da den Mund aufzumachen, obwohl ich dachte, ich hätte was zu sagen ... und daran seh ich einfach, wie das n Streß für mich war ..." (Roswitha, siehe Anhang)

Realschule und Gymnasium war für viele Frauen eine Aneinanderreihung von Demütigungen, in denen sie immer wieder zu spüren bekamen, daß

"Reichtum echt viel ausmacht. Daß jemand noch so doof sein kann, und wenn er reich is, daß er echt besser vorwärts kommt, Und daß Reichtum auch n ganz anderes Bewußtsein schafft, ganz, ganz anders ... Also dieses selbstsichere Auftreten, das habe ich von zu Hause ... nich mitgekriegt" (Christel).

Statt Selbstsicherheit machen Arbeitertöchter in bürgerlichen Bildungsinstitutionen die Erfahrung der Unsicherheit, der Verzweiflung am eigenen Un-Vermögen und der Demütigung, die sich nicht nur im Verhalten, sondern auch im Verhältnis zur eigenen Sprache ausdrückt. Da der eigene Lebenszusammenhang und damit verbundene Erfahrungen vor der

Schultür gelassen werden müssen, wirkt sich diese Negation auf die Sprache zerstörerisch aus. Hierdurch wird die ohnehin schon kürzere, unkompliziertere Ausdrucksweise des Arbeitermilieus zusätzlich 'entsprachlicht' und so verdichtet, bis vor lauter Unsicherheit und Angst nichts mehr übrig bleibt.

"Als ich zur Mittelschule kam,... du hättest mal sehn sollen, wie, – ich bin damals wieder ... gedemütigt gewesen. Also, damals dachte ich, ich könnte überhaupt nich sprechen." (Christel)

Christel bemüht sich, wie die anderen auch, diese Demütigung zu überwinden, indem sie sich anstrengt, den Anforderungen der Schule nachzukommen. Sie geht zu einem Heilpraktiker

"... und der wollte mich trösten, der muß gemerkt haben, wie betroffen ich gewesen bin und der hat sofort gesagt 'die hat doch kein Sprachfehler, die braucht doch nich!' ... die hat, sie spricht ein ... sie hat ein andern Wortklang, – also ich war fertig! Und hinterher hab ich mich nich mehr getraut, mich zu melden und nischt und so weiter ne."

Der Verlust der eigenen Sprache hängt eng zusammen mit dem Verlust der eigenen Erfahrungen, der Lebenswelt im Arbeitermilieu und der unausgesetzten Überforderung durch Verhaltens- und Denkweisen, die Besitz und Herrschaft ausdrücken und die an der Person des Lehrers und der Mitschülerinnen erlebt werden. Marianne sagt über ihre Zeit in der Realschule:

"In er Realschule war nur eine Fabrikantentochter, da, die U.G., schon, daß ich den Namen behalten hab auf all die Jahre. Und das war dann wirklich so, das war ... auch ganz schlimm. Aber ich hab da in er Realschule sowieso die Leidenszeit hoch drei erlebt, so insgesamt. ... Also dieses Gefühl zu haben, 'ich bin da so sehr ausgeliefert', ne totale Überforderung. Und auch so die Lehrerin, mit der ich überhaupt nich klar kam..."

Christel erlebt, wie sie für die Einladungen bei wohlhabenden Mitschülerinnen schon zu Hause zurechtgestutzt wird:

"... immer von Kindheit an dieses Gefühl, weißt du ... auch in der Mittelschule, da warn auch reiche Leute und die ham sich immer wahnsinnig aufgespielt und wenn wir da zum Geburtstag eingeladen waren, dann hat man schon gezittert, mit dem Geburtstagsgeschenk... und ob das Kleid auch hübsch genug ist und da geht man da zu reichen Leuten, Kinder! War das schlimm! und vor Aufregung bin ich schon immer fast geplatzt vorher ... aber wenn man eingeladen war, durfte man die große Ehre auch nicht abschlagen ... hunderttausend... Dinge,... ja nich so viel sprechen und das nicht von zu Hause erzähln und nich erzähln, wie's da aussieht und da is und und so ne..."

Mit der Zeit führen diese Erfahrungen bei den Frauen zu einem kräftemäßigen 'Substanzverlust' und schließlich zum Verlust an Realitätssinn, der mit Worten nicht beschrieben werden kann; den nur jemand verstehen kann, der diesen ganzen Irrsinn der Überforderung durch zwei völlig gegensätzliche Welten und Denkweisen am eigenen Leib – im Kopf – über Jahre hinweg erlebt hat. Man stelle sich vor, Arbeiter und Arbeiterinnen würden täglich mit ihrem Arbeitgeber verkehren, bei ihm einund ausgehen, sich mit ihm – geistig – unterhalten müssen. Die Schizophrenie, die sie in ihrer Arbeitssituation schon empfinden, würde dadurch ins Unendliche gesteigert.

In den Köpfen und im Körper von Arbeitertöchtern verdichten sich die eigenen Anstrengungen und die Demütigungen, die sie oft als Antwort auf ihre Anstrengung erlebt haben, zu der Frage, was sie verbrochen haben, daß sie sich auf diese Weise quälen (lassen) müssen. Das Verbrechen ist ihre Herkunft, ist der Widerspruch zwischen körperlicher

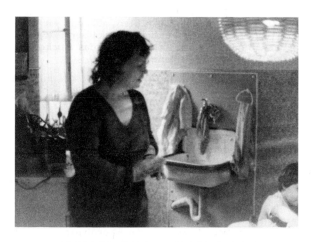

Arbeit (die nach Zeitnormen und Stückproduktion abläuft; die im Menschen selbst Zerstückelung hinterläßt) und geistiger Arbeit, die von Arbeit und schon gar von zerstückelter Arbeit nichts wissen will; die nicht auf die Idee kommt, Zusammenhänge zwischen diesen stückweisen Erfahrungen herzustellen. Die selbstgenügsame und selbstherrliche Art dieser geistigen Bildung, bei der es nur um Diskussionen über höhere, geistige Dinge geht; bei der der Gegenstand sich auflöst in die Fähigkeit, formgerecht zu diskutieren, Standpunkte zu behaupten und zu verteidigen; dabei auf bestimmte Regeln zu achten, die das wirkliche Tun und Empfinden von Menschen noch einmal in Stücke zerreißt, – diese Art der Bildung hat einigen Arbeitertöchtern fast das Rückgrat gebrochen. (Vgl. Hanne und Elisabeth im Anhang)

In ihrem Kopf spielen sich Spaltungsprozesse ab, die ihre Basis in der Spaltung ihres Lebenszusammenhangs haben; in der Schizophrenie ihrer Lebenssituation, die noch schizophrener geworden ist, seit sie zur höheren Schule gegangen sind. 'Quer' zu ihren Spaltungsprozessen, die den Klassengegensatz, die Hierarchie von Lebensbereichen in ihnen ausdrücken, laufen die Prozesse der Zerstückelung und der Zerrissenheit ihres proletarischen Lebenszusammenhangs ab. Sie beruhen darauf, daß sie als Töchter aus Arbeiterfamilien die Zerstückelung des Menschen durch Fabrikarbeit am intensivsten erlebt haben; sie beruhen aber auch darauf, daß sie sich selbst zerrissen haben, um eine Alternative zum Arbeiterdasein der Mutter zu finden. Sie sind unaufhörlich auf der Suche nach mehr Zeit, mehr Raum, nach Menschen, mit denen sie leben können. Die Situation von Arbeitertöchtern ist in mehr als einer Hinsicht schizophren: Früher wurden sie im Elternhaus durch die Arbeit, die das Familienleben beherrschte, am Denken gehindert, jetzt werden sie durch die Gedankenlosigkeit der Wissenschaft gegenüber ihrer Lebenssituation daran gehindert, zu arbeiten und zu denken. Sie haben gelernt, Arbeiten und Denken zu verbinden. Was sie früher tun mußten, wollen sie nicht mehr: sich krampfhaft anstrengen, nachzudenken, zu lesen. Das führte zu verkrampftem Denken. Sie versuchten sich in einer Welt, die aus aufreibenden, endlosen Arbeiten und gemeinsamen Tätigkeiten bestand, zwanghaft im Kopf zu befreien. Was nicht ging, weil die Tätigkeiten und die anderen sie immer wieder störten und Trümmer in ihrem Kopf hinterließen, mit denen sie dann in die Schule kamen. Aber jetzt haben sie die Erfahrung gemacht, daß sie alleine da sitzen mit einem Wust an Gedankengebäuden, mit ihren Gedanken über sinnvolle Arbeit und zusätzlich mit den ganzen Erinnerungen an gemeinsame Arbeitsformen. Das Dasein anderer Menschen, die ähnlich denken wie sie, fehlt ihnen. Ihre Gedanken sind häufig ein Sammelsurium von Erinnerungen an menschlichere, aber auch zerstörte Arbeits- und Lebensformen; von schlechtem Gewissen gegenüber dem Elternhaus, verstärkt durch die Erfahrung, daß die bloß geistige Bildung sich als 'Luftblase' erwiesen hat, für die die ganze Familie 'bluten' mußte; von Sehnsucht nach dieser Gemeinsamkeit in der Arbeiterfamilie, die sie auch in der Hochschule erwartet hatten: eine forschende und lernende Gemeinschaft eben, wie sie im Bilderbuch der bürgerlichen Bildung überall nachzuschlagen ist und wie Christel es sich auch vorgestellt hat:

"(Ich) hab ... gedacht, daß an der Universität nur ganz dolle Menschen sind, Menschen, die gütig, hilfsbereit, denen Geld überhaupt nichts ausmacht ... an er Uni sind nur Leute, die gerne wissen möchten, die gerne erfahren möchten, die forschen möchten, ... überhaupt, die ganze Uni ... war für mich mit Glorienschein..."

VI. Zur Theorie, die bei arbeitenden Menschen in der Arbeit, im gemeinschaftlichen Handeln und in der sinnlichen Anschauung steckt

"Mein Vater, der kann überhaupt auf niemand eingehn, der nich im Grunde identisch mit ihm is. Oder nich seine Erfahrungen hat. Das heißt,Arbeiter können eigentlich weniger .. in Vorstellungswelten leben, in Phantasie-Sozialismus, ... die eher bei Menschen sind, die Bildung haben, während n Arbeiter eher in er konkreten Welt lebt, - wenn er ne Alternative sieht oder .. gesagt bekommt, will er die auch konkret sehn ... Er muß alles sichtbar sehn, .. d.h. alles, was nicht sichtbar is, des hat keine Wahrheit." (Anne)

Ob da nich doch ne Form von Verallgemeinerung drinsteckt, im Denken und Sprechen von Arbeitern?

"Unausgesprochen, so mehr durch den Tonfall, durch das mehr Expressive, ... der drückt es aus 'ja, wir erleben das alles so' oder so ne" (Anne).

"Vielleicht is das auch so, so ne ... Unfähigkeit also, ... wenn man sich nich fähig fühlt oder z.T. auch nich fähig is, sich in dieser Sprache zu bewegen, sich anzupassen, oder so, aber in irgendner Form ja angesprochen wird davon und damit fertig werden muß ..., daß man das dann körperlich irgendwie ausdrückt oder, oder so, also durch diese Unfähigkeit der Sprache, die man noch so drauf hat, da auch so schön reden zu könn' oder so, hat man innerlich sowas, sowas körperliches ..." (Elisabeht, Hausarbeitsgruppe).

"Also, das Gefühl hatt ich bei dem .. immer, daß der im Grunde Wissenschaft unabhängig nahm von sich, daß ich genau das immer kritisiert hab, - die Referate, die er machte, die hatten nie n Bezug zu sich selber, er hat nie eigne Erfahrungen aufarbeiten können, er hat nie unter den Begriffen sich was vorstellen können.
Im Grunde doch nur wieder das Alte: Ausbeutung meiner Arbeitskraft. Keinen Sinn. Der hat keine Sinne (gehabt). Von Erfahrungen will er nichts wissen." (Anne)

"Also, irgendwo lehne ich das ab im Grunde, wenn jemand so mittelschichtorientierte Theorie nimmt, Wissenschaft als etwas, was nicht mit Leben zu tun hat .... normalerweise is das ja der ganz tagtägliche Wissenschaftsbetrieb ... man macht da Forschung, als Professor oder als Assistent, .. man macht Seminare, in erster Linie als Gelderwerb, aber nich, um da jetzt eigne Erfahrungen aufzuarbeiten.
Die Theorien, die man sich aufgrund von erlebten Erfahrungen aneignen kann, sind gründlicher, *die* sitzen tiefer in dir drin." (Anne)

1. Raum und Zeit sind keine inhaltsleeren, bloße Formen des Denkens - sie sind mit Leben und Arbeit, mit Bewegungs- und damit Denkfreiheit gefüllt. Der Raum und die Zeit, die jemand zum Leben hat, bestimmen sein Denken.

Wie Hanne sagt "Ich kann mir nicht Raum im Kopf verschaffen, den ich nicht wirklich habe". Wir leiden an unserer Unfähigkeit, uns frei zu bewegen,aber auch an der Einschüchterung durch wissenschaftliche Begriffe. Ich möchte im folgenden noch einmal die unterschiedlichen Voraussetzungen der bürgerlichen und proletarischen Theoriebildung darstellen; und zum Abschluß zusammenfassend auf die 'Prinzipien' eingehen, die Arbeitertöchter im Kopf haben und die sie in 'Schwarzarbeit' immer wieder gegen die wissenschaftliche Theorie-Bildung anwenden.

Zeit, die zu Geld gemacht wird, - nicht Sinnlichkeit,Leben, Menschlichkeit - ist die Basis der bürgerlichen Wissenschaft. Sie ist Voraussetzung, Ausgangspunkt und Ziel bürgerlichen Denkens.

Wer Geld hat, kann sich Zeit lassen, hat mehr Bewegungsfreiheit, mehr Wohn- und Lebensraum, lernt viele Dinge kennen, die jemand, der wenig Geld und wenig Zeit hat, nicht kennenlernt. Dadurch ergibt sich bei dem, der Geld hat, die Möglichkeit, größere räumliche Distanzen zu überwinden, die ihm im Kopf die Möglichkeit geben, sich größere Räume und Entfernungen vorzustellen. Abstraktes Denken, das große Zusammenhänge im Denken herstellen kann, beruht nicht auf anschaulich erlebten Zusammenhängen. Es gibt dafür im bürgerlichen Denken keine sinnliche Erfahrungsgrundlage; der Raum selbst ist der Vorstellungsinhalt. Das Denken dient als Mittel zum Zweck, den Raum in der Vorstellung zu erfassen, eine Entfernung zu ermessen oder zu überwinden. Die Belohnung für die Anstrengung des abstrakten Denkens beruht bei Kindern aus bürgerlichen Familien auf Geld, auf Geschenken, auf Reisen, auf gesellschaftlichen Positionen, die in der Ferne winken (und die den Lernprozeß unterstützen,weil sie auch zwischendurch gewährt werden).

Das Kind lernt in der bürgerlichen Familie und in der Schule, sich Begriffe und abstrakte Problemzusammenhänge anzueignen, die es nie wirklich erfahren hat. Es muß einen 'Begriff' von etwas bekommen, daß es nicht wirklich sinnlich begreifen darf. Es lernt begreifen, daß es Begriffe gibt, die man nicht begreifen, nur hinnehmen kann ..." (G.Dischner 1974,S.104)

Auf diese Weise erwirbt es nicht Wissen, sondern Vor-Urteile. Es erwirbt kein Bewußtsein, sondern bewußtloses, partikularisiertes Wissen,das neben einer ebenso bewußtlosen eigenen Sinnlichkeit und Alltagserfahrung herläuft und im Kopf auch getrennt von sinnlichen Erfahrungen gespeichert wird.

Bewußtwerdung ist im Gegensatz dazu gebunden an sinnliche Erfahrung dessen, worüber man sich bewußt wird, an die eigene Person und deren Existenzgrundlage. Sie geht aus "von dem in Praxis Erkannten" (G.Dischner 1974,S.108).

"Nur das Vorurteil wird auf eine ganz andere Weise internalisiert, ohne Verbindung mit Praxis, ohne aktive produktive Tätigkeit und ohne 'produktive Anschauung'. Es wird von der übermächtigen elterlichen Instanz akzeptiert und damit wird eine Denkmethode angenommen, die ohne Verbindung mit der Praxis ist, die in der Erfahrung nicht nachprüfbar ist, die sich als 'Denkautorität' repräsentiert durch die Eltern (und später durch die Lehrer, Hochschullehrer, die Verf.) vom übrigen Erfahrungsbereich gelöst und verselbständigt hat" (G.Dischner 1974,S.108).

Damit entpuppt sich das bürgerliche, abstrakte Denken als bloßes Vorurteil, das über das wirkliche Leben, Tun und Handeln des Menschen nicht Bescheid weiß. Mit den Bedingungen, unter denen die abstrakte Begriffs- und Theoriebildung zustande kommt, - wie sie hier von Gisela Dischner genannt werden - sind schon die Bedingungen gekennzeichnet, unter denen sie bei Arbeiterkindern, und besonders bei Arbeitertöchtern, *nicht* entstehen kann. Sie lernen immer in Verbindung mit den produktiven Tätigkeiten (der Mutter, des Vaters, solchen, die sie selbst tun); sie lernen, daß sie sich viele Dinge selbst aneignen, erarbeiten müssen. Und sie lernen, daß ihre Eltern keine übermächtigen, moralischen Größen sind, sondern Menschen, die hart arbeiten, die die Hilfe der Kinder zum Leben brauchen. Fehler, die die Eltern machen, werden nicht moralisch gerechtfertigt oder durch verbale Begründung korrigiert, sondern durch Verhalten zurückgenommen. Das bedeutet nicht, daß Arbeiterkindern ihre Eltern nicht auch oft als übermächtig erscheinen, sondern soll heißen: die Autorität äußert sich auf einer anderen Ebene, die nicht, wie die bürgerliche Autorität, als strenges Gewissen verinnerlicht wird. Es wird relativiert durch die sichtbare Zerschlagenheit, Anstrengung, auch durch die Streitigkeiten der Eltern im Arbeitermilieu. Die Moral,die bei bürgerlichen Eltern oft in Disziplinierung des spontanen Verhaltens der Kinder, in Begründungen und Versprechungen, die auf Geld basieren, besteht, beruht in Arbeiterfamilien auf praktischem Verhalten, Anschauungen und Tun, das ebenso wieder zurückgenommen werden kann. *Grundlage dieser Moral, - auf der die 'Begriffsbildung' basiert - ist die Arbeit* und die eigene Existenzvorsorge. Die Erfahrungen, die damit gemacht werden, sind die Basis des Denkens, also der Begriffsbildung. Der Inhalt des Denkens ist das konkrete Tun. Es löst sich in der Form und im Inhalt nicht vom unmittelbaren Leben ab. Viele Gedanken kreisen darum, wie man sich Dinge beschaffen kann,die einem vorenthalten werden; wie man sie selbst machen kann, - oder wie man den Betrug bei der Arbeit ausgleichen, sich gegen ihn wehren kann. *Praktische Selbsthilfe im Alltag ist die Basis proletarischen Denkens,* das daher immer im unmittelbaren Zusammenhang mit aktiver Tätigkeit und Erfahrung entsteht. *Befreiung aus dem eingeschränkten Leben im Arbeiterdasein ist der Inhalt, der auch die Form bestimmt.* Da diese Befreiung immer nur stückweise gelingt, und mit Rückschlägen und Müdigkeit verbunden ist, zeigt sich diese Bewegung auch im Denken als 'zick-zack' -, als spiralförmige Bewegung; auch als Unfähigkeit, zu denken. Die andere Seite der praktisch gewonnenen 'Begriffe' ist nicht die planvolle Befreiung, sondern die ganz alltägliche Spontaneität, übersprudelnde Lebendigkeit, Ausgelassenheit, humorvolle und heitere Weise, mit dem Leben, das einen oft niederdrückt, zurechtzukommen, die einen wieder unvermittelt und unverhofft hochhebt. Dieser ständige Wechsel, die *unberechenbare Sprunghaftigkeit* bestimmt das proletarische Leben.

Ich habe schon von der Bedeutung der Zeit für das Bewußtsein gesprochen. Zeit ist keine Form der Anschauung, die im Kopf des einzelnen Menschen entsteht. Zeit wird bestimmt durch die gesellschaftlichen Arbeits- und Lebensverhältnisse. Im Arbeiterleben vor allem Arbeitszeit oder arbeitsbestimmte Zeit. Zeit zum Nachdenken ist im Arbeiterleben Luxus. Sie ist ausgefüllt mit Hektik und Müdigkeit; Fröhlichkeit, - die dem Diebstahl an Lebenszeit entgegenwirken soll.
Sie wird im bürgerlichen Leben bestimmt vom Geld, das sich scheinbar von selbst vermehrt (also auch genügend Zeit zum Leben und Nachdenken läßt), das in Wirklichkeit aber die arbeitende Klasse für sich arbeiten läßt, die

dadurch weniger Zeit für ihr Leben hat.

Der Zeitbegriff der bürgerlichen Klasse ist an der Erhaltung und Vermehrung des Geldes und des privaten Besitzes orientiert, an wirtschaftlichem Erfolg also, der sich umschreiben läßt mit der Redewendung 'Time is money'. Das Leben wie das Denken sind darauf konzentriert, zu erhalten und zu vermehren. Der Einzelne ist Teil einer Generationenfolge, in der es selbstverständlich ist, daß er gesichert und risikolos in die Zukunft blicken kann. Diese Sicherheit drücken auch die Begriffe der bürgerlichen Wissenschaft aus: sie sind statisch, nur an einer quantitativen Logik orientiert. Der Zeitbegriff der Arbeiterklasse läßt diese Quantifizierung nicht zu. Zwar wird die Zeit mit quantitativer Arbeit ausgefüllt, aber dieses Quantitative ist etwas, das verausgabt und gegeben wird: Arbeit, Arbeits- und Lebenszeit und – Geld zum Leben. Sie können nicht im eigenen Interesse festgehalten werden, schon gar nicht vermehrt werden. Arbeit und Zeit werden verkauft, zwangsweise 'verschenkt' (als Mehrwert), zum anderen, - privaten - Teil verbraucht. Arbeiter kommen aus diesem Teufelskreis unter den gegenwärtigen Bedingungen nicht heraus. Sie bezahlen immer. Die Zeit, die für die Erholung und Regeneration der Arbeitskraft aufgewendet wird, dient nicht dazu, die Arbeitskraft zu vermehren, sondern ihren rapiden Verschleiß aufzuhalten. *Übrig bleibt dennoch immer weniger als zu Beginn.* Diese Erfahrung wird durchbrochen von persönlichen und geschichtlichen Phasen der Hoffnung, gemeinsam erreichten Erfolgen gegen die Ausbeutung und Vernichtung der eigenen Arbeitskraft. Dazwischen aber treten Erfahrungen der Hoffnungslosigkeit und der Lähmung auf. So können Menschen der Arbeiterklasse sich auf das Quantitative, auf die Anhäufung von Besitz und Geld nicht verlassen, sondern nur auf das Qualitative: die Qualität der eigenen Arbeit, der eigenen Lebenszeit, der Zeit, die mit menschlichem Zusammenleben und Arbeit ausgefüllt ist. Sie gestalten ihre Beziehungen zu Menschen qualitativ, nicht auf der Basis von Verträgen und Zahlungsmitteln. Dieses Qualitative, das sich ausdrückt in vielseitigen Bewegungen, reichhaltigen Ausdrucksformen, gegenständlichen Tätigkeiten für andere Menschen, wird immer wieder unterbrochen von quantitativen, nach Zeiteinheiten ausgerichteten Bewegungen.

Gerda Kasakos schreibt in ihrer sehr guten und aufschlußreichen Arbeit über den Zusammenhang von "Zeitperspektive, Planungsverhalten und Sozialisation" (1971) über den Unterschied zwischen dem Zeitbegriff der Arbeiterklasse und der bürgerlichen Klasse; obwohl sie nicht auf die Basis dieses Unterschieds in der Arbeit zurückgeht, ergeben sich aus ihrer Arbeit für das Zeitgefühl und die Begriffsbildung im proletarischen 'Denken', - im Gegensatz zum bürgerlichen - wichtige Schlußfolgerungen.

> *Das assoziative 'Denk'- Vermögen der Arbeiterklasse*
> *eignet sich in der Phantasie*
> *Erfahrungen, Arbeit und Lebenszeit an*

G.Kasakos beschreibt in ihrer Arbeit ein Experiment, bei dem Kinder in ihrem Spielverhalten beobachtet wurden. Überprüft werden sollte, welches Erziehungshandeln dem Kind ermöglicht, produktiv und sinnvoll zu spielen; wann ein Kind beginnt, ziellos mit dem Spielzeug umzugehen, wann es bewegungslos reagiert und jede Spielaktivität aufgibt; wann der Punkt eintritt, an dem das Kind zerstörerisch mit dem Spielzeug umgeht, schließlich aufgibt und wegläuft. Im Experiment wurde das Spielverhalten systematisch in kurzen Zeitabständen unterbrochen, indem zwei Erwachsene abwechselnd Verbote, Gebote und widersprüchliche Befehle gaben.

Ergebnis dieses Experiments war, daß die Kinder durch das wechselhafte, nicht durchgängige und unberechenbare Verhalten einer Streßsituation ausgesetzt waren, die dazu führte, daß sie schließlich bewegungslos in einer Ecke saßen oder schreiend aus dem Raum liefen. Die systematische Unterbrechung hatte dazu geführt, daß sie zu selbständigem Handeln und Planen völlig entmutigt wurden.

Die Anlage dieses Experiments und seine Ergebnisse entsprechen meiner Ansicht nach exakt den Lern- und Denkmöglichkeiten von Kindern in Arbeiterfamilien. Es ist jedoch, - wenn die wirklichen Lebensbedingungen erfaßt werden sollen, unerläßlich, daß die Zerstörung durchgängiger Spiel-, Arbeits- und Denkprozesse im Arbeitermilieu nicht nur auf die Erziehungspersonen, also die Eltern, zurückgeführt wird, sondern den gesamten proletarischen Lebenszusammenhang erfassen.
In dem Experiment wurde festgestellt, daß der Grad der Produktivität - oder der Regression auf bloß monotone oder destruktive Bewegungen - abhängig ist von der 'Größe des Raumes freier Bewegung' (Kasakos, S. 81) und von der Zeit, die ein Kind für sich hat.
Beides ist, wie ich schon ausführlich dargestellt habe, im proletarischen Leben bestimmt durch die Bewegungsfreiheit bei der Arbeit, durch die Größe und Ausstattung der Wohnung sowie durch die Zeit, die vor allem für sich monoton wiederholende Teilarbeiten verausgabt wird. Das Bedürfnis, sich frei zu bewegen und über die eigene Zeit frei zu verfügen, ist im Arbeitermilieu durchgängig durch ihr Gegenteil, die abstrakte und totale Negation der räumlichen und zeitlichen Bewegungsfreiheit bestimmt.
Wie hier im Experiment durch zwei erwachsene Menschen planvoll den Kindern gegenüber gehandelt wurde, geschieht es im Arbeitermilieu (ohne bewußte Absicht) durch die Menschen hindurch, als Fortsetzung unmenschlicher Arbeitsbedingungen und Wohnverhältnisse. Darin liegt auch meine Kritik an dieser Art von Experimenten sowie deren Darstellung bei G. Kasakos: dort werden Menschen künstlich isoliert von konkreten, alltäglichen Lebensbedingungen untersucht; und Faktoren wie Zeit- und Bewegungsfreiheiten werden dem persönlichen Verhalten von Menschen zugeordnet, so, als könnten diese frei darüber verfügen, wie sie ihr Leben ordnen und planen wollen.

Die Unberechenbarkeit liegt im proletarischen Lebenszusammenhang, nicht in den Menschen - durch sie äußert sie sich, - sondern in der ganzen Enge und Unfreiheit des Lebens und der Arbeit: im Maschinenlärm, im wechselnden Maschinenrhythmus, in der Unsicherheit des Arbeitsplatzes, in hellhörigen Wohnungen, Straßenlärm, im begrenzten Wohnraum, in dem die Menschen ständig an die Gegenstände stoßen, sich gegenseitig durch ihre Bewegungen und Tätigkeiten stören; durch unterschiedliche zeitliche Arbeits- und Lebensrhythmen.
(Während das Kind sich gerade hingesetzt hat und versucht, sich zu konzentrieren, geht die Tür auf, Mutter oder Vater kommen von der Arbeit nach Hause. Ihre Gereiztheit, Lautstärke, Unruhe, die sie aus dem Betrieb mitbringen, überträgt sich sofort auf das Kind, da es ja nicht in einem abgeschlossenen Raum, in einer weiträumigen Wohnung sich aus allem zurückziehen kann).
Kurz: das ständige Aufeinanderprallen der unterschiedlichen Arbeits- und Zeitrhythmen führt dazu, daß die Menschen unfähig werden, rücksichts- und planvoll an den anderen zu denken oder auf ihn einzugehen, - in der Weise, daß jeder etwas für sich tun kann. Die gegenwärtige Lebenssituation von Arbeitern und ihren Kindern verhindert, daß sie gemeinschaftlich produktiv arbeiten und denken; sie verhindert andererseits aber auch, daß jeder Einzelne für sich produktiv wird. Der proletarische Lebenszusammenhang

zerreißt den Einzelnen. Es erfordert eine unmenschliche Kraftanstrengung, gemeinschaftlich, durch assoziative Tätigkeiten 'Hand in Hand' - arbeiten, ein zufriedenstellendes Produkt/Ergebnis für eine Arbeit zu finden. Und es erfordert eine noch unmenschlichere Anstrengung, wenn ein Einzelner es versucht. Ich habe immer wieder darauf hingewiesen, wie besonders Arbeitertöchter dieser Zerrisssenheit hilflos ausgeliefert sind; und wie sie sich durch ihre Erziehung damit abplagen, innere Ausgeglichenheit und Denkfähigkeit herzustellen. Der Preis dafür ist meistens ihre eigene Zerrissenheit, - mit der sie doppelt und dreifach alleine gelassen werden. Jeder Versuch, alleine die eigene Zerrissenheit im Kopf aufzuheben, ist zum Scheitern verurteilt. Das Individuelle ist im proletarischen Leben das Unwirkliche. Durch ihren Versuch, geistige Aufgaben zu bewältigen, verlieren Arbeitertöchter völlig den Kontakt zu ihrer Umwelt, wie überhaupt zur Wirklichkeit. Die Zerstükkelung des lebendigen Vermögens, damit auch des Denkvermögens im Arbeiterleben, ist eine andere, als die Zerstückelung durch Ideen und Begriffe. Zerstückelung findet im Betrieb und in der Familie direkt gegenständlich und sinnlich, direkt körperlich und im Kopf spürbar statt. Beziehungen zum Gegenstand werden unterbrochen durch Teilarbeiten und durch die Wegnahme des Arbeitsprodukts (also zweifache Zerstückelung schon auf dieser Ebene). Diese Zerstückelungs- und Enteignungsprozesse im täglichen Leben setzen Widerstände zwischen den Menschen und den Gegenstand. Also auch auf dieser Ebene schon das Unwirkliche, - nämlich, daß man nur ein Stück bearbeitet, daß einem noch nicht einmal gehört. Dazu kommt die Zerstückelung dieser Prozesse im Kopf der einzelnen Frauen durch Begriffe und Bildungsinhalte, die entweder nichts mit ihrem Leben zu tun haben, oder dieses Leben auf einer abstrakten Ebene 'auf den Begriff bringen'. Diese Zerstückelung durchkreuzt ständig die andere, die durch Arbeit und Leben erfolgt. Sie führt zur inneren Isolation und zu einer immer phantastischeren Wirklichkeit. Für *Arbeitertöchter* wirkt sich dieser Prozeß um so verheerender aus, als sie sich aus dem direkten Einbezogensein in das Leben der anderen nicht zurückziehen können. *Ihre Zerrissenheit und ihr Kräfteverschleiß wird durch bürgerliche, geistige Bildung noch perfekter als die der Arbeiterfrau im proletarischen Leben.*

Sie verlieren in regelmäßigen Abständen das Bewußtsein - den bewußten Kontakt mit der Realität - und gleichzeitig damit die Beherrschung über ihren Körper, ihr Denken, ihre Sprache. Es ist der Ausdruck einer ungeheuren Überforderung ihrer Kräfte und ihres Denkvermögens. Die Überlagerung des proletarischen-gemeinschaftlichen Denkens durch das bürgerliche-individuelle Denken führt zu Reibungen, die Kräfte scheinbar für nichts, ohne sinnvolles Ergebnis verbrauchen. Dadurch können sie auch nichts festhalten, ihre Erfahrungen in feste, geordnete Begriffe und theoretische Aussagen fassen. *Ihre Theoriebildung ist 'anarchistisch', - sie verändert sich spontan mit jeder Veränderung der Situation und der eigenen Empfindung: sie ist überhaupt nicht in einen Begriff zu fassen oder auf eine einheitliche Logik zurückzuführen.*
Sie ist der direkte Ausdruck ihres Lebens, das ständigen Schwankungen und unberechenbar wechselnden Anforderungen unterliegt. Sie basiert auf zeitlich bedingten und zeitlich veränderbaren Assoziationen, die direkt aus ihrem Handeln und ihren Erfahrungen entstehen. *Ihre Begriffe sind vorübergehende Verbindungen zwischen ihrem Tun und den Erfahrungen,* die sie dabei mit Gegenständen und Menschen machen.

Proletarische Theoriebildung bei Arbeitertöchtern bedeutet, daß die im Elternhaus erfahrene Zerstückelung der Arbeit, des Lebens und der Menschen und die Erfahrung, daß ihnen nie etwas gehört, - sondern wenn, dann allen gemeinschaftlich zur Verfügung steht, sich auch in ihrer Begriffs- und Theoriebildung ausdrückt. Sie können sich im Kopf nur Besitz und Raum - in Form von geistiger Arbeit - verschaffen um den Preis, den Kontakt zu ihrer proletarischen Umwelt (später: ihrer seelisch verarbeiteten proletarischen Erfahrung) zu verlieren, schließlich sich selbst in dem unverstandenen Wust an Begriffen zu verlieren.

Auf der anderen Seite können proletarische Erfahrungen und Wissen,das sie sich im Prozeß ihrer Erfahrungen angeeignet haben, nicht mit den Begriffen der bürgerlichen Wissenschaft festgehalten werden. Voraussetzung dafür wäre Privateigentum des Einzelnen - über das besonders Arbeitertöchter in sehr geringem Ausmaß verfügen - dessen ideeller Ausdruck das Begriffliche, logisch Geordnete ist. Die Logik des Privateigentums ist: Aufbauen, Festhalten, Vermehren. Diese ist der Logik des gemeinschaftlichen Eigentums - wozu alles menschliche Vermögen mit seinen Äußerungs- und 'Erkenntnis'formen zählt - total entgegengesetzt. Daran ändern auch Formen des neuen Wohlstandsbesitzes bei Arbeitern nichts, - denn diese sind meistens nicht bezahlt, vermitteln schon aus diesem Grund kein Gefühl des Privateigentums, noch weniger ein Gefühl der Sicherheit. Sie sind Anleihen der bürgerlichen Lebsnweise, die ohne grundlegende Basis im proletarischen Leben unsicher und oberflächlich bleiben. Sie führen im Gegenteil zu zusätzlicher Unsicherheit, Zerrissenheit und Zerstückelung der Arbeiterkultur. Sie sind nicht Ausdruck eines proletarischen Bedürfnisses und nicht verwurzelt im proletarischen Menschen.Das Bewußtsein,daß dieser 'Wohlstand' Betrug ist und dem eigenen Bedürfnis nach Gestaltung und Ausdruck der eigenen Arbeit gegenüber unecht ist, bleibt. Arbeiter können bürgerliche Statusmerkmale, - zu denen auch das Denken, das Begriffliche gehört, nicht übernehmen, da ihnen hierzu die Basis fehlt. *Proletarische Erfahrungen werden - im Gegensatz zu bürgerlichen - im Menschen und in seinem Tun selbst festgehalten;* bürgerliche Erfahrungen werden technisch und begrifflich veräußer(lich)t und verkauft. Im proletarischen Begriff (= der Mensch) kann man seine Erfahrungen und seine Eigenschaften unmittelbar, direkt und spontan erfassen; im bürgerlichen Begriff fehlt die Erfahrung; er ist im Gegenteil bloße Form, der vor Erfahrungen schützt und sie nicht anschaulich macht.

Die 'Versinnlichung' der Theorie nach den Erfahrungen der Menschen hin (vgl. H.Berger u.a. 1978) würde bedeuten, daß sie es aufgibt, Erfahrungen auf den Begriff zu bringen, die als Privateigentum (der Wissenschaftler) und als 'Verfügungsmasse' akkumuliert und verwendet (verkauft) werden. Bei proletarischen Menschen ist der Prozeß der 'versinnlichung' nicht notwendig, weil sie nichts als ihre Arbeitskraft, sich als Menschen haben, - also Basis ihrer Theoriebildung immer die Natur und die Sinnlichkeit des Menschen sind. Sie beruht auf der Identität von Mensch und Gegenstand, von Denken und Dasein, Sprache und Tun.

J.Heydorn beschreibt das Verhältnis der bürgerlichen Bildungstheorie zu gegenständlichen Erfahrungen analog des Verhältnisses von Herr und Knecht: "Der Herr ... bezieht sich mittelbar durch den Knecht auf das Ding ... Für den Herrn ist das Ding nur Gegenstand der Begierde, er hat den Knecht zwischen sich und das Ding geschoben, er bezieht sich auf das Ding nur durch den Knecht, und auf den Knecht durch das Ding. *Der Begierde des Herrn fehlt die gegenständliche Seite* ..., der Herr schließt sich nur mit der Unselbständigkeit des Dinges zusammen und genießt es rein; die Seite der Selbständigkeit aber überläßt er dem Knechte, der es bearbeitet" (J. Heydorn 1973).

Die bürgerliche Bildung - der bürgerliche Mensch - hat ein reines (= formelles) Selbstbewußtsein, ohne wirklichen Gegenstand und Erfahrung mit dem Gegenstand. Erfahrungen können nur durch Arbeit, durch engen Kontakt mit einer Sache, einem Menschen gewonnen werden. Den Kontakt mit dem Gegenstand, seine Bearbeitung, überläßt das Bürgertum den Arbeitern, die daher ein gegenständliches, inhaltlich durch Arbeit geprägtes Selbstbewußtsein haben. Sie kennen sich aus mit der Natur, mit der gegenständlichen Umwelt, mit dem Menschen. Ihre 'Theoriebildung' beruht daher auch unmittelbar auf der Identität mit den Menschen, die wie sie arbeiten. Die Zerrissenheit des proletarischen Denkens resultiert daraus, daß sie an dieser Identität immer wieder gehindert werden; dennoch machen sie positive Erfahrungen.

Durch die Unterbrechungen und Widerstände, die 'von oben' zwischen die arbeitenden Menschen und ihren bearbeiteten Gegenstand sowie zwischen die Beziehungen der Menschen 'eingebaut' werden, wird ihr Versuch, durch gemeinschaftliches 'Wiederzusammensetzen' der Stücke, eine produktive Arbeit und Erfahrung herzustellen, zerstört. Ihre Interessengleichheit untereinander und die Identifikation mit der Arbeit (und ihren Ergebnissen) wird zu einem mühseligen Prozeß. Das gemeinschaftliche Verfügen über zersplitterte Arbeitsergebnisse und Fähigkeiten beinhaltet unter den gegenwärtigen Arbeits- und Lebensbedingungen zugleich die fortgesetzte Zersplitterung der Persönlichkeit des Einzelnen, da er parallel zur Gemeinschaftsarbeit der vereinzelten, ihn gegen die anderen isolierenden Arbeitsweise ausgesetzt ist, die alles von ihm alleine fordert. Die lineare Zeit der bürgerlichen Produktionsweise, die nur an quantitativem Fortschritt, – an Mehrwert und Vermehrung des Kapitals/Privateigentums - orientiert ist, durchbricht die prozeßhafte Zeit der proletarischen Menschen, die in gemeinschaftlichen 'Suchbewegungen' ihre Fähigkeiten im Handeln und Denken assoziieren, – was heißen soll: zu einem Gesamtvermögen an Besitz, Arbeitskraft und Denkvermögen 'zusammenlegen'. Also werden Ansätze von Güter- und Produktionsgemeinschaften durch die private Produktion und Lebensweise der bürgerlich-kapitalistischen Gesellschaft immer wieder zerstört. Daraus ergibt sich aber, daß Reste an gemeinschaftlicher Arbeit und Vergegenständlichung von diesem Zerstörungsprozeß übrigbleiben, - die neue 'Suchbewegungen' in Gang setzen.

Das assoziative Tun und Denken proletarischer Menschen ist gegenwärtig der Versuch, sich die ihnen gestohlene Zeit wieder anzueignen und mit ihren Fähigkeiten, ihrem Sachverstand und ihrer Phantasie zu gestalten. Das Gemeinschaftliche, Assoziative, das aus freien Stücken und gemeinschaftlich entsteht, ist gegenwärtig nicht möglich. Es wird von der stückweisen Arbeit, die vor allem nach quantitativen Werten entlohnt wird, von dem nach diesen quantitativen Werten funktionierenden Maschinenrhythmus (Schläge und Bewegungen, die von den Maschinenteilen pro Zeiteinheit auf den gesamten menschlichen Organismus, auf alle seine Sinne einwirken) und dem dabei erzeugten Lärm zerrissen, die in den Körper und in den Kopf proletarischer Menschen eindringen.

So führt der Versuch, durch assoziative qualitative Arbeit diesem unmenschlichen Maschinensystem entgegenzuwirken, zu einer doppelten Anstrengung. Das Qualitative soll in der gestohlenen Zeit - heimlich, in Schwarzarbeit - hergestellt werden; es unterliegt dabei der Arbeitszeitnorm der Industrie. Dadurch wird der Raubbau an Körperkräften und Denkfähigkeit noch größer; der Versuch, durch assoziative Arbeitsformen, durch gemeinschaftliche Erfahrungen und Phantasie den Diebstahl an der eigenen Lebenszeit zu 'rächen', damit menschliche Empfindungen und Bedürfnisse gegen den Terror der fremdbestimmten Zeit, - die linear verstreicht und die jeder einzelne Arbeiter an seinem Leben 'abstreicht' - zu setzen, erzeugt im Gehirn (und im menschlichen Zusammenleben) Erscheinungen von Irrsinn. In ihnen werden Stücke der Realität und der Phantasie zu Assoziationsströmen verarbeitet, in denen es nicht mehr gelingt, etwas festzuhalten, in denen aber die Realität um so schärfer durchschaut wird. In ihnen verdichtet sich der Druck, der bedingt ist durch die Norm abstrakter Arbeit und Zeit; durch die engen Lebensverhältnisse und das dagegen arbeitende Bedürfnis nach qualitativer Arbeit. Unter einem Übermaß an Erfahrungen, die nicht verarbeitet werden können, kommt es zu explosivem Verhalten oder zum Ersticken an Erfahrungen; zugleich drückt das Verdichtete, das darin zum Ausdruck kommt, das Bedürfnis nach qualitativer Erfahrung aus; das Bedürfnis nach solider und gründlicher Arbeit; nach Tun, das wichtiger ist als Denken und Worte. Das sind im proletarischen Leben Phasen der überschäumenden, sich überschlagenden Aktivität, die meistens auf ihrem Höhepunkt wechseln mit Phasen der Müdigkeit und Lähmung (vgl. die Erfahrungen mit Hanne M.; Elisabeht; die auf dem Höhepunkt ihrer Aktivität und ihres Wunsches,produktiv zu werden, zusammengebrochen sind, - in deren Erfahrungen ich meine eigenen und die meiner Familie wiedererkannt habe; und aufgrund derer mir diese Zusammenhänge in ihrer ganzen Bedeutung für proletarische Denkprozesse noch deutlicher geworden sind).

Auch die Besitzlosigkeit und das Gefühl der eigenen Wertlosigkeit bewirken die schon angedeutete *Gegenständlichkeit* des proletarischen Denkens, indem zugleich der Gegensatz, - der Wert der eigenen Arbeit,der Stolz auf Qualitätsarbeit, der Besitz an Wissen und Kenntnissen sowie das Bedürfnis nach dem Besitz des bearbeiteten Gegenstands zum Ausdruck kommt. Es äußert sich nicht abgelöst vom Gegenstand, nicht auf der Ebene austauschbarer Waren. Der Gegenstand, den Arbeiter und Arbeiterinnen bearbeiten, ist für sie eben nicht austauschbar; auch der Mensch als Gegenstand ihres Lebens und Denkens ist es nicht. So bleiben ihr Denken und ihre Sprache immer dem konkreten Gegenstand verhaftet. Sie hängen an den Gegenständen, die sie haben und sie hängen an den Menschen, mit denen sie leben. Damit ist auch ein weiterer Aspekt angesprochen, der für das proletarische Leben und Denken wesentlich ist: die *Totalität.* Wie H.Ortmann schon am Beispiel von menschlichen Beziehungen im Arbeitermilieu beschrieben hat, umfassen diese immer den ganzen Menschen; alle seine Sinne und sinnlichen Äußerungen, sein Verhalten, seine Arbeit, seine Gedanken. Sie lassen nicht zu,daß einzelne Aspekte ausgeklammert werden. Entweder man steht zu einem Menschen oder nicht; sprachliche Differenzierung und Distanzierung ist nicht zugelassen. Entweder man begreift einen Menschen oder nicht. Das proletarische Leben verläuft nach diesem Entweder-Oder. Es beruht auf der Erfahrung, daß man nur seine Arbeitskraft hat, sie stückweise verkaufen und zerstören lassen muß. Und daraus resultiert: entweder jemand steht einem bei oder nicht, entweder man wird so genommen wie man ist, oder gar nicht. Man hat keine Wahl. Es drückt den Versuch des Widerstands gegen diese Zerstörung aus, indem es zum Ausdruck bringt, daß es sich nicht mit der eigenen Besitzlosigkeit - durch Zerstörung der Arbeitskraft und -produkte; durch Enteignung von Arbeit, Lebensraum und -zeit - begnügt, sondern das Ganze fordert. Es drückt auch wieder - defensiv - ein Bewußtsein der eigenen Menschlichkeit aus, die überall mit Füßen getreten wird. (Totalität im Verhalten und Denken ist die Kehrseite der Identität mit dem Gegenstand, die auf der genauen Kenntnis des Gegenstands und der Methoden der Bearbeitung beruht).

Negt/Kluge sehen in diesem 'dichotomischen' Bewußtsein - das ich hier totalitäres Bewußtsein genannt habe - eine defensive Reaktion auf die bürgerliche Öffentlichkeit, die Arbeitern verbietet, ihre wirklichen Erfahrungen bei der Arbeit zur Geltung zu bringen und sich auch in der übrigen gesellschaftlichen Öffentlichkeit so auszudrücken, wie es ihren Erfahrungen entspricht. Die erzwungene Unterordnung erzeugt dieses 'Totalitätsdenken', das die gesellschaftliche Wirklichkeit in zwei Lager – die Besitzenden und die Nicht-Besitzenden; die Ausbeuter und die Ausgebeuteten – einteilt; die dieses 'Lagerdenken' auch auf der Ebene der unmittelbaren menschlichen Beziehungen reproduziert: 'entweder du gehörst zu mir, oder du gehörst zu den anderen'. Darin drückt sich auch die Angst aus, das Wenige zu verlieren, das ihnen gehört: ein Mensch, zu dem sie Vertrauen haben können. Ihr Vertrauen zum Menschen wird ihnen täglich bei der Arbeit im Betrieb, in ihrem Kampf um's Dasein 'abgekauft'. Sie können es nicht riskieren, noch mehr zu verlieren; daher das unbedingte Zusammenhalten und Sichabgrenzen nach außen.

Negt/Kluge sehen einen Widerspruch zwischen diesem Wunsch nach Vereinfachung menschlicher Beziehungen und Organisationsformen und dem Umgang mit Gegenständen: "Bei der Anordnung von Maschinen oder dem Umgang mit anderen komplexen Gegenständen besteht keineswegs ein unbedingter Wunsch nach Vereinfachung. Bei technischen Gegenständen besteht häufig geradezu ein Wunsch nach Komplizierung... Man kann ... annehmen, daß der Wunsch nach Vereinfachung keinem originären Bedürfnis entspricht, sondern lediglich Abbild einer gegenwärtigen defensiven Erfahrung der Arbeiter mit der bürgerlichen Öffentlichkeit ist. Es ist damit nicht gesagt, daß die Erfahrung der vergegenständlichten Realität selber in irgendeiner Hinsicht vereinfacht erlebt wird..." (Negt/Kluge 1972, S. 80/81, Anm. 59)

Totalität hat bei der gegenständlichen Arbeit die Bedeutung von qualitativer, gründlicher Arbeit. Dieses Bedürfnis setzten einige Arbeitertöchter an der Hochschule immer wieder gegen die vereinfachende Arbeitsweise der Wissenschaft durch. Ihr Bedürfnis war, einen Gegenstand gründlich und umfassend zu bearbeiten; nicht an der Oberfläche oder bei Ausschnitten zu bleiben. Auch hier wieder das Bedürfnis, den Menschen und seinen Lebenszusammenhang als Ganzes zu erfassen.

Das bedeutet: ihr Scheitern an der Hochschule ist darin begründet, daß sie zu viel wissen, daß sie zu gründlich und umfassend arbeiten wollen. *Wenn man Wissen als etwas Qualitatives betrachtet, als Qualität für das eigene Leben, dann liegen ihre Schwierigkeiten an der Hochschule darin, daß sie wissen wollen; daß sie sich ein Bewußtsein für die Qualität der Arbeit und des Menschen bewahrt haben und erwartet hatten, daß sie an der Hochschule eine Lehre in der Herstellung von Erfahrungen und Wissen machen.*

Die Wissenschaft an der Hochschule macht es sich zu einfach. Sie vereinfacht die Gegenstände in unzulässiger Weise. Sie behandelt sie nur geistig, mittelbar, quantitativ. Arbeitertöchter haben gelernt, *direkt* mit dem Gegenstand zu arbeiten. Ihre Verbindung mit einem Gegenstand wie mit den Menschen wurde in ihrer Erfahrung hergestellt über Arbeit. Dadurch erst wird ein Gegenstand gründlich erfaßt, von allen Seiten – durch gemeinschaftliche, assoziative Arbeit – abgetastet, erkundet; dadurch werden Menschen in ihrem Wesen zugänglich. Das ist ihre Erfahrung und ihre Theorie; ihre Vorstellung vom Wissen um einen Menschen.

Die Wissenschaft schaut sich Gegenstände und Menschen nur an. Sie macht sich dadurch – notwendig – ein falsches Bild, weil sie weder den Gegenstand berührt noch die Arbeit, noch die Methoden der praktischen Arbeit und dabei gemachter Lernprozesse wirklich kennenlernt. Sie ist aus dem Kopf, aus der Betrachtungsperspektive von oben abgeleitetes Bewußtsein. Das ist der Grund, warum besonders Arbeitertöchter, deren Leben immer aus Arbeit und Besitzlosigkeit bestanden hat, – unermüdlich mit ihrer eigenen Kraft daran arbeiten, eine Sache wirklich gründlich zu begreifen. Diejenigen, die das Studium beenden, haben immer das schlechte Gefühl, bei der Sache 'geschludert', den Abschluß und die Noten nicht aufgrund eigener Arbeit verdient zu haben.

Mit diesem Gefühl, etwas 'nachgeschmissen' oder geschenkt zu bekommen, taucht gleichzeitig in ihrem Kopf das Gefühl des 'Klassenverrats' auf; wobei dieses Gefühl sicher auch daraus herrührt, daß im Arbeiterleben nie etwas als Einzelleistung entsteht, sondern daß vor allem qualitative Arbeit nur aufgrund kollektiver und kooperativer Tätigkeiten 'fertig' wird. Also entspricht ihr Studium, das sie im Alleingang, nicht mit Angehörigen ihrer Klasse gemacht haben, nicht den Normen von Qualitätsarbeit, wie sie im Arbeitermilieu herrschen. Dazu kommt, daß proletarisches Tun und Denken den Gegenstand in seiner gegenständlichen Seite behandelt, das dem Gegenstand seine Selbständigkeit bewahrt.

Natur wird im proletarischen Leben viel eher sich selbst überlassen – sie wird angeschaut und in sich aufgenommen; aber sie unterliegt nicht dem Drang der Aneignung und Unterwerfung unter ausbeuterische Prinzipien wie in der bürgerlichen Welt. Arbeiter und ihre Kinder genießen die Natur. Kinder spielen mit der Natur, nehmen sie in die Hand, – aber sie zerstören sie nicht (nicht von sich aus). Natur wird im 'unzivilisierten' Zustand gelassen. Das betrifft auch die Natur des Menschen. Sie wird unkompliziert und auf einfache Weise akzeptiert wie sie ist; nicht durch Disziplinierung und durch psychologische Interpretationen moralisch unterworfen, deformiert und gebrochen. Auch das ist eine Erfahrung, die Arbeitertöchter an der Hochschule irritiert: daß ihre natürliche Art nicht akzeptiert wird, sondern dem Zwang der Rechtfertigung und der psychologischen Erklärung unterworfen wird.

Sie haben gelernt, den Menschen sprechen zu lassen, – ihn in seinem Mitteilungsbedürfnis zu verstehen; ihn zu lassen mit seinen Erfahrungen. Bürgerliches Denken versucht, sich die Sprache des Menschen anzueignen, ihn in seinen sprachlichen Äußerungen zu erkennen, zu interpretieren, nach richtig oder falsch zu beurteilen; sein Gegenstand ist die unablässige Veränderung und Zerstörung des Menschen.

Die bürgerliche Wissenschaft ist proletarischen Menschen zu ernsthaft. Sie beschäftigt sich jedoch nicht etwa auf eine ernsthafte Weise mit dem Menschen, sondern sie ist ernsthaft-verbissen darum bemüht, die geistige Wahrheit über Menschen zu entdecken und den Menschen nach diesem geistigen Bild umzuformen. Sie kann ihn nicht seinen Bedürfnissen und Erfahrungen überlassen; sie hat Angst vor ihm.

Die Wahrheit proletarischer 'Theorie' beruht auf dem Menschen, auf seinen Bedürfnissen, seiner Arbeit, seinem Tun. Die Wahrheit beruht für sie auch auf Heiterkeit, Vergnügen, Phantasie. Die Wahrheit der bürgerlichen Wissenschaft ist eine verbissene geistige Wahrheit, die sich nur im Kopf herstellt, über deren Irrtümer gegebenenfalls nicht einmal gelacht werden darf. Arbeitende Menschen brauchen das Lachen und die Heiterkeit zum Leben. Sie brauchen Raum und Zeit für freischwebende Gedanken, für Phantasie, – Phantasie und Lachen sind für sie das, was zählt: die Wahrheit, die sie am Leben erhält.

Besonders in den Begegnungen mit Anne ist mir aufgefallen, welche Bedeutung für uns Arbeitertöchter – wie natürlich für alle Menschen, die mit uns das Arbeiterdasein teilen, – das Lachen und die Heiterkeit hat. Eine Erkenntnis, die die Unterhaltungsindustrie der Wissenschaft voraus hat. Anne sagt, intuitiv hätte sie am Lachen meine Herkunft aus der Arbeiterklasse erkannt:

dieses impulsive, vorpreschende, das für uns bedeutet, aus bedrückenden und quälenden Erfahrungen auszubrechen. Als wir uns alle gemeinsam trafen, haben wir manchmal quälende Gespräche über unsere Erfahrungen geführt; dann plötzlich brach eine von uns in ein befreiendes Lachen aus, mit dem wir die belastenden Erfahrungen und unsere Verkrampfungen durch ein zu ernsthaftes Bemühen um die Wissenschaft abschüttelten.

In der 'proletarischen Wissenschaft' ist alles zugelassen. Die unkomplizierte Art, mit dem menschlichen Vermögen umzugehen, – die Reichhaltigkeit an menschlichen Äußerungen und Bedürfnissen als unveräußerbares Vermögen des Menschen zu sehen, darauf beruht ihr Erkenntnisvermögen und ihre Wahrheit. Die Aussage: in der proletarischen Wissenschaft ist alles zugelassen bedeutet nur für jene, die gewohnt sind, daß es in ihrem Denken universelle Maßstäbe der Vernunft und des Denkens gibt, die auf alles anwendbar sind, daß eine Wissenschaft, die vom Menschen und in diesem Fall, von einfachen und ärmlichen Menschen, denen nicht einmal ihre Arbeits- und Denkkraft gehört, ausgeht, – ohne Regel und Vernunft geschaffen wird. Ein Ausweg aus dem schlechten Gewissen der bürgerlichen Wissenschaft und Welt kann nicht darin bestehen, mehr Arbeitertöchter an die Hochschulen zu holen und alles beim Alten zu lassen. Gegenstände der bürgerlichen Wissenschaft sind Wertgegenstände, die teuer sind aufgrund einer Verfügung (sgewalt) der herrschenden Klasse, die auch die Wissenschaft beherrscht. Wertgegenstände von Arbeitern und ihren Kindern sind ihr lebendiges Vermögen, das sich ausdrückt in qualitativer Arbeit und ihrem Bedürfnis, einer Sache 'auf den Grund zu gehen'. Sie muß an der Hochschule zugelassen werden, – damit sich das Niveau der Wissenschaft in dieser Hinsicht erhöht und Arbeitertöchter überhaupt Lust haben, an die Hochschule zu gehen.

2. Der Mensch, vor allem aber der Arbeiter, ist in marxistischen Konzepten ein 'verallgemeinerter Intellektueller' (Joas, 1978)

Der Aufstieg der 'sinnlichen Erkenntnis' zum 'begreifenden Erkennen' (K. Holzkamp 1973) ist ein theoretisches Stufenkonstrukt, demgegenüber die 'einfache' sinnliche Erkenntnis der arbeitenden Menschen und ihrer Kinder etwas völlig anderes ist.
Eine Theorie, die davon ausgeht, daß Arbeiter sich zum 'begreifenden Erkennen' über mehrere Stufen des Wahrnehmens, Denkens und schließlich Begreifens hinaufarbeiten müssen, – durch organisierte (Massen) Praxis, die kritisch die gesellschaftlichen Klassenverhältnisse und -widersprüche durchschauen soll, nimmt in Gestalt ihrer Vertreter in Ruhe weiter "studieren, schreiben, aufklären, seine soziale Identität wahren, eine Entlastung von den zentralen Widersprüchen erhoffend" (P.Mattes 1977). Denn: Arbeiter, die täglich die Arbeitswelt erfahren, haben ihre eigene Art, Widersprüche zu durchschauen, – in diesem Sinne also eine umfassende Praxis zu haben. Ihr Erkenntnisantrieb ist nicht 'begreifendes Erkennen' und Nachvollziehen der historischen Funktionsanalyse der Wahrnehmung, sondern praktische Veränderung ihres Lebens, dort, wo es nötig ist, – das geschieht unmittelbar (nach lange aufgestauter Wut) und spontan. Theorien, die das – kognitive – Wissen in den Vordergrund stellen, und die so

tun, als gäbe es nur einen Weg, zu begreifen, was mit dieser Gesellschaft nicht in Ordnung ist, können für Arbeiter nicht brauchbar sein, im Gegenteil, sie zerstören die *'Erkenntnisinteressen'* von Arbeitern, deren Äußerungsformen und Sprache elementar.
Fangen diese bei existentiellen Fragen und Menschenwürde an, bei unmittelbar praktischen und dringlichen 'Magenfragen', so ist das 'Erkenntnisinteresse' der aksdemischen Theorie (vom stufenweisen Denken und Begreifen) die noch allseitigere Entwicklung einer dünnen akademischen Klasse. Hier zeigen sich in der Tat zwei sehr unterschiedliche Erkenntnis'antriebe': "der Proletarier hat einen durch seine Lebenslage objektiv bedingten 'Erkenntnisdruck', während der Erkenntnisdruck des Wissenschaftlers'demgegenüber geradezu künstlich'" (Negt/Kluge 1972,S.55) erscheint. Dem Arbeiter geht es darum, seine Erfahrungen mit anderen (nicht mithilfe der marxistischen Theorie, wie Negt/Kluge und Holzkamp meinen) zu organisieren, um seine Lage zu verändern; wobei die Organisationsformen möglicherweise ganz anders aussehen als die der 'Arbeiterbewegung', die zur Rechtfertigung der Theorie und Organisation von Arbeiterinteressen in Partei und Gewerkschaft (hierarchisch) immer herangezogen werden.Dem Wissenschaftler geht es um die Organisation wissenschaftlicher Erfahrung, "um seinen Lebensstandard beizubehalten" (Negt/Kluge 1972,S.55,Anm.41). Verantwortlich für diese unterschiedlichen Erkenntnisinteressen ist, daß die einen, da unten, und die anderen, die Wissenschaftler, 'da oben' sitzen, also unterschiedliche ökonomische Grundlagen und Lebensperspektiven haben. Die 'da oben' benutzen nun mithilfe ihrer Theorien die Lage derer 'da unten', um ihren Lebensstandard abzusichern. Die einen tun das direkt, indem sie mit Arbeitern direkt gar nichts zu tun haben wollen, sie aber für sich arbeiten lassen und das theoretisch auch begründen, etwa derart, daß sie sagen, 'die gehören dahin, weil sie nichts anderes können'; und andere Ideologien. Die anderen wollen mit Arbeitern scheinbar etwas zu tun haben, aber erst, nachdem diese sich als gebildet erwiesen, also die gesamten Erkenntnisstufen, die die Wissenschaftler sich ausgedacht und auf deren unterster Stufe natürlich die meisten Arbeiter demnach wohl stehen, durchlaufen haben. Das sind dann die wenigsten, höchstens ein paar Arbeiterfunktionäre, die den Wissenschaftlern auf Schulungskursen oder 'im Kampf', im Betrieb begegnen. Aber es ist wohl eher so, daß auch sie das begreifende Erkennen in der akademischen Form nicht begriffen haben, sondern stillschweigend anerkennen, daß davon ausgegangen werden muß; insofern haben sie ihre Ruhe und die Wissenschaftler auch; vor allem profitieren diese Arbeiter aber davon, daß sie keine Fabrikarbeit mehr machen müssen.
Holzkamp geht davon aus, daß sein Forschungsinteresse nicht nur (psychologische) Spezialisten angeht, sondern sich als für die Praxis wichtige Fragestellung dann erweise, "wenn man aufweisen könnte, daß das selbstverständliche Für-wahr-Nehmen des Wahrgenommenen in der alltäglichen Lebenstätigkeit trügerisch ist, daß eine Problematisierung der sinnlichen Erfahrung und das Verständnis des Stellenwerts der Wahrnehmung im Erkenntnisprozeß keineswegs nur für speziell Interessierte relevant sind, sondern Voraussetzung für das angemessene Begreifen der Praxis des Menschen und darüber hinaus veränderndes Bestimmungsmoment dieser Praxis" (1973,S.11/12)sind.

Im Verlauf des Buches werden die theoretischen Erkenntnisinteressen und z.B. die marxistische Annahme, daß Wesen und Erscheinung auseinanderfallen, unter der Hand zur unabdingbaren Voraussetzung für menschliche Erkenntnis in der kapitalistischen Gesellschaft ausgegeben und damit zu einem bestimmenden Moment verändernder Praxis erklärt. Begründet wird das nicht und auch nicht, - warum die Kritik, die hier an der bürgerlich-kapitalistischen Gesellschaft und an der Funktion der Wahrnehmung und Erkenntnis in ihr geübt wird, notwendig eine Kritik "vom Standpunkt des Proletariats und im Interesse der Werktätigen (als Ausdruck des gesamtgesellschaftlichen Interesses gegen das Partialinteresse des Kapitals" (ebenda,S.12) sein soll. Die Problematisierung der alltäglichen sinnlichen Erfahrung von Arbeitern, ihre geduldige und bescheidene Art, auf sich herumtrampeln zu lassen, könnte ich mir ganz anders vorstellen als Klaus Holzkamp; vielleicht am ehesten noch dadurch, daß mit dieser Art wissenschaftlicher Akribie, mit diesen hochkomplexen und komplizierten Denk- und Erkenntnisprozessen Schluß gemacht wird. Viel eher als der Standpunkt des Proletariats wird der Standpunkt des akademischen Hochschullehrers in dem ganzen Buch sichtbar, der es mithilfe dieses kritischen Theorieansatzes geschafft hat, ein Institut, Forschungsgelder und wissenschaftliche Anerkennung plus Assistentenstab und Studenten-Gefolgschaft zu erarbeiten (vgl. P.Mattes 1977).

Als ich das Buch durchgelesen hatte, war mir zwar deutlich geworden, wie sehr die Wahrnehmung, das Denken wie überhaupt die Sinnlichkeit durch die bürgerliche Gesellschaft und die in ihr bestimmende kapitalistische Produktionsweise geprägt wird, aber inwiefern die Kritik, die hier an der bürgerlich-kapitalistischen Gesellschaft geübt wird, notwendig eine Kritik "vom Standpunkt des Proletariats und im Interesse der Werktätigen" ist (S.12), ist mir nicht klar geworden. Ich habe das gesamte Buch entweder gar nicht oder erst nach zwei bis drei Jahren Lektüre (immer wieder, irgendwie, auf meine Weise) verstanden. Und ich habe begriffen, daß jemand, der tagtäglich arbeiten geht, so ein Buch nie wird lesen und verstehen können. Ich bin bei diesem Buch sehr ungeduldig und wütend geworden, - aus mehreren Gründen: einmal, weil mir kaum ein Buch bisher soviel Konzentration und Abstraktionsleistungen im Gehirn abverlangt hat (nicht einmal 'Das Kapital' von Marx, höchstens die Kapitalkurse in der Studentenbewegung, in denen unverständlich und auf höchster methodologischer und begrifflicher Abstraktionsebene geredet wurde); zum anderen, weil ich allmählich begriff,daß das, was ich in meinem Leben durch sinnliche Erfahrung oder kurz: durch die Sinne begriffen hatte, hier wieder auf der untersten Ebene in ein Stufensystem von Erkenntnisleistungen eingeordnet wurde, das besteht aus: sinnlicher Erkenntnis (= Wahrnehmung); problemlösendem Denken (= Probleme aus seinem gesellschaftlichen und geschichtlichen Zusammenhang herauslösenden Denken; dasjenige Denken, das in der Wirtschaft und in Technologien wohl am meisten vorkommt; auch das Denken der Schule, der Logik); und drittens das begreifende Erkennen (das auf der Grundlage einer kritischen, nicht blinden, Praxis zustandekommt). Für letzteres ist kollektiv organisiertes Handeln Voraussetzung bzw. integraler Bestandteil (also etwa: gewerkschaftliches Handeln, Arbeit in der kommunistischen Partei).
Ein dritter Faktor, der mich sehr ärgerte, war die Sprache. In der bürgerlichen Wissenschaft sind die Inhalte oft einfach falsch oder uninteressant, verlogen oder vereinfacht dargestellt; in der marxistischen Wissenschaft werden einfache Sachverhalte so kompliziert ausgedrückt, daß kein Mensch mehr weiß, was gemeint ist.
Das begreifende Erkennen ist reserviert für die intellektuelle Avantgarde oder Arbeiterfunktionäre (früher: Arbeiteraristokratie); die sich von oben nach unten (eben dorthin, wo die Wahrnehmungen und sinnlichen Erkenntnisse gemacht werden) bewegen. Aber: wie der Hegelsche Weltgeist oder das idealistische, bürgerliche Denken, so bewegt sich hier alles im Denken,nicht etwa wirklich. Bewegungen kommen durch Dekrete, Programme, bürokratische Maßnahmen der Partei u.a. zustande, nicht durch einfaches, praktisches Handeln der Parteifunktionäre. Das nur ganz kurz.
Die Auseinandersetzung von Marx und Engels mit Feuerbach habe ich mir

angelesen und mir viele Gedanken, Anmerkungen dazu gemacht. Es kann sein, daß Feuerbach vergessen hat, daß der Mensch nicht nur ein sinnlich-anschauendes Wesen ist, also mit den Augen und anderen sinnlichen Organen, zu Erkenntnissen kommt, sondern ein sinnlich-tätiges Wesen ist. Aber daß er den Menschen überhaupt als sinnliches Wesen faßt, macht ihn mir sympathischer als viele Marxisten, die sich auf Marxens Aussage "Die Sinnlichkeit muß die Basis aller Wissenschaft sein" berufen. Marx und nach/neben ihm viele andere Marxisten haben die bürgerliche Wissenschaft und Ökonomie kritisiert; sie alle haben aber den Kopfglauben und das idealistische Denken beibehalten; haben das nur im Kopf entstehende Wissen über die sinnlich-praktische, eben menschliche Tätigkeit gestellt. Das spontan-reflektierende und praktisch-umgestaltende Bewußtsein arbeitender Menschen haben sie genau wie die bürgerliche Wissenschaft immer wieder 'in den Schatten' gestellt. Klaus Holzkamp ist hiervon nur ein ausgeprägtes neueres Beispiel, der eine ganze Wissenschaftsdisziplin wie die Kritische Psychologie im Kopf auf den Standpunkt des Proletariats stellt und damit 'das Proletariat', besser: arbeitende Menschen, auf den Kopf stellt!

Die beiden Kongresse, die zur 'Verkündung' dieser Theorie 'draußen im Land' dienten, haben meinen Eindruck, den ich durch die Lektüre des Buches hatte, verstärkt. Kaum Diskussion, bei Fragen vorschneller Hinweis auf das schriftliche Referat und die knappe Zeit und vor allem lange, wörtlich abgelesene Vorträge über die Vergesellschaftung der Erziehung, der Hausarbeit der Frauen und andere Bereiche, die der Reproduktion arbeitender Menschen dienen: Die Fortsetzung der kapitalistischen betriebenen Produktion und der zum größten Teil doch abgeschafften Kinderarbeit in Fabriken oder fabrikähnlichen Arbeitshäusern, – diesmal nicht nach dem Takt der kapitalistischen Maschinerie, sondern der sozialistisch-kommunistischen Maschinerie und kommunistischer Erziehungsideologie. Alles, was Kinder demnach dort noch tun könnten, ist, im ganz frühen Alter spielen, aber vor allem Lernen und Arbeiten, und arbeitend lernen und spielerisch arbeiten lernen. So jedenfalls kamen mir die Vorschläge und die Konzepte, die ich inzwischen nachgelesen habe (vgl. G.Ulmann1979), vor. 'Produktorientierte' und 'kooperative Tätigkeiten' als Zwang sind große wissenschaftliche Begriffe für Umgangsformen, die Kinder aus ihrer Lebenslage heraus spontan machen, nicht nach Plan. Nach Plan konstruktiv spielen ist – wie bei der sinnlichen Erkennntnis – die planvoll ausgedachte unterste Stufe kritischer Praxis und Voraussetzung langfristig geschulten logischen Denkens. Kooperativ spielen, lernen und arbeiten tun Arbeiterkinder ja an sich schon, aber damit das nicht einfach so planlos und womöglich von oben unkontrolliert geschieht, muß es konstruktiv und produktiv im Sinne der Planwirtschaftler 'oben' sein. Die Leistungs-Befürworter werden sich freuen.

Als G.Ulmann auf dem Kongreß Kritische Psychologie 1979 erzählte, daß die Kinder auf diese Weise lernen sollen, was gesellschaftliche Arbeit bedeutet, was produktive Arbeit ist usw. – und ein Student einwendete, Arbeiterkinder wüßten das schon, die wüßten auch so etwa, wie die Arbeit ihrer Eltern aussieht, – nämlich allein schon dadurch, wie die nach Hause kommen, was die so erzählen, welche Arbeitsklammotten usw. die mitbringen, guckte die Referentin sehr erstaunt und ging zum nächsten Abschnitt ihres Referats über. Antwort darauf wußte sie keine.

Karin Struck schreibt in ihrem Buch 'Klassenliebe':
"Ich arbeitete bei einer Gewerkschaftsschulung mit, als Mitglied eines 'Teams' von zwei Studenten und zwei Gewerkschaftlern. Am ersten Tag der Wochenendschulung wollten wir mit den jungen Arbeitern über die Geschichte der Arbeiterbewegung diskutieren. Ein Student referierte. Danach saßen alle

steif und starr und schwiegen. Nach dem Mittagessen gingen die Kollegen
nach draußen einen Feldweg entlang. An einer Wiese blieben alle stehen:
zwei Bauern oder Arbeiter in blauen Kitteln waren dabei, zwei Bullen ein-
zufangen. Dieses Schauspiel verfolgten alle mit großer Lust bestimmt eine
halbe Stunde lang: die Bullen waren ziemlich wild. Und nachts kamen Jungen
in das Mädchenzimmer, in dem ich mit drei jungen Arbeiterinnen schlief.Sie
saßen sehnsüchtig auf den Hockern und sprachen mit den Mädchen, die
schon im Bett lagen. Im Dunkeln. Alles natürlich heimlich' - 'Kann man den
Kapitalismus anfassen?' Warum sollte alles so anonym sein, daß man nichts
mehr anfassen kann, sinnlich wahrnehmen? .. Theorie ist Anschauung und
Denken, könnte es sein." (K.Struck 1973,S.7)

Widersprüche, wie sie hier erlebt und beschrieben werden, sind sinnlich erlebte Widersprüche: das theoretische Geschwätz der Studenten über die Arbeiterbewegung (noch nicht einmal unbedingt über Arbeiter) und die sinnlichen Erlebnisse der Arbeiterjugendlichen in der Natur, mit sich selbst!
Besser kan man diese Widersprüche nicht beschreiben, finde ich.
In der Wissenschaftssprache kann man von alledem gar nichts wiederfinden.
Es geht auch um andere Sachen. Es geht um diszipliniertes Denken,um Ableitungen der Erkenntnis aus der gesellschaftlichen Funktion von Erkenntnis
und aus der Produktionsweise. Alles streng, starr, kalt und unmenschlich.
Alles Dinge, die den Kopf ungeheuer anstrengen, Fortsetzung der Arbeit
im Betrieb. Die gewerkschaftliche Arbeiterbildung folgt diesem Muster immer
stärker, wie ich aus eigenen Erfahrungen, Berichten von anderen, aus einigen Aufsätzen erfahre. Gewerkschaftliche Arbeiterbildung ersetzt die Erfahrungen durch 'richtige' Begriffe. Wer sagt, daß dies die 'richtigen' Begriffe
sind; wer sagt, aufgrund welcher Erfahrungen sie entstanden und für welche
Erfahrungen sie die richtigen sind? Die intellektuellen Ausbilder verfahren
nach Plan; der Plan orientiert sich an bürokratisch-organisatorischen Zielen, an Argumentationsstrategien, mit denen organisierte Arbeiter nicht-
organisierte Arbeitnehmer 'überzeugen' und in die Reihen der Gewerkschaften einreihen sollen. Darum geht es,nicht um Bedürfnisse und Erfahrungen
von Arbeitern, die sich - wie die jungen Arbeiter, die da nachts bei den
Mädchen auf dem Zimmer sitzen, - einfach mal in Ruhe unterhalten wollen,
die auch mal was miteinander erleben wollen, zärtlich und solidarisch miteinander be-greifen wollen, worum es im Leben geht.
Ich habe mir in das Buch von Karin Struck vorne etwas 'reingeschrieben':
"Was kostet das alles ein Geld! Leute am Sonnabend vormittag in der Stadt,
schlendern da gut angezogen, so, als hätten sie nie arbeiten müssen für ihren Ledermantel, die schicken Lederschuhe, Pullover für 200 DM, alles farblich aufeinander abgestimmt, elegant, aber lässig. Schnieke, vornehm, gehen
die da durch die Straßen, als wenn alles ihnen gehört. Du gehst am Rande.
Früher, Weihnachten, Heiligabend war's besonders schlimm. Da trugen sie
ihre Ruhe und ihren Reichtum zu Markte, konnteste sehen, daß die nichts
bekümmerte, nichts beunruhigte. Und du bist durch die Stadt gehetzt,hast
für die letzten Pfennige ein paar Kleinigkeiten geholt. Und wußtest genau,
es durfte nicht mehr viel dazwischen kommen, was Geld kostete, bis zum ersten. Der feine Laden gegenüber dem Kaufhaus: Die Parfümerie. Da warst
du nie drin. Schulden beim Kaufmann, keine großen Sprünge. Und trotzdem,
Weihnachtabend waren die 'bunten Teller' voll, irgendwie hat die Mutter das
immer geschafft!"

Das ist die assoziative Form, sind die Gedanken, die wir uns so über die
Verhältnisse machen; die wissenschaftliche Sichtweise und Sprache ist so
weit davon entfernt. Sie zerstört unsere Sprache und unsere Erfahrungen.
Dieses exemplarische Begreifen wird durch das Denken in der Schule und

der anderen Institutionen/Organisationen der bürgerlichen Öffentlichkeit kaputtgemacht. Das, was da unter Erfahrung verstanden wird, ist etwas Theoretisches, etwas, das sich überwiegend im Geist abspielt, in zurückhaltender, reflektierter Form vom Verstand gesteuert wird. In das Buch von Holzkamp habe ich nichts hineingeschrieben. Ich habe mich darin nicht 'zu Hause' gefühlt und deshalb nur viele Begriffe, die gut klingen, unterstrichen.

Der Erfahrungsbegriff wird in der Wissenschaft im engen Zusammenhang mit (begrifflicher) Erkenntnis diskutiert und gilt im allgemeinen als bloß subjektives Ergebnis der Verarbeitung von Erlebnissen und Empfindungen. Gleichzeitig gerät er im Sinne der gesellschaftlichen Vernunft, die nur das gelten läßt, woraus sie ein bestimmtes, quantitatives Vermögen schlagen kann, immer in den Geruch der Minderwertigkeit. Erfahrungen kosten Zeit und Geld, Geld und Besitzvermögen sind mehr-wert. Darauf läßt sich die erkenntnistheoretische Auffassung vom Vorrang vernünftiger, begrifflicher Erkenntnis zurückführen. O.Negt definiert, was er unter Erfahrung versteht, hingegen folgendermaßen:
"Erfahrung ist nicht einfach sinnliche Empfindung ..., nicht individuell zufälliges Erlebnis, ... (Erfahrungen) bezeichnen vielmehr eine spezifische Produktionsform der Verarbeitung von Realität und der aktiven Reaktion auf diese Realität –
sie sind nicht mehr bloß individuell ... sie sind kollektive Momente einer durch Begriffe und durch Sprache vermittelten Auseinandersetzung mit Realität ... Insofern steckt in dem Begriff der Erfahrung schon ein allgemeines Element, das die total individualisierte, zufällige rein subjektive Empfindung überschreitet" (A.Brock/O.Negt 1978,S.43/44).

Läßt man hier die Begriffe 'individuell' und 'durch Begriffe und Sprache' vermittelte Auseinandersetzung mit der Realität weg, könnte ich darin den besonderen Stellenwert, den Erfahrungen im Lebensweg des Arbeiters haben, wiedererkennen. Daß Negt sich hier immer wieder gegen das bloß individuelle und gegen die einfache sinnliche Empfindung abgrenzt, zeigt seine intellektuelle Überschätzung des Wirkungsvermögens begrifflicher Anstrengungen und die Angst des bürgerlichen Menschen, sich von seinem individuellen, sprich:egostischen Standpunkt, nicht befreien zu können. Wo allein Praxis und sinnliche Erfahrung weiterhelfen würde, tritt beim intellektuellen Standpunkt immer das Denken. So glaubt der bürgerlich denkende Mensch, sich von seinen egoistischen Bedürfnissen und seinem Eigentum loskaufen zu können.

Theorie, die in der Erfahrung und Wahrnehmung steckt, in den Sinnen, die ja durch das Denken mitgeprägt sind, - wird auch in dem Konzept von Negt/Kluge, die ja von exemplarischem Lernen und soziologischer Phantasie sprechen, einer theoretischen Logik geopfert, die vom 'Konkreten zum Abstrakten aufsteigt'. Sie können in den Äußerungen der Arbeiter, in deren ganz konkreten Erfahrungen, einfach nicht so viel theoretisches und kollektives Denken entdecken, wie jemand, der so zu denken gewohnt ist und der sich nicht dem wissenschaftlichen Sozialismus verpflichtet fühlt.

In einem Film bringt ein Mädchen ihren Freund mit nach Hause. Arbeitermilieu: irgendjemand hat Geburtstag, der Fernseher läuft, die Leute reden zwischendurch, trinken Bier. Der Vater sitzt auf dem Sofa, die anderen drumherum. Der Freund des Mädchens kommt aus einem sehr wohlhabenden Elternhaus. Dort wird bei Tisch sehr gewählt gesprochen, man erkundigt sich nach den Fortschritten des Sohnes im Studium, spricht über politische und wirtschaftliche Fragen, aber man diskutiert nicht, sondern gibt ab und zu eine Bemerkung zum Besten. Das Essen wird serviert, man nimmt sich weniger, als man zum Sattwerden braucht. Das mitgebrachte Mädchen des Freundes wird nur von der Seite angeschaut, ansonsten ignoriert. Als das Mädchen den Freund nach Hause mitbringt, sitzt dieser eine Weile steif herum und · fängt dann an, dem Arbeitervater zu erklären, daß er mit seinem Konsumverhalten genau auf die Interessen des Kapitalisten reinfällt, der ihn sowieso schon um seinen Lohn bescheißt und ihn durch Verteuerung der Waren, durch Produktivitätssteigerung, Rationalisierungsmaßnahmen usw. ausbeutet. Der Vater hört sich das kurz erstaunt an, steht auf, geht auf seine Tochter zu und schmiert ihr eine. "Wo hast du den denn her, bring mir sowas nie wieder ins Haus", schreit er sie an. Die Tochter zurück "Wat soll denn das! Du bist wohl bekloppt, was?!" und zu ihrem Freund "Und du, du singst tausend Lieder, ohne einen einzigen Ton, aber wirklich, ohne einen einzigen Ton!"

Ich habe aus solchen Filmen, aus solcher Sprache und solchen Redensarten mehr begriffen über die Widersprüche in unserer Gesellschaft als aus 'tausend' intelligent geschriebenen Büchern. Wie Ausflüge, bei denen man sich die Landschaft vorstellen muß, sind sie mir vorgekommen. Liegt das daran, daß diejenigen, die solche Bücher schreiben, Landschaft für sich privat gepachtet haben und sie anderen nicht gönnen? Spiegelt sich das in ihrer Sprache und ihrer Wissenschaft wider? Oder sind sie in ihrer Sinnlichkeit selbst schon so verkümmert, daß sie Landschaft, Natur, Gerüche, sinnliche Erfahrungen gar nicht mehr empfinden und genießen und daher auch nicht begierig sind, ihre Eindrücke anderen mitzuteilen?

Der intellektuelle Anspruch uns gegenüber ist durch nichts gerechtfertigt.

H.Berger sieht die Aufgabe des Marxismus, - vertreten von einem linken Bildungsbürgertum - darin, 'organisierendes Gesellschaftsverständnis' der unterdrückten Klassen zu sein. Er kommt aus dem Dilemma nicht heraus, die marxistischen Intellektuellen als geistige Vorhut der Arbeiterschaft zu betrachten, die deren Klassenbewußtsein entwickeln und organisieren müssen. Folgerichtig fordert er eine "enge Beziehung der Theorie zum proletarischen Erfahrungszusammenhang" (Berger 1974, S.8). Er geht 'von oben' an die wirklichen Lebenserfahrungen proletarischer Menschen heran, - Theorie bleibt Theorie, die ihre Kriterien der 'proletarischen Theorie' von außen aufdrängt. Dieser Ansatz erweist sich jedoch für Menschen, die ihre Theorie aus ihren eigenen Lebenserfahrungen entwickeln, als unbrauchbar. Das wird deutlich in einer Untersuchung, die H.Berger u.a. bei spanischen Landarbeitern gemacht hat. Die Projektgruppe verweist immer wieder auf den "schwer zu kontrollierenden Zwang, möglichst viel zu forschen" und die Befürchtung, durch Teilnahme an der Arbeit der Landarbeiter 'zu sehr im Alltag der untersuchten Gemeinde' aufzugehen. Sie formuliert daher als Selbstkritik: "Nicht daß man zu sehr im Alltag der untersuchten Gemeinde aufgeht, ist die Gefahr, sondern daß ein abstrakter Forschungsanspruch wichtige Einsichten in das Leben der Gemeinde versperrt, die sich informell und ungeplant ergeben" (H.Berger u.a.a. 1978, S.26).

Dennoch ist die gesamte Untersuchung durchzogen von dem Widerspruch, sich als Forscher nur auf 'teilnehmende Beobachtung' des Lebenszusammenhanges der Landarbeiter einzulassen und der Erkenntnis, daß diese Haltung den Interessen der Betroffenen widerspricht. Die 'Untersuchten' hatten kein Interesse daran, über die eigenen Verhältnisse und Lebenserfahrungen (S.243) aufgeklärt zu werden als vielmehr enge persönliche Beziehungen, aufrichtige Freundschaften zu den Studenten und Wissenschaftlern herzustellen. Obwohl der Bericht an mehreren Stellen Hinweise darauf enthält, wie das Projektteam gerade in dieser Hinsicht von den Menschen dort lernen mußte - und konnte - blieb das Unbehagen, keinen bestimmenden Einfluß auf die Gesprächsthemen und den Bewußtseinsprozeß der Landarbeiter zu haben.

Hier scheiterte immer wieder die Rolle der geistigen Aufklärer im Politisie-
rungsprozeß der Unterdrückten, die Intellektuelle für sich beanspruchen,
am 'politischen' Alltag der Menschen. Deutlich wird das auch an der Schilderung der Ausdrucksformen der Arbeiter. Der Ausgangspunkt ist wieder
wissenschaftlich abstrakte Theorie, die nie zur Sache kommt. "Deutlich wird
... in der Schilderung sozialer Verhältnisse das Bestreben, *den Darstellungs-*
inhalt zu versinnlichen und an allgemeine Lebenserfahrungen zu binden"
(ebenda,S242).

Menschen, die ihre 'Theorie' aus ihren Lebensumständen entwickeln,'versinnlichen' nichts und binden auch keine Inhalte an Lebenserfahrungen, -
ihre Ausdrucksweise und Sprache spiegeln vielmehr ihre sinnlichen Erfahrungen wider.

3. Begriffliche Abstraktion ist Ausdruck von Besitzverhältnissen

Sinnliche Erfahrungen sind nach dem gesellschaftlichen und wissenschaftlichen Verständnis von Erfahrung und Lernen unorganisiertes chaotisches
Material. Es bedarf vorgeblich der ordnenden Funktion eines begrifflichen
Erkenntnisapparats (in den Köpfen der Menschen), um sie vernünftig zu
regeln und zu handhaben. Die von sinnlichen Erlebnissen und Eindrücken
reichhaltige Wirklichkeit muß entsinnlicht werden, wenn die Vernunft zu
Wort kommen soll. Sinnlichkeit und Erfahrung werden so als an sich unbe-
herrschte und chaotische Besonderheiten des menschlichen Lebens betrachtet, von denen bei vernünftigem Erkennen und Handeln abgesehen werden
muß. *Damit ist die ordnende und berechnende Funktion des Erkennens zur*
Grundlage des Handelns gemacht worden. Konkrete, vielfältige Bedürfnisse,
Empfindungen und Erfahrungen des Menschen dürfen nur sichtbar werden,
wenn der Verstand sich ihrer bereits bedient und sie allgemeinen, gesellschaftlich akzeptierten Regeln untergeordnet hat. Diese 'Erkenntnismetho-
de' wird als quasi-naturwüchsiges Erkenntnisvermögen des Menschen betrachtet. In Wirklichkeit ist sie das Erkenntnisvermögen einer vermögenden
gesellschaftlichen Klasse: des Besitz- und Bildungsbürgertums, das an die
Stelle der Sinnlichkeit und der Religion das Geld und die Wissenschaft gesetzt hat. Die Form des Denkens, die sich hieraus ergibt, ist das abstrakte
Denken. Sie entspricht der Form des gesellschaftlichen Handelns: so wie
das Handeln die Menschen in der Realität auf etwas Abstraktes reduziert,
auf ihren gesellschaftlichen Wert, ausgedrückt in Geld, Besitz, Position
(und andere materielle Dinge, die daran hängen), so ist auch die Realität
im Kopf der Menschen reduziert auf etwas Abstraktes: auf Begriffe, logische Widersprüche, methodische, methodologische und wissenschaftstheo-
retische Überlegungen; Ableitungen von Begriffen aus Begriffen ..., alles
Formen des Denkens, die sich mit der Form des Denkens und seiner Entstehung aus dem Denken beschäftigen, - analog dem Denken in der Wirtschaft, die sich mit der Herstellung von Waren und dem Ablauf der Produktion beschäftigt, so, als gäbe es keine arbeitenden Menschen, keinen
Boden, keine Natur. Daß das Lebendige hinter abstrakten Formen verschwindet, resultiert aus dem Standort der Betrachtung. Der Standort der Betrachtung und des Denkens, an dem das sinnlich-lebendige von der Form, die es

annimmt, getrennt erscheint, wird bestimmt durch die Stellung in der gesellschaftlichen Produktion. Wesentlich für diese ist die Arbeitsteilung (gesellschaftliche Spezialisierung der Arbeit), verkürzt gesagt: die Teilung zwischen Hand- und Kopfarbeit. Diejenigen, die überwiegend mit dem Kopf arbeiten, sich die Hände nicht schmutzig machen, sind beschäftigt mit geistigen Dingen. Denken sie über die Gesellschaft, über das Leben, über sich
selbst nach, so kommt immer etwas Allgemeines, Abstraktes dabei heraus,
- also wieder nur eine Form ohne konkreten Inhalt. Subjektiv drückt sich
das aus in der Beschäftigung mit dem *Ich*, das sich einbildet, selbständig
und unabhängig von anderen tätig zu sein und sein Leben nach eigenen
Vorstellungen zu gestalten. Das *Ich* stellt sich den Menschen als unabhän-
giges Einzelwesen vor. Und zwar deshalb, weil es von der praktischen Arbeit, die immer im Zusammenhang mit anderen Menschen steht, getrennt ist.
Die Vorstellungen über das *Ich*, - besondere Ausprägungsform des Menschen
in der bürgerlichen Gesellschaft, - sowie über die Natur gesellschaftlicher
Beziehungen sind Ausdruck der Arbeit. Sie bestimmt notwendig das Handeln
und Denken. Da die Arbeit überwiegend aus nicht-gegenständlichen Dingen
und Zusammenhängen besteht, ist auch die Vorstellung über die gesellschaftlichen Verhältnisse und die Natur der menschlichen Beziehungen eine sinnlich nicht faßbare Sache geworden. Zusammenhänge und Verbindungen entstehen aufgrund äußerlicher Gemeinsamkeiten - Geld, Besitz, geistige Arbeit, - die zu Formeigenschaften der Menschen und Gegenstände selbst erklärt werden. Der praktizierende Mensch bleibt im Nebel abstrakter Vorstellungen (über ihn), die Geschichte des bürgerlichen Individuums bleibt in
den Schranken der Innerlichkeit. Daher wird auch Lebendigkeit, konkrete
Erfahrung und subjektives Empfinden von den Angehörigen der bürgerlichen
Klasse immer assoziiert mit Subjektivität und Innerlichkeit,die die äußere
Realität nur mit der Wahrnehmung der egoistischen Interessen oder des persönlichen Leidens verbindet.

Theoriebildung:
starres System von - vorgeblich - objektiven Erkenntnissen

Wir, die wir im Arbeiterdasein leben, oder ein Teil von jenen, deren Herkunft dort liegt und die diese Tatsache nicht vergessen wollen/können,
stoßen dauernd auf Begriffe, die uns stutzig machen. Begriffe, die festgelegt sind und die uns festlegen; die unsere Unterdrückung noch in der
theoretischen Analyse unserer Unterdrückung festhalten und bestärken.
Eine 'Ergänzung' dieses Begriffsapparates um weitere Begriffsschöpfungen,
die die Erfahrungen 'von unten' mit den Mitteln der Abstraktion erfassen
sollen, versucht das Unmögliche: die Befreiung mit den Mitteln der Unterdrückung zu fassen." (H.Burkert 1979,S.62)
Sinnlichkeit und Erfahrung so mit begrifflichen Abstraktionen zu erfassen
und auf diese Weise zu begreifen beinhaltet: den menschlichen Lebenszusammenhängen außer der Gewalt, die praktisch auf sie ausgeübt wird,eine
'theoretische' hinzuzufügen. Damit wird Sinnlichkeit ihres aktiven, lebendigen Elements, - darin enthaltener Empörung, Wut, Gefühlen von Erniedri-
gung und Demütigung, aber auch von Stolz und Autonomie - beraubt, damit auch ihre sinnvolle Veränderung unmöglich gemacht. "Ein wirkliches
'Programm der Befreiung' duldet keine Systematisierung,Katalogisierung.
Diese 'absolute Bewegung des Werdens' bezieht die Festigkeit ihrer Position
aus der Alltagspraxis, aus der ständigen Suche, kategoriale Vorgaben sind
hier nicht möglich" (H.Burkert,ebenda,S.62).

Begriffliche Abstraktionen sind feste Monumente, die aus unseren fließenden, sich verändernden und widersprüchlichen Erfahrungen, aus menschlichen Regungen, die für Neues offen sind, etwas Starres machen. Sie stellen aus gemachten Erfahrungen und aus, wenn schon vergangenen, so doch in uns als Selbst-Erkenntnisse lebendig aufgehobenen Erfahrungen, totes Material her. Das ist der Preis, den wir unweigerlich bezahlen, wenn wir produktive schöpferische Arbeit und Phantasie, - lebendige, sich bewegende Sinnlichkeit, die sich in menschlichen Beziehungen mitteilt; den aktiven alltäglichen Kampf um unser Leben gegen aufgezwungene Arbeits- und Lebensbedingungen (die den meschlichen Bewegungsdrang und Neugierde an allen Ecken abschneiden und zerstückeln), kulturelle Leistungen, die nicht aus ästhetischen Dingen oberhalb des Alltagslebens, sondern im Alltag selbst als gesellschaftliche Beziehungen und Haltungen der Menschen zueinander bestehen, - in Begriffe umwandeln.

Proletarische Theoriebildung:
Lebendiges Handeln und Denken sind untrennbarer Ausdruck
einer die gesamte alltägliche Lebensweise umfassenden Arbeiterkultur

Wir haben gelernt, Begriffe aus Lebens-Situationen zu entwickeln. Uns zunächst unbekannte Zusammenhänge mit dem Leben anderer, mit den Gegenständen unserer Umwelt aus konkreten Situationen, in denen wir mit Menschen und Gegenständen zu tun haben, zu entwickeln. Das geschieht exemplarisch, indem wir die Menschen und die Tätigkeiten, mit denen wir in Berührung kommen, anschaulich 'abbilden'. Auf diese Weise zeigen wir, welche Erfahrungen wir mit bestimmten Tätigkeiten gemacht, was wir am Menschen gelernt haben. Etwas Konkretes wird bildhaft, auf uns bezogen, geschildert und dabei wird selbstverständlich mitgeteilt, welche Bedeutung gewisse Gegenstände und Menschen in unserem Leben haben. Begriffe werden auf diese Weise aus konkreten Alltagssituationen 'geschöpft'. Sie entstehen aus den Situationen selbst, und so berücksichtigen den Zuhörer. Wir gehen voraussetzungslos vor, -so, als hätte der andere keine Ahnung, als müßte man annehmen, der andere wüßte nicht Bescheid über unser Leben, unsere Arbeit. Je nachdem, wen wir ansprechen, wählen wir andere Begriffe, erklären mal mehr, mal weniger. Davon muß jeder im Alltagsleben ausgehen, wenn er doch weiß, daß der andere getrennt und unabhängig von ihm andere Tätigkeiten verrichtet, eine andere Lebensweise hat und folglich auch zu anderen Lebensansichten kommen kann. Aus der Kenntnis unserer konkreten Lage folgen 'konkrete' Begriffe, die sich nicht verallgemeinern lassen über die Lebenslage hinaus. Jedenfalls nicht, ohne daß die Lebensweise desjenigen, der etwas erklärt, mitgeteilt wird. Ich meine, daß wir im Handeln und Denken voraussetzungslos vorgehen und dem anderen alles, was er wissen muß, um uns zu verstehen, mitteilen. Da zeigt sich in der Denkweise und in der Sprache das, was das materiale Leben im Alltag auch bestimmt: Besitzlosigkeit. Wir gehen davon aus, daß der andere ebenso wenig hat (weiß) wie wir und teilen mit ihm das Wenige. Ich glaube, daß diese materielle Voraussetzungslosigkeit im Dasein das voraussetzungslose Denken bestimmt. Insofern müßten alle, die wenig oder nichts haben, eigentlich gute Lehrer sein, weil sie von dem ausgehen, was jeder hat und jeder weiß: von der bloßen Existenz des Menschen, von seiner Lebens- und Arbeitskraft und seiner Phantasie; vom notwendigen Zusammenhang mit anderen Menschen; dieser ist am Menschen, nicht an seinem Besitz und an seinem 'Sinn des Habens' orientiert. (Im Gegensatz dazu beginnt in der traditionellen und materialistischen Erkenntnistheorie das voraussetzungslose Denken bei dem, was scheinbar jeder kennt: der Ware. Im Arbeiterleben kennt jeder

die Arbeit und den Verkauf der Arbeitskraft; die Besitzlosigkeit und die
Ausbeutung. Damit fangen wir an, wenn wir voraussetzungslos vorgehen
(vgl.W.F.Haug, 1973).

Unsere Begriffe lassen sich nicht verallgemeinern, ohne daß die Lage desjenigen, der etwas begreift, erklärt wird. Es sind Begriffe auf konkret-
lebensgeschichtlichem Hintergrund. Allgemeine Begriffe, die wir so oft zu
benutzen gezwungen sind, machen aus unseren Erfahrungen klotzige Gegenstände, machen sie unhandlich und damit fremd. Sie entfremden uns unseren Erfahrungen. Diese sind nur praktisch durch gemeinsames Sein mit
Menschen, durch Tätigkeiten hindurch begreifbar. Aus meiner Erfahrung
im proletarischen Erfahrungszusammenhang kann ich sagen, daß ich immer nur begriffen habe durch praktisches Handeln, - wie ein Mensch über
eine Sache denkt, wie er über mich denkt, in welchem Verhältnis er zu mir
steht, wie etwas funktioniert. Das alles habe ich am praktischen Beispiel
und wenn ich es nicht verstand, durch praktisches Zeigen, an Handgriffen
gelernt. Aus meiner Erfahrung mit den Frauen, die, wie ich ebenfalls aus
Arbeiterfamilien kommen, habe ich eben diese Art des praktischen Erfah-
rungslernens gemacht. Begriffe haben uns nicht weitergeholfen. Begriffe
und Fragen,die sich nicht aus unserer lebendigen Erfahrung und Gefühlslage
ergaben, haben zur Abwehr und zu Blockierungen in unserem Denken und
Handeln geführt. Die schwierigste Arbeit bei der Beschreibung unserer gemeinsamen Erfahrungen und der sich aus ihnen ergebenden Erkenntnisse
ist, genau diese Lebendigkeit und Sinnlichkeit in Worte zu fassen. Sich lustig machen, die Stimme erheben oder ganz leise werden, Lachen, Ironie,
laut reden, während andere sich unterhalten oder etwas erklären wollen, -
sind unsere Formen des Protests gegen intellektuelle Bevormundung von
oben, gegen die Unterdrückung unseres Wissens und unserer Lebenserfahrungen. In welcher Sprache soll dieser größtenteils stumme Protest mitgeteilt werden, wenn er doch lautlos erfolgt; oder wenn er sich doch nicht beschränken läßt auf das, was da gesagt wird, sondern immer im Zusammenhang mit dem konkreten Tun, mit der Bewegung, mit der Person, mit dem
sichtbaren Berührtsein, ablesbar an der Körperhaltung, am Tonfall, an bestimmten Gesten ausgedrückt und aufgenommen wird?

Denken und Sprache setzen an unseren Voraussetzungen an.
Welches sind nun unsere Voraussetzungen?

Sind es materielle Not und unmittelbarer Existenzkampf, der unsere Sprache
bestimmt? Oder stimmt das Bild, das die bürgerliche Kultur, und mit ihr ein
Teil der Intellektuellen, vor allem aber die Massenmedien in zunehmendem
Maße vermitteln, daß der 'traditionelle' Arbeiter, der sich vor allem am Konsum von Lebensmitteln, Wohnungseinrichtung, an der von den Massenmedien eigens für ihn hergestellten und verbreiteten Massenkultur, sprich:
Unterhaltungsindustrie orientiert, die ihm den Mythos von der Nichtexistenz
der Klassen und stattdessen das Bild des sozialpartnerschaftlichen Interes-
sen-Konsens auf unterhaltsame Weise nahezubringen versucht? Eine zentrale Einrichtung, der Fernsehapparat, hat seit den 50er Jahren die direkte
und unmittelbare Kommunikation aus der Arbeiterschaft verdrängt. Er ist -
wie das Auto - zum Symbol des Wohlstands der Arbeiter geworden und zugleich "der Weg, auf dem die Ideologie der 'Nichtexistenz von Klassen' in
Bereiche eindringen konnte, die ihr sonst unzugänglich wären" (John Clarke
/Tony Jefferson, 1976, S.48). Mit der zunehmenden Kapitalisierung weiter
Bereiche der Freizeitbeschäftigung und mit der Vernichtung großer Teile
der Lebens- und Sozialstrukturen der Arbeiterschaft - durch wirtschaftli-

che Krisen, Rationalisierungsmaßnahmen, soziale Mobilität, öffentlichen Wohnungsbau – sind Artikulationsformen des Klassenbewußtseins und der informellen solidarischen Lebensweise sichtlich zerstört worden. "Neubausiedlungen und Trabantenstädte haben sozial stark verflochtene Arbeiterwohngegenden, – eine der wichtigsten Institutionen der Arbeiterkultur" (J. Clarke/T.Jefferson) verdrängt, – damit "einen Fundus unabhängiger Sozialbeziehungen und Anschauungen... (zerstört), die sich von denen der Bourgeoisie unterscheiden" (ebenda,S.49). Des weiteren die Straße, den Laden um die Ecke, die Nachbarschaft als Ort direkter Aktion und Kommunikation hinfällig gemacht. Der Vereinheitlichung des Konsums für weite Bevölkerungsteile entspricht der weitgehend auf das Kaufen von Lebensmitteln, Einrichtungsgegenständen, Kleidung und andere Kosumartikel (Schallplatten, Kassetten u.a.) ausgerichtete passive Konsum (anstelle handgemachter Gegenstände, direkter Aktivitäten und Gespräche).(Vgl. dazu auch: J.Günter 1980)

Die'Chancengleichheit' für Arbeiterkinder brachte für sie wie alle übrigen Kinder die Weltanschauungen und Werte der bürgerlichen Klasse.
Die Neubestimmung des Erziehungswesens als offenem leistungsorientierten Prozeß und die staatliche Förderung von Arbeiterkindern, – wenn auch in geringem Ausmaß, – haben die Zugangsmöglichkeiten zu Bildungsinstitutionen eröffnet, die früher schon durch das Einkommen der Eltern für Arbeiterkinder verschlossen blieben, wodurch die Klassenunterschiede auch im Bildungssystem deutlich sichtbar waren. Nun rückten die Fähigkeiten des einzelnen Schülers in den Vordergrund. Obwohl Arbeiterkinder, – und in unserem Falle gerade wir als Mädchen zu Hause nach wie vor stark in den Familienzusammenhang und in das (übliche) solidarisch-praktische Zusammenleben einbezogen waren, – sich an die in der Schule vermittelten allgemeinen Wertvorstellungen schon von den materiellen und sozial-kulturellen Lebensumständen im Elternhaus her nie reibungslos anpassen können, "da sie die Schule nach wie vor weitgehend als eine Situation empfanden, in der sie von äußerlichen fremden Autoritätspersonen gezwungen wurden, für sie irrelevantes Wissen in sich hineinzustopfen" (Clarke/Jefferson, S.49/50), hatte diese Veränderung im Erziehungssystem dennoch "den Effekt, daß sich die Verantwortlichkeit für Sozialversagen von den früher klassenbedingten Gründen auf das Individuum verschob. Das traf besonders da zu, wo die Eltern ihre Hoffnungen auf den Schulerfolg setzten, der ihren Kindern den Weg zu dem Erfolg ebnen sollte, den sie selbst wegen fehlender Möglichkeiten nicht gehabt hatten" (ebenda, S.50).
So wurden – und werden – Arbeiterkinder einerseits mit klassenbedingten sozialen Verhaltensweisen und Anschauungen erzogen, fallen durch ihre andere Art des Lebensstils und der Dinge, die sie für ihr Leben wichtig finden, in der Schule als 'Störer' und 'verhaltensauffällige' Schüler auf, – Mädchen besonders durch ihr eifriges, fleißiges, scheinbar angepaßtes Verhalten, – andererseits werden ihnen in der Schule die bürgerlichen Wertvorstellungen als universelle, für alle Menschen einheitlich und allgemeinverbindlich geltende Werte vorgehalten und damit ein soziales Gesellschaftsbild vermittelt, das im Widerspruch steht zu ihrem traditionellen Klassenverhalten und -denken, und das die Ursachen dieses Widerspruchs verwischt.

Der Vereinnahmung kultureller Bereiche der Arbeiter durch die Kulturindustrie und die bürgerliche Bildung ist die Verdrängung der eigenen Lebensweise und Kultur, des Bewußtseins der eigenen Lage und die kulturelle Bevormundung gefolgt. Allerdings ist die Kultur von Menschen als Ausdruck einer in bestimmten materiellen und sozialen Lebensumständen gewachsenen Lebensweise nicht so leicht zu bestechen, wie es nach außen hin aussieht.

Soziale Verhaltensweisen, Sprache und Bewußtsein sind gegen kurzfristige Veränderungen widerstandsfähiger als die Ausstattung mit Massenprodukten der Kulturindustrie vorgibt.
Auch die Sprache ist nicht ein gesellschaftliches formales Werkzeug, das je nach wirtschaftlicher Konjunkturlage und Veränderung des Erziehungssystems eine andere Gestalt annimmt. Sie ist vielmehr die Basis, in der sich das Bewußtsein in einer bestimmten Lebenslage ausdrückt und sie drückt im Arbeitermilieu direkt die Lebensumstände aus. Zwar sind "ihre Verwendung, die Bedingungen von Kommunikation ... von der herrschenden Klasse determiniert, in den institutionalisierten Anwendungsbereichen wie Medien und Erziehung ebenso wie im alltäglichen Verhalten" (Centre for Contemporary Cultural Studies 1976,S.38). Dennoch verwenden besonders Angehörige der Arbeiterklasse vor allem ihre Sprache.
Die Intellektuellen teilen die Voraussetzungen ihres Wissens nicht mit, tun jedoch so, als hätten alle die gleichen Voraussetzungen. Und sie tun so, als müßte jeder das, was sie schon wissen, auch wissen – und das erklären sie für das Allgemeine und allgemein Wissenswerte. Das allgemein Bekannte und Wissenswerte ist das, was im allgemeinen den Bürgerlichen, insbesondere den Gebildeten, zugänglich ist. Von dieser Voraussetzung dürften sie eigentlich nicht ausgehen, wenn sie das Selbstbewußtsein hätten, das sie als wesentliches Moment ihrer bürgerlichen Identität sehen: das Sich-Selbst-Reflektierende. Wenn sie *wirklich* über die Entstehung des Bewußtseins aus der gesellschaftlichen Lebenslage des Menschen nachdenken würden, müßten sie begreifen und auch danach handeln, daß sie selbst anders denken und wissen als Menschen, die sich in einer anderen Lage befinden. Sie stellen ihr *Ich* dar und sie stellen ihr Wissen dar. Es ist ihnen im Grunde egal, ob jemand das weiß oder wirklich wissen will, was sie wissen. Sie wollen es nur unter die Leute bringen, die Leute belehren. Darin besteht ihr Wert und ihr Selbstbewußtsein. Sie verkaufen ihr Wissen und bekommen dafür gesellschaftliche Anerkennung und geistige Macht über die Unterdrückten, Ungebildeten. Dafür werden sie bezahlt.

Wissen und Sprache als selbstschöpferischer Akt findet für sie nicht mehr statt. Sie gehen von den Gegebenheiten aus. Die Gegebenheiten ihres Denkens sind: menschliche Lebensverhältnisse, Gefühlslagen – wenn überhaupt – und Artikulationsformen, die sich aus einer bestimmten Lebensweise ergeben, 'auf den Begriff' zu bringen. Sie tun so, als gäbe es nur *einen richtigen Begriff* vom Leben und machen damit die wirklichen, unmittelbar lebendigen Menschen zu Anhängseln einer gegenständlichen Welt, die sich in ihrer Denkform abstrakt-gegenständlich widerspiegelt. Die begrifflichen Abstraktionen sind nicht aus Sinneserfahrungen mit Menschen gewonnen, sondern aus der Betrachtung mit Gegenständen,– als die sie die Menschen ansehen. Sie sind nicht das Ergebnis eines allmählichen Entwicklungsprozesses aus menschlichen Bedürfnissen – also existentiell gewonnene Erkenntnisse –, in denen ein Mensch sich selbst mit anderen Menschen auf freundliche oder kämpferische, eben auch aggressive Weise selbst erkennt, sondern sie sind aus der Konfrontation des konkreten Menschen mit Dingen, Systemen, sachlichen Zusammenhängen entstanden. Ihre Entstehung aus dem praktischen menschlichen Leben wird nirgendwo sichtbar, und sie kann es nicht werden, weil sie nicht existiert.
"Es kann niemand, der diesen Begriff denkt, sagen, er habe ihn aus dem Gegebenen einer Sinneserfahrung durch graduellen Aufstieg vom Besonderen zum Allgemeinen gebildet. Niemand hat ihn gebildet, er ist ohne Ableitung fertig da. Die Abstraktion, aus der er stammt, hat anderswo stattgefunden und auf einem anderen Weg als dem des Denkens..." (Sohn-Rethel 1974,S.191).

Die Voraussetzungen dieses abstrakten Denkens, das alles menschliche Tun und Beziehungen zwischen den Menschen letztlich auf Sachen reduziert, liegt im Geld als Tauschmittel aller möglichen Waren. Mit ihm werden die unterschiedlichsten Arbeitsprodukte gleichgesetzt und damit austauschbar. Auf dieser Grundlage funktioniert das bürgerliche, abstrakte Denken, das ohne empirische Grundlage ist. Es ist selbst ein Instrument und Mittel zum Besitz der Wahrheit gegenüber den lebendigen Menschen und zur Durchsetzung egoistisch-intellektueller-Interessen in einer institutionalisierten gesellschaftlichen Position geworden. Es dient dazu, 'moralisches Philistertum' gegenüber der Massenkultur und dem primitiven Denken und dem in konkrete Lebensumstände eingebundenen Alltagsbewußtsein und der Sprache der 'Unterschicht' und deren 'restriktiven Lebensbedingungen' zu verbreiten. (Centre for Contemporary Studies 1976)
Die wissenschaftlichen Versuche, Theorie und Erfahrung zu verbinden, scheitern an den festgelegten Strukturen der Wissenschaft und der gesellschaftlichen Institution, in denen sie vermittelt wird. Theorie und Praxis sind getrennt. Ihr Entstehungs- und Verwertungszusammenhang sind aus dem Prozeß wissenschaftlicher Arbeit ausgeklammert. Dies hat Konsequenzen für die Art wissenschaftlicher Theoriebildung und für die wissenschaftlichen Aussagen, die daraus folgen: die Trennung von Sinnlichkeit, praktischer Arbeit und lebendiger menschlicher Erfahrung von den Abstraktionen wissenschaftlicher Erkenntnis (Begriffen, Sätzen, Verallgemeinerungen) wird als naturwüchsige Gegebenheit gesehen. Und es wird als ganz natürlich angesehen, daß, wenn jemand von den wissenschaftlichen/wissenschaftstheoretischen Höhenflügen enttäuscht ist und da nicht mithalten kann, es seine Schuld ist. "Nun, da hätte er eben einen praktischen Beruf ergreifen müssen. Der ist für die Wissenschaft nicht so recht geeignet." Oder: "Sie wollten doch sowieso eher praktisch arbeiten", so wird das hingedreht, wenn man sagt, die Wissenschaft komme einem zu theoretisch und abstrakt vor. Theorie und Wissenschaft *müssen* demzufolge mit Notwendigkeit abstrakter sein als die konkrete menschliche Erfahrung; demnach kann man nur aus der Distanz von konkreten Alltagserfahrungen zu wissenschaftlichen Erkenntnissen kommen. Zahlreiche Wissenschaftstheorien und Forschungsstrategien bauen auf dieser grundlegenden Norm auf. Die Macht des 'gesunden', vor allem aber: des Menschenverstandes, der das Alltägliche beherrscht und aus ihm entsteht, zu brechen gehört vor allem zur Logik der deutschen Wissenschaft seit Kant und Hegel, - auch Marx hat diese Logik übernommen. Das Konkrete, das eigentlich der Ausgangspunkt jeder Abstraktion bilden sollte und in Wirklichkeit auch ist, - soll es sich nicht um bloße Hirngespinste handeln, - wird zugunsten der wissenschaftlichen Genauigkeit und der Aneignung sowie der Anwendung methodischer Regeln aus der Erkenntnisbildung und Diskussion wissenschaftlicher Ergebnisse ausgeschlossen. Dadurch entsteht eine von den praktischen Alltagserfahrungen abgehobene formale Wissenschaft, die gegenüber den konkreten Erfahrungsinhalten des Alltagslebens entfremdetes und 'bürokratisches' Wissen erzeugt. Praxis wir in Gegensatz zur Theorie gebracht. (H. Ortmann 1975)
Bewußtwerdung und Theoriebildung kann aber nur im direkten Zusammenhang von Erfahrungen entstehen - also Ausdruck von in praktischer Erfahrung gemachten Erkenntnisprozessen sein. Erfahrung und Erkenntnis sind nicht getrennt. Für eine Wissenschaft, die menschliche Bedürfnisse nach ungezwungeneren, freieren Ausdrucksformen bei der Arbeit und im menschlichen Zusammenleben in sich beinhaltet, muß der enge Zusammenhang von Sinnlichkeit und Denken, Anschauung und Begriff zu neuen Denkformen führen.

Die Abstraktionen, die das wissenschaftliche Denken beherrschen, müssen dann auf ihren Ursprung, die erlebte Erfahrung, zurückgeführt werden -

wieder in Erlebtes, Sinnliches verwandelt werden; sie dürfen die sinnlich-konkrete Erfahrung der Menschen nicht verlassen. Als bloße Abstraktionen verselbständigen sie sich gegenüber lebendigen Menschen und verhindern wirkliche und praktische Erkenntnisse, die im Alltagsleben nützliche und schöpferische Lernprozesse hervorbringen.

Man muß also die Bedingungen kennen, unter denen die Menschen wirklich leben, um zu richtigen Erkenntnissen über sie und ihre Lebensweise zu kommen. Man muß sie verstehen und auch gern haben, wenn man Theorien in der praktischen Lebenssituation mit den Menschen entwickelt und sie nicht als 'Gegenstand', als 'Objekt' wissenschaftlicher Erkenntnis behandeln. Theorie-bildungsprozesse, die im Zusammenhang praktischer Arbeit und Erfahrung der Menschen entstehen, sind an die Bewegung und den Rhythmus dieser Erfahrung gebunden. Das bedeutet, daß man beachten muß, daß Menschen, die tätig sind, selbst Theorien über sich und ihr Leben entwickelt haben. Das bedeutet, daß Theorie keine Erklärungen für menschliches Verhalten und gesellschaftliche Verhältnisse liefern kann, die über die Arbeit und die Köpfe der Menschen, über ihre Empfindungen und Phantasie hinweggeht. Vielmehr sind sie selbst der menschliche Impuls für Theorie.

Nun sind wissenschaftliche Abstraktionen selbst Ausdruck des allgemeinen gesellschaftlichen Lebens, in dem die Beziehungen der Menschen, ihre Arbeit, ihre Sympathie oft bestimmt werden von unmenschlichen Arbeits- und Lebens-bedingungen; von aufgezwungenen Arbeitsnormen und -zeiten; von den Produkten der Arbeit, die so schlecht gemacht sind, daß die Tatsache, daß sie schnell kaputt gehen, schon bei der Herstellung 'eingeplant' ist und die Menschen daher unablässig zur Arbeit gezwungen sind. Die dabei verausgabte menschliche Arbeitskraft tritt als lästiger Kostenfaktor auf, und wird so gering entlohnt, daß sie immer wieder als Arbeitskraft verkauft und als Konsumkraft auf dem Markt eingesetzt werden kann. In einer Gesellschaft, in der die meisten menschlichen Bedürfnisse, nur mit Geld und anderen materiellen Dingen befriedigt werden können, prägt das die Menschen bis in ihre Wahrnehmungen und Empfindungen. Menschen, die von unbefriedigender, weil sich ständig wiederholender, gleichförmiger Arbeit müde werden, stumpfen gegen ihr eigenes Leben und das der anderen ab. Sie haben keine Zeit und keine Lust, über bessere Arbeits- und Lebensbedingungen nachzudenken.
Eigentätigkeit für Probleme, die sich in ihrem Alltagsleben stellen, ist für sie unmittelbar kaum möglich; sie wird ihnen von gesellschaftlich ausgebildeten Experten abgenommen.

Die im täglichen Arbeits- und Lebensprozeß zerstörte Sinnlichkeit der Menschen bringt eine bestimmte Theorie über ihr Leben, über *den* Menschen hervor. Das heißt: sie läßt Menschen keine Zeit und auch keine Ruhe, um über Dinge nachzudenken, macht sie stumpf gegen ihre eigenen Bedürfnisse und Erfahrungen. Das heißt aber auch: sie bekommen sehr viele ihrer Probleme, aber auch ihrer Wünsche nicht in den Griff, sie bleiben un-begreiflich und damit unwirklich. Damit werden große Teile menschlicher Bedürfnisse und Erfahrungen im Alltagsleben dem Zugriff wissenschaftlicher Experten überlassen, die aus ihnen durch methodische und technische Mittel kontrollierte Erfahrungen und objektive Erkenntnisse machen, – und sie der gesellschaftlichen Verwertung überlassen. Die menschlichen Bedürfnisse und Erfahrungen sind in solcherart konrollierten (objektivierten), versachlichten Ergebnissen wissenschaftlicher Arbeit kaum wiederzuerkennen. An ihre Stelle treten Sachen, die die Eigentätigkeit und Entscheidungslust sowie die Lust nach produktiven Tätigkeiten und menschlichen Beziehungen, dort, wo sie eigentlich entstehen, - nämlich im Alltagsleben - verhindern.

Das Alltagsleben ist der Ort, wo Neugierde, Tätigkeits- und Bewegungsdrang sowie der Antrieb zu Wissen entstehen und auch ausgedrückt werden. Dort entsteht Wissen im Zusammenhang mit den Menschen und Dingen, mit denen wir täglich zu tun haben. Sie bestimmen das, was im Kopf als 'Begriff' vom Leben (ab)gebildet wird. Etwas im Alltagsleben begreifen heißt: sich mit Menschen zusammenzutun und in der lebendigen Beziehung zwischen Menschen sich eine Sache aneignen. Das sind oft - vom Blickwinkel der Wissenschaft aus - ganz banale Dinge des menschlichen Zusammenlebens und des Unterhalts: Arbeitsprobleme und Lohn, Arbeitslosigkeit, Probleme der Wohnung und des Mietpreises, Probleme im Haushalt sowie der Kindererziehung, überhaupt des Alltags der Frauen, sowie der Kinderspielplätze, Lärmbelästigung, unterschiedlicher Erfahrungen von Menschen, die zusammenleben und zusammen arbeiten und miteinander auszukommen versuchen.

Denkinhalte, die so entstehen, beruhen auf Erfahrungen, die nicht nur mit dem Kopf gemacht werden, sondern am eigenen Leib erfahren werden. Sie entstehen in situativen praktischen und assoziativen Zusammenhängen zwischen Menschen, können also nicht - wie das bei wissenschaftlichen Erkenntnissen im allgemeinen der Fall ist - verallgemeinert und als abgeschlossene, abstrakte Begriffe und Kenntnisse von ihrer konkreten Erfahrungsgrundlage abgehoben und als Wissen 'an sich' weitergegeben werden. Sie verändern sich durch Konfrontation mit neuen Problemen, - durch die Berührung mit Menschen und körperlichen oder geistigen Auseinandersetzungen. Damit erweitert sich der Gegenstand und die Methode der Theoriebildung: Gegenstand ist der ganze Mensch, so wie er im Alltagsleben existiert, mit seiner Arbeit, seinen Empfindungen, menschlichen Beziehungen. Alle Sinne des Menschen sind daher gleichzeitig Gegenstand und Weg der Erkenntnis. Denken und Theoriebildung ist eine Bewegung im Kopf und im ganzen Körper des sinnlich-tätigen Menschen, die sich aus der praktischen Tätigkeit entwickelt und verändernd weitergegeben wird. In dieser praktischen Erkenntnissituation gibt es keine Trennung von Sinnlichkeit und Vernunft/Verstand. Diese Trennung in verschiedene Begriffe ist eine analytische, künstliche Trennung, die eine prozeßhafte Bewegung vom praktischen Tun über Empfindungen zur sinnlich-praktischen Erfahrung und zum Denken in ein starres Schema preßt. Wenn die Tätigkeit eines Menschen täglich und über Jahre hinweg in sich wiederholender und zerstückelter Teilarbeit besteht, so kehrt diese Bewegung seiner Hände, seines ganzen Köpers - die ja bis in den Magen geht - in seinem Denkprozeß als zerstückeltes Denken wieder. Das heißt, er kann keinen Gedanken an einem Stück zu Ende denken, keine langen und umfassenden Zusammenhänge herstellen, weil seine Arbeit keine zusammenhängende ist. Also ist im Alltagsleben das Denken die kontinuierliche Fortsetzung der Arbeit, der Tätigkeiten, die ein Mensch verrichtet, - darin eingeschlossen seine zeitlichen und räumlichen Bewegungsmöglichkeiten.

Die Grundlage einer vom Menschen ausgehenden und an ihm ausgerichteten sinnlich-konkreten Theoriebildung ist kollektiv, da der Mensch als gesellschaftliches Wesen arbeitet und daher nicht als Einzelwesen denkt. Selbst wenn jemand alleine lebt, so tritt er doch bei der Arbeit, beim Einkaufen oder anderen Tätigkeiten, und sei es belanglose Gespräche nach Feierabend, in Kontakt zu anderen Menschen. Kontakt stellt er her durch Anschauen, vielleicht auch Anfassen, Ansprechen. Da macht er Wahrnehmungen, Erfahrungen und Erkenntnisse. Bei dieser Art der Alltagserfahrung gibt es zunächst bei den Menschen 'natürliche' Schranken der Wahrnehmung, Erfahrung und des Denkens, – wenn ihr überschaubarer Lebenszusammenhang überschritten wird. Sie wählen aus. Zusätzlich werden gesellschaftliche Schranken errichtet, – Normen, Anstand, die Trennung von Privatheit und Öffentlichkeit, die ein Mensch wahren muß, wenn er nicht auffällig werden will. Auf diese Weise wird derjenige, der sich im Alltag verhält und seine Erfahrungen macht, daran gehindert, sich mit Leib und Seele zu äußern und also auch Erkenntnisse zu machen. So werden Denkschranken errichtet. Für viele Bedürfnisse, Wünsche und Denkanstöße ist daher keine Möglichkeit gegeben, sie zu verwirklichen. Also bleibt es so begrenzt, wie es in Wirklichkeit ist, auch im Denken und wird in der Phantasie, in Tagträumen, Alltagsvorstellungen von anderen oder besseren Erfahrungen, Lebensmöglichkeiten zu Ende gedacht. Die Wissenschaft errichtet zusätzliche Schranken durch eine Expertensprache, mit der sie den Alltag verdrängt.

Anhang

Vorbemerkung

Im folgenden werden nun die Klassenerfahrungen von Arbeitertöchtern in einer 'fremden' Welt dargestellt. Die Wurzeln ihrer Theoriebildung gehen zurück auf ihre Kindheit in der Arbeiterfamilie; je nach Alter spiegeln sie die Sozialgeschichte der Nachkriegszeit (nach 1945) wider. Ihre Denkweise und Sprache ist Ausdruck dieser Erfahrungen. Sie begreifen ihre Geschichte und ihre gegenwärtige Lage durch Ausdrucksformen ihrer Klasse, - teilweise gebrochen durch Haltung, Selbsterkenntnis und Sprache, wie sie ihnen durch eine von ihrer Lage abgehobene Bildung und Theorie vermittelt wurde.

Die wissenschaftliche Theorie - die sich vom konkreten Gegenstand distanziert, anstatt ihm 'auf den Leib' zu rücken - ist eine Sackgasse oder zumindest ein Umweg zu 'proletarischen' Lebenserfahrungen und Lebensäußerungen. Diese spiegeln den Entwicklungs- und Lebensprozeß eines Menschen in seiner Totalität, als ganzen Menschen, wider, die Wissenschaft aber reduziert den Menschen auf ein abstraktes, von anderen Menschen isoliertes Individuum.

Die folgenden Lebensäußerungen sind aus der Perspektive der eigenen Erfahrung und Betroffenheit formuliert. Sie signalisieren einen radikalen Anspruch: 'als ganzer Mensch zu leben, von allen Sinnen und Fähigkeiten Gebrauch machen zu können' (Maxia WANDER,1978, S.19).

Sie vermitteln die praktisch gewonnene Einsicht: Menschen, die ihre Bedürfnisse so hautnah und existentiell empfinden, dürfen sie nicht ausdrücken und praktisch weiterentwickeln. Sie dürfen nur im privaten Raum und mit den primitivsten Mitteln 'zu Wort' kommen. 'Theoretische abstrakte Bedürfnisse' haben in der Öffentlichkeit Vorrang. Ihre Ausdrucksmittel sind Geld. (Geld-)Vermögen wird gleichgesetzt mit Können. Dieses wird gefördert, jenes soll zum Schweigen und zum Stillstand gebracht werden.

Die Form der realen Erfahrungen und existentiellen Belange, die hier zu Wort kommen, sperren sich gegen ästhetische und methodische Zwänge, gegen vorgegebene Begriffe. Wie sollen die Frauen sich auch in Theorien wiedererkennen und in Begriffen ausdrücken, die nicht von ihren wirklichen Voraussetzungen ausgehend entstanden sind?
Warum sollten die Frauen die am eigenen Leib verspürte Verausgabung ihrer Lebenskraft und ihres Denkvermögens in ihnen fremden Kategorien erfassen?
Die von Arbeitern in ihrem gewohnten Lebenszusammenhang empfundene Existenznot - Mangel an Geld, gesichertem Arbeitsplatz, Wohnraum, Bewegungsfreiheit für freie, phantasievolle Tätigkeiten, das Bedürfnis, mit anderen Menschen zusammenzukommen und über sich zu sprechen, - wird hier 'ergänzt' durch die Entfremdung von diesem Lebenszusam-

menhang. Theoretisch und alleine lernen tritt an die Stelle von 'am Menschen lernen' und brauchbares Wissen für die eigenen Bedürfnisse zu erwerben. Das Alte wollen die Frauen nicht mehr und das Neue geht auch nicht so richtig, - und deshalb tun sie immer wieder das Alte: unaufhörlich arbeiten, selten einmal nur stillsitzen und einfach die Zeit vertun, immer wieder die eigene Kraft aufbringen, um sich doch brauchbares Wissen anzueignen und trotzdem im Wissenschaftsbetrieb durchzukommen. Das geht nicht immer. Wie soll aber jemand, der der primitivsten Grundlagen für eine gesicherte Existenz entbehrt - immer entbehrt hat - stark und mutig sein?

Oft haben die Frauen die Erfahrung gemacht, sich dem Spott der anderen auszusetzen, indem sie offen sprachen. Durch solche Erlebnisse sind sie in der Öffentlichkeit mit ihren Erfahrungen sprachlos geworden. Sie haben gelernt, sich zu schämen, daß sie so schlecht konnten, was von ihnen verlangt wurde, oder daß sie es so schlecht verbergen konnten. Sie wurden schweigsam, weil sie das Gefühl hatten, daß die anderen sie doch nur aushorchen wollten oder Mitleid äußerten. Wer so viel Angst gehabt hat und sich oft so verlassen gefühlt hat, der kann nicht mutig sein. Der wird wütend. Und dann wieder still.

Im vertrauten Umgang miteinander hat sich ihre schmerzvolle Erfahrung oft wieder in Mut verwandelt.

Ihre Theoriebildung ist der lebendige Ausdruck, ihre Klassengeschichte am eigenen Leib zu erfahren und zu begreifen. Sie spiegelt sowohl Ratlosigkeit und Angst gegenüber dem, was hinter ihnen liegt, wider, als auch aufgestaute Empörung und Trauer darüber, daß sie sich oft so unwissend und minderwertig vorgekommen sind. Sie sind aus dem praktischen, für sie oft bedrückenden Arbeits- und Lebenszusammenhang der Arbeiterfamilie weggegangen in der Hoffnung, bessere Lebensmöglichkeiten für sich zu entwickeln und dafür Wissenswertes zu erfahren.

Auf dem Hintergrund ihrer proletarischen Kindheit und Jugend wird deutlich, wie sie sich, indem sie mit der bürgerlichen Bildung und Kultur in Berührung gekommen sind, immer mehr von ihrem früheren Dasein und Denken entfernt haben. Sie haben auf dem Gymnasium gelernt, andere Interessen zu entwickeln und haben ihre Zeit für die Schule und für die Mitarbeit im Haushalt gebraucht. Sie haben die Zeit und das Interesse verloren, sich mit Freunden und Freundinnen aus ihrem Arbeitermilieu zu treffen. Sie waren gezwungen, sich von ihren Geschwistern und ihren Eltern zu entfremden: wenn die anderen auf der Straße waren oder gesellig beieinander saßen, mußten sie alleine sitzen und lernen. Sie haben auf diese Weise das theoretische Bewußtsein als etwas 'Besseres' schätzen gelernt. Mit der Zeit haben sie das Bedürfnis der Eltern nach Gemeinsamkeit als etwas 'Störendes' empfinden müssen. In der Schule galt nur individuell erbrachte Leistung als etwas Vorzeigbares. Äußerste Disziplinierung und abgehobenes Denken und Sprechen, das ihre Lebensumstände garnicht zuließen, waren oberstes Gebot.

So betrachten sie jetzt zum Teil ihre proletarische Vergangenheit selbst als etwas Unwirkliches, Vergangenes, Abgeschlossenes, das hinter ihnen liegt, - stehen aber der abgehobenen wissenschaftlichen Denkweise, der distanzierten Kultur und Sprache ebenso fremd gegenüber. Ihre proletarische Lebensgeschichte erscheint deshalb als das Unwirkliche, weil sie tatsächlich in ihrem jetzigen Alltag an der Hochschule das Unwirkliche ist: in der Hochschule fragt sie niemand nach ihren Voraussetzungen; Geld und abstrakte Leistungen sind Selbstverständlichkeiten. Das ist eine Erfahrung, die jede von ihnen alleine macht. Ihre Familie erkennt diese Erfahrung oft nicht (an), weil sie in ihrem eigenen Leben nicht vorkommen. Nicht nur die Verpflichtung auf 'allgemein verbindliche' Werte und Normen der bürgerlichen Kultur hat also die aktive Wahrnehmung ihrer Kultur, die sie aus dem Arbeitermilieu mitgebracht haben, teilweise verstellt; auch die reale Situation, in der sie mit ihren Empfindungen und Artikulationsformen oft alleine dastehen, läßt sie ihre Interessenlage als 'Arbeiterkind' oft eher verleugnen als aktiv für sie eintreten.

Die Ideologie, nach der Leistung das ausschlaggebende Moment ist und nicht Herkunft, was bedeutet: Geld, Zeit und soziale Beziehungen, hat mit der Ideologie der Chancengleichheit für Arbeiterkinder zu diesem Verhalten beigetragen. Sie sind fast orientierungslos geworden durch abstrakte und scheinbar allgemeingültige Begriffe, mit denen die bürgerliche Wissenschaft und Bildung ihnen zugleich fremde Erfahrungen und Verhaltensweisen aufgezwungen hat, – "erstickt an von oben aufgezwungenen Erfahrungen", sagt Elisabeth H. Ihr impulsiver Protest gegen gleichgültige Wissenschaftsinhalte und konkurrenzhafte Lebensformen sowie gegen den Vorrang des theoretischen Denkens, die ihr Alltagsleben notgedrungen beherrschen, drückt sich zum Teil in einer verstörten Identität aus, die nicht mehr weiß, was sie machen soll und wo sie hingehört. Immer wieder wird von den Frauen selbst die Brüchigkeit ihrer Identität angesprochen.

Agnes O.:

Ich habe gar keine Identität. Ich fühle mich nirgendwo geborgen. Ich merk einfach, selbst Menschen, die sich für intellektuell halten, entweder ham die keine Erfahrungen darüber oder so, das kapiern bestimte Menschen einfach nich so, warum man sich mit sich selbst beschäftigt... Für mich gehört zu meiner Identität, daß ich auch über Probleme reden kann, – daß ich jemand hab, der ähnlich so ne lange Zeit gebraucht hat, bis er weiß, was er will."

Hanne M.:

"(ich meine),... daß ne Veränderung laufend stattfindet,... daß es nur darum geht,... die bewußt steuern zu können, ...ja, oder das is so, daß du von ... deiner inneren Substanz einfach immer mehr abgibst und dich dann so auflöst ... das gibt ja auch ne Veränderung ne. Der rote Faden bist du."

"Ich brauche jemand, der mit beiden Beinen auf dem Boden steht", sagt Hanne, – allein traut sie sich das nicht zu.

Lucia H.:

"Was ich unter Identität verstehe? Ja, das könnt ich am besten am Beispiel erklärn – ... eine Kommilitonin, die erzählt mir ununterbrochen was von Identität, ... und Identität sei eben auch, wenn ma alleine leben könnte und wenn man alleine die Probleme 'meistern' ...könnte und eben nich ständig jemand braucht.
Und dann werd ich angegriffen, hier mit meim Hans Josef, weil ich ihn brauche, ja, richtig, ich brauch ihn auch wirklich, *immer*, ... und ich

meine,... der Mensch is n soziales Wesen und du kannst nich alleine
mit irgendwas fertig werden, - ich meine, das is n Betrug... weißte."

Elisabeth H.:

"Alleine machen sie dich ein ne..."   ... da sitze also da und
kriegst die Wut, was sind das für Verhältnisse du, und kriegst die
Wut und die Wut... und das is ja ne aufgezwungene Wut ne ...
... also alleine seh ich mich da eingebuttert."

Mit der Situation, auf einmal alles alleine machen zu müssen und das als
Wert für ihr Leben zu akzeptieren, werden die meisten von ihnen nicht
fertig. Sie suchen unablässig nach Möglichkeiten, mit Menschen zusammen zu sein, beliebt zu sein; von einem Menschen verstanden zu werden. Etwas begreifen ist Wissen um die eigene und die Lebenslage des
anderen, "ist für mich Ausdruck von Gemeinschaftsgefühl ... ich kann
nich alles direkt sagen, ich find, n Mensch, der muß das merken auf
die indirekte Art und Weise oder er merkt das nich", sagt Agnes O.

Das Begreifen läuft meistens über den ganzen Menschen, mit allen seinen Ausdrucksfähigkeiten. Sprache ist nur ein Teil davon. "... da
mußte dich an Gesten, an Haltungen, an Gesichtsausdrücken, an allem
orientieren ..., das is auch n Ansatz von Theorie..." (Elisabeth H.,
siehe Anhang).

Ihre Stärke, von allen Sinnen und Fähigkeiten eines Menschen Gebrauch
zu machen und ihn als ganzen sinnlich-tätigen und denkenden Menschen
wahrzunehmen; ihr Bedürfnis nach Gemeinschaftsgefühl und Verläßlich-
keit, nach Dasein vertrauter Menschen und nach gegenseitiger Unterstützung; ihr Verlangen nach Ruhe in gewohnter Umgebung und Lebenskultur, nach Zutrauen zum eigenen Verhalten und zum Verhalten des
anderen wie zur eigenen Sprache, - ihre genaue Kenntnis des Zusam-
menhangs zwischen dem, was ein Mensch denkt und dem, wie er sich
mit Worten und durch körperliche Gebärden, Stimmlage und 'Sprachme-
lodie' äußert; ihre Erfahrung der Identität mit Menschen, mit denen sie
zusammen arbeiten und leben, -
gilt in einer Welt, in der die Forderung nach individueller geistiger Leistung und persönlicher Autonomie an erster Stelle steht, als Schwäche.

Diese von oben aufgezwungene Bewertung ihrer Fähigkeiten vermittelt
ihnen unablässig das Gefühl, 'nicht zu genügen', mit der normalen All-
tagssituation 'nicht fertig zu werden'.
Die Nüchternheit, mit der die Frauen oft ihre eigene Lebenslage begreifen, erlaubt keine 'nostalgische Verklärung' des proletarischen Lebens,
das sie teilweise hinter sich gelassen haben, teilweise aber immer noch
erleben.
Die eigene Geschichte wird hier nicht von einer 'phantastischen' Perspektive aus betrachtet, sondern die Betrachungsweise zeigt, daß die
Frauen wirklich erlebt haben, worüber sie sprechen.
Ihr Bedürfnis nach menschlichen Beziehungen und faßbarer Solidarität
geht in einer Situation, die von Konkurrenzbeziehungen und alleine gemachten Erfahrungen bestimmt ist, verloren, wenn sie diese Situation
mit distanzierten Begriffen analysieren. Stattdessen rückt ihre Theorie
dem Gegenstand ihrer Erfahrung im Laufe der Gespräche und der gemeinsamen Erlebnisse immer näher.

Die Sprache, die hier gefunden wurde, ist unmittelbarer Ausdruck der
Klassenerfahrungen der Frauen, - hierfür ist die Sprache der unmittel-

bare Ausdruck, - angefüllt mit reichhaltigen Bildern von Lebenssituationen und Gefühlen.

Im Sprachrhythmus und im Tonfall drückt sich oft das Gefühl aus, nicht zu genügen, (immer noch) nicht genug zu arbeiten. Es war oft eine getriebene, nervöse Sprache, - getrieben von dem Anspruch, zu begreifen, und von dem Gefühl, eigentlich nicht genug Zeit zu haben. Oft haben die Frauen in ihren Erzählungen Sprünge gemacht, - oft drängten sich mehrere Situationen auf. Sie versuchten nicht krampfhaft, sich diszipliniert auszudrücken, ihre Erfahrungen vorher im Kopf nach einem fiktiven Ordnungsschema zu sortieren. Sie erzählten mit Abschweifungen und Umwegen, was für sie in ihrem bisherigen Leben wichtig war. Ich sehe in diesem assoziativen und sprunghaften Charakter ihrer Erzählungen den Ausdruck ihrer Lebenssituation. Was üblicherweise als 'Abschweifung' verstanden wird, schneidet den schöpferischen Charakter und den Erfahrungsprozeß, den Sprache hier hat, ab. Daß sie manchmal förmlich nach Worten ringen, um ihre Erfahrungen auszudrükken, zeigt die Schwierigkeit, für lebendige Erfahrungen eine Sprache zu finden; zumal diese Erfahrungen lange Zeit verdrängt wurden und teilweise in ihrem Versuch, zu Wort zu kommen, immer wieder unterbrochen, totgeredet, schließlich fast endgültig verschüttet wurden.

Das wichtigste war für uns, unsere Vereinzelung aufzuheben. Das bedeutete: oft ganze Tage miteinander verbringen, einfach zusammensein. Wir trafen uns zu zweit und unterhielten uns über Probleme, die uns bedrückten. Wir gingen zusammen spazieren, hörten Musik; wir kauften zusammen ein und kochten gemeinsam; wir gingen in Konzerte, gingen schwimmen, fuhren zusammen weg. Das alles sind Dinge, die Menschen im Alltag mit guten Bekannten oder Freunden zusammen machen. Von daher ist es eigentlich nichts Besonderes. Für uns war es etwas Besonderes, weil wir bisher mit unserer Situation und Hintergrunderfahrung ziemlich alleine waren. Jetzt entwickelten wir Freundschaften; versammelten wir uns einmal im Monat und sprachen miteinander über Dinge, über die wir lange geschwiegen hatten oder alleine nicht verarbeiten konnten.

Unsere Gespräche und unser Alltag bekamen allmählich einen Zusammenhang. Unsere Begegnungen hatten von Anfang an eine für jede von uns greifbare Qualität: wir sahen keinen Sinn darin, uns 'mal tüchtig auszuquatschen', und dann wieder an unsere Arbeit, in unseren Alltag zurückzukehren. Wir veränderten mit unseren Begegnungen unser Alltagsleben: unsere Beziehungen veränderten unsere Sichtweise von Menschen, von gesellschaftlichen Zusammenhängen. Wir gewannen mehr Zutrauen zu unserer Art, uns auszudrücken, uns zu bewegen. Was uns oft als unkonzentriertes, abschweifendes Reden und Verhalten angekreidet wurde, haben wir als natürlichen Teil unserer Identität wiedergewonnen. Wir konnten Verhaltensweisen und Anschauungen ablegen, die wir uns krampfhaft als Resultate bürgerlicher Erziehung in der Schule, am (Abend-)Gymnasium, am Arbeitsplatz, in der Hochschule aneignen mußten, von denen wir abends das Gefühl hatten, daß sie unser Leben nur unnötig komplizierten und uns eigentlich nicht wesentlich halfen. Unser Bedürfnis nach 'authentischem' Verhalten - also sich zu Hause und geborgen zu fühlen - ernst zu nehmen, war das wichtigste Ergebnis unserer Zusammenkünfte.

Mit den Frauen, die ich in Berlin und Frankfurt aufsuchte, war das nicht in derselben Weise möglich. Gemeinsame Alltagserfahrungen waren aus zeitlichen Gründen und wegen der räumlichen Entfernung begrenzt.

Dennoch habe ich, soweit es ging, an ihrem Leben teilgenommen. Der Druck, den ich zunächst empfand, wenn ich zu ihnen hinfuhr, wich sehr schnell dem Gefühl der Vertrautheit, wenn wir uns gegenübersassen und anfingen, zu reden. Es war, als würden wir uns schon lange kennen. In den meisten Fällen wurde ich selbstverständlich als vertrauenswürdig aufgenommen. Fremdheit, Höflichkeit und Zurückhaltung habe ich nie erlebt. Immer habe ich eine Erleichterung bei den Frauen und bei mir selbst empfunden, endlich im wechselseitigen Vertrauen offen miteinander sprechen zu können; Bestätigung und Verständnis von jemand zu bekommen, der ähnliche Erfahrungen gemacht hat; nicht auf Abgrenzung oder höfliche Zurechtweisung zu stoßen, wenn wir uns so äußerten, wie wir denken und wie wir sind. Da ich nicht einfach Fragen stellte, sondern auch von mir und meinen Erfahrungen sprach, war 'kooperatives' Sprechen möglich geworden.
Oft bewegte ich die Frauen zum Sprechen, indem ich zunächst über meine Erfahrungen sprach. So bezog ich emotional Stellung und gab zu erkennen, daß ich nicht über den Dingen stand, die sie bewegten. Dadurch fiel es ihnen leichter, offen und direkt über sich zu sprechen, Einwürfe zu machen, selbst Stellung zu beziehen, oder ihrerseits zu fragen, wie es mir gegangen war.
Oft merkte ich, wie wichtig es war, daß ich einfach zuhörte und mit meinem ganzen Verhalten, mit Gesten und Blicken ausdrückte, daß ich sie ernst nahm, daß ich ihrer Sicht der Dinge zustimmte.
Der *Zeitfaktor* spielte eine große Rolle. Mit allen Frauen verbrachte ich Stunden und Tage. Wir redeten miteinander, bis uns die Müdigkeit überkam. Fast alle Frauen hatten sich, wenn wir verabredet waren, den ganzen Tag freigehalten. Während ich oft ein schlechtes Gewissen hatte, ihnen ihre Zeit zu 'stehlen', entgegneten sie mir, wie wichtig unsere Treffen für sie geworden waren.
Dieser Zeitfaktor wurde in den wissenschaftlichen Untersuchungen bisher kaum berücksichtigt. Ich meine, daß man erst, wenn man sich genug Zeit nimmt und Ruhe hat zu überlegen, auf die wesentlichen Dinge in der eigenen Entwicklung stößt. Auch Widersprüche zwischen verschiedenen Lebensbereichen (z.B. Arbeit und Privatleben) können erst dann von den Betroffenen selbst hinreichend bemerkt und angesprochen werden. Die Sozialforschung konstruiert ihre Methoden nach der Uhrzeit; und stellt schon vor der empirischen Untersuchung theoretische Hypothesen auf, welche Widersprüche wohl auftreten könnten. Sie versucht, die Befragten durch 'Tricks' hereinzulegen und die wissenschaftlichen Methoden damit zu bestätigen.

Diese Untersuchung enthält dagegen 'bewußt' Widersprüche. Ich habe die Prozesse, die wir im Laufe unserer Gespräche und Begegnungen alle gemacht haben, nicht zugunsten einer exakten methodischen Vorgehensweise und Darstellung bereinigt.

Die Entwicklungs- und Veränderungsprozesse, die ich bei den Frauen im Gespräch von Mal zu Mal erlebt habe, werden in den Berichten nur indirekt sichtbar. Manchmal habe ich das so zum Ausdruck gebracht, daß ich den Berichten kurze Kommentare vorangestellt habe; manchmal habe ich das, was ich gesagt habe, im Text gelassen, um den eigenen Standpunkt und die Äußerungen der Frauen als Ausdruck unserer Gesprächssituation deutlich zu machen.

Durch unsere gemeinsamen Erlebnisse begriff ich, wie wichtig für uns direkte Erfahrungen sind. Wir lernen zwar alles aus Büchern und anderen Vermittlungsinstanzen, aber noch wichtiger sind für uns die direkten Erfahrungen; um sie durchsichtig und verständlich zu machen, sind wir immer auf die konkreten Situationen eingegangen, in denen sie entstanden sind.

Um diesen Entstehungsprozeß von Erfahrungen unverkürzt wiedergeben zu können, sind wir auf sinnliche Erfahrung in der Gesprächssituation selbst angewiesen. Wo die Situation distanziert und abgehoben von uns ist, und wir uns nicht an bestimmte Personen binden können während des Gesprächs, ist diese direkte Vermittlung nicht möglich.

Unsere Art der Theoriebildung und -vermittlung ist eng an Aktivitäten und direkte Erfahrung mit anderen Menschen gebunden. Wie auch das Erklären und zu bestimmten Schlüssen kommen ein aktiver Prozeß ist, der im Alltagsleben entsteht und wieder unmittelbar ins Alltagsleben eindringt. Die Vermittlung geschieht praktisch, nicht theoretisch. Begreifen als bloß theoretische Anschauung und Erkenntnis steht zu unserem praktischen Zusammenhang von Tätigkeit, Erfahrung und Lernen im totalen Gegensatz. Denken und Theorie sind für uns Aktionen, die den ganzen denkenden und sinnlich tätigen Menschen umfassen und den Zuhörenden auch als ganzen Menschen erfassen. Insofern konnte in unseren Gesprächen die direkte Beteiligung nicht als Forderung auftreten, sondern direkte Beteiligung war einfach praktisch da. Allerdings mußte ich für die Veröffentlichung viele Passagen streichen, durch die erst die besondere Art von Menschen, die vor allem arbeiten, um zu leben, sichtbar wird: nämlich erlebte Geschichten und Situationen ganz genau so wiederzugeben, wie sie sich ereignet haben. Solche ausführlichen Erzählungen erfolgen immer, um etwas Allgemeineres zu erklären. Erklären heißt für Arbeiter: dem Zuhörer etwas nachvollziehbar zu machen, indem sie ein Beispiel geben. Um dann den Begriff oder die Erkenntnis daraus zu ziehen. Diese Erfahrung habe ich auch in unseren Gesprächen gemacht.

Im folgenden reden die Betroffenen für sich selbst. Ihre 'Selbstdarstellungen' sind Ausdruck ihrer Praxis, zeigen, wie sie sich als lebendige Menschen in ihrer Praxis selbst 'definieren'. Sie können keine fertigen Standpunkte oder Bilder zum Gebrauch für andere sein, die letztlich nur abstrakt sein könnten. Vielleicht erkennen sich andere 'Arbeiterkinder', die ihre Erfahrungen mit der bürgerlichen Wissenschaft und Kultur gemacht haben, darin wieder; letztlich aber können sie nur selbst bestimmen, wie sie ihre alltägliche und unmittelbare Beziehung zu Menschen, zu sich selbst und zu ihrem Wissen gestalten wollen.

"Ich hab von meiner Mutti geträumt, - sie war in meinem Bett, ich hab gemerkt, daß sie da war und hatte solche Angst, daß sie wieder in meinem
Bett lag, - weißte, wie früher, so eng, - da hab ich das Licht angemacht,
hab's brennen lassen und hab weitergeschlafen ..."

Lucia H.,

33 J., Mutter Arbeiterin, auch der Onkel, bei dem sie bis zu ihrer Ehe
mit ihrer Mutter lebte, war Arbeiter. Nachdem Lucia im Büro und in
einem kleinen Geschäft gearbeitet hat, hat sie Deutsch und Gesell-
schaftslehre an der PH studiert; lebt jetzt mit ihrem Freund zusammen.
Bei Lucia ist mir besonders ihr impulsives, manchmal explosives Verhalten aufgefallen. Sie spricht im folgenden selbst davon. Ihre Reaktion darauf, wie sie selbst sagt: alles wieder zurücknehmen, schlichten,
Sie drückt das sehr oft durch eine Geste aus, wie ein Hase, der um
etwas bittet, hält sie ihre Hände vor sich hin 'Is wieder gut, ne?'

Klassen – Liebe

Unsere Gespräche drehten sich in dem einen Jahr, in dem wir uns
jetzt kennen, sehr oft um unsere 'Klassen-Liebe'.
Das hatte Auswirkungen auf Lucia's Einstellung zu ihrem Freund Hans-
Josef, der aus einer Beamtenfamilie kommt und sich über wenige Dinge so laut und unmittelbar betroffen aufregt wie Lucia.
Exemplarisch kommt das zum Ausdruck in seinem Verhältnis zu seiner
Arbeit in der Arbeitslosenselbsthilfe: er braucht Lucia als sinnlich-
lebendigen Teil seines Alltags, als unmittelbar menschliche Beziehung,
weil er zu den arbeitslosen Jugendlichen im Grunde doch ein 'theoretisches' Verhältnis hat, wie er sagt. Außerdem bestehen auch dort Hie-
rarchien, die ihn daran hindern, einen Arbeits- und Lebenszusammenhang herzustellen. Die Einheit von Arbeit und Leben als Teil unserer
Klassenerfahrung im Arbeitermilieu, wo die Trennung zwischen Arbeit
und 'Leben' in der Freizeit ja nie bestanden hat,- ist Gesprächsstoff
unzähliger Diskussionen zwischen Hans-Josef, Lucia und mir, die un-
aufhörliche Suche nach besseren Möglichkeiten, das zusammenzubrin-
gen, was man den ganzen Tag über oft getrennt voneinander tut: Arbeiten, - und dann abends der krampfhafte und mühselige Versuch,
das zu vermitteln, überhaupt nur erst einmal mitzuteilen.
Ein ständiger Kampf gegen Müdigkeit, Überspanntheit und Abstumpfung.
'Frauen aus der Mittelschicht sind mir ja im Grunde zu langweilig, ich
hab irgendwie gar keine Alternative', sagt H.-J., 'während ihr, ihr
seid selbst ja so lebendig, ihr könnt euch aussuchen, ihr seid auch
gemeinsam so stark, habt eher so ne gemeinsame Basis, würd ich sagen, so ne solide Basis an gemeinsamen Erfahrungen, während Lucia
und ich, wir versuchen immer uns verständlich zu machen, aber im
Grunde kann das ja nie gelingen. Das ist ja nicht sehr vielversprechend,
ein Leben lang mit einem Versuch zu leben. Bei Arbeitern, auch bei
euch, ist das doch anders. Auch wenn sie gehindert werden von oben,
sie wissen immer, daß sie eine gemeinsame Basis haben'.
Ich sagte zu Hans-Josef 'Also, es stimmt doch irgendwie, daß die Arbeiter die Basis sind, wie Marx geschrieben hat, - und deshalb eigentlich die größten Möglichkeiten haben. Auch wenn er das wieder so intellektuell betrachtet hat, und so, daß die ihre Lage bewußtseinsmäßig

auf den Begriff bringen müssen, Begriff, das ist dann was Geistiges,
was so über dem Boden, auf dem sie täglich leben, abhebt. Aber trotzdem, das stimmt ja, daß sie viel sinnlicher und lebendiger leben,durch
ihre Arbeit, und gerade, weil sie ständig daran gehindert werden, immer wieder danach streben und suchen!'
'Ja', sagt H.-J. und lacht. Lucia umarmt ihn.

Das Problem für H.-J. bleibt:
'Ja, was soll denn der Teil der Bevölkerung für eine Funktion haben,
der nicht Arbeiter ist, was bleibt denn für die übrig?'
'Ihr Wissen unmittelbar praktisch einzusetzen, aber den Bedürfnissen
der arbeitenden Menschen entsprechend, es ihnen zur Verfügung stellen, wenn sie es zum Leben brauchen, nicht aufzwingen, abstrakten
Zielen unterordnen', sage ich.

Bürgerlicher Intellektueller und proletarische Kultur:
Jawoll, ich bin subjektiv, merk dir das.

Nach einem Jazzkonzert ergibt sich folgende Diskussion.

Intellektuelle Musik vor einem weitgehend intellektuellen Publikum. Die
meisten sind Studenten oder Schüler. Eintritt pro Tag 17,- Mark.

Eine Gruppe spielt Free Jazz. Elemente von Volksmusik werden mit Kir-
mes-Melodien, Trauerfeiermusik, Gerassel von Volksfesten zu einem oh-
renbetäubenden Getöse vermischt.
Elemente volkstümlicher Musik, die zu einem verfremdeten Klamauk aus-
geschlachtet werden. Mein Standpunkt ist: Ich empfinde die Musik als
totalitär. Ich denke an Maschinensäle, Maschinenlärm, Straßenlärm,
Flugzeuglärm, der meine Ohren abtötet, meine Nerven zum Zerreißen
spannt. Ich denke, daß jemand, der 8 Stunden körperlich in einem lauten Fabriksaal gearbeitet hat, ein Recht hat auf Ruhe, ruhige Musik,
harmonische Klänge. Das hat nichts mit Harmonisieren der gesellschaftlichen Widersprüche zu tun und wie die Intellektuellen das alles nennen würden, sondern: es ist einfach ein menschliches Bedürfnis, das
sich da ausdrückt. Und ich empfinde es wieder als Unverschämtheit
gegenüber den arbeitenden Jugendlichen und überhaupt gegenüber Arbeitern, wenn sich hier Intellektuelle versammeln und sich laben an einer Musik, die völlig arhythmisch und chaotisch ist. Wenn schon körperliche Arbeit ein Bedürfnis nach Bewegung hervorbringt,- als Fortsetzung der Arbeit, als freieres Ausdrucksmittel als es bei der Arbeit
möglich ist, - dann kann dies nicht in völlig zerstückelten Rhythmen
zum Ausdruck kommen. Der menschliche Körper bewegt sich nicht so.
Das ist Vergewaltigung, auf der die Maschinenarbeit beruht. Sie bewegt den Körper in völlig unnatürlichen Arbeitsrhythmen, entgegen den
Körperbedürfnissen nach Entspannung, nach ganzen Bewegungen,
spricht sie immer nur Teilbewegungen an, läßt keine vollendete Bewegung zu. Deshalb das Bedürfnis vieler Arbeiterjugendlicher, sich bei
Rock'n Roll, Reggae, Punk-Rock auszutoben.

Nach dem Konzert regt Lucia sich fürchterlich über die Musik auf:
über die Klischees von Volksmusik, die den einfachen Menschen mit
dieser Musik vorgehalten werden.
Sie fragt H.-J., was er dazu meint.
Er argumentiert mit 'objektiven' ästhetischen Kriterien, mit musikali-

schen Stilmitteln, über die er zu wenig weiß, sich deshalb auch kein Urteil über die Musik erlauben kann. 'Ja, empfindest du des nich? Also, da könnt ich schon wieder wütend werden, ich hab genug davon, immer wieder mich mit objektiven Kriterien und Erklärungen abzugeben. Weißte, da kommste nie zu ner eigenen Meinung, dat darfste denn ja auch garnich habn. Det merk ich doch auch so, ob mir das gefällt oder nich'.

'Ja, aber das ist doch sehr subjektiv, individuell, was du empfindest. Das bleibt ja dann alles sehr spekulativ', erwidert H.-J.

'Jawoll, ich bin subjektiv, merk dir das!'

Lucia ist wütend, sprachlos.

Ich sage daraufhin 'Ich meine nicht, daß das nur subjektiv ist, was ich empfinde, – in meiner Empfindung sind doch gesellschaftliche Erfahrungen enthalten, die hab doch nicht nur ich, sondern das haben doch viele Leute, aufgrund gemeinsamer Erfahrungen, bei der Arbeit, aufgrund gemeinsamer Bedürfnisse. Ich seh' nicht ein, wieso das subjektiv ist. Du willst das immer auf Subjektives reduzieren, wenn wir von unseren Erfahrungen sprechen!'

Hans-Josef sagt:

'Na, was hören denn Arbeiter für Musik, was ist das denn 'proletarische Musik'? Gibt es sowas? Ist das, was ihr da angeführt habt, Rock n Roll oder so Volksmusik, Schlager, ist das proletarische Musik?'

Ich antworte ihm:

'Nein, aber sie knüpft offensichtlich an proletarischen Hör- und Ausdrucksbedürfnissen an, – die ist natürlich vom Musikmarkt extra produziert, das ist nicht proletarische Musik, sondern von der Musikindustrie vermarktete und produzierte. Es gibt aber auch andere, es gibt Lieder, die Arbeiter oder überhaupt Menschen, die noch mehr mit dem Körper arbeiten, bei der Arbeit oder zur Feier befriedigender Arbeit singen. Aber das wird ja systematisch zerstört. Es geht hier auch nicht um einen 'Proletkult' oder so, es geht um kulturelle Bedürfnisse eines Großteils der Bevölkerung, die immer wieder nur mit Kitsch befriedigt und abgespeist werden und um dieses intellektuelle Zeug hier auf der anderen Seite. Dazu haben Arbeiter ja gar keinen Zugang.'

Lucia sagt:

'Außerdem,– die einfachen Leute, über die da immer so überheblich hinweggeguckt wird, und die hier so zum Gespött gemacht werden, ne, – so empfinde ich dat jedenfalls –, die stellen sich da wirklich was ganz Konkretes vor, wenn die so Schlager hörn, klar stelln die sich was vor. Irgendwelche schönen Erlebnisse oder Wünsche. Na und, welche Möglichkeiten habn se denn sonst?

Das is nich einfach so, – und ich empfinde det als Unverschämtheit, wenn die det jetzt hier in ihrer Jazzmusik diesem Publikum vorspielen, ich fühle mich da verarscht.'

Lucia spricht über die wenigen Möglichkeiten der meisten sogenannten 'einfachen' Menschen, die eben den ganzen Tag arbeiten, schwere und stumpfsinnige, ja, monotone Arbeit verrichten. Sie greift zu wissenschaftlichen Argumenten:

'Die russische Psychologie hat ganz klar den Zusammenhang zwischen alltäglicher Lebensumwelt und Aneignungsformen rausgefunden, also dat is doch ganz klar, daß das Gehör durch Reize der Umwelt, durch die ganze Arbeit und so, ja, durch dat alle ne, von frühester Kindheit an geschult wird. Und dat find ich doch sehr wichtig, was die da schreiben.'

Proletarische Kindheit: Erziehung durch die Arbeits- und Wohnverhältnisse

Ich fand dat immer alles nich gut, wat die mit mir gemacht ham

Lucia: *Bei mir is das ja schon immer so gewesen, daß ich das als so schlimm empfunden, so bedrückend empfunden hab, und das war bei mir sehr gut in meiner Erziehung, mein ich, -* daß mich drei Leute erzogen haben, und daß ich gesehen hab, daß einer immer die Meinung vertrat, die der andre überhaupt nich und so weiter... die sich ständig gekebbelt haben um mich oder auch so unternander, - klar, und daß ich immer sehn konnte, als ich noch klein war, also jeder hat so seine Meinung, die versucht er, durchzubringen und ich fand dat immer alle nich gut, wat die mit mir gemacht ham, is ja klar ne, war ja immer alles schlecht für mich. Und daß ich dadurch immer schon nicht so zufrieden war und immer schon ma was gesagt habe, immer eigentlich schon, so impulsiv, manchmal so *wie so'n Vulkanausbruch, woof! Jetzt kannste nich mehr! Und dann wieder abgeflacht ne, schön ruhig wieder* ne und dann wieder n halbes Jahr ... ruhig, ruhig, ruhig, aber dann wieder, rums!! ne. - Hier auf'm Amtsgericht ne, als ich da gearbeitet hab, immer schön ruhig, aber dann bin ich wieder ins Fettnäpfchen getreten, aber wie! Daß ich manchmal dachte 'Jetzt schmeißen se dich raus' - und dann mußt ich dat alles wieder abbaun, immer wieder zurücknehmen brrh! Schön alles wieder schlichten, schlichten, schlichten, det weißte auch ne?

Deine Meinung kommt von der Arbeit, niemals aus dem Kopf

L.: Ja, das resultiert ja nur daraus, - find ich ne, *diese Meinung kommt niemals so aus dem Kopf zustande, is klar ne,* eben wo die gearbeitet ham, was se da erlebt haben, ne, des war meine Mutter, mein Onkel und meine Tante, eben der Schmid, der ... in der Zeche gearbeitet hat als Arbeiter ... ja, und es ging ja doch bei mir auch, weißte, - buh! - ja, nee, jetzt möcht ich dir det so erklärn, wie ich des meine, warum des bei mir is, mit meiner Mutti, die eben im Haushalt gearbeitet hat für andre ne, auch für unheimlich wenig Geld, übrigens auch für 50 Mark in der Woche, man höre und staune, geputzt hat und gekocht hat, Kinder aufgepaßt hat ...- nur weil meine Mutti ja etwas vom Wohlfahrtsamt bekomm' hat und ... diese Leute ham des voll und ganz ausgenutzt, daß meine Mutti ja von denen abhängig war ... weil das Wohlfahrtsamt ja auch nich rauskriegen dürfte, daß sie noch nebenbei arbeitet ne, und da konnten sie ihr geben, was sie wollten ne. -

Weißte, als ich 18 war, die Lehre aushatte, hab ich gesagt, 'jetzt is Schluß, jetzt gehst da nich mehr hin', da bin ich zum Krankenhaus gegangen und hab gefragt, ob se da arbeiten konnte, da hat se dann auch noch 10 Jahre gearbeitet bis zum Schluß ne, aber hat se ja wesentlich mehr Geld gekriegt, ... und unheimlich viel gespart ne, wovon ich heute übrigens auch mit lebe ne, von dem gesparten Geld ne.

343

Ich bin immer auf der Suche, daß der andre mich versteht

Und ich meine, daß solche Auseinandersetzungen in so einer andren Familie, in so einer Beamtenfamilie nich so nach außen getragen werden, so, daß die Kinder des alle nicht so mitbekomm' – *bei uns wurde des alles in der Küche ausgetragen und da konnte man nich ins andre Zimmer gehn und zuschließen und da wurde nich leise geredet, da wurde richtig rumgebrüllt, da warst du immer dabei ne, –* und ich meine, dat is nich in den andern Familien, da kann man eben in des andre Stockwerk gehn oder in des andre Zimmer gehn oder man bewahrt sich des auf, bis abends, bis die Kinder schlafen. *Det war nich bei uns, ich hab mit in dem Bett geschlafen bei denen.* Det is ja auch skandalös, det muß ich auch noch sagen, wir hatten ne 3-Zimmer -Wohnung ne, haben mit 3 Erwachsenen da drin gelebt ne, – meine Tante hat übrigens in der Küche geschlafen auf dem Chaiselongue oder auf der Couch, und wir, meine Mutti hat rechts geschlafen, in dem Doppelbett, ich in der Mitte, und mein Onkel links, bis ich 18 war. –

Sich alleine fühlen

Kinder ne, *Kinder, – will ich wirklich bewußt keine haben. Weil ich niemals möchte, daß, – daß so'n Kind dat auch empfindet so wie ich dat empfunden hab, so alleine auch zu sein, –* und daß ich wirklich keim Kind dat zumuten möchte, heute aufzuwachsen, wirklich nich. *Es is doch nun wirklich nich erstrebenswert, heute da zu sein, meine ich.* Ich weiß doch um solche Situationen, und zwar, wenn se meine Mutti, meine Mutti rausgeschmissen ham, so sporadisch ne, nich in Wirklichkeit, aber wieder mal gesagt ham 'Raus jetzt!' Denn hielten die mich fest, meine Tante und mein Onkel hielten mich dann fest und ich bin dann doch zu meiner Mutti gelaufen. Und bin dann mit ihr die Treppe runtergegangen, aber nur die Treppe runtergegangen ne. Und dann war's ja wieder gut, irgendwie, konnteste ja nich machen, so die Leute ne. Und ich hab auch, doch doch, auch meiner Tante und meim Onkel auch versucht, klarzumachen, wie weh se meiner Mutti getan ham.

Aber weißte, ich sehe da auch bei meiner Tante und bei meim Onkel die Begrenztheit, also noch viel stärker. Guck ma, die sind, also meine Tante is 83 und mein Onkel is, wird 80 in diesem Jahr. Aber trotzdem, so geistig und so weiter, sind die noch, jedesmal erzähln se mir ja, was in der UdSSR oder in China wieder Böses passiert.

Paß ma auf, ich kann dir Briefe zeigen – zu meiner Tante hab ich 'Mama' gesagt und det war auch meine Mama, und meine Mutti war meine Mutti, und mein Onkel war mein Papa. Ich hatte n Papa. Mein Onkel is, hm, – so mit Schlagen und so, des hat der nie gemacht. Aber trotzdem, der konnt ja böse sein ne, so mit Worten ne. Und dann hatte ja auch meine Tante Angst, hat se heute noch vor ihm, – und auch meine Mutti sowieso, – sie war ja auch abhängig von ihm. Und meine Tante ja eben auch genauso abhängig von ihm. Und wenn eben mein Onkel was sagte oder schimpfte, – ja, dann ham wer genauso gebibbert, wie wenn er schlagen würde. Also, dat hätt er garnich brauchen ne. Auf den Tisch geschlagen hat er ganz bestimmt, des weiß ich auch. Oder gucken, nur gucken. Furchtbar!

Identität: Zusammensein
Ich brauch immer Bestätigung

Weißte, ich finde das auch, alleine zu sein, zu wenig Kontakt mit anderen, zu wenig Bestätigung. *Ich hab auch gestern ma gefragt, 'wat is Identität?'* – ne, plötzlich wieder ja! Das Altbewährte und Bekannte, aber was is das ne?! – Da seh ich viele *Kommilitoninnen* ne, die sich das auch immer wieder gefragt ham und dann *nach außen zufrieden sind* ne, – *ich mein aber nich, daß des Identität is ne*, weil se also des wirklich erfolgreich jetzt verdrängt haben, alleine.
Was ich unter Identität versteh?
Ja, das könnt ich denn am besten am Beispiel erklärn – und zwar geht es hier um eine Kommilitonin, die ja, sie hat da mit eim Assistenten zusammengelebt und jetzt vor eim guten halben Jahr sind se auseinandergezogen. Und plötzlich erzählt sie mir ununterbrochen was von Identität, was denn Identität wäre und Identität sei eben auch, wenn ma alleine leben könnte und wenn man alleine die Probleme 'meistern' (ironisch überbetont) – ich sag das jetzt ma so platt, weißt ja, was ich mein' ne, – meistern könnte und eben nich ständig jemand braucht.

Und dann werd ich angegriffen, hier, mit meim H.-J. und so weiter und daß das doch alle nich wäre ne.
(Lucia leiert das ironisch runter, so, als würd's ihr aus den Ohren raushängen)
Weil ich ihn brauche, ja, richtig, ich brauch ihn auch wirklich, *immer,* – er hat mich eigentlich auch – aber das is wieder was anderes – rausgeholt aus allem ne.

Wenn se denn etwas hat, was se bedrückt oder was ihr Angst macht, auch, denn ruft se mich an, ab und zu, wenn es ganz schlimm is mit ihrer Identität, trotzdem ruft se mich an. Und denn verabreden wir uns ... und denn sitzen wir da, ja, und jetzt wolln wir über Probleme reden und schon kommt nichts mehr ne oder kaum etwas ne. Also hat se das wieder für sich selber verarbeitet und sich soweit klar gemacht, *rational* klargemacht, daß sie das ja, daß sie ja kein andern mehr braucht dazu ne, – und ich meine, – des sag ich ihr auch immer so – der Mensch is n soziales Wesen und du kannst nich – und grade nich in dieser Zeit – alleine mit irgendwas fertig werden – ich meine, des is'n Betrug, du betrügst dich selber, weißte.

Ich merke, wie unheimlich alleine ma is

Obwohl ich mich denn auch immer frage ... kann ich des überhaupt erwarten, kann ich das überhaupt verlangen, jawohl verlangen, – aber sehr oft hab ich immer auch Angst, daß dat irgendwie egoistisch is und so, aber ich weiß nich, ich kenn ziemlich viele Leute auch, sehr viele Leute, aber wenn wirklich etwas is, was mich jetzt betrifft und ganz stark betrifft, dann *merk ich* auch, so wie in den letzten 3 Wochen, *wie alleine, wie unheimlich alleine ma is,* auch bei diesen andern, bei so vielen andern, mit denen du ganz nett so sprechen kannst...

Ich bin immer auf der Suche, daß der andre mich versteht

Wenn du so etwas hast wie ich jetzt z.B. hier mit diesem Urlaub, wenn

ich denn da hingeh, denn kann ich einfach nich mit denen sprechen, kann ich einfach nich. Auch gestern abend, als ich hier so alleine gesessen hab, also noch rumgemuckst hab und noch nichts sagen konnte, – hab ich gedacht, 'setzte dich jetzt ins Auto und fährst nach W. zu F., des is wieder ne andre Kommilitonin, mit der zusammen ich auch hier diese 'Be-gab-ten-son-der-prü-fung' gemacht hab ne,
erzählst ihr des ne, aber,–
und vor allen Dingen kann ich auch, mein ich, andern, mit denen ich so sporadisch zusammenkomme, alles nicht so erzähln. Ich mein, die können dich auch im Endeffekt nicht richtig verstehn.

Also, ich bin dann *immer auf der Suche, daß mich der andre tatsächlich* ne, soweit, wie's eben geht, – und ich mein, des kann ich mit dem H.-J. ne, – *versteht. Da hab ich das Gefühl.*
Oder guck ma, wenn ich mit dem H.-J. spreche, ne, da is jetzt wieder so'n Problem:
Ich hatte schon n Skiunfall im November, jetzt im letzten Jahr, lag hier Schnee und da hatt ich das Bein bis hier oben in Gips und jetzt fahrn die in Urlaub, hier der H.-J., seine Schwester, der Schwager und noch' n Bekannter, – jetzt möcht ich da ganz gerne so nur mitfahrn ne, ohne daß ich Ski laufe und die meinen, alle meinen, det wäre nich gut ne, für mich nich gut, wenn ich nich Skilaufen kann, wat soll ich da ne. *Ich möcht aber trotzdem gerne mit ne. Nur, daß ich mit denen da zusammen bin* und ich möcht mich auch ganz gerne sonnen, du, ich sonn mich gerne ne, – was der H.-J. übrigens nich leiden mag, wenn sich einer in die Sonne legt, hat er ja irgendwie recht ne. Und dann sag ich, is nich Luxus, is, is, is nich blöd, – is wirklich gesundheits-gefährdend, is auch wahr ne und is doch verrückt ne, sowas überhaupt 'Braun is schön ne und sowas ne' und vor allen Dingen, wie lange dau-ert das, so und ... is doch alles Quatsch ne, trotzdem, ich mag des auch, des Warme und so weiter, gut. Hm. Und *jetzt hab ich mir folgen-des ausgedacht, seit 3 Wochen sag ich ständig 'ich komm nich mit'* – H.-J. sagt 'okay, kommst nich mit ne' und 'is kein Problem ne, wir brauchen da nich noch ma extra hinschreiben' – *dabei möcht ich im Grunde, daß die mich alle locken!*
Genau! Genau ne. *Das hat aber jetzt 3 Wochen gedauert, bis ich's jetzt gestern abend gesagt hab,* wirklich gesagt hab! 'Mein Gott, ich wollte doch' – und ich hab gelitten 3 Wochen! So gelitten. Aber wirk-lich, so geht mir dat oft, so etwas mach ich sehr sehr oft. Daß ich da-rauf warte und dat alle auf mich wirken lasse, was so gesagt wird. Jetzt wieder mit diesen 3 Wochen, mit diesen Sachen mit in Urlaub fahrn, guck ma! Hm! Ja, da schreib ich mir auf, was der H.-J. sagt zu mir – und dann guck ich mir des ma an, was der wieder gesagt hat ne' – ja und guck ma, det is doch so dumm! Ja, und danach ham wir gesprochen ne. Warte mal, ich les dir des ma vor. Also ich frage 'hast du deiner Schwester gesagt, daß ich nicht mitfahre?' – Er antwortet und schaut mich an ne, ganz locker und ganz cool ne, ähm, 'ach,das spielt ja im Grunde gar keine Rolle', sagt er. Ich frage, 'was spielt keine Rolle – H.-J. schaut mich wieder an, sagt ganz cool 'hab ich hier wieder stehn 'das spielt keine Rolle, ob da einer mehr oder weni-ger mitfährt'. Ich gehe raus und sage 'Dankeschön' ne. Weißte, das is auch sowas ne. Ich wollte ja die Reaktion der Schwester abhörn ne, daß die sagt 'ja, wieso kommt L. nicht mit, die wollte doch mitkom-men und so! Aber er sagt 'spielt keine Rolle', *da hab ich gedacht,*

'der haut mir ein paar ins Gesicht'. 'Das spielt keine Rolle, daß du mitkommst'. Ich fühlte mich wie ne Sache, wie ein Gegenstand, ja, is ja egal ne, ob nun einer mehr oder weniger mitkommt ne, is egal.

Alleine: ich fühl mich wie Wasser ohne Wind.
Unsere Identität : die Totalität aller Lebensregungen

Das hat mir unheimlich weh getan ne. Furchtbar, ne, war das. Ganz bestimmt. Und ich hab mich danach hier in die Küche gesetzt und auch hier, was du hier alles so siehst (zeigt auf Bücherstapel) - also, ich hab nich immer alles so aufgeräumt, nie ne, aber sowas hier ne, oder mein Zimmer nebenan ne, du, det kann ich dir garnich zeigen ne. Seit 3 Wochen kann ich überhaupt nichts mehr machen ne, garnichts mehr machen, überhaupt nichts mehr machen. Hab keine Lust, was zu sortieren, was wirklich wichtig is ne, mein ich, grade hier in meinem Studium, weißte, ich mach das ja für die Grundschule und da müssen wir ja unheimlich viel studieren ne und da mußte schon was sortiern ne und dir auch ansehn, um überhaupt noch den Überblick zu behalten ne, sonst wirst ja verrückt ne. Oder ich reiß da Pullover raus und pack die überhaupt nich mehr ein ne. Und China, ich könnt jeden Tag mich hinsetzen und was über China lesen, - ich kann nich mehr lesen, -ich kann nichts mehr machen ne. Ich hab gestern hier geschrieben *'ich fühl mich irgendwie wie Wasser ohne Wind ne'* - ich stell mir vor ne, Wasser is kein Wasser, wenn es nich in Bewegung is ne und Wasser is da ne, ich bin ja da ne, ich bin da, ich sitz hier und existiere ne, aber *ich kann nichts machen ne, also ich bin nich mehr ich ne, bin eben auch keine Identität mehr, nichts mehr, garnichts mehr, total leer, total* kaputt möcht ich nich sagen, aber total *down, total fertig* - ich kann nichts mehr machen. Kann ich nich. Geht nich. *Ich hab keine Lust mehr.* Ich hab auch keine Lust mehr zum Essen ne. Oder ich hab auch keine Lust mehr zum Schlafen ne. Aber total leer auch. Aber ich finde auch, eben, weil ich mich da immer mehr hineinsteiger, so selbstzerstörerische Momente sind da natürlich auch drin, - daß ich dann immer weiter bestätigt haben möchte, daß der andre mich ja garnicht mag, und mich ja überhaupt nich versteht und so ne. Weißt du, er sagt immer grundsätzlich 'er mag mich, er mag mich, er mag mich. Und er hätte mich so lieb und alles und alles'. Aber weißte, des nützt mir nichts ne. Det nützt mir nichts, wenn mir einer des so nur sagt. Und nicht darauf, auf sowat nicht reagiert, eben noch einfühlsamer ne. Sowas erwart ich doch dann von dem andern, wenn er sagt, er mag mich, und er versteht mich ne, sagt er ja auch ne. Und er versteht mich, mein ich, dann doch nicht, weil er sich nicht - sag ich doch ma - genug Mühe gibt ne. Das is wichtig, das hab ich vergessen, er sagt, 'du brauchst immer so Action und immer wieder was Neues, bist viel impulsiver' und das sagt er mir gestern abend auch 'denn sitzte da drei Tage und denn möchteste vielleicht n Ausflug machen' - hm, ja, das kreid' ich ihm aber an, weißt du, - er sagt mir sowas und denkt, ich könnte des schnalln ne, also is egal, ob de mitkommst oder nicht, also er akzeptiert, daß ich des so sage, obwohl er weiß, daß ich det nich so meine -
trotzdem billigt er mir nich zu, - und das hab ich ihm gestern auch vorgeworfen, - daß ich mir jetzt sehr wohl bewußt bin, daß ich sowat nich bringen kann ne, im Urlaub, nach 3 Tagen: jetzt möcht ich aber nich mehr, jetzt möcht ich n Ausflug machen und so. Das hab ich früher sicherlich gemacht, und ich hab ihn auch gefragt, ob ich nich meinen wür-

de, daß ich mich verändert hätte ne und da sagt er 'natürlich, ja, ne'
- Aber guck ma, da denkt er doch, noch in dem Alter ne, genau, -
und des weiß ich doch, das weiß ich doch auch ne. Ja, aber guck ma,
ja, hm, - ich fahr jetzt sicherlich mit ne, und jetzt kann ich auch mitfahrn. Vorher hätt ich ja nich mitfahrn können mehr, also det war jetzt
schon zu viel ne, zuviel, denn, - des wär nichts gewesen, da hätten
wir uns auch da hinten immer weiter geärgert, das wär auch nich gut
gewesen. Furchtbar. Auch an der Hochschule, da kann ich dann auch
nich mehr in Ruhe sitzen und denn hör ich auch überhaupt nich in Ruhe zu, ganz bestimmt nich. Hab auch überhaupt kein Überblick mehr,
garnichts mehr. Schlimm.

Einzelgänger - Identität durch sozialen Aufstieg

L.: *Übrigens gibt es da noch eine Frau, die is übrigens auch total fertig. Total. Die hat auch Arbeitereltern.* Und weißt du, mit der zu sprechen, hatt ich zunächst Angst ne. Ich hatte Angst vor ihren Reaktionen.
Die reagiert also immer anders ne, du kannst überhaupt nich einschätzen ne, kannst nich wissen, was die dann machen wird ne. Und ich
möcht ihr dann nich weh tun ne, ich merk nämlich, wenn sie dann nichts
mehr sagt, wenn ich mit ihr gesprochen habe, wenn sie dann nichts mehr
sagt, denn leidet sie ja auch wieder ne und das wollt ich vermeiden und
hab ich auch, oder ich vermeid's immer noch zum großen Teil. Aber wenn
se mich dann anruft, sie hat mich auch schon ma angerufen und sagte
'Komm! Komm sofort' ne. Und sie denn da liegt, und in 7 Stunden 5 Flaschen Wein, 5 Flaschen trinkt und wir eigentlich nur über einen Satz reden 7 Stunden, also - und wir kommen nich weiter ne - über eine Äußerung, die eine Bekannte ihr gegenüber getan hat und zwar hat sie gesagt
'du willst doch alle immer nur beherrschen' ne -
guck.
Dat macht se so fertig.
Und ich komm nich, ich komm nich dran. Ich kann se nicht überzeugen.
Ich hab wirklich alles, mein ich, versucht, was ich so wußte und hier n
Beispiel von mir und wat weiß ich alles erzählt. Sie sagt nur immer wieder
stereotyp 'is alles egal' - 'is ja sowieso alles egal' - Sie spielt mir dann 6,
8 mal die Platte 'Jonathan', - kennste das, von der Möwe Jonathan vor, -
auch so ne ganz, hm, emotionale Sache, des zieht dir wirklich durch von
oben bis nach unten, entsetzlich! Ich mag sowas nich, ne, nich immer ne,
ich mag sowas doch, aber nich immer ne, - guck, ich hab auch Angst, det
zuzugeben ne, oder ich will dat nich zugeben ne, - hm, ich mag das schon.
Weißt Du, alles so, s gibt auch n Film davon - handelt von einer Möwe,
von einem *Tier* (Lucia sagt das abschätzig, als würd jemand anders zuhören, als würd sie 'denen' sagen, was sie von dem Vergleich Tier-Mensch-
Arbeiter hält)
-möcht ich unterstreichen (lacht dabei). Ja, genau, von einem Tier.

Zurück zur Gruppe:
das Bedürfnis nach Bestätigung

L.: Also diese Möwe erkennt, - *erkennt*, daß es noch was anderes gibt als
Fressen - und sie versucht, sich im Fliegen zu üben, im Gleitflug, im
Sturzflug und so weiter ne. Fliegt aus der Gruppe raus ne, weil die Grup-
pe sagt 'is nich drin für ne Möwe ne, die muß fressen und fertig ne' -

Sie is dann zum Einzelgänger oder Einzelflieger geworden und *sie wird dann aber zurückgeholt in die Gruppe und die lernt denn auch den andern wieder das Fliegen ne*, die Schönheit oder dieses Gefühl des Fliegens ne.
Find ich nich gut, daß das so, Tier-Mensch und so weiter ne. Das bringt se dann den andern bei. Also mehr als dieses einfache Möwenfliegen ne, so Höhenfliegen und so, und das hörste auf der Platte auch weißte, die Möwe, wie se hochfliegt und wie se glücklich is und so weiter ne.
Ja, - siehste, dat is sie,ne.

Die Verf.: Sagt die ihr 'du willst nur beherrschen'!

L.: Ja, will sie auch, mein ich, tatsächlich ne, hat sie auch den Trend. Aber aus Unsicherheit ne, heraus.

Die Verf.: Also bei mir hab ich gemerkt, dieses Pochen auf meiner Meinung, das mir überhaupt jemand zuhört, weil ich immer denke, was ich sage, is ja Mist, und jetzt will ich endlich, daß einer ma sagt 'ja, so'. Daraus kommt, glaub ich, der Eindruck 'Mensch, die will ja hier immer wichtig sein, die will ja unbedingt ihre Meinung uns hier.'

L.: Dat is nich zu fassen ne. Dat is wirklich ganz ganz - des brauch ich ja, was du gesagt hast ne, das brauch ich ja so notwendig, so dringend ne, wie irgendetwas. Eben daß ich, wenn ich was sage, daß dann auch einer sagt 'das war gut so' - weißte. Dat man des nur verbessern könnte oder ändern könnte, wenn man eben tatsächlich gewillt is, mit dem andern zu reden, darüber zu reden und auch zu anderen Erkenntnissen zu kommen und dat auch ma annehmen müßte, was der andre sagt. Ich hatte vorher immer wieder versucht, ihr zu erklären, warum die ihr das gesagt hat. 'Du mußt den andern Menschen mit einschließen, *du darfst nich nur, du kannst nich nur jetzt mit dieser Sache allein fertig werden*. Oder nur diesen Ausspruch für sich nehmen ne' - zu isoliert sehen, *det darfste, det kannste nich machen*, da wirste verrückt ne. Denn haste ja des nur, was auf dich einstürzt, also wie so'n Hammer ne. Also *du mußt doch auch sehn, wer den Hammer ma irgendwann führt.*

Das dürfte ihr nich so weh tun oder sollte ihr nich so weh tun. Weil die ja garnich um ihre Sensibilität weiß ne. Weil die ja auch sowat sagt, um sich selber zu schützen ne. Aber weißte, det sieht die, - will se nich sehen, will se nich, - sie läßt des nur auf sich wirken ne.

Ich hab da n Projekt 'Arbeit' in der Grundschule machen können, und vor allen Dingen erzähln se mir immer alle oder ham mir erzählt 'sowat kannste nich machen', 'die Kinder ham überhaupt keinen Bezug zur Arbeit' und 'später, später, später...' ich finde dagegen, du solltest den Kindern so früh wie möglich sowas, - is klar ne. Ich durfte da sehr sehr viel mit den Kindern jeden Tag ne, also 5 Wochen lang jeden Tag ne,du, ich hab hier gesessen, dat war furchtbar, von morgens 7 bis nachts halb 3, jeden Tag ne, -
weil ich auch immer hören wollte, weil ich das nich so vorstrukturiert hatte - sicher hatt ich schon was im Kopf, aber ich wollt ja auch hörn, ob's überhaupt geht und so, da mußt ich jeden Tag neu planen ne, zum nächsten Tag. Ich hatte Schwierigkeiten, ziemlich große Schwierigkeiten in der Klasse, daß die da getobt ham, und unter den Tischen gelegen ham und über die Tische gesprungen sind ne und ach! Ich wär bald verrückt geworden ne und die (...) hat nie, nie, nicht einmal in den 5 Wochen gesagt 's war gut' - sie hat auch nich gesagt 's war schlecht' - sie hat überhaupt nichts gesagt. Da hab ich se gefragt 'nu sag mal, wat könnt

ich denn jetzt noch machen oder wie könnt ich das denn machen?' Ja, da kommt der Ausspruch 'das is dein Problem', immer wieder ne 'das is dein Problem'. Du mußt das jetzt machen ne. Is deine Sache. Auch wieder ne, des sagt se übrigens auch ne 'des is mein Problem', müßte sie damit fertig werden, – alleine fertig werden. Da hab ich so drunter gelitten ne, weißte, weil des ja auch ne unheimlich politische Sache war ne, was ich da gemacht habe, den Kindern alles Mögliche erzählt ne und die Kinder haben ausgerechnet, wieviel Profit und so weiter, ja, doch, doch, – und hinterher Elternsprechtag, hm, – schrie ein Vater 'soll mein Kind denn jetzt Sozialist oder Kommunist werden!?' – Da hätt ich's bemerken müssen, sicherlich, bemerken müssen, daß sie's gut findet. Erstensmal hätt ichs daran sehen können, daß sie mir soviel Zeit gegeben hat jeden Tag. Daß sie wirklich auch weggegangen is ausm Unterricht, also se hat mich machen lassen ne. Sie is jeden Tag mit mir essen gegangen. Hm. Sie hat n Elternsprechtag vorher veranlaßt, hat so meine Sache vorgestellt, geschickt natürlich vorgestellt, '...nach Erlaß des Kultusministers...' und so weiter ne, ham wir uns überlegt, wie wir des machen könnten... bei dem Elternsprechtag nachher, als tatsächlich – vorher warn nur Frauen da, die Mütter eben, beim 2. Mai warn alle Väter da, eben, weil die Kinder ja wohl zu Kommunisten erzogen würden, hatt se mich wirklich, also nich mich persönlich, aber diese Sach da ne, bis nachts um eins verteidigt ne.

Alleine durchbeißen und dann wieder zusammen sein, –
find ich nich richtig

Ja, aber sie hat mir niemals, wirklich niemals gesagt 'Mensch, du, det war wirklich gut heute, det war wirklich prima ne' – Dieses Bedürfnis nach Bestätigung von jemand anders und total am Boden zerstört sein, wenn das nich kommt, – warum das so is? Des mein ich, – und zwar könnt ich dir jetzt ne andre Frau beschreiben, – des is K., und die,die eben nicht aus solchen Verhältnissen kommt, – die ham sich jetzt grade einen ganz tollen Bungalow hier in ... gebaut, des is auch ... aber ich sag's lieber an der G. G. kommt auch aus nem ziemlich wohlbehüteten Elternhaus, hat auch immer, die hat n, weiß nich, was der Vater genau gemacht hat, aber der war irgendwie Beamter ne, und auch die Eltern von ihrem jetzigen Mann sind sehr gutgestellt – und se ham n vorgeplantes und vorprogrammiertes Kind bekommen, und wir ham ihr vorher gesagt, des wird schwierig werden mit dem Kind und hier die PH. 'Ooch', hat se immer gesagt, 'nee, nee' – jetzt is es sehr sehr schwierig geworden'. Sie konnte nich mehr kommen, weil ihr Mann, der is in er Gesamtschule auch tätig, der kümmert sich auch so großartig um diese Kind ne. *Die müßte solche Schwierigkeiten, meine ich, haben. Hat se nich!* Die backt zu Weihnachten, die macht alles ne, alles, – jeden Tag zumindest eine Fete, ne, zu Hause oder so ne Zusammenkunft von diesen Lehrern oder Bekannten und Freunden und dann gibt es immer Salate oder was weiß ich ne –
oder die fährt mit ihrem Mann immer jetzt mit dem kleinen Kind in Urlaub – und *einmal im Jahr, du, ganz bestimmt, einmal im Jahr, sitzen wir denn zusammen im Auto, denn weint sie und erzählt mir, wie beschissen det doch alles is.*
Daß eben ihr Mann, der G., ihr nie hilft und dat se noch nich mal ne Hausgehilfin haben dürfte, – *aber nur einmal* oder wenn ich se drauf anspreche, so in ihrer Wohnung oder auch dem G. sage, daß es so nich

weitergeht mit dem Studium und mit dem Kind und so, daß s zuviel war,
– daß er sich das da wirklich n bißchen leicht machen würde, denn verteidigt sie ihn auf Deibel komm raus du und denn könnt ich ja verrückt
werden. Sie kommt tatsächlich mit, mit noch mehr Aufwand, würd ich sagen, eben mit diesem Backen, mit diesem Feste feiern und so weiter, da
baut se sich so was wieder zurecht. Ich hab mich auch da von G. tatsächlich zurückgezogen ne, weil ich es nich mehr aushalten kann, und weil
ich sehe, daß du da im Grunde, meine ich, so leid es mir tut, – übrigens
mit meinem Mann, ach du meine Güte, könnt ich dir auch so viel erzähln,–

Ja, aber ich mein, das is, früher hab ich es als Schwäche empfunden und
so würde wieder die I. des wohl empfinden ne, wenn du wieder so durch-
drehst ne, – ich hab versucht, mit dieser K. auch über die Sache Urlaub
zu sprechen. Und da sagt sie mir 'ja, hör ma, weißte, du bist damals
weggegangen und es wär doch vielleicht ganz günstig gewesen, wenn de
erst ma ne zeitlang alleine gelebt hättest, und siehste, und da hab ich
schon nichts mehr sagen können, eben, also: s zu sehen und zu erleben
und hier dich durchbeißen und eben *alleine durchzubeißen und wenn de*
das hinter dich gebracht hättest, dann darfste auch wieder mit andern zu-
sammen, weißte, find ich ja nich richtig, aber denn kann ich, wenn einer
sowat sagt ne, kann ich auf der Stelle nichts mehr sagen, ne, sag ich
nichts mehr, is dann alles wieder okay ne, alles zu Ende, und dann kann
ich nichts mehr weiter sagen, nee, sag ich nichts mehr.

Das hab ich gelernt, *ich meine tatsächlich gelernt, – selber erfahrn, ja-*
wohl erfahrn und auch somit gelernt. Doch, *die Sache mit meim Mann muß*
ich dir erzählen, – ja, ich meine, es is nich Zusammennehmen, ja, Zwang,
aber ich mach das bewußt,... weil ich meine, es is zu schwierig und es
is zuviel und, – doch, das möcht ich dann auch sagen, es is mir persönlich auch zuviel, ich meine, ich kann das nich, so, äh, – auflösen dann
oder. *Ich erzähl das jetzt ma mit meim Mann.* Den hab ich kennengelernt,
als ich 14 war, – und denn war das ja nich so ... wie das heute is, sofort ins Bett, oh nein, wir ham uns redlich gequält ne, bis ich so 17 war,
weil ich ja sehr streng katholisch erzogen worden bin – und vor allen Dingen, meine Mutter hatte ne, die hatte mich ja unehelich bekommen. Und

weil ich ja niemals in diese Fußstapfen treten durfte ne, ja, und dann hab ich ihn geheiratet ne, als ich 21 war, weißte, dat war schon so, dat mußte so sein und wir warn jetzt solange zusammen ne und des is ganz klar, heiraten ne.

N Anlaß war da und zwar, ich hatte ja auf'm Amtsgericht gelernt und dann war ich noch 3 Jahre in N. so als Angestellte tätig und mein Mann war mit 18 Meister, Metzgermeister oder Fleischermeister (ironisch, gehobene Stimme) – die hatten nämlich zu Hause ein Geschäft, ne Fleischerei, so noch vom alten Schlag weißte, so mit Blutwurst und so. Und dann hatten die Eltern gebaut und ham ein zweites Geschäft eröffnet... und ich war ja jetzt nich vom Fach ne, ich hatte ja keine Ahnung. Denn hab ich aufgehört beim Amtsgericht, bin in einem kleinen Geschäft gewesen, hab mir das angeguckt, wie das so geht mit dem Hacken oder so, war für mich schwierig, so zu zielen und so ne ... (lacht dabei) –

Ich hab mich geschämt, den Leuten was anzubieten

Und *det Verkaufen, des fand ich immer schon n bißchen albern* ne, so, zu sagen 'ja, möchten se nich mal dies ... oder ...?' – oder ja, *ich hab mich unheimlich geschämt, eigentlich, in dem Laden.*
Dann war ich in diesem kleinen Laden und dann bin ich in diesen anderen gegangen, da war ich 14 Tage und *da hab ich eine große Tat vollbracht, da hab ich selber gekündigt* – bin ich alleine – dat war die erste große Tat, die ich vollbracht hab, hingefahren und habe gesagt 'ich möchte fristlos kündigen' – das war großartig! Dat finde ich heute immer noch großartig, – wirklich, also das war katastrophal da, die Arbeitsverhältnisse ne, also, –
Geschämt hab ich mich, daß ich hinter der Theke stand, – dat war so klein ne und denn kamen Leute rein ne, da mußteste immer wirklich so auf, *auf Anhieb freundlich sein* und da ... vor allen Dingen *mußteste den Leuten auch immer was anbieten* und wenn dat auch der größte Scheiß war, du mußtest immer sagen 'des is wunderbar und das schmeckt'. Und sowat alles. Also, *des fand ich wirklich so, so peinlich ne, so unheimlich peinlich. Dat hab ich auch nachher, als ich in dem Laden gestanden hab von mir ne,* also *niemals überwinden können* – oder mit *Fenster dekorieren,* weißt du, *wirklich die Leute so anlocken* ne. Ich find dat irgendwie pervers ne, also dieses Gehabe. Dann denk ich 'wat dat eigentlich is ne', ich wollte ja auch, – *dat war' n Leben ne!*

Naja, und dann habe ich im 1. Jahr unheimlich viel Terz gemacht mit meim Mann ne, und denn klappte des alles nich ne und war furchtbar – und jeden Tag mußt ich so und so viel einnehmen ne und denn, oach! Bin ich morgens aufgestanden und denn mußt ich, also abends mußte ich 500 Mark eingenommen haben, wenn nich, – der kam jeden Abend und hat abgerechnet, der Schwiegervater ne, war schlimm ne, – ja, und – da ging det irgendwie garnich mehr ne, also ich war nie bei mein' Schwiegereltern zu Hause, niemals, in 7 Jahren, 7 Jahre warn wir verheiratet, war ich nie bei mein' Schwiegereltern zu Hause ne, weil die mich total abgelehnt ham, weil ich nich vom Fach war und weil ich kein Geld vor allen Dingen hatte, – und man sollte ja möglichst ne Metzgerperson heiraten ne, die selber n Geschäft hatten oder die zumindest n Haus hatten. Ich hatte nichts ne.
Und äh, dann, und dann hab ich, wie gesagt, im 1. Jahr ziemlich rumgemotzt und habe gedacht, ich könnte irgendwas verändern ne, meinen Mann verändern und auch mit'm Geschäft.

Theorie, Studium und politisches Bewußtsein setzen
an der Veränderung meiner konkreten Lebenssituation an

Ja, und denn hier, H.-J. wohnte schräg gegenüber und studierte und
hat mir immer erzählt ne, wat er macht und so ne, und ... hab ich mir
des angehört und fand det immer ganz nett ne und denn ham se mir gesagt, da gibt es in der VHS, könntest du auch machen, da könnteste dein
Abitur nachmachen ne und geh doch da ma hin. Hab ich gesagt 'ach,
Quatsch!' Ein Jahr ham se mir det erzählt ne und - wenn ich se schon ...
gesehn hab, hab ich zu meim Mann gesagt 'geh ma rein, geh ma rein, die
komm' wieder ne' - nich zusammen ne, sondern so alleine, der H.-J.,
*weil ich det garnich hörn wollte, weil ich gedacht hab', da kommste ja
sowieso nich raus,* du kannst dich nich scheiden lassen, dat is jetzt so,
du hast geheiratet, du kommst niemals wieder da raus, nie!' - Des wollt
ich auch garnich hörn und weißte, hm, dann hab ich manchmal erzählt,
was ich so erlebt habe am Tag ne, dat mein Schwiegervater mich wieder
ausgeschimpft hat oder so ne, der hat mir auch ma eins in die Klappe gegeben, - oder mein Mann jeden Tag ins Freibad gefahrn is im Sommer,
wenn er mit seiner Arbeit fertig war und daß ich da gestanden hab alleine. Und ich hab 50 Mark in der Woche bekommen nur ne, und daß ich
dann montags weggefahren bin, nach B. gefahren bin und hab mir dann
für meine 50 Mark was gekauft ne, - 50 Mark ne - und daß ich wieder zu
wenig eingenommen hätte und was ich dann zu hörn bekommen hab. *Und
dann ham die ja angesetzt ne, an dem, was ich so erlebt hab,* nich so
theoretisch; *erst ham se mir dat theoretisch versucht zu vermitteln.*

*Veränderung und Entwicklung meines Bewußtseins
laufen über konkrete Personen*

Aber dann eben an meiner eigenen Situation konnte er mir dann auch erklärn - daß es tatsächlich wohl nicht so sehr an mir liegt ne, sondern
eben auch hier gesellschaftliche Umstände mitspieln und daß die sehr wesentlich sind. Weißte, weil ich ja immer nur die Schuld bei mir gesucht
habe ne. Und vor allen Dingen, im ersten Jahr hab ich versucht, was zu
machen, auch zu schimpfen und auch zu verändern bei meim Mann, 6 Jahre hab ich eigentlich nichts mehr gesagt, weil ich gedacht habe, es is sowieso sinnlos. Ja, und dann hab ich versucht, nach diesem Gespräch,
noch mein Mann einzubeziehn. Und ich dann immer dagegen, dann, mein
Mann hat ihn dann schließlich rausgeschmissen, ne, den H.-J., kam trotzdem einkaufen. Ja, aber der kam denn immer schon, wenn mein Mann nich
da war, morgens Brötchen holen, und *der mußte kommen, weil ich ihm
dat ja nun alles so erzählen mußte* auch wieder nachher, wat ich alles so
erlebt habe ne, und dann ham die mich einfach angemeldet in der VHS.
Ich bin nich hingegangen ne.
Und da hab ich ja gedacht 'dat is ja wirklich das letzte, ne, ich kann dat
sowieso nich, 8 Jahre Volksschule, ich versteh dat doch überhaupt nich,
wat die da sagen ne, ich hab mich geschämt, daß die mich da überhaupt
angemeldet haben.
Und dann is noch eine Bekannte mitgegangen, die hat es aber aufgegeben,
- sind wir hingegangen und dann warn ja unheimlich viele da, und *da bin
ich eigentlich in der Masse untergegangen ne, das war gut.* Dann war dat
nich so schlimm, weil so viele da warn ne. Abends, jeden Tag du, dat
war ne Scheiße, anderthalb Jahre ...; mein Mann denn ach! da war ja
wat los ne - 'wat ich denn damit machen wollte, wat dat sollte! Ich hätte

doch n Beruf, wieso - und außerdem wär ja dat Geschäft da ne, wat dat
sollte, ob ich jetzt den Größenwahn oder sowat bekäme... und vor allen
Dingen, 'wenn's dem Esel zu wohl wird, geht er aufs Eis' ne, - wat det
sollte.

Ja, denn hab ich versucht, ihm dat im Guten zu erklären, wie schön des
doch wär, da könnt ich immer mit ihm darüber reden und so und er könnte ja denn auch so viel Neues hörn und so, - ging nich. Und denn bin
ich trotzdem hingegangen. Ja, und *dann*, des kam noch hinzu, *hat er*
zu Hause natürlich *erzählt, daß seine Frau da jetzt total durchblickt, da
in die Schule geht.* Die is jetzt 27, - und plötzlich *kriegt die* wieder *den
Fimmel und will Professor werden.*
Ja, und 'verkaufen kann se nix!' ne, und da hat mein Schwiegervater
kurzerhand den Laden zugemacht bei uns. Wir sollten in das Haus von
den Eltern ziehn ne (lacht) - wo ich nie da war! Ja, ich sollt dann wieder zum Amtsgericht zurückgehn und da gab es ja auch schon diesen Ein-
stellungsstop ne, ich hab dann keine Stelle sofort bekommen, ich hab
dann woanders kurz gearbeitet.
Denn bin ich mit meinen paar Sachen, die ich hatte, ausgezogen ne, hm,
Joh! Det war natürlich Scheiße, hatte ich kein Geld, kein Auto, det war
furchtbar ne. Der H.-J. war da, der hat mir Geld gegeben ... dat Auto hab ich dann abbezahlt, ich hab ja zu der Zeit noch auf'm Amtsgericht
gearbeitet...
Ja, und jetzt mit meim Mann eigentlich, da hab ich geschrieben, ihm zig
Seiten geschrieben und versucht, zu erzähln, versucht, da irgendwie
was erklärlich zu machen, warum ich geh, daß es wohl an uns beiden
liegt, nich nur an mir liegt, - weißte, er sagt mir heute noch 'die Ratten
verlassen das sinkende Schiff' du, er hat sich des soweit eingeredet, daß
mein Schwiegervater das Geschäft hat schließen müssen, weil ich ja nicht
mehr im Geschäft stehn wollte! Des war nich so ..., ich hätt ihn verlassen, also - und damit basta!

Du hast irgendwann mal Eigenverantwortung

Det hab ich wirklich,... also 2 Jahre später... immer wieder versucht,
zu erklärn und in den 2 oder 3 Stunden geht es ja auch oder versteht
er's ja auch, - *trotzdem, des andre is ja viel viel mehr*, denn geht er wieder nach Hause zu seinen Eltern ..., des is ja viel viel mehr, *denn muß
er dat ja wieder zurückstelln, wat die erzählt hat, dat kann ja nich
stimm'* - und um überhaupt sich selber zu behaupten, überhaupt zu existieren, muß er das Alte, was er denkt, beibehalten. Und darum, du,
des hab ich eigentlich jetzt erst seit eim Jahr aufgegeben, meim Mann des
klar zu machen, weil ich glaube, er wird das niemals verstehn können.
Es tut mir so leid um ihn, auch, - er hat jetzt auch wieder ne Freundin,
die nix sagt, so, wie ich früher war... - Und da, mein ich, hab ichs
langsam gelernt -... des is zu wenig, was du sagen kannst, er könnte
denn nich mehr zu Hause leben, er könnte denn nich mehr da arbeiten...
und wenn ich ihm des erklärn würde, könnt er des nich mehr machen,
wat blieb ihm denn übrig....
aber ich bin jetzt erst davon für mich auch überzeugt, es geht leider
wirklich nicht, du, ich bin da nachts hingefahrn, weil ichs nicht mehr
ausgehalten hab, weil ich gedacht hab, des muß ich dem klarmachen, det
muß möglich sein, und det is nich möglich. Und er macht ja immer mehr,
wat uns trennt - ... er hat sich so'n Sportrad gekauft, er hat jetzt wieder n ganz heißen Wagen sich gekauft, alles ne ... ich muß den irgend-

wie aufgeben, mein ich, und dat tut mir leid, daß das heute nich möglich is ne. Ich hab auch erst versucht, weißte, damals, ihm alles zu entschuldigen, wie er sich verhält, - aber des hab ich auch aufgegeben. Und das kommt hinzu, daß du doch, - *du kannst soviel gesellschaftlich erklärn, ne, daß ihm das nich übel nehmen kannst usw*.ne, *aber ich meine, du hast doch irgendwann mal Eigenverantwortung.*

An der Hochschule: ich fühl mich da sehr oft nicht am rechten Platz, - immer draußen. Wenn de wirklich da bist, da wirste abgewimmelt

L.: Ja, jetzt, im Moment, weißte, wenn wir so zusammen reden, is das ja auch sehr gut, sehr gut - und da werd ich auch lange davon zehren,ganz bestimmt. Werd ich mich sehr oft dran erinnern ne, und dat is auch unheimlich wichtig, für uns ne, für mich jedenfalls ne, ganz bestimmt. Trotzdem, weißte, is ja auch so viel gegen uns wieder. So Zeit und Entfernung, und wat weiß ich. Kann ma auch nich so wieder so realisieren ne, dat man so öfter zusammen is und so, kann ma nich. Det is so schade. Meine ich, - der H.-J. is ja da ne. Nur, weißte, det find ich auch sehr bedenklich, ne, alles auch. Ich könnte mir nur noch sowat vorstelln mit jemand zusammen zu sein, der eben auch so politisch natürlich mich auch noch ma aufbaun könnte, - versteh dat nich falsch, ne, - der Gelegenheit hatte ne, ich hatte die nich, und dat seh ich doch, weiß ich doch ne, daß ich det nich konnte ne. Eben weil ich diese, nur Volksschule und so weiter hab. Und dat ich mir durch Lesen auch nich soviel aneignen kann. *Man könnte dat machen, indem man zusammen sprechen würde. Viel mehr machen ne.* Es is, es is übrigens auch sowat mit H.-J. und mir ne. H.-J. kommt auch nich aus er Arbeiterfamilie, da fühl ich mich genauso, daß ich sicherlich akzeptiert und respektiert und was weiß ich werde, trotzdem *fühl ich mich auch so oft, so oft nicht verstanden. Überhaupt nich verstanden.*

H.-J. hier, kommt, äh, oh ja, hm Geschäftshaushalt auch, wat denkste, *wat die dir alles erzähln könn' ne, über Arbeiter, oh Mann du! Ich fühl mich da sehr, sehr oft immer nicht am rechten Platz.* Ich kann machen, wat ich will, an der Hochschule mein ich, ich, *ich fühl mich immer draußen.* Der, der eine Professor, - da bin ich so oft hingerannt, zu Anfang, - ja, das is interessant, bin ich angekomm' an er Hochschule und bin ich sofort eingestiegen in dat Hauptseminar, hab überhaupt keine Ahnung gehabt, gar keine Ahnung gehabt. Da hab ich gedacht, Mensch, du, det is der richtige, - und der is garnich, den darfste duzen und sowat, sofort duzen, und der sagt alles und der kritisiert alles, und der hat auch keine Angst und sowat! Und da bin ich so oft hingegangen ne,hab ihm meine Probleme geschildert, und er hat mir garnich richtig zugehört (sagt das ganz kleinlaut). Äh, hm, daß in einer Veranstaltung das so gemacht wird und daß ich dat nich gut fände ne, und ich schon so'ne Angst hätte vor der Prüfung und, obwohl dat hat da noch garnich angestanden, aber trotzdem, überhaupt, daß ich det alle da so beschissen fände und wat er denn vorschlagen würde, was ich machen sollte ne.
Und da bin ich ständig hingerannt, hab immer in den Seminaren irgendwat gesagt und so, - und da hab ich gemerkt, weißte wat, hab ich mir gedacht, der denkt, du wärst bekloppt!
Du hättest irgendwie nich alle Tassen im Schrank, daß du den da dauernd anhaun würdest,ne.
Und dann hab ich mich tatsächlich jetzt ganz bewußt jetzt zurückgezogen. Er kommt mir heute nach, kommt er mir, sagt 'hör ma, wir ham noch

...'. Weißte, er weiß, ich hab ihm geschildert so meine Situation, ja, hab ich ihm auch geschildert, hier, ich bin geschieden und ich bin jetzt ganz alleine und, ich pack dat alle irgendwie nich, und dat is alles so viel und wie is dat denn so in er Prüfung und so? Und *jetzt hab ich mich vornehm zurückgezogen, –* und er *erzählt immer noch wat über Arbeiter-sozialisation.* Und *guck ma, wenn de wirklich da bist und det in Anspruch nehmen möchtest* oder denkst, du könntest det auch, – *det geht nicht. Da wirste abgewimmelt.* Abgewimmelt. Oder die sagen dir 'du bist aber auch immer hier ne'. Wat machst du eigentlich, du rennst, ich seh dich nur immer hier rumrennen. Und jetzt guck ma, da hab ich mich n bißchen zurückgezogen ne, des is doch wieder Wohlverhalten ne, det is doch wieder total angepaßtes Verhalten. Und früher, weißte, läßt er mich einfach abblitzen ne. Ja ich geh hin und mache mit. Ja, ich kann mich ja nich mehr so verhalten, wie ich mich verhalten möchte, – *ich hab immer Angst,* weißte, *daß n anderer des in die falsche Kehle kriegt, daß ich mich jetzt hier besonders herausstellen möchte oder so oder hier schon auch halb größenwahnsinnig bin.* Daß ich da Angst habe, doch, doch, Angst habe, daß ich noch wat habe, wat ich gerne einbringen möchte ne, und dat ich dat schon nich mehr mache, weil ich da nich wieder aus der Rolle falln möchte. Da werd ich Angst ham, sowas einzubringen ne. Sowas zu problematisieren. Weil ich dann auch Angst habe, nich verstanden zu werden oder, ja, doch, weil ich Angst habe, nich verstanden zu werden.

Die Verf.: Ja, auch Angst vielleicht, überhaupt was zu wissen. Bei mir is des nämlich teilweise so.

L.: Wat zu wissen, äh, ja, aber weißte, det is auch n Problem, ach! Det find ich wirklich auch ganz schlimm, – äh, manchmal kann ich denn auch garnich mehr, kann ich garnichts mehr zu sagen. Kann ich überhaupt nix zu sagen. Denn hab ich immer Angst, die *denken 'du weißt nix!'*

Erfahrungen einer Arbeitertochter mit Feministinnen

Oder zum Beispiel, – ich hab zu diesen Frau'n ja eben nich so'n gutes Verhältnis ne, von mir aus ne, – zu den Feministinnen. Und da hat se mir det auch erklärt und da is auch die Situation an der Hochschule wieder, daß ich früher, früher soviel gesagt hätte ne, aber heute, daß mich heut, – da, früher hätten se mich nich so leiden mögen ne, aber heute wär's ja schon besser geworden ne. Früher z.B., ähm, als ich noch unheimlich viel gesagt habe, – auch im 2. Semester hab ich, – zur Frauenbewegung überhaupt, bürgerliche Frauenbewegung und proletarische Frauenbewegung und so weiter, und da hatten wir ne Vorbereitungsgruppe gebildet, und da hab ich gesagt 'wir können nich einfach sowat machen ne, wir müssen auch erstmal an die ökonomische Situation der Frau denken'. Ach! Und dat war ja nix! Dat war nich gut, die ökonomische Situation, – wat hat'n dat damit zu tun ne! Hab ich aus dem Kuczynski so'n 18 Seiten-Papier gemacht, – ach du meine Güte, hab ich mich mit den Frauen da, mit den Feministinnen gezankt darum! Der Professor sagt 'is gut ne', aber det wär nich notwendig ne, da würde dich überhaupt keine Frau angucken, und dat wär überhaupt nich dazu notwendig, eben, dat wär Quatsch, wat ich machen würde. Ja, guck ma, *heute mach ich dat ja nich mehr* (lacht dabei, – geschlagen). Ja, hab ich kein' Mut mehr und ...

Ja, aushalten, aushalten, ja, ja, verarbeiten kann ich des mit dem H.-J., det is unheimlich wichtig, mit dem H.-J., sowas erzähln, daß ich dem das erzähl, daß ich da genau weiß, der empfindet det genauso wie ich. Ich kann mit keinem andern darüber reden, mit keim, mit dir kann ich s jetzt gut, kann ich. Ich kann dat mit keim andern, – außer mit dem H.-J. drüber reden ne. Darum is der H.-J. auch so wichtig für mich, weil er politisch irgendwie gleichtickt ne. Wir da den gleichen Nenner habn. Ja eben, dies Zusammensein mit dem H.-J., das macht sehr sehr viel aus. Det is für mich dann, – ja, det is ja die Scheiße, das is ja dat, der arbeitet ja jetzt und denn is der manchmal 14 Stunden weg. Daß er kommt und erzählt, – nee, dat macht er nich so sehr, nee, dat macht er nich. Doch, ich frag ihn ja auch ne, ich frag ihn dann ne, und er erzählt mir dann, sicher, erzählt mir, aber auf Fragen hin, ne. Und das empfindet er auch als, – aber er is ja schon anders geworden, früher hat er das überhaupt nich, garnich gemacht ne, garnich gemacht. Daß er von sich aus so gesagt hat 'mein Gott, is das alles ne Scheiße' oder sowat ne. Es is ja schon ganz anders geworden. Nich ganz ganz, das war wieder zu viel, ne, s is schon anders geworden. Guck ma, und da ham wir's wieder, er kommt eben aus ner ganz andern Familie ne, wo du deine Problemchen oder deine Probleme mit dir selber ausmachen mußt. Weißte, denn explodier ich lieber ma, denn tob ich lieber hier durch die Wohnung und, und, – muß ich machen! Und wenn ich det nich kann, dann platz ich! Platz ich oder ich bin, wie gesagt, funktionsunfähig, ich kann nix mehr machen dann. Bis dat wieder klar is.

Arbeiterbewußtsein: dieses Empfinden, s is nich in Ordnung

Und darin seh ich auch irgendwie bei allen Untersuchungen, so über Arbeiterbewußtsein auch noch ne Möglichkeit, ne, eben in diesem hahhhhh! Doch Unwohlsein, immer in diesem Empfinden noch ne. Also s is nich in Ordnung ne, oder es is, muß anders werden oder in diesem Impulsiven, eben in diesem nicht an, – total angepaßt sein (schnauft) –, und allerdings find ich, det is ja schon wieder so ne Sache mit diesem Konsumiern, mit diesen Interessen und Bedürfnissen, die hier den Arbeitern ja auch wirklich so immer mehr aufoktroyiert werden, daß die da sich selber wirklich nich mehr wiederfinden ne. Tatsächlich nur noch danach streben, möglichst viel in Urlaub zu fahrn, denn wieder von Urlaub zu Urlaub leben können und von Auto zu Auto leben können oder von Kühlschrank zu Kühlschrank, und so weiter ne. Und dieses Unwohlsein nich mehr so schrein, rausschrein, weißte!

Die Verf.: Des is, bei mir is es ja auch mit den ganzen Sachen jetzt, – die Situation an der PH und überall, da is doch niemand, mir kam des auch so vor wie ne Chinareise. Also so n bißchen (lacht) weißte, auf einma, ja, ich muß doch ma gucken, wo die sind, die Frauen, die aus Arbeiterfamilien, die's da geben soll, diese Null-Komma-Wieviel Prozent. Irgendwann, dacht ich, nee, also, es is auch so, daß ich s länger nich mehr ausgehalten hab. Daß ich auch kein Stück weiterkam in der Arbeit, auch gar nich wußte, wofür, für wen. Also, ich kann nich einfach nur, –

L.: Nee, und wenn de des für dich schreibst, is es ja auch wieder, det is, det is ja wirklich bürgerliche Theorie, eben, wenn du, du machst dat ja nur, wat du machst, für dich, für dich alleine ne. Um dich weiterzubringen. Es is ja nich so, *wir sind keine Einzelwesen ne.*

Die Verf.: Der Widerspruch liegt aber darin, daß ich die Arbeit doch für mich schreibe. Das is ne ganze Zeit gewesen, wo ich immer gedacht hab, jetzt, ich kann die Arbeit garnich schreiben, und dann hab ich die Frauen gefragt, 'ja, hört ma, warum, was habt ihr denn davon, wenn ich euch jetzt hier befrage' –

L.: Ach! Was ich davon habe, daß ich mich im Moment, – und ich hab irgendwie Angst, dat dat irgendwie doch nich stimmt, dat möcht ich doch sagen, ganz ehrlich, – ernst genommen fühle von dir und auch wat du alle so gesagt hast ne, dat mich das bekräftigt und bestärkt ne. Hm, det du auch solche Schwierigkeiten hast und so.

Du suchst zu viel

Weißte, hab ich ja unheimliche Angst manchmal, auch vor der Prüfung, daß ich dat nich bringe ne, dat ich das einfach nich schaffe. Daß ich immer noch zu blöd bin. Dat ich zu dumm bin, dat irgendwie so zu machen, wie die det haben wolln, weil ich det auch nich kann! Eine Professorin 'Du suchst soviel rum, wat machst du eigentlich? Du suchst' – sie sagt doch im Grunde '*du suchst zu viel*'! Ein Professor, wenn er mich abends in der Hochschule noch an der Schreibmaschine sitzen sieht: 'Frau B. sucht was, irgendetwas sucht sie!' Er lacht dabei. – Aber ich kann nich alleine an einer Sache hängenbleiben, ich muß erstmal alles zusammenhaben, bis ich denn erstmal in Ruhe mich ma hinsetzen kann. Ich kann dann erstma sagen, jetzt hab ich alles, jetzt kann ich erstma gucken. Ich müßte ja zwei Jahre Zeit haben für so ne Arbeit! Die hab ich aber nich.

Verstehst du mich?

Jaja, da hab ich immer gedacht 'Mein Gott, die wissen alles, und du weißt nix! Überhaupt nix! Und denn hat mir der H.-J. auch hier mit diesem Dummseinbegriff, also dieses 'du bist ja blöd' oder sowat oder 'du bist ja, kannst dat nich' oder, – übrigens hab ich früher immer hinter jedem Satz gesagt 'Verstehst du?' – Verstehste' Verstehste' Verstehste'. Früher hab ichs wirklich hinter jedem Satz gesagt und ich könnte dir sogar n Gedicht zeigen, was ich dem H.-J. niemals geschickt hab oder gezeigt habe. Das auch anfängt 'Verstehst du mich?' – aus dieser Unsicherheit heraus, daß keiner irgendwie das verstehn könnte, wat du sagst, und du nicht die rechten Worte findest und so weiter ...

Das assoziative Prinzip proletarischer Subjektivität setzt sich durch:
wir stören die Logik des Hochschulbetriebs

Erfahrungen im 'China-Seminar'

Der Vortrag hat als Thema die Kulturrevolution in China, geschichtliche Daten und Entwicklung bis zum pragmatischen Kurs heute. Es wird erzählt über Kaderproduktion und Spezialistentum, über Wissenschaftlichkeit, die sich wieder als Maßstab von wenigen Kopfarbeitern ausgebreitet hat: 'Studieren heißt zitieren können, – wer nicht zitieren kann, hat nicht richtig studiert'.

An der Stelle fangen Lucia und ich an, leise für uns zu reden. Ich sage

'das hab ich ja garnicht gewußt, Mensch, - ich denk immer, das ist da
alles von der Basis aus organisiert, ich denk, das waren Kader, die sich
von unten her entwickelt haben ... was ich darüber teilweise gelesen habe in der Studentenbewegung und nachher', -
'Nee', sagt Lucia, 'dat is nich so, das is da auch größtenteils von oben
organisiert ne, weißte ... zentralistische Linie von oben, Parteilinie, Se-
kretariat ..., überall der gleiche Mist!'
Wir sind ziemlich aufgeregt, reden weiter darüber.

Dann fangen wir an, aufzufallen, die anderen beim Verfolgen des Vortrags
und beim Suchen des roten Fadens, der ihnen allen zig mal verloren gegangen ist, zu stören.
'Merkt ihr nicht, daß ihr stört? Könnt ihr nicht Fragen stellen, wenn ihr
was nicht versteht?' Lucia sagt 'Ja, also weißte, ich kann hier nich stundenlang sitzen und zuhören, verstehste, und ich kann auch nich laut sagen, was wir jetzt hier besprochen haben, weil ihr det garnich verstehen
würdet' –
'Das weißt du doch garnicht...', sagt eine Frau.
'Ja, weißt du, das is überhaupt wieder typisch, daß ihr mich jetzt wieder
rausgreift!' sagt Lucia.
'Das is garnich typisch, das stört uns einfach alle', sagt die Frau.
'Ja, du, das verstehst du jetzt nicht richtig mit dem, das is typisch,- laß
ma'.
Dann schalte ich mich in das Gespräch ein und sage zu dem, der den Vortrag hält 'Weißt du, ich glaube, das ist eine Frage der Disziplinierung, –
wenn du jetzt forderst, wir sollten warten und unsere Gedanken in Fragen formulieren, die dann begründet und so weiter sein müssen. Wir haben vielmehr über Sachen gesprochen, wie wir verschiedene Dinge vor einiger Zeit gesehen haben, welche persönliche Bedeutung das für uns hat
und so, das können wir hier nicht veröffentlichen, weil wir annehmen müssen, daß euch das garnicht interessiert. Ihr wollt doch den Vortrag hören'. 'Das weißt du doch garnicht', sagt ein anderer, 'ob es hier nicht einigen Leuten genauso geht wie euch.'
'Na, ja,-' ich fasse Lucia an, halte sie am Arm fest, sie zittert, ist ungeheuer aufgeregt.

Anschließend fange ich an, mich auf den Inhalt des Vortrags zu konzentrieren und stelle Fragen. Lucia hört auch zu, guckt seit der Kritik in
sich gekehrt vor sich hin.

Wieder dieses Gefühl: bestraft zu werden für den Versuch, Dinge zu begreifen, - jedes Wort auf uns bekannte Erfahrungen und unser bisheriges
Wissen zu übertragen. Das Gefühl, daß alles das, was uns ganz persönlich betrifft, hier keinen Platz hat, - daß nicht wir als Menschen wichtig
sind, sondern Menschen nur als Objekte der Theorie und ihrer Logik sind.
Opfer eines Selbstzwecks, der sich gegen eine Unmenge Wissen anzuhäufen, um bei der bevorstehenden China-Reise informiert zu sein. Was für
Informationen wem hier nützen, wie wir immer wieder versuchen, Kulturrevolution hier in unserem Alltag zu machen und Verbindungen zu anderen gesellschaftlichen Situationen herzustellen, - das interessiert hier keinen.

Interessieren tut hier auch keinen, wie wir miteinander auskommen, wie
wir mit den Menschen auskommen, mit denen wir im Alltag zu tun haben,
die uns immer wieder erzählen, daß wir ihre Intelligenz und Wissenschaftlichkeit brauchen. Das heißt: während wir mit den hier dargebotenen Informationen unsere sämtlichen Erfahrungen durchdringen, - Gelesenes,

Informationen von anderen, politische Ansichten, unsere Beziehungen, Menschen, unsere Gefühle, - ist hier Gradlinigkeit das oberste Prinzip. Unser Prinzip heißt demgegenüber:
assoziativ und gegenständlich eine Sache erfassen,
vom Weg abkommen,
unsere Erfahrungen in dem begreifen, was da erzählt wird,
das Wissen für uns nutzbar und handhabbar machen, -
über einen Satz eine lange Kette von Assoziationen anstellen, d.h.
unsere Erfahrungen in dem Satz spiegeln,
unsere gesellschaftlichen Erfahrungen, -
den theoretischen Satz an unserer Praxis überprüfen und sehen,
wie nützlich er ist.
Dieser Gegenstand, den wir immer wieder in unsere Erfahrungen einholen,
ist unser Klassenbewußtsein.
Das geschieht assoziativ: eins wird ans andere gereiht, Kollektivarbeit.

Dieses kollektive Prinzip stört natürlich das isolierte Zuhören der anderen. Sie praktizieren, was der Vortragende inhaltlich ausgeführt hat: sich Wissen aneignen, damit man zitieren kann. Der Nachweis des Studiums. 'Richtig studieren heißt zitieren können!'
Überall das gleiche, Argumente in rationale Form bringen, damit man nicht mehr auf Unfertiges, Unsinniges, Gefühlsmäßiges stößt.
Erfahrungen auf theoretischer Ebene vermitteln, nachvollziehbar machen, diszipliniertes Vorgehen.
Deshalb können wir hier nicht laut sagen, was wir denken: von uns wird verlangt, daß wir unser Wissen und unsere Erfahrungen in allgemeiner Form und zu einem von außen bestimmten Zeitpunkt äußern. Das können nicht unsere Erfahrungen sein, die sich in der Form äußern.

Der rote Faden für uns war damit jetzt auch auf der Seminarebene - wie der Inhalt - 'Zum Verhältnis von Spontaneität und Disziplin'. Wir wollten begreifen, was mit uns los ist, wo wir recht haben, was wir falsch machen im Umgang mit anderen; inwiefern unser Interesse nach Selbstorganisation berechtigt ist und immer wieder durch vorhandene sozialistische Ansätze enttäuscht wird.
Aus unserer Selbsttätigkeit, aus Widerstand und erlebten Niederlagen entsteht unser Antrieb nach mehr Wissen als Lebens-Mittel, als Mittel, um die Gegenstände unserer konkreten, alltäglichen Klassenerfahrungen zu begreifen.
Sie fordern von uns: *Entfremdung von unseren Erfahrungen, um ihre Entfremdung aufheben zu können.* Den roten Faden, den sie verloren haben, sollen wir für sie knüpfen.
Uns wurde klar, wir sollten etwas dazu beitragen mit unseren Fragen, daß sie wieder durchblickten. Wir hatten aber gar keine Fragen an sie. Sie forderten von uns: Entfremdung von unserer Basis, von unseren Erfahrungen, um ihre Entfremdung aufheben zu können. Den roten Faden, den sie verloren hatten, sollten wir für sie knüpfen, - aber das Wesentliche war: auf ihrer Basis, nicht auf unserer.

(Analog: Der Klassenkampf der Arbeiter soll stellvertretend für die Bürgerlichen stattfinden, wobei sich der bürgerliche Intelligente dann noch als Oberhaupt fühlt, und sich in die Lernprozesse der Arbeiter dauernd von oben einschaltet, sie unterbricht, und sich schließlich dessen Resultate - auch geschichtlich - aneignet. Dabei kommt dann immer wieder heraus, daß die Arbeiter ohne die initiierenden Kräfte der Intelligenz kein Klassenbewußtsein und keine Organisation ihrer Klassenerfahrungen entwickeln.)

Unser *Gegenstand* hat sich (auch inhaltlich) verändert: aus der Kulturrevolution in China ist das Bewußtsein unserer Kultur geworden, die Erfahrung, die wir mit quasi-revolutionären politischen Gruppen in der
BRD an der Hochschule machen, - schließlich das für uns wichtigste Problem:
wir kämpfen täglich um unsere Selbstorganisation, um unser Recht, für
unsere Klassenerfahrungen als Frauen aus proletarischen Verhältnissen
ernst genommen zu werden, Verantwortung zu übernehmen. Und wenn
wir dann suchen, wo es Ansätze gibt bei uns, in der Geschichte der Ar-
beiter-innen-bewegung, in unserer Geschichte -, dann betrifft es uns unmittelbar, geht es uns unter die Haut, wenn wir wieder und wieder von
intellektuellen Tendenzen und Organisation von Klassenkampf-Erfahrungen
von oben hören.· Darin besteht der Unterschied zu denen, die diese Angelegenheit als theoretische Frage betrachten und mit ihren Interessen unsere Interessen spalten in einen theoretischen und in einen praktischen
Teil. Auch, was hier gerade passiert war, ging uns unter die Haut. Normalerweise gelingt es ihnen, uns mit ihren theoretischen Fragen einzu-
schüchtern. Diesmal aber hielten wir zusammen.

Lucia macht ein halbes Jahr später ihre Prüfungen und schreibt ihre Abschlußarbeit über die Rolle der Frauen in China vor und nach der Kulturrevolution. Sie will deren Situation bis in die kleinsten Einzelheiten des
Alltagslebens umfassend und kritisch bearbeiten - und hat im Laufe dieser
Arbeit dieselben Schwierigkeiten, wie in der zuvor geschilderten Seminar-
situation: sich der wissenschaftlichen Logik und Systematik unterzuordnen ist ihr fast unmöglich.
Körperlich und seelisch am Ende wartet sie auf ihre Einstellung in den
Schuldienst. Bis dahin ist sie arbeitslos, bekommt keine Unterstützung
vom Arbeitsamt und muß arbeiten gehen, um ihre Schulden zu bezahlen,
um wenigstens materiell nicht nur abhängig zu sein von ihrem Freund.

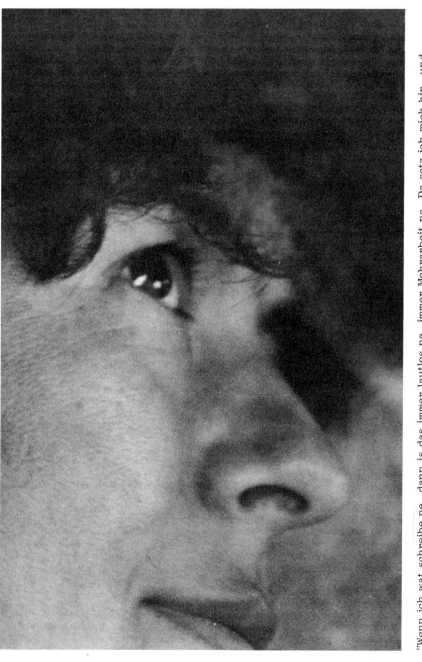

"Wenn ich wat schreibe ne, dann is das immer lautlos ne, immer Mehrarbeit ne. Da setz ich mich hin, und schreib das mit der Hand auf, weil ich schon wieder Angst hab, daß die Nachbarn dat unter uns hörn, wenn ich auf meiner Schreibmaschine schreibe ne. So bleibt das immer lautlos."

"... ich hatte das Gefühl, ich könnte überhaupt nichts mehr machen ...
blieb zu Hause und suchte dann also wieder mal auszubrechen ... wie
komm' wir beide so erstma am besten über die Runden ..."

Elisabeth H.

Ich habe Elisabeth kennengelernt durch einen Brief, in dem sie mir im Januar 1978 schrieb:

"Elisabeth H.

.....

Studentin der Erziehungswissenschaft, über den zweiten Bildungsweg.
Hochschulreife über die Fachhochschule
seit 1974 gewerkschaftlich organisiert
ehemalige Hilfsarbeiterin

.....

Liebe Hannelore,

durch C. erfuhr ich von Deinem Vorhaben einer Dissertation über studierende Arbeitertöchter. Ich selbst beschäftige mich mit diesem Thema und will darüber eine Diplomarbeit schreiben. Meine Arbeit ist noch nicht sehr weit fortgeschritten. Die Schwierigkeit, überhaupt Material zu bekommen, ist immens und zum Teil durch meine eigene Situation eingeschränkt, da ich allein einen jetzt 3,5 jährigen Sohn erziehe."

Unser erstes Gespräch findet im März 1978 statt, als ich nach Berlin fahre, um mit C. über meine Arbeit zu sprechen.
Bei der Gelegenheit nehme ich telefonisch Kontakt auf zu Elisabeth. Wir sprechen sehr lange und intensiv über ihre und meine Arbeit, - Elisabeth stellt ausführliche Fragen zu meiner Arbeitsmethode. Wir verabreden uns für den nächsten Tag in ihrer Wohnung.
Ihr Sohn ist von morgens bis nachmittags 16 Uhr im Kindergarten. Wir nutzen die Zeit, um über unsere Arbeit, unsere Situation an der Hochschule und unsere gesamte Lebenssituation, bedingt durch unsere Herkunft, zu sprechen. Zunächst war ausgemacht, daß wir so 2 Stunden miteinander sprechen wollten; es werden 5 Stunden daraus. Das ist eine Erfahrung, die ich immer wieder gemacht habe: es entsteht ziemlich schnell eine Situation, in der wir ohne große Umschweife, ohne Zurückhaltung unsere Erfahrungen direkt und offen zur Sprache bringen. Eine Situation, in der die Zeit sich scheinbar in Nichts auflöst, sich verdichtet zu einem intensiven Gefühl des mit sich und der anderen identisch sein.

Die Sprachlosigkeit gegenüber unseren Erfahrungen in der Hochschule löst sich hier, im privaten Lebensbereich und in der vertrauten Beziehung zu zweit in einen scheinbar endlosen Strom von Assoziationen und Worten auf, der einen wie ein Sog erfaßt und vorantreibt.
Unser Gespräch an diesem Tag habe ich nicht aufgenommen, es wäre mir zu komisch vorgekommen.
Beim nächsten Mal erzählt Elisabeth:

Hochschule: Ich bin Arbeitertochter

Elisabeth: Weißte, so spontan habe ich immer gesagt, - also wenn ich das überhaupt zur Sprache brachte, ne, denn hab ich gesagt 'ich bin Arbei-

tertochter' ne, Jetzt vor kurzem hab ich das gelesen ne, die studierenden Arbeitertöchter sind gar keine richtigen Arbeitertöchter, irgendwie
so, den Satz hab ich so im Kopf. Und dann hab ich eben diese Frau getroffen, die is, die sagt auch, ich bin, die hat sich schon so vorgestellt
'ich bin studierende Arbeit, also ich, äh, bin studierende A, also, - die
war da schon fertig, ich bin also ne studierende Arbeitertochter'. Mein
Vater is zum Arbeiter geworden,ne. Und hat also die Hälfte seines Lebens nur als Arbeiter gearbeitet ne. Vorher war er irgendwo so'n kleiner
Selbständiger oder ...

Und sie hat sich durchaus als Arbeitertochter begriffen, ne. Und ich
mein, also so traditionelle Arbeitertochter, also ich hab für mich selber
immer das Gefühl, 'also du bist Arbeitertochter' und dann hab ich wieder gedacht 'ja, und generationsweise Arbeitertöchter', ohne daß ich
das 'Kapital' gelesen hatte ne, das degeneriert doch, und deswegen
kannst du vielleicht auch garnich soviel leisten. Die Lebensmittel warn
schon generationsweise schlecht. Na, und vor kurzem hab ich gelesen...
und da zitiert sie den Marx und ich hatte den dann grade mal hier, ne,
und da hab ich nachgelesen und dann wurde da so berichtet, von englischen Industriearbeitern, die also in der Baumwollspinnerei und wie die
Leute generationsweise immer kleiner wurden und so, ne. Äh, daß sie
richtig kaputtgingen ne, die gingen also genetisch in Stücke und, und
natürlich auch von Kindheit schon, die, die überlebten, die warn ja schon
schwächlich und so ne.

Die Verf.: Wieso war das so, daß du gestern unsicher warst...?

E.: Ja, weil ich, doch so'ne Unsicherheit dir gegenüber, weil ich selbst
hatt' das auch mal, daß ich dann auf der Suche nach Arbeitertöchtern
eben mit dieser Frau wieder Kontakt aufnahm... und die sagte mir immer, 'na, ich bin Arbeitertochter' und denn meinte sie, war ihr Mann
wohl da, der hat dann immer dazwischen geredet und der sagte dann immer 'nee, du bist gar keine Arbeitertochter ne', du bist auf dem aufstei-
genden Kiel, bei euch war das so: du solltest lernen, ne, du solltest zur
Schule gehen. Bei mir war das nich so ne. Ich sollte nicht lernen ne.

Unser Bewußtsein und unsere Lebenslage sind an der Hochschule
eine theoretische Sache: da bist du nicht mit - gefaßt

E.: Mich hat eigentlich dann immer diese, äh, das, äh, war dann so, also die Linken sprechen ja nich von Unterschicht ne, aber also ich hab
dann irgendwie, ich kann nich auf die Studentenbewegung zurückgehn,
weil ich da noch garnich studiert habe, sondern ich, äh, geh auf das zurück, was ich so, äh, hier in der Uni erlebt habe, erstmal, wenn Linke
sich äußerten, ehm, war das so, daß ich überhaupt garnich verstehen
konnte, da wurd' das also, äh, so abstrakt vorgetragen, daß also ich
mich da garnich mit *gefaßt sah*. Und natürlich war denn auch noch bei
mir 'also du bist Arbeiterkind, du hast eigentlich, äh, noch nich ma das
geschafft, das theoretisch aufzuarbeiten, ne.'

Meine konkrete Erfahrung immer wieder: sich ausziehen, nichts haben

Und überhaupt argumentieren zu könn' und auf dieser ganz einfachen
Ebene der konkreten Erfahrung, äh, gar kein' Mut mehr zu haben, die
einzubringen ne. Erstma Verstehensschwierigkeiten ne.

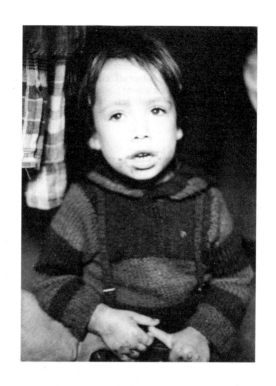

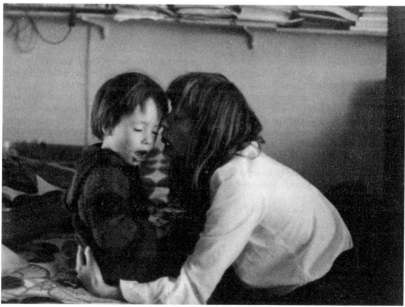

Was die da nun überhaupt meinten ne, und dann auch eben, äh, den Mut ja, also den Mut hatt ich nie aufgebracht ne. *Ich kam mir dann auch vor wie, als würd ich mich sozial ausziehn irgendwie, ne – was ich ja immer machte, ich hatte ja zu der Zeit auch schon Marcel* ne, also überall wo ich hingeh, sei's Studentenwerk, überall zieh ich mich sozial aus: ich hab nix, ich hab nichts. Beim Sozialamt, wenn ich dann also meinen Bekleidungsantrag stelle ne, also – zieh ich das alles ne, ich hab nix.*Also immer so'n sozialer Striptease.*

Seminarerfahrung: du erfährst dich als 'Unterschicht',
der man Bildung beibringen muß.
Am liebsten möchtest du weggehen

Und dann war das passiert jetzt (im Seminar), – hab ich gesagt, 'also ich fühl mich so total unwohl hier in dem Seminar, ich hab hier äh, wie überhaupt an der Uni, am liebsten möcht ich hier überhaupt rausgehen und, und dann hab ich gesagt, daß ich Solidarität vermisse ne, und zwar Solidarität in den Lehr-, den Lernformen, in den Lehrmeinungen, in den wissenschaftlichen Ergebnissen, ne, ständig erfahr ich mich als, als zur Unterschicht gehörend, da hab ich den Begriff gewählt, ja, halt 'Untermensch' ne, äh, dem man irgendwie überhaupt ne Bildungsmotivation erst beibringen muß, also total anders definiert als ich mich selber erlebe ne.

Die materielle Situation zu Beginn des Studiums:
unterhalb der Armutsgrenze leben

Das hab ich mich übrigens auch gefragt hier, so, besondere Benachteiligung irgendwie, – also am Anfang des Studiums hab ich das so erlebt 'ja, Stipendium kriegste so nich, also läuft dann nich, du hast kein Geld, und hab das denn erstma am Anfang, – ich hab immer wieder von meinen Geldproblemen gesprochen und daß ich blöde, also ganz beschissen wohne, ohne, fast ohne sanitäre Einrichtungen, ne, da war zwar'n Innenklo, aber, Parterre, Innenhof, – ne Einzimmerwohnung ne.

Über das Verwaltungsgericht hab ich hier zweimal 'ne Klage gegen das Land Berlin äh, geführt, um diese Abschlagszahlung, ne, also 's gibt da so'n Gesetz, daß du auf sowas Anspruch hast, auf Abschlagzahlung ne, das hatte ich vorher beim Studentenwerk erfahren und hab das dann gemacht ne. Und hab zusätzlich mir, äh, Geld vom, – n befristetes Darlehn geholt, das mußte ich spätestens in 2 Monaten zurückzahln, da hatt ich 600 Mark aufgenomm'n. Und die sagten mir auch gleich, mehr is nich drin, weil zu viele Leute das so machen. *D.h. ich hab' gehungert. Ich hab, – das is mir damals nur garnich klar geworden.*

...und als denn das Stipendium da war, also die Nachzahlung da war ne, bin ich sofort ... nach Hause gefahrn ne, und *ich war so fertig, ich wollt nur noch aufhörn ne...* Und hab gesehn, daß ich mit den 420 Mark, daß ich damit nich auskomme, daß ich nich' immer also so noch unterhalb der Armutsgrenze leben konnte und hab mir ne Arbeit gesucht.

Ich bin nicht wichtig für die Uni, die brauchen mich nicht: Ab-brechen

das war aber auch nich so einfach ne, von der Uni so wegzugehn, ich war ja noch immatrikuliert, aber so, daß ich... da nich mitarbeiten konnte, mich da nich so einbringen konnte. Also, *auch nich wichtig war für die Uni.*

Also das, was da vermittelt wurde, irgendwie meine Interessen oder meinen Wissensdrang nicht befriedigte, sondern auch, daß das so total, so total egal war, ob ich dahinging ne. Daß ich auch nich dachte, 'n verändernder Faktor zu sein, zwar isoliert und allein, aber auch 'n Moment der Veränderung selber ne.

Soziale Verhältnisse in der Wohngemeinschaft
und der eigene Kampf um die Existenz

Stipendium, Höchstförderungssatz, vom Vater eigentlich 140,- und seit, seit ... naja, anfänglich hat er 200,- bezahlt.

Gleichzeitig, weißte ... also ich hab beim Sozialamt gekämpft ne um z.B. n Teppich, ne, zum Krabbeln ne, weil das Parkett unheimlich rissig war, ne, für meine Räume, die andern warn von den Vormietern schon ausgelegt, die Gemeinschaftsräume ne.

Also ich bin individuell aufs Sozialamt gelaufen, um solche Sachen zu machen ne. Also die F. z.B. war arbeitslos, war dabei, sich scheiden zu lassen ne, - die hat, äh, das war für die zu fein, das wollte die nich und die andre Frau, der es ähnlich ging ne, der Mann war arbeitslos, Regisseur, die, äh, die geht doch nich' zum Sozialamt ne, - und Wohngeld? Aber chic war se.

Ja, die eine, also F. war Pfarrerstochter, - die andre war Zahnarzttochter der, der, der ... weiß nicht, aus welchen Verhältnissen der kam, der kam aber nich aus Arbeiterverhältnissen.

Durch diese Art des Lebens da und die Gleichgültigkeit und, äh, also irgendwie stimmte das Geld bei denen immer ne, daß ich da auch sowas verlor wie vielleicht Sicherheit oder wie ne. Daß die ... im entscheidenden Moment ganz genau ihre Rechte kannten ne. Besser als ich, viel sicherer ihre Rechte wahrnehmen konnten ne.

Die stärkste Belastung wirkte sich dann eigentlich in der neuen Wohnung aus für mich, als mir die ganze WG-Sache also erstma bewußt wurde und emotional aufarbeitbar, in dem ich also auch Verzweiflung mir selber eingestehn konnte ne, was ich damals nich tat -, also da war so'n Durchhalten ne. Ich hab also, mensch, - verriegelt, weißte, das war so, alle Zimmer hatten ziemlich viel Durchgänge ne. Und da hab ich denn auch garnich mehr gewußt, wieviel Ölflaschen ich hatte ne, und so also, also Windeln kam' denn weg und ich war irgendwie in so'm verwirrten Zustand und gleichzeitig dacht ich - irgendwie mußte hier durchkomm' ne. Also, und ich, das war irgendwie dann auch so ähnliches wie ich das damals bei meim Mann erlebt hab, daß ich überhaupt nich, - zu Hause auch nich mehr denken konnte ne. Also, so ganz komisch.
Also anfänglich hab ich denn den Vater von Marcel... umschichtig einbezogen, daß ich denn so'n paar Sachen, Seminare besuchen konnte, naja, in der Zeit wurde Marcel versorgt. Ich merkte aber teilweise auch, wie ich das Ganze, meine Situation auch bis in die Beziehung reinbrachte, wie ich die garnich raushalten konnte, ne, wie ich geschafft war und naja, und denn hab ich ja auch einen Kindergarten, - Kinderladenplatz gefunden, und da war das für den H. (-Vater des Marcel), erstma hat er da so seine Aufgaben, ich fragte so ziemlich viel nach ne, was hat er gemacht

und hat er gelacht, und alles mögliche ne, und ähm, wie hat er geschlafen, hat er lange geschlafen, wie hat er gespielt und das empfand er denn
so als Beaufsichtigung und, er fand sich denn immer so als Babysitter
und, was überhaupt garnich meine Tendenz war, ich wollte nur irgendwie erfahrn, was läuft, wenn ich nich da, - oder was is gelaufen, wie is
das gelaufen mit ihm ne.

Das hat er denn nicht gemacht, und denn hat er gesagt, er wüßte garnich, warum in Kinderladen, und so ne. Und finanziell konnten wir auch
zu keiner Einigung in der Zeit komm', und das heißt, Marcel war ein Jahr
drin ne, im Kinderladen und denn, die wollten ne Entscheidung haben,
die warn ja auch nich, also n sozialer Verein ne oder so ne, die wollten
Geld sehn ne. Ja, mußt ich dann rausgehn ne. Und mit Marcel sah das so
aus, daß der also, wenn ich den brachte, da war der 8 Monate alt, ...
die andern Kinder warn weitaus älter, ne, die älteste war schon n Jahr
alt ne. Und dann fand ich, blieb ich also hier zu Hause, s warn denn
auch Semesterferien, das war dann im März ne, und so im April fand ich
denn n neuen Kinderladen.

Dann hat er gesagt 'na gut, wenn ich Marcel nich besuchen darf, dann
stell ich die Zahlung ein und vorher lief noch, - wenn ich nich -, ich hab
n Anspruch auf Marcel - und überhaupt auf den Besuch von Marcel. Und-,
ja, und da hab ich denn geschrieben, daß Marcel unabhängig davon, ob
er ihn sieht oder nich ne, Existenzmittel braucht und Anspruch darauf hat
ne. Daß diese Existenzmittel, die er gibt ne, also ich hatt das noch nich
ma so ausgeführt, ich war auch unheimlich ängstlich, ich war also in der
WG-Phase da unheimlich ängstlich ne, also daß ich denn also mich geäußert hab, äh. Und ich hab ihm dann auch geschrieben, in diesen wenigen
Mitteln is nich drin 'Urlaub für das Kind' ne, da is auch nich drin hier
äh, Benutzung von U-Bahn und so, ne, denn Kinderladen kostet was ne,
zumindest n Bus, und solche Sachen sind alles nich drin ne. Und auch
meine Arbeitszeit is da nich drin ne.

Aus-brechen. Ab-brechen, - immer wieder

Zu der Zeit, da macht ich, da hatte ich mich mit ner Arbeitsgruppe grade drauf vorbereitet auf's Vordiplom und war so, also war so fertig dann,
daß ich dachte 'ich schaff überhaupt nix mehr ne'. Und also so, drei Wochen vor dem Vordiplom-Termin, mit Marcel so, auf so ne notdürftige zu-
sammengewürfelte Arbeitsgruppe gerast bin ne, von denen mir noch Geld
geben ließ ne, und nach Hause fuhr. Und zu Hause angekomm'n, mich eigentlich noch dreckiger fühlte, weil ich das irgendwie so als Flucht empfunden hab, weißt, irgendwie auch wieder gekränkt war, ... wo du eigentlich auch n Anspruch drauf hast ne, einmal daß ich mich da so beschissen fühle. Dieser Anspruch, du kannst ja jetzt gar kein Vordiplom
machen, du arbeitest ja kaum noch. ...Nach n paar Tagen komm ich zurück ne, laß den Marcel da; wir sind jetzt soweit, daß wir dir helfen könn'
ne', da konnt ich aber nich abschätzen, was... ich so an Hilfe erwarten
konnte ne. Und einerseits fand ich das denn auch, *ich hatte das Gefühl,
ich könnte überhaupt nichts mehr machen ne*. Also, die müßten das sogar
schon formulieren, die müßten sogar formulieren ne. Und, da konnt ich
das nich annehmen ne. Blieb also zu Hause, *blieb zu Hause und suchte
dann also wieder mal auszubrechen*. Schrieb da verschiedene Institutionen
an, war bei der Berufsberatung, wollte also, *wollte nich mehr ne*.

Drang nach Wissen - unartikuliert, niemand hört dich

Also wie kannste das ... zu studieren, also Dings zu sein und auch noch Mutter, wie kannste das zusammenbringen die Situation, also Mutter zu sein und also, entweder Studium oder Arbeit, was is günstiger ne. Dacht ich irgendwie, 'joa, Studium is doch günstiger ne'. Ich hab das mehr in Bezug auf Marcel gesehen, weil ich ja auch schon so die Unmöglichkeit erfahrn hab, also das, wirklich was zu lern' ne, was ich wollte, ne - und was auch erst hätte formuliert werden müssen, zum Teil dann ne, 's war ja nich so, daß ich mit ganz klar'n Vorstellungen dahingegangen bin, ne, sondern das hätte sich ja auch noch mit entwickeln müssen. So daß ich dann also mehr so 'wie komm' wir beide so erstma am besten über die Runden ne' - und gleichzeitig aber, also *du darfst dich nich einfach da vertreiben lassen ne, so, so Widerstand irgendwie ne.*

Einen Standpunkt und Probleme bearbeiten,
wo ich hintergesteckt hab, hab ich nie geschafft

Dann liefer denen ihrn Scheiß, liefer denen dieses Wissen, was sie eigentlich nur haben wollen ne. Ne gute Prüfung machst du eigentlich weitgehend immer nur mit diesem angepaßten Wissen. Und so abheben zu, zu ein Standpunkt und zu ner Bearbeitung von Problemen, wo ich hintergesteckt hab, hab ich noch nie gemacht. Hab' ich nie geschafft. Weder in ner Fachhochschule, noch an der Universität. So daß ich eine Arbeit geleistet hätte, hinter der ich voll und ganz gestanden hätte ne. Das Bewußtsein setzte sich dann durch, bei diesem äh, mickrigen Nachplappern von, von Tatsachen oder also an angenommenen Tatsachen oder von dem, was da so in den Büchern steht ne. Daß dann also Beschreibungen so abgehoben geliefert werden, die irgendwo auch die Realität treffen ne. Irgendwo ne.

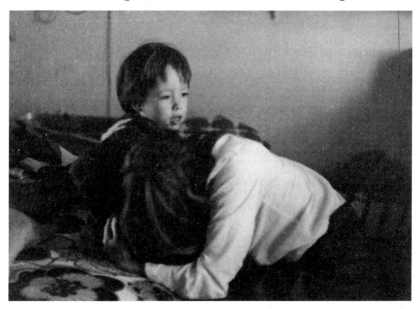

Aber, eben zur Erklärung überhaupt nich beitragen ne, und in dem Sinne auch wieder die Realität nich treffen ne. S Vordiplom, also meinen Termin hab ich fallengelassen, ich hab also hingeschrieben, daß ich den später wahrnehmen wollte ne, bin denn auch nachgezogen.

'Ich will von alledem nichts mehr sehen'

Dann hab ich wieder versucht, das so wieder aufzuarbeiten, – bis in die Nacht, also mit Geburt von Marcel an hab ich manchmal nur so 5 Stunden Schlaf gehabt ne. So um 10 teilweise da fing ich manchmal erst an, versuchte dann noch zu lesen ne, mir fieln die Augen zu. Naja, und was ich gestern sagte so, mit den Augen, also, daß ich nichts mehr sehe ne, – das muß irgendwie... sein, ich will von dem nichts mehr sehen.

Den Blick wegschlagen.
Ja, s gibt, als Begriff gibt es das sowieso ne, 'Schlägt den Blick nieder', aber s gibt ja auch Sachen, die den Blick niederschlagen.

Die Verf.: Verhältnisse.

E.: Verhältnisse, Umstände, Bauten, Bauweisen.
... wobei ich hier oft sitze und nur meine Zeit absitze ne. Nich, daß ich das will, sondern *einfach sitze und assoziiere, aber nich zum Papier bringe.*

*Aufzeichnungen von unserem 1. Gespräch,
bei dem ich mir Notizen gemacht hatte*

E.: Wir werden laufend mit der Situation der Arbeiter konfrontiert, aber kommen selbst gar nicht zur Sprache.

Die Verf.: Das Problem, nämlich das Bewußtsein der eigenen proletarischen Herkunft, die sich durch die Hochschule hindurch fortsetzt, zu behalten und weiterzuentwickeln, ist nur durch Mehrarbeit, Schwarzarbeit zu lösen.
Wir sollen uns Theorie aneignen, – aber dieses Wissen, seine Inhalte und seine Sprache sind uns fremd. Dadurch geraten wir in eine doppelt schizophrene Situation: Hilflosigkeit gegenüber unserem Leben und Hilflosigkeit gegenüber der Theorie, – beides uns anzueignen, auf unsere Weise, ist uns untersagt.

E.: Das ist ein soziales Sterben.
Geschichtslosigkeit im Bewußtsein. Deformation und Verlust der Identität.

*Leben von Arbeiterkindern als Prüfungsstoff:
die eigenen Erfahrungen und Erkenntnisse nicht zur Sprache bringen
können, sie als 'Stoff' erfahren, der an der wirklichen Situation
vorbeigeht*

E.: Irgendwie, – naja, und denn fing ich da an, Vordiplom, Frühjahr, hab ich meine Mutter komm'n lassen in der Zeit, die meinen Sohn versorgt hat, das war auch ziemlich belastend, war also, – und die erste Prüfung in Erziehungswissenschaft hab ich über H.Ortmann ne, von wegen der Arbeiterschicht ne, ich hab, glaub ich, 3 Sätze gesagt ...

'Wolln Sie etwa sagen -, daß Arbeiterkinder allein, - also, sich einsam fühlen? Die sind doch immer, - äh, die sind doch nie alleine, die sind doch immer in diesen peer-groups und so ne'. Ja, also erstens hab ich das garnich gesagt, und zweitens, äh, also ich war so fertig! Ich bin auf diesen Punkt eingegangen, wie also durch Stadtsanierung, äh, so Sozialbezüge in Arbeiterfamilien, in so'm traditionellen Arbeiterbezirk zerstört werden, ne und also wollte auf die Tatsache gehn, die also auch dieser Bernfeld geschrieben hat, 'der soziale Ort des Arbeiterkindes', daß er fliegt ..., weil er nichts zu verlieren hat, aber daß der glücklich is, wenn der rausfliegt aus der Wohnung ne, der hat auch Probleme. Der hat also auch diese Sachen wissen wollen. Und da war, - also er meinte auch, also Ihre Arbeit hab ich noch nich gesehn, und *ich werd Sie auch nich durchfalln lassen, aber empfehln würd ich Ihnen doch, daß Sie von der Universität abgehn.*

Also da war gar keine Begründung, deswegen weiß ichs garnich mehr ne. Und dann, der sagte, also ja, Ihre Arbeit, Ihre Arbeit kann ich nicht lesen. Sagen Sie, könn' Sie mir die Arbeit nich ins Dings reinsprechen, ham Sie mal Zeit?

Und, naja, dann hab ich gesagt, 'ja, denn mach ich das heute' und da dacht ich 'bloß weg hier ne'. Und denn gab er mir die, und ich war zu fertig, und auch wieder empört. Und denn las ich die Arbeit, und denn konnt ich auch wieder nich richtig lesen, denn las ich irgendwann 'so 'ne Scheiße', das stand da in der Arbeit, ne, in der Klausur, daß ich das geschrieben hab. Und, da wurde mir dann später deutlich, daß das eigentlich der Punkt war, der wesentliche auch, der Voreingenommenheit seinerseits. Und das war also n unmögliches Ding, daß ich da 'Scheiße' reingeschrieben hab.

Eben, über das Leben der Arbeiterkinder ..., weil das auch, - ich hab mich da ziemlich stark orientiert und also mehr reproduziert, so meine Meinung hinterm Berg gehalten. Und was ich nur zur Stellung der Frau, - daß die da also nich nur Mutter is, sondern, also auch oder Hausfrau, sondern berufstätig is, ne, Schichtarbeit arbeitet und so. Und während ich das schrieb, da war irgendwie dieses Moment 'so'n Scheiß' ne. Dann hab ich ma überlegt, was eigentlich 'Scheiß' heißt. Bei uns wurde so nie gesprochen ne. Wir ham also auch nie Dialekt so gesprochen ne, ähm ... Aber was bedeutet eigentlich 'so'n Scheiß' ne? Abfallprodukt des Körpers ne, brauchste nich mehr. Also, und so, daß da bestimmte Sachen denn, also man sich mit Sachen beschäftigt, die überhaupt zum Teil nich so relevant sind für ein' ne.

Und auch, äh, *wie* ich das reproduziert hab, *wie* ich dagesessen hab und den Prüfungsdruck spürte, also schon bei der Vorbereitung, das Kind zum Kindergarten, mit dem Kind zum Kindergarten gehetzt bin, mich nich wohlfühlte, nie was andres getan hab, also außer, wenn ich mit dem Kind zusammen war ne, dann hab ich mich mal körperlich n bißchen bewegt. Immer nur dagesessen und äh ja, eigentlich die ganze Unisituation immer wieder drin. Ich hätte doch was zu sagen und ich komm' nie dazu,n Buch zu schreiben, die Leute sind 30 Jahre alt im Schnitt, die schreiben da, die ham also Geld zur Verfügung und du hockst hier, du rennst von ein Amt zum andern und s reicht hinten und vorne nich, diese ganze Situation eigentlich und das Abgehobene von dieser Situation, das war auch sicherlich 'so'n Scheiß' ne. Das war irgendwie auch so, also, 'du solltest dich lieber mal, dir geht ja das ganz Normale, also das Essen is doch das Mindeste, was du haben mußt, und das, daß du'n paar Klamotten aufm Leib hast, das is, und, und für dein Kind auch, das is doch das Mindeste - ne und 'daß du gesund bleibst', das sind eigentlich Sachen, und die verlierst du so ganz im Studium, so total aus'n O, äh, Augen ne, weil du überhaupt äh, du, so ökonomische Sachen komm'n überhaupt nich zum Tragen, das is, also so, da is man und dann hat man dazusein.

... hab ich jetzt auch bei der Begründung vom Bafög, obwohl noch ziemlich ängstlich und schüchtern ne, und *auch, da auch wieder diese Empörung da drin, daß de dann also quasi noch es notwendig hast zu erklärn 'ja, also ich bin nun mal Arbeiterkind* und ich hab nun mal Schwierigkeiten in der Ehe gehabt, und dann hab ich auch noch n Kind und äh, und mit m Mann klappte das auch da wieder nich ne, also daß du dich auch wieder so sozial ausziehn mußt... wie so'n Striptease, wer macht das denn!? Macht das irgendjemand anders? Da läuft das eigentlich relativ glatt ne, du mußt nich immer ständig dich hier darstelln ne. Also, nee, und denn sagt dir noch so'n Popanz, der also da, was weiß ich, wieviel Geld in der Tasche hat, also so einigermaßen, da sich identifiziert mit seiner Arbeit ne, sagt dir dann, 'also verschwinden Sie ma besser von der Uni ne'.

Die Verf.: S ging mir auch so, daß ich grade in der Prüfung 'Arbeiterbewußtsein' ne 4 hatte. Da hab ich vielleicht, – da! Das war vielleicht n Volltreffer ne. Arbeiterbewußtsein als Klausurthema, ne 4. Das war für mich auch wie so'n, was du am Anfang sagtest, so dieses Gefühl, bei dem Thema, wo's eigentlich doch wichtig wäre ne, da versagste, da weißte noch nich mal was, da weißte nich Bescheid, da kannste das nich theoretisch abhandeln und schön logisch abhandeln, und auch nich in dem Sinne dann, wie die's hörn wollten. Da bin ich dann nachher hingegangen, fast heulend, glaub ich, hab ich gesagt 'hörn se ma, das is ja wohl das Letzte!' Weil ich grade wegen diesem Thema fast arbeitsunfähig war auch vorher, weißte, ich hab mich ja abgestrampelt, ich konnt garnich mehr denken. Ich weiß noch, daß ich da in Frankfurt alleine in meiner Wohnung saß, nicht arbeiten konnte, garnichts mehr ordnen konnte – und immer nur die Platte von Jethro Tull hörte 'Thick as a Brick' (Dumm wie Bohnenstroh). Davon nicht loskam, meinen ganzen Tag damit verbracht habe, mir diese Musik anzuhörn, anfing den Text ins Deutsche zu übersetzen, anstatt Bücher für die Prüfung zu lesen. Ich konnte dieses fremde Gefühl gegenüber dem Gelesenen nicht auflösen, diese Theorie war wie ein einziger gewaltiger Block und Knoten.

Proletarischer Lebenszusammenhang:
Arbeit der Mutter. Arbeit des Vaters. Eigene Geschichte

Meine Mutter, äh, so diese Putzarbeiten, die hat se früher gemacht, als wir noch kleiner warn, da hat se also geputzt, in so Lebensmittelbetrieben gearbeitet, also und auf dem Land, hat se Landarbeit gemacht, so sich Rüben angenommen und Kartoffeln gerodet und teilweise ganz fest beim Bauer gearbeitet über Jahre ne, bei eim Bauern. Sonst wanderte sie dann immer so mit dem Rübenannehmen...
Ne ziemlich lange Zeit war sie eben bei dem einen Bauern tätig, den se also auch geliebt hatte, – also nich richtig (lacht) körperlich, aber aus der Ferne.
Danach war sie denn in der Stadt tätig in überwiegend, ach so, da war sie in so'm Lebensmittelbetrieb tätig, also ne Fleischwarenfabrik, in der ich auch tätig war noch, gearbeitet hab, – Wurstfabrik dann in der, in so'm Landwirtschaftsmaschinenbetrieb, in der Strumpffabrik auch, weißte auf'm Land, da gibt's ja nich viel, da sind die Leute rumgefahrn ne, teilweise sind se abgeholt worden, teilweise mit eignem Auto oder mit der

Bahn ne. Meine Mutter is ja auch dann, hat ja verschiedene Versuche ge-
startet, so aus der Ehe rauszukomm', und hat denn immer wieder woanders gearbeitet ne. Zum Beispiel in so'm Deputat ne, hatte da so ne klee-
ne Wohnung bei so'm Obstbauer ne, und hat denn da immer Obst gepflückt
und Bäume gespritzt und so'n Zeug gemacht ne.
Mein Vater hat also außerhäuslich nichts gemacht, der hat so den großen
Garten bewirtschaftet ne. Vorher hat er in Betrieben gearbeitet ne. Nach'
m Krieg war er eben, hat er sich da zum Minenräumen begeben, und danach weiß ich garnich mehr, ob er da noch in Betrieben gearbeitet hat.
Ich weiß, daß er Dreher gelernt hat, und dann also, als er nich mehr arbeiten konnte ne, hat er also, ähm, is er auf Imker umgeschult worden ne.
Das war kurz, bevor wir da aufs Land zogen ne, weil sonst nichts drin
war für ihn.
Wir ham also ziemlich karg gelebt, am Anfang ham wir denn also, also wir
ham auch Getreide angebaut, und wir warn voll also mit eingestellt in dem
Betrieb da,ne. Das Feld, alles sollte von ihm ... wir hatten ja keine gros-
sen landwirtschaftlichen Geräte ne, und das lohnte sich ja auch garnich
und außerdem existierte ja diese Genossenschaft ne. Also er hat immer das
beste Arbeitszeug, dafür hat er immer Geld ausgegeben, - einmal für Bücher, um diesen Betrieb irgendwie zu, geistig zu durchdringen und ...
das hat er ja noch nie gemacht ne, Imkerzucht, über alles, höchst fach-
männisch, die teuersten besten Sachen ne. Naja, und dann so Arbeitsge-
räte, naja, und das ging dann alles immer bergab und so, er hat ziemlich
viel so ... da reingesteckt und hat dann aber verschenkt ne, Pflanzen
verschenkt, ne ... oder die sagten 'Mensch, ganz toll ne' und denn sagt
er 'willste was haben?' Hier ne. In die Hand gedrückt ne. N andrer hätt
da 15 Pfennig für genommen oder 10 Pfennig, und da war meine Mutter dann
sauer ne. Oder die ham von ihm Geräte ausgeliehn und denn brachten die
die überhaupt nich mehr oder kaputt ne, und denn standen die aufm Hof
ne.
Ah, guck ma ne, der is mit mir da zum, also vom Dorf aus ne, sind wir denn
in die Stadt gefahrn, zum Wiedergutmachungsamt ne (flüstert, was ich nicht
verstehen kann) und das war damals für mich dann schon so, daß ich dachte 'findet er das gut?' - Also ich nich wußte 'findet der das gut?' oder hat
er Angst davor? Also das war mir nich klar.

Ich erinnere mich, daß ich Fragen gestellt hab'

Fragen sind da schon drin ne. Also schon in dem jungen Alter. Und daß das
nich befriedigt wird, wissen zu wolln, warum das alles so is. Du schreibst
auch 'Fragen gibt es da nich', gibt es nich.
Aber ich erinner mich, daß ich mir Fragen gestellt hab, bei dieser KPD,
wenn die so Kinderladen gemacht ham, Kinderfest, da war ich, weiß nich,
wie alt ich war, ich war aber so mit .. 9, 10 aufs Land gezogen. Da hab ich
mich so gefragt so bei Kinderfesten, 'warum springen die jetzt per Spiel nach
der Wurst? Wir ham doch eh nix zu fressen' oder ich hab mich da gefragt -
'Warum gibt es da, warum tritt da der Weihnachtsmann auf ne?' Also solche
Sachen, also Fragen gibt es schon. Ich erinner mich auch, daß ich also mit
Schrecken aus der Schule geflohn bin, und dann ins Moor, dann vor der
Natur Angst bekommen hab, weil ich die Natur ja auch nich kannte. Und vor
alln Dingen den Krieg ja auch teilweise noch sehr durch Luftschutzalarm erlebt hab, und auch mitbekomm' hab so Lager ne, daß ich in L., wenn wir
zum Kindergarten mußten, meine Mutter hat uns immer zum Kindergarten
gebracht, -wenn sie schwanger war, und wenn sie dann das Kind hatte,

dann kamen wir wieder zurück ne. Oder auch ins Waisenhaus ne.

Die hat uns untergebracht, weil es da was zu essen gab, und wir sind nich hingegangen, weil uns das stank ne. Und dann sind wir so durch die Gegend stundenlang, weiß ich noch, daß ich dann so beim, - da gabs irgendwo, da muß es irgendwo n Laden gegeben habn, vorne standen die Soldaten mit so verschiednen Gefangenen. Und denn hab ich den Soldat so angesprochen, daß da mein Vater zwischen wäre ne. Und eigentlich wollt ich wissen, was der so denkt, wenn er das macht ne. Und ich hab hier den Rundfunk gehört, als denn die Amis einmarschiert sind, also immer Rundfunk gehört, und immer ganz laut. - Wir hatten da so'n Schrebergarten, ham ganz laut den Rundfunktext nachgebetet ne. Und als denn das zu Ende war, und die Dings einzogen, die ganzen Panzer so durch die Straßen fuhrn, da erinner ich mich noch, daß ich da an der L. Chaussee stand, und über die Straße dann wollte ne. 'Ob die mich aufhalten, wenn ich da rüberrenne?' Das warn ja unsere Befreier ne. Ja, und denn erinnerte ich mich 'also oben vom Panzer, da könn' die gar nich runtergucken' und irgendwie 'mach das nich, mach das nich!' Aber s war eine, also ne Wut drinnen, ne - ich wollte da rüber laufen. Die ganze Zeit kamen da die Panzer an, ne und ich wollte da rüber laufen.

Also ich erinnere mich, daß ich Fragen gestellt hab, wie auch später, -daß ich fragte, wann, also, wie wird das, warum, - also über das Zanken der Eltern, warum sprechen die nich miteinander ne, warum reden die nich miteinander über Haushaltsgeld, - also über das, - die Verteilung der Haushaltsmittel ne. Und daß dahinter aber gleichzeitig, - das hab ich teilweise auch bei den Eltern dann gesagt ne,'warum redet ihr denn nich darüber ne?'

Kinderarbeit: das Geld war weg

Nun war mein Vater ja nich mehr Arbeiter in dem Sinne ne. Also der war ja Rentner ne, der war zu Hause. Und meine Mutter, die hat so Feldarbeit gemacht ne. Und das waren wir denn auch genommen, neben der Schule ne, wir warn denn auf dem Land, ham so'n Morgen Rüben uns angenommen zum Verziehn oder, oder sowas alles ne. Und denn durften wir dem Vater nich erzähln, daß wir Ferien hatten. Und dann hatten wir aufm Hof aber auch noch andre Leute, andre Kinder. Mein Vater fragte sie 'warum seid ihr denn hier?' und da erzählte dann der Junge ne 'wir ham doch Ferien'. Naja, damit wir's Geld behalten durften. Sonst hat er das einkassiert. Und da hab ich denn also, - einmal war so ne Vereinbarung entstanden, wie 'also, ihr dürft in den Ferien arbeiten gehn ne, und das Geld dürft ihr, für dieses Geld dürft ihr euch n Fahrrad kaufen ne. Und denn hat er das aber trotzdem wieder zurückverlangt. Und da hab ich mein Geld versteckt, aber denn war das, - also ich hatte das versteckt und denn war das weg. Wußt ich nich, - also ich habs denn nich wieder gefunden,ne. Also ich habs irgendwo in so Sachen versteckt, denn war das weg.

Die Verhältnisse, repräsentiert durch meine Mutter

Daß ich gemerkt hab, wie meine Mutter, wie die Verhältnisse auch repräsentiert durch meine Mutter, mich verdrehten. Also ich hab richtig n Prozeß mitbekomm', wie ich mich veränderte. Also daß ich richtig,also daß das mit einer unheimlichen Angst und irgendwo auch so ne Sache, also, das is so, also, du kannst nichts gegen machen oder so. So die stereotypen Sachen.

Ich weiß nur, daß ich manchmal überhaupt nich begriffen hab, meine Mutter, die strickt und strickt und ich hab also aus Wut und so auch oft die gestrickten Unterhosen und die gestrickten Strümpfe weggeworfen ne. Die strickt dann und dann hatte sie beide Hände voll ne. Konnte sie nich streicheln und ich glaub, ich hab, also ich persönlich hab also wenig Streicheln bekomm',ne ... also mit der ganzen belastenden Situation, daß sie also, hm, da schon n Kind hatte, ich kam ein Jahr später, die Schwangerschaft wollte sie nich, und,äh, also bei der Geburt hat sie soviel Blut verlorn, daß sie selber blind war, die, also die ham das nich gemerkt, die ham nich auf sie aufgepaßt...

Wir hatten kaum Bücher

Also wir hatten kaum Bücher, aber meine Tante in H., die hat sich so,Volksschule gemacht und denn hatt se also mühselig äh, da n Beruf, glaub ich, als Lampenschirmmacherin gelernt, hat also immer zu Hause so Lampenschirme bemalt. Also auf jeden Fall, zuletzt war sie denn also technische Angestellte ne, also der einfachste Grad von technischer Zeichnerin, weißt du, so in der Baubehörde in H., die hat also immer so Fasane malen müssen,ich hatt auch nich viel mitbekomm' von dem, was die da macht ne, ich war öfters mal in dem Büro da ne, warn immer so Zeichnungen, so Fensterchen und Türn und alles ne. Die schickte ab und zu ma was ne. Und die schickte auch mal meiner Mutter Geld. Das hab ich als Kind ziemlich mitbekomm' ne.

Schulzeit
Arbeiten und Schule, hauptsächlich arbeiten war da

E.: 49, ich war 9 Jahre alt ne, du, ich saß da, wie se mit m Trecker von der Stadt aufs Land ne, saß da aufm Trecker und wir hatten damals auch kleine..., die saß auf den Eiern und ich sollte aufpassen ne. Aber hier im Kopf, da war hier, doch Beziehungen, so, Leute, Schulfreunde und auch so andre Kinder, die ich kannte, denen ich da was versprochen hatte und das alles drückte immer weiter. Du also, das war wahnsinnig. Ich dacht, ich sterbe. Dann aufs Land. Also irgendwie war da auch 'wie soll ich arbeiten aufm Land' ne, ich hatte ja vom Land überhaupt gar keine Vorstellungen ne. *Arbeiten und Schule, hauptsächlich arbeiten war da.* Das weiß ich noch, arbeiten ... hm, is alles so bruchstückhaft.
Ja, guck ma, bei mir war das so, daß der Lehrer, ich gesagt hab, ich will zur Höheren Schule ne. Und er sagte also 'n Deutsch schriftlich mußt du dich aber mehr anstrengen' - und denn kam der bei uns an und also mein Vater, der hat mit mein Vater gequatscht und nee, nee, - und meine Mutter hat gesagt 'wie willste'n hier arbeiten, du hast doch überhaupt keine Ruhe zum Arbeiten und dann hast du solche Ansprüche' ne. Also ich, ich wurde früh so erzogen, als hätt ich viele Ansprüche ne.
Die Verf.: Sind es ja objektiv auch in den Verhältnissen. Is dein Anspruch, - ich weiß ja, wie ich gelernt hab zu Hause. Das is ja'n ungeheurer Anspruch, da in Ruhe lernen und lesen. Konnt ich nie.
E.: Ja, ich hab dann gesagt, 'ja, ich schaffe das ne' - Ganz konkret da,wir hatten ja auch kein eigenes Zimmer ne. Und, dann brauchste Klamotten und dann das Fahrgeld und...
Die Verf.: Das warn auch die Probleme, mit denen man so zu kämpfen hatte, das warn die wirklichen Probleme, die Klamotten auch. Und das Geld für'n Ausflug.

E.: Das war ja schon in der Volksschule nich möglich.

Die Verf.: 5.-DM sollt ich mitbringen nachher in der Schule,ne, meine Mutter hatte das nich, das wußt ich auch, sie hat es nich, sie hat schon's Haushaltsgeld nich mehr. Sie hat schon bei der Nachbarin oder sonstwo geliehn, jetzt komm ich und sag 'du', - und ich kam dann manchmal schon gar nich. Ich hab schon garnich, und ich wär mir unverschämt vorgekomm', dann bin ich wieder in die Schule und haben se gesagt 'haste denn dein Geld nich mit?' und da hab ich gesagt 'ach, hab ich ganz vergessen. Ach, das tut mir aber leid, ja, ich werd's bestimmt morgen mitbringen. Kannste's mir nich auslegen?' Immer wieder, das ging dann manchmal über Tage lang, dann hab ich immer gesagt 'also mensch, was is denn mit mir los, bin ich denn doof, hab ich doch schon wieder vergessen! Rausgezögert, bis ich wußte, so jetzt hat se wieder was? Nach ner Woche konnt ich dann endlich sagen 'ja,jetzt hab ich's mit'. Aber das war auch so,ne.

E.: Nee, wir ham garnich teilgenommen.
Also einmal ham wir teilgenommen, da sind wir an die Nordsee gefahrn, da warn äh, Übernachtung in der Jugendherberge notwendig, und einmal ham wir teilgenommen bei den Karl-May-Spielen in Segeberg, da sind wir mit Fahrrädern, Fahrräder hatten wir auch nich, ham wir uns ausgeliehen, unterwegs ging das eine noch kaputt. Die Jüngeren nachher schon ne, da hatte sie - da war sie bei diesem Bauern fest angestellt, war das nich so, so Rüben hacken, hier und da n Mal, kriegt, ich weiß nich wie viel ma dafür kriegt, ich weiß, für unsre Arbeit, Kinderarbeit, da hatten wir n Morgen zum Hacken angenomm'n, ham wir so zu zweit, glaub ich, so 10 Mark für bekomm'n,ne. Und das is ne ganz schöne Arbeit ne.

Arbeiten gehn nach der Schule:
in den Haushalt gehen, ohne daß da lange gefragt wurde.
Ein Esser weniger zu Hause

S gab doch gar keine Industrie. S hat sich auch dann allmählich alles wieder rausgebildet, also auch auf dem Land etwas größer geworden ne,du hattest überhaupt keine Möglichkeit. Und dann zu Hause, meine Mutter sagte 'nee, geh in' Haushalt'. Im Haushalt, da lernste was für dein Leben und dann hast du Essen und dein Geld. Im Haushalt. Da sollten wir hin ne.
Da biste vielleicht abhängig du, meine erste Haushaltsstelle, du, ich steh da und putz die Fenster und die, äh, das war ja auf diesem großen Gutshof, ne, und der alte Bauer, die hatten da auch so komisch geheiratet, der Bauer, der war 50 Jahre älter ne und der steht hinter mir und krabbelt mir an den Beinen rum ne. Da hätt ich dem n Fußtritt ne, ins Gesicht schlagen können. Ich glaub, irgendwas in der Art hab ich auch gemacht und denn hatt ich Angst, daß ich die Stelle verlier und zu Hause sowieso nur unnützer Fresser, also, da hatt ich solche Angst. Und da mußt ich jetzt putzen, wo ich mich zu Hause doch immer unheimlich geärgert hab, daß meine Mutter putzt ne.
Zu Hause putzt so. Also bohnert ne. Sag ich 'Mutti! Warum bohnerst du die Böden, du hast soviel andre Arbeit und jetzt sitzte da, das Wetter is schön und du bohnerst die Böden,ne. Brauchste doch gar nich und so!' Und mein Vater war so auf holländisch ne. Die ham nur Sack in der Bude - und meine Mutter immer 'diese olln Gummistiefel - könn' wir die nich ma abwaschen' und so (lacht dabei). Naja, und da hieß das den 'Leuwagen', ein Leuwagen zum Trockenbohnern und ein', das war der Leuwagen und der Feudel, das Parkett da gebohnert.

380

Das sind die Voraussetzungen von zu Hause,
mit denen du in die Universität kommst

Und außerdem, du als einzige, – komisch, du bringst immer solche Sachen
von dir?! Bringst dich immer so persönlich rein, – das mein ich auch in deiner Arbeit, daß dieses, dieser Substanzverlust, *diese persönliche Betroffen-*
heit eigentlich bei alln Sachen, bei alln Sachen, die is nich nur in Beziehungen da, sondern auch, also, diese Empörung über Lehrmeinungen, *das* is
eigentlich überall da.
Ja, und deine Aussage wird gegen dich verwendet. Die werdn auch interpretiert gegen dich ne. Also, das wird überhaupt nich begriffen, sondern
das wird dann als Waffe gegen dich,– also so hab ich das erfahrn, s wird
als Waffe gegen dich verwendet.
Ja, das hab ich denn auch erlebt, im Nachhinein, 'mensch, weißt doch, wie
die reden!' Das find' ich auch typisch für Bürgerliche, daß die unheimlich,
wo denn Bürgerlichkeit anfängt, die reden über andre du, ich weiß nich,da,
so mit einer Erbarmungslosigkeit und Gleichgültigkeit, also denn sag, hab
ich das immer auf mich bezogen, hab ich gedacht 'das wird also,konnte mich
manchmal echt nich zurückhalten, und denn hab ich doch wieder und denn
'Scheiße' (flüstert). Im Nachhinein, 'Scheiße, Mensch', was hab ich denen
erzählt, das is doch, Mensch, das is doch ne Waffe, du, die, damit wirste
fertig, wieder fertiggemacht, irgendwie, du. Und wenn das dir nur als Meinung oder als Haltung gegenübertritt.

Beim nächsten Treffen ist Elisabeth sichtlich aufgeregt und empört über die
Umstände, in denen sie leben muß. Sie fühlt sich allein. Sie weiß, daß sie
nicht über die elementarsten Mittel zum Arbeiten und Leben verfügt. Ich
habe die Ungeduld und Unsicherheit, die Gereiztheit und Wut,die Heraus-
forderung und Erregung, die im folgenden Gespräch in Elisabeths Sprechweise zum Ausdruck kommt, in der Fassung wiedergegeben, wie ich sie aufgenommen hatte. Sie ist Ausdruck ihrer ökonomischen und psychischen Situation sowie ihres Veränderungswillens, der immer wieder an der Enge ihrer Verhältnisse und ihrer Möglichkeiten scheitert.
Die dadurch entstehenden, abgebrochenen, nicht zu Ende gedachten und
unausgesprochenen Gedanken zeigen sich in Wiederholungen, nach Worten
ringenden Ausdrucksformen, nicht zu Ende geführten Sätzen. Sie verlangen vom Gegenüber, daß er sich in einer ähnlichen Lage befindet, die an-
gesprochenen Erfahrungen kennt, seinerseits bereit ist, in der Gesprächssituation die Erfahrungen des anderen (assoziativ) zu erfassen,fortzuführ-
ren, Erfahrungen mit zu machen. Drückt sich das Bedürfnis nach Zeit und
Ruhe und zur Sprache bringen der gemachten Erfahrungen in der Länge des
hier wiedergegebenen Gesprächs aus, so zeigt sich innerhalb des Gesprächs
die Nervosität und Hektik als Ausdruck der bedrückenden Situation, 'an der
sich einfach nichts ändert' und der leidenschaftliche Versuch, durch abgebrochene Sätze, abgebrochene Worte, einem Stammeln gleich, – durch die darin zum Ausdruck gebrachte "Schlagkraft", die Verhältnisse zur Veränderung
zu zwingen.

Die für uns spezifische bewegte und leidenschaftliche 'Klassensprache' habe ich versucht, durch Aneinanderreihung von Momentaufnahmen zum Ausdruck zu bringen sowie deren direkten Zusammenhang mit den Arbeits- und
Wohnverhältnissen durch Gegenüberstellung von Gesprochenem und Gesichtsausdruck Wohnumgebung darzustellen.

Diese Art von Theoriebildung über unseren Lebenszusammenhang setzt voraus, daß wir nicht alleine sind, sondern unsere Erfahrungen durch asso-

ziative, d.h. verbindende Tätigkeiten gemeinsam erfassen (bei dem folgenden Gespräch war z.B. Voraussetzung, daß Lucia aus Dortmund mit dabei war, zugehört oder auch was von sich erzählt hat, während ich dann die Photos machen konnte.)

Der Schwerpunkt liegt natürlich auf Elisabeths Äußerungen,- nur an einigen Stellen habe ich die Beiträge von Lucia und von mir wiedergegeben, weil dadurch der Gesprächscharakter deutlicher wird.

Die ganz allgemeine Angst, daß mir das, was ich da so sage, weggenommen wird und daß sich nichts ändert –

... ich möchte mich nich, ich möchte mich nich als so besonders herausgestrichen sehn. Aber etwas mein ich auch, mit dem was ich sage, äh, also ich hab das, ich hab Angst, enteignet zu werden ne. Daß ich nämlich so, wie ich heute spreche, auch wenn ich die gleichen Worte wiederfinde, ne, so nicht in,in,in - na, wolln ma sagen, morgen sprechen würde. Daß heißt, daß diese Sache, daß diese, ja und daß ich auch wahrscheinlich nich zu den gleichen Formulierungen komme ne. *D.h., daß ich dann schon wieder verändert bin,* und joa, irgendwie in der Richtung auch. *Ohne daß sich was verändert hat.* Nee, weil, ähm, - ja das spielt auch mit, das spielt da mit rein, ne, also daß ich dann vielleicht so drauf festgelegt werde ja, - aber auch, äh, *ne ganz allgemeine Angst,* daß, wenn ich auch, wie engagiert ich auch jetzt spreche, *sich einfach nichts ändert,* also nicht sichtbar ändert, für mich auch nicht. *Na, andrerseits gibt's auch wieder Mut ne, wenn wir zusammen sprechen ne.*

Aber z. B. dieses, *die Apparate* (das Aufnahmegerät) *halten z.B. unsre ganzen Gesten nicht fest,* die halten nich unsre Aufregung oder Spannung in den Gedärmen oder im Gehirn fest, die sich ja auch, wenn, also mitteilt. Äh, du, *auch die Wohnung.* Aber ich meine, das is, - also auch da hab ich dann wieder diese Angst. Also immer so'n kleinen Schmerz. Ich bin noch am Leben! Ich bin noch am Leben (singsang).

Mißtrauen, Wachsamsein, Beobachten, Vertrauen, – das sind unsere Verhältnisse, unser Ansatz von Theorie

Ja, aber andrerseits sind das unsre Verhältnisse. Du mußt auch wachsam sein, auch in der Situation also. Mit dem Wachsamsein. *Das is auch n Ansatz von Theorie,* nämlich zu, also denk und lern, Denken und Orientierung, ah, das sind alles so Scheiß Begriffe, alles Begriffe, die von oben kommen. Also ich meine, daß, *daß du unheimlich genau aufpassen mußtest, wer is Freund und wer is noch kein Freund, wer is noch kein Feind für dich.* Weißt du, grade im Faschismus, ich bin '40 geboren, paar Tage vor mir is da KZ Auschwitz errichtet worden ne. Da war das unheimlich wichtig, daß du wußtest, daß du wußtest - und das sahst du an dem und das *kriegtest du mit an Gebärden.* Zum Beispiel bin ich manchmal zum Gefängnis gelaufen, da war ich schon etwas älter, so 5, und hab mich mit dem einen Wacht, - nur mit einem Wachtposten unterhalten. Ich kann nich mehr sagen, wie der aussah. Aber der hat mir etwas vermittelt, daß er ansprechbar is. Und ich hab denn erzählt ne, mein Vater sitzt da drin und ich möchte da rein, also erst so 'ich möchte da rein, darf ich da durch?' und so ne, aber so als Kind gesprochen ne. Und der hat denn, äh, gleichermaßen, also mich als Kind genommen und 'da kannst du nich rein', so, ne, andrerseits auch faschistisch 'äh, wie heißt du denn?' – und so ne und ich hab die gleichen Sachen drauf gehabt, daß ich gesagt hab: der muß da weg ne, denn is das einer weniger, der bewacht ne.

Verstehst du? Und das, und das mein ich, das mußte auch im Betrieb wissen, also, – da is es weniger so, naja, is es jetzt dein Feind oder nich, ne? Also, *da mußte dich an Gesten, an Haltungen, an Gesichtsausdrücken, an allem orientieren.* Und das is auch, schlägt sich auch, is auch in dieser Situation drin, – daß das auch in dieser Situation ne Rolle spielt.

<u>Lucia</u>: Ja, mit dem einen da bei uns, wo ich früher gearbeitet hab, ja, ausnutzen ne, wirklich wo er empfindlich is ne. Nich so an Gesten und so, dat konnt ich bei uns nich ne, da mußteste wirklich an Unzulänglichkeiten ne, bei demjenigen anpacken ne, daß de da wirklich überleben konntest. Daß se dich nich jeden Tag da runtergeputzt haben wie nur was ne, daß se da nich jeden Tag vor alln Dingen immer vor alln ne, runtergeputzt haben ne. Ganz recht, genau. Und dat is trotzdem so beschämend, weißte dat hat, fand ich immer ganz doof ne, auch vor alln Dingen von den anderen Kolleginnen her, bei den anderen Kolleginnen, da kam ich mir immer unheimlich blöd vor ne. Irgendwie is das doch Verrat auch, weil die eigentlich nich dazu in der Lage warn. Aber ich hätte niemals, dat konnte man nich, wär unmöglich gewesen, mein ich, auch noch das alles nachzugucken, wat die gemacht haben, um da auch noch ihm an die Karre zu fahren.

<u>E.</u>: Kollektiv, also wie soll ich sagen, solidar, alleine – und das zeigt ja auch, daß du jetzt weg bist, – *alleine machen se dich ein ne.* Verstehst du? Ja, is von Mannomann, aber trotzdem, alleine machen se dich ein, und *das is auch für uns ne grundlegende Erfahrung.*
Ich hab lange geschwiegen, ich hab lange geschwiegen, ne, also überall immer soviel geschwiegen, weil, also ich mich, wie ich das jetzt sagen würde, mich im Untergrund befand. Und irgendwann hab ich denn mal n offenes Wort gewagt und denn wurde mir das ausm Mund genommen und gegen mich als Waffe verwendet.
Aber das Bedürfnis zu reden, zu reden, mal zu Wort zu komm', das war so stark da, daß es doch wieder passierte, an der falschen Stelle passierte. Ich war immer die Doofe. Weil ich zur falschen Zeit mit Leuten, mich mit Leuten solidarisiert hab und die ham mich auch in die Pfanne gehaun ne. Wobei ich denen garnich n Vorwurf machen würd ne, das is, – aber die Erfahrung hab ich gemacht.
Also ich hab das dann so erlebt, daß ich dann, wenn, wenn irgendjemand grade, aber so mehr im Mittelschichtsmilieu, wenn irgendjemand da so ne blöde Bemerkung da über n andern gemacht hat, da hab ich gedacht 'die gleiche Bemerkung, vielleicht n bißchen andern Inhalt oder was, so reden die auch über dich'. Da war ich sofort still, war eingeschnappt, oder hab nich mehr mit denen geredet, konnt nich mehr mit denen reden. Oder, s geht mir auch an der Uni noch so, wenn da was kommt 'halt, stopp!' Und dann alleine an der Uni ne, *also immer so'n Einzelkämpfertum, das war ja eine durchgehende Erfahrung ne.*
Aber, das is aber irgendwie auch n, also is auch ne Zeit, – also is ne Sache, *hängt mitm Faschismus zusammen,* würd ich sagen. Ja, da hängt das ganz stark zusammen du.
Nee, das weißt du, Faschismus hieß ja auch ganz was anders. Das hieß: Leute beobachten und was heißt beobachten, du wurdest einfach damit konfrontiert, also, du hattest zu gucken, auch wenn Leute in Zivil ankamen, wie sehn die aus und auch wenn sie nich grüßen, dich als Kind grüßen, –

und wir strichen viel umher ne, aber wenn se dich als Kind nich grüßten,
du mußtest unterscheiden lernen und diese Kriterien, die hast du jetzt auch,
die ham sich multipliziert.

Radikalität ist eine Sache der Erfahrung:
keine Mittel, keine Ruhe, Zeit zum Arbeiten,
keine persönlichen Beziehungen zum wissenschaftlichen 'Stoff'
– alles läuft theoretisch ab, und was theoretisch läuft,
läuft aber noch lange nicht praktisch

E.: Was nützt mir das, wenn ich da am Schreibtisch sitz' und nur einfach
Wut habe und vor alln Dingen
weißt du
das ging so über den Prozeß
du schreibst da schöne Sozialisationstheorien, – Terrorien! von oben
in dein' Kopf rein,
Terror! Terror! Terror! und du sitzt da,
und schreist dein Kind an,
du bringst es mit Ach und Krach,
mit eim psychischen Aufwand in ein Kindergarten,
sollst dann deine eigene Erziehung total vergessen
du,
wie du mundtot, dein Lachen dir ausgetrieben du, und wie du angeschnauzt
worden bist,
deine Schrift: 'Liederlich!' In einer liederlichen Weise wurde dir das
liederlich da, –
nie hatt'st du erfahrn, was liederlich is,
zu Hause,
aber da du,
da kriegst liederlich um die Ohrn,
das is wirklich Scheiße du, echt!
Nee, da sitzte also da ne,
und kriegst die Wut,
was sind das für Verhältnisse du,
und kriegst die Wut und die Wut und die Wut und die Wut,
die nimmt das,
joa, das, was du, –
und das is ja ne aufgezwungene Wut ne,
und ne hilflose Wut
und das, was du auch schreiben könntest,
daß du dich an der Sonne freust,
daß du dich deines Körpers freust,
daß du dich deines Lebens annimmst,
das machst, die Kraft haste ja, oder haste sie schon fast garnich mehr.
Das, das, – aber du mußt dich immer mit diesen Herrschaftssachen ausnandersetzen,
was heißt ausnandersetzen,
die werden dir überall eingeimpft, und also nee.
Alleine, ich steh da alleine
und, –
nee.
Ich bräuchte eigentlich (auch) jemand. Jemand (leise).
(dann langes Schweigen) bräucht ich auch. (ganz kurz).

Und wie schwer das fällt, ich weiß es ja von mir, das etwas öffentlich mir
selbst sogar öffentlich zu machen. Und das is natürlich schon äußerst gefährlich.
Also wenn das schon soweit geht, daß de das selbst nich öffentlich machst,
wenn du dasitzt, offiziell jetzt in der Prüfung, das Thema machst, du,
und denn kriegste grad n dürres Gerippe zusamm!
und du liegst kaum im Bett,
erschöpft,
und kannst nich schlafen,
weil du nämlich dann in schönen Worten teilweise das Traurige, Mißliche,
Versagungsvolle, das nie geklappt hat, irgendwie in solidarische
Gemeinschaften heranzukommen, das, –
aber auch das Schöne, das damit Verbundne.

Ich weiß doch, wie der Frieden denn kam ne, *der Frieden, der*
für uns 'der Kampf geht weiter' hieß ne,
aber trotzdem, es war Frieden.

Und daneben war aber auch: die Vögel singen, das erlebst da auch mit
und immer wieder der Schrecken, aber du erlebst die Vögel, du,
teilweise hast du auch so etwas wie dich ganz zu fühln. Und dann möchtest
du singen und hast vielleicht auch angefangen zu singen, hast angefangen
zu lachen.
Z.B. ham wir den Frieden so gemacht, wir ham gesagt 'wie feiern wir', nich
'wie feiern wir den Frieden'. Wir ziehn uns aus, wir Kinder, sind nackend
durch die, äh, Schrebergartenkolonie gewandert 'es is Frieden da' (laut, –
wie sie es als Kinder gesungen und gerufen haben).
du, und die Sonne stand am Himmel.
Das is Friedenswetter, heißt es jetzt immer noch in der Bevölkerung.
Friedenswetter war da, du, der Himmel war blau, du
und die Vögel hast du zum ersten Mal gehört
und dennoch, wir, also weißt du, ähm, wir ham uns gefreut und es
war doch so still,
es war kein Jubel da.
Es war nich ein laufendes Reden auf den Straßen da.
Es war bedrohlich, der Frieden.
Aber trotzdem, wir ham diesen Frieden genommen und ham, sind,
ham uns ausgezogen, sind durch die Kolonie gelaufen (weint und lacht dabei), die Älteste war 6, ich war 5 und die andere war 3,
und dann hieß es – dann in den Kolonien wohnten ja auch noch Altnazis –
'Ihr Säue! Ihr Schweine! Ihr Schamlose!' und so ne,
'Schämt ihr euch nich!?' und 'uns wollt ihr wohl auch noch, aber
ihr könnt nich!' (laut) und so ne.
Und dann, andre Nachbarn wieder
'laßt die Kinder in Ruhe' ne,
und wir,
also,
uns da durchgequält bis zum Flughafen, den wir uns endlich ma ansehen
wollten, wo der so hart umkämpft war ne.
sitzen da,
und dann kommt diese ganze Erschöpfung ne (wird langsamer, ruhiger im
Tempo, in der Stimme). Der Frieden is weg, weißt du, die Hoffnung, und,
und dieser Ausbruch, den wir da so betrieben ham ne, war schon, wir
warn schon wieder so fertig ne.
Außerdem hatten wir ja nie Lebensmittel so richtig gehabt ne. Nun saßen wir

da und redeten und redeten, und ham dann nur noch so'n paar kurze Blicke
zum Flughafen geworfen, ne, wo also diese ausgeschossenen Maschinen standen, und, ham dann aber immer nur gequatscht.
'Solln wir noch den Weg zurückgehn oder wolln wer außenrum?' Und denn
ham wer uns durchgerungen und ham denn gesagt 'wir gehn den Weg zurück' ne.
Und sind, wir hatten ja auch keine Kleidungsstücke mehr ne (lacht dabei).
Wir dachten, wir werden tatsächlich gepackt, echt! Weißt du, wir ham nie
Hitlergruß gemacht ne, und nebenan, überall da sahst du plötzlich Gärten,
die sonst schön gepflegt warn, verwilderten, und keiner sprach darüber,
nur ab und zu, wenn wir schliefen, hörten wir was. Und auch die Leute,
weißt du, (fängt wieder an zu weinen,nach Luft zu ringen), denn sagten
die 'paßt ma auf!' Vor der Kapitulation und grade so in den letzten Tagen
'paß ma auf, euch kriegen wir auch noch' du, und meinste, das is denn
plötzlich vorbei, von heute auf morgen? Machen wir wieder tralala, ne.Das
is ja nich vorbei ne.

Ja, und dann stehste aber alleine da! Ja, ich weiß sowieso noch nich, wie
ich das umbring.
Umbring!
Ja, umbringe,
s is auch n Umbringen,
denn was hier tatsächlich stattfindet, das wird umgebracht, in Kästchen
und in, in Dings gebracht ne. Verstehste?
Um die Lebendigkeit gebracht,
umgebracht heißt: es wird tot!
Und damit is es eigentlich - joa, unwirksam.
Du, alleine kann, - also alleine seh ich mich da eingebuttert.

Und weiß du, nee, noch was kommt ja hinzu ne, wenn ich mich hier so äußre
ne, wenn ich mich hier so äußre ne, dann glaub ich, daß ich produktiver
bin, als wenn ich alleine dasitze, d.h. ich, ich habe auch Mut, mich zu äußern ne, neben der Angst, die wird, mir kann da was mit,könnte was weggenommen werden ne.

Ich soll auch nich die Schönheiten sehn, und die Schönheiten, über die
Schönheiten sprechen,
und was ich alles Wünsche hab,
aber auch bloß nich die Schrecken erzähln ne,
das soll alles schön drinnen in mir hocken,
und dann, kann ich zum Arzt rennen und die Medikamentenindustrie,
die macht auch ihren Reibach, und der Arzt auch. Wie gesagt, in so'ner
Situation sag ich viel mehr.
Sonst taucht die Situation auf, daß da das dürrste Geripppe aufm Papier
erscheint
und im Bett, kann ich denn die Nacht über nich schlafen ne, weil alles
hochkommt.
Ich kanns nich zu Papier denn bringen ne.
Und das, das Wesentliche tu ich nich, weil ich dann alleine bin, und
das heißt, alleine bring ich's auch zum Amt.

Wie du sagst, wir sind in er Institution und wir verändern uns.
Oder die Angst packt dich 'Mensch, du bist ja ganz verändert!'
Das, was früher dein Leben ausmachte, dein Lebensgefühl, das is
garnix ne.
Das hier is Dreck,
das is hier Unter-Schicht ne.

Das is hier: Unter-Mensch ne,
das is, - du bist garnix mehr ne,
du bist erst was, und auch da, also du bist, du bist garnix ne.
Essen habn, atmen, ich will nach Luft schnappen, ich will Luft atmen und
meine Worte in Ruhe setzen und also, mich begreifen, äh, andre begreifen und dadurch mich, also so will ich, - also das Geld is eigentlich äh,
für mich überflüssig. Und das führte bei mir auch dazu - und das is das
Destruktive - einerseits, so daß ich mit Geld überhaupt nich richtig umgehn konnte. Auch nich die Zeit hatte, meine Erinnerungen.., und vor
alln Dingen, daß die Erinnerungen ja so schwer sind. So schwer, so schwer
wiegen und nirgends zur Sprache komm' und dadurch ja auch so schwer
sind, so daß es ja so Erinnerungen sind, die eigentlich so Positives bis zum
Erbrechen also ersticken. Daß du deine Lebenszeit, die du also verkaufst
aufm Arbeitsmarkt oder also garnich n Arbeitsplatz findest, daß du diese
Lebenszeit festmachst in Geldstücke, die denn also, denen auch denn wieder so in' Hals schmeißt und dann wieder so, naja, denn kaufst du dir das,
weil du was festhalten möchtest, was du garnich festhalten darfst irgendwie, und auch, also s is ganz komisch ...
Daß des dich auch angreift, also das is denn so ne Sache, man könnte auch
sagen 'ja, gib's einfach auf ne, dann gehts dir vielleicht besser ne ..'
oder saß ich auch, sagte 'was?! Du sitzt den ganzen Sommer hier in er
Wohnung? Und ... schreibst da hier Bücher ab?!' (lacht darüber). Ja,du,
und äh, draußen scheint die Sonne, deine Muskeln werden schlaff du, die
Haut, die is schon fast wie Pergament (lacht dabei immer) und du kommst
immer noch nich zur Sprache, und denn sitzte da 'Mensch, geh doch schwimmen du', 'joa, ah Schwimmen gehn? Mensch, du hast ja schon Angst vorm
Schwimmen gehn, du hast ja schon überhaupt Angst, also dir über die Haa-
re streichen zu lassen, weil, - das könnte dich ja wieder lebendig machen!
Das könnte dich schon wieder zum Träumen verleiten oder, joa, wie so'n
Landstreicher durch die Gegend ziehn, weil, was anderes machst du so-
wieso nich! Du hast zwar die Bücher, aber, das is so mühselig.'
Und dann siehst du, wie die mit dem Dings reden und was die auch für Kla-
motten tragen und denn sprechen die von Konsum-Terror und laufen in die
Pizzeria und fressen sich satt und, auch, und denn darfste auch ma dahin-
komm' 'wie bitte, wie sieht denn das da aus?' Tolle Elemente, tolle Boxen,
Marx! Vollständig! (lacht) ... im Regal- und Wohnraum, Wohnraum (schreit)
Raum, Raum (flüstert).

Am 22. Mai .. war ich bei meiner Mutter, - denn guck ma, wie die feiern ne,
die ham auch nich viel, aber wie die feiern ne! Da komm' die Freunde,also
Freunde, Verwandte, mit denen sie sich gegenseitig absprechen, was so
im Haus gemacht wird, oder denn kommt der eine und sagt 'hier, komm
mal, mach'n wir mal nächste Woche das Badezimmer' der R. sagt denn 'ja,
hier', oder die Mutti sagt 'hier, also, leg das ma aus ne' - komm ich denn
wieder da, wenn ihr was habt und so, und ... draußen ne, viele Leute da,
und ich saß da wieder mit Marcel ne, also meine Schwester hat denn so'n
bißchen Kaffee mitgebracht ne, kam mir echt so, du wie so'n Lump vor ne.
Nich Geld, um da'n bißchen was auszugeben, ich hab mir ne Blockflöte gekauft als Geburtstagsgeschenk, und, was hatt ich an? Eine Jeanshose, zu
eng, nee. Das is der soziale Aufstieg.

'Verstehst du das?' - 'Weißt du?'

E.: Das is aber auch ne Erfahrung, die, der Isolation und dieses 'weißt
du?' - das is ne Erfahrung, is ne Erfahrung des Bildungswegs, meine ich.
Also, da gibts aber noch mehr, *dieses 'weißt du' glaub ich, is ne Erfahrung,*

der alleingemachten Erfahrung.
Also der alleingemach, – (der Ton bleibt plötzlich weg, die Stimme bleibt
weg) –
Also, die is ja nich allein gemacht, aber du sprichst jetzt ne, und ich würde auch sagen, daß wir Taktiken anwenden. Also, Leute aus der Reserve
zu locken. So als Lebensstrategie.

<u>L.</u>: Als Lebensstrategie, – ja,ja, das is richtig, paß ma auf ne, hm,als ich
meinen Freund kennengelernt hab, der wohnte da im Studentenwohnheim,
und da wollt ich ja sowieso immer ganz gern hin. Gucken, wie *die* da so
leben.

<u>E.</u>: Wie *die* is auch gut.

<u>L.</u>: Wie *die* da so leben, – ja,ja ich gehörte da ja nun wirklich nich,und
dann *hab ich mich ja zuerst irgendwo hingesetzt und zum Schluß ... hab
ich immer unterm Schreibtisch bei ihm gesessen.*
unter dem Schreibtisch,
und hab dem langsam so bröckchenweise Satz für Satz gesagt (lacht), ganz
vorsichtig, und denn hinter jedem Satz natürlich einma 'verstehst du' oder
'weißte?' oder so
'verstehste? verstehste? verstehste?'

<u>E.</u>: Also, ich finde das schon auch wichtig, das so zu behalten ne, weil,
also ich meine, für mich selbst auch, dieses Zerreißen, daß das alles nich
immer so die Wahrheit is, die du da formulierst und die Worte so, also so
fremd sind wieder.
Also hier kann ich das teilweise nich von sagen ne, – das is'n unheimliches
Bemühen um Wahrheit gewesen, – aber, und, also, um Begreifen irgendwie
ne, was Begreifen. Das heißt aber also irgendwie, wie is das? – Ja, was
ganz anderes ne, das hieße: Anfassen mit den Augen, ab, – erfassen,mit
den Sinnen hörn.

<u>Die Verf.</u>: Aus'm Stegreif begreifen.

<u>E.</u>: Aber weißte, was mir eben auch gefiel?
Es gefiel mir, – ich hab also was gesagt, und das ne, daß äh, ja, das gefiel, also, so richtig so ne Bewegung im Raum ne, also nich im Raum, Körper, unsre Körper, also ich hab das so als Bewegung empfunden ne. Und
dann merkt ich so, voll, aber fähig zuzuhörn ne. Also das is mir jetzt besonders deutlich geworden ne, in dem Moment. Aber wie das Reden und
das Aussprechen dann wieder fähig macht, zuzuhörn ne. Verstehst? Andrerseits mobilisierst du dadurch ja auch die Sachen 'Mensch, Hand in Hand
ne' – Also Hand in Hand ne.

"Als ich aufs Gymnasium ging, da fing irgendwo so die Spaltung
an, - also ich gehörte irgendwie so nirgends hin ..."

Roswitha M.

Entfremdung im Studium

Roswitha: 'S is nich so, daß ich nichts lese, das is also garnich so, aber...
(sie lacht) mit dem systematisch, ne, systematisch an einem dran bleiben
...
Ja, ich würd sagen, also weil ich so im nachhinein denke, daß, also so 'ne
Zeit... da hab ich grad unlängst wieder so 'ne Situation erlebt, da war
ich im B. mit ner Freundin... diese Typen kamen also an unsern Tisch
und haben also geredet - und ich weiß net, warum, ... also gerade in dieser Situation... daß ich da plötzlich ein Entfremdungsgefühl hatte, ne, -
und plötzlich, also so, es hat sich verbunden so, also so'ne Situation, wo
sich einiges verdichtet: so Erinnerung und jetzt, ne - ja, Erinnerung an
ne bestimmte Zeit, und ja, *diese Erinnerung hat sich verbunden mit so'm
unheimlich starken Entfremdungsgefühl..., daß ich was gemacht hab, wobei ich garnicht weiß,* was das mit mir zu tun hat, also wo *mein* Interesse
da gelegen hat damals, ne.
Also ich weiß, daß ich da was gesucht habe, ne, nur war mir, also nich
umsonst hab ich's gemacht, ne, aber und also auch aus ner bestimmten
Faszination heraus...
also einerseits fast nur durch Männer verkörpert, die sich so ihre Diado-
chenkämpfe geliefert haben, ne - und... ich hab ja auch mit diesen Männern privat zusammengewohnt, und ich kann dir z.B. sagen, daß wir Frau-
en da überhaupt kein richtiges Wort miteinander ham wechseln könn' -
weil die uns eingespannt ham in ihre Konkurrenzkämpfe.

*Proletarischer Lebenszusammenhang:
Arbeit der Mutter. Arbeit des Vaters.*

Roswitha: Also ich komm' nicht aus einem rein proletarischen Milieu, weil
mein, äh, (seufzt dabei)
mein Vater ist zwar Arbeiter gewesen, also der hat, kurz, also ich weiß
nicht wie, naja, gut, also meine Eltern sind beide Flüchtlinge... sind umgesiedelt worden als ich so 2 1/2 Jahre alt war... in ein winziges Dorf
(in Schleswig-Holstein).
Dort hat mein Vater erst in der Fabrik gearbeitet ne, und das hat ihn also,
wie er mir, -
weil ich erst in letzter Zeit angefangen hab, mit ihm zu reden überhaupt,
da hat er mir mal gesagt, daß er das nicht aushalten konnte, in die Fabrik zu gehen,
daß es ihm also derart Magenschmerzen bereitet hat ne - und also dann
auch Magengeschwüre oder - schleimhautentzündung gekriegt hat, daß
er's länger nich ausgehalten hat... und hat dann als Heizer, also auch
als Arbeiter, gearbeitet bis zum Rentenalter. Der war kaufmännischer Angestellter, also war dann halt schon, - kommt auch nich so aus'm, - also
eher untere Mittelschicht würd ich sagen oder obere, ich weiß nich. N kleines Geschäftchen und so, weißte, kleines Handwerk und so.

Und *meine Mutter* kommt aus Ostpreußen, von so'nem Großbauernhof, also
war in erster Ehe auch ziemlich wohlhabend verheiratet, - und des war
halt immer so der Vorwurf an meinen Vater, daß er das halt irgendwie nicht

bringt ne. Ja, und daß ich irgendwie, ja, des hab ich schon in der Schule gemerkt, - einerseits durch die Situation als Flüchtlinge hat sich das schon verschärft in dieser kleinen Stadt - und dann durch die soziale Situation...

Wohnviertel. Abgrenzung nach unten

Also dort, wo wir gewohnt ham, das war eigentlich so'n Viertel, als wir da hinzogen, war des so'n Viertel, mit 7 Häusern und es wurde nach und nach bebaut und da zogen vor allen Dingen Arbeiterfamilien hin und so kleine Postangestellte und am Ende dieser Siedlung wurden dann für ehemals Obdachlose so Blocks gebaut ne - und da war auch da schon ne unheimliche Trennung.

Roswithas selbstgeschriebener Lebenslauf

Kindheit

1947 geboren in Giekau/Ostholstein in einer Baracke. Meine Eltern haben sich dort nach dem Krieg kennengelernt und geheiratet.
Mein Vater arbeitete als Vorarbeiter im Moor, meine Mutter arbeitete im Haus und gelegentlich bei den Bauern auf dem Feld. - Später hatte sie eine Brotniederlage, fuhr mit einem Fahrrad durch die Gegend und lieferte Brot aus.

1949 wurden wir, - mein Vater, meine Mutter, meine Schwester, - nach S., ein kleines verlassenes Dorf in Rheinland-Pfalz umgesiedelt.
Wir wohnten dort mit zwei anderen Familien in dem ehemaligen Schulhaus, und da die Wohnung relativ groß war, zog auch meine Großmutter (die Mutter meiner Mutter) zu uns.

Ich glaube, meine Großmutter versorgte uns,- meine Mutter arbeitete bei den Bauern und mein Vater fand nach einer Zeit der Arbeitslosigkeit Arbeit in einer Lederwarenfabrik ungefähr 15 bis 20 km entfernt.

Um dir zu verdeutlichen, wie der 'Empfang' in dieser 'neuen' Heimat für meine Eltern gewesen war, wiederhole ich dir, was mein Vater mir unlängst erzählt hat:
Als wir auf dem Umsteigebahnhof in M. ankamen, sagte jemand zu meinem Vater sinngemäß:
"Sie wollen hier in dieser Gegend bleiben? Ach, du liebe Zeit. Es gibt ja noch nicht mal genug zu arbeiten und zu essen für die Leute hier!"

1952 Umzug nach K. (mit meiner Großmutter)
Die Wohnung war 45 qm groß.

Schule

1954 kam ich in die *Volksschule.*
Ich weiß nicht genau, wann mein Vater aufhörte, in der Fabrik zu arbeiten, - aber auf jeden Fall ist es in meiner Volksschulzeit gewesen. Er arbeitete dann als Heizer in einem Lager..., - und zwar im Schichtdienst.

Meine Mutter fing ungefähr mit meiner Einschulung...an, als Kellnerin in einer nahegelegenen Gastwirtschaft zu arbeiten. Nicht nur abends, sondern auch tagsüber; sie arbeitete immer dann, wenn sie gebraucht wurde. Zwischendurch kam sie öfters mal kurz nach Hause, um nach uns zu sehen und uns zu versorgen. Zum großen Teil machte das meine Großmutter.

1959 hat meine Schwester geheiratet, – noch nicht ganz 19 Jahre alt – und auch im selben Jahr ihr Kind bekommen.
Tilo, ihr erster Sohn, war – während sie arbeitete, bei uns zu Hause.
Meine Großmutter starb in diesem Jahr.

1963 wechselte *meine Mutter* von einem Familienbetrieb in den anderen, – sie *arbeitete schließlich schwarz, d.h. nicht renten-, kranken- und sozialversichert* als Verkäuferin in einem Blumengeschäft.
Mein Vater übernahm schon Jahre vorher neben seiner Arbeit als Heizer noch andere Tätigkeiten, – wie: Zeitung austragen, Versicherung kassieren, – die ihm seine ganze Freizeit nahmen.
Freizeit ist auch für mich heute noch ein Fremwort, das heißt, ich kann es nicht erleben, auch, wenn ich sie habe.

So ging es weiter, bis ich
1966 mein Abitur machte.

Die Gymnasiumszeit hieß für mich... zwischen zwei Fronten, besser, Klassen zu stehen: zunehmender Verlust meiner alten Spielfreundinnen und -freunde. Sie hielten mich für hochnäsig, was sicher auch zum Teil richtig war. Ich hatte den Wunsch, von den 'höheren' Töchtern und Söhnen in meiner Klasse akzeptiert zu werden.
Fürchterlich.

66/67 habe ich zunächst an der PH in Bielefeld studiert. In diesem Jahr habe ich meine Eltern nicht besucht.

1968 Wechsel nach Frankfurt, SDSler kennengelernt.

68/69 habe ich angefangen, Soziologie zu studieren. Auseinandersetzungen deswegen mit meinen Eltern, besonders mit meiner Mutter.

1970 Vordiplom.
In dem Jahr wurde meine Mutter (wieder) krank, sehr, sehr schwer krank. Sie lag 4 Monate im Krankenhaus, und dann 2 1/2 Monate in M. bei meiner Schwester. Mein Vater wurde in diesem Jahr Rentner.
Er blieb allein ... bis zu dem Umzug meiner Eltern nach M.

ab 71 arbeitete mein Vater als Rentner in der Wach- und Schließgesellschaft in M., die ihre Leute an Unternehmen weitervermittelt oder besser, vermieten. Er arbeitete zuerst in den Ausländerwohnheimen von OPEL-Rüsselsheim (nachts) und dann als Parkwächter bei HERTIE.
Da man diese Arbeit kaum allein machen kann, half ihm meine Mutter, – und zwar ohne eigenen Lohn.

1977 Krebserkrankung meines Vaters, Operation, – danach hat er weitergearbeitet, sich gequält bis '78. Seitdem ist er offiziell krankgeschrieben (2).
Meine Mutter arbeitet 3 Tage in der Woche immer noch dort. Nach einer internen Vereinbarung, – offiziell ist sie dort nicht angestellt, – denn *die Wach- und Schließgesellschaft stellt nur Männer ein.*
So, das wär's.

Diesen Lebenslauf hat Roswitha mir Ende 1978 geschickt. Mitte des Jahres hat sie ihre Diplomarbeit fertiggehabt und abgegeben. Das hat sie vergessen, dazu zu schreiben.
Thema ihrer Arbeit waren die Lebensverhältnisse, der Alltag von Kindern,

die in der Stadt wohnen. Sie hat diese Arbeit gemeinsam mit einer Studentin geschrieben.

Ich habe sie damals in F. besucht. Roswitha war von der Arbeit ausgepumpt, – froh, daß sie den Rest des Tages nicht allein verbringen mußte. Sie erzählte mir von ihrer Arbeit und dem Arbeitsprozeß. Im Laufe unseres Gesprächs wurde ihr bewußt, daß sie in ihrer Arbeit den Alltag von Arbeiterkindern nicht behandeln konnte. Sie sagte, sie hätte ein paar Mal versucht, der Studentin klarzumachen, daß es Unterschiede gibt, Klassen-Unterschiede in der Art des Wohnens, der allgemeinen Lebensumstände und in der Erziehung. Aber sie hätte sich gegen die Argumente der Studentin nicht durchsetzen können.

Während Roswitha mir das erzählt, springt sie immer wieder auf, läuft in der Küche umher, geht zum Kühlschrank, macht ihn auf und wieder zu. Sie läuft in den Flur, ins andere Zimmer. Ich spreche sie auf ihre Unruhe und ihre ziellosen Bewegungen an. – Sie antwortet, es beruhige sie und komme ihr wieder, – daß sie in ihrer Abschlußarbeit nichts über ihre Erfahrungen in der Arbeiterfamilie geschrieben hat.

In dem Brief zum Lebenslauf schreibt sie:

"...beim Schreiben merke ich, wie schwer mir die Konfrontation mit den dürren Fakten fällt oder besser, die aufkommenden Gefühle auf dürre Fakten zu beschränken...
(zu den bevorstehenden Prüfungen):
...ich bin zur Zeit wie gelähmt, blockiert, – und starre auf den Termin der ersten Klausur. Zwangsgedanken wie Exmatrikulation quälen mich. Die Prüfung zu machen ist für mich... immer noch so etwas wie meine Klasse zu verlassen."

Roswitha vergißt in ihrem Lebenslauf nicht nur ihre Diplomarbeit als Abschluß ihres Studiums zu erwähnen – Ausdruck ihrer Angst, endgültig aus ihrer Klasse herauszufallen? Oder ihres Bewußtseins, daß geistige Arbeit eigentlich keine Arbeit ist? –
Sie vergißt auch zu schreiben, wie sie ihr Studium die ganzen Jahre über finanziert hat. Sie vergißt auch an dieser Stelle wieder ihre Arbeit.
Sie hat immer neben dem Studium Jobs in Bibliotheken, in der außerschulischen Jugend-Bildungsarbeit und in der letzten Zeit in der Volkshochschule angenommen. Ihre Eltern haben ihr monatlich ca. 100 Mark dazugegeben.

Von diesem Geld hat sie nicht nur ihr Studium, sondern auch ihre jahrelange Therapie bezahlt: 650 Mark im Monat.
Während sie an ihrer Diplomarbeit schrieb, hatte sie die ganze Zeit das Gefühl, daß sie nicht genug arbeitet.
Am Vormittag hat sie sich entweder auf die drei Volkshochschulkurse vorbereitet, die sie an drei Abenden in der Woche gehalten hat. An den anderen Tagen hat sie eine zeitlang eine Tätigkeit in einer Mädchenschule aufgenommen, um zusätzlich Geld zu verdienen. An 2 Tagen in der Woche hat sie vormittags Therapie gehabt.
Die Studentin, mit der sie die Arbeit geschrieben hat, hat sich in dieser Zeit ausgeruht. Sie kam aus einer gutbürgerlichen Familie. Beide haben sie an der Arbeit nur dann gearbeitet, wenn sie zusammensaßen: das war monatelang jeden Tag von mittags bis nachts.

Roswitha arbeitet, nachdem sie ihr Studium abgeschlossen hat, in der Erwachsenenbildung.
Aus der Wohngemeinschaft ist sie inzwischen ausgezogen; sie lebt alleine.

Auf dem Gymnasium fing die Spaltung an:
du gehörst irgendwie nirgends hin

R.: Als ich aufs Gymnasium ging, da fing irgendwo so die Spaltung an, –
also ich ... gehörte zu denen nich richtig, wurde auch nie richtig aufgenommen
s war für mich immer so'n Kampf oder so'n Liebesbeweis, wenn ich von denen zu nem Fest eingeladen wurde, also so von ner Brauerei –, Brauereibe-
sitzertochter oder so, ne –
hab ich immer versucht, reinzukommen, immer immer ne, – und dann hatt
ich ja, also von der Volksschulzeit noch, also da in dem Viertel, wo wir wohnten, da war's so richtig so – Jugendlichenbanden ne, gab's da, also die war'n
überhaupt nich kriminell. Das Größte war, daß man mal Autoantennen abge-
knickt hat, –
aber weißt du, so, man hat sich abends immer getroffen, so an der Ecke,
so 20, 30 ne, – s ging von 10 aufwärts bis 15 dann und da war ich... irgendwie immer hin- und hergerissen. Einerseits hab ich dann auch die Nase
hochgetragen, – das ham die mir dann vorgeworfen ne, –
und also *ich gehörte irgendwie ne, so, nirgends so hin,* ne – also zu denen
nich und zu den andern auch nich ne.

Verhältnis zur Oberschule

Ich hab Abitur gemacht mit einem Riesenhaß ne, und hab gedacht also, ich
komm' noch mal zurück in diese Kleinstadt und –
denen werd' ich's zeigen!
Das war also irgendwie so –

Sprachlosigkeit auf der Oberschule

Also s gab, also s, zum Beispiel, s gab also mit...,
ich hab immer, vor Jahren hab ich noch gedacht: ohne ziemliche Anstrengung, – aber nich, is es nich –
also von den schulischen Leistungen her ohne viel Anstrengung, – aber von
so dem psychischen Streß war des ne ungeheure Anstrengung!
Also ich kann mich erinnern, in der Oberstufe, da war'n wir da an einem...
so'm Wochenende, da hab'n wir halt so, ham diskutiert über Faschismus und
so..., und ich kam von diesem Wochenende heim und hab mich hingehaun aufs
Bett und hab eine Szene ge...,
und war dann eine Woche war ich krank ne, –
ich konnt nich, ne, ich hab nur noch geheult ne, und zwar kam das dadurch,
daß ich mich nicht getraut hatte, da den Mund aufzumachen, obwohl ich...
dachte, ich hätte was zu sagen um,
das waren Klassenkameraden von mir ... also und daran seh ich einfach,
wie das n Streß für mich war ne.
Und dann also auch an solchen Sachen einfach, daß ich wahnsinnig neidisch
war, also da war ne dumme Kuh bei uns in der Klasse ..., du, wirklich doof,
und an Wandertagen hat se immer gesagt 'hach nein!' (so'n gestelzter, ge-
künstelter Tonfall) also weißte, so auf Mädchen... kam se mit Stöckel-
schuhen und dann konnt' se den Weg nich laufen, war ihr zu weit – und
die war also einmal sitzengeblieben und dann ging's also s zweite mal, ob
sie dann, – und des ham die dann so –
kam durch ne, und ging dann auf's Internat. Und da dacht' ich, *also wenn*
mir das passieren würde, würd' niemand sich so einsetzen.

Arbeit bedeutet in der Schule etwas Gehobenes:
Die Verleugnung des Berufs des Vaters in der Schule
und was das für einen bedeutet.

R.: Ich hab auch immer, ich hab z.b. verleugnet zu sagen, also jedes Schuljahr am Anfang gibt's doch n neues Klassenbuch ne; da wird denn einge-
tragen, Beruf des Vaters, ne, da hab ich immer gesagt: kaufmännischer
Angestellter ne, also ich hab also eine Angst gehabt vor dieser 1.Stunde
da, wo dieses Klassenbuch wieder neu gemacht wurde ne, jedes Jahr wieder ne, und ich hab immer gesagt, kaufmännischer Angestellter ne. –
Ich hab das durchgehalten – ich weiß nich, ob ich's durchgehalten hab, ich
hab sogar mal gewechselt und dann hatt ich eine irre Angst, daß das rauskommt, ne, also daß das irgendjemand auffällt, also plötzlich –ich glaube,
es war sogar – manchmal hab ich dann vor Schreck Arbeiter gesagt und
dann nächstes Jahr wieder 'kaufmännischer Angestellter' und so ne und
dann hatt ich irre Schiß, daß das rauskommt und dann in dieser kleinen
Stadt ne, 10.000 Einwohner.

Die Verf.: Beruf ist etwas Abstraktes, womit die meisten Kinder nichts zu tun
hatten; aber in der Arbeiterfamilie erlebst du das konkret, und das Konkrete
war, daß der Vater keinen Beruf hatte; seine Tätigkeit, die kanntest du; und
das war eben mal Kraftfahrer, Handlanger, Fließbandarbeiter, Lagerarbeiter und so. Dafür hast du dich in der Schule so geschämt, – merktest genau, daß du da nicht hingehörtest, – daß du garnicht mehr wußtest, was
gefragt wurde. Und dann warst du so konfus, daß du nur ehrlich sein
konntest – und das Ehrliche, das war das Konkrete, das, was er wirklich
machte.

Bürgerlich-mittelständisches Selbstbewußtsein unterdrückt den Wert
der proletarischen Arbeit und Kultur: Wenn man das Gefühl hat, es
is eigentlich keine Selbstverständlichkeit... dann kann man sich nur
schwer wehren

R.: Da hab ich zu Hause sehr aufgepaßt. Also ich hab da nich irgendwelche anderen Sachen übernommen. Ich hab das getrennt. Ich kam auch nie,
richtig so, so, in so Kreise rein, weißte, so am Gymnasium.
Ja, *die andern Verhaltensweisen* war'n bei mir nur, also die hab ich nur
wahrgenommen als n *sicheres Umgehenkönnen* oder äh, daß es ihnen *selbst-*
verständlicher war so bestimmte Sachen ne... – Nich so ängstlich war ne –
Ja, *des stammt alles, was ich gehabt hab aus dem verdienten Geld mei-*
ner Mutter und, und die hat mir so irgendwie beigebracht ja, also verstehste, *die Angst, nich akzeptiert zu werden von den andern,* hat sie mir
auch, hat sie mir mitgeteilt. Also die hat so mir dadurch mitgeteilt, indem
sie mir sagte 'also du mußt besonders schöne Sachen ham, um dort akzeptiert zu werden ne. Du darfst ja nich auffalln ne. Man muß sich so verhalten, daß man beliebt is.' Also zum Beispiel: man darf sich nicht wehren, z.
B. also so, ja wehren gegen irgend etwas ne, also, ja, da war z.B. ein Mädchen bei uns in der Klasse, die hatten nich sehr viel Geld, die stammten
aber aus 'ner angesehenen und früher wohlhabenden Familie ne – und – sicher hatten se'n bißchen mehr Geld als wir und auch die Wohnverhältnisse
war'n nich so beengt ne, auf jeden Fall hatte die so'ne Selbstverständlichkeit in der Schule zu sagen, was ihr nicht paßt ne, – das hätt ich mich nie
gewagt ne, weil ich, *-s war was ganz Starkes in mir,* daß ich eigentlich ne,
ähm, *daß es ne Gnade von ihnen is, daß ich,* äh, also *an dieser Schule sein*
kann ne, es is irgendwo, *es is nich* selbstverständlich ne, es is nich selbstverständliches Recht ne. Oder s steht mir eigentlich nich zu, also immer

dieses Gefühl, 'es steht, es steht mir eigentlich nich zu' ne. Also ne, *s is klar, wenn man also s Gefühl hat, s eigentlich keine Selbstverständlichkeit oder nich mein Recht ne, dann kann man sich auch sehr schwer wehrn ne.* Ich glaube, daß also auch die (Lehrer) mich nich so besonders gefördert ham ne, aber auch nich besonders benachteiligt ham, ne. Nur mir das sehr oft aber so vorgekomm' is ne, daß sie mich benachteiligt ham ne. Einfach weil es mir, ja, weil ich nich so selbstverständlich was fordern konnte ne oder selbstverständlich in der Schule saß ne.

Die existenzbedrohende Bedeutung geistiger Bildung

R.: Ich hatt' ne ältere Schwester und die, äh, ja, die hat Volksschule, Hauptschulabschluß ne, und dann ne Verwaltungslehre angefangen ne, also war's eigentlich so ne, meine Mutter, mein *Vater* hat sich rausgehalten ne, also *den habn nur die Betragensnoten gekümmert ne,* und s einzige Mal, wo er in der Schule war, als ich da so vom Lehrer mal ne Ohrfeige gekriegt hab und er is dann in die Schule gegangen, also das war das Einzige. Sonst hat ihn eigentlich nichts interessiert, er hat sich so rausgehalten ne. Und *meine Mutter hat mich immer unterstützt ne,* – also quasi, die hat also so, also wenn ich z.B. auch in der Situation, von der ich vorhin erzählt habe, als ich da, äh, da, von diesem Wochenende kam, *des war nie so'n verbal ausgesprochenes Muß, sondern s war so'n Subtiles,* verstehste, *so'n, so'n Unterschwelliges. Also s wurde von mir erwartet, von meiner Mutter –* und *mein Vater hat, hat sich eigentlich rausgehalten,* sag'n mer mal so ne, also wie überhaupt sonst so.

Die Verf.: Das war bei uns...auch. Mein Vater hat wirklich nichts zu tun gehabt mit meinen Belangen, sei's mit Problemen, sei's mit Geld, das ich in die Schule mitbringen sollte ... für irgendwelche Klassenfahrten, wo ich genau wußte, das hat die Mutter nich mehr im Portemonnaie, da mußte mal sehn, wie de das wieder kriegst. Oder irgendwas, was ich da in der Schule – des hat ihn alles nich gekümmert, aber's Zeugnis dann schon und irgendwann, wenn Krach zu Hause war, dann kam so jeder dran und dann war des eben auch wieder so'n Gerede: 'Ja, also am besten gehste ab in die Fabrik'.

R.: Bei uns wurde das nich so verbal ausgetragen, sondern eigentlich, also s lief eigentlich über andere Mechanismen, also mein Vater hat dann auch, s war dann auch, Also *– der große Schrecken war, so zu leben wie sie* ne, das war der große Schrecken ne, *die Drohung wurde nich verbal ausgetragen, sondern die war schon in mir drin* irgendwie ne, *indem z.B. meine Mutter alles getan hat,* also z.B. das lief so über solche Mechanismen 'wir tun doch so viel für dich!' *– also meine Mutter ging auch arbeiten ne, –* d.h. *s lief auch darüber 'ich muß doch auch arbeiten gehn, damit du es besser* haben kannst!'

Die Verf.: Jetzt fällt mir auch ein,bei welchen Anlässen solche Sätze kamen, ne, das andere lief auch unausgesprochen. Mein Vater rackerte sich ab,das konnt' jeder sehen und fühlen, war klar, meine Mutter ging putzen, wußte man auch, das tut se ja nur für die Kinder.., die hat für sich das Wenigste davon genommen – und dann waren das so Sachen, wenn ich nur mit ner bestimmten Haltung nach Hause kam, ich kam eben von der Oberschule mit bestimmten Ansprüchen oder mit ner kritischen Einstellung oder s war, s war oft bloß der Blick, mit dem ich nach Hause kam so Veränderungen im Verhalten, im Aussehen im ganzen irgendwie ne.
Und allein das hat mein' Vater oft gereizt, da braucht ich garnicht viel sa-

gen, das warn immer so'n paar Sachen, dann staute sich des bei dem an und dann kam so was, am liebsten wär's ihm, wenn wir wie alle andern auch mit 14 Geld verdienen würden. Das war dann noch nich mal nur, daß sie rackern müssen für uns, sondern daß wir auch nix nach Hause bringen, wo andere schon ... das hat er immer wieder gesagt: 'andere gehen in eurem Alter schon längst ab von der Schule'.

R.: Hm. Jaja, meiner, mein Vater hatte ja immer Jähzornanfälle ne und die liefen so 'ich bin faul', ne, also ich, ja, ich ne, - das war dann 'ich bin faul', 'also du gehörst ins' - *du bist faul, du gehörst ins Arbeitshaus, da wirste auch noch mal landen, da wird man dir das Arbeiten beibringen'* - Jaja, das lief dann immer ne, also so, daß ich da zu Hause, obwohl er ja auch selbst gern gelesen hat ne, aber er kam nich dazu ne, wenn er mich dann nachmittags sah, da, mit irgendnem Buch oder Schmöker..., ich hab gelesen, was mir halt so in die Finger kam ... und dann hieß es ne, dann!!!
ne,
kam das ne...

*Arbeit ist eine Existenzfrage, keine Frage
der menschlichen Anerkennung*

Die Verf.: Genau. Das mein ich auch mit diesen Sachen, die sich anstaun ne, diesen Wutausbrüchen, wo kein Mensch wußte, - da hab ich nur gemerkt, zu Hause irgendwie war in der Luft was, ich merkte schon, ich guckte ihn an und merkte 'der sieht heute so und so aus, da kommt was', konntest du so etwa fühlen, ne - Das war schlimm.
Und dann brachte ich meine Sachen in Sicherheit, wo ich dachte, sonst zerreißt er die alle und - (Stöhnen) denn dann hatte er wirklich Bilder zerrissen und Geschriebenes zerrissen und möglichst, ach irgendwas, was man sich nun grade gehütet hatte , hat er zertrampelt. Möglichst alles weg. Weg! Weg!

R.: Ah ja. Ja, das hat er sich nicht gewagt ne. Das hat er sich nie gewagt ne - er hat mich nur unheimlich klein gemacht dann, also 'faul', 'bequem' ne, - alles das, also 'ungeschickt' ne, 'handwerklich ungeschickt' ne, obwohl er, weißte so, also ganz komisch ne. Und mit dem Arbeitshaus, das war halt n ständiges Wieder-, also s kam immer wieder ne, also bis, bis zum Abitur ne, eigentlich bis ich wegging. Ja, so Vorstellungen, wo man harte Arbeit machen muß ne, also so Entbehrungen ne.

Die Verf.: Empfindet er seine ganze Arbeit so?

R.: Klar empfindet er se so! Er empfindet se so ne.
Er empfindet se so und sie wurde nich anerkannt.
Verstehste, sie wurde nich anerkannt. Also, es wär vielleicht weniger schlimm gewesen, wenn sie anerkannt worden wär ne. Also ich war mit ihm, als er ins Krankenhaus eingeliefert wurde, da, - äh, - bei und äh, da mußt ich so'n psychologischen Fragebogen ausfüll'n ne - und er hat mich dann immer so gefragt ne und die einzige, also, da war eine Frage 'Meinen Sie, Sie haben genügend, - Ihre Arbeit wurde genügend anerkannt?' ne, das hat er mit 'Nein' beantwortet ne.
Ich hab während der Pubertät, hab ich Zeiten gehabt, da konnt ich ihn nicht im Zimmer ertragen ne -
und das bei diesen beengten Wohnverhältnissen is das natürlich, also, *ich*

bin manchmal aufs Klo gegangen, um mich zurückzuziehen ne, also, hab
mich da eingeschlossen ne.

Die Bedeutung von beengten Wohnverhältnissen und Existenznot:
Arbeit und materielle Kontrolle der Gefühlsregungen

R.: Ja, das ging überhaupt nich ne, also wir machen da so'ne Projektarbeit
mit gestörten, zurückgebliebenen Kindern ne – da gab's dann auch so' ne
Szene, wo die beschreibt, wo die Mutter ihm auf die Toilette folgt ne

(Die Verf.: Hat meine auch immer gemacht! lacht dabei)

Ja und da hab ich gesagt, das is auch ne Unterschichtsproblematik ne,
also diese, bei diesen beengten Wohnverhältnissen ging's garnich anders, –
also wir hab'n gewohnt: 45 qm war das in K. – das war'n 5 Personen: meine Großmutter, meine Schwester, – mein Vater, meine Mutter und ich ne.
Und gearbeitet hab ich immer am Küchentisch ne, also was gelernt ne –

Die Verf.: Ja, da haste doch dauernd ab- und aufräumen müssen und weg-
legen und je nachdem, und außerdem kam ja jederzeit jemand rein und lief
durch und redete laut oder leise.

R.: Ja.

Die Verf.: Dieses Gerede um einen rum, dieses Gefühl, nich mal etwas für
sich sein, du kannst ja eigentlich, haste nich gelernt, dir was anzueignen,
was für dich zu haben...

R.: Also des, des ging auch garnich ne –
also verstehste, des ging einerseits von den Räumlichkeiten schon nich ne,-
also weil,
es mußte halt auch immer jemand reinkommen ne,
weil ich konnte ja nich im eiskalten Schlafzimmer sitzen im Winter ne.

Die Verf.: Das war mir noch das liebste,obwohl das meine Eltern überhaupt
nich verstehen konnten.Wir hatten da ne Wohnung:Wohnzimmer,Schlafzimmer
und ein Raum, in dem ich mit meinen 2 Brüdern zu dritt drin war, und als
die dann weg warn, war ich da alleine, – da hab ich im Winter, da war keine Heizung in dem Zimmer und mein Vater hat dann zwar erlaubt, ab und
zu mir mal so'n Öfchen da anzumachen, aber das war so teuer und da wußt
ich auch immer 'der kieckt schon, wie lange ich dasitze' und überhaupt,
wenn nachher wieder die Rechnung kam 'ja, wo kommt's her?!'
Wenn man so lange gehockt und gelesen hat und's Radio...

R.: Ooch ja! Oh! Oh! Später hab ich im Wohnzimmer gesessen und da hatten wir n Radiator ne und da hat er, ach du liebe Zeit! Da hat er genau
auf'n Pfennig ausgerechnet, wieviel das kostet ne. Pro Stunde ne! Und des
hat er mir immer vorgerechnet.

Die Verf.: Hm.Ja, und dann saß ich in dem eiskalten Zimmer mit Handschu-
hen im Winter! Aber es war mir lieber,wenigstens da zu sitzen und die Tür
zuzumachen, als immer irgendwo anders.Da sagte er immer 'Komm doch zu
uns rein!' Ja,mensch, da lief der Fernseher, was sollt' ich da, da kann ich
doch nich lernen!

Etwas für sich zu haben ist eine existentielle Bedrohung der anderen

Die Verf.: Außerdem, die wollten auch nich alleine sein und wollten eigentlich gern, daß ich da immer so mit rumhocke. *Ich mußte aber arbeiten.*
(Als einziger Ausweg, alleine sein zu können: arbeiten!)
Dann saß ich da mit klappernden Zähnen, irgendwie war das ganz komisch.

R.: Aber auch, weißte, also es, s war ne Bedrohung, also ich würd sagen, *für meine Eltern ne Bedrohung, wenn ich wirklich das geschafft hätte, etwas für mich zu haben.* Obwohl sie's auf der andern Seite wollten ne, weil sie dachten, ja, Kindern das Beste ne, – aber eigentlich war's ne Bedrohung. *Und sie sind also eingedrungen* immer ne.
Also s war, meine Mutter hat z.B. öfters gesagt: also ich kann dir ja nichts helfen bei Englisch oder so, das kam irgendwie stereotyp immer wieder –

Die Verf.: Mein Vater unternahm manchmal so krampfhafte Versuche, ging völlig daneben... So bei diesen Jähzornanfällen hat er systematisch deshalb zerstört, was man sich gerade mal so, – und wenn es nur so aus Papier gebastelt irgendwas war.

R.: Das ist sehr sinnbildlich, sehr symbolisch, eigentlich ne, daß der das kaputt gemacht hat ne.

Die Verf.: Die Sachen hab ich auch so in Erinnerung... ich denk', das is nich möglich, das kann ich garnich (vergessen), das is so tief reingegangen, daß de dir da was mit Freude und Spaß...sowieso nur mit halber Freude, weil de ja schon immer,... – wenn ich da mit mei'm Bruder im Zimmer saß, dacht' ich 'Paß auf, jetzt geht gleich die Tür auf und wie is die Stimmung und könn' wir überhaupt noch!... 'Hattest es mühevoll dann mal gemacht, mensch, da kommt er nach Hause, nach 6 Wochen irgendwann und mit einem Fußtritt war das Ding einfach platt. Sitzte da und...

R.: Also ich glaub, es is eigentlich auch n sich entfernen vom Elternhaus, *also weißte, wenn ich mich hingesetzt hätte und hätte wirklich Spaß daran gehabt,dann wär das was gewesen,was sie nicht hätten verstehen können,– daß ich daran z.B. Spaß haben könnte, ne, – also verstehste, an ner Sache, die sie selbst nich verstehen ne.*

Die Verf.: Ja,haste denn das Gefühl, daß de da Spaß hattest an den Sachen?

R.: Hab ich nich das Gefühl ne.
Also s macht mir Spaß, aber nur mit Schuldgefühlen und das verdirbt mir den Spaß, weißt du?

*Aus den engen Verhältnissen heraus an bürgerlicher Kultur und
Theorie hängen: ich hab mir das völlig falsch vorgestellt*

R.: Also bei mir is geblieben so'ne Faszination daran ne, also Faszination an Literatur, Kultur, also auch an Sachen, wo ich mich nich wiederfinden kann ne, aber die kann ich nich richtig genießen, weil die also, da würd ich sagen, die, das is immer mit Schuldgefühlen verbunden.
Also, ich häng auch dran (seufzt tief). Ich häng dran ne, ich häng auch an so Bereichen wie Büchern oder also an solchen Dingen wie Büchern unheimlich, weil die für mich bedeutet ham, – also schon ganz sicher, – ich hab auch sehr früh lesen gelernt, mit 5 Jahren oder so, also bevor ich in der Schule war ne (lacht).
Weil des für mich auch bedeutete: weg aus dieser Enge da ne und ich wollte z.B. auch unheimlich gern in'n Internat ne, weil ich aus dieser – ich

hab mir des völlig falsch vorgestellt ne, nur weg aus dieser Enge ne, also
wo ich kein' Raum für mich hatte ne, also Raum, - tatsächlich in der Aus-
dehnung und dann auch so inhaltlich ne.

Theoretische Arbeit ist keine Arbeit - es sitzt da ...
auf mir ein Schuldenberg

Die Verf.: Die Diplomarbeit hatte mit meiner Herkunft nicht viel zu tun -
ich hab über 'affektive Solidarität in der Ehe'... geschrieben. Ich hab nur
gemerkt, nachher, daß mir dafür das Vorstellungsvermögen fehlte,ich hab
über das Positive *in dieser Form* nichts schreiben können. Affektive Solidarität! Des kam mir vor wie 'affektierte' Solidarität! Aber die Prüfungs-
themen dann nachher, hab ich über Arbeiter- und Klassenbewußtsein und
so, da bin ich also total, ich bin fast verrückt geworden dabei, ich konnt'
das überhaupt nich bearbeiten, nich auf dieser abstrakten Ebene.

R.: *Für mich is es so,* daß (seufzt tief) *theoretische Arbeit gar keine Ar-*
beit is (hah,- Seufzer-)
als wärs Vergnügen; als wär's das nich die eigentliche Arbeit, die man leisten müßte. Des is - *Luxus. Des is Luxus ne.* Als wärs ein Luxus. Und
ein Luxus, der mir eigentlich garnich zusteht.

Die Verf.: Ich hab meiner Mutter dann wieder geholfen stundenlang, um
dann zwei Stunden sitzen zu können. Du hast es aber wahrscheinlich auch
dauernd erfahren, daß dir's eigentlich nicht zusteht - durch die Räumlichkeiten,durch dieses ständige Gestörtwerden,durch die Reaktion der Eltern.

R.: S eigentlich, s is was unheimlich Fremdes für meine Eltern ne und es
is eigentlich nich Arbeit ne oder auch so für meine Schwester auch nich
ne. Und für mich selber is es auch so, also... (langes Schweigen)

Die Verf.: Stimmt.Ich hab des auch erlebt.Sei's anhand der Tätigkeit, die
mein Vater machte,meine Mutter auch,- alles ganz andere Arten von Arbeit
ne;mein ältester Bruder,praktisch,-war auch Dekorateur. Da war mein Bruder und ich, wir müssen für die gewesen sein wie so Leute, die kurz vor'm
Durchdrehn sind, die garnich mehr normal, - mein Vater hat des auch später immer so empfunden und gesagt 'ihr seid ja garnich mehr normal!'
Diesen Standpunkte und Beziehungen von denen auch zu mir, des hab ich
jetzt drin im Verhältnis zu meiner Arbeit auch.

R.: Ja, ja, ich glaub auch, daß des noch drin is. Also daß das irgendwas
Fremdes is und Bewunderungswürdiges, also und auch Respektheischendes
auf der einen Seite ne, also sie auch so'n bißchen zum Fürchten bringt ne,
auf der andern Seite ja eigentlich was, was wertlos is ne.

Ja,ja, ich hab das Gefühl, *es sitzt da hinten auf mir* was ne, *ein Schulden-*
berg ne, der mich so niederdrückt ne, verstehste, der mich lähmt, so'n
Gefühl hab ich ne - ich geh dann auch manchmal so... ja, ja, nicht so
frei,weißte,erhoben und sagen 'hier,ich bin hier ne', sondern 'darf ich
hier sein?' ne.
Ja, ich glaub, das des bei Frauen, die aus ähnlichen Verhältnissen kommen und gearbeitet ham (Geld verdient), daß des anders is ne, also n
bißchen anders. - Ja, wenn ich so zurückdenke, ich würd sagen 'ich bin
heimatlos', ich bin heimatlos, so, ich schwimm so dazwischen, weiß eigentlich nich, wohin ich gehöre... ne. Und wer is es denn nun eigentlich, der
mich einschränkt, an der Uni, - die is doch, naja, sie is doch, denen *is*
es doch so gleichgültig, ob ich dahin komm' oder nich ne.

Schränken die mich ein? (lachen beide lauthals)

Die Verf.: Das is es ja grad,daß es denen gleichgültig is,daß man nich des Gefühl hat, du bist wichtig. Du mußt nur deine Arbeitskraft abliefern wie alle andern auch. Genauso is des mit der Gleichgültigkeit... S is denen eigentlich wurscht, denen, der Uni, aber sobald de doch da ma ankommst und da auch mitmachen willst, weißte genau, was für Anforderungen de erfüllen mußt und was für, was die eigentlich schon voraussetzen. Also diese Gleich-Gültigkeit... im Sinne von Gleichheit, die is ja doch nich da.

R.: Ja, und *als Anspruch, is die schon in mich reingerückt ne, - ja und was ich da spür is einfach so, das is das, was ich nie haben werde und was mich doch fasziniert: das is dieses Selbstverständliche - damit - Umgehen.*

Die Verf.: Das hat sich immer mehr verdichtet, ich kann diese Faszination einfach nicht mehr empfinden, ich... ich merke, daß ich die Konzentration nich mehr aufbringe, die Freude dabei..., es sind nur noch einige wenige Bücher.

R.: Meine Faszination hat auch nachgelassen, - aber ich hab noch kein Examen gemacht, verstehste?

Die Verf.: Ja,ja, und ich hab eins und es is mir nichts wert gewesen; sobald ich's gemacht hatte, war's als hätt' ichs nicht gemacht.

R.: Ja, *und ich hab auch die Vorstellung, ich müßte tatsächlich in'n Arbeitslager gehn und ...* (wir lachen beide, Gott sei Dank. Wir lachen!)

Die Verf.: Ja, das hat sich bewahrheitet.

R.: Ja, ja.

Die Verf.: Des is wie bei mir; dieser Satz immer 'du bist eine Null! Du bist ein Nichts, ich mache aus dir ein Nichts!' - das is bei mir immer das Gefühl 'paß auf, das kommt soweit!' (Wir lachen und lachen)

R.: Da hab ich auch Vorstellungen, ich geh endgültig in'n Kibbutz oder so, mögen die jetzt auch faschistisch sein, --- also ich muß dringend da irgendwo hin, - verstehste so, da hab ich immer die Vorstellung, da muß man unheimlich arbeiten, da muß gearbeitet wer'n für das Allgemeinwohl für so'n gemeinsames Wohl und das, das könnt ich grad noch ...

Die Verleugnung des Werts deiner Arbeit nimmt kein Ende
Deine Wut darüber löst sich auf in selbstzerstörerischer Arbeit

Die Verf.: Wie kam denn das Gefühl, daß Deine Arbeit,überhaupt der ganze Unibetrieb so belastend is, zum Ausdruck?

R.: Du, ich kann dir sagen, also ich würd für mich sagen, *in meiner Depression ne,* also in diesem Sich-nichts-Zutrauen ne.
... hab ich verstärkt auf der Uni gespürt ne. Verstärkt, weil ich da wirklich - weißte, die Schule, die war ja in ner gewissen Weise noch was Beschützendes; da war der geregelte Gang, ma ging jeden Morgen hin ne und so dieses, dieses geteilt in Stunden ne, wir hatten ja Klassenverbände, wir war'n also... seit Sexta zusammen... -
es wurden immer weniger, aber wir kannten uns seit 9 Jahren ne - und die Lehrer war'n auch die gleichen geblieben ne. Das hatte irgendwie so was - ja überschaubar ne und es gab so'n bestimmten Rahmen ne und der, der

war auch irgendwie schützend und an der Uni war's so, also ich wußt überhaupt nich, wo ich mich orientieren sollte ne...

Also diese organisatorischen Dinge hab ich mir ziemlich schnell angeeignet ne, aber des hat meine Angst davor nich behoben ne. Ja und dann, daß da überhaupt niemand war, der einem sagte ... und dann hab ich mir ne Strukturierung gesucht ne, und *das war das, wovon ich fasziniert war ne und das war eben ganz abstrakte Theorie..*

... und die Studentenbewegung hatte für mich auch ne ganz subjektive Bedeutung, daß ich ... in dieser Zeit hatt ich so das Gefühl, ja, daß so in der Bewegung selbst egal war, woher man kam, – *s waren alle gleich wert,* also so'n Gefühl hatt ich damals ... also so 'wir sind alle solidarisch, zieh'n alle am gleichen Strang, also so die Atmosphäre der großen Teach-Ins, ... was auch immer oder die ... – hatte für mich immer das Gefühl, ja – und die Inhalte natürlich ne, die damit verknüpft warn, ne – ja, es zählte eigentlich nich, woher man kommt ne und da hatte, also das war irgendwie, ja, *des machte den anderen Teil der Faszination für mich aus ne.*

Die Verf.: Das war bei mir auch. Bei mir war das aber nich durchgängig. Ich hab das damals auch mehr so intuitiv gemerkt, wieder so als Unwohlsein. Ich hab gemerkt, daß da doch sehr große Unterschiede war'n; ich hab diesen elitären Charakter, diese Sprache, das war mir alles irgendwo wieder fremd. Das Gefühl hab ich behalten, daß ich da im Grunde, daß es nicht stimmte irgendwo, – daß es doch größtenteils alles Bürgerliche war'n, wo ich mich unheimlich anstrengen mußte, sprachlich mitzuhalten – mit der Theorie mitzuhalten, wo ich mich auch nicht getraut habe, wenn dann von den Arbeitern die Rede war ..., da stieß es mir oft bis zum Hals hoch, so jetzt, jetzt muß ich es wagen...! und ich hab mich nich getraut, ich dachte 'ihr redet davon und ihr seid alle doch nich *aus nem Arbeiter-Elternhaus und ...*

R.: *Das hab ich zu der Zeit total verleugnet ne,* – ich hab auch weniger geredet ne – also *ich hab mich eher so angehängt.* Und nach dem Ende der Studentischen Bewegung, also so '70, bin ich ja quasi so zusammengebrochen ne. Das war nach dem Vordiplom.
Und äh, ja, also ich glaub, mir is des nich als Widerspruch, also nich, daß ich mich schlecht gefühlt, – also ich hab mich schlecht gefühlt auch ne, ich hab mich nich gut gefühlt ne, als immer so da zu sitzen und wenig zu sagen ne, aber auf der andern Seite hab ich des nich wahrhaben wolln, ne, – daß ich mir so'n Anhängsel .. ne, mir ne Sprache angeeignet hab, ja, die mir doch ziemlich fremd war irgendwie und, ne große Faszination ausgeübt hat, weil des etwas für mich verkörpert: *Freiheit von Zwängen, von diesem, äh, engen, beschränkten Denken* ne, *das gerichtet is so auf die Mühsal des Alltags* ne oder des Lebens zu reproduzieren – äh (Seufzer) – und sonst eigentlich nichts ne. Also wo, ja, wo die *Aneignung von Welt* eigentlich nur darin besteht, daß man den Tag rumbringt und sich ernähren kann ne. Ja, mit dem: etwas für sich haben, und sich mit sich beschäftigen, also des hab ich –, also eigentlich leb ich ständig in dem Gefühl 'des is Luxus, was ich mache, weil des, also des *gab's auch bei uns zu Hause nich, also die eigene Person war nich wichtig* ne, wichtig war nur das Funktionieren des Ganzen ne, daß das Geld reinkam, daß gegessen werden konnte, daß man sich was leisten konnte, – also n neues Kleid oder so, damit man sich n bißchen gut fühlen konnte; aber sonst, mehr für sich zu tun, ne des gab's nich ne, des war unvorstellbar.

Die Verf.: Ich erlebe dauernd Widersprüche, Risse, Brüche in mei'm Kopf, – in der Schule, in der Hochschule wird dir dauernd das Gegenteil gesagt, da mußt du dich ja mit dir beschäftigen, da is ja nur der Einzelne wichtig, was der leistet, denkt, was...

R.: Ja, ja, und auch diese Darstellungsweise ne, also grade die an der Uni so verbreitet is, ne, also wenn ich mich da erinnere, an den (...) hat er'n Buch gelesen, ja, und da hat er sich hingestellt und das verbreitet, als wärn des seine Gedanken. Ich hätt da nie was sagen können. Mein Unmut darüber ausdrücken können, aber - s kam nur so in mir hoch ne, ich hätt' ihn da nie für anschnauzen können oder ne ironische Bemerkung machen oder ne Spitze ne -

Die Verf.: Das is so ne Sache, daß *ich oft ne positive Einstellung zu mir und meinen Leistungen hab* und denk 'is doch ganz gut', *aber ich bring's nich raus.*

R.: *Ja, ja, s sind alles so Sachen, zu denen ich keinen Mut hatte, weißte, da hab ich Skrupel ne, trau ich mir nichts zu ne, und dann denk ich, weißte, diese Selbstverständlichkeit,* die regt mich manchmal auch auf, die empfind ich manchmal als *Unverschämtheit* ne.

Die Verf.: Was daraus resultiert aus diesem ständig diese Wut empfinden, in sich hochkommen lassen und dann geht se wieder runter, in sich reinfressen, Depressionen haben ne, is ne *Lähmung.* Ich spür die auch in .. Abständen, daß ich mich nicht vom Fleck bewegen kann.

Ja, ich hab auch so das *Gefühl von, von Gefangensein...* seit ungefähr 3 Jahren, auch ziemlich stark ne, also so'n Gefühl von Stagnation ne.

Die Verf.: Ich denk' mir nur ab und zu was aus, ich hab so eine richtige *Sehnsucht nach Normalität,* nach Tagen, Wochen, Monaten vielleicht sogar, wo ich mich ganz normal wohlfühle ..

R.: Ja,ja,ja,! Hm. Ja,ja, also ich würd' auch sagen, so nach Normalität, des des hab ich auch oder nach Normal- und Selbstverständlichkeit. Also z.B. hab ich ne unheimliche Sehnsucht nach, ja, z.B. einfach morgens aufzustehn und sagen 'oh, jetzt arbeite ich n paar Stunden ne, dann mach ich noch was Schönes ne - und dann geh ich irgendwie wieder in's Bett ne - und das würde sich dann über Wochen so hinziehn ne, - aber des gibt's nich ne, *das kann ich mir für mich eigentlich garnich vorstelln.*

In einem späteren Gespräch erzählt Roswitha, wie es für sie ist, wenn sie jetzt, während des Studiums, ihre Eltern besucht:
"Es is unmöglich, was für sich zu machen... das is mir nur einmal gelungen, als es mir ganz schlecht ging. Da bin ich in die Stadt gegangen, in einen Buchladen und hab mir zwei Bücher gekauft. Aber sonst..."

Ich werde um meine Existenz gebracht

Die Verf.: ...wenn ich so Sätze im Kopf hab wie 'ich mach' aus dir ein Nichts', dann is es diese Körperhaltung, - also diese Fäuste und dann denk ich 'so, - jetzt schlägt er einmal zu und dann biste einfach weg!', der Körper (Handbewegung, wie der Körper mit einem Schlag flach zusammengeschlagen wird)

Wenn Aggressivität so körperlich ausgedrückt wird, - das vernichtet ein' existentiell. Das hab ich immer wieder so erlebt, daß ich dachte 'Wenn jetzt die Tür aufgeht, - mit ei'm Schlag biste weg!' Also ausgelöscht. Du bist nichts wert.
Also ich kann einfach nich mich hinlegen, ich kann es nich, ich hab Existenzängste im Bett. Das Gefühl, nich hochzukomm'. Hab ich eine solche Angst, nich mehr aufstehn zu können, das macht mich so, - *das is so'n Ge-*

fühl von Niedergedrücktwerden, so'ne Phantasie, die ich immer mit mir rum-
trage. *Ich hab dieses Gefühl zu sterben, wenn ich mich nicht bewege.* Dann
kommt sehr leicht das Gefühl 's is aus!' Ich kenne das. Das hatte meine
Mutter auch, diese Art von Hektik hat meine Mutter gehabt. Mein Vater,
der schläft bis in die Puppen. Wenn ich mich gelähmt fühl' oder schlecht,
dann denk ich, ich muß immer was tun, - irgendwas, was ma auch brauchen
kann. Nur so da liegen, - das geht nich.
In dieser körperlichen Unruhe steckt irgendwas von Verzweiflung bei mir.
Was verzweifelt versuchen oder verzweifelt Angst haben, s klappt nich, s
wird nich klappen. N ständiges *an sich zweifeln, was ausartet in ne Verzweiflung.* Man is schon an sich verzweifelt. Ich kann es alles nich, ich
kann es alles nich. *Das is Ausdruck einer Verzweiflung.* Dauernd erniedrigt
zu sein und unruhig ... Das kommt mir so vor wie ... *Substanzverlust,* mir
kommt des vor wie, also *körperliche Unruhe* und das alles, das is fast wie
so'n Automotor, wie ne physikalische Sache, wenn man ständig unterwegs
is, kommt es manchmal vor, *dieser eigene Körper is, als wollt er machmal
fliehn und gleichzeitig auch wieder nich. Also s is ne Bewegung auf er
Stelle* im Grunde genommen ne, das heißt doch, daß auf der Stelle was
abreibt, wenn de dich nich bewegst und gleichzeitig doch, *dann muß doch
an Masse was abschleifen.* Ja, und so kommt's mir vor, - als würden wir
auf er Stelle rennen und des löst sich auf. Nach und nach brauchste was
auf, und weißt garnich wofür. Ja, s is natürlich auch, mein Vater und
meine Mutter und wir alle, - der hat gearbeitet noch und nöcher, aber s
is nichts, s is natürlich kein Haus da, kein, - nichts, er hat nichts erschaffen, so. Er hat produziert noch und nöcher, aber s ham natürlich
andre genauso gemacht, und die Mutter ja auch. (Jetzt ganz leise) und...
kein vorzeigbares Produkt.
Ja, also das sind alles Sachen, die sofort laufen bei mir. So pausenlos,
's kann doch nich möglich sein, daß ich was tauge, ich muß doch immer
wieder ins Feld führn, wo ich herkomme und wenn ich das immer gesagt
hab 'ich komm aus ner Arbeiterfamilie', dann heißt das ja 'ich kann nix
'ne, das war ja nich positiv, nich Mensch, ich komm daher und, und
'guckt ma, was ich trotzdem kann', sondern 'naja,...' Das is auch so'n
Punkt, - auch!
Selbstbestätigung heißt für'n Arbeiter immer, sich minderwertig machen.
Für'n Bürgerlichen heißt es 'Guckt ma!' (Bewegung mit dem Gesicht, Körperhaltung und mit den Händen, die Stolz ausdrückt) So rum läuft das.
Die Arbeiter bestätigen immer ihr eigenes Elend. Mehr bestärkt werden
wär wichtig. Also da bin ich jetzt auch, wenn mein Vater sowas erzählt,
dann auf jeden Fall bestärk ich ihn und sag 'Laß, mach das nich', - ich
hab mich auch ma geärgert, als meine Mutter dann ma, - nu war's allerdings so, daß er, - sie so'n bißchen das Gefühl hatte, er wollte mir gegenüber auftreten, als ich arbeitslos war, da kriegt ich, glaub ich, 1000
Mark, und mein Vater sagt 'ja, ich krieg sogar mehr als meine Tochter,
die studiert hat' und so. Und da sagt meine Mutter, 'wieso? Tu doch nich
so, haste doch garnich selbst dir zuzuschreiben!' Ich mein, in der Situation paßte es, aber s war natürlich gleichzeitig Abwertung von ihm ne.
Diese Kraft, die sie da verausgabt ham, für die paar Pfennige ne. Überstunden gemacht, und dann Steuererhöhungen..., ja, und? Bis er sich
geweigert hat, Überstunden zu machen, weil s war ja wirklich für die Katz,
die Abzüge warn ja größer dadurch. Dann ham sie gesagt ' ach so, Sie
wolln keine Überstunden machen?!'... -

Aber s gibt so Momente, wo ich eben auch, - wo ich alles, was ich tue,
doch als Arbeit empfinde.

Phantasien – ich werd um meine Existenz gebracht

Roswitha: Ja, jetzt is die Frage, – ich hab ja auch so *Phantasien* oft, äh, es sind aber so ganz schreckliche und dann also, fühl ich mich auch überhaupt nich wohl, – daß ich also tot umfalln kann. Also ich kann morgen nich mehr leben. Also so Vorstellungen hab ich manchmal. Ja, umfallen – jetzt fall ich einfach um und bin tot. Also, *–ich werd um meine Existenz gebracht.*
Ich bin nich umgefallen. S is auch nich ne konkrete Vorstellung 'ich fall um', sondern das is *ne ganz diffuse Vorstellung* davon, daß also *mein Körper*, ja, *mein Körper bedroht is.*
Daß ich so angegriffen werde, daß mein Körper nich mehr funktioniert oder daß irgendetwas passiert. Ich kann keine konkreten Erfahrungen angeben. Aber ich hab so'n Gefühl einfach, daß, *als ich n Kind war, daß ich, daß, – ja, s war alles so eng, so dicht, ich hatte keinen Platz.* Ich hatte das Gefühl, *am besten wärs, ich wär nich da,* – ja, und das is ja auch, wenn ich nich da bin, dann is ja auch meine Existenz nich da, dann leb ich nich. Dann sieht es dann so aus, daß aus dem 'ich will nich' 'ich kann nich' wird. Und eigentlich hab ich das Recht, nein zu sagen. S is mir zuviel, einfach zu sagen 'ich will nich'. *Und so bin ich auch immer in er innerlichen Hektik.* Ich hab immer s Gefühl, ich schaffs nich. Also s is nur, ich möchte einfach ma so... liegen und Augen zumachen, manchmal auch aufmachen und was so im Zimmer is und ... und da werd ich unruhig, fickerig, krieg Angst und denk 'du mußt, du mußt einfach', als hätt ich nich das Recht, als wärs nich mein Recht, *als hätt ich dann keine Existenzberechtigung mehr,* als könnt ich dann nich mehr. Wie ich bestimmte Arbeiten ausführe, mit einem Getriebensein. S geschieht irgendwas Schreckliches, mein Körper wird angegriffen.
Nich, daß ich, – ich könnt ja auch andre Vorstellungen haben, s will mich jemand sprachlich fertig machen, obwohl ich das, – das witter' ich auch immer als Gefahr, – aber das is, verbal hat mich niemand in der Familie fertiggemacht. *Ich konnt' mich verbal immer ganz gut wehrn gegen meine Eltern. Was mich fertiger gemacht hat,... war dieser ganze Zusammenhang.*

Mit den Händen und Blicken sprechen – Ausdruck der gesellschaftlichen Lage

Roswitha: Ne Freundin von mir sagte so, also würde's ne größere *Verzweiflung* ausdrücken, wenn man schreit als so dieses normale Sprechen. Und da hab ich mich erinnert 'ich greif den G. (R.'s Freund) ja an und ich hau ihn auch', nich fest, aber ich hau ihn und s passiert auch manchmal, daß er zurückschlägt, aber allerdings nich fest ne. Einmal in der letzten Zeit hat er fester zugeschlagen. Also eigentlich tut er mir weniger weh als ich. Und da hab ich denn so nachgedacht 'is das n Ausdruck von Verzweiflung?!' Ja. Is es schon. Und etwas erreichen wollen und nich können. Sie meinte, also, s wär ne größere Verzweiflung als wenn man's sprachlich bewältigt. Und das stimmt zwar einerseits, – aber da gabs irgend etwas in mir, das hat sich unheimlich gewehrt. Und da *hab ich gemerkt, daß ich ungeheuren Horror hab vor Leuten, die Worte so gut einsetzen können, daß sie mit Worten jemand anders umbringen können.*
Worte, äh, wo so eine Härte drinliegt und eigentlich auch ne Form von Gewalt. Woher hab ich, warum hab ich eigentlich diesen Horror vor solchen Menschen!? Das hab ich eigentlich nur, – also, *angefangen hat's in der Oberschule.*

Und da kam ich drauf, daß *meine Form, mich zu wehrn, – z.B.* Gesichter
schneiden, mich abzuwenden, Flunsch zu ziehn, Tür schmeißen, – also s
warn alles so Formen von zu Hause oder die ich so praktiziert habe, wie
ich mich wehre oder entziehe, daß die, – *die gingen nich,*
die gehn auch hier in diesem Rahmen, wo ich jetzt lebe, gehn die nich.
Das gehört sich nich.
Man diskutiert.

Ich hatte keine Chance, etwas für mich privat zu behalten

Die Verf.: Ich hatte das Gefühl von 'ich bin unmöglich' – immer dann kamen so Anpassungsleistungen, also wenn ich zunehmend erfuhr, daß ich
so ausgeliefert bin, weil man's mir schon an der Nase ansieht, immer öffentlich, *es is alles öffentlich, ich hab* also *gar keine Chance gehabt, was
privat zu behalten* – und wenn jetzt jemand was sagt, was mich ärgert,
dann möcht ich nich sagen 'ach, weißt du, ich denke darüber so und so',
sondern 'ach, Mensch, hör doch auf!' und ich fühl mich wohl dabei. Das
bin dann ich selbst.

Wenn ich gezwungen werde, Umwege zu mache, ist das Gefühl weg

Das is so das Gefühl von 'jetzt bin ich so wie ich bin' – das is die Sprache
von zu Hause, wenn jemand was sagt, was mich ärgert 'ach, du bist bekloppt!' das hat nie den Sinn von 'du bist wirklich verrückt' sondern das
ist immer mit Spaß verbunden. Da is was, was im Moment is und damit is
es abgeschlossen. Aber *wenn ich verbal mich verkünstel* und anfang 'also, ich glaube...' – *dann is der andre für mich wirklich erledigt.* Wenn
ich anfang, Klimmzüge zu machen, mich zu rechtfertigen, irgendwas zu
erläutern, dann hab ich zwar dem andern Rede und Antwort gestanden,
aber *dann is auf einmal das Gefühl weg.* Das führt dazu, daß der andere
von mir meilenweit weg is. S bleibt n Rest übrig, – so kommts mir vor, als
hätt ich über den Kern überhaupt nie geredet. Das wär besser gewesen,
ich hätt gesagt 'also *das* is sowas Ungeheuerliches gewesen!' und damit
wärs erledigt gewesen.
*Aber ich werde gezwungen, Umwege zu machen und komm überhaupt nich
zur Sache.*

Erfahrungen mit Worten in der Oberschule:
die warn nich durchsichtig

Roswitha: Weißte, das war da auf dem Gymnasium, wo ich zum ersten Mal
mich wohl so verbal unterlegen gefühlt hab, also bestimmten Lehrern, ausgeliefert war! Mich nich wehren konnte. Ich kann mich da erinnern an Szenen! Du, da hab ich mich gedemütigt gefühlt! Da stand so'n, dieser Mathe-
lehrer, der hat so vor mir gestanden, der ging immer von eim zum andern,
so, 'komm, gacker noch'n bißchen, dann kommts raus!' ne, also, – ja.
Und da kann ich mich erinnern, ich kann mich auch erinnern, daß ich unter diesen Lehrern viel mehr gelitten habe als unter einem Lehrer, der uns
unheimlich kontrolliert hat ... dem hatt' ich mit Kreide aufn Rücken n
Kreuz draufgemalt, –
und dann hat er ne Lehrerkonferenz einberufen und ich müßte von der
Schule verwiesen werden – aber das hat mich nich so fertig gemacht wie

diese eine Geschichte ... s hat mich nich getroffen, s hat mich nich hilflos gemacht, ich hatte keine großen Ängste, s hat sich wieder eingerenkt
..., *ich hab gemerkt, der war gekränkt ne, des war offen durchsichtig
für mich. Während die andern Sachen, die warn nich durchsichtig, ich
wußt nich, woher des kam.* Ich hab nur diese Bemerkungen gehabt und
diese Bemerkungen drückten irgendwas aus, ne Ironie. Also ich verstand
das nich, wieso. Während der..., der hat sich dann aufgeregt, wie ich
dazu käme, ich 'ich schmeiß dich doch raus!' auf jeden Fall hat der sich
derart aufgeregt und getobt da vorne, und verstehste, das hat mir nich
so viel Angst gemacht.

Wenn's mir nicht gut geht, dann sieht das jeder – ich bin etwas schamlos

Womit ich nich zurechtkomme is, also,
*weil ich dazu neige, Gefühle offen auszudrücken, körperlich auszudrük-
ken, –
also wenn mirs nich so gut geht, dann sieht das jeder.* Ich hab manchmal
das Gefühl, ich bin etwas schamlos. Aber weißte, ich hab immer gedacht,
es hängt nur mit mir zusammen, mit meiner Beziehung zu meiner Mutter
als Kind. Ich hab das mal offen beobachtet, meiner Schwester siehste sofort an, siehste sofort, was eine Bemerkung in ihr ausgelöst hat. Meinem
Vater auch.

Bürgerliche Kultur: Gefühle werden unbewegt in Worte gefaßt

Während U., – sie faßt das in Worte, – sie sagt z. B. mit unbewegtem
Gesicht 'nee, mir gehts nich so gut' – oder ich kanns eigentlich garnich
so sagen, wie sie's sagt, – das is mir, wie sie etwas bringt, – oder 'das
hat mich geärgert', dann sieht das so unterschiedlich aus zu dem, wie ich
das so bringe.
Gefühle werden verbalisiert. Die U., die neigt so zu Aktionen, also so,–
ich will dirs näher erklärn. Ich nehm die U., weil ich mit ihr auch so
dicht zusammenlebe, weil die is so typisch Mittelschicht. Vater is Lehrer.
Und die kann unheimlich gut mit Sprache umgehn, so Gefühle in Sprache
umsetzen.
Also wenn's ihr nich so gut geht, *dann neigt sie zu so verbalen Aktionen
gegen den andern. So bestimmte aggressive Aktionen gegen den andern.*
Und s war abends, wir beide ham s Essen vorbereitet und da sagt se 'ach,
ihr habt ja auch ne Beziehung!' – Und meinte G. und mich ne. Äh 'seht
euch um elf, seid ... kaputt, dann schiebt ihr noch n Nümmerchen' – ja.
Der G. arbeitet bis um 1/2 11 Uhr, – manchmal sehn wir uns danach,
weils ja nich anders geht, – und früher wär ich da fertig gewesen, weil
ich dachte 'du liebe Zeit, also das is ne aggressive Art gegen mich und
verbal, was sollst n jetzt antworten?' – wär ich platt gewesen, denn Ag-
gressionen so zu formulieren, also das kann ich einfach nich. Und dann
hab ich einfach gesagt 'ich glaub, du hast se nich mehr alle! Du spinnst!'
ne und *damit*, also damit, – also, indem ich das gesagt hab, *war ich identisch mit mir.* Dann hab ich mich auch gut gefühlt.

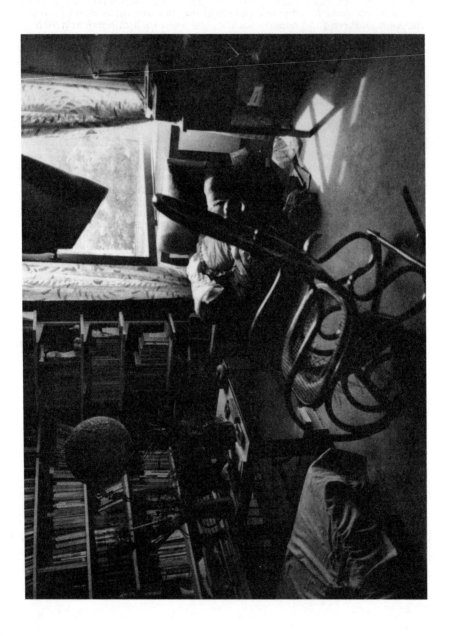

*Die Entfremdung von der unmittelbaren Sprache
und von sich selbst an der Hochschule*

Mein Vater konnte das auch nich. *Es war nur etwas los, und s war was
ganz Schlimmes los, aber was, das wußte er nicht zu benennen,* und wußten die andern nicht zu benennen.
Während der Studentenbewegung hab ich mir eine derart aufgesetzte Sprache angewöhnt, das war wirklich losgelöst von mir und meinen andern Ausdrucksformen. – In letzter Zeit erst habe ich manchmal das Gefühl 'ja, ich
bin unmöglich, unmöglich!'
Ich bin so unmittelbar, und, da muß ja jeder weglaufen, und ich bin überhaupt nich reflektiert und ...
das muß ja die Leute verschrecken und das paßt überhaupt nich rein da,
wo ich lebe. Es paßt auch tatsächlich nich rein, –
aber daß ich jetzt so das Gefühl hab, ich müßte das auch n bißchen behalten, verstehste, ich kann nich einfach so tun und sagen 'äh – also mich
auch so quasi, 'iiii! Was is das denn!' Ich hatte manchmal so das Gefühl
'äh! So unberührt. Äh!!!' (Ausdruck von Abgestoßensein, sich ekeln vor
sich selbst)

*Lachen: Offenes und direktes Sein
'ich kam mir vor wie eine von der Straße'*

Weißt du, was mir vor einer Woche jemand gesagt hat? 'Die Roswitha is ordinär!' –
Ich konnte nichts mehr sagen, ich konnt nichts mehr sagen, – ich hab nur
n Witz, – also so'n bißchen sexuell gefärbten da erzählt, und ich hab gelacht, und dieses Lachen hatte so ne sexuelle, es ging um was Sexuelles,
und das war, das war da auch in meim Lachen drin.
Da sagt der doch, ich bin ordinär. Das hat mich unheimlich getroffen. Und
das hatte mir Spaß gemacht, darüber zu lachen, verstehste?
Ich kam mir vor wie eine von der Straße! (lacht dabei) Diese Familien, mit
denen wir da früher zusammen warn, das ging da so ganz schön, also, s
wurden ganz schön diese Witze gemacht. Oder *auch in der Kneipe, in der
meine Mutter gearbeitet hat,* – und das ging da ziemlich offen und direkt
und hahahahaha! ne, und sexuell eingefärbt und ziemlich deutlich. Du,
also erstmal... hab ich nix gesagt ne.

*Die Entfremdung von der körperlichen Sprache und von uns selbst:
unsrer Hände Arbeit*

Die Verf.: Das merk ich auch an meim Vater und an meim ältesten Bruder,
die ja beide ne ganz andre Laufbahn gemacht haben und sie wahrscheinlich so aggressiv gemacht hat, später gegen den K. und mir gegenüber,
daß die oft gesagt haben 'Mensch, komm doch mal zur Sache!' Wenn ich so
anfing zu reden oder so, – daß die sich nämlich da genauso gefühlt haben wahrscheinlich ... dann nehmen die nämlich schon so die Haltung an,
gebärden sich schon so mit ihrem Körper 'jetzt pustet se sich hier so auf!
Pluster dich ma richtig auf, pluster dich ma richtig auf! Ja ja!'
Die erleben mich so, als würd ich mich jetzt aufblasen mit dem ganzen Wissen! Das hab ich da aus der Schule mitgebracht und so komm ich nach
Haus! Da lauf ich dann auf, da lauf ich dann mit diesem ganzen Zeug,
was ich mir krampfhaft aneigne, – 'nu haste dich aber geschwollen ausge-

drückt, was?!' und da is alles hinfällig. Da is es nix wert, was ich gesagt
hab, indem er das sagt - ssstttt! (Handbewegung, die zeigt,daß was weg-
fliegt).

Die Ablehnung meines natürlichen Verhaltens

Die Erfahrung is bei mir, daß ich höre, entweder vom Lehrer oder jetzt...
'die is vorlaut!' Meine Art zu reagieren, meine Art im Sinne von 'ach Mensch,
is ja schon gut!' oder 'hörn se doch auf damit!' - wenn ichs so sage, in der
Lautstärke (und in dem Tonfall), dann hör ich von der andern Seite die Re-
tourkutsche 'na, die macht aber ma wieder die Klappe auf!' - Weißte, das
is deren Reaktion auf mein ganz normales, natürliches Verhalten. Also ich
erfahr 'ich bin ungezogen, unmöglich', wenn ich mich so verhalte, wie ich
bin, dann bin ich in deren Augen ungezogen, vorlaut, auffällig. Auffällig!

Das Lachen als Spiegel unserer Verhältnisse

Das kenn ich,daß ich nämlich über Jahre hinweg mir Lachen abtrainiert habe, vor allem *das stoßweise, auf einmal hervorbrechende Lachen,* das scheinbar unberechenbar aus mir rauskommt. Wenn ich so richtig ins Lachen ge-
rate ... laut, und da lach ich - und ich das schon so verinnerlicht hab,die-
se Bewertung von außen, daß ich manchmal schon dachte 'Hannelore! Du
lachst ja wieder! Ordinär - genau!'

Ich hab mitbekommen, daß ein Bruch existiert.
Zu Hause sind wir aus 'er Fassung

Ich hab mitbekommen, daß ein Bruch existiert. Zu Hause sind wir eben a-
natürlich, da können wir so sein, wie wir eben sind. In der Schule und
so mußte ich ganz anders sein. Diesen Bruch hab ich mitbekommen. Ich
hab das Gefühl, daß in den ... bürgerlichen Familien der Bruch garnich
besteht. Da is man zu Hause wie draußen auch. Also gesittet is zu Hause
wichtig und moralisch und alles, und das wird schon zu Hause trainiert
im Hinblick auf dort ne. Da is nich 'hier sind wir so, hier gehn wir aus
der Form und draußen sind wir in er Form, das existiert da nich.
Bei uns sind wir wirklich zu Hause aus er Fassung.

Wie ich mich fühle, das sieht man

Das Spontane, weißte, wo die sich jetzt krampfhaft einen abmühn,spontan
zu sein, und denkst 'ja, du liebes bißchen!' oder in Seminaren ..., daß
mir's so absurd vorkommt, über Gefühle, - so zu sagen, man muß auch
über Gefühle sich ausdrücken. Das bedeutet dann erstmal im Seminar 'sein
Gefühl äußern'. Dieses Gefühl is sowas Abgetrenntes, sowas Extras.
Da is mir aufgefallen, daß Gefühl da wirklich sowas Getrenntes is. Und jetzt
wird es auch getrennt auf n Tisch gesetzt! Da is mein Gefühl. Wie fühlst
du dich (affektiert)? Ich fühle mich jetzt so und so. Des is so künstlich!
Ich sag das ja nich, sondern: *wie ich mich fühle, das sieht man!* Gefühl,
des zeig ich, zack! Da leg ich n Gegenstand hin oder hau auf n Tisch und
dann weiß jeder, wie ich mich fühl! Und wenn dann jemand sagt 'was macht
dich jetzt so unruhig' oder 'was macht dich jetzt so aggressiv', da könnt ich

zuschlagen, sofort! Das is das einzige, wenn ich mich normal, gut fühlen sollte, müßt ich dem sofort eine überhaun! Das wär die richtige Reaktion! Weil ich denk 'du Idiot! Du willst mich doch wohl nich verstehn, also was willste denn!' Ja, *dein Gefühlsausdruck von zu Hause, der is verboten.* Du mußt dir n andern ausdenken. Biste ja, biste in der Klemme, und du klemmst deine Gefühle auch ein, so kommts ja dann auch raus! Das, was du frisch und einfach spontan ausdrückst, is da obszön. Is einfach *ne Umwertung von Werten.* Die hat schon stattgefunden.

Ich bekomm das Gefühl, meinen Körper nicht mehr gebrauchen zu können

Sowas gab's nich bei uns. Also ich mein, s war klar, *wenn's aufm Tisch steht, kanns auch genommen werden ... wenn's nich genommen werden soll, is es auch nich da. Aber was da is, is doch da!* (ich breche auf einmal in Lachen aus) - Weißte, - ich bekomm *das Gefühl wie, mein Körper nich mehr gebrauchen könn!* Weißte, ich stolper über meine eigenen Füße beim Rausgehn, also wie wenn ich mich da so anstreng und anpasse. Wie Charly Chaplin. So komm ich mir da vor. Ich kann garnich mit mir umgehn mit meim Körper.Ich weiß garnich mehr,wo darf ich jetzt anfassen, was muß ich jetzt zuerst nehmen, welches Besteck is dafür und dafür, ich komm da überhaupt nich mit! Also des hab ich mir jetzt so angewöhnt. Immer beobachten und gucken, welches Messer is dafür, - ach und jetzt das Messer wieder hinlegen und ...

Roswitha:
Dann wirste akzeptiert, dann wirste auch eingeladen zu Festen, dann mögen dich die Lehrer, dann, - was weiß ich nich alles.
Also was da für mich da in diesem Zusammenhang steht, warum ich das bereitwillig aufgenommen hab, is *'also, wenn du dich so verhältst, dann wirst du akzeptiert!'*

Die Zwangsjacke steckt in mir drin

Roswitha: Das heißt auch gleichzeitig:wo wir uns eigentlich auch verhalten, is nich so viel wert.Und das,das is s Motiv für die Anpassung.Also für mich is das n starkes Motiv dafür, daß ich s so bereitwillig nach innen aufgenommen habe. So daß ich manchmal so's Gefühl hab, diese Zwangsjacke is keine äußere, sondern die steckt in mir drin. Mir wurden *gute Manieren* beigebracht, ich hab die auch gelernt also, - aber ich hab, ... *zu Hause wurden die nich praktiziert.* Meine Mutter hat immer nur so gesagt *'man verhält sich so'.* Das hab ich so gelernt. Also s wurde manchmal, ... an Festtagen. Oder *wenn sie ihren erzieherischen Tag hatte.* Es darf einfach nich so sein, wie ich mich verhalte. Ja, die Anpassung hat stattgefunden. Also s is wie irgendetwas, also, *daß ich da jetzt so mühsam das vorkramen muß, was gebrochen worden is.* S darf eigentlich nich sein! Man darfs nich sein! (schreit) *Man darf das Gefühl nich sein, man darf es nich leben.*

Essen als Vorwand für Selbstbestätigung

Da muß ich dir noch eine Geschichte erzählen .. war ich eingeladen und da gings mir garnich so gut. Da gabs Hackfleisch .. und da dacht ich 'also so Fleisch, rohes Fleisch ne', da hatt ich plötzlich - ich konnte tagelang nix

essen, und da hab ich dieses Tartar da gesehen, das war so rosig und roh
(R.spricht mit ganz leiser Stimme, geheimnisvoll wie ein Märchen), und
hat mich richtig angelacht und da dacht ich 'ahh' und dann hab ich mir n
Brot gemacht und dann hab ich mir das draufgelegt ne, so wie ich normal
esse, so, wie auch bei uns gegessen wird ne. Also wenn eim was schmeckt,
dann nimmt ma davon einiges. Da ziert man sich nich. Und die F. hat mir
hinterher erzählt (R.ahmt einen Gesichtsausdruck, einen Blick nach und
wir lachen uns beide ins Fäustchen) – und ich hab des überhaupt nich
gesehn ne. Und hab mir noch zwei (R.lacht wieder) und wir ham nachher
auf der Nachhausefahrt im Auto ham wir drüber geredet. U.wars auch nich
aufgefalln, aber eher, weil sie so mit ihrn Eltern beschäftigt war und so...,
auf jeden Fall, F. hat des wohl genau beobachtet und dann, also s wär, s
wär nur ihrer feinen Art zu verdanken gewesen, daß sie sich nicht dazu
geäußert hätten.

Enge Wohn- und Lebensverhältnisse bringen alles in Bewegung –
Disziplinierung in Schule und Hochschule engen die Gedanken ein:
das kommt mir vor wie eine Zwangsjacke

Roswitha: Ich hab das öfter so bei erotischen Geschichten, also mit dem
Anfassen ne,
oder auch, einfach daß ich dann Männern auf den Hintern klopfe oder
auch einfach so, so hinfasse oder so, das mach ich eigentlich unheimlich
gern (lacht dabei) und dann kommt mir immer ...,irgendjemand hat mir
mal gesagt, das wäre 'lasziv' – ja, ja, das is auch sowas wie obszön (wir
lachen uns tot). Das hab ich jetzt so in den letzten Jahren häufiger, daß
ich n Bedürfnis danach habe, n richtiggehendes Bedürfnis, mich so zu
verhalten. Und das is, *s kommt mir manchmal vor wie ne Zwangsjacke,*
die mir auferlegt is. Wenn ich n guten Gedanken hab, bin ich ganz aufgeregt, dann muß ich erstmal hier einmal durch die Wohnung rennen,
ach, du liebe Zeit! Was mach ich denn jetzt damit! und so (wir lachen)
Hah! So irgendwie! (stößt richtig die Luft aus)
Das Komische is, daß ne, also, daß sehr starke Vorstellungen in mir drin
sind, wie ich zu arbeiten hätte, ne, wie ich mich zu verhalten hätte, also
diese Zwangsjacke ne, die ich da immer fühle ... weiß nich, also in letzter Zeit kommt zunehmend sowas in Situationen hoch in mir so, so möcht
ich mich jetzt verhalten und dann kommt sofort etwas dagegen, so'n Block
'so darfst du aber nicht', und 'so ist es nicht richtig',
'arbeiten tut man so', 'diskutieren tut man so' und 'Kommunikation treiben
tut man so' und, – 'was weiß ich, in der Frauengruppe verhält man sich
so!'
Meine Mutter hat mir eingeflößt, *'man verhält sich in der Öffentlichkeit so,*
man verhält sich so, um etwas zu erreichen. Du hast in der Schule lieb
zu sein', oder 'wenn du dich lieb verhältst und nett bist, und freundlich,
dann kannst du das und das erreichen!' Verstehste, immer so, ich hab
das immer erlebt, das 'man verhält sich so in Bezug auf einen Zweck', also dieser Zweck war immer mit angegeben. Nee, es war nich, *s war auch*
nich so internalisiert ne, es war so'n taktisches Verhalten. *Das 'man'*
drückt immer ne Taktik aus, so'n schwummriges Gefühl bei hatte, dann
aber so'n Trotz in mir hochkam und dann dachte 'ach, Quatsch!'
Die S. z.B., die muß jedesmal, also jetzt hab ichs ihr abgewöhnt, indem
ich jedesmal sie auf n Arm genommen hab ne, seit ungefähr nem halben
Jahr macht se's nich,nur ganz vereinzelt. Die hat jedesmal gefragt 'darf
ich das nehmen?' (macht so eine brave Kinderstimme nach) Haaah! Da

hätt ich immer so in die Luft gehn können (singt das so, daß man sich vorstellen kann, wie sie in die Luft fliegt), ... sagt se, sie muß zu Hause auch immer fragen. Das is, - automatisch kommt das bei ihr.Automatisch... Bei mir is es jetzt so gewesen, also s is, ich hab überhaupt keine, - wie soll ich mich jetzt zu Hause verhalten? Ich wußt überhaupt nich mehr wie, ne. Ich wußt nich mehr, was vorne und was hinten is ne. Also das paßt, das, wie de dich sonst so angepaßt hast, das paßt da nich rein, und wo ich sonst lebe, also hier, da paßt aber n großer Teil von mir auch nich rein. Also, - und so hab ich zum Teil immer noch das Gefühl. Ich hoffe, daß sich das langsam ändert.

Mit dieser Bestätigungsgeschichte, fällt mir ein, haste auch nich drin. Selbstbestätigung, ja und Selbstdarstellung. Also das gegeneinander bestätigen, die ganz bestimmte Form, das hatten wir ja gestern, wo du auch dann erzählt hast, weißte die Situation da mit dem Essen,'hach, wie toll!' Das is so'n - manchmal hier, der H. 'hah! Köstlich!' Da könnt ich da das ganze Essen nehmen und s ihm ins Gesicht klatschen!

Obwohl s mir auch schmeckt, es schmeckt mir ja, - 'hah? Das hast du wieder vorzüglich gemacht, was hast du denn da benutzt? Welche Kräuter hast du denn dazu getan? Ah, ja, das muß ich mir aufschreiben'. (sagt das mit affektierter Stimme) -

Oder s entwickeln sich jetzt in der linken Szene ... hier generell mehr solche Tendenzen. S hat wieder, s hat wieder so ne Renaissance, hab ich das Gefühl. Das große Fressen der Bourgeoisie ne. Also, ich hätte auch ma Lust, weißte, zu stricken, wirklich zu lernen... meine Schwester, die strickt jetzt, die sagt 'ach das beruhigt mich...' gut, okay ne. Fängt se jetzt an zu stricken ne, hat se nie gemacht. Das kann ich akzeptiern,wenn die das so sagt. Aber jetzt manche Frauen aus der Frauenbewegung und dann 'ah' (manierierter Tonfall!) Da regt' s mich schon auf.

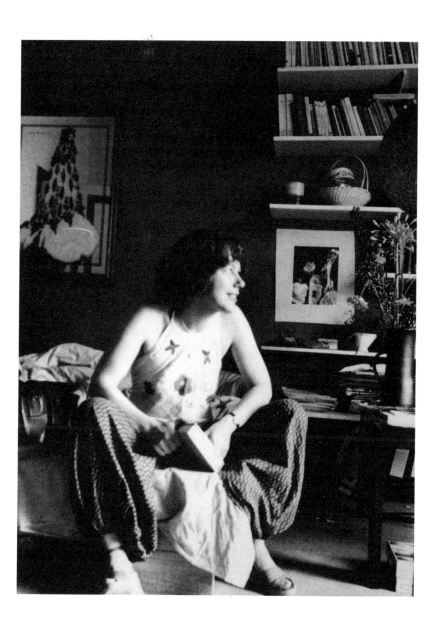

Hanne M.

Hanne M., 26 Jahre, hat ihr Studium abgebrochen.

"Ich weiß, daß ich auch anders leben kann und anders glücklich sein kann, ohne daß ich mein Examen mache... Leute die Geld hatten, die traten ... ganz anders auf als meine Eltern ... und das hab ich mir auch gewünscht ... das war das, was ich mir dafür gekauft hätte, für das Geld, was ich nie zu Ende geträumt hab...
ich glaube, daß ne Veränderung laufend stattfindet ne, - ... der rote Faden bist du eigentlich."

Hanne's selbstgeschriebener Lebenslauf

Hanne M.
1952-78

geboren als 3. und letztes Kind; Mutter zu der Zeit tätig als Putz- und Waschfrau, Vater als Gelegenheitsarbeiter (in seinem gelernten Beruf als Bäcker findet er keine Arbeitsstelle), unterbrochen von längeren Krankheitsperioden. Schwester 3 Jahre, Stiefbruder 7 Jahre älter.
Besuch der Volksschule (bis zur 7. Klasse), Übergang zur Realschule (Mittlere Reife). Beginn der regelmäßigen Nachmittagsjobs, zuerst als Kindermädchen.
Besuch des Gymnasiums, Nebenverdienst durch Nachhilfestunden und Ferienarbeit.
Verlassen des Elternhauses und Zusammenziehen mit einem Freund.
Einschreibung an der Universität; das Studium wird jedoch nicht aufgenommen. Gelderwerb durch verschiedene Aushilfsarbeiten.
Übergang zur Pädagogischen Hochschule; zeitweise sehr intensives Studium und immer wieder Jobs; Studium wird nicht beendet.

Theorie und Wissenschaft, wie sie im Normalfall an der Hochschule vermittelt werden, waren für Hanne etwas, was sie sich nicht aneignen konnte. Sie selbst sagt "...mein Verhalten war einfach Ausweichen... vor dem, was da wirklich an Anforderungen is..."
Und sie selbst sagt auch, warum sie - unbewußt- geflüchtet ist:
"Ich kann mir nicht Raum im Kopf verschaffen, den ich nicht wirklich habe."
Hanne brauchte, nachdem sie ihr Studium abgebrochen hatte, zwei Jahre, um sich zu erholen. Sie überlegte, ob sie als Versandpackerin für 6.50 DM Stundenlohn arbeiten gehen sollte. Von irgendetwas mußte sie ja leben. Von dieser Basis wollte Hanne mit Hilfe der Wissenschaft wegkommen, - alleine. Die Wissenschaft an der Hochschule hat ihr dabei kein Stück weitergeholfen.
Ein Jahr, nachdem sie ihren Lebenslauf für mich aufgeschrieben hat, fährt sie zurück zu ihren Eltern, wohnt bei ihnen und geht ins Büro, arbeiten.

Ich habe Hanne durch die Hochschule kennengelernt, an der ich arbeitete. Das war vor zweieinhalb Jahren. Damals fühlte ich mich fremd in der neuen Stadt, an der neuen Hochschule und suchte Kontakt zu Frauen, zu Studenten und Studentinnen. Ich lernte Hanne und ihre Freundin Marianne kennen. Wir trafen uns häufiger außerhalb der Hochschule. Schließlich arbeiteten sie in meinem Seminar als studentische Tutoren mit. Das gab mir Sicherheit. Ich konnte ihnen meine Abwehr gegen formale Lernziele und die Vermittlung von dürrem Faktenwissen, die meinem Denken fremd sind, mitteilen. Das war zu jener Zeit sehr wichtig für mein Zutrauen zu mir selbst.

Marianne sagt, nachdem sie ihre Diplomarbeit abgegeben hat, daß sie meinen Widerstand jetzt noch besser begreifen kann; daß ich mich nicht anpassen konnte, mich nicht auf den vorgeschriebenen Raum für meine Seminarankündigungen beschränken konnte, sondern eben mehr Platz brauchte. Und daß ich auf den Konflikt zwischen meinem Bedürfnis nach inhaltlicher Gestaltung meines Seminartextes und der Norm, sich kurz zu fassen, sich auf formale Lernziele und logische Gliederungspunkte zu beschränken, nur mit Widerstand reagieren konnte. Mein Widerstand drückte sich darin aus, daß ich Schwierigkeiten hatte, ein paar kurze offizielle Sätze für den Aushang aufzuschreiben. Ich hatte den Drang, die konkretere und daher ausführlichere Information ans Brett zu schreiben, – das, was ich mir aufgrund meiner Erfahrungen angeeignet hatte und für wichtig hielt: das Konkrete, das sich hinter Begriffen und wissenschaftlicher Logik verbirgt.

Für Hanne und Marianne war der persönliche Kontakt zu mir eine Gelegenheit, eine Dozentin als Menschen in seinem alltäglichen Lebenszusammenhang kennenzulernen, – als Menschen, der Schwierigkeiten hat, und nicht alle subjektiven Empfindungen und Ängste auf den Begriff bringen kann. In der Hochschule mußten wir verschweigen, daß wir uns mochten. Wir durften uns nicht umarmen oder anfassen, wenn wir uns trafen. Hanne und Marianne hatten Anstand und Abstand als Ausdruck der herrschenden Disziplin und hierarchischer Strukturen innerhalb der Hochschule verinnerlicht. Sie handelten danach, indem sie mir ein verstohlenes Lächeln zuwarfen. Wenn es mir hin und wieder doch passierte, daß ich sie spontan umarmte, sagten sie "Paß auf, das darfst du nicht, das macht keinen guten Eindruck auf deine Kollegen". Ich habe mich trotzdem nie daran gehalten.

Damals wußte ich noch nicht, daß sie beide aus einer Arbeiterfamilie kamen. Davon erfuhr ich erst, als Hanne zusammenbrach und Marianne, – total fertig, zu mir sagte "Ich möchte nur wissen, was das für die Identität von Arbeitertöchtern bedeutet, so ein Hochschulstudium, – und, – wie ist das denn mit der Chancengleichheit? Ist das nicht eine totale Entfremdung?"

Hanne's Zusammenbruch folgte auf ein Semester, in dem sie, – vielleicht zum ersten Mal in ihrem ganzen Studium, – sehr intensiv studierte, sich traute, den Mund aufzumachen, ihre Kritik zu äußern. Sie traute sich den Abschluß ihres Studiums aufgrund dieser Erfahrung zu.

"Oh Mensch, Hannelore, ich glaube, ich werd das schaffen. Eigentlich freu ich mich richtig auf meine Abschlußarbeit. Ich werde demnächst zu dem (...) hingehn und mit ihm über mein Thema sprechen. Du, ich kann mir jetzt auch vorstellen, in die Schule zu gehn."

Wenig später erfahre ich, daß sie sich übernommen hat und von Freunden in ihrer Hilflosigkeit in eine psychiatrische Klinik gebracht worden ist. Es kostet mich tagelanges Kopfzerbrechen und schlaflose Nächte, bis es mir gemeinsam mit ihrem Freund gelingt, sie wieder herauszuholen.

In den Gesprächen mit dem Stationsarzt, in denen ich herauszufinden versuche, wie ihre 'Behandlung' aussieht, erfahre ich, wie die psychiatrische Wissenschaft, personifiziert durch den Arzt als ihren Vertreter, mich als grundsätzlich Unwissende behandelt. Meine Fragen werden abgewiegelt. 'Wir machen das schon, das müssen Sie uns überlassen'. Schließlich fragt er mich, ob ich von der Presse bin. Fragen sind nur von bestimmten Personen in dafür eigens vorgesehen gesellschaftlichen Berufen vorgesehen.

Ich darf Hanne nicht besuchen, nicht mit ihr sprechen. Nachdem ich ein paar Mal versuche, doch die Besuchserlaubnis zu bekommen, gebe ich mich einfach als ihre Schwester aus. Es gelingt mir, sie wenigstens ein paar Minuten zu sehen. Hanne kann nicht lange sprechen, sie ist von den Beruhigungsmitteln erschöpft und unfähig, sich über längere Zeit zu konzentrieren. Ich gebe ihr ein Buch, in das ich einen Brief gelegt habe. Darin schreibe ich ihr, daß sie nicht krank ist – auch wenn ihr das alle einreden wollen, – daß sie auf ihre Sinne, ihre Wünsche und Empfindungen vertrauen soll. In den Brief klebe ich ein Bild von mir, damit sie sich nicht alleine fühlt; mich vor Augen hat, wenn sie das Geschriebene liest. Später sagt sie mir, daß es sehr schön für sie war, dieses Bild in meinem Brief vor sich zu sehen, – dadurch sei ihr sehr anschaulich gewesen, daß es jemand gibt, der sie ernst nimmt.

In meinem Bekanntenkreis erfahre ich keine Unterstützung. Alle raten mir, die Finger davon zu lassen, haben Angst, etwas falsch zu machen, – haben mehr Vertrauen zum wissenschaftlichen Krankheitsbegriff als zu ihren eigenen Erfahrungen.
Sie geben zwar zu, daß es leicht ist, in eine Situation zu kommen, in der einem die eigene Lage aussichtslos erscheint, – aber bisher ist es ihnen gelungen, diese Gefühle in den eigenen vier Wänden zu halten, nicht öffentlich werden zu lassen. Schließlich haben sie Angst, gerade weil sie sich mit Hanne's Lage identifizieren.

Auch ich identifiziere mich mit Hanne. Auch ich erkenne mich in Hanne's verzweifelter Lage wieder. Aber ich habe gelernt, jemand nicht allein zu lassen, wenn er verzweifelt ist, sondern für ihn da zu sein. *Durch das eigene Dasein zu helfen.* Dieses Gefühl in mir war in meiner Kindheit und Jugend in Arbeiterverhältnissen gewachsen: die eigentlich immer vorhandene Existenzangst, arbeitslos zu sein, anders zu sein als der normale Bürger, auffällig zu werden, herauszufallen aus dem Ganzen. Unsere einzig menschliche Reaktion darauf: zusammenzuhalten, sich gegenseitig dagegen zu schützen, kriminalisiert oder als krank erklärt zu werden. Reaktion auf gesellschaftliche Arbeits- und Leistungsnormen, die einen krank machten.

Ich konnte meine Bekannten nicht davon überzeugen, daß unsere gemeinsamen Kräfte ausreichen, um jemand das Gefühl zu geben, daß er als Mensch beachtet wird; und daß jeder Mensch durch die herrschende Psychiatrie, deren Krankheitsbilder, deren Behandlung durch Medikamente und Elektroschocks krank und dumm gemacht wird, – solange, bis er seinem eigenen Verstand nicht mehr traut und seine Unmündigkeit akzeptiert. Wie ein Stück Holz behandelt kann kein Mensch Zutrauen zu seinen Fähigkeiten gewinnen.
Schließlich hatte ich durch mein Studium theoretisch bestätigt gefunden, daß Persönliches keine individuelle Charaktereigenschaft ist, sondern bedingt ist durch die gesellschaftlichen Lebensumstände, in denen jemand lebt. So daß das, was normalerweise als 'verrückt' und 'krankhaft' gilt, zunächst nichts anderes ist, als die normale Reaktion eines Menschen auf Verhältnisse, die ihn verrückt machen. Und ich hatte begriffen, was ich eigentlich aus meiner eigenen Erfahrung schon wußte: daß die Normen, denen jeder normale Bürger sich beugt, das Unnormale sind, das die Ent-

faltung der menschlichen Fähigkeiten eher verhindert als fördert und die Individualität jedes Menschen unterdrückt. Was ich durch mein Studium und die wissenschaftliche Theorie nicht gelernt hatte, war, diese Aussagen mit konkreten, eigenen Erfahrungen zu füllen und sie direkt praktisch auf mein Leben und meinen Erfahrungshorizont anzuwenden. Das war es auch, was meine Bekannten an meiner Art, Probleme zu behandeln, erschreckte. Die Konsequenz, mit der ich meine praktisch gemachten Erfahrungen mit theoretisch vermitteltem Wissen verband und danach handelte.

Als ich Hanne zusammen mit einer Studentin, die sie aus der Hochschule kannte, in der Klinik besuchen will, ist mir unbehaglich zumute. Sie ist sehr elegant gekleidet, benimmt sich mit zurückhaltender Vornehmheit. Wir fahren in ihrem Sportwagen. In der Klinik treffen wir Hanne's Eltern. Ich erkenne an ihrer Bescheidenheit, an ihren Gesichtern und Händen den Ausdruck ihrer Arbeit; sie haben ihr Essen und Trinken, das sie für diesen Tag brauchen, in einer Tasche mitgebracht, - frische Milch und belegte Brote - und warten darauf, mit Hanne sprechen zu können. Später erzählt mir die Mutter, daß die Fahrt sie und ihren Mann einen Arbeitstag gekostet und sie beide die verlorene Arbeitszeit nacharbeiten müssen. Um die Wartezeit zu überbrücken, macht die Studentin den Vorschlag, in ein Café zu gehen. Hanne's Eltern sind nicht sehr begeistert, sie haben, was sie brauchen, wollen zusätzlich zu den Fahrtkosten nicht noch mehr Geld ausgeben. Außerdem wollen sie lieber in der Nähe ihrer Tochter bleiben, haben Angst, auf ihrer Seite zu gehen, da sie sich doch nur wenig Räume von ihnen entfernt befindet. Es macht ihnen nichts aus, da zu sitzen und zu warten. Schließlich können sie sich dem wiederholten Vorschlag nicht entziehen und kommen mit. Beiläufig, - mehr um irgendetwas zu reden als aus Interesse, - fragt die Studentin Hanne's Vater "Was machen sie beruflich, wenn ich fragen darf?" Während sie die Frage stellt, führt sie die vorsichtig ein Stück Kuchen zum Mund. "Ich bin das, was sie da essen", antwortet Hanne's Vater mit einem Lachen im Gesicht. Als sie ihn irritiert anguckt, setzt er hinzu "Ich bin gelernter Bäcker". Ich weiß, daß er inzwischen als Lagerarbeiter arbeitet. Er vereinfacht die Sache, und hat dadurch seine Ruhe. Danach stellt sie keine weiteren Fragen an ihn.

Für mich war in dieser Situation zum ersten Mal ganz konkret geworden, was 'verkürzter' Sprachgebrauch bedeutet und welche Funktion er hat. Er ist Ausdruck der Abwehr gegen die herrschende Form, Fragen zu stellen, gegen die Enteignung der eigenen Existenzgrundlage durch die Herrschenden und die von oben hergestellte Sprachlosigkeit von Arbeitern. Er ist außerdem Ausdruck der unmittelbaren Identifikation der ganzen Person mit dem Gegenstand der eigenen Hände Arbeit.

In der konkreten Situation begriff ich, daß die Studentin aus einem wohlbehüteten, feinen Elternhaus für Hanne's Vater Teil der herrschenden Klasse war, die ihm den Wert seiner Arbeitskraft raubt und im Grunde auf Kosten seiner Existenz lebt. Er drückte in der verdichteten sprachlichen Form aus, daß sie ihn als Menschen mißachtete und daß er ihrem Interesse mißtraute. Eine Art Widerstand, wie ich sie von meinen Eltern und von mir selbst kannte, - konfrontiert mit Menschen, zu denen wir aufgrund ihrer gesellschaftlichen Klassenlage kein Vertrauen haben konnten; von denen wir uns in unserer Menschenwürde angetastet fühlen und ihnen daher ebenso - sinnlich faßbar - antworten.
Insofern drückt sich in dieser verdichteten, nach der herrschenden Logik 'verkürzten Sprache' eine qualitative Erfahrung unseres Lebens aus:

einerseits die Erfahrung der Entfremdung und der Enteignung uns zuste-
hender Arbeitsmöglichkeiten und Lebensmittel; andererseits die Identifikation mit einer Arbeit, die uns erlaubt, ein ganzes Produkt herzustellen
und uns ein wirkliches Bedürfnis ist; also zum Teil Identifikation mit einer Wunschvorstellung von erfüllter und befriedigender Arbeit, aber auch
mit der gemachten Arbeit selbst, - auch wenn sie bloßes Stückwerk, von
oben aufgezwungene Einzelteil-Arbeit ist.

Als ich mit der Studentin nach Hause fahre, sagt sie, daß sie Hanne ganz
falsch eingeschätzt hat, und daß ihr, nachdem sie jetzt die Eltern kennengelernt hat, so einiges klargeworden ist. "Die Hanne will so emanzipiert
sein, aber das kann sie doch garnicht, dazu fehlt ihr ja völlig die Basis."

Ich konnte ihr nicht sagen, wie recht sie hatte, daß Hanne mit ihrer Art
der 'Emanzipation' wirklich nicht mithalten kann.

Nach 2 Wochen hole ich sie gemeinsam mit ihrem Freund aus der Klinik heraus. Das gelingt uns nur, weil wir radikal fordern, daß sie entlassen
wird und uns nicht abwiegeln lassen mit Versprechungen. Wir weigern
uns, die Abteilung ohne sie zu verlassen. Trotz Androhungen, uns mit
Polizeigewalt von der Abteilung zu entfernen und der Erklärung des Sta-
tionsarztes, daß er rechtmäßig berechtigt sei, sie 24 Stunden gegen ihren Willen dazubehalten, rühren wir uns nicht von der Stelle. Auch Hanne, die sehr entkräftet ist, hält durch, hält sich an uns fest. Schließlich
sind sie einfach ratlos und entlassen uns alle drei mit guten Ratschlägen
und Anweisungen des Arztes, wie wir in den folgenden Tagen die hohe
Dosis an Beruhigungsmitteln reduzieren können. Als Hanne in meiner Wohnung ankommt, geht sie als erstes auf mein Bücherregal zu und nimmt
ein Buch heraus mit dem Titel "Sprachzerstörung und Rekonstruktion".
Wir beschließen, in den folgenden Tagen darüber zu sprechen.

Sie sagt "Du, ich weiß nicht genau, wie das gekommen ist, - ich weiß nur,
daß ich mich von allen möglichen Leuten beobachtet und nicht ernst genommen fühlte. Und daß ich dachte 'die wollen alle was von dir'". Und
dann dieser Satz, der sich, - weil sie damit bei ihrer letzten Arbeitsstelle in einem Arbeitsmedizinischen Institut zu tun hatte - in ihrem Kopf
festgefressen hat *"Tätigkeiten, die zur Krankheit führen: Arbeiter"*.

Zusammen mit den Schuldgefühlen gegenüber ihren Eltern, die ihr monatlich jetzt Geld schickten, weil die Förderung durch das Stipendium abgelaufen war, und hofften, daß sie bald fertig würde, - und dem Verhalten
ihrer Freundin, die sie immer wieder anstachelte, und als das nichts be-
wirkte, sie fallenließ, verdichtete sich Hanne's Situation zu einem einzigen Zusammenhang von Überforderung und dem daraus folgenden Gefühl
der Kränkung und Demütigung. Sie sah sich nur noch sich widersprechen-
den Forderungen und Bedürfnissen gegenüber:
einerseits Geld zu verdienen, um aus der Abhängigkeit von ihren Eltern
und von Freunden, die ihr Geld geliehen hatten, herauszukommen und
weiterstudieren zu können; andererseits dadurch kaum Zeit für das Studium zu haben.
Außerdem das mangelnde Zutrauen zum eigenen Können, die Angst, die
einen dann doch plötzlich packt, wenn es drauf ankommt, wenn's konkret
wird. Und der Widerstand, den besonders von der Mutter geplanten Aufstieg mit dem Abschluß des Studiums zu vollziehen, damit gleichzeitig die
eigene Klasse endgültig zu verlassen.
Das Verhältnis zum Geld ist bei Hanne wie bei vielen von uns dasselbe wie
das Verhältnis zur eigenen Körperkraft, zur Sinnlichkeit: wir gehen ver-
schwenderisch damit um, so, als hätten wir genug davon. Geld und kör-

perliche Arbeitskraft wird als etwas Unwichtiges gesehen, obwohl beides
gerade im Alltag des Arbeiterlebens das Handeln und Denken bestimmt.
Wir haben kein Verhältnis zu unserer Arbeitskraft, die wir für Geld verkaufen müssen und zum Geld. Beides erfüllt nicht unser Bedürfnis, zu
leben. Die Identifikation mit der Arbeit ist uns lebenswichtiger; und auch
die Menschen, mit denen wir arbeiten und leben, sind uns wichtiger. Wir
können uns nicht unbegrenzt prostituieren.

Hanne M. - 1. Gespräch im September 1977

Hanne sagt, sie hätte nie gewußt, mit welcher Perspektive sie studiert
hat. "Ich bin da vor lauter Angst und nich wissen, wohin, garnich hingegangen".

Als wir uns treffen, um zum ersten Mal seit langer Zeit über ihre Situation zu reden und das Gespräch aufzunehmen, ist Hanne still und in sich
gekehrt.

Seit ihrem Zusammenbruch ist ein halbes Jahr vergangen, - ein halbes
Jahr, in dem H. sich ausgeruht und die Zeit benutzt hat, um über sich
nachzudenken; ruhig zu werden und wieder zu Kräften zu kommen. Ihre
Situation ist für sie sehr schwierig, sie weiß nicht, wie es weitergehen
soll, wovon sie leben und wie sie alleine leben soll. Die Situation, alleine
zu leben, ist für uns besonders schwierig, "da waren immer andere Leute",
- wir sind nun mal gewohnt, im Zusammenhang mit anderen zu leben und
zu arbeiten; wir sind nicht auf Individualität und auf individuelle Leistungen hin erzogen worden; nachdem Hanne aus der WG zusammen mit ihrer
Freundin ausgezogen ist, hat sie in der Wohnsituation zu zweit ihre Abhängigkeit von ihrer Freundin als sehr belastend erfahren. Die dominie-
rende Art ihrer Freundin hat ihre Orientierungslosigkeit und Hilflosigkeit
noch verstärkt. Die ihr zugefügten Kränkungen und erfahrenen Demütigungen haben sie bewogen, auszuziehen, alleine zu sein. Jetzt möchte sie
nach K. zu ihrem Freund ziehen, um in seiner Nähe zu sein, sich sicher
und geborgen zu fühlen und dort ihr Studium beenden. Wie sie ihre Zukunft in die Hand nehmen soll, ist ihr in ihrer gegenwärtigen Situation
schleierhaft. Sie wartet auf Hilfe von außen. Hilfe, die nicht von irgendjemand kommen kann, sondern von einem Menschen, der ihr sehr vertraut
ist. Der einzige Mensch, dem sie in der gegenwärtigen Situation vertraut
ist, ist ihr langjähriger Freund. Mit ihm zusammen hat sie in der WG gewohnt,
und zusammen mit ihm hat sie sich durch Gelegenheitsarbeiten Geld verdient.

Unser Gespräch verläuft sehr vorsichtig und behutsam. Ich versetze mich
in Hanne's Situation und taste mich deshalb an den Gegenstand unseres
Gesprächs - Erfahrungen mit und in der Hochschule, Verarbeitung von
Erfahrungen und Zusammenhang mit der gegenwärtigen Situation - ganz
langsam heran, indem ich von dem ausgehe, was Hanne in ihrer jetzigen
Lebenssituation berührt.

Diese 'Methode' denke ich mir nicht bewußt aus, sondern ich gehe einfach
von dem aus, was ich aus meiner Erfahrung kenne. Ausweglos erscheinende Situationen waren bei uns früher Teil des Alltags. Die Reaktion darauf
war erst einmal, zuzuhören; dann: "laß ma, das kenn ich, - mir geht's
oft so wie dir". Mut machen durch Solidarität. So gehe ich in meinem Alltagsleben immer noch vor. Deshalb war es mir immer völlig unmöglich, aus
der Distanz, sachlich-objektiv an eine Sache heranzugehen. Ich gehe auf

ihre Niedergeschlagenheit ein, indem ich ihr von mir erzähle, oder indem ich versuche, sie in ihrem Denken und Fühlen zu unterstützen. Das geschieht intuitiv, indem ich mich in ihre Lage versetze, das heißt: Situationen darstelle, in denen ich in ihrer Lage war und zeige, wie ich das erfahren und verarbeitet habe oder gerne erfahren hätte. Da ist immer so ein Stückchen Wunschdenken drin, das ich ihr in der Situation vermitteln möchte, mit dem ich ihr Mut machen möchte, damit sie nicht so schwer nimmt, was sie bedrückt. Eine mir bekannte alltägliche Form der Solidarität, die äußerlich bleibende Fragen oder verallgemeinernde Belehrungen, verbietet; 'wie hast du dir vorgestellt...' oder 'warum hast du...' würden ihr Gefühl von 'nicht ein und aus wissen' nur noch verstärken, während Fragen wie 'Würdest du sagen, daß...' oder 'Du meinst also, daß...' der Person und dem Geschehen äußerlich bleiben und das Gefühl des Alleinseins, sich eingekreist und Verstricktfühlens in der eigenen Geschichte, also sich selbst überlassen zu sein, noch zusätzlich hervorrufen. Dieser Gesichtspunkt betrifft nicht nur die Gesprächssituation mit Hanne, sondern stand bei allen Frauen im Mittelpunkt: Dinge anzuschneiden, die einer theoretischen Logik meiner Arbeitsthesen oder eines Gesprächsleitfandens folgten, war mir in den seltensten Fällen möglich; wenn ich es aus eigener Unsicherheit über mein 'natürliches' Vorgehen trotzdem versuchte, stieß ich auf Widerstand, der sich in Denkhemmungen und Sprachstörungen oder gänzlicher Sprachlosigkeit ausdrückte. Oder mir wurde entgegnet, daß sie mir zuliebe erzählen könnten, was ich wissen wollte, aber daß das keinen unmittelbaren Nutzen hätte, keinen Spaß machte und sie sich nachher leer fühlen würden.
Die meisten Frauen wollten durch unsere Gespräche ihre Lage besser begreifen, unmittelbare Aspekte der Veränderbarkeit ihrer Situation und damit ihre Entwicklung ganz bewußt ansprechen (vgl. Einleitung). Ich nahm einen Gesprächsleitfaden überhaupt nur mit, um die widersprüchlichen Erwartungen der Frauen zu erfüllen: einerseits sie als Person in einer bestimmten Situation und mit ihren spezifischen Ausdrucksformen ernst zu nehmen, andererseits mich und die Gesprächssituation als Wissenschaftliche ernst nehmen zu können. -
Sie haben - wie ich - seit Jahren verinnerlicht, daß die Wissenschaft mit objektiven Fragen auftritt und der Forscher sich distanziert gegenüber seinem 'Objekt' verhalten soll. Auf diese wissenschaftliche Art, mit Menschen umzugehen, fielen wir manchmal zurück. Das geschah meistens aus Unsicherheit oder Angst vor der eigenen Erfahrungen.
Fast alles, was Hanne an diesem Tag sagte, sagte sie mit leerer, tonloser Stimme. Leider kann weder der Tonfall noch die Stimmung hier wiedergegeben werden, insofern ist das, was ich vom Band abgeschrieben habe, der lebendigen Situation gegenüber in gewisser Weise entfremdet.

Hochschule:
Ich bin da einfach nich hingegangen, -
und wenn, dann auch so vermittelt über andre Personen

Warten auf Sicherheit

H.: In Bonn hab ich gearbeitet, ja, ich hatte mich für Sprachen eingeschrieben, aber ... ja, 2 Semester. *Ich hab aber nichts gemacht. Ich war nur eingeschrieben. Ich hab nie den Dreh gekriegt, irgendwie, das wirklich mal anzugehn.* Da hinzugehn. Da hinzugehn. Ja, ich bin einfach in die Studienberatung gegangen und hab' ..., des hat mir mehr Angst gemacht, als daß mir das geholfen hätte. Ja, das war so: ich hatte nen Job und der

ging 14 Tage ins Semester rein, weil das mit meinem Bafög noch nich durch
war, und das hab ich denn erst nach 2 Semestern gekriegt. Und da sagte
er: 'Ja, naja, jetzt haben wir zwar schon angefangen, aber so schlimm is
das auch nich.' Und da sollt ich eben so ne Prüfung nachmachen, ne und
er wollte das dann nachgucken. Das hab ich dann auch gemacht, hab das
abgegeben, aber damit war ich auch verschwunden, ne. Bin dann nich
mehr hingegangen.
Du, ich weiß auch nich, also wenn ich so die andern sehe – jetzt gestern
hab ich noch mal mit ner, mit nem Mädchen gesprochen. Die studiert auch
in K. Erzählte se 'ja, jetzt muß ich noch mal zur Uni und meine Scheine
holen vom letzten Semester'. Das is alles so leicht, sieht das aus, so einfach, so natürlich, so selbstverständlich ne und – daß ich diese einfachen
Dinge einfach nich gemacht habe, is mir selber n Rätsel.
Irgendwie steht da..., muß da für mich auch dahinter stehen, daß ich im
Grunde jetzt dieses Studium oder auch das andere nicht mit nem bestim-
ten Ziel angegangen bin. Sonst hätt ich mich nich anders verhalten müssen.
Ich hab einmal ne Studentin kennengelernt an der PH. Da hatt ich das Gefühl: Mensch, der gehts ähnlich wie mir – die war damals im 7. Semester
ne, auch nur fürs Lehramt, also schon ein Semester drüber über diese
normale Zeit eben. Und wir war'n in nem Seminar und da sollten wir sagen,
im wievielten Semester wir sind. Ich war damals im 4. oder 5. Und da hab
ich so bei der gemerkt: Mensch, des kommt der unheimlich schwer über
die Zunge, überhaupt zu sagen 'im 7.' – und alle guckten 'was? Wieso denn?'
und die wurde auch unheimlich klein, als die das gesagt hatte und merkte,
die guckten alle so. Und ich merkte, wie die sich minderwertig fühlte auch
ne.
Und sagte dann 'naja, das is ja normalerweise ziemlich mutig zwar und so',
aber dann war se auch ganz still ne – die is dann auch weggewesen ne.
Hab se nich mehr gesehen. Aber das is es ja eben ne. Die Leute, die sind
ja dann auch weg, – also, die begegnen mir ja auch nich. Es sind eben
nur die andern.
Die, – die hörn denn auch einfach auf ne. (Schweigen)
Du, ich möchte auf alle Fälle, – vielleicht nich, um mich zu beweisen, aber
einfach, um mir zu sagen, also ich habs so, noch mal n Versuch gemacht,
– also das versuchen ne, mit dem Examen zu schaffen.
Ich könnte mir vorstellen, daß mir das Spaß macht, die Arbeit zu schreiben. Das is nach wie vor, da hab ich irgendwie garnich so Riesenangst
vor. Natürlich auch das zu können, jetzt finanziell und so ne.
Das is ne Sache des Selbstvertrauens, ganz stark, mein ich, nich nur, –
ne, aber das is mir klar.
*Und das hab ich im Moment nich ne. Also ja, ich drück das jetzt auch im-
mer aus, daß ich's versuche oder so, das beinhaltet, daß ich's nich schaffe, ne.*

Vier Monate später...

Schulzeit:
Träume vom Wert des Geldes

H.: ... Ich war bei Bekannten und irgendwie sind wir auf Träume gekommen, und dann hab ich erzählt, *daß ich früher öfters davon geträumt hab,
viel Geld zu haben* und mir überlegt hab, was ich damit machen würde ne,
– *und daß ich jetzt auch noch manchmal Lotto spiel* und auch irgendwo dieses – hm – Wunschdenken da is, oder daß ich mir manchmal ausmal 'wat
machste'n echt, wenn de ne Million hast' ne –

und früher war das so, daß ich sehr oft so, bevor ich einschlief, hab ich
mir vorgestellt, ich hätte sehr viel Geld, ne Million, - *das war garnich wichtig woher, das war dann plötzlich da*, das Geld ne, ich hab mir nich konkret überlegt, woher das kommen könnte oder so, ich hab ja damals noch
nich Lotto gespielt - ja, meine Eltern ham natürlich gespielt, ne Zeitlang,
und einmal hatte mein Vater auch was gewonnen, aber, die ham das mit,
mit 4 Arbeitskollegen zusammengemacht und dann blieb nachher für jeden
200,- Mark übrig, det war also nich viel ne, aber so potentiell war immer
die Möglichkeit da, es könnte ja mal.
Und ich hab dann immer gedacht, *erstmal hab ich mir überlegt, machste
was für deine Eltern*, schenkste denen n Bungalow oder kaufste denen n
Haus oder so ne, und als nächstes kommen meine Geschwister, denen hätt
ich, bei ner halben Million, vielleicht jedem so 5000.- gegeben und *wenn
ich dann dabei war, wat ICH nun eigentlich damit mache, dann war eigentlich schon Schluß, dann war ich entweder eingeschlafen und da war der
Traum zu Ende ne.*
Ich hatte zwar n gutes Gefühl, weil ich ja wußte, oder im Traum wußte,
ich hab dann viel Geld, - aber was ich damit machen würde, hatt ich mir
nie überlegt ne. *Wichtig warn eigentlich nur die Dinge, die ich so,erstmal
so für andre kaufen würde, - obwohl der Großteil bei mir blieb.*
Also so wär das auch nich gewesen, daß ich alles verschenkt hätte.Das hatte aber irgendwas damit zu tun, daß ich so das Gefühl hatte, ich könnte
mein Gewissen auch damit beruhigen oder so Schuldgefühle loswerden ne,
- kannste dir das vorstellen?

*Damit konfrontiert:
da sind Leute, die haben Geld.
Das hat mich tot gemacht*

<u>Die Verf.</u>: Wie alt warst'n da, als de das geträumt hast?

<u>H.</u>: Och, da bin ich zur Schule ge, - das kann so zwischen 10 und 15 gewe-
sen sein, vielleicht auch etwas später, ich weiß, daß die lange Zeit vorherr-
schend warn ne, von viel Geld.

<u>Die Verf.</u>: Da warste schon auf der Realschule?

<u>H.</u>: Ja, da war ich auf der Realschule. Und später dann auf'm Gymnasium.
Und als ich dann zur Tanzschule ging, da hatt ich auch, - das war mein
erster Freund, also das war der erste Junge, der mir n Kuß gegeben hatte,
- und der war, warn Architektensohn ne, und *dann kam das nochmal so ganz
krass, daß ich jetzt also wirklich damit konfrontiert wurde: da sind Leute,
die haben Geld.*
Der sagte dann 'was hat du denn für ne Decke in deim Zimmer!' Ach ja,
das war die Zeit, als meine Schwester schon, ich glaub, die war schon verheiratet und ich hatte das erste Mal alleine n Zimmer ne, da muß ich so 17
gewesen sein ungefähr - und der fragte mich dann irgendwann 'was hast
du für ne Decke in deinem Zimmer?' - und ich sag 'ne ganz normale, ne ge-
kalkte weiße Decke' -, 'ja, also ich, meine is mit Holz getäfelt' und so ne.
Und da hat er so sein Zimmer beschrieben. *Und da konnt ich überhaupt
nix mehr sagen.*

<u>Die Verf.</u>: Habt ihr darüber gesprochen - zu Hause war der nie?

<u>H.</u>: Nein, nie! Wir ham uns im Bus gesehn, wir sind im gleichen Bus zur
Oberschule gefahrn. Ja, und als er dann da anfing, sein Zimmer zu beschreiben, da wurd ich ganz still.

Das hat mich tot gemacht ne. Da fühlt ich mich, – ich konnte nichts dagegen setzen.
Und ich war damals noch nich soweit, daß ich sagen konnte, mir is das egal, denn es war mir ja nich egal ne. So Dinge war'n ja wichtig für mich, die ham ja meine Wunschvorstellungen beherrscht.
Aus so'm Mangel heraus sicherlich auch.

Aber komisch is das doch schon, daß ich so als ersten Gedanken so hatte: n Haus für meine Eltern oder für die irgendwas und dann was für meine Geschwister. Und irgendwo hat mir das auch so ne Befriedigung verschafft, diese Vorstellung allein, ich könnte was für die tun.

Proletarischer Lebenszusammenhang:
Arbeit der Mutter und des Vaters
Meine Mutter hat uns lange Zeit ... ernährt, war nie krank
Mein Vater war Gelegenheitsarbeiter,
lange Zeit krank, hat wenig Stempelgeld bekommen;
der hat eigentlich nie für sich Geld gehabt

H.: Vielleicht liegt das auch daran, daß meine Mutter sicherlich uns Kindern immer vorgehalten hat 'guck ma, was ich für euch tu, Papa tut ja nix, wenn's nach dem ging, dann würdet ihr garnix werden ne, da würden wir ja überhaupt nich weiterkommen, da würden wir nichts anschaffen können', – zumal der auch früher so lange krank war und nichts verdient hat und wenig Stempelgeld. *Meine Mutter uns ja auch im Grunde ernährt hat, von ihrer eigenen Arbeit: die hat geputzt und gewaschen.* Das war damals 50 Pfennig in der Stunde ne, die die gekriegt hat und dann hat sie natürlich öfter so Gebrauchsgegenstände, also Essen oder auch mal Kleiderstoffe – sie hat damals für meine Schwester und für mich immer genäht ne. –

Die Verf.: War dein Vater da Lagerarbeiter oder noch Bäcker?

H.: Nee, als Bäcker hatte der hier nach der Flucht überhaupt nich gearbeitet, der war damals auch im Torf und so Sachen ne, hat da so zwischendurch mal so Gelegenheitsarbeiten gemacht.
Die ham sich da in Ostfriesland kennengelernt und da zusammen im Torf gearbeitet, richtig so Torfstechen beim Bauern. Und danach wurde er dann eben krank, und das müssen ziemlich lange Jahre gewesen sein, bestimmt 7 Jahre oder mehr ne – mit n Nieren, dem wurde ne Niere rausgenommen, – ja, meine Mutter hat in der Zeit gearbeitet und das, diese Vorhaltungen haben natürlich auch nachgewirkt, warn nich nur in der Zeit da, sondern vor allen Dingen später eben ne, 'wenn ich nich für euch...' und so ne. Das wäre für mich eine Erklärung, weshalb das mit den Schuldgefühlen war bzw. dann so'ne Befriedigung 'jetzt kann ich was für die tun' ne.

Die Verf.: Du hast ja gesehn, wie die sich abrackert ne, – nich nur, daß sie was sagt, sondern auch, wie sie aussieht.

H.: Ja, das hat die wirklich, – ja hm. Hhm. Und der Vater hat ja auch nichts gemacht ne, der hat ja auch den Haushalt nich gemacht ne, –

Die Verf.: Das hat sie noch gemacht, wenn sie nach Hause kam?

H.: Ja, ja, wir warn noch zu klein.
Damals hat mein Opa noch bei uns gelebt, – da hatten wir so ein großes Zimmer für meine Eltern, mein Opa und die drei Kinder. Also 6 Leute warn wir ne. Ja, und des wurde dann durch so'ne Pappwand abgetrennt, so daß

also Schlaf- und Wohnzimmer war und in diesem Schlafzimmer ham wir auch zu sechst geschlafen. Und, ja, mein Opa hat dann, der hat gern ein' getrunken und Karten gespielt und so, und da is mein Vater dann manchmal mitgegangen, der hatte überhaupt, zu der Zeit hatten wir eigentlich relativ viel Bekannte, auch so arme Leute und hauptsächlich auch Flüchtlinge ne, –
Meine Mutter hatte sich so dagegen gewehrt, so diese besoffenen Männer dann bei sich zu haben und hat die irgendwann alle rausgeschmissen, wollte nich in Verruf kommen ne. Ja, mein Vater, der hat dann wohl mal mitgetrunken, dann war er vielleicht auch mal besoffen, aber er hat sich immer so mitziehn lassen. Er hat auch kein Geld da ausgegeben ne. Und wir hatten ja auch kein Geld, das so versoffen werden konnte ne, überhaupt nich. Und *der hat eigentlich nie für sich Geld gehabt.*
Ja, und dann hat mein Opa das wohl immer für ihn bezahlt oder die andern. Also er hat dann da so mitgemacht. Ich kann mich auch erinnern, daß da immer so drei, vier Männer warn. Daß die auch immer tagsüber in der Wohnung warn und wir Kinder sind dann rausgegangen und einmal, da muß ich ziemlich klein noch gewesen sein, da hatt ich Hunger und hab, wollt mein Vater um n Stück Brot bitten. Wir durften nich alleine an n Brotschrank ran. Das seh ich im Moment genau vor mir, das war so ne Tür, war so'n alter Küchenschrank und eine Tür, da war das Brot drin ne. *Ich hatte unheimlich Hunger. Und ich hab ihn gebeten, mir n Stück Brot zu geben und ich war ihm einfach lästig. Und da hat er mich eingesperrt in das Schlafzimmer ne.*
Da seh ich eben immer noch, daß er da mit diesen andern Männern zusammen war, mein Opa war auch dabei.
Dann kam meine Mutter, –
sicher hab ich auch was zu essen gekriegt.

Die Verf.: Du sagtest, der Vater hat nichts gemacht und deine Mutter hat alles selber gemacht, abends noch – weil ihr zu klein wart. Wie alt warst du da?

H.: Das war von meiner Geburt bis zum 1.Schuljahr, die Zeit ham wir im Grund in dieser Wohnung gewohnt.
Die Träume, die warn ab 12.

Die Verf.: Zu der Zeit hat dein Vater schon wieder gearbeitet?

H.: Ja. Ja. Hm.
Der hat dann diesen Job gekriegt ... das hing zusammen mit unserem Umzug von G. nach W., meine Großeltern, die Eltern von meim Vater hatten da dieses Siedlungshäuschen, meine Oma hat damals diesen Schlaganfall gekriegt, meim Opa ging's auch nich so gut, und deshalb sind wir umgezogen, – *meine Mutter is 3 Jahre jeden Tag mit'm Rad hin- und hergefahren, das warn so 7 km, also jede Strecke, um da den Haushalt noch zu machen und auch, um die zu verpflegen, bis das dann nich mehr ging, und sie das auch nich mehr konnte, das war auch ziemlich anstrengend für sie.*
Und dann sind wir umgezogen. Ich war im 1.Schuljahr, gerade eingeschult gewesen und dann in ne neue Klasse gekommen. Und dann hatte mein Vater auch die Arbeit und meine Mutter hat dann nich mehr gearbeitet, sondern die hat dann den Haushalt gemacht, meine Oma war dann gelähmt und konnte nich mehr laufen. Mein Opa war auch zuckerkrank und so, und der hatte so offene Beine, die mußten immer gewickelt werden. Das hat meine Mutter immer gemacht. Die war die Krankenpflegerin ne. Meine Mutter war nie krank. Meine Mutter war einmal krank, da kam se auch ins Krankenhaus, da ging ich aber auch schon zur Oberschule, da hat se sich auch

sehr stark gegen gewehrt, ins Krankenhaus zu kommen.

Erfahrungen mit den 'Besseren':
Geld und Arbeit, alles ... dienende Frauenarbeit

H.: Jetzt mit dieser Familie ist auch so ne ganz besondere Sache da: meine Schwester hatte angefangen, *da war die 12 oder 13, die hat angefangen, auf die Kinder aufzupassen, die hatten sechs Kinder.* Aber sind eben, so, ham n großes Geschäft, und so ja, *dann kam ich und jetzt meine Mutter.* Und das war damals auch so: wenn ich gesehn hab, was die Kinder alles hatten, daß die n großes Auto hatten, du, das war unheimlich toll für mich ne. Und auch unerwartet gleichzeitig. Ne Riesenwohnung, n eigenes Haus. 6 Mark in er Woche hab ich da gekriegt.

Die Verf.: Ich hab eingekauft für andre Leute, oft, ja! Du auch?

H.: Nee, das hab ich nich gemacht.

Die Verf.: Das fand ich gemein!

H.: Für Geld?

Die Verf.: Ja, ich hab, – ja, für 10 Pfennig oder für 50 Pfennig. Es war allerdings... Ja, so im Alter von 11 bis 14.

H.: So aus der Nachbarschaft?

Die Verf.: Ja, da hatt ich dann eine Frau. Da mußt ich immer sonnabends Großeinkauf machen. Da kriegt ich dann 2 Mark oder so. Aber das war Schlepperei ne.

H.: Aber *die Arbeit, du,* mußt dir mal vorstellen: *alles so dienende.* Ja, auch typische Frauenarbeiten ne.

Die Verf.: Auf Kinder aufgepaßt hab ich manchmal, aber dafür gabs kein Geld.

H.: Das find ich auch typisch ne.

Meine Schwester ist strenger rangenommen worden... wenn's
ums Helfen ging im Haushalt... die eine studiert, die andre wird Hausfrau

Die Verf.: Haste denn nich mithelfen müssen... als Kind oder später?

H.: Ja, damals in G. war ich ja noch zu klein, später ja, aber nich allzuviel. Ich hab mich, ich hab mich da auch manchmal n bißchen gedrückt. *Meine Schwester is da,* erstensmal, weil die älter war und, *die is auch n bißchen strenger rangenommen worden insgesamt ne, eben auch, wenn's ums Helfen ging im Haushalt ne.*
Und dann zeichnete sich das auch schon so ab, daß ich eben weiter zur Schule ging, weil meine schulischen Leistungen so gut warn und meine Schwester eben nich ne. Und dann war das so'ne Rollenverteilung bei uns, *weißte, die eine studiert und die andre wird Hausfrau.* Also ham wir auch die Tätigkeiten gemacht. Mir wurde immer gesagt 'geh ma nach oben und mach deine Schularbeiten, die E. kann ja helfen'. Das war bestimmt auch beschissen für meine Schwester ne.
Och, ja, Abwaschen, Tischdecken; im Garten sollten wir manchmal helfen, aber da, ich hatte eigentlich auch nie große Lust, meiner Mutter zu helfen, weil die sagte das zwar 'nun mach doch auch ma was!' – gab uns auch

n Putzlappen in die Hand und guckte dann. Und wenn ich dann was gemacht hab, war se im nächsten Moment da und hat mir das Dings aus der
Hand gerissen und manchmal sogar um die Ohren geschlagen und gesagt
'so wird das nich gemacht, komm', ich mach das alleine!' oder so ganz genau 'so und so wird das gemacht' und dann hab ich natürlich auch versucht, mich zu drücken, wo ich kann. Im Garten war des eigentlich genauso, das is auch so kennzeichnend für sie: sie macht n schlechtes Gewissen und sagt 'guck ma, was ich alles mache', aber wenn man wirklich
was machen will, will sie das garnich ne. Daraus resultiert ja auch ihr
Selbstbewußtsein und ihre Bestätigung ne, daß sie das dann sagen kann
'ich mach ja alles alleine'.
Ja, das mit dem Traum war so jeden Abend. Das war so fast mein Schlaf-
mittel. Aber wie gesagt, -... nie war klar, wo das Geld herkommen sollte.

Wichtig in dieser Zeit waren auch Männer bzw. Jungen, eben dieser eine,
von dem ich dir erzählt habe, da, mein Tanzpartner und, - da hab ich,
glaub ich, auch sehr viel von geträumt. Von nem schönen Mann und ach
ja, von ner breiten Brust hab ich immer geträumt, von ner breiten be-
haarten Brust, an die ich mich anlehnen konnte, wo ich dann geborgen
wär und so. Ich glaub, das ging auch mit dem Geld zusammen, aber das
is nich mehr so da wie die Sache mit dem Lotto ...

Meine Mutter sagte 'ich muß ja alles machen' -
ich weiß garnich, ob sie das kann, sich anlehnen

Die Verf.: Hat deine Mutter sich anlehnen können?

H.: Nee, ich weiß auch garnich, ob die das überhaupt kann ne. Sich irgendwo anlehnen, weil sie eben immer diejenige war, - und das sich auch
bestimmt so verfestigt hat, - das is ja jetzt auch noch so bei den beiden,
daß sie eben macht und tut, und mein Vater eben nachzieht.
Sagte meine Mutter auch immer 'ich muß ja alles machen', dann sagte er
manchmal schon so richtig kleinlaut im Grunde genommen 'ja, ich verdien'
doch auch mein Geld ne, davon leben wir doch auch!' Und dann sagte sie
so, als wenn das schon das letzte wär '... ja, das is ja wohl auch das letzte! He! Das is ja wohl deine Pflicht!' So, ne.
Kannst du dir das vorstellen? Sowas überhaupt zu erwähnen, das is ne
Selbstverständlichkeit, daß der Mann das Geld verdient. Später wurde
das dann so, daß er eigentlich ganz gut bezahlt wurde und, ähm, wie gesagt, meine Mutter dann ne Zeitlang nich arbeitete - und als meine Großeltern dann gestorben warn, hat sie auch wieder gearbeitet, aber da hat
sie natürlich weniger verdient,er hat dann immer den Hauptteil nach Hause gebracht ne.
Die Verf.: *Und diese Qualität, die Qualität,die mir an der Hochschule fehlt,*
ist die Qualität meines Lebens früher. Guck ma,früher war für mich Studium,
das war immer so viel mehr an meiner Umgebung orientiert.Das mit dem Zimmer und mit dem Staubwischen is im Grunde bißchen ähnlich mit dem Studium,
so Platz schaffen - und auch...über andre Sachen reden können. Das war also garnich Aufstieg, ich wollt garnich aufsteigen, glaub ich, sondern ich
wollt einfach auf er Horizontale weg-laufen können, das war garnich, daß
ich da Treppen hochmarschieren wollte.
Das wird aber draus - wir können uns nur Platz schaffen, indem wir in die
nächsthöhere Ebene gehen, individuell, - weil es auf unserer Ebene keine
Bewegung gibt, - Sobald wir uns mehr Spielraum einräumen wollen, ma-
chen die herrschenden Verhältnisse daraus Aufstieg und ungeheuren Ein-

432

satz unsrer Arbeitskraft. Das kann garnich anders funktionieren.

H.: Ja,ja, (sagt die ganze Zeit über immer wieder: ja) das hat aber was mit Unabhängigkeit zu tun dann ne, und so, sich frei machen von Ballast, der da dranhängt. Das is bei mir nämlich auch so.

Die Verf.: Und da hatt ich aber nie das Bild, daß ich wo hoch muß, um frei zu sein, sondern: ich wollt nur aus einem Zimmer rausgehn, -und dazu muß ich doch nich unbedingt Treppen hochgehn.

H.: Nee, kannst sogar Treppen runtergehn.

Die Verf.: Das is mir nachher erst, - daß, Tatsache, mich da jemand die Treppen hochschickt und dabei bin ich auch selber hochgegangen. Das hab ich garnich, ja, und diese Art von Qualität auch, von, dies ganze Zusammenleben, dieses enge, dichte und, und, sich Raum schaffen, das is ne Art von Praxis, die mit meiner Art von Theorie zusammenhängt, - also is als Motivation und - *wenn ich mir durch Theorie Freiheit verschaffe, dann is die ja verbunden mit dem, was ich vorher praktisch erlebt habe ne, und immer unmittelbar damit verbunden* , - und das muß doch dann für mich anders aussehn, als für jemand, der aus ner andern Familie kommt, also für den muß Praxis auch was anders beinhalten.

Theoriebedürfnis:
sich Raum schaffen, Alleinsein,
Zeit haben hat sich als Illusion erwiesen

H.: Mir fällt grade ein, - also dieses mit dem Alleinsein: vorher war eben, - so'n ganz dichter Zusammenhang und auch dieses Beobachtende dabei, du konntest eigentlich nichts unbeobachtet tun, wurdest kontrolliert, auf Zeiten festgelegt, und jetzt is es so, daß da garnichts mehr is in der Beziehung. Ja, im Grunde, du lebst jetzt so und ich auch, daß es eigentlich ins Gegenteil fast umgeschlagen ist, nämlich nich in Beziehungen, wo ja auch ne gewisse Kontrolle noch immer is, sondern alleine. Und das heißt ja auch was. Und ich glaube auch nich, daß das von ungefähr so is, daß wir beide .. allein leben. Daß Beziehungen, Partnerschaften oder Ehen scheitern oder auch aus andern Gründen .. ich meine auch, daß das n Hintergrund hat und vielleicht auch eben in diesem was vorher war ne. Daß da eben nie die Möglichkeit war, wirklich mal was für sich zu haben, für sich zu machen. Daß ich nie ich selber sein konnte, - und ich glaube, daß das bei mir auch n Nachholbedarf is oder daß das überhaupt jetzt ne notwendige Entwicklungsphase is, damit ich mal, ja, mir Raum lassen kann ne, für mich selber aber. Und dann bin ich so zeitweilig auch garnich in der Lage, auf andre einzugehn.

Die Verf.: Also insofern is Studium und Theorie, da muß ja in Begriffen, die ich mir aneigne, in Theorien, muß das ja immer drin stecken; mir Raum schaffen wollen. Jetzt is es aber so, daß ich gemerkt hab, das is garnich drin. *Der Raum, den ich brauche, is in der Theorie garnich enthalten.*

H.: Im Gegenteil, die Theorie kann dich sogar noch wieder einschränken und dir Zeit und Raum und Freiheit nehmen.

Eine Theorie für das eigene Leben entwickeln

Die Verf.: Auch dieses Zeitbedürfnis, mit Zeit nehmen und Raum, das Stu-

dium läuft ja nach ganz andern, läuft ja nach ähnlichen Zeitnormen wie die
Fabrikarbeit - und zack, zack, zack, - also is ne andre Vorstellung eigentlich, die ich hab von dem Ganzen, auch dies mit dem: mir Raum schaffen
und alleine sein können, hab ich mir auch nich so vorgestellt, daß ich tatsächlich dann total alleine bin (wenn ich mein Bedürfnis, mit dem ich ans
Studium rangegangen bin, nicht aufgeben will). Und ich hab immer gedacht
'na ja, dieses Gefühl doch noch mehr, da is jemand irgendwo und man kann
da mal hin, aber s is ja jetzt nich so, also ich hab das Gefühl ja nich.

H.: Da steckt eigentlich schon sehr viel drin, was wir jetzt gerade sagten.
Das empfind ich jedenfalls. Daß das alles ja ne Menge Freiheit war, wenn
auch keine bewußte. Ich glaub nich, daß unsre Eltern so darauf hingear-
beitet ham, uns unfrei zu halten, - im Gegenteil, die wollten ja, daß wir
selbständig werden und uns durchsetzen. Ich hab die ganzen 6 Jahre,mein
Verhalten war einfach Ausweichen, ne Flucht davor ne. Vor dem, was da
wirklich an Anforderungen is. Aber unbewußt ne.

Die Verf.: Also is das, - ja unbewußt, und teilweise ... so'n ohnmächtiger
Widerstand gewesen, - is es eigentlich immer noch, teilweise.

H.: Ja.

Die Verf.: Ich hab versucht, das, was ich als Widerstand aufgebaut hab,
irgendwie auch theoretisch durchzubringen, mich damit durchzubringen.

H.: Gefühlsmäßig, was alles abläuft und das is mit den Begriffen, die da
vermittelt werden, nich faßbar ne.

Die Verf.: Weißt du, ich denk mir, bestimmte Sachen hab ich nur begreifen
können von zu Hause her, daß wir das begreifen können ohne dieses Mittel
bürgerlicher Theorie, wenn wir ja mehr Abstand hätten einbauen können
auch kollektiv, und es gibt ja Situationen, wo Arbeiter das haben.Es gibt
Situationen, also ich mein, daß diese Dichte und dieses sich gegenseitig
Zerstörende kommt, weil Arbeiter ja ständig unterdrückt werden von Bürgerlichen, von bürgerlicher Öffentlichkeit, vom Arbeitgeber und so. Und
wenn das nich wär -, so schaffen se's aber nich, und jetzt kommen die Bürgerlichen und sagen 'ja,ja, - is ja auch ganz klar, das könnt ihr ja auch
nich und hier, bitte, unsre Theorie - die müßt ihr euch aber schwer erarbeiten', - bitte, unsre Theorie, 'aber schwer erarbeiten', - das sagen sie
aber nur hinter vorgehaltener Hand, - ins Gesicht tun sie ja so, als sei's
für jeden leicht zu schaffen.

H.: Ich glaub, daß da unheimlich viel an Kräften und Möglichkeiten und
Fähigkeiten schlummert, die einfach durch diese Lebensumstände, also in
er Arbeit und räumlich und materiell nich rauskommen können, - oder dann
eben so zerstörerisch ne.
Ja, ja, das sind ja auch die linken Intellektuellen, die die führenden Kräfte
sind, - ja,ja, genau, das is das ...

Die Verf.: Die ham insofern ja ne ganz traditionelle Funktion ..

H.: Ja,Ja.

Die Verf.: Und wenn die's nich anbieten und reinpropfen,dann is in ner
normalen Situation nur der Weg, daß n Arbeiter aufsteigt und sich hoch-
rackert und Theorien lernt, - und das is ja'n beschwerlicher Weg.

H.: Und dann eventuell sogar selber diese Funktion einnehmen kann, und
den andern nämlich sagen kann, wo's lang geht.

'Ich denk, ich mach sowieso das, was ich mach' –

Die Verf.: Is'n das mit der Zukunftsperspektive für dich immer noch so wie vor Monaten?

H.: Es is so, – daß ich ruhiger und gelassener dem entgegenseh als vor n paar Monaten. Und mich nich mehr so sehr unter Entscheidungszwang fühle, sondern ich weiß, daß ich, ja, ich denk, ich mach sowieso das, was ich mach, – auch wenn ich's noch nich so ausdrücken kann oder noch nich so genau weiß.
Das hängt ja auch nich nur von mir alleine ab, kann ja auch nich mich überschätzen, hängt ja auch von andern Dingen ab.

Die Verf.: Aber das mit dem *Studium aufgeben,* das steht schon fest?

H.: *Ja.*
Ich werde mich nächstes Semester nochmal einschreiben ... es is einfach, ich denke auch so, Hannelore, *wenn ich* jetzt irgendwie meinetwegen n Job habe oder sonst wie *gefragt werde ... 'ja, was sind Sie denn von Beruf?'* ne, *kann ich immer noch sagen 'Studentin', das gibt mir ne Sicherheit,* wirklich, *weil ich weiß, daß das wichtig is, irgendwas sagen zu können.* Wenn ich die nich mehr habe oder nur jetzt als ein Beispiel, dann möcht ich gerne irgendwas andres dafür setzen können, weil ich weiß,daß ich so unabhängig nich bin und so stabil. Und auch hier in diesen Zusammenhängen lebe. Irgendwo is das auch immer noch so'n bißchen meine Identität oder das gehört auch noch zu mir dazu ne, daß is auch ne Sache, die nich abgeschrieben is, die Jahre ..., die gehörn einfach zu mir dazu ne.

Die Verf.: Weitermachen ..?

H.: Wenn ich mir überlege, also erstmal weiß ich, daß das sehr hart werden würde und d.h., ich müßte mich jetzt wirklich darauf konzentrieren und das kann ich ja im Moment auch nich. Sobald ich wieder studier, kann ich ja nich jobben, – und soviel im Jahr arbeiten, daß ich davon leben kann, das geht auch nich. Das würde mir zuviel werden. Mit meinen Eltern, das würd auch auf keinen Fall gehen, das kommt alles nich in Frage; und so wichtig is mir das nich, daß ich jetzt dafür bestimmte Dinge, nachteilige Dinge in Kauf nehmen würde. *Ich weiß, daß ich auch anders leben kann und anders glücklich sein kann, ohne daß ich mein Examen mache.* Obwohl das nach außen hin schon ganz gut wäre, auch für mich, so'n Staatsexamen. Aber dafür mach ich mich nich kaputt oder nehme wieder Abhängigkeiten in Kauf, wo ich weiß, die werden mich verunsichern. Und das zieht mehr nach sich als daß ich da n paar hundert Mark kriege.

*Selbstbewußtsein –
das war das, was ich mir gekauft hätte für Geld*

Irgendwie *hat das auch immer was mit Selbstbewußtsein* zu tun oder so, *weißte, früher die Leute, die Geld hatten, die traten oder treten ganz anders auf als meine Eltern ne.* Hast du auch ma erzählt von deim Vater, wie er dann so unterwürfig irgendwas fragt oder um was bettelt, – und die hatten das einfach nich nötig ... *das war n ganz andres Verhalten, und das hab ich mir auch damit gewünscht, – so zu sein, so zu werden. Das war das, was ich mir dafür gekauft hätte, für das Geld, was ich nie zu Ende geträumt hab.*

Die Verf.: Und was is jetzt, was is Geld jetzt für dich?

H.: Ne wichtige Sache erstma ne. Und ich denke dann, so Geld, da denk ich in erster Linie daran, so jeden Monat zu kaufen, was für mich wichtig is, - also Essen, meine Miete hier zu bezahlen und, ja, so leb ich eigentlich immer noch, so viel mehr is da noch nich rausgekommen,ne, und im Moment is das für mich schon n Fortschritt, daß ich eben nich so um Morgen bangen muß ne.

Ich träume jetzt Träume, die ich selbst verwirklichen kann

Die Verf.: Und wie ham sich deine Träume verändert?

H.: Du, *ich träume jetzt realer.*
Meine Träume ham meistens was, also jetzt wirklich meine Träume, wenn ich schlafe und träume, s gibt natürlich auch noch so andere Sachen,aber das kommt gleich, - die ham meistens was mit meiner Wirklichkeit zu tun. Ich merke auch, daß ich ganz bestimmte Dinge wirklich verarbeite im Träumen, oder aber auch Ängste hochkommen lassen kann nachts, wenn ich schlafe, also dann beängstigende Träume habe. Aber die ham immer einen Bezug zu mir, zu meiner Wirklichkeit, zu meinem Alltag - das war ja vorher überhaupt nich, nee, das war ja, das warn ja Illusionen, völlig abgehoben ne. Und das hat sich verändert.
Doch, sicherlich hab ich Wunschträume, aber dann gehn die immer in so kleine Dinge, die ich mir wünsche, weißte, dann is das keine gebratene Wildsau, sondern ne Taube oder n Spatz ne,so, - mehr in der Größenordnung. Jetzt im Moment hängt das wieder speziell so mit dem zusammen, was ich mit der Wohnung vorhab, daß ich da n schönen Schrank haben möchte, und dann mal ich mir das aus oder mit den Regalen, die bau ich mir dann selber. Das sind *Träume, die ich dann z.T. selber verwirklichen kann* ne. *Ich kann die jetzt greifen* und die hängen nich in n Sternen. Ich würd auch sagen, daß das neu, ja, so ne Entwicklung is, ja, die was mit Selbstbewußtsein oder mit Ausprägung von Selbstbewußtsein zu tun hat und daß sich das da niederschlägt ne.
Das sind auch Dinge, die ich selber anpacken kann.

Freiheit, - das bin ganz groß ICH im Moment

Die Verf.: Wie sieht n für dich Freiheit (jetzt) aus? Was ist es, was du an die Stelle von Studium setzt?

H.: Ja, ganz groß ICH, wirklich im Moment .. ich kann mir gut vorstellen, daß das wieder so'n bißchen, - daß ich dann einfach satt bin ne, wirklich mich satt gegessen habe und dann andre Dinge auch wieder stärker in Angriff nehmen kann, - eigentlich is das n bißchen ein Rumsuchen und auch Ausprobieren, jetzt Möglichkeiten auszuprobieren ..
Und dabei mich selber kennenlernen, - auch wieder so'ne Richtung finden und so'n konkreten Weg. Und wo mich dann nich so leicht so'n Windstoß umhauen kann.

Du, ich glaube, daß ne Veränderung laufend stattfindet ne, -
daß es nur darum geht, also eben irgendwie denn die bewußt steuern zu können und irgendwie selber so in die Richtung zu bringen, die wir auch wolln oder die jeder einzelne will. Ja, oder das is so, daß du von, so von der, von deiner inneren Substanz einfach immer mehr abgibst und dich

dann so auflöst, in so'm Auflösungsprozeß befindest, das gibt ja auch ne Veränderung ne.
Der rote Faden bist DU eigentlich ne. In deiner widersprüchlichen Entwicklung, da is irgendwo n Faden und wenn der noch n paar Mal n Haken schlägt oder dann wieder runtergeht und dann wieder hoch, oder sonst irgendwie ne, – bist du im Ganzen, nich nur mit deim Bewußtsein.
Wenn ich jetzt meinetwegen auf die vergangenen 26 Jahre blicke, is nich nur ,– *der rote Faden in mir oder in meinem Lebensweg is nich mein Bewußtsein über meine Entwicklung, sondern is die Entwicklung an sich mit allem, mit allen Erlebnismöglichkeiten, Bewußtsein is nur eins davon. Das is der Kopf.*

Literaturverzeichnis

GRUNDLEGENDE LITERATUR ZUM VERHÄLTNIS VON ALLTAGSERFAHRUNG/
-BEWUSSTSEIN,SINNLICHKEIT, ARBEIT UND WISSENSCHAFT

W.F. Haug (1973), Was soll materialistische Erkenntnistheorie?, in: Das Argument 81/1973, S.559-573

G.W. Hegel (1975), Die sinnliche Gewißheit oder das Diese und das Meinen,
in: Phänomenologie des Geistes, Frankfurt 1968

A. Heller (1975), Theorie und Praxis: ihr Verhältnis zu den menschlichen
Bedürfnissen, in: Individuum und Praxis, Frankfurt 1975

A. Heller (1976), Theorie der Bedürfnisse bei Marx, VSA 1976

K. Holzkamp (1972), Kritische Psychologie, Frankfurt 1972

K. Holzkamp (1973), Sinnliche Erkenntnis - Historischer Ursprung und gesellschaftliche Funktion der Wahrnehmung, Frankfurt 1973

K. Marx (1968), Frühschriften, Stuttgart 1968

Marx/Engels (1966), Studienausgabe, Band 1, Frankfurt 1966

P. Mattes (1977), Kritische Psychologie - akademisch erstarrter Marxismus.
Hinweise auf ihre Entstehungsgeschichte, in: Psychologie und Gesellschaft 3/4, Giessen 1977

LITERATUR

Th.W. Adorno (1973), Vorlesungen zur Einleitung in die Soziologie, gehalten
im SS 1968 in Frankfurt, (Raubdruck 1973)

A. Albrecht-Heide (1972), Bildungsaufstieg durch Deformation. Studenten
des 2. Bildungswegs vom Braunschweig-Kolleg, Hamburg 1972

U. Albrecht (1978), Alternative Produktion: Das Beispiel Lucas Aerospace,
in: O.Jacobi, u.a.(Hg.), Arbeiterinteressen gegen Sozialpartner-
schaft. Krit. Gewerkschaftsjahrbuch 1978/79, Berlin 1978

H. Altendorf u.a. (1978), Arbeiterkinder an den Hochschulen, Köln 1978

(Verf.: Ausländische Arbeiter in Frankfurt) (1973), Autonomie der Arbeiterklasse und Sprachverwirrung, in: Ästhetik und Kommunikation, Jg.4
(1973), Heft 11, S.38-58

Autorenkollektiv: R.Ahlheim/W.Hülsemann/H.Kapcynski/M.Kappeler/M.Liebel/
Ch.Marzahn/F.Werkentin (1971), Gefesselte Jugend. Fürsorger -
ziehung im Kapitalismus, Frankfurt 1971

A. Backhaus-Starost/E. Backhaus (1976), Freizeitaktivitäten von Arbeiterjugendlichen, Frankfurt 1976

H.P. Bahrdt (1975), Erzählte Lebensgeschichten von Arbeitern, in: Arbeitssituation, Lebenslage und Konfliktpotential, Frankfurt 1975, (Hg. M. Osterland)

H.P. Bahrdt (1973), Wandlungen der Familie, in: Claessen,D./Milhofer,P. (Hg.), Familiensoziologie, Frankfurt 1973

D. Barrios de Chungara (1978), Der "entwickelte" Feminismus aus der Sicht einer Arbeiterfrau der dritten Welt, in: Berliner Hefte, Jg.1978, Heft 7, S.64-71

H.Berger (1974), Untersuchungsmethode und soziale Wirklichkeit, Frankfurt 1974

H. Berger/M.Heßler/B. Kavemann (1978), "Brot für heute, Hunger für morgen". Landarbeiter in Spanien, Frankfurt 1978

R. Blank (1882), Das häusliche Glück, München 1975

E. Bloch (1975), Gespräch über Ungleichzeitigkeit, in: Kursbuch 39,S.1-9

A. Brandenburg (1977), Theoriebildungsprozesse in der deutschen Arbeiterbewegung, 1835-1850, Hannover 1977

Bremer Forschungsgruppe (1978), Wie Arbeiter wirklich leben, in: Berliner Extradienst 19/1.März 1978

H. Brinkmann,u.a. (1973), Sinnlichkeit und Abstraktion. Prolegomena zu einer materialistischen Empirie, Wiesbaden 1973

A. Brock (1978), Soziologische Phantasie und exemplarisches Lernen in der gewerkschaftlichen Bildungsarbeit, in: A.Brock,u.a.(Hg.), Arbeiterbildung, Hamburg 1978

A.Brock/H.D. Müller/O.Negt (Hg.) (1978), Arbeiterbildung, Hamburg 1978

J. Brückner (1977), Tue recht und scheue niemand. Dokumentation eines Fotofilms, in: Ästhetik und Kommunikation,Jg.8,H.28, S.64-73

Bundesminister für Bildung und Wissenschaft (Hg.) (1977), Das soziale Bild der Studentenschaft in der Bundesrepublik Deutschland. 8. Sozialerhebung des Deutschen Studentenwerks, Frankfurt 1977

Bundesministerium für Bildung und Wissenschaft (Hg.) (1977), Arbeiterkinder im Bildungssystem, Bonn 1976

H. Burkert (1979), Wenn sich die Sinnlichkeit an die Arbeit macht, in: Sozialmagazin 1/1979

Centre for Contemporary Cultural Studies (1976), Selbstdarstellung des Centre for Contemporary Cultural Studies, in: Ästhetik und Kommunikation 24/1976

J.Clarke/T.Jefferson (1976), Jugendliche Subkulturen der Arbeiterklasse, in: Ästhetik und Kommunikation, Heft 24, S.48-61, Berlin 1976

F.Deppe/H.Lange (1970), Die Soziologie des Arbeiter- und Klassenbewußtseins, in: Das Argument, 61/1970

G. Dischner (1974), Sozialisationstheorie und materialistische Ästhetik, in: Das Unvermögen der Realität, Beiträge zu einer anderen materialistischen Ästhetik, S.69-128, Berlin 1974

D.Elchenbroich (1973), Spielen und Spielzeug. Aspekte zur Kritik bürgerlicher Theorien des kindlichen Spiels, in: Kursbuch 34, S.51-76

D.Elchenbroich (1977), Kinder werden nicht geboren. Studien zur Entstehung der Kindheit, Frankfurt 1977

W. Emmerich (Hg.) (1972), Proletarische Lebensläufe. Autobiografische Dokumente zur Entstehung der zweiten Kultur in Deutschland, Bd.1,
  Anf. bis 1914, Bd.2,1914-45

L. Franzen-Hellersberg (1932), Die jugendliche Arbeiterin, ihre Arbeitsweise und Lebensform. Ein Versuch sozialpsychologischer Forschung
  zum Zwecke der Umwertung proletarischer Tatbestände,Tübingen 1932

L. Feuerbach (1975), Grundsätze der Philosophie der Zukunft (1843), in:
  Ges. Werke in sechs Bänden, Bd.3, Frankfurt 1975

L. Feuerbach (1975), Vorläufige Thesen zur Reformation der Philosophie,
  in: Ges. Werke in sechs Bänden,Bd.3, Frankfurt 1975

P. Feyerabend (1977), Unterwegs zu einer dadaistischen Erkenntnistheorie,
  in: Unterm Pflaster liegt der Strand, Bd.4, Berlin 1977

Li Fischer-Eckert (1913), Die wirtschaftliche und soziale Lage der Frauen
  in dem modernen Industrieort Hamborn im Rheinland, Hagen 1913

W. Fuchs (1980), Arbeiterbewegung; Geschichte und Lebenserfahrungen,
  abgedruckt in: Frankfurter Rundschau, Nr.128 v. 4.6.1980,S.14/15

G. Gender (1973), Zur Lage und Sozialisation der Arbeiterfrauen in der
  BRD. Politisches Verhalten und Bewußtsein, Berlin 1973, unver-
  öffentlichte Diplomarbeit

J.H. Goldthorpe/D. Lockwood (1967), The affluent worker and the Thesis
  of embougeoisement, in: Sociology,Nr. 1/Vol.1, Jan. 1967

J.H. Goldthorpe/D. Lockwood, u.a. (1968), The affluent worker, Bd. 1
  und 2, Cambridge 1968

A. Gramsci (1976), Philosophie der Praxis, Frankfurt 1967

E. Grau (1975), Die marginale Situation von Arbeitertöchtern an der Universität, Diplomarbeit Marburg 1975

M. Gronemeyer (1976), Motivation und politisches Handeln, Hamburg 1976

G. Janne (1980), Leben in Eisenheim, Weinheim/Basel 1980.

G. Janne (1976), Menschlicher leben. Menschlicher reden. Was von der
  Sprache der Arbeiter in Eisenheim gelernt werden könnte, Sozialmagazin, Heft 4/1976, S. 47-57

L. Hack/U. Schmidt/W. Wachutka (1972), Klassenlage und Interessenorien-
  tierung. Zum Konstitutionsprozeß der Bewußtseinsstrukturen und
  Verhaltensmuster junger Industriearbeiter, Zeitschrift für Soziologie, Heft 1, 1977, S. 15-30

L. Hack (1973), Von der Freisetzung der Individualität zur realen Verselb-
  ständigung des subjektiven Konstitutionsprozesses, Seminarpapier
  Berlin 1973

C. Hagemann-White/R. Wolff (1975), Lebensumstände und Erziehung, Frankfurt 1975

H. Hansen (1976), Arbeiter-Jugendliche auf dem Gymnasium. Eine emp. Un-

tersuchung über Verhaltensweisen und Einstellungen von Jugendlichen aus Arbeiterfamilien nach ausgewählten Merkmalen der Theorie vom sozialen Aufsteiger als 'marginale' Persönlichkeit, unveröff.
Dissertation Hamburg 1976

W:F. Haug (1973), Kritik der Warenästhetik, Frankfurt 1973

W.F. Haug (1975), Warenästhetik. Beiträge zur Diskussion, Weiterentwicklung und Vermittlung ihrer Kritik, Frankfurt 1975

M. Henkel/R. Taubert (1979), Maschinenstürmer, Frankfurt 1979

F. Herve (1973), Studentinnen in der BRD, Köln 1973

M. Herzog (1976), Von der Hand in den Mund, Berlin 1976

H. Hess/A. Mechler (1973), Getto ohne Mauern. Ein Bericht aus der Unterschicht, Frankfurt 1973

J. Hirsch (1978), Krise der Universität, in: Links 1/1978

W. Hallstein/M. Meinhold (Hg.) (1973), Sozialarbeit unter kapitalistischen
Produktionsbedingungen, Frankfurt 1973

K. Holzkamp/U. H.-Osterkamp/M. Kappeler (1977), Psychologische Therapie und politisches Handeln, Frankfurt 1977

U. Holzkamp-Osterkamp (1976), Motivationsforschung 2, Frankfurt 1976

K.J. Huch (1968), Einübung in die Klassengesellschaft, Frankfurt 1968

W. Jacobmeyer (1976), Die Niederlage 1945, in: Westdeutschlands Weg zur
Bundesrepublik 1945-49, München 1976

H. Jäger (1977), Grundzüge des Arbeiterbewußtseins. Theoretische Diskussion einer in Nürnberg durchgeführten Untersuchung des sozialwissenschaftlichen Forschungszentrums Nürnberg über gesellschaftliches und politisches Bewußtsein von Arbeitern, in: H.Jae-
ger/R.Schmidt/H.Kühne,1972, Dissertation Hannover 1977

E. Jelinek (1975), Die Liebhaberinnen. Roman, Hamburg 1975

G. Jerris, u.a. (1974), Psychotherapie als Klassenkampf, Berlin 1974

E.M. Johansen (1978), Betrogene Kinder, Eine Sozialgeschichte der Kindheit,
Frankfurt/M. 1978

G. Jones (1979), Kultur und Politik der Arbeiterklasse in London 1870-1900,
in: D.Puls (Hrsg.), Wahrnehmungsformen und Protestverhalten,
Frankfurt/M. 1979

O. Kanitz (1970), Das proletarische Kind in der bürgerlichen Gesellschaft,
Frankfurt/M. 1970

M. Kappler u.a.(1977), Psychologische Therapie und politisches Handeln,
Frankfurt/M. 1977

G. Kasakos (1971), Zeitperspektive, Planungsverhalten und Sozialisation,
München 1971

B.Kasper/L.Schuster (1978), Mit Video Geschichte der Arbeiterbewegung
aus Sicht der Betroffenen darstellen, in: Ästhetik und Kommunikation 33/1978

H.Kern/L.Schumann (1970), Industriearbeit und Arbeiterbewußtsein, Frankfurt/M. 1970

A.Kluge/O.Negt (1974), Kritische Theorie und Marxismus, Gießen 1974

A. Kluge (1975), Gelegenheitsarbeit einer Sklavin. Zur realistischen Methode, Frankfurt/M. 1975

A. Kollontai (1976), Autobiographie einer sexuell emanzipierten Kommunistin, München 1976

A. Kollontai (1921), Die Situation der Frau in der gesellschaftlichen Entwicklung, erschienen 1921, 3.Auflage, Frankfurt/M. 1977

A. Kollontai (1977), Die neue Moral und die Arbeiterklasse, Münster 1977

S.Kontos (1979), Die Partei kämpft wie ein Mann, Frankfurt/M. 1979

G. Korff (1979), Volkskultur und Arbeiterkultur. Überlegungen am Beispiel der sozialistischen Maifesttradition, in: Geschichte und Gesellschaft 1/1979

K. Kosik (1968), Dialektik des Konkreten, Frankfurt 1968

S. Kontos/K. Walser (1978), Hausarbeit ist doch keine Wissenschaft, in: Beiträge zur feministischen Theorie und Praxis, München 1978

J. Kristeva (1976), Produktivität der Frau, in: Alternative,Jg.19, 1976, Heft 108/09, S. 166-173

F.X. Kroetz (1978), 'Mensch Meier', Manuskript zum Theaterstück, Düsseldorf 1978

A. Krovoza (1974), Die Verinnerlichung der Norm abstrakter Arbeit und das Schicksal der Sinnlichkeit, in: Das Unvermögen der Realität, Berlin 1974

K. Lauschke (1977), Soziologische Phantasielosigkeit und verdinglichtes Lernen, in: Probleme des Klassenkampfs, Jg.7, 1977, Heft 28, S. 109-145

H. Lefébvre (1974), Kritik des Alltagslebens, München 1974

Th. Leithäuser (1975), Das, was schwer zu machen ist: Undogmatische Theorie und phantasievolle Praxis, in: Es muß nicht immer Marmor sein, Berlin 1975

A.N. Leontjew (1977), Probleme der Entwicklung des Psychischen, Frankfurt 1977

W. Lepenies (1979), Arbeiterkultur. Wissenschaftssoziologische Anmerkungen zur Konjunktur eines Begriffs, in: Geschichte und Gesellschaft 1/1979

M. Leube (1977), Henri Lefébvres Kritik des Alltagslebens (unveröff. Diplomarbeit), Tübingen 1977

E. Lukas (1976), Arbeiterradikalismus. Zwei Formen von Radikalismus in der deutschen Arbeiterbewegung, Frankfurt 1976

B. Mahnkopf (1978), Geschichte und Biographie der Arbeiterbildung, in: A.Brock u.a. (Hg.), Arbeiterbildung, Hamburg 1978

W. Maier (1972), Zum Verhältnis von Sozialwissenschaft und politischer Bildung, in: Ästhetik und Kommunikation 7/72, S. 17-25

I. Mann (1973), Interesse. Handeln. Erkennen in der Schule, Gießen 1973

I. Mann (1978), Die Kraft geht von den Kindern aus. Die stufenweise Befreiung von der Lehrerrolle, Fulda 1978

R. Marckwald (1980), Veränderte Vorzeichen. Tarifrunde 80, in: Erziehung und Wissenschaft 3/80

Marx/Engels (1962), Werke Bd.23, Berlin (Ost) 1968

K. Marx (1968), Die Methode der politischen Ökonomie, in: Zur Kritik der politischen Ökonomie, Berlin (Ost) 1968

T.W. Mason (1975), Arbeiterklasse und Volksgemeinschaft. Dokumente und Materialien zur deutschen Arbeiterpolitik 1936–39, Opladen 1975

S. Metz-Göckel (1978), Frauenarbeit und weibliche Produktivität, in:Beiträge zur feministischen Theorie und Praxis, München 1978

K.M. Michel (1971), Wer wann warum politisch wird und wozu.Ein Beispiel für die Unwissenheit der Wissenschaft, in: Kursbuch 25, 1971

K. Mies (1978), Methodische Postulate zur Frauenforschung, in: Beiträge zur feministischen Theorie und Praxis, München 1978

P. Milhoffer (1973), Familie und Klasse. Ein Beitrag zu den politischen Konsequenzen familialer Sozialisation, Frankfurt/M. 1973

C.W. Mills (1963), Kritik der soziologischen Denkweise, Luchterhand 1963

P. Müller (1978), Daten zur polit.-ökonomischen Situation der Frau: von der französischen Revolution bis zur Gegenwart, in: Beiträge zur feministischen Theorie und Praxis, München 1978

L. Müller (1976), Kinderaufzucht im Kapitalismus – wertlose Arbeit; über die Folgen der Nichtbewertung der Arbeit der Mütter für das Bewußtsein der Frauen als Lohnarbeiterinnen, in: Prokla 22/1976

R. Munder (1970), Kulturelle Verelendungstendenzen der unteren Arbeiterschicht, ihre Folgen für den Sozialisationsprozeß und Möglichkeiten ihrer Aufhebung, Berlin 1970

O. Negt (1971), Soziologische Phantasie und exemplarisches Lernen, Frankfurt/M. 1971

O. Negt (1975), Erbschaft aus Ungleichzeitigkeit und das Problem der Propaganda, in: Ernst Bloch, z.90.Geburtstag. Es muß nicht immer Marmor sein, Berlin 1975

O. Negt (1976), Überlegungen zu einer kritischen Lektüre der Schriften von Marx und Engels, Offenbach 1976

O. Negt (1976), Schule als Erfahrungsprozeß. Gesellschaftliche Aspekte des Glocksee-Projekts, in: Ästhetik und Kommunikation 22/23, 1976

O. Negt (1978), Marxismus und Arbeiterbildung – Kritische Anmerkungen zu meinen Kritikern, in: A.Brock u.a.(Hrsg.), Arbeiterbildung, Hamburg 1978

O.Negt/A.Kluge (1972) Öffentlichkeit und Erfahrung. Zur Organisationsanalyse von bürgerlicher und proletarischer Öffentlichkeit, in: Ästhetik und Kommunikation, Jg.4/1973, Heft 12, S.6–27

E. Neuland (1975), Sprachbarrieren oder Klassensprache, Frankfurt 1975

L. Niethammer u.a.(1976), Arbeiterinitiative 1945, Wuppertal 1976

H. Ortmann (1971), Arbeiterfamilie und sozialer Aufstieg, München 1971

H. Ortmann (1974), Überlegungen zu einem Konzept politischer Hochschuldidaktik, hekt.Papier 1974

H. Ortmann (1977), Das Zutrauen zum eigenen Denken bei der Aufhebung der Knechtschaft, Sozialmagazin, Heft 1/1977, S. 56-63

M. Osterland u.a. (1973), Materialien zur Lebens- und Arbeitssituation der Industriearbeiter in der BRD, Frankfurt 1973

M. Osterland (1973), Lebensgeschichtliche Erfahrung und gesellschaftliches Bewußtsein. Anmerkungen zur soziographischen Methode, in: Soziale Welt, 24.Jg.,1973, Heft 4, S.409-417

M. Osterland (1975), Innerbetriebliche Arbeitssituation und außerbetriebliche Lebensweise von Industriearbeitern, in: ders. (Hg.), Arbeitssituation, Lebenslage und Konfliktpotential,S.167-184, Frankfurt 1975

K. Ottomeyer (1976), Soziales Verhalten und Ökonomie im Kapitalismus, Gießen 1976

F.K. Pappi/I. Pappi (1978), Sozialer Status und Konsumstil, in: Kölner Zeitschrift für Soziologie und Sozialpsychologie, 1/1978

H.P. Piwitt (1976), Warum sind Nelken so häßlich? Zur Utopie der schweigenden Mehrheit, in: ders.(Hg.), Boccerini und andere Bürgerpflichten, Hamburg 1978

G. Plum (1976), Versuche gesellschaftspolitischer Neuordnung - Ihr Scheitern im Kräftefeld deutscher und alliierter Politik, in: Westdeutschlands Weg zur Bundesrepublik 1945-49, München 1976

S. Pollard (1979), Englische Arbeiterkultur im Zeitalter der Industrialisierung, in: Geschichte und Gesellschaft 1/1979

H. Popitz/H.P. Bahrdt u.a. (1957), Das Gesellschaftsbild des Arbeiters, Tübingen 1957

H. Popitz (1965), Die Ungleichheit der Chancen im Zugang zur Höheren Schulbildung, in: L.v. Friedeburg (Hg.), Jugend in der modernen Gesellschaft, Köln/Berlin 1965

A. Popp (1977), Jugend einer Arbeiterin, Berlin/Bonn 1977

U. Prokop (1976), Weiblicher Lebenszusammenhang, Frankfurt 1976

H. Pross (1969), Über die Bildungschancen von Mädchen in der Bundesrepublik, Frankfurt 1969

D. Puls (Hg.), Wahrnehmungsformen und Protestverhalten, Frankfurt 1979

I. Rackowitz/H. Ridemann/C. Rath/H. Reidemeister u.a. (1975), "Jetzt reden wir". Betroffene des Märkischen Viertels, Hamburg 1975

E.A. Rauter (1977), Vom Faustkeil zur Fabrik, München 1977

S. Reck (1977), Arbeiter nach der Arbeit, Giessen 1977

H. Reisig (1975), Der politische Sinn der Arbeiterbildung, Berlin 1975

W. Rieland (1979), "Sozialer Frieden" und "Soziale Frage". Ein paar Fragen an die Antworten der Sozialforschung, in: C.Pozzoli (Hg.), Jahrbuch der Arbeiterbewegung,Bd.6, Frankfurt 1979

E. Roters (1977), Puppe, Fibel, Schießgewehr. Das Kind im kaiserlichen

Deutschland. Katalog zur Ausstellung in der Akademie der Künste vom 5.12.76 bis zum 30.1.77, Berlin 1977

O. Rühle (1977), Illustrierte Kultur- und Sittengeschichte des Proletariats, Band 2, Giessen 1977

G. Schäfer-Vietor (1978), Arbeiterkinder an der Gesamtschule,Frankfurt 1978

M. Schlösser (1968), Die Familiensituation der Arbeiter, in: H. Rosenbaum (Hg.), Familien und Gesellschaftsstruktur, 1968

A. Schmidt (1973), Emanzipatorische Sinnlichkeit. Ludwigs Feuerbachs anthropologischer Materialismus, München 1973

M. Schmidt-Becker (1976), Die Widersprüchlichkeit der Forderung nach Einbeziehung der Frauen in die Produktion als notwendiger Schritt zu ihrer gesellschaftlichen Emanzipation: der besondere Fall arbeitender Mütter, nichtveröff. Manuskript, Hannover 1976

L. Schneider (1968), Charakteristika des Haushalts der Fabrikarbeiter, in: H. Rosenbaum (Hg.), Familie und Gesellschaftsstruktur, 1968

I. Sewig (1977), Gymnasium im Arbeiterbezirk, in: Ästhetik und Kommunikation,Jg.8,1977, Heft 29, S. 42–44

W. Simon (1978), Politischer Unterricht für Arbeiterkinder, Frankfurt 1978

A. Sohn-Rethel (1974), Die Formcharaktere der zweiten Natur, in: Das Unvermögen der Realität, Berlin 1974

A. Sohn-Rethel (1971), Warenform und Denkform, Frankfurt 1971)

A. Stein (1971), Strategies for Failure, in: Harvard Educational Review 41, Nr. 2, 1971

K. Struck (1973), Klassenliebe, Frankfurt 1973

K. Theweleit (1977), Männerphantasien,Bd.1, Frankfurt 1977

Ch. Tilly (1977), Hauptformen kollektiver Aktionen in Westeuropa 1500–1975, in: Geschichte und Gesellschaft 2/1977

E.P. Thompson (1967), Time, Work-Discipline, and Industrial Capitalism, in: Past and Present, 38/1967

G. Ulmann (1979), Hau ab und spiel. Arbeit und Erziehungskrise, in: Die gesellschaftliche Wirklichkeit der Kinder in der bildenden Kunst, Berlin 1979, S. 17–46

M. Vester (1970), Die Entstehung des Proletariats als Lernprozeß, Frankfurt 1970

M. Vester (1976), Was dem Bürger sein Goethe ist dem Arbeiter seine Solidarität. Zur Diskussion der Arbeiterkultur, in: Ästhetik und Kommunikation,Jg.7,1976, Heft 24, S.62–72

M. Vester (1978), Edward Thompson als Theoretiker der "New Left" und als historischer Forscher – Notizen zu einer Bio-Bibliographie, in: Ästhetik und Kommunikation 33/1978

G. Vinnai (1973), Sozialpsychologie der Arbeiterklasse, Hamburg 1973

G. Vinnai (1977), Vorüberlegungen zum Problem der Herausbildung proletarischer Subjektivität, in: Psychologie und Gesellschaft 1, Gießen 1977

W. Wagner (1977), Uni-Angst und Uni-Bluff, Berlin 1977

M. Wegrainer (1979;1914), Der Lebensroman einer Arbeiterfrau,Frankfurt 1979

C.v. Werlhof (1978), Frauenarbeit: Der blinde Fleck in der Kritik der politischen Ökonomie, in: Beiträge zur feministischen Theorie und Praxis, München 1978

R. Williams (1963), Culture and Society, Harmondsworth 1963

C. Zetkin (1971), Zur Geschichte der proletarischen Frauenbewegung Deutschlands, Frankfurt 1971

L. Ziegenbala/P. Noller/H. Reinicke (Hg.) (1979), Der Lebensroman einer Arbeiterfrau, Frankfurt 1979

M. Wander (1978), Guten Morgen, du Schöne. Frauen in der DDR, Darmstadt und Neuwied 1978